crática Española (ARDE), Afirmación para una República Igualitaria (ARI), African National Congress (ANC), Agonistiko Sosialisti... LC), Alianza Magonista Zapatista (AMZ), Alianza Progresista, Alliance des Forces de Progrès (AFP), Alliance for Democracy, Alli... mán al Iraqiyin, Alternative Galicia, Alternative Libertaire, Alternative Liste, Alternativy, Alternattiva Demokratika, Am Ehad, Analys... r, Anarchist Workers Network, Anarchistische Gruppe / Rätekommunisten, Anarcho-Syndicalist Federation (ASF), Anarhiki Parc... Annahj Democrati / La Voie Démocratique, Anorthotiko Komma Ergazomenou Laou (AKEL), Anti Capitalist Convergence Philippines, ... de Esquerda, Asamblea de Convergencia Libertaria (ACL), Asamblea Uruguay, Associação Política Regional e de Intervenção Local (APRIL), Association pour une Gauche Républicaine (AGR), ...bertario, Australia Class War, Australian Greens, Australian Labor Party (ALP), Australian Women's Party (AWP), Avançar a Luta Socialista, Avtonomna Bezvlastnicheska Grupa "Anarkhosprotiva", Bağımsız Cumhuriyet Partisi (BCP), Baloldali Alternatíva Egyesülés (BAL), Bama Pyi Comyuni Pati [Alan Pyu] (CPB), Bangladesher Communist Party, Barbados Labour Party (BLP), Base-Frente ...BKP), Birleşik Komünist Parti (BKP), Bloc Marxiste-Léniniste, Bloc Nacionalista Valencià (BLOC), Bloco de Esquerda, Bloque Nacionalista Galego (BNG), Bolschewistische Initiative Deutschland, ...garska Rabotnichesko Selska Partiya (BRSP), Bulgarska Sotsialdemokraticheska Partiya (BSDP), Bulgarska Sotsialdemokratsia, Bulgarska Sotsialisticheska Partiya (BSP), Bulgarski Sotsialdemokrati, ...unista Canario (CRCCP), Centrolewica Rzeczypospolitej Polskiej (CRP), Česká strana sociálně demokratická (ČSSD), Československá anarchistická federace (ČSAF), Československé anarchistické ..., Club République Sociale, Clube do Chiado, Collectiu per una Esquerra Alternativa (CEA), Colectivo Comunista 27 de Septiembre (27-S), Coletivo Florestan Fernandes (CFF), Coletivo José Luiz ... for Democracy and Socialism (CCDS), Communist Action, Communist Ghadar Party of India (CGPI), Communist League of Great Britain, Communist League of India, Communist Mazdoor ... Britain (CPGB), Communist Party of India Liberation (CPI ML Liberation), Communist Party of India (CPI), Communist Party of Nepal, Communist Party USA (CPUSA), Communist Voice ... del Trabajo (CGT), Confederación Nacional del Trabajo (CNT), Confédération Nationale du Travail (CNT), Confederazione Italiana di Base UNICOBAS (CIB-UNICOBAS), Congrès pour la ...ão Socialismo e Democracia (CSD), Convergencia Ciudadana, Convergencia para la Democracia Social (CpDS), Co-operative Party, Coordinación Estatal de Organizaciones Comunistas (CEOC), ...ste, Coordination Bretagne Indépendante et Libertaire (CBIL), Coordination des Groupes Anarchistes (CAG), Corrente Posadista do Partido dos Trabalhadores, Corriente de Identidad Socialista, Cumhuriyetçi Türk Partisi (CTP), Czerwony Kolektyw - Lewicowa Alternatywa, Dang Cong san Viet Nam, Danmarks Kommunistiske Parti (DKP), Danmarks Kommunistiske Parti / Marxister... ...ong, Democratic Labour Party (DLP), Democratic Labour Party, Min ju No dong Dang (KDLP), Democratic Socialists of America (DSA), Democratici di Sinistra (DS), Démocratie & Socialisme, ...Stranka, Demokratyczna Partia Lewicy (DPL), Den Anarkistiske Føderation, Det Norske Arbeiderparti (DNA), Deutsche Kommunistische Partei (DKP), Devrimci Halk Kurtuluş Partisi-Cephesi ...cologie Sociale, Écologistes Confédérés pour l'Organisation de Luttes Originales, Ecolo, Eesti Anarhistliku Partei, Eesti Rohelised, Eesti Sotsiaaldemokraatlik Tööpartei (ESDTP), Eesti Vasakpartei / ...moneni Dimokrates (EDI), Epanastatiko Kommounistiko Kinima Elladas (EKKE), Espacio Alternativo, Espacio Revolucionario Andaluz, Espai Alternatiu, Esquerda de Galicia (EdeG), Esquerra ...arquista Cabocla (FACA), Federação Anarquista Gaúcha (FAG), Federação Libertária Maximalista Portuguesa (FLMP), Federace sociálních anarchistů (FSA), Federación Anarquista Ibérica (FAI), ...archistyczna (FA), Federacja Zielonych, Fédération Anarchiste / Anarchistische Föderation, Fédération des Communistes Libertaires du Nord-Est (NEFAC), Federation of Revolutionary ...A), Federazione dei Verdi, Feministische Partei - Die Frauen, Fiji Labour Party, Föderation deutschsprachiger AnarchistInnen (FdA), Föderation Gewaltfreier Aktionsgruppen (FöGA), Folkmakt, ...zation [Fight Back] (FRSO), Freie Arbeiter Union (FAU-AP), Freie ArbeiterInnen Union Schweiz (FAUCH), Freie ArbeiterInnen Union Österreichs, Freie Liste, Frente Amplio, Frente de Libertação ... Independente (FRETILIN), Frente Revolucionario (FR), Frente Sandinista de Liberación Nacional (FSLN), Front des Forces Socialistes (FFS), Front Patriotique pour le Renouveau et le Progrès ...omung, Génération Écologie, Gerärer Dialog, Gerçek, Gibraltar Socialist Labour Party, Græsrodspartiet Solidarisk Alternativ (SOL), Great Plains Anarchist Network, Green Party of Aotearoa, Green ...roen!, GroenLinks, Groep van Marxisten Leninisten / Rode Morgen, Grønne Demokrater, Grüne Partei der Schweiz / Parti Écologiste Suisse (Grüne/Les Verts), Grünes Bündnis, GB, Grupo Avanzar, ...ktsurunc (HHD), Haklar ve Özgürlükler Cephesi (HÖC), Han-min jeon, Harakat al-Tahrir al-Watani al-Filastini, Al-Fatah, Hayastani Demokratakan Kusaktsutiun (HDK), Ha Yerukim, Hezb-e ...bhrani, Hizb al-Dimuqratiyah al-Wataniyah (NDP), Hizb al-Khudr al-Iraqi, Hizb al-Khudr al-Misri, Hizb al-Sha'b al-Filastini (PPP), Hizb al-Shuyu'i al-'Iraqi - al-Kader, Hizb al-Shuyu'i al-Iraqi - Al-...ori [Eysal], Hizb al-Tajammu' al-Watani al-Taqaddumi al-Wahdawi (NPUP), Hizb al-Taqaddumi al-Ishtiraki - Parti Socialiste Progressiste (PSP), Hizb al-Watani al-Dimuqrati, Hizb-e Komunist-e ...e Politics Network (IPPN), Indian National Green Party, Industrial Workers of the World (IWW), Iniciativa per Catalunya - Verds (IC), Inicjatywa Pracownicza, Intervenção Democrática, Inuit ...AN), Izquierda Republicana de España (IR), Izquierda Unida (IU), Jabhah al-Dimuqratiyah li-Tahrir Filastin (DFLP), Jabhat al-Quwat al-Dimuqratiyah - Front des Forces Démocratiques (FFD), ...g Kalayaan! - Kaipunan para sa Pagpapalayang Sambayanan, Kanu Sanyal, Kara Kizil, Kibris Sosyalist Partisi (KSP), Kinima Oikologon Periballontiston - To Prasino Komma tis Kyprou, Kinima ...is (KKE), Kommunistesch Partei vu Lëtzebuerg (KPL), Kommunisticheskaya Partiya Respubliki Tatarstan (KPRT), Kommunisticheskaya Partiya Rossiskoi Federatsii (KPRF), Kommunisticheskaya ...istische Debatte, Kommunistische Initiative (KI), **Kommunistische Partei der Schweiz, Kommunistische Partei Deutschlands (KPD), Kommunistische Partei Österreichs (KPÖ), Kommunistische** ...(KTP), Komünist Partisi - İnşa Örgütü, Komunistická strana Čech a Moravy (KSČM), Komunistická strana Československa (KSČ), Komunistická Strana Slovenska (KSS), Komunistychna Partiya ...rea Greens, Korean Anarchist Network, Krajowa Partia Emerytów i Rencistów, Kurdistan Communist Party, La Causa R, Labour in Northern Ireland (LiNI), Labour Left Briefing, Labour Party, ...á Partiia / Sotsialisticheskaya Partiya Latvii (LSP), Latvijas Zaļā Partija (LZP), L'Avicovy' blok, Le Parti Travailliste, League of Revolutionaries for a New America (LRNA), Left Green Network, ...grim (LRE), Lewica Demokratyczna Rzeczypospolitej Polskiej (LDRP), Liberdade e Cidadania, Libertà Eguale, Libertarian Workers for a Self-Managed Society, Liberty Union Party (LUP), Lietuvos ... Linea Rossa, Lok Raj Sangathan (LRS), Los Verdes - Comunidad de Madrid, Los Verdes - Grupo Verde, Los Verdes - Izquierda Verde / Els Verds - Esquerra Verda / Os Verdes - Esquerda Verde / ...st Movement (MIM), Maoist Komünist Partisi, MKP, Margem Esquerda, Marksist Leninist Komünist Partisi (MLKP), Marksistskaya Platforma, Marxist Initiative, Marxistisches Forum, Marxistisch-...n'ikh, Miflagah ha-Komunistit ha-Yisre'elit (MAKI), Mifleget ha-'Avodah ha-Yisre'elit, Militant Communiste, Miljöpartiet de Gröna, Miljøpartiet De Grønne, Minshushugiteki Shakaishugi Undō, ...nt Écologiste Indépendant (MEI), Mouvement Militant Mauricien (MMM), Mouvement pour la Libération Totale de la Côte d'Ivoire (MLTCI), Mouvement pour les Assises de la Gauche (MAG), ...ista Comunista, Movimento da Renovação Comunista (MRC), Movimento per l'Unità dei Comunisti (UC), Movimento Politico di Opinione: Socialismo Liberale Progressista, Movimento Popular ...(MAS), Movimiento Carpintería, Movimiento de Integración Democrática, Movimiento de la Izquierda Revolucionaria - Nueva Mayoría (MIR), Movimiento de Liberación Nacional - Tupamaros ...Movimiento Libertario Joaquín Maurín (MLJM), Movimiento Nueva Izquierda (MNI), Movimiento Obrero Independiente y Revolucionario (MOIR), Movimiento Popular Democrático (MPD), ...NCP), National Democratic Congress (NDC), National Democratic Front (NDF), National Workers Party, Nei Lënk / Nouvelle Gauche, periodical periodical Paroles, Neo Aristero Reuma (NAR), ...cracy (CPL), New Democratic Party - Nouveau Parti Démocratique (NDP/NPD), New Party, New Politics Network, New Socialism, New Zealand Labour Party (NZLP), Nieuwe Communistische ...ouveau Parti Communiste Haïtien (NPCH), Nouvelle Gauche, Nouvelle Gauche Communiste, Nova Komunisticka Partija Jugoslavije (NKPJ), Nowa Lewica, Nuclear Disarmament Party (NDP), ...Truda (OBT), Occitania Libertària, Offensive Libertaire et Sociale (OLS), Oikologoi Ellados, Oikologoi Prasinoi, Ökologische Linke, OFFKOLL, Omospondia Anarhikon Ditikis Ellados (OADE), ...mmunistischen Arbeiterpartei Deutschlands, Organisation Socialiste Libertaire (OSL), Organise! Anarcho-Syndicalist Federation, Organise! dissolved, Organise!, Ireland, Organizacija Comunista ...arquista Libertad (OAL), Organización Comunista "Octubre", Organización Comunista Recabarren (OCR), Organización Libertaria [La], Organización Libertaria Cimarrón (OLC), Organización ...nista del Proletariato d'Italia, Organosi gia tin Anasyngrotisi tou Kommounistikou Kommatos Elladas (OAKKE), Os Verdes, Özgürlük ve Dayanışma Partisi (ÖDP), Pacifistisch Socialistische Partij '92 ...kinima (PASOK), Partai Buruh Sosial Demokrat (PBSD), Partai Nasional Banteng Kemerdekaan (PNBK), Partai Pelopor (PP), Partaidh Caineal na h-Alba, Partei des Demokratischen Sozialismus ...imal al-Shuyu'i (PCOT), Parti Communiste du Canada (PCC/PCC), Parti Communiste du Québec (PCQ), Parti Communiste du Togo (PCT), Parti Communiste Français (PCF), Parti Communiste ...e de l'Indépendance et du Travail (PIT), Parti Demokrati Kurdistan Irak - Hizb al-Dimuqrati al-Kurdistani 'Iraq (KdP-I-PdKI), Parti Demokrati Kurdistan Iran - Hezb-e Demokrat-e Kordestan-e ...rbeid van België (PTB/PvdA), Parti Keadilan Rakyat (PKR), **Parti Marxiste-Léniniste du Québec (PMLQ), Parti Populaire National / Parti Popilè Nasyonal (PNP), Parti Radical de Gauche (PRG),** ...du Travail (PST), Parti Tindakan Demokratik (DAP), Parti Vert du Canada, Partia e Punës e Shqipërisë (PPSH), Partia e te Gjelbrve e Kosoves (PGJK), Partia Komuniste e Shqipërisë "8 Nëntori", ...sta (PC), Partido Comunista Brasileiro (PCB), Partido Comunista Chileno Acción Proletaria (PC-AP), Partido Comunista Colombiano (PCC), Partido Comunista de Chile (PCC), Partido Comunista de los Pueblos de España (PCPE), Partido Comunista de México (PCM), Partido Comunista de Venezuela (PCV), Partido Comunista del Perú (Patria Roja) (PCdelP), Partido Comunista del Perú ...nista dos Trabalhadores Portugueses (PCTP), Partido Comunista Marxista Leninista, Partido Comunista Marxista Leninista del Ecuador (PCMLE), Partido Comunista Obrero Español (PCOE), ...de la Liberación (PL), Partido de la Revolución Democrática (PRD), Partido de los Comunistas, Partido de los Trabajadores del Ecuador (PTE), Partido de los Trabajadores Dominicanos (PTD), ...o Democrático Trabalhista (PDT), Partido Demokratiko Sosyalista ng Pilipinas (PDSP), Partido dos Trabalhadores (PT), Partido Ecologista Alternativa Verde (Los Verdes), Partido Independentista ...al Colombiano (PLC), Partido Obrero Rojo (POR), Partido Popular Socialista (PPS), Partido Por la Democracia (PPD), Partido por la Democracia Social (PDS), Partido Radical Socialdemócrata ...tido Socialista - Democracia Total (PS), Partido Socialista - Frente Amplio (PS-FA), Partido Socialista (PS), Partido Socialista Auténtico (PSA), Partido Socialista Brasileiro (PSB), Partido Socialista ...e Enero (PSP), Partido Unido Social Demócrata (PUSD), Partido Verde, Partido Verde del Perú, Partido Verde Dominicano (PVD), Partido Verde Ecologista, Partido Verde Ecologista de México ...K), Partij van de Arbeid (PvdA), Partija Rada, Partisan, Partit dels Comunistes de Catalunya (PCC), Partit Laborista (MLP), Partit Socialdemocrata (PS), Partit Socialista Unificat de Catalunya - Viu...rito dei Democratici, Partito dei Socialisti e dei Democratici, Partito della Rifondazione Comunista (PRC), Partito della Rifondazione Socialista, Partito Marxista-Leninista Italiano (PMLI), Partito ...rinese (PSS), Partiya Komunistê Kurdistan (PKK), Partiya Sosyalist a Kurdistan (PSK), Partiya Trudovoi Solidarnosti (PTS), Partiya Vozrozhdeniya Rossii, Partiya Zehmetkêşanê Kurdistan (PZK), Socjalistycznej (PPLS), Peace and Freedom Party (PFP), Peace and Progress, Great Britain, Peace Party, Great Britain, Peoples' National Party (PNP), People's Progressive Party (PPP), Perspectives Ukraina", Polo Democrático Independiente (PDI), Polo Social, Polska Partia Klasy Robotniczej - Grupa Inicjatywna, Polska Partia Pracy, Polska Partia Socjalistyczna (PPS), Polska Socjalistyczna ..., Progressive Labor Party (PLP), Progressive Unionist Party (PUP), Progresyvna Sotsialistychna Partiya Ukrainy (PSPU), Proletarian Path, PSM Entesa Nacionalista, PT amplo e democrático, ... Les Verts), Rassemblement des Écologistes du Burkina (RDEB), Rassemblement des Forces Démocratiques / Takattul al-Quwa al-Dimuqratiyah (RFD), Rassemblement du Peuple de Guinée ...eurs Communistes, Reform Party, Refundación Comunista, Regroupement Communiste, Reseau No Pasaran, Resistência Popular, Respublikanskaya Narodnaya Partiya Kazakhstana / Kazakstan ...racy, Revolutsionnaya Konfederatsia Anarho-Sindikalistiv "Nestor Makhno" (RKAS), Rifondazione Comunista Sammarinese, Rodósha Kyōsantō, Rōdōsha Shakaishugi Dōmei, Rōshadō, Rōdōsho ...tova, Rossiiskaya Partiya Truda (RPT), Rossiskaya Partiya Samoupravleniya Trudyashchikhsya, Roter Oktober - Organisation zum Aufbau der Kommunistischen Partei in Deutschland, RotFuchs, ...a Partia, Samajwadi Party, Samtylkingin, Save the Labour Party, Great Britain, Savez Komunista Jugoslavije u Srbiji (SKJ u Srbiji), Savez Nezavisnih Socijaldemokrata (SNSD), Sazman-e Cherikha...sh Federation of Anarchists, Shakai Minshutō, Shamintō, Shakaishugi Kyōkai, Kyōkai-ha, Shin Shakaito, Shinpoto Kaikakuken Kyōkai, Shora-ye Movaqqat-e Sosyalistha-ye Chap-e Iran, Sinistra ...ldemokraterna, Socialdemokratet (SD), Socialdemokratu Savieniba, Socialisme & Démocratie, Socialismo e Libertà, Socialist Campaign Group periodical, Socialist Caucus, Socialist Caucus of the ...mocratici Italiani (SDI), Socialisti Liberali, Socialistische Partij (SP), Socialistisk Folkeparti (SF), Socialnodemokratická alternativa (SDA), Socialnodemokratická strana slovenska (SDSS), Socijal...ratska Partija Hrvatske (SDP), Socijaldemokratski Sojuz na Makedonija (SDSM), Socijalisticka Partija na Makedonija (SPM), Socijalisticka Partija Srbije (SPS), Socijalisticka Radnicka Partija Hrvatske ...A), Sosyaldemokrat Halk Partisi (SHP), Sosyalist Emek Hareketi (SEH), Sotsiaaldemokraatlik Erakond (SDE), Sotsial Demokratialkan Hnchakian Kusaktsutiun (SDHK), Sotsial-Demokraticheskaya ...Ukrainy (SPU), Sotsialisticheskaya Partiya Ata Meken, Sotsialno-Demokraticheskaya Party Rossiiskoi Federatsii (SDPRF), South African Communist Party (SACP), South East Anarchist Network, ...isse - Partito Socialista Svizzero (SP/PS), Sozialdemokratische Partei Deutschlands (SPD), Sozialdemokratische Partei Österreichs (SPÖ), Spartakus Grupu, St Kitts-Nevis Labour Party (SKNLP), Slovenije (SMS), Stranka nove alternative - Pokret Zelenih, Stronnictwo Demokratyczne, Suomen Kommunistinen Puolue (SKP), Suomen Sosialidemokraattinen Puolue (SDP), Sveriges Arbetares ...ikologias (SYN), Syndikalisterne - Dansk Syndikalistisk Netværk, Szociáldemokrata Párt (SZDP), Szociáldemokrata Unió, Taiwan Laodong Zhenxian, Taiwan Ludang, Taiwan Minzhu Gongdang, ...osal Ekoloji Grubu, Türkiye Devrimci Komünist Partisi (TDKP), Türkiye İhtilalci Komünistler Birliği (TİKB), Türkiye Komünist İşçi Partisi (TKİP), Türkiye Komünist Partisi [ex-SİP], Türkiye ...imanonos - Movimiento Unión Nacional por la Seguridad Social, Unia Lewicy III Rzeczpospolitej Polskiej, Unia Pracy, União Democrática Popular (UDP), União Popular Anarquista (UNIPA), ...o Cívica Radical (UCR), Unión de Revolucionarios Comunistas, Union des Anarcho-Syndicalistes, Union des Forces de Progrès (UFP), Union des Forces Progressistes, Union des Populations du ...Socialiste des Forces Populaires / Ittihad al-Ishtiraki lil-Quwat al-Sha'biyah (USFP), Unione Anarchica, Unione Sindacale Italiana (USI), Unità Socialista (US), United Democratic Movement ...alist İşçi Partisi (TSİP), US Marxist-Leninist Organization (USMLO), Vänsterpartiet (V), Vasemmistoliitto / Vänsterförbundet (VL), Verds d'Andorra, Vereinigung für Sozialistische Politik, ...kaya Kommunisticheskaya Partiya Bol'shevikov (VKPB), Vsesoiuznaia Kommunistycheskaia Partyia (Bal'shavikou), Vsesoyuznaya Kommunisticheskaya Partiya bol'shevikov (VKPb), Vseukrains'ky ...TP), Working People's Alliance (WPA), Yekiti Nishtimani Kurdistan / Ittihad al-Watani al-Kurdistani (PUK/YNK), Yeni Kıbrıs Partisi / Komma Nea Kypros (YKP), Yeni Türkiye Partisi (YTP), ...elena Partiya v Bulgariya, Zelena Stranka Eko (ZSE), Zeleni, Zeleni Crne Gore, Zeleni Slovenije, Zhongguo Gongchandang, Zieloni 2004, Zimbabwe Labour Party (ZLP), Zöld Demokratak...

POSTCAPITAL ARCHIVE
(1989–2001)

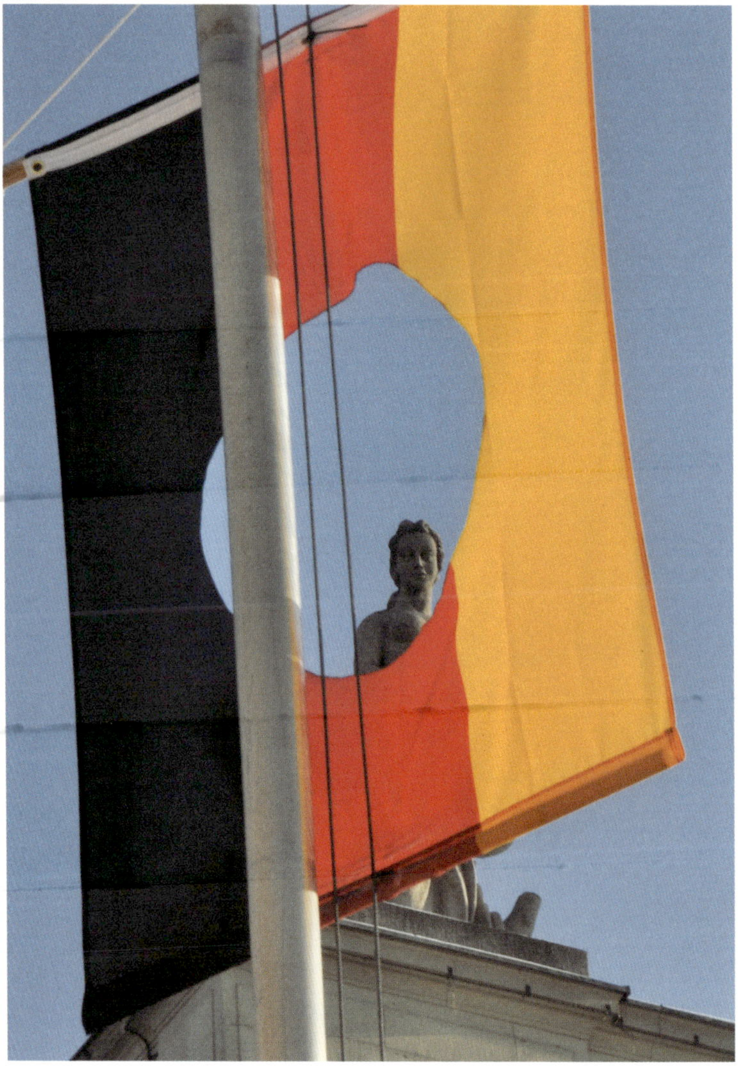

Postcapital Archive (1989–2001)_STR 2008_0501

DANIEL G. ANDÚJAR
TECHNOLOGIES TO THE PEOPLE

POSTCAPITAL ARCHIVE

(1989–2001)

Württembergischer Kunstverein Stuttgart
HATJE CANTZ

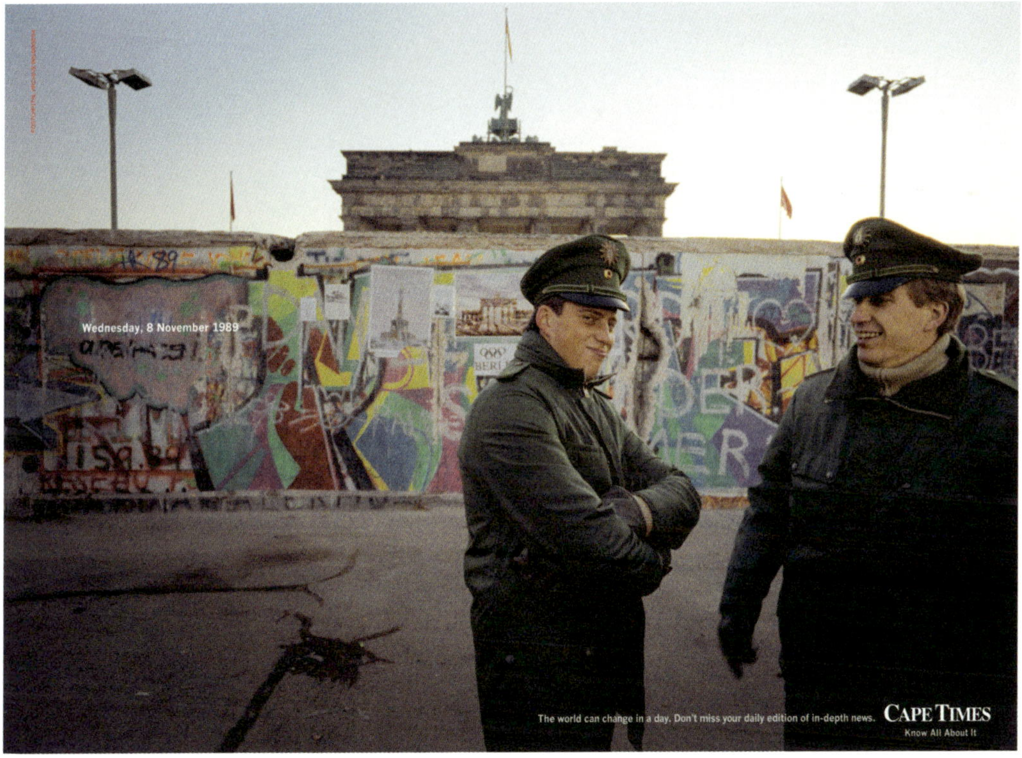
Wednesday, 8 November 1989
The world can change in a day. Don't miss your daily edition of in-depth news.
CAPE TIMES
Know All About It

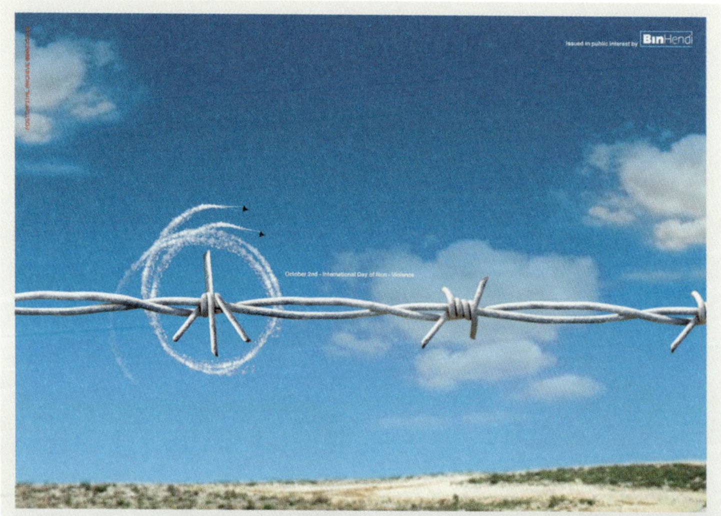
Issued in public interest by BinHendi
October 2nd - International Day of Non - Violence

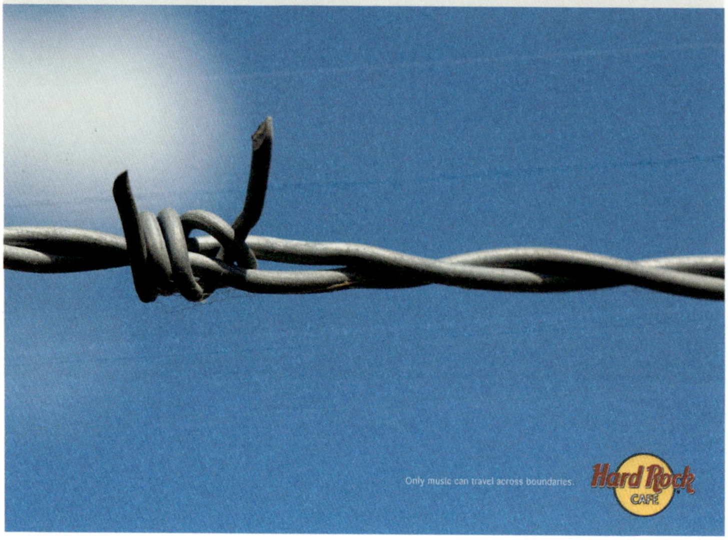
Only music can travel across boundaries.
Hard Rock CAFE

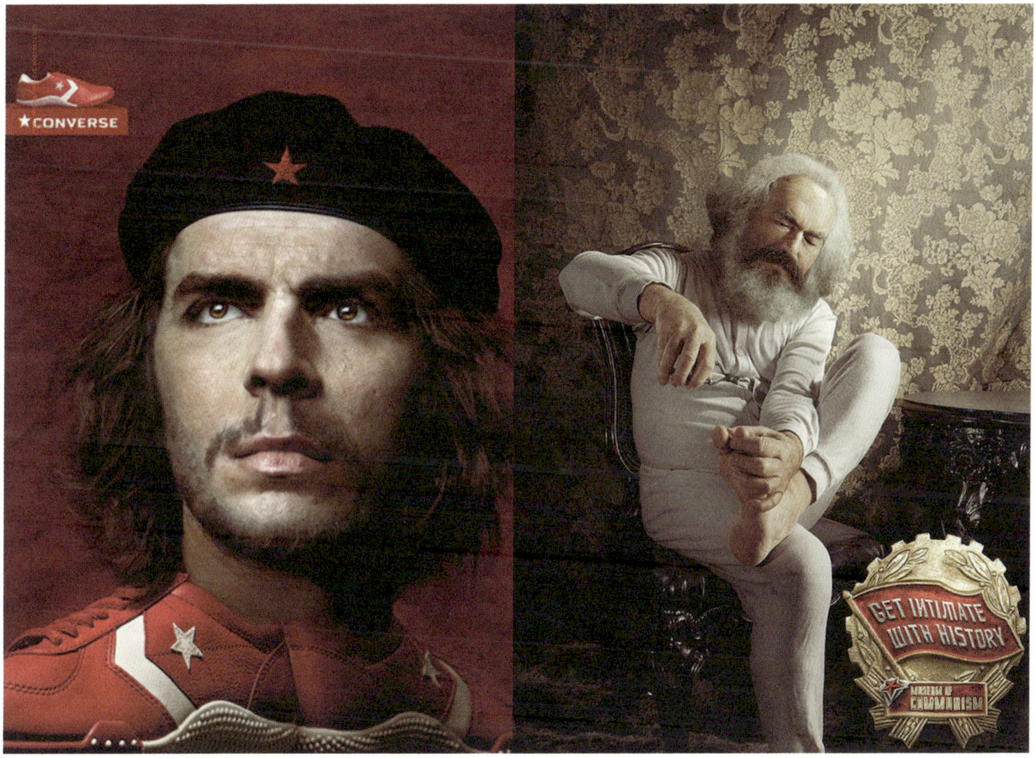
CONVERSE
GET INTIMATE WITH HISTORY
COMMUNISM

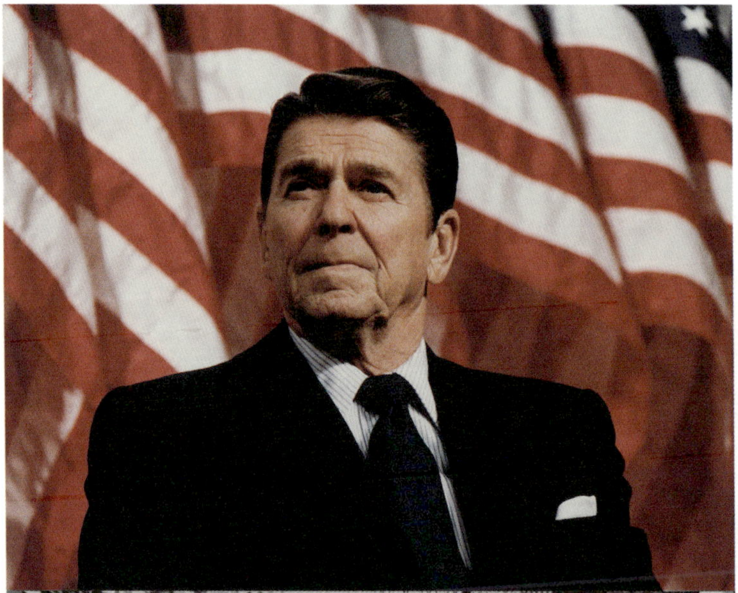

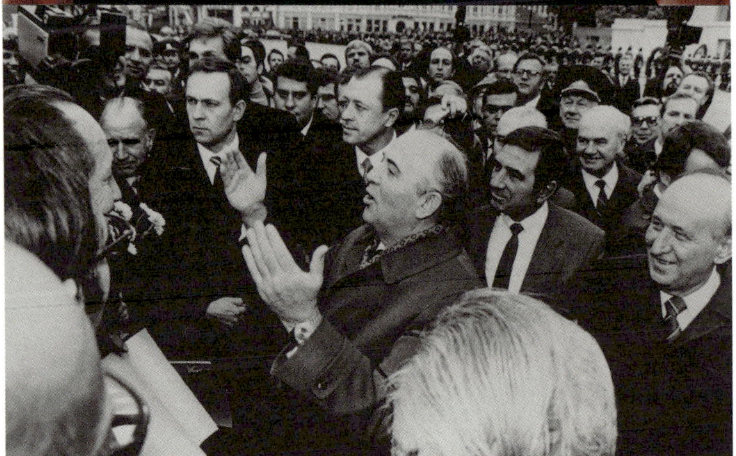

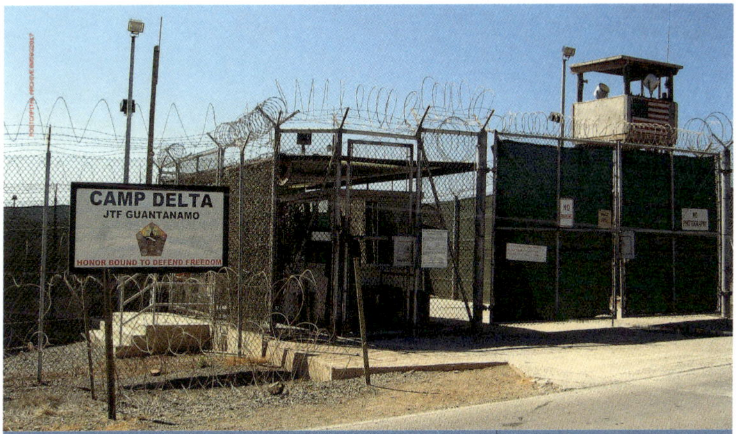
CAMP DELTA
JTF GUANTANAMO
HONOR BOUND TO DEFEND FREEDOM

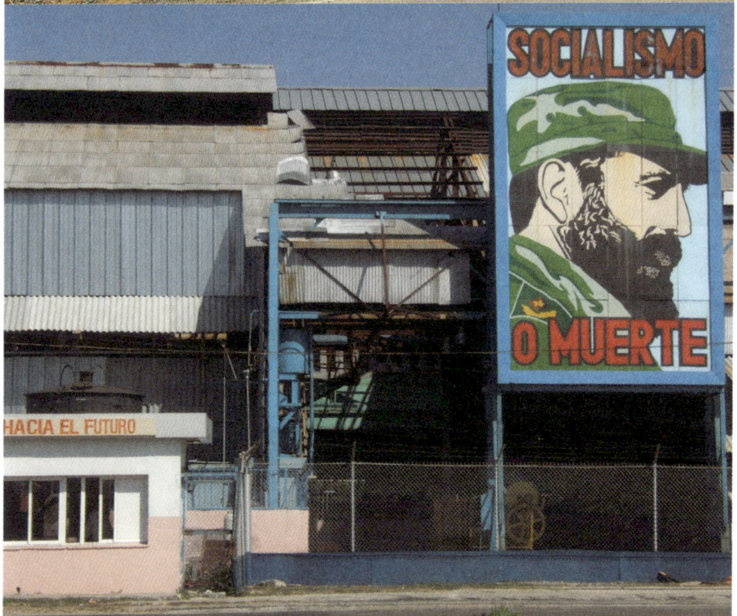
SOCIALISMO
O MUERTE
HACIA EL FUTURO

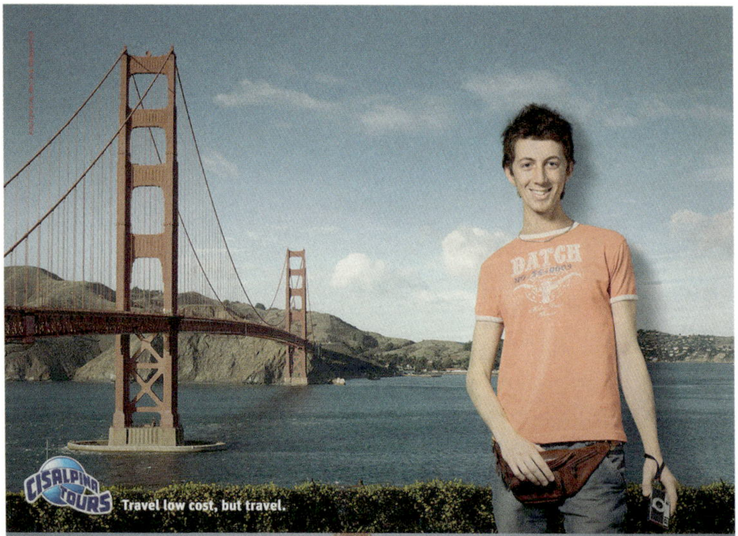
CISALPINA TOURS
Travel low cost, but travel.

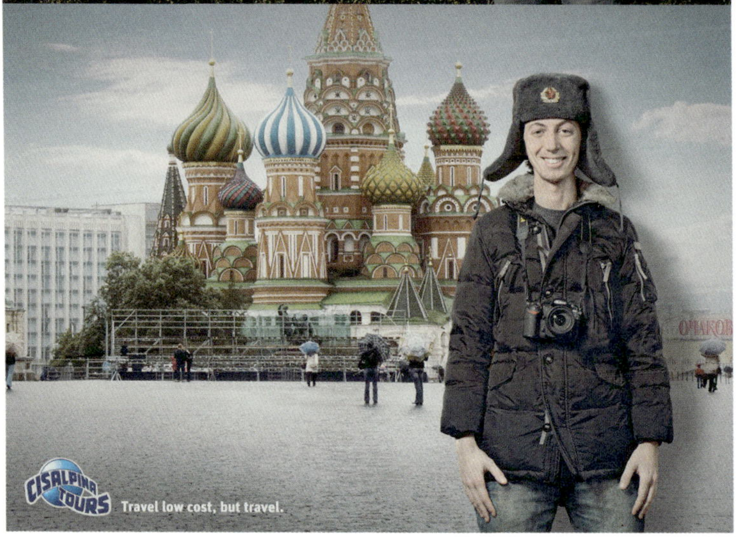
CISALPINA TOURS
Travel low cost, but travel.

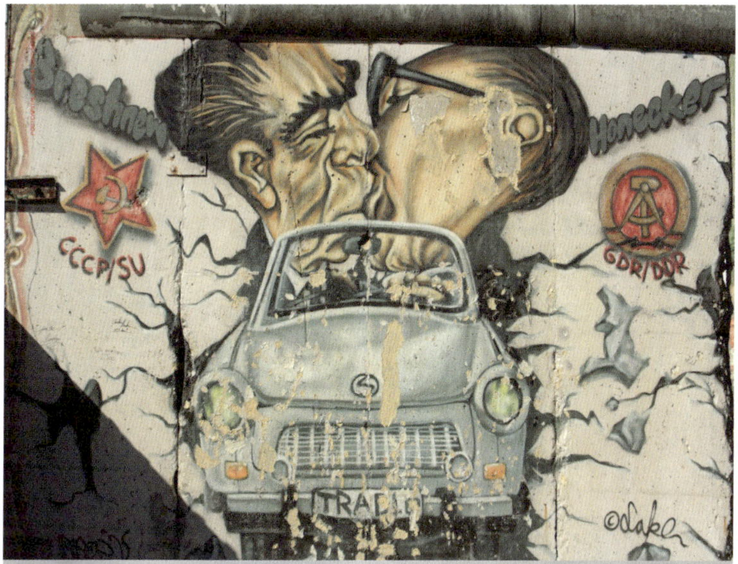
Honecker
CCCP/SU
GDR/DDR

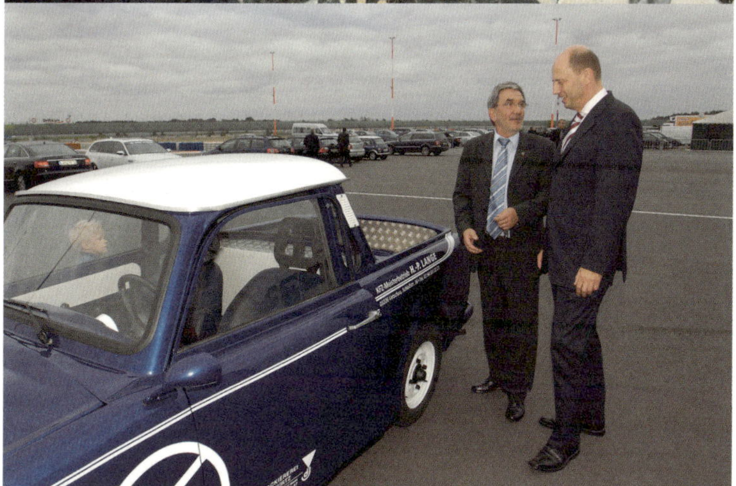

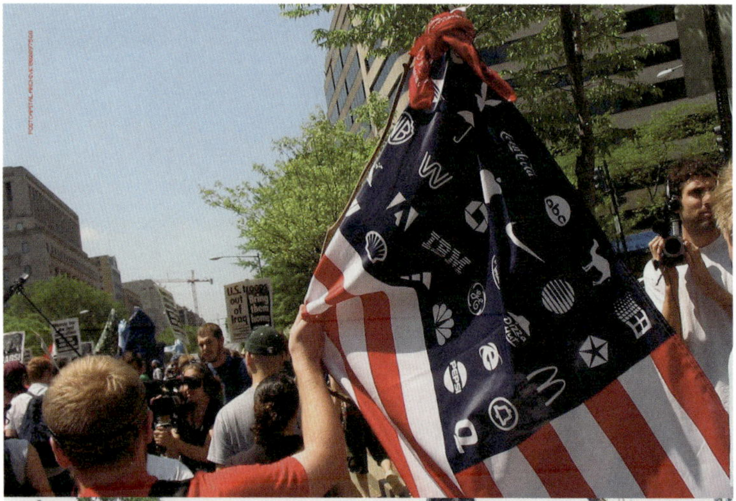
POSTCAPITAL ARCHIVE 002897568
out of Iraq
IBM
abc

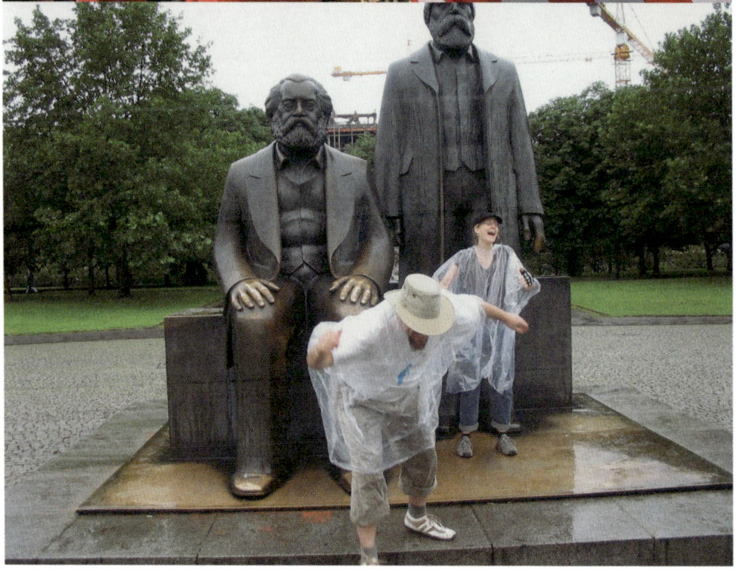

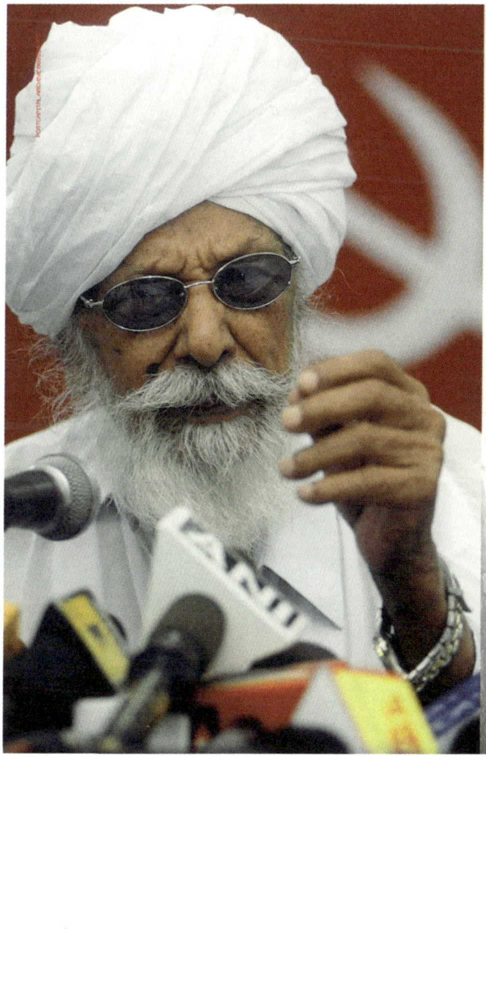

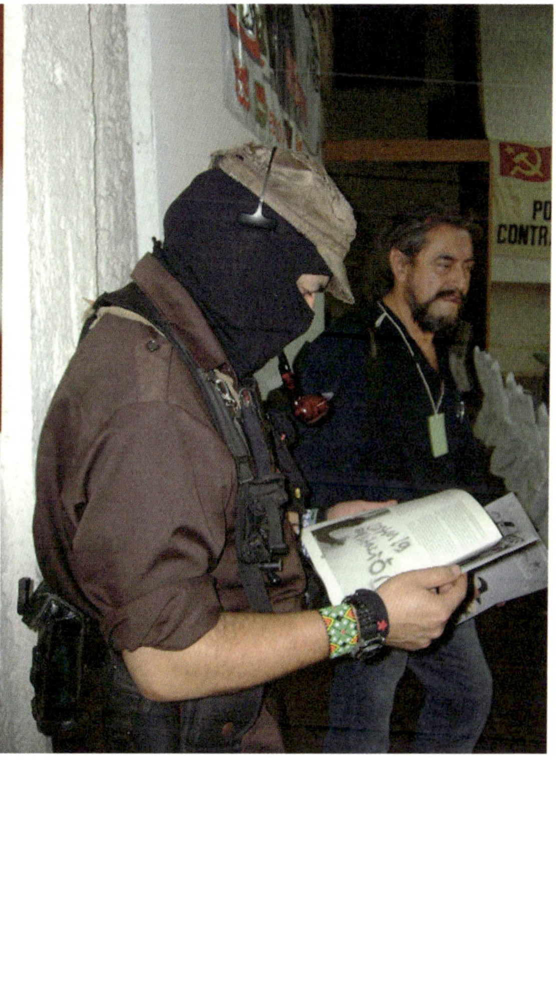

 Postcapital Archive (1989-2001)_Timeline_008036403

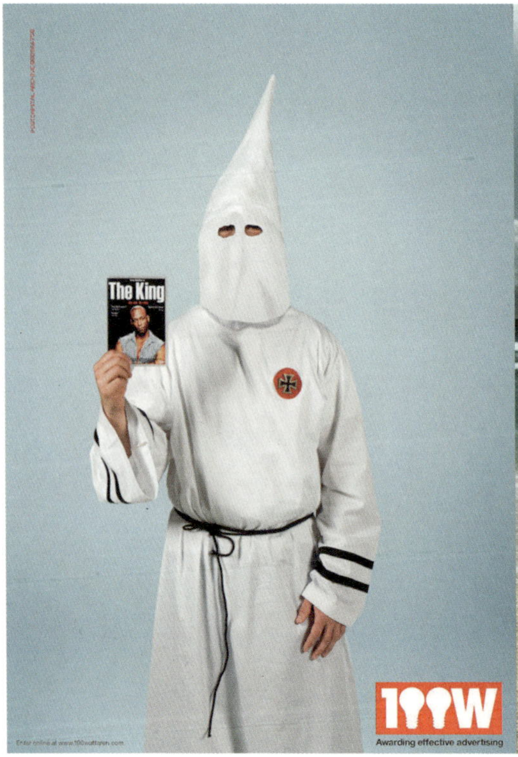
The King
Awarding effective advertising

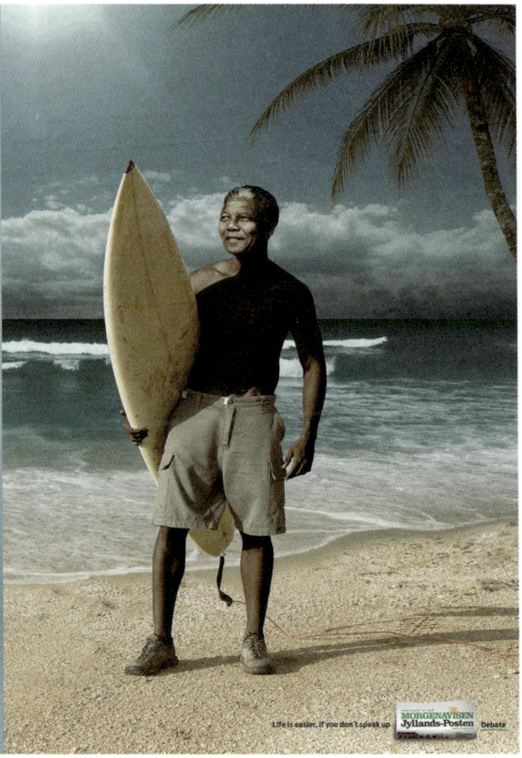
Life is easier, if you don't speak up
MORGENAVISEN
Jyllands-Posten
Debate

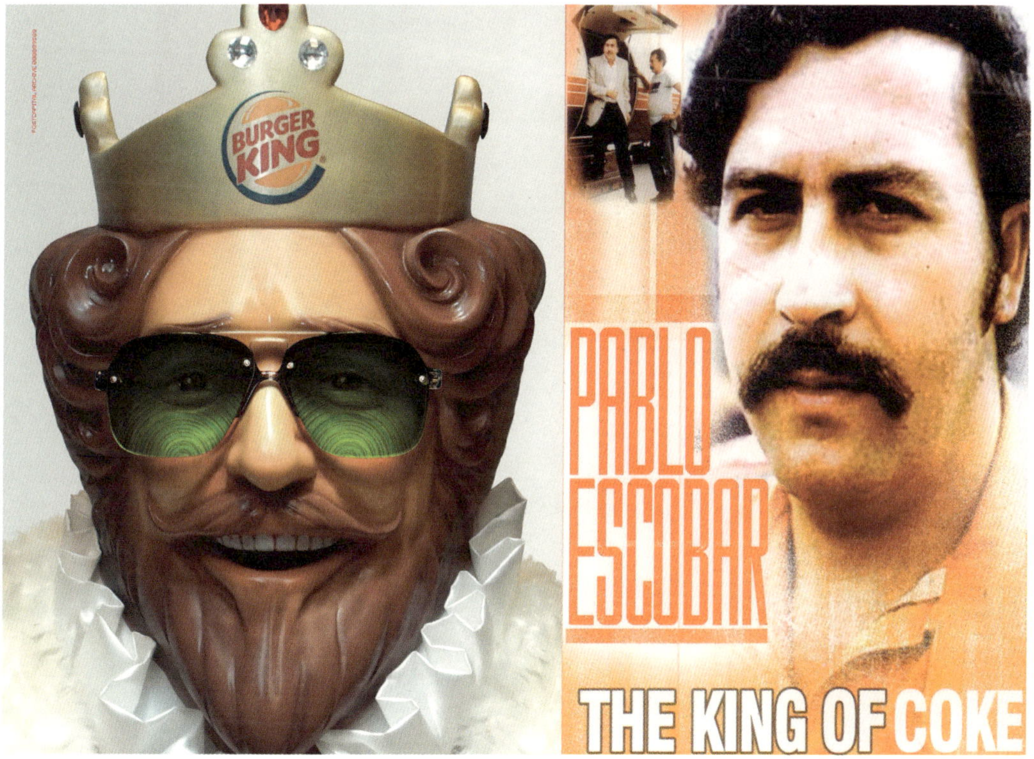
BURGER KING
PABLO ESCOBAR
THE KING OF COKE

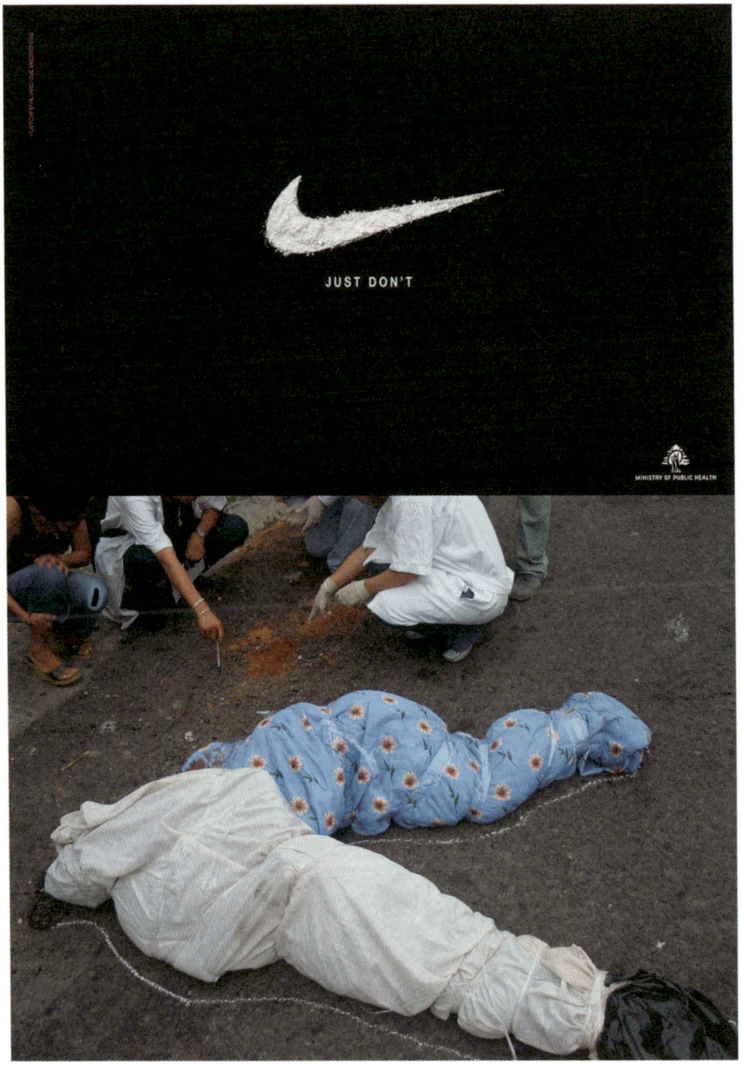
JUST DON'T
MINISTRY OF PUBLIC HEALTH

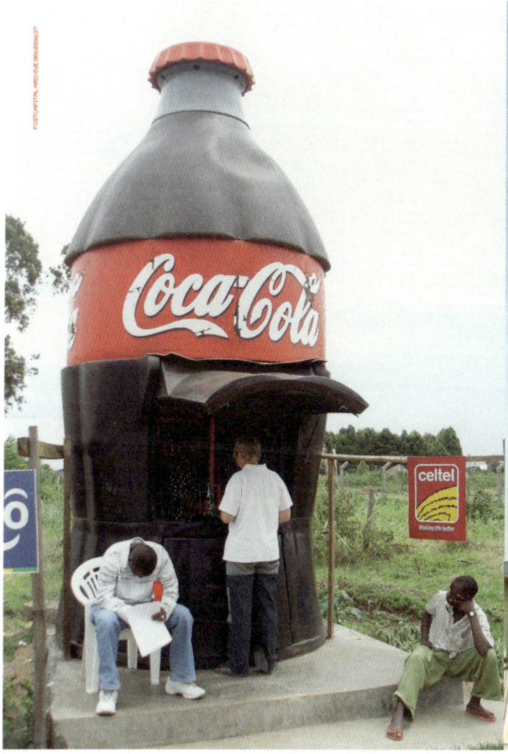
Coca-Cola
celtel

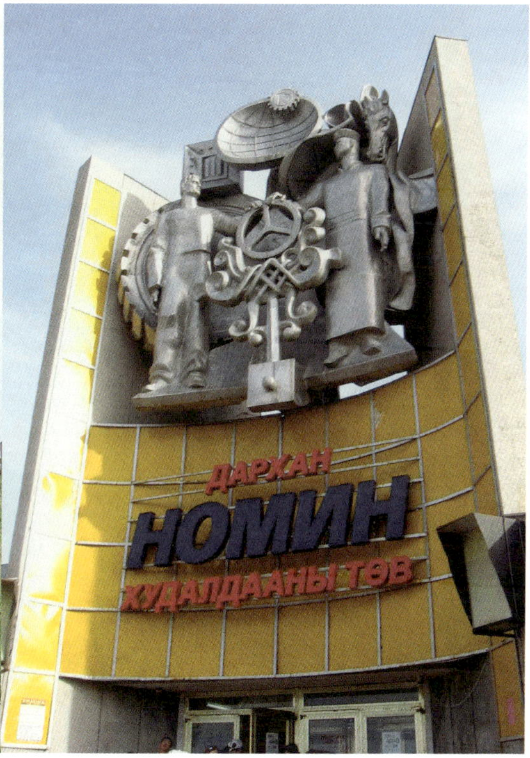
ДАРХАН
НОМИН
ХУДАЛДААНЫ ТӨВ

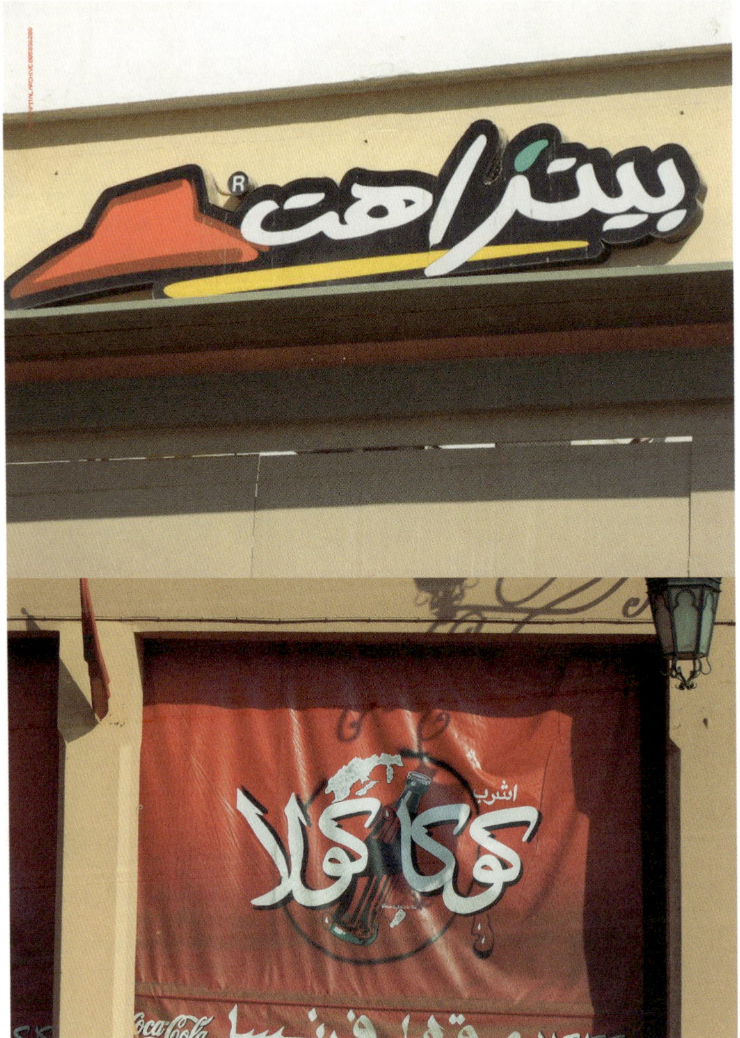

بيتزا هت
اشرب
كوكا كولا
Coca-Cola

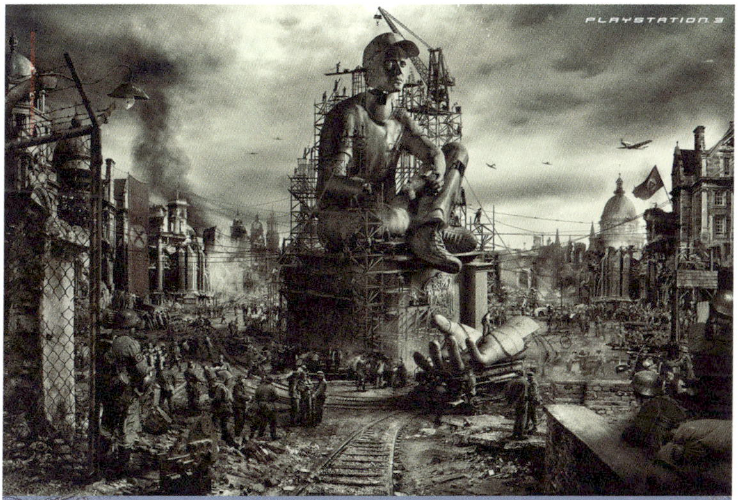
PLAYSTATION 3

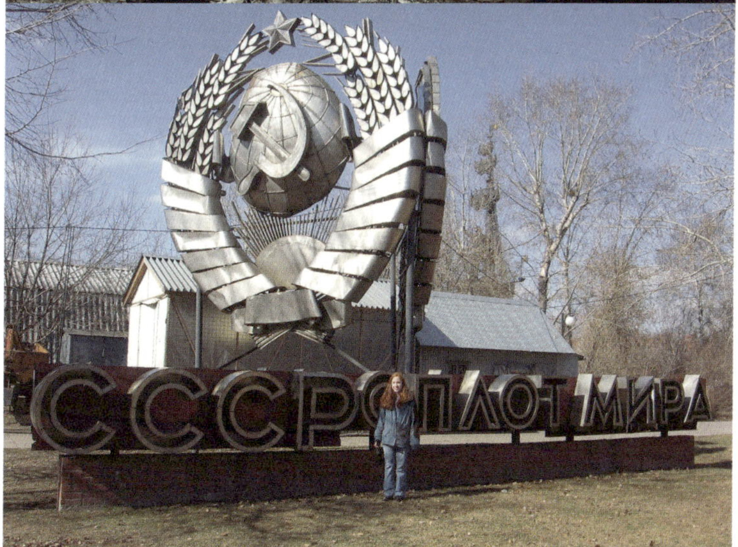
СССР ОПЛОТ МИРА

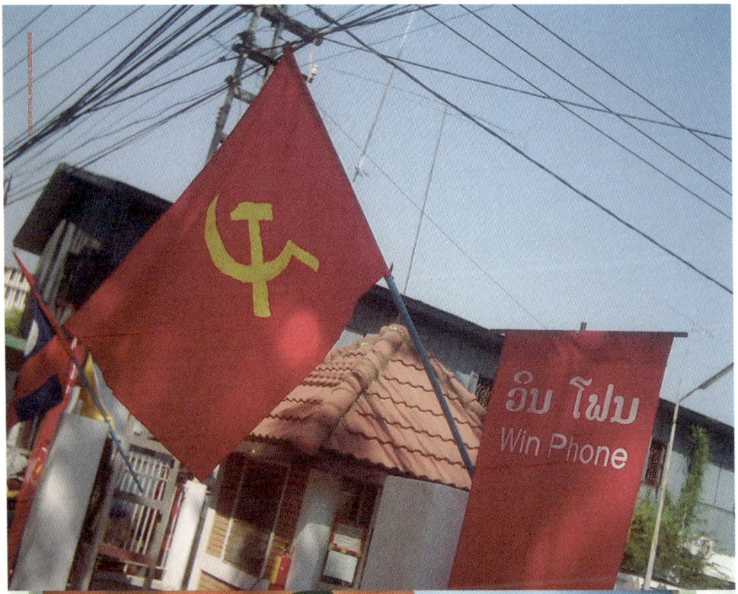
Win Phone

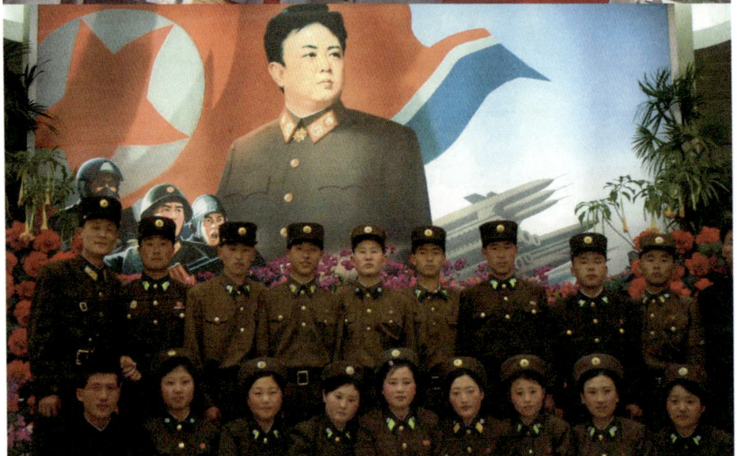

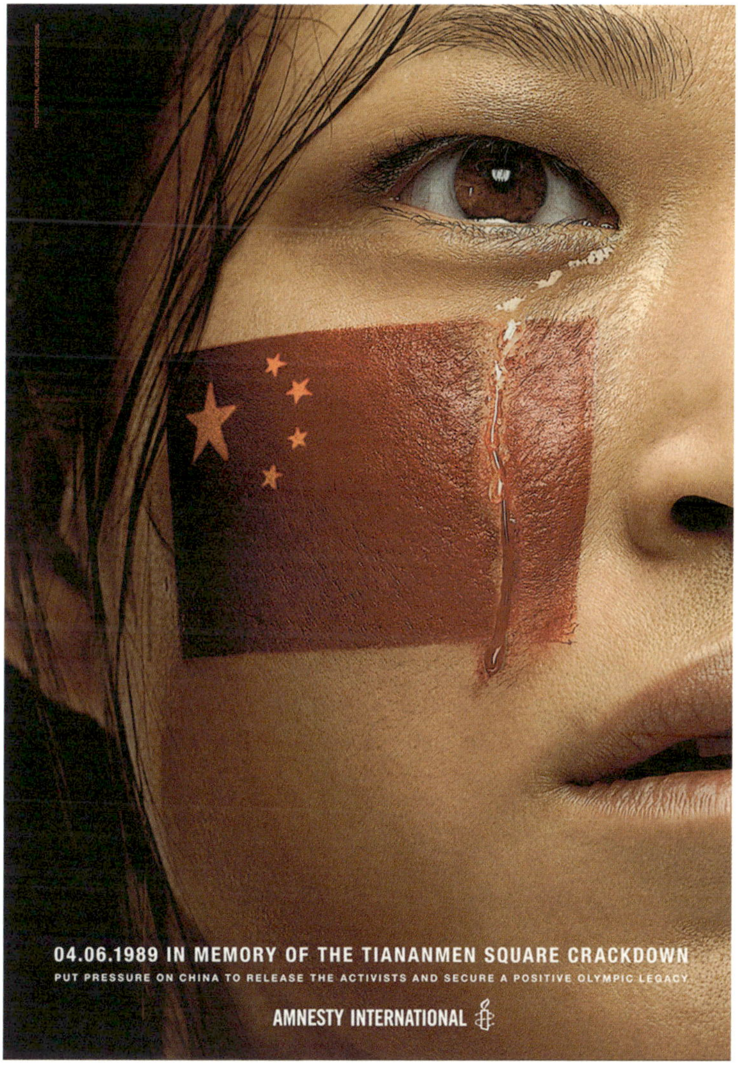
04.06.1989 IN MEMORY OF THE TIANANMEN SQUARE CRACKDOWN
PUT PRESSURE ON CHINA TO RELEASE THE ACTIVISTS AND SECURE A POSITIVE OLYMPIC LEGACY
AMNESTY INTERNATIONAL

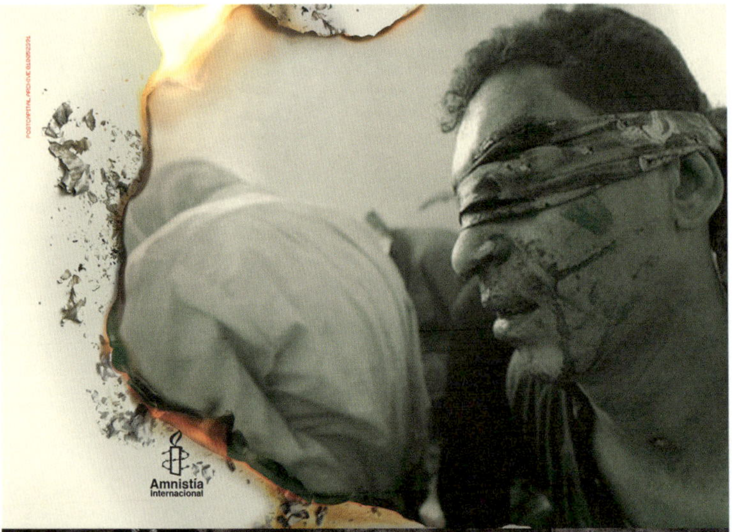
Amnistía
Internacional

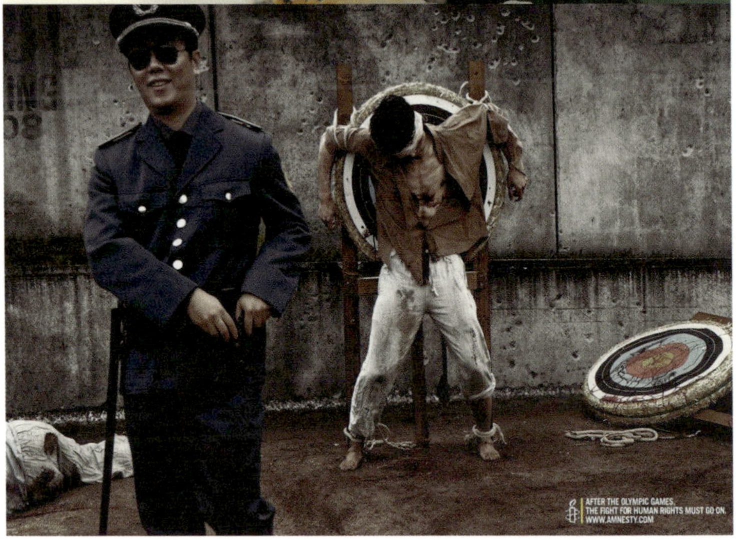
AFTER THE OLYMPIC GAMES.
THE FIGHT FOR HUMAN RIGHTS MUST GO ON.
WWW.AMNESTY.COM

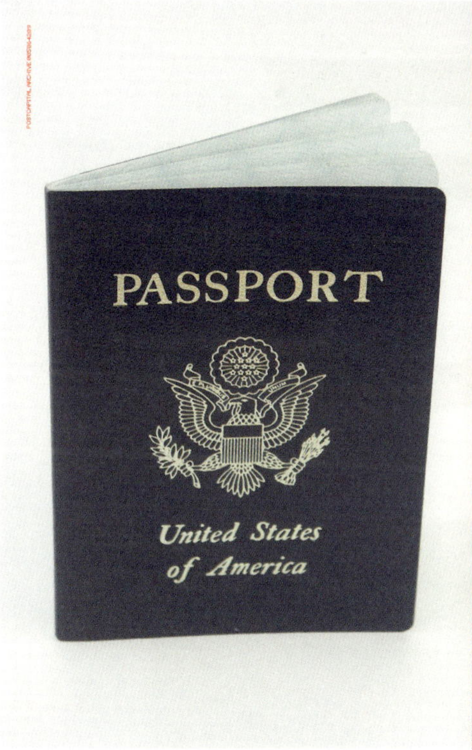
POSTCAPITAL ARCHIVE
PASSPORT
United States
of America

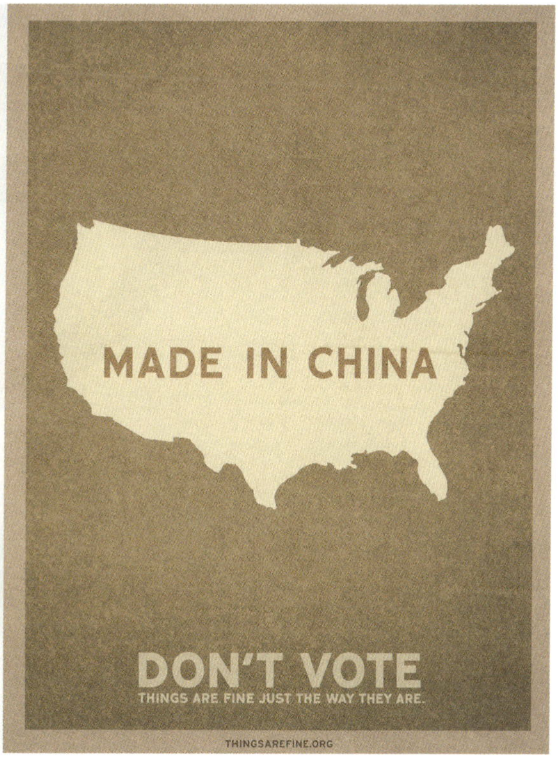
MADE IN CHINA
DON'T VOTE
THINGS ARE FINE JUST THE WAY THEY ARE.
THINGSAREFINE.ORG

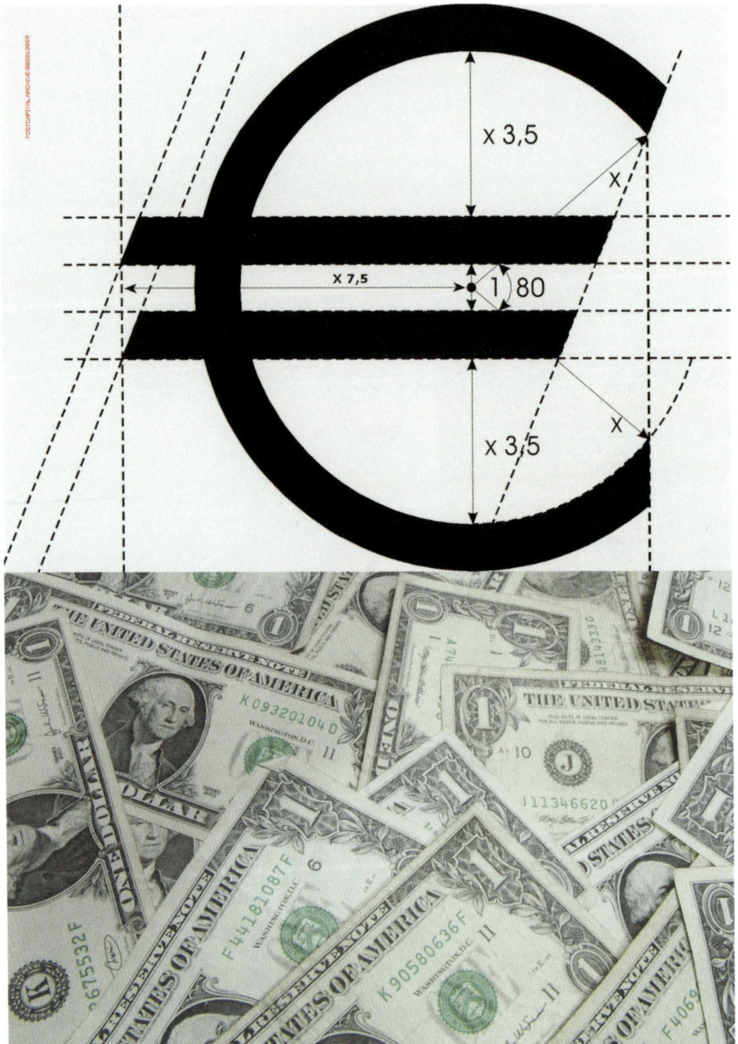
x 3,5
x
x 7,5
1
80
x 3,5
x

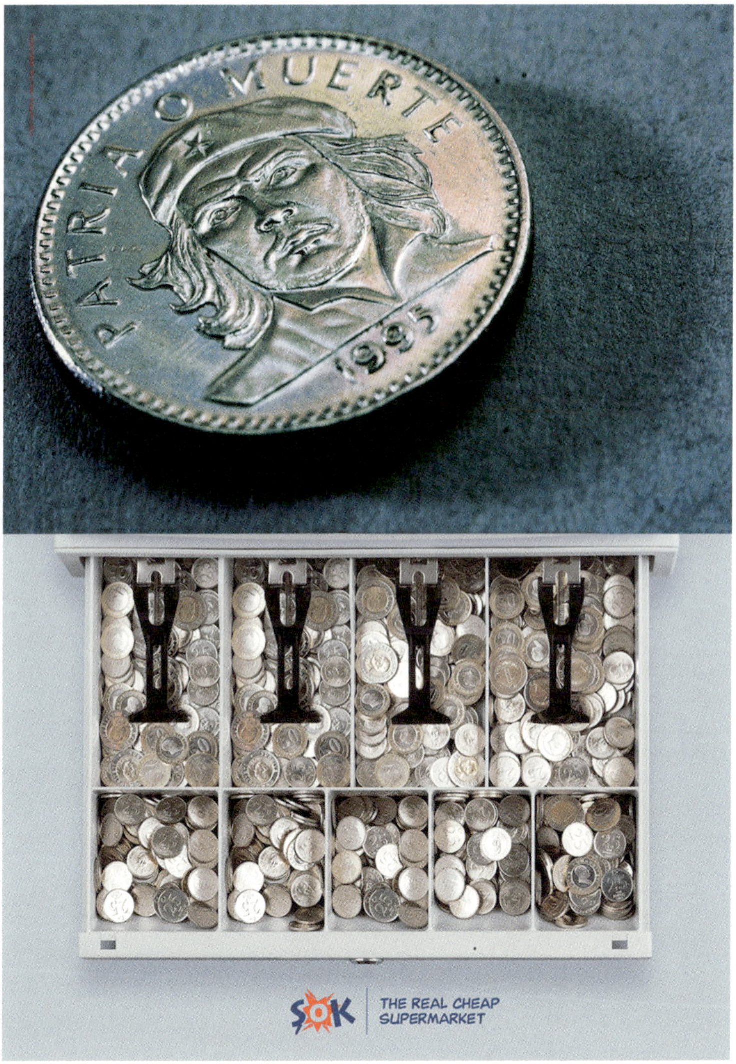
PATRIA O MUERTE
1995
ŞOK
THE REAL CHEAP
SUPERMARKET

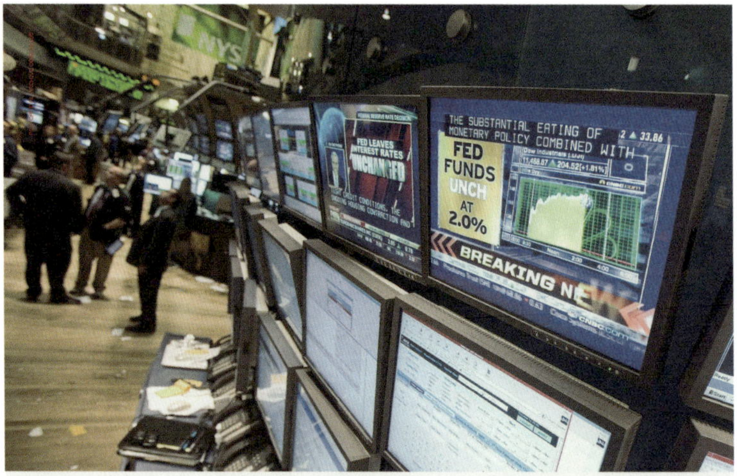
THE SUBSTANTIAL EATING OF
MONETARY POLICY COMBINED WITH
FED
FUNDS
UNCH
AT
2.0%
BREAKING NE
FED LEAVES
INTEREST RATES
UNCHANGED

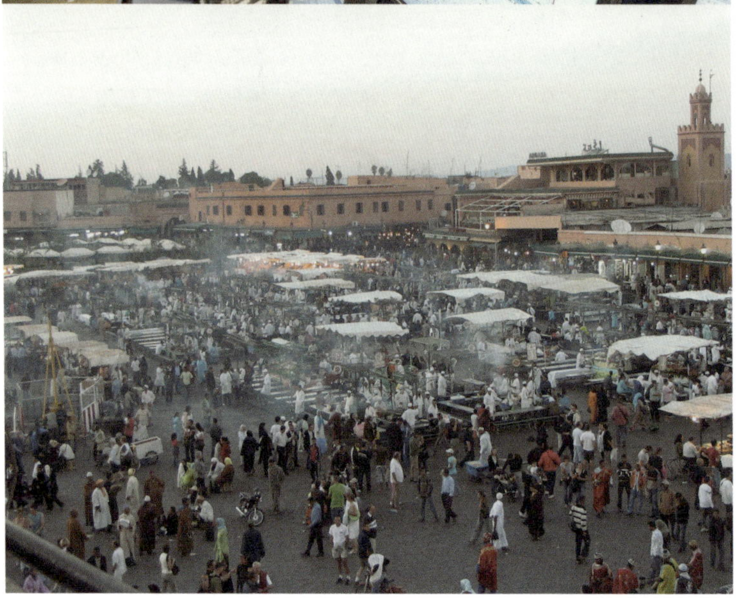

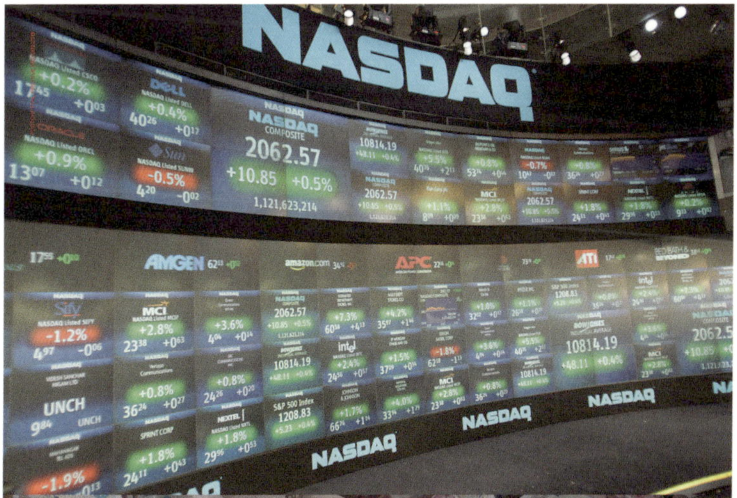
NASDAQ
NASDAQ
COMPOSITE
2062.57
+10.85
+0.5%
1,121,623,214
AMGEN
amazon.com
APC
NASDAQ
NASDAQ
NASDAQ

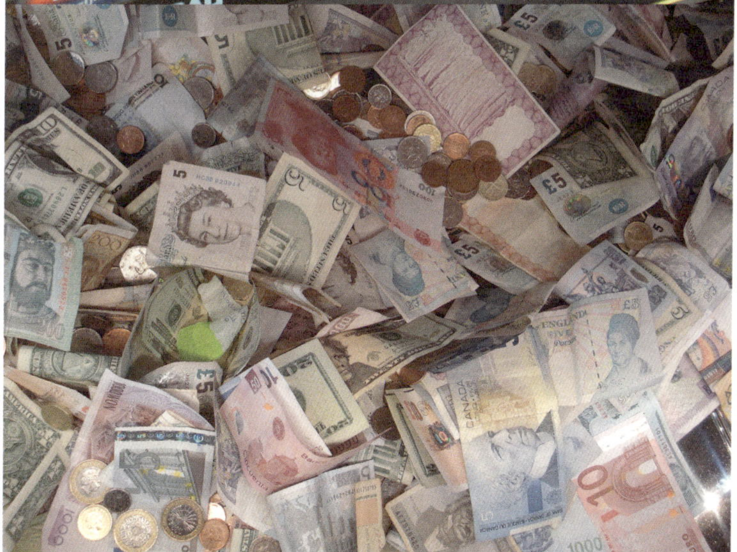

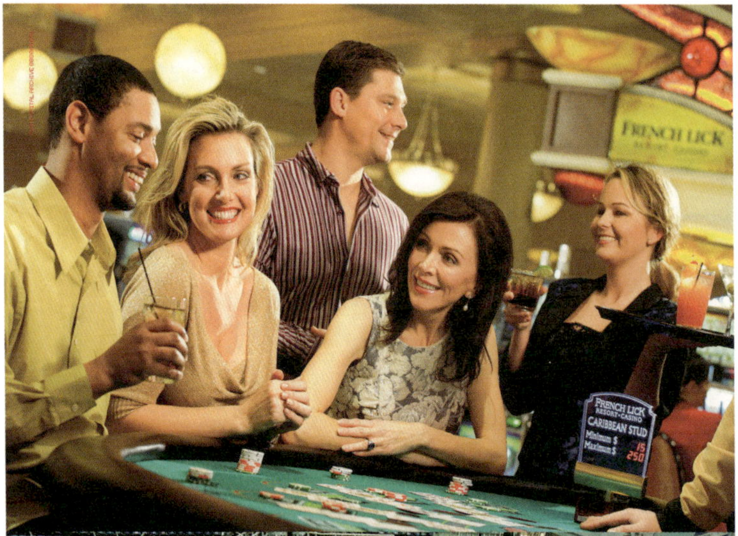
FRENCH LICK
FRENCH LICK
RESORT·CASINO
CARIBBEAN STUD
Minimum $ 15
Maximum $ 250
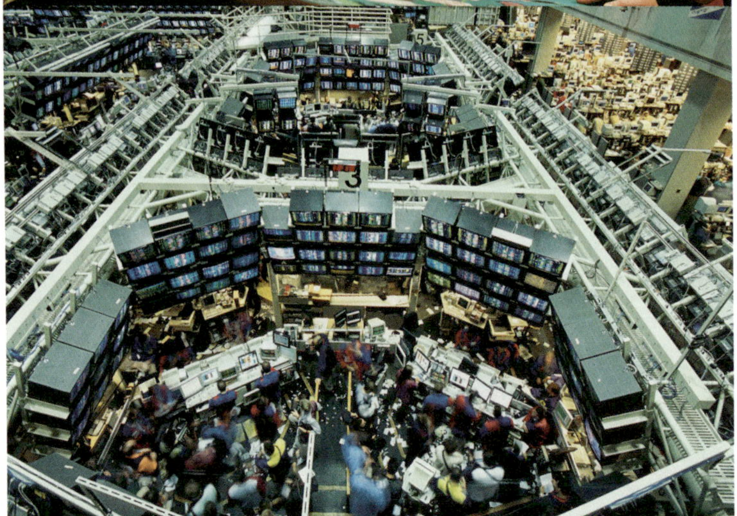

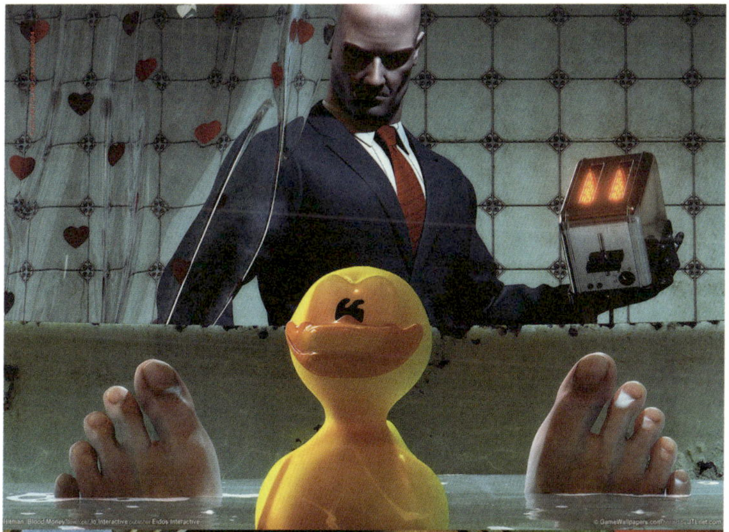
Blood Money
Interactive
Eidos Interactive
GameWallpapers.com

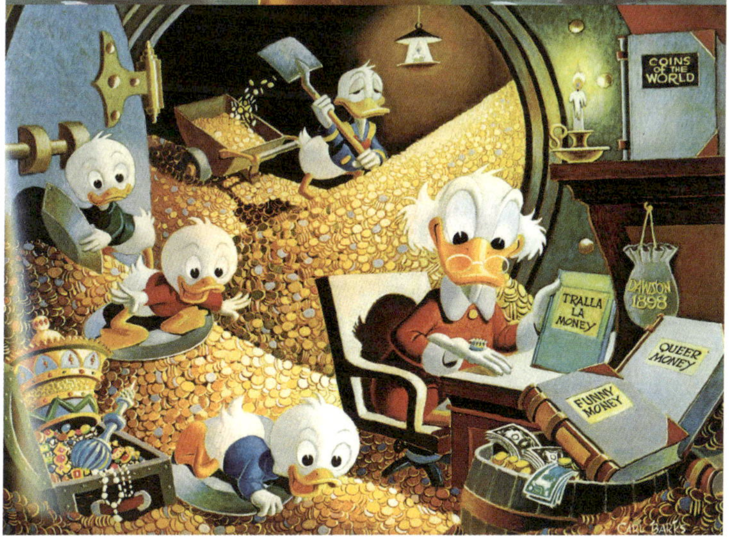
COINS OF THE WORLD
TRALLA LA MONEY
DAWSON 1898
QUEER MONEY
FUNNY MONEY
CARL BARKS

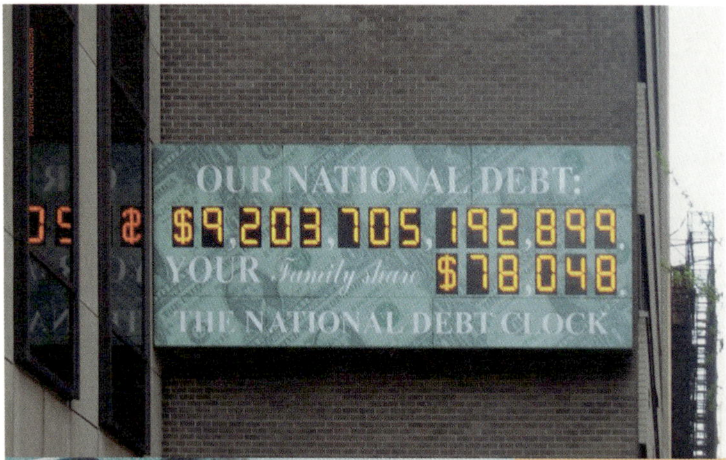
OUR NATIONAL DEBT:
$9,203,705,192,899
YOUR Family share $78,048
THE NATIONAL DEBT CLOCK

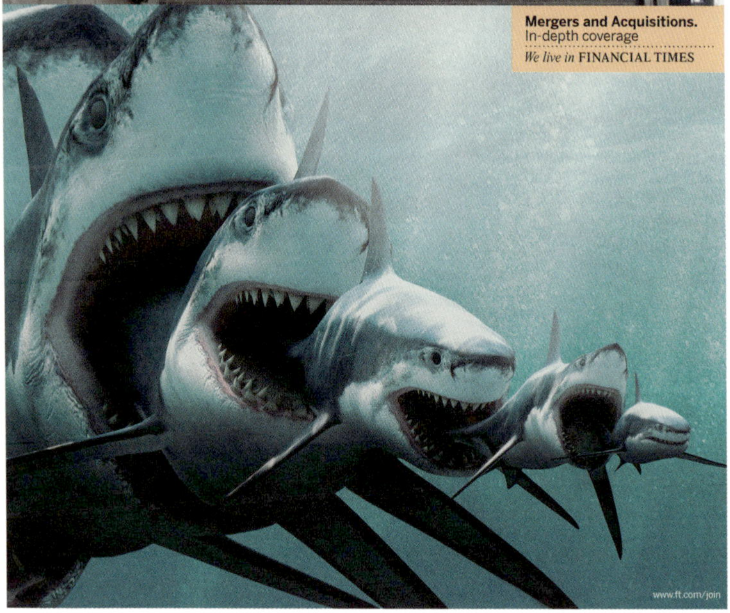
Mergers and Acquisitions.
In-depth coverage
We live in FINANCIAL TIMES
www.ft.com/join

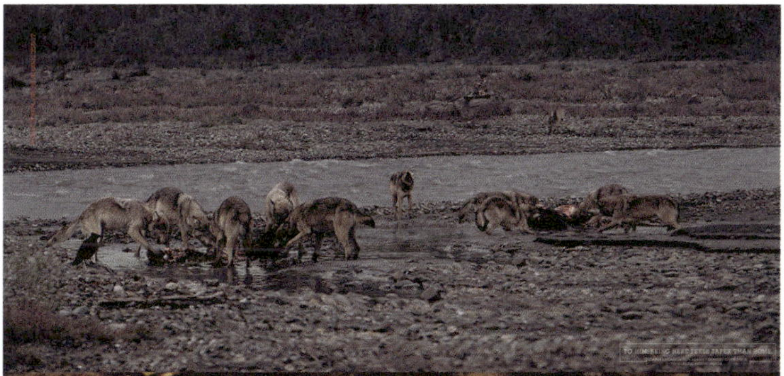

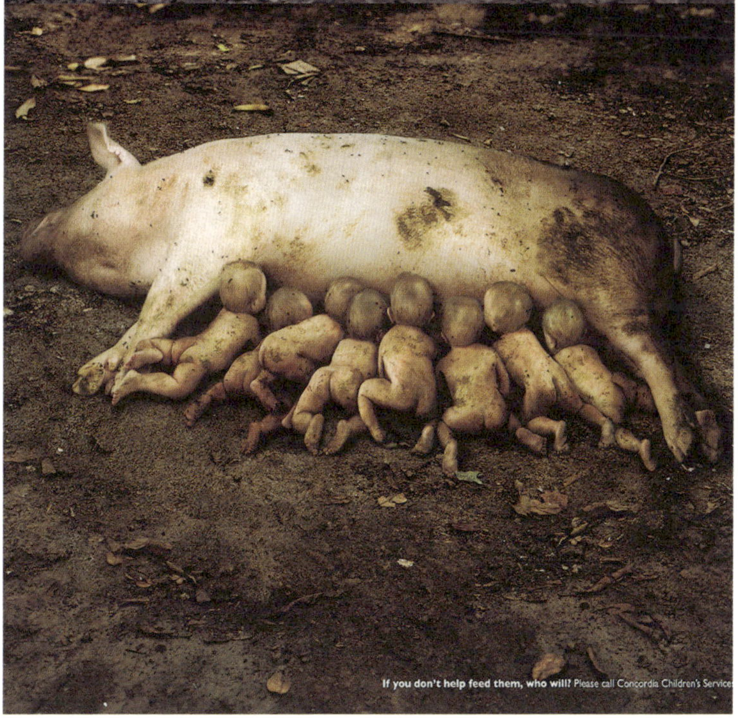
If you don't help feed them, who will? Please call Concordia Children's Services

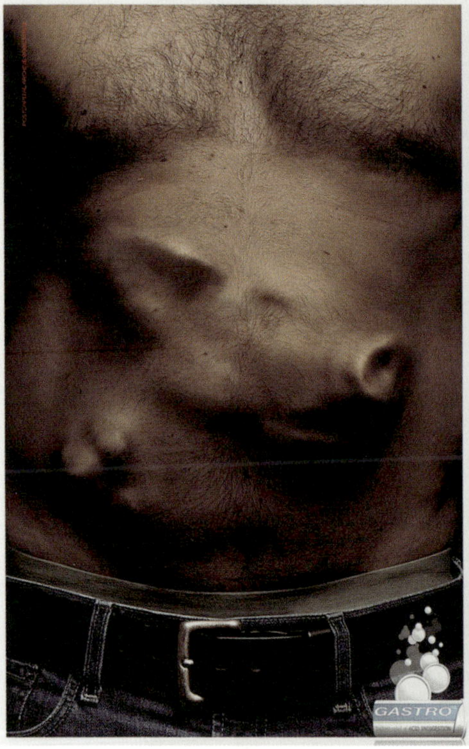
GASTRO

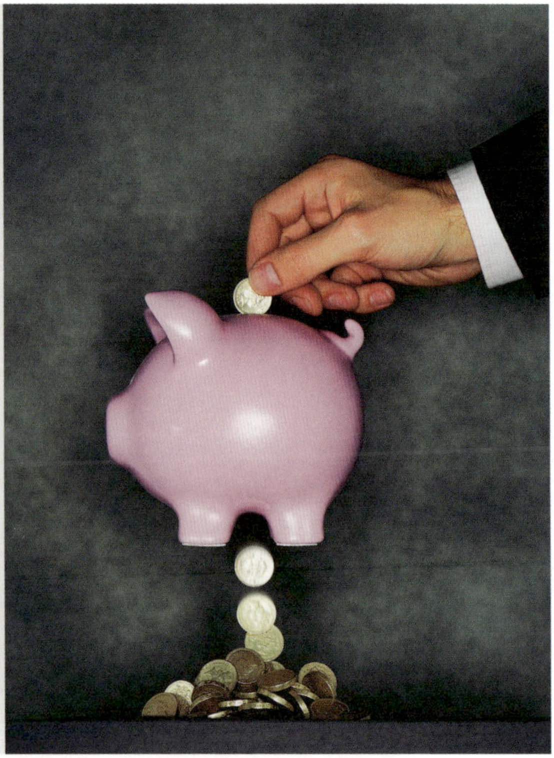

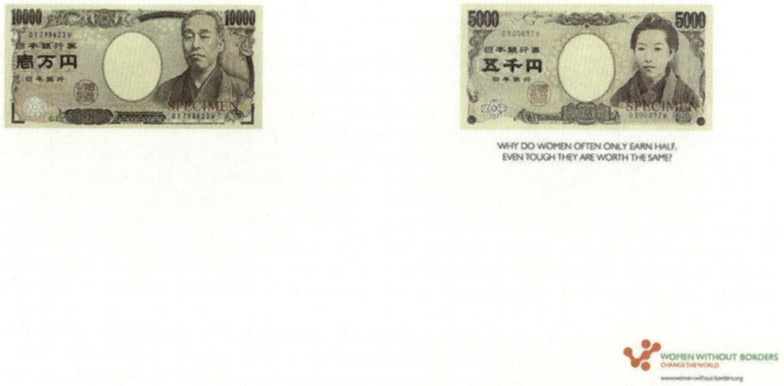
10000
10000
5000
5000
SPECIMEN
SPECIMEN
WHY DO WOMEN OFTEN ONLY EARN HALF,
EVEN TOUGH THEY ARE WORTH THE SAME?
WOMEN WITHOUT BORDERS
CHANGE THE WORLD.
www.women-without-borders.org

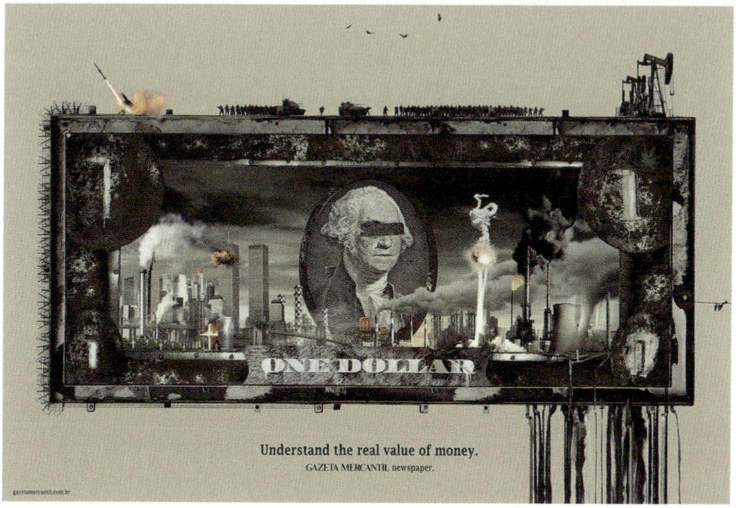
ONE DOLLAR
Understand the real value of money.
GAZETA MERCANTIL newspaper.
gazetamercantil.com.br

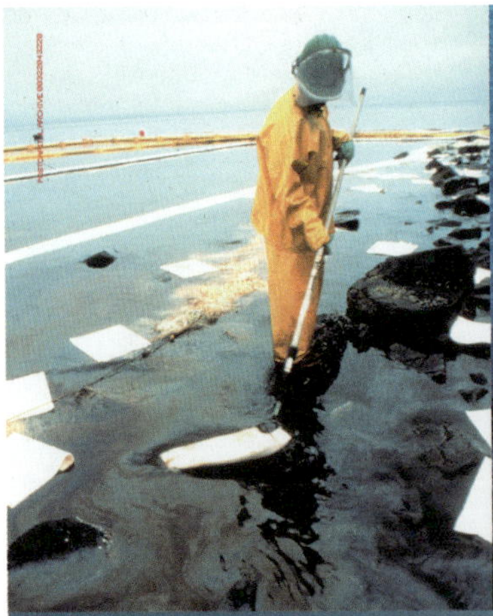

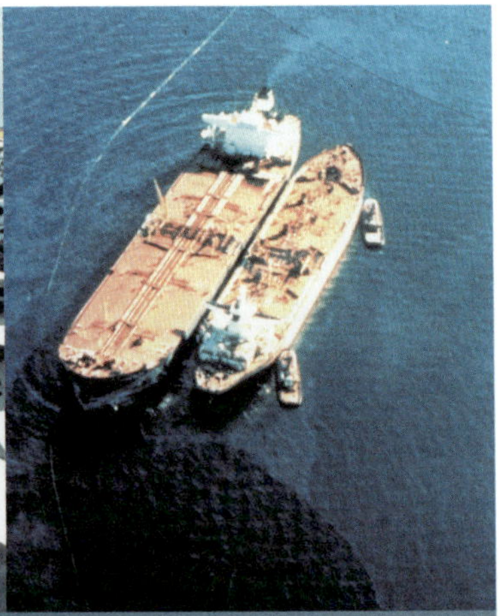

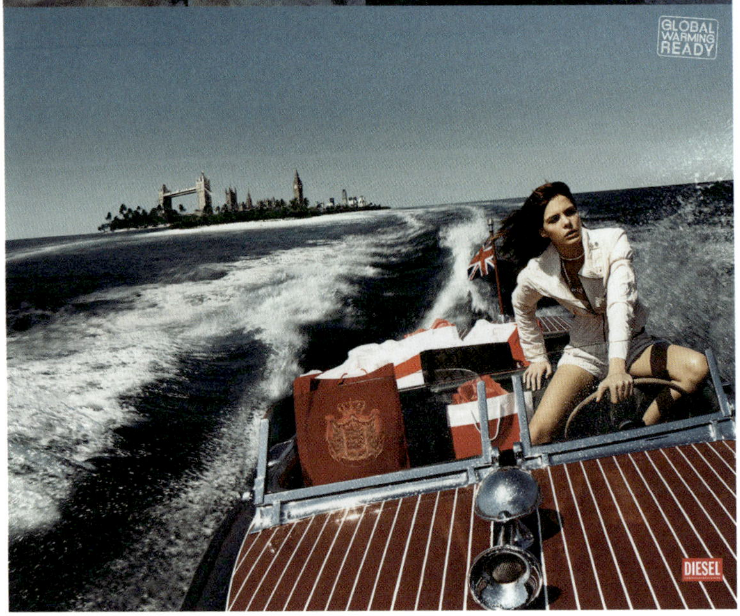
GLOBAL WARMING READY
DIESEL

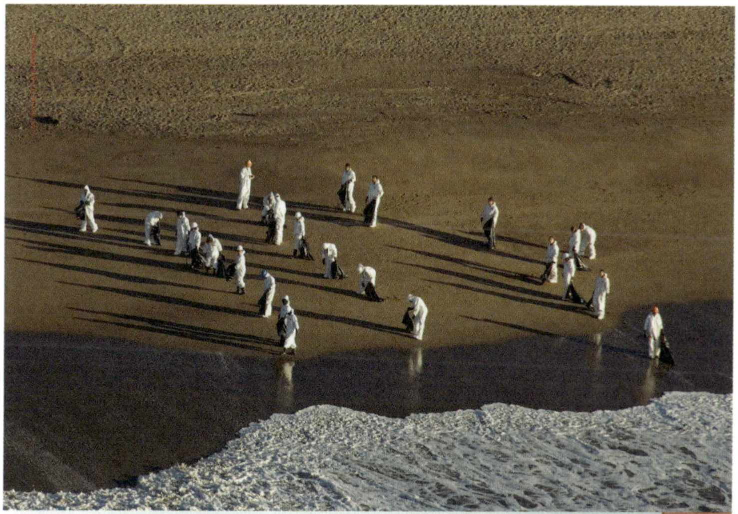

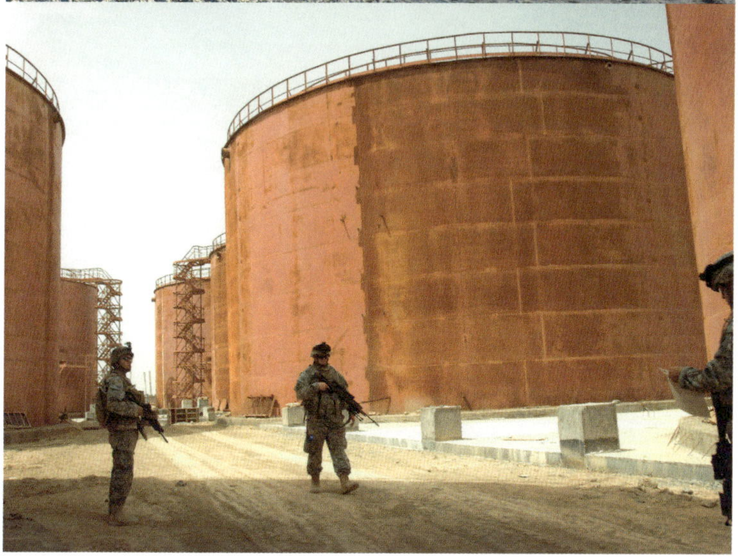

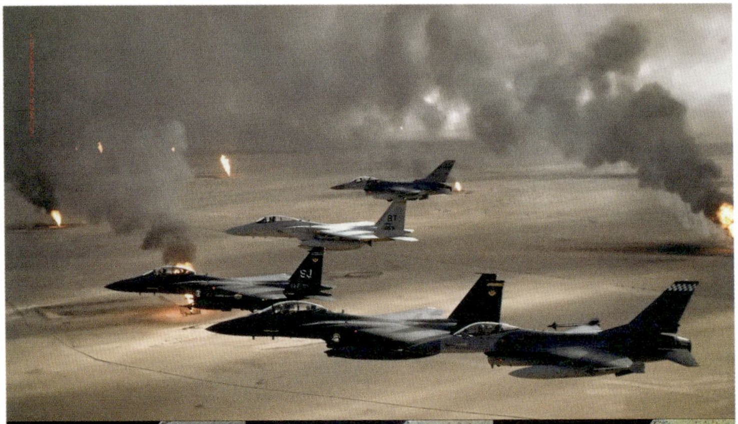

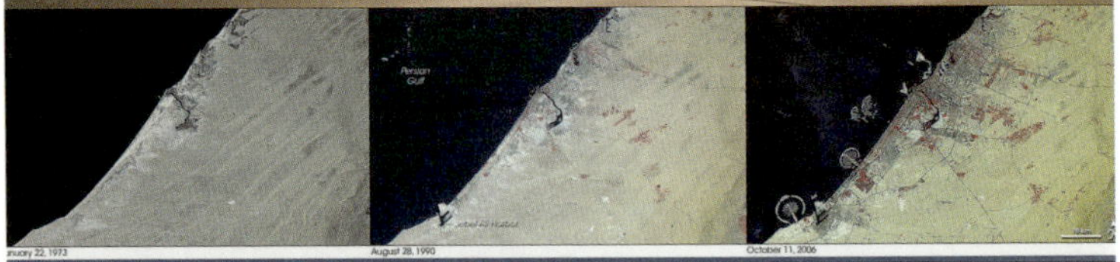
Persian Gulf
anuary 22, 1973
August 28, 1990
October 11, 2006

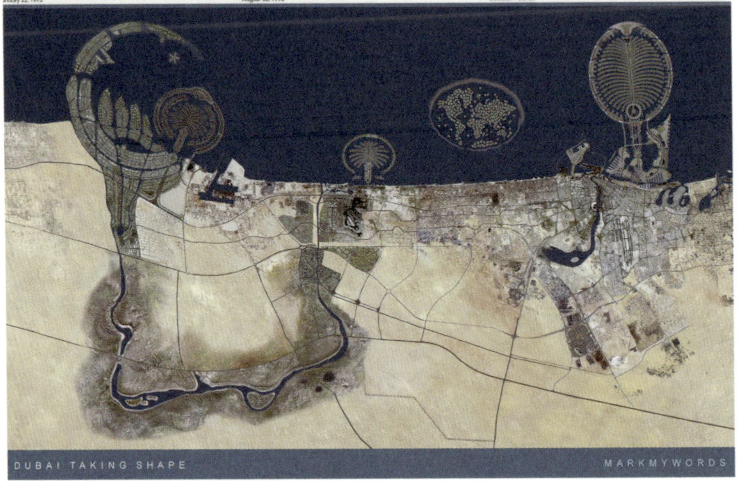
DUBAI TAKING SHAPE
MARKMYWORDS

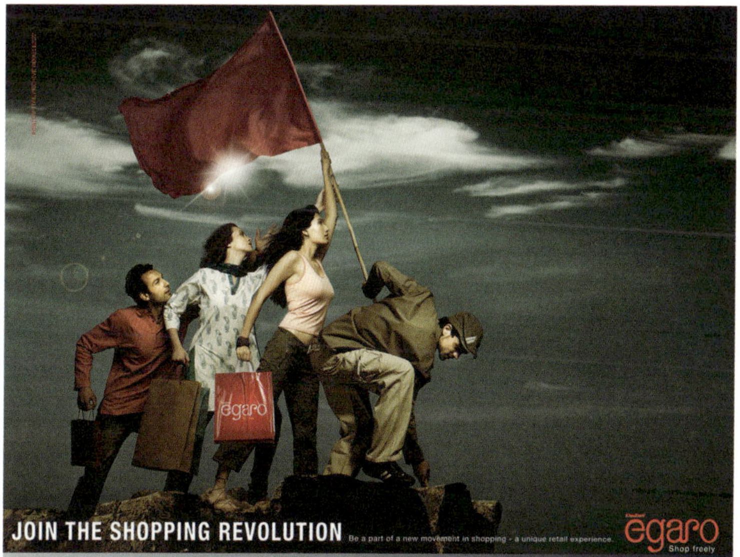

egaro
JOIN THE SHOPPING REVOLUTION
Be a part of a new movement in shopping - a unique retail experience.
egaro
Shop freely

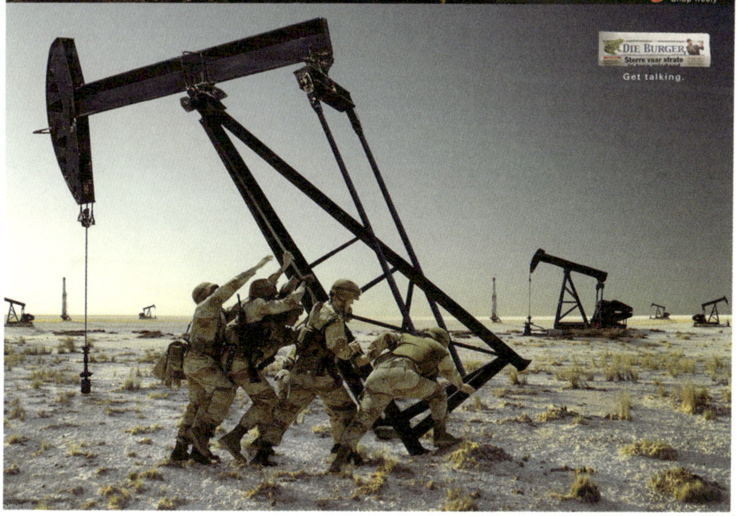

DIE BURGER
Sterre vaar strate
Get talking.

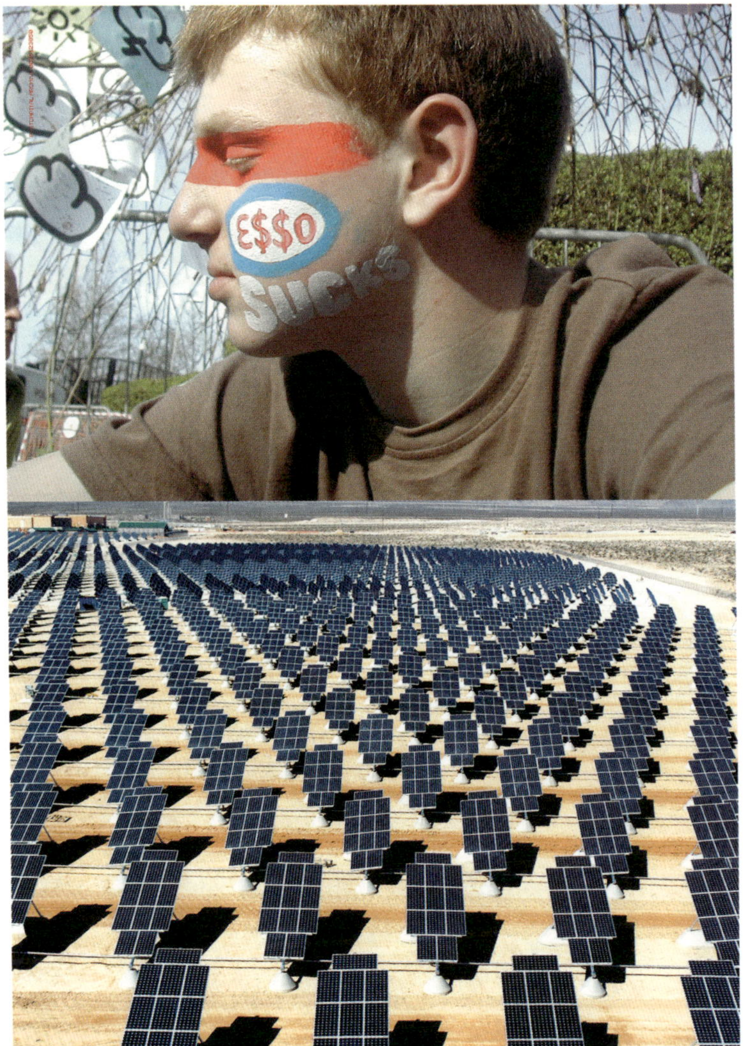
E$$O
SUCKS

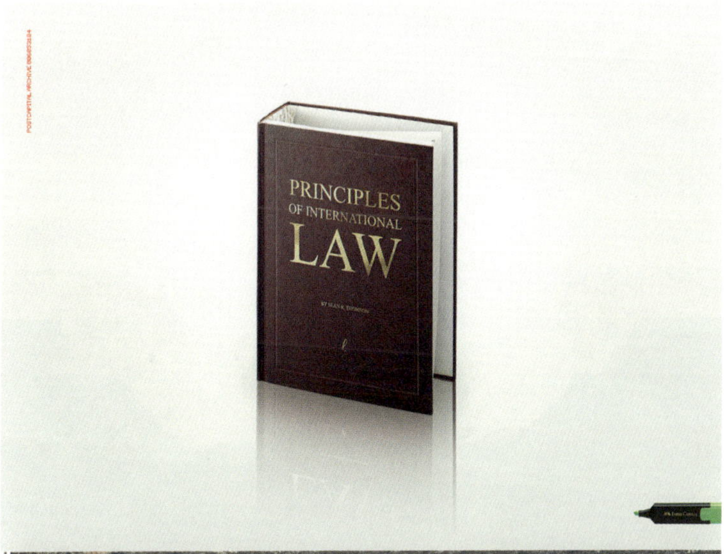
PRINCIPLES
OF INTERNATIONAL
LAW

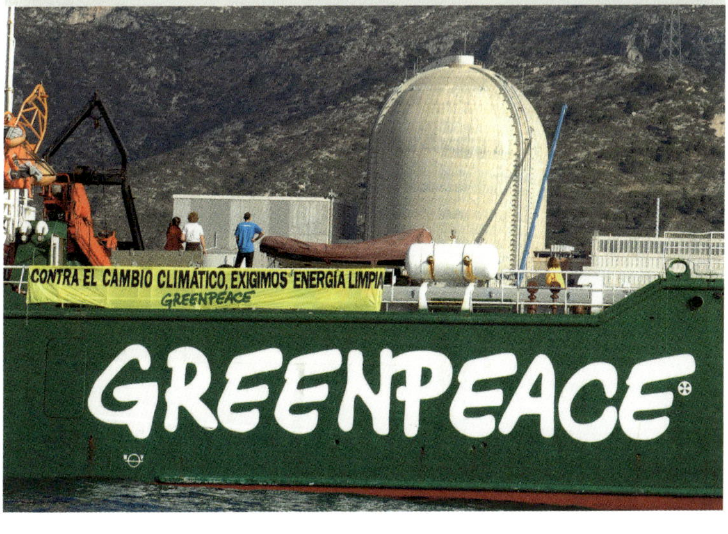
CONTRA EL CAMBIO CLIMÁTICO, EXIGIMOS 'ENERGÍA LIMPIA'
GREENPEACE
GREENPEACE

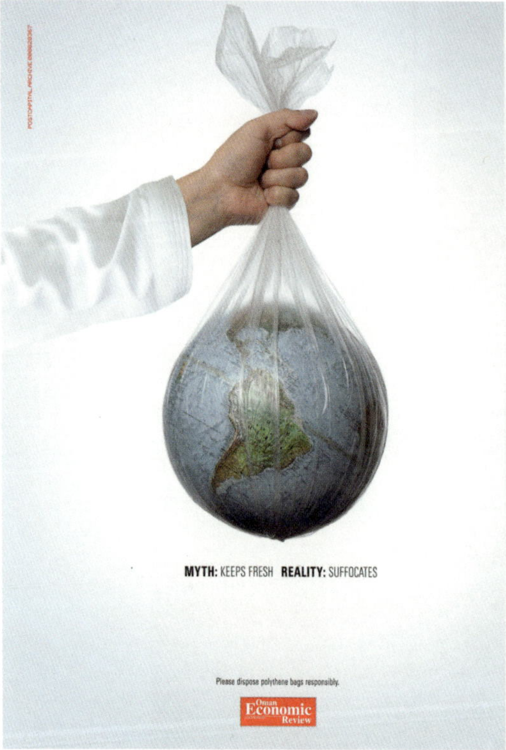
MYTH: KEEPS FRESH REALITY: SUFFOCATES
Please dispose polythene bags responsibly.
Oman Economic Review

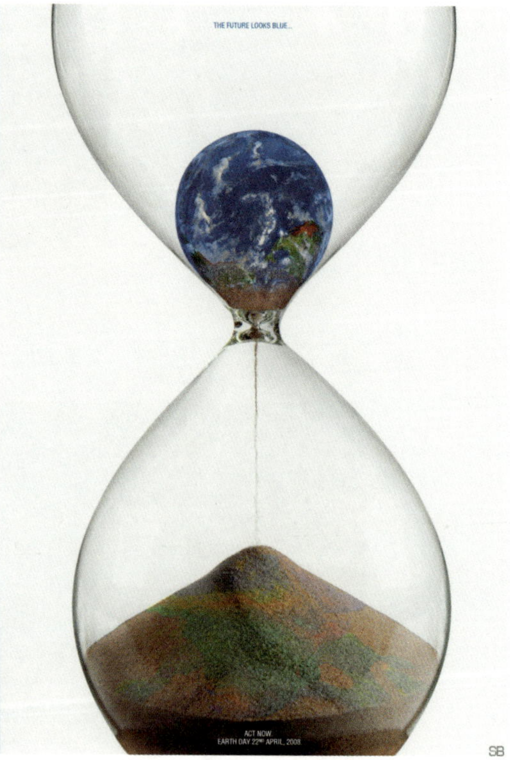
THE FUTURE LOOKS BLUE...
ACT NOW.
EARTH DAY 22ND APRIL, 2008

SB

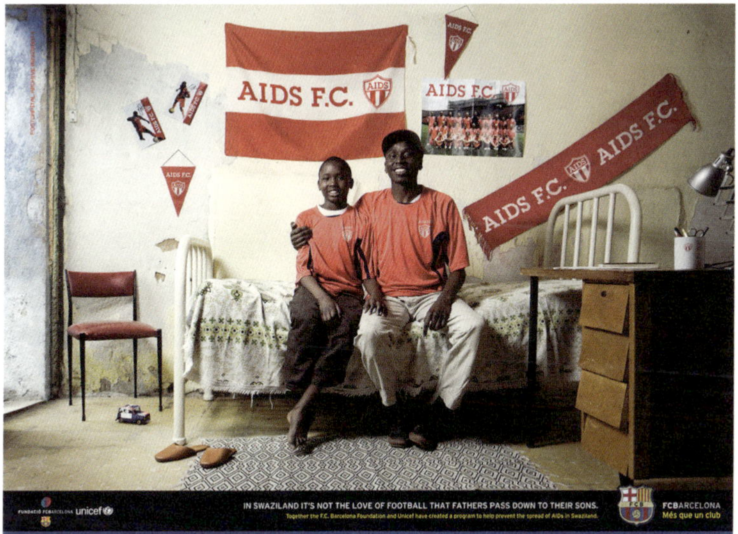
AIDS F.C.
AIDS F.C.
AIDS F.C. AIDS F.C.
FUNDACIÓ FCBARCELONA
unicef
IN SWAZILAND IT'S NOT THE LOVE OF FOOTBALL THAT FATHERS PASS DOWN TO THEIR SONS.
Together the F.C. Barcelona Foundation and Unicef have created a program to help prevent the spread of AIDs in Swaziland.
FCBARCELONA
Més que un club

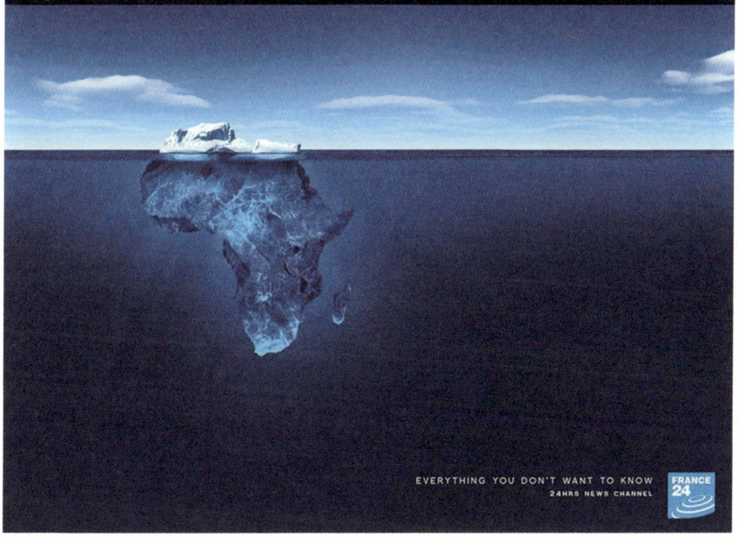
EVERYTHING YOU DON'T WANT TO KNOW
24HRS NEWS CHANNEL
FRANCE 24

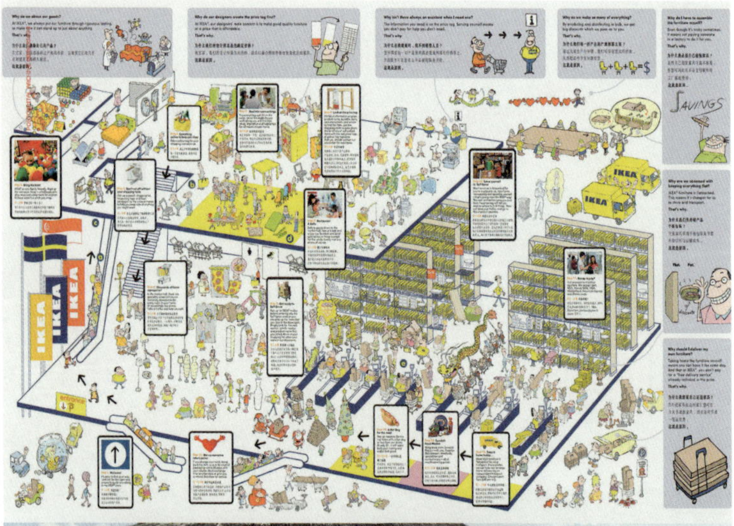
IKEA
SAVINGS

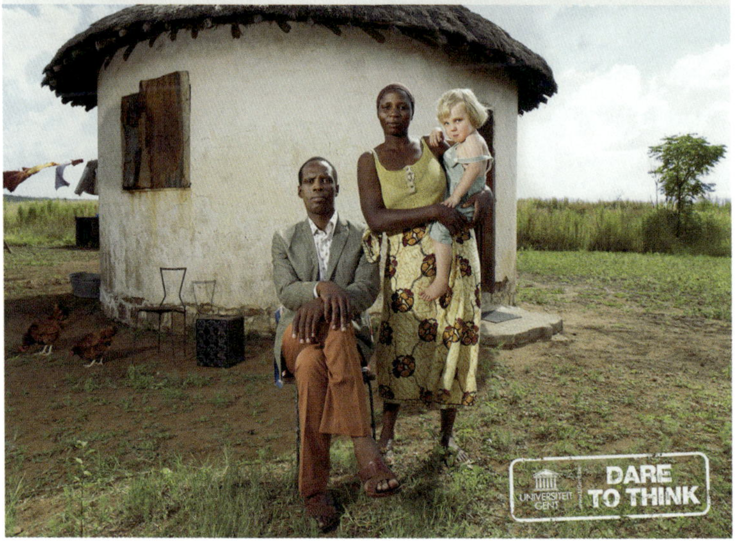
UNIVERSITEIT GENT
DARE TO THINK

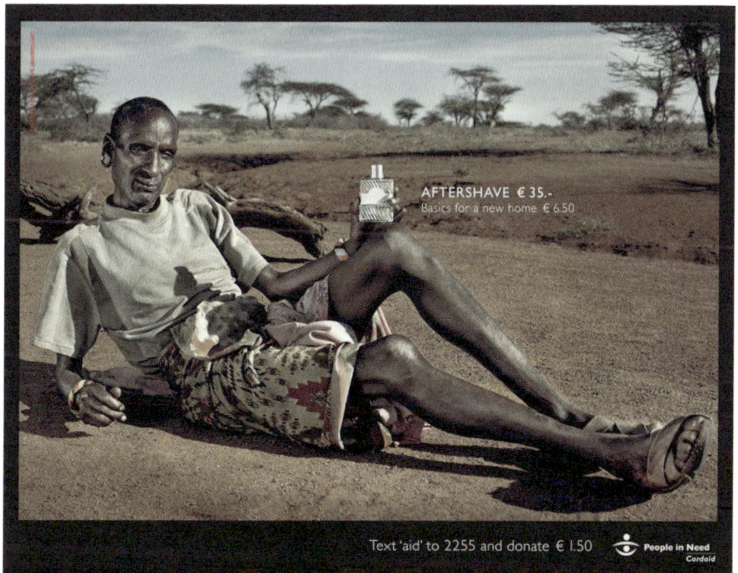
AFTERSHAVE € 35.-
Basics for a new home € 6.50
Text 'aid' to 2255 and donate € 1.50
People in Need
Cordaid

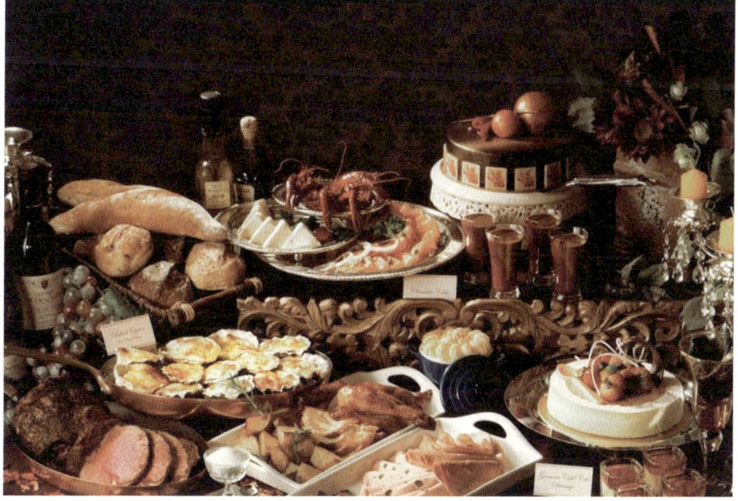

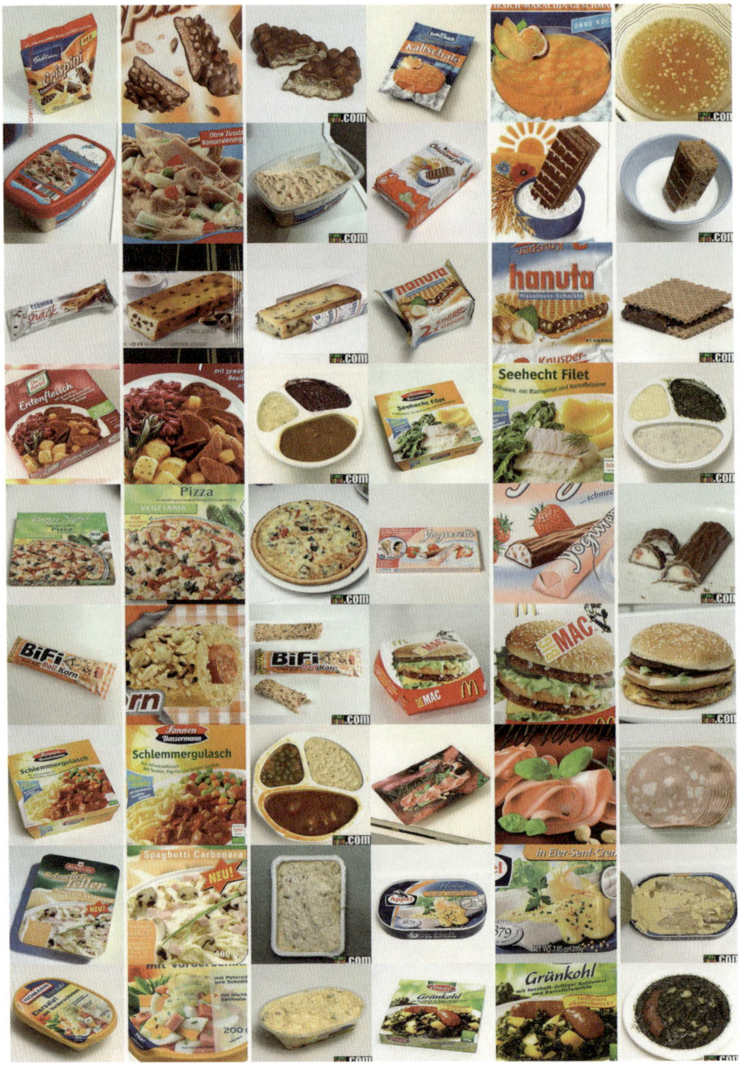
Crispini
Kaltschale
.com
hanuta
Haselnuss-Schnitte
Knusper-
Entenfleisch
Seehecht Filet
Seehecht Filet
Pizza
VEGETARIA
BiFi
Roll Korn
BIG MAC
Sonnen Bassermann
Schlemmergulasch
Spaghetti Carbonara
NEU!
Appel
in Eier-Senf-Creme
Grünkohl
Grünkohl

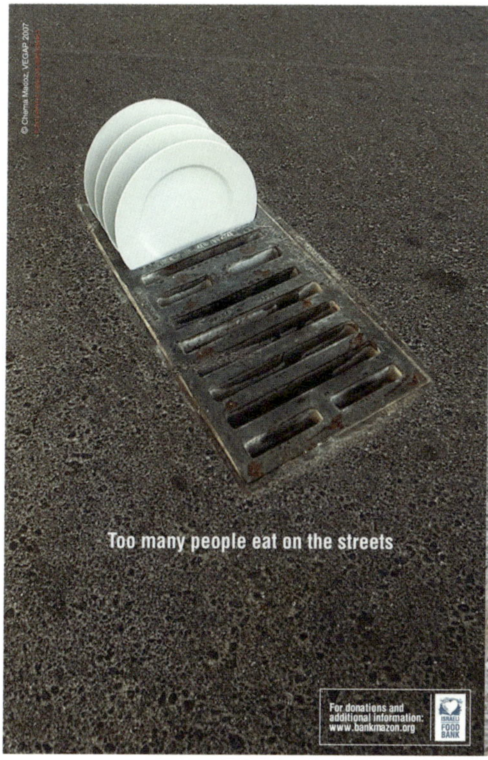
© Chema Madoz, VEGAP 2007
Too many people eat on the streets
For donations and
additional information:
www.bankmazon.org
ISRAELI
FOOD
BANK

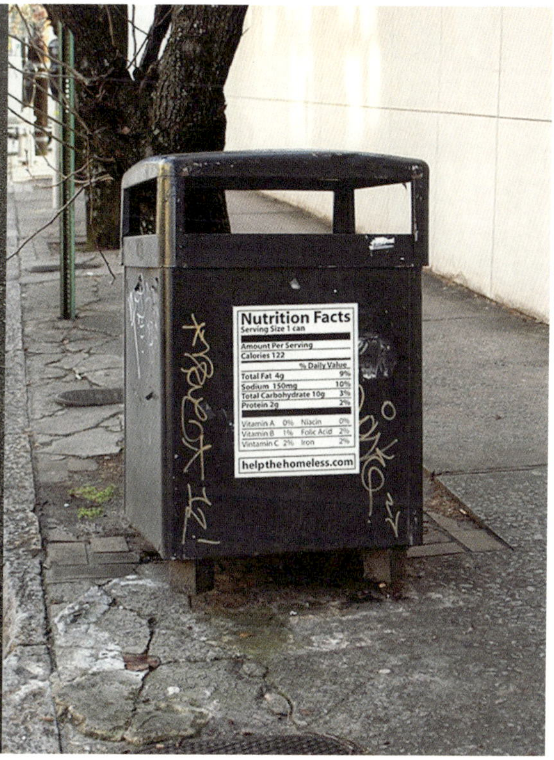
Nutrition Facts
Serving Size 1 can
Amount Per Serving
Calories 122
% Daily Value
Total Fat 4g 9%
Sodium 150mg 10%
Total Carbohydrate 10g 3%
Protein 2g 2%
Vitamin A 0% Niacin 0%
Vitamin B 1% Folic Acid 2%
Vintamin C 2% Iron 2%
helpthehomeless.com

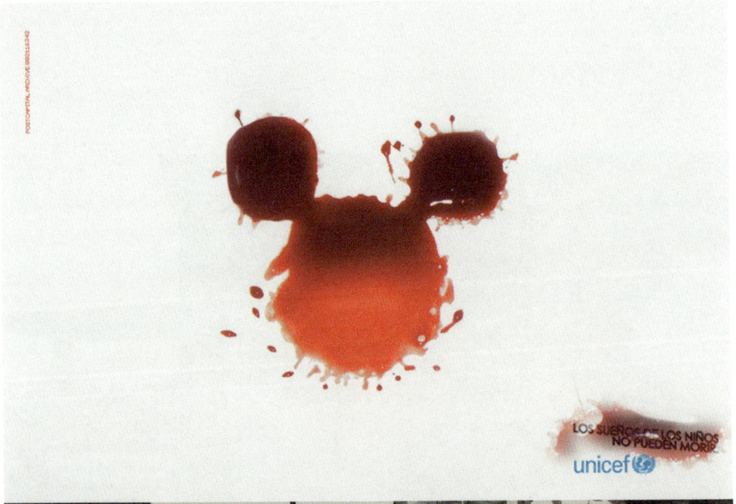
LOS SUEÑOS DE LOS NIÑOS
NO PUEDEN MORIR
unicef

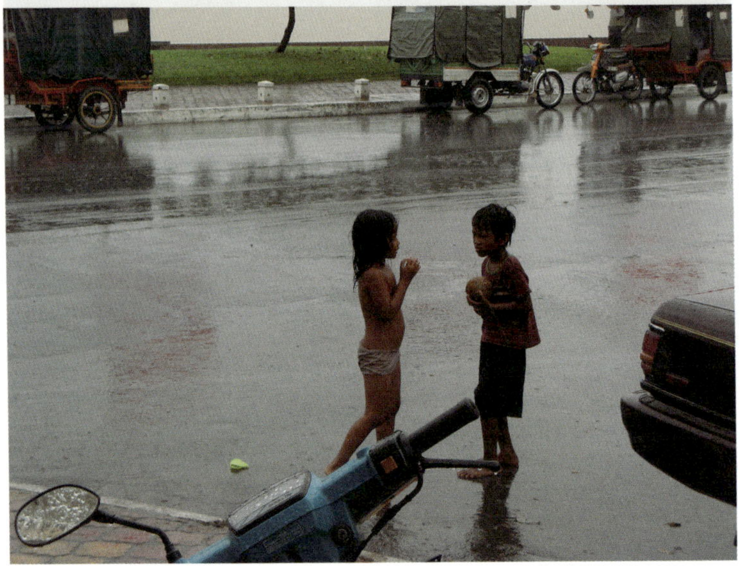

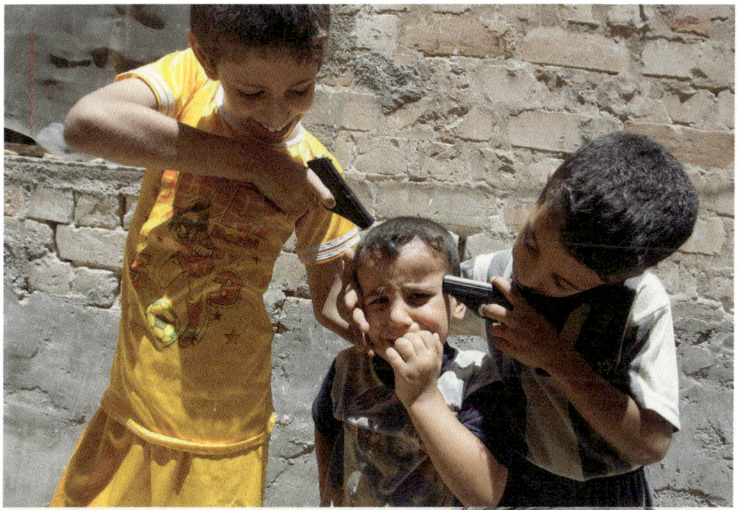

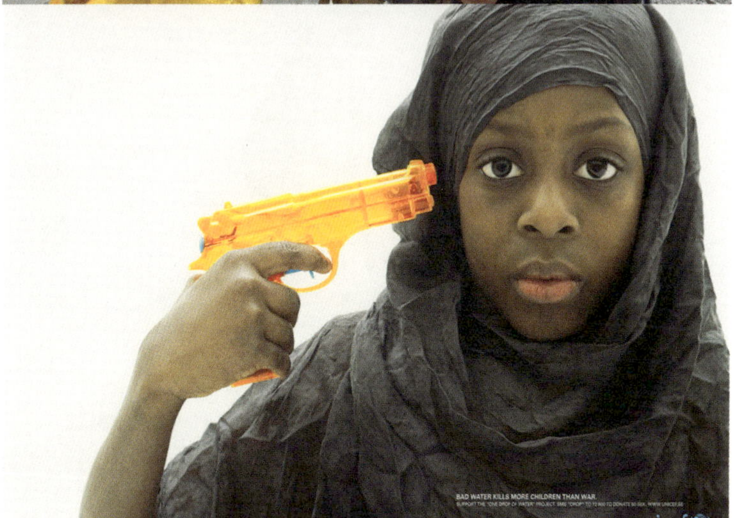
BAD WATER KILLS MORE CHILDREN THAN WAR.
unicef

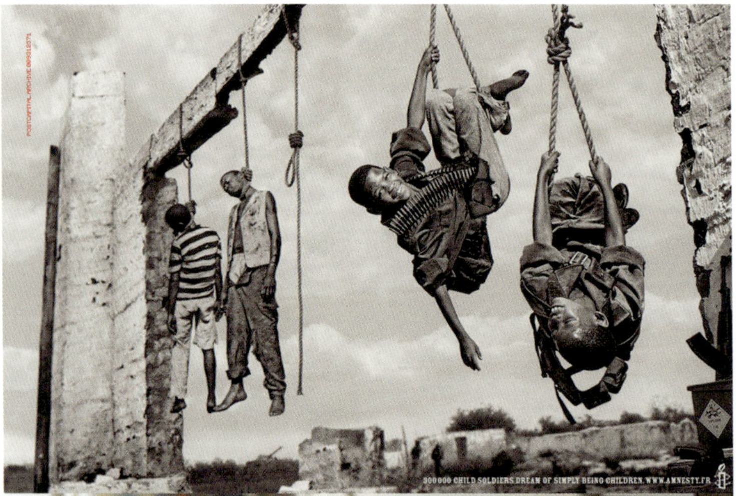
POSTCAPITAL ARCHIVE 009312571
300000 CHILD SOLDIERS DREAM OF SIMPLY BEING CHILDREN. WWW.AMNESTY.FR

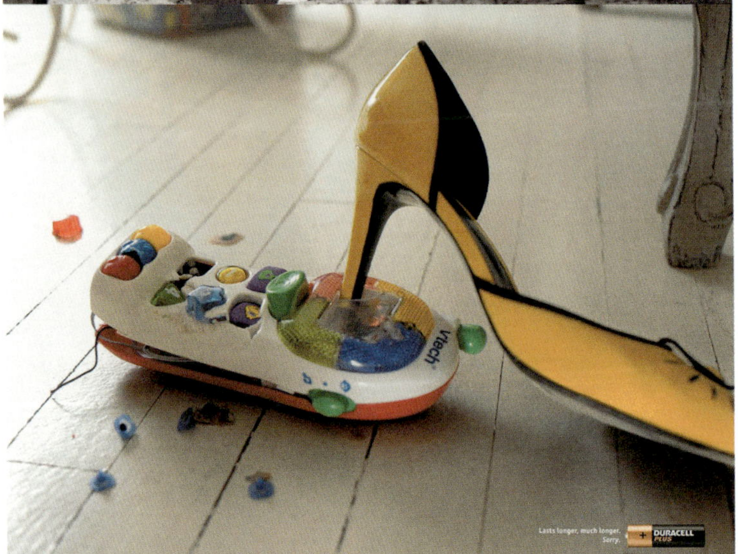
vtech
Lasts longer, much longer.
Sorry.
DURACELL
PLUS

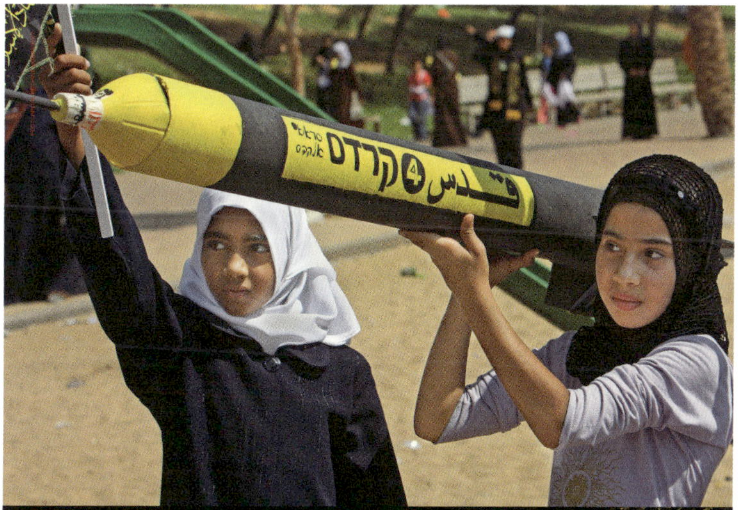

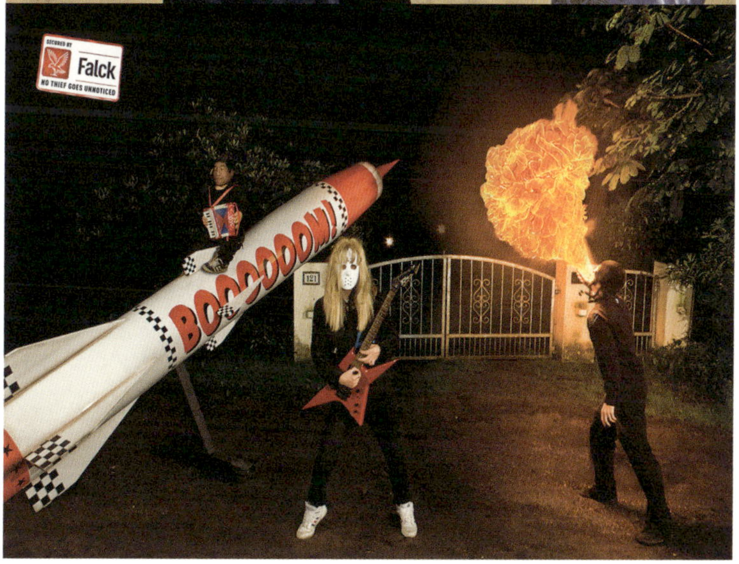
SECURED BY
Falck
NO THIEF GOES UNNOTICED
121

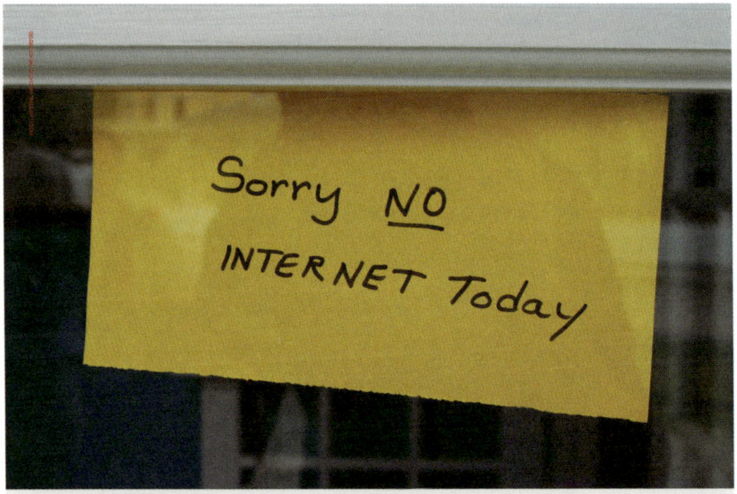
Sorry NO
INTERNET Today

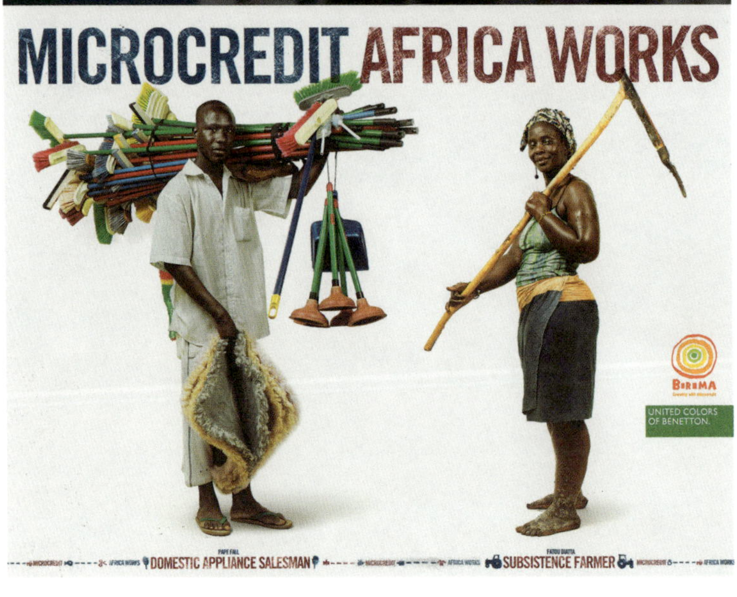
MICROCREDIT AFRICA WORKS
PAPE FALL
DOMESTIC APPLIANCE SALESMAN
FATOU DIATTA
SUBSISTENCE FARMER
MICROCREDIT
AFRICA WORKS
BIRIMA
UNITED COLORS OF BENETTON.

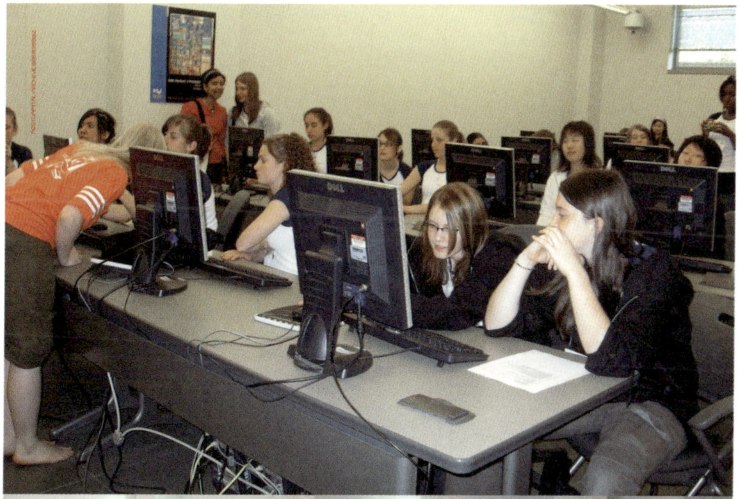

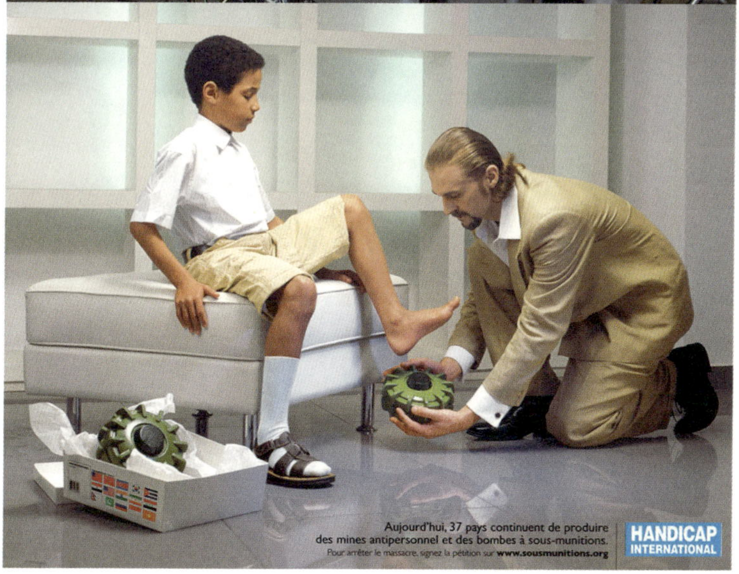
Aujourd'hui, 37 pays continuent de produire
des mines antipersonnel et des bombes à sous-munitions.
Pour arrêter le massacre, signez la pétition sur www.sousmunitions.org
HANDICAP INTERNATIONAL

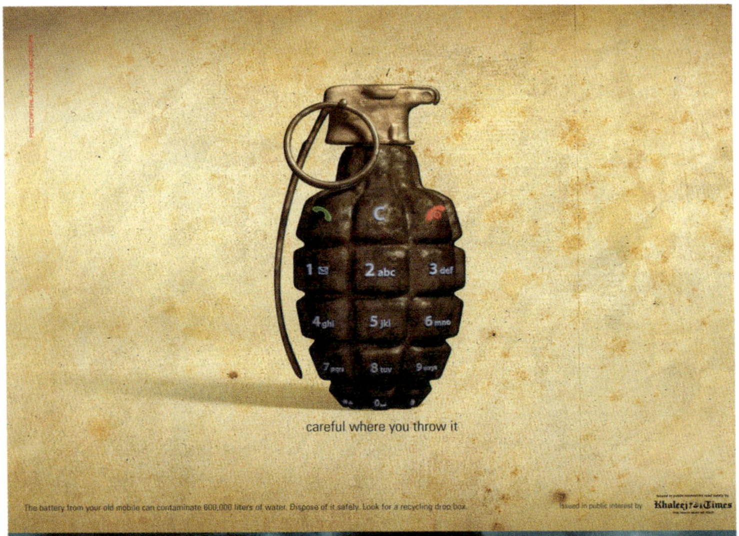
1 2 abc 3 def
4 ghi 5 jkl 6 mno
7 pqrs 8 tuv 9 wxyz
careful where you throw it
The battery from your old mobile can contaminate 600,000 liters of water. Dispose of it safely. Look for a recycling drop box.
Issued in public interest by
Khaleej Times

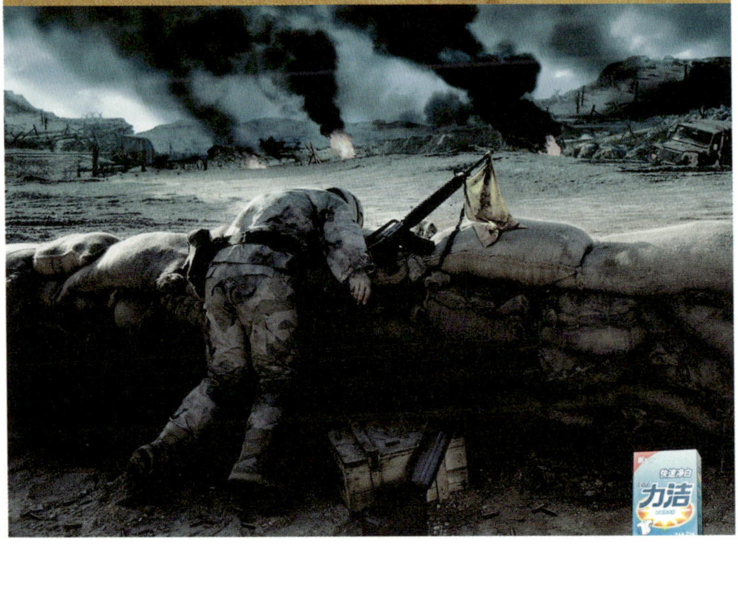
快速净白
力洁

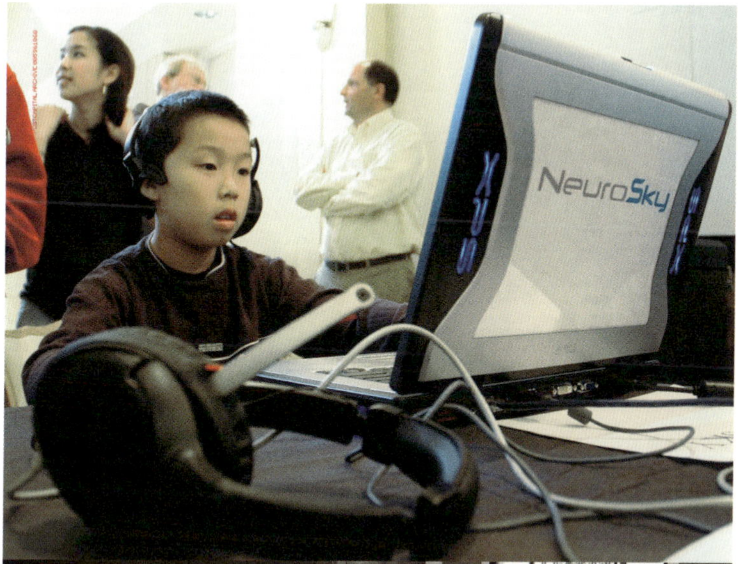
NeuroSky

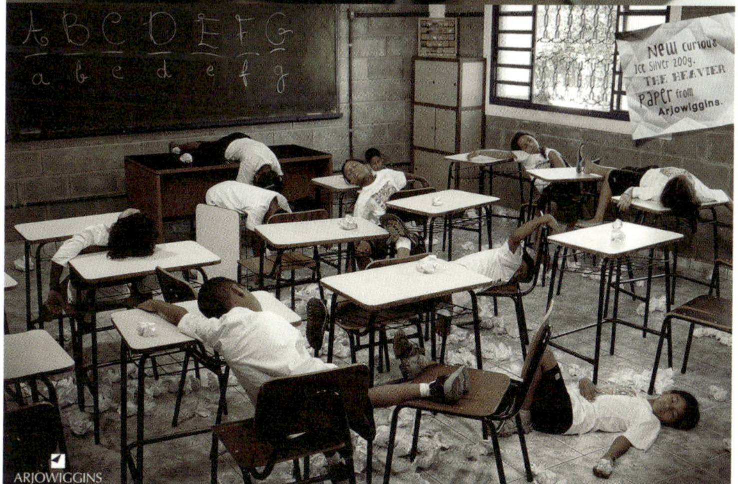
A B C D E F G
a b c d e f g
New curious
Ice Silver 200g.
THE HEAVIER
Paper from
Arjowiggins.
ARJOWIGGINS

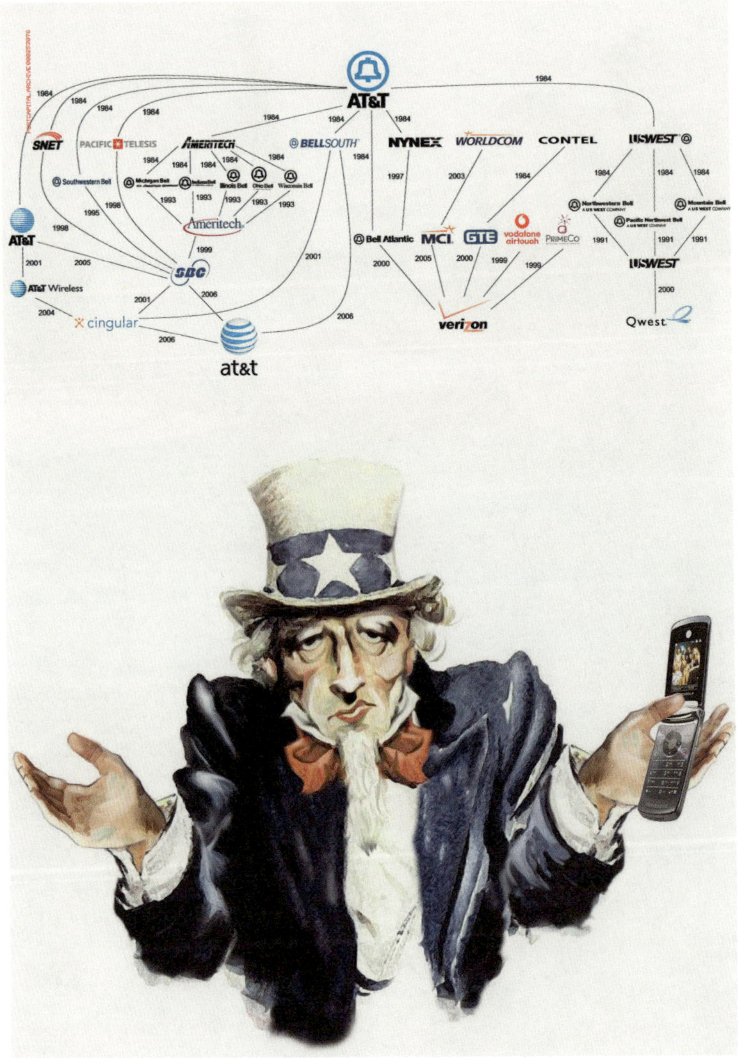
POSTCAPITAL ARCHIVE 000253076
AT&T
SNET
PACIFIC TELESIS
AMERITECH
BELLSOUTH
NYNEX
WORLDCOM
CONTEL
US WEST
Southwestern Bell
Michigan Bell
Indiana Bell
Illinois Bell
Ohio Bell
Wisconsin Bell
Ameritech
Northwestern Bell
Mountain Bell
Pacific Northwest Bell
AT&T
Bell Atlantic
MCI
GTE
vodafone airtouch
PrimeCo
US WEST
SBC
AT&T Wireless
cingular
at&t
verizon
Qwest

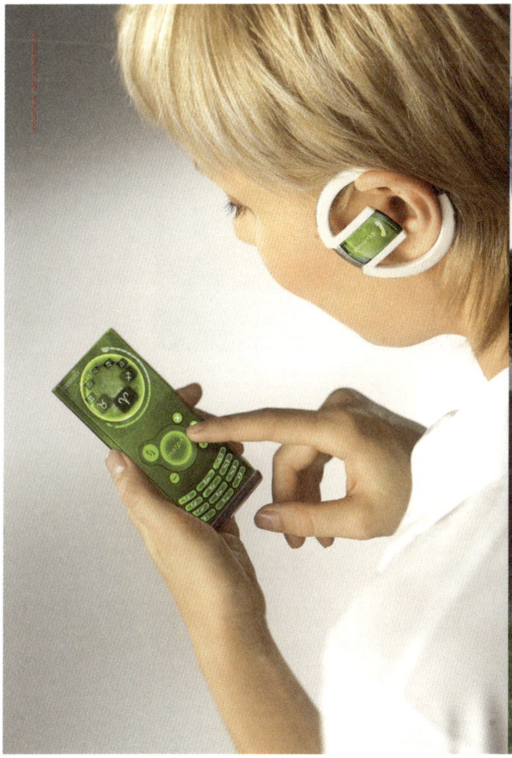

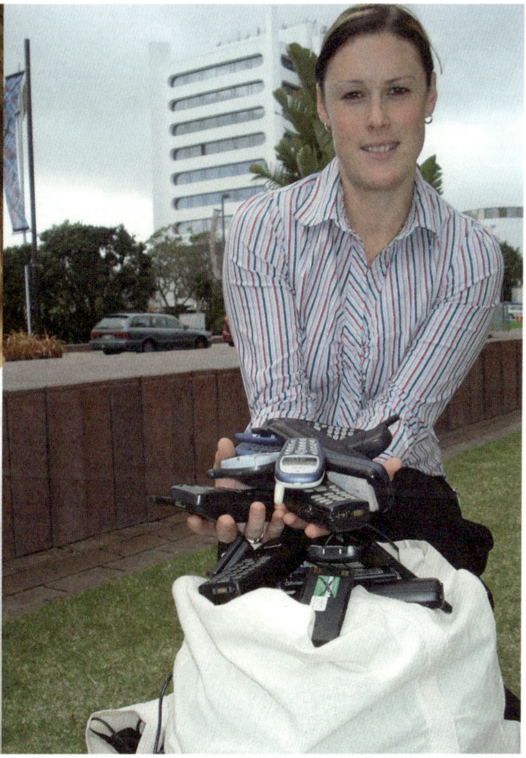

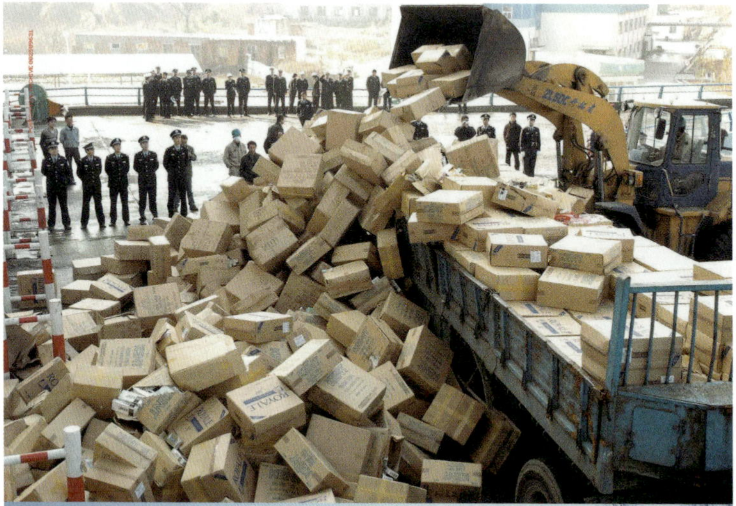

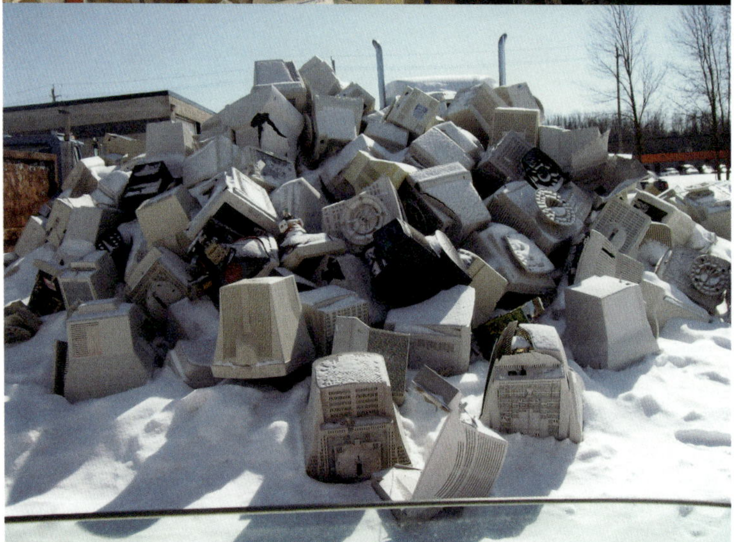

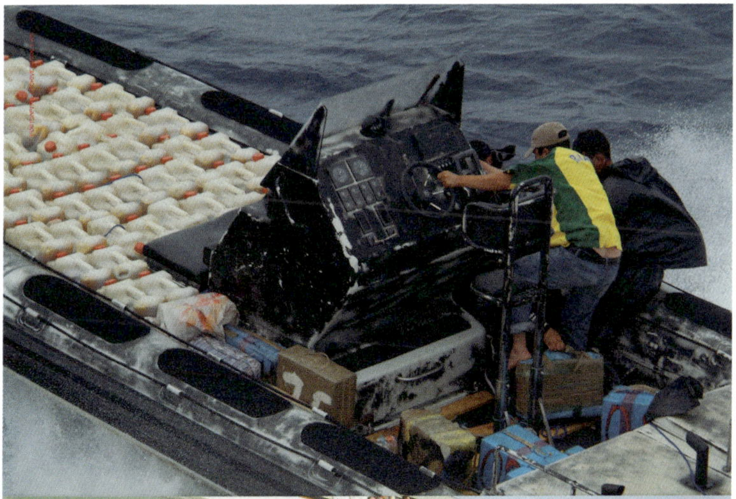

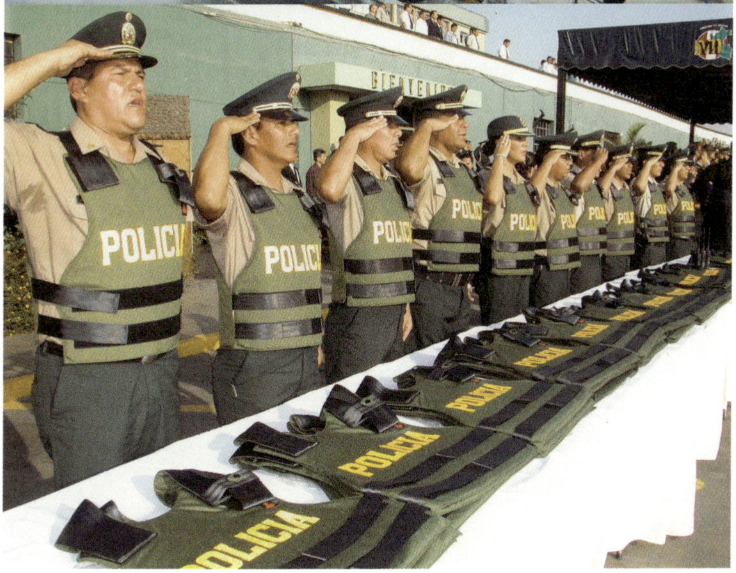
POLICIA

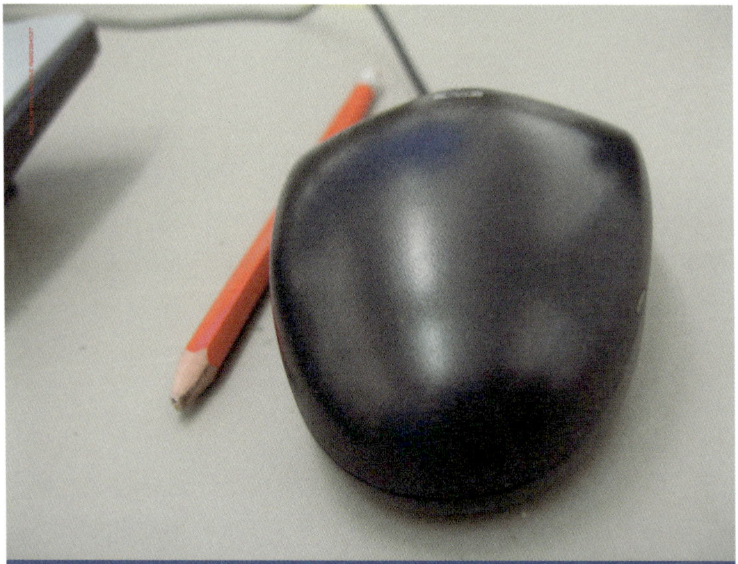

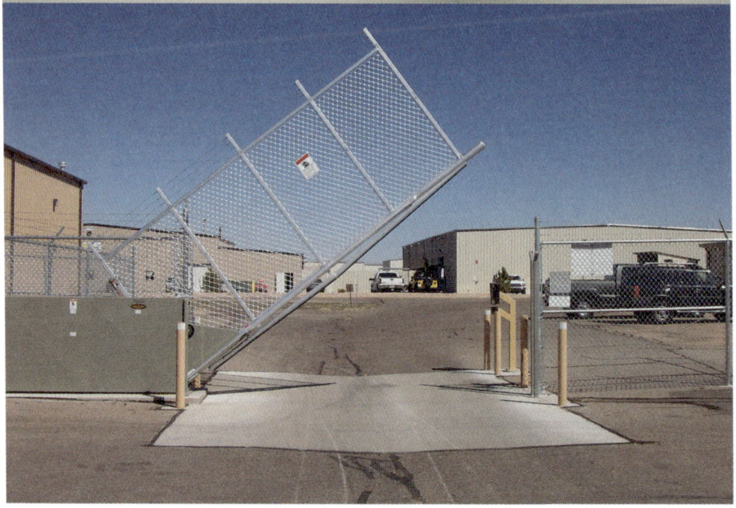

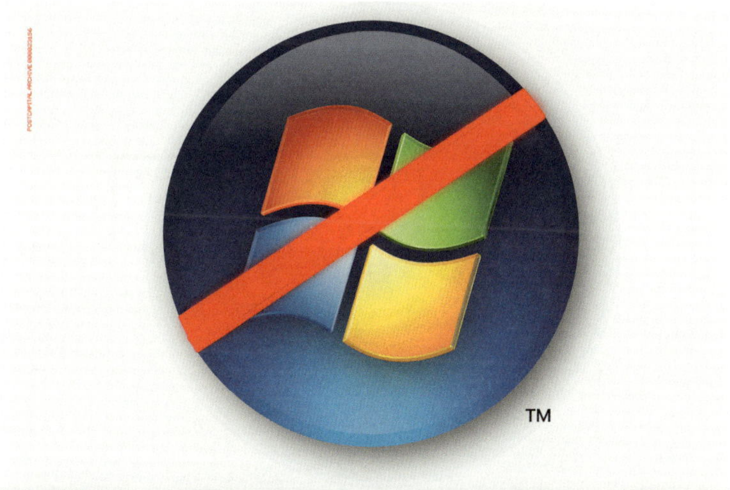
TM

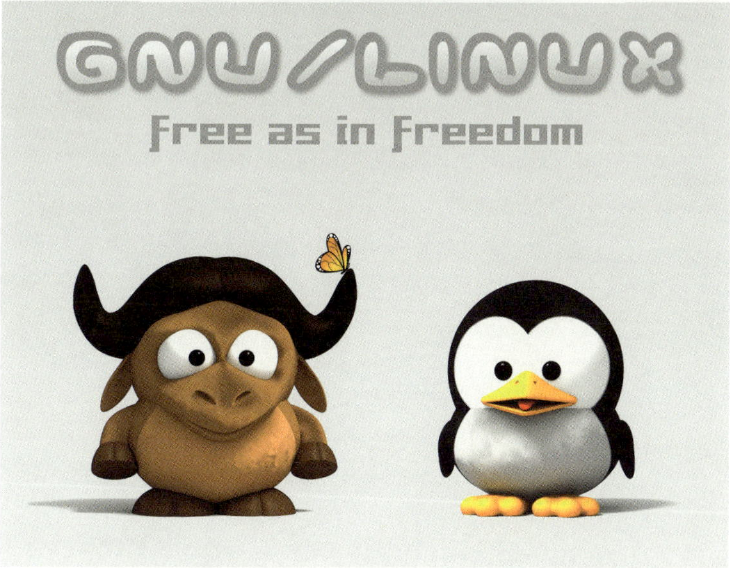
GNU/LINUX
Free as in Freedom

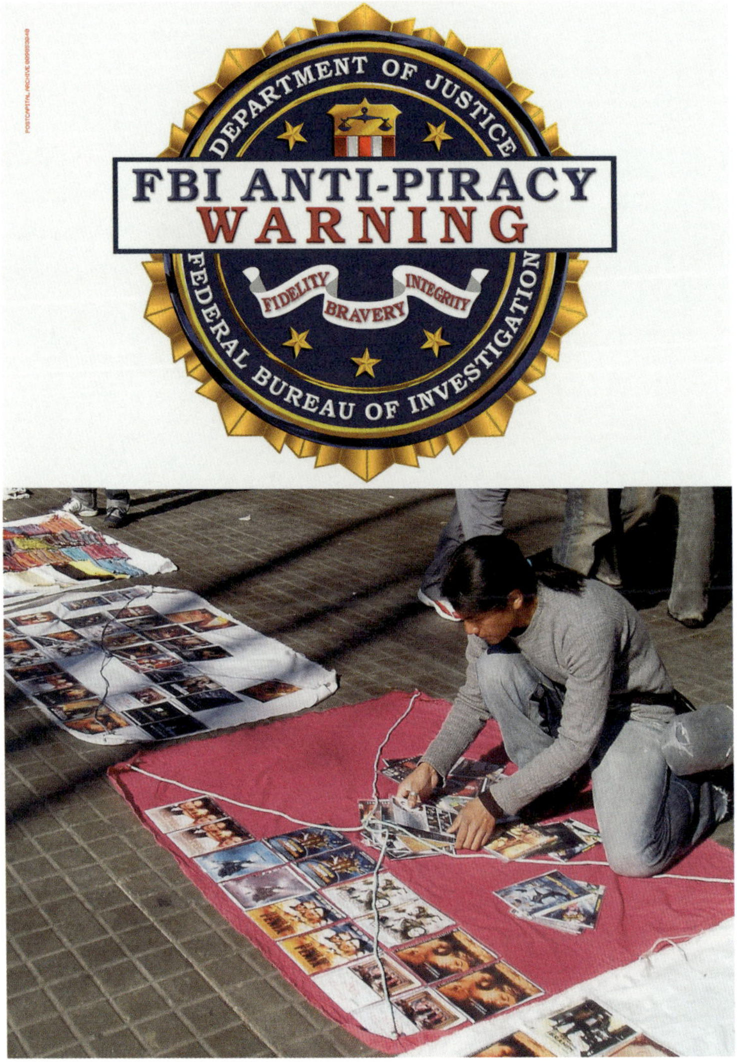
DEPARTMENT OF JUSTICE
FBI ANTI-PIRACY
WARNING
FIDELITY
BRAVERY
INTEGRITY
FEDERAL BUREAU OF INVESTIGATION

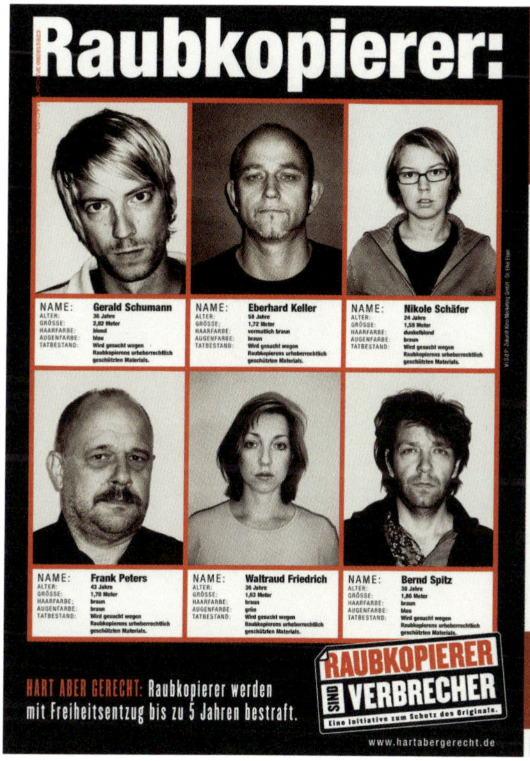

Raubkopierer:
NAME: Gerald Schumann
ALTER: 36 Jahre
GRÖSSE: 2,02 Meter
HAARFARBE: blond
AUGENFARBE: blau
TATBESTAND: Wird gesucht wegen Raubkopierens urheberrechtlich geschützten Materials.
NAME: Eberhard Keller
ALTER: 58 Jahre
GRÖSSE: 1,72 Meter
HAARFARBE: vermutlich braun
AUGENFARBE: braun
TATBESTAND: Wird gesucht wegen Raubkopierens urheberrechtlich geschützten Materials.
NAME: Nikole Schäfer
ALTER: 24 Jahre
GRÖSSE: 1,58 Meter
HAARFARBE: dunkelblond
AUGENFARBE: braun
TATBESTAND: Wird gesucht wegen Raubkopierens urheberrechtlich geschützten Materials.
NAME: Frank Peters
ALTER: 43 Jahre
GRÖSSE: 1,78 Meter
HAARFARBE: braun
AUGENFARBE: braun
TATBESTAND: Wird gesucht wegen Raubkopierens urheberrechtlich geschützten Materials.
NAME: Waltraud Friedrich
ALTER: 36 Jahre
GRÖSSE: 1,63 Meter
HAARFARBE: braun
AUGENFARBE: grün
TATBESTAND: Wird gesucht wegen Raubkopierens urheberrechtlich geschützten Materials.
NAME: Bernd Spitz
ALTER: 38 Jahre
GRÖSSE: 1,86 Meter
HAARFARBE: braun
AUGENFARBE: blau
TATBESTAND: Wird gesucht wegen Raubkopierens urheberrechtlich geschützten Materials.
HART ABER GERECHT: Raubkopierer werden mit Freiheitsentzug bis zu 5 Jahren bestraft.
RAUBKOPIERER SIND VERBRECHER
Eine Initiative zum Schutz des Originals.
www.hartabergerecht.de

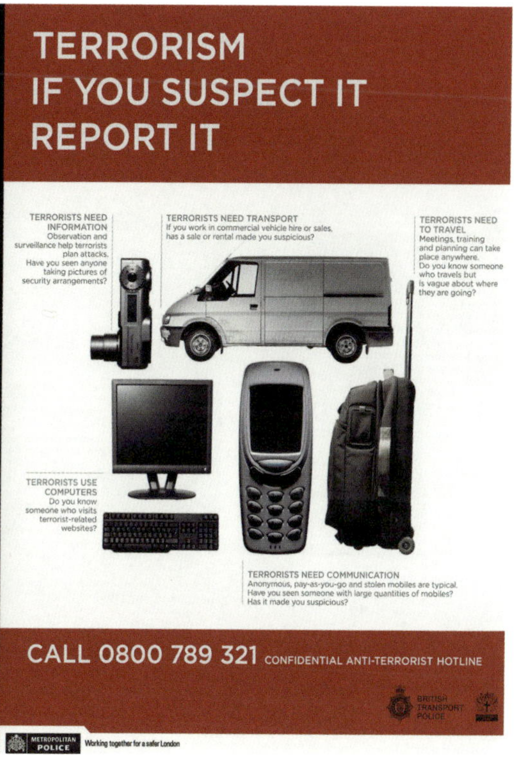

TERRORISM
IF YOU SUSPECT IT
REPORT IT
TERRORISTS NEED INFORMATION
Observation and surveillance help terrorists plan attacks. Have you seen anyone taking pictures of security arrangements?
TERRORISTS NEED TRANSPORT
If you work in commercial vehicle hire or sales, has a sale or rental made you suspicious?
TERRORISTS NEED TO TRAVEL
Meetings, training and planning can take place anywhere. Do you know someone who travels but is vague about where they are going?
TERRORISTS USE COMPUTERS
Do you know someone who visits terrorist-related websites?
TERRORISTS NEED COMMUNICATION
Anonymous, pay-as-you-go and stolen mobiles are typical. Have you seen someone with large quantities of mobiles? Has it made you suspicious?
CALL 0800 789 321 CONFIDENTIAL ANTI-TERRORIST HOTLINE
METROPOLITAN POLICE
Working together for a safer London

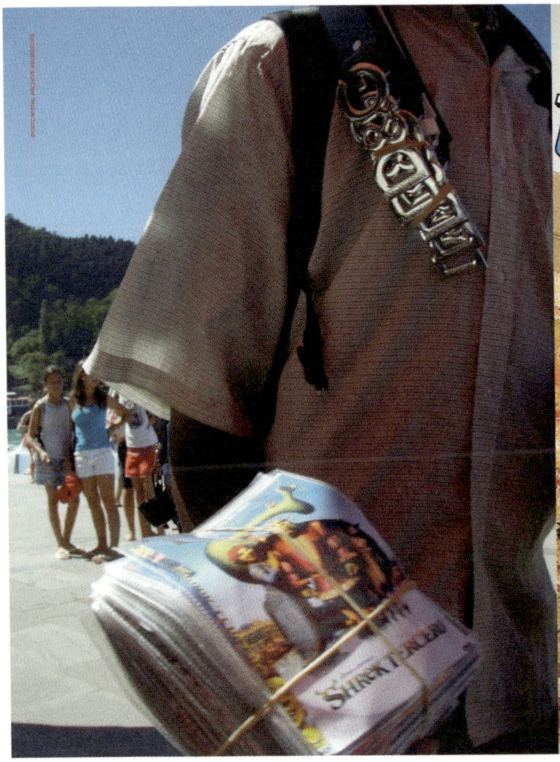
Shrek Tercero

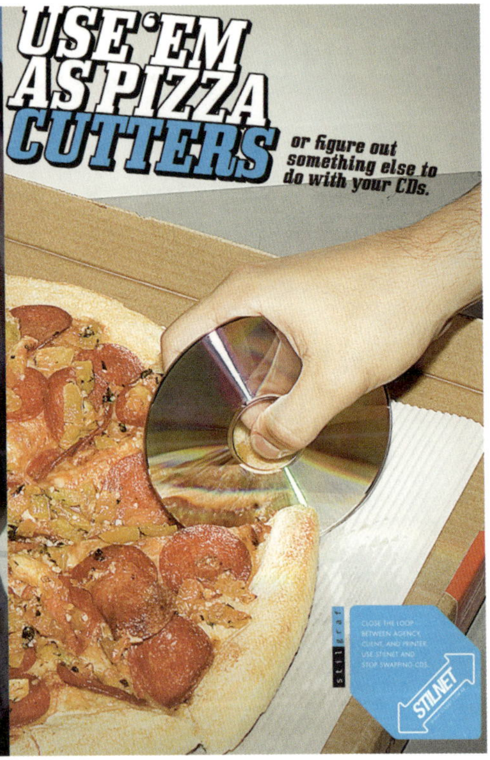
USE 'EM AS PIZZA CUTTERS
or figure out something else to do with your CDs.
stilgraf
CLOSE THE LOOP BETWEEN AGENCY, CLIENT, AND PRINTER. USE STILNET AND STOP SWAPPING CDS.
STILNET

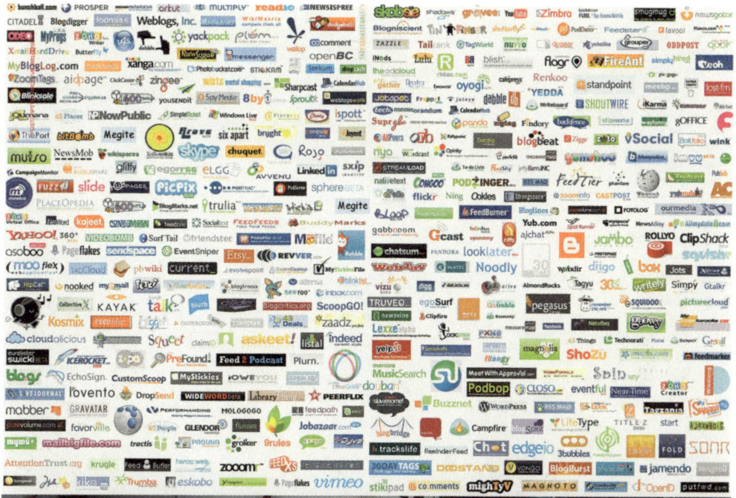

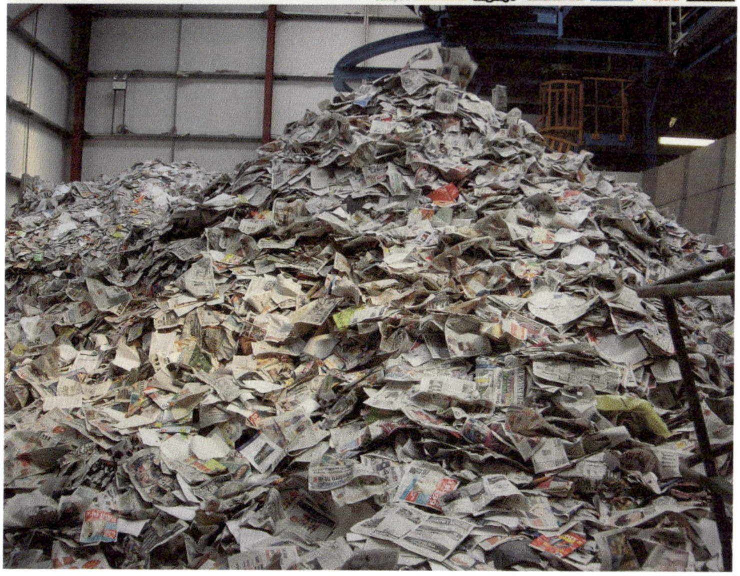

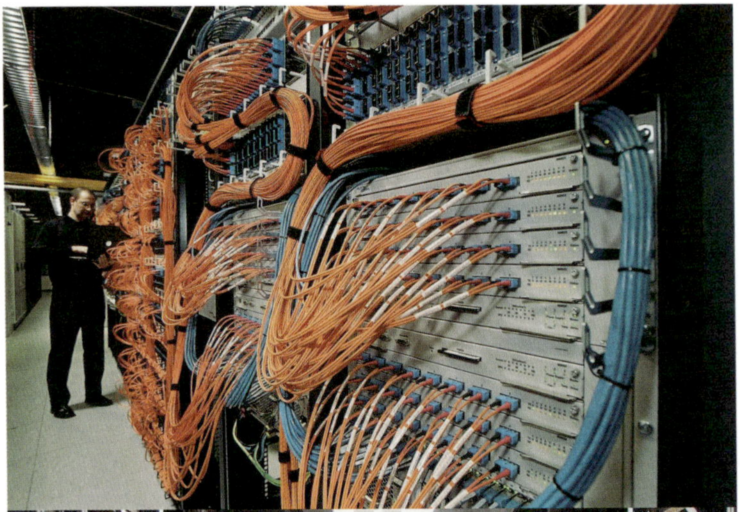

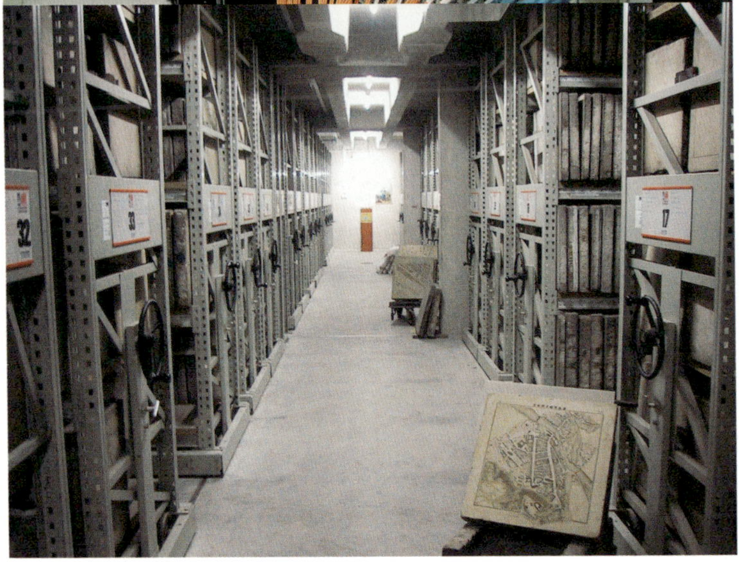

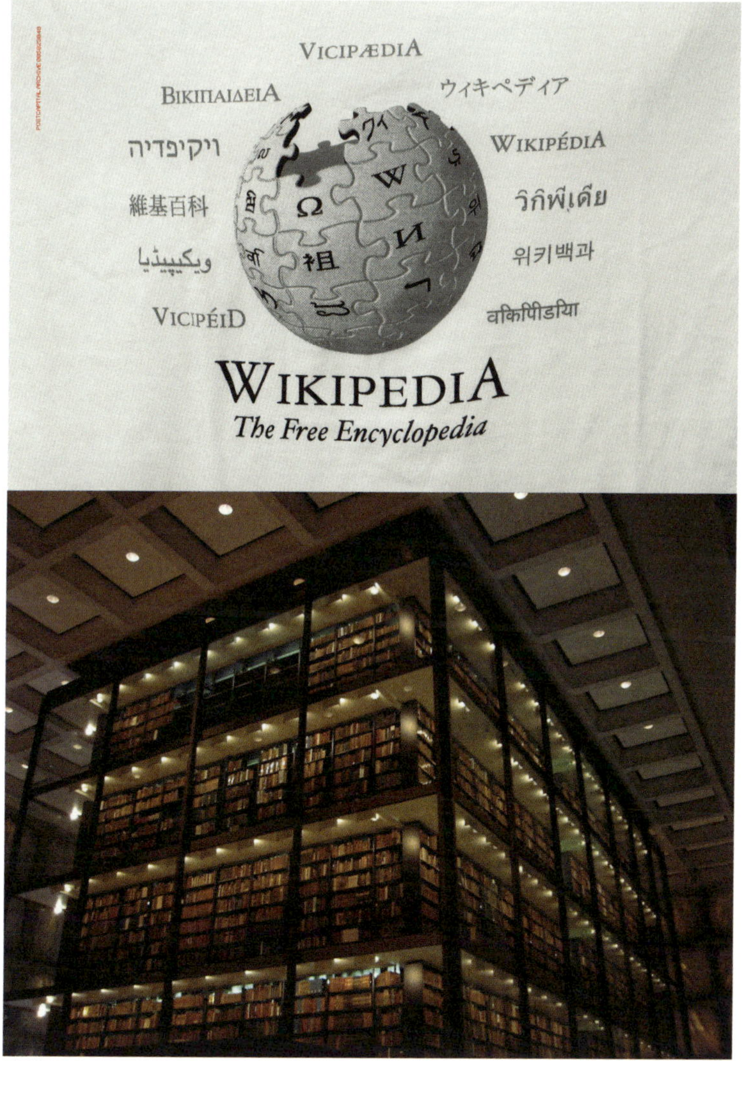
VICIPÆDIA
ΒΙΚΙΠΑΙΔΕΙΑ
ウィキペディア
ויקיפדיה
WIKIPÉDIA
維基百科
วิกิพีเดีย
ویکیپیڈیا
위키백과
VICIPÉID
विकिपीडिया
WIKIPEDIA
The Free Encyclopedia

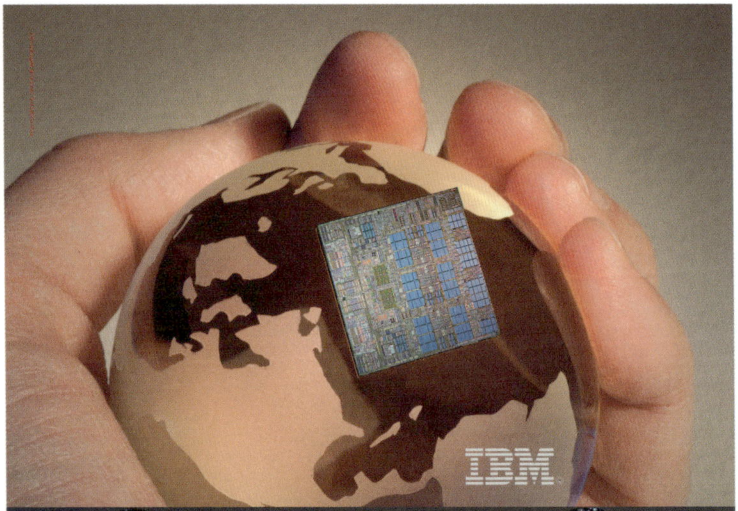
IBM

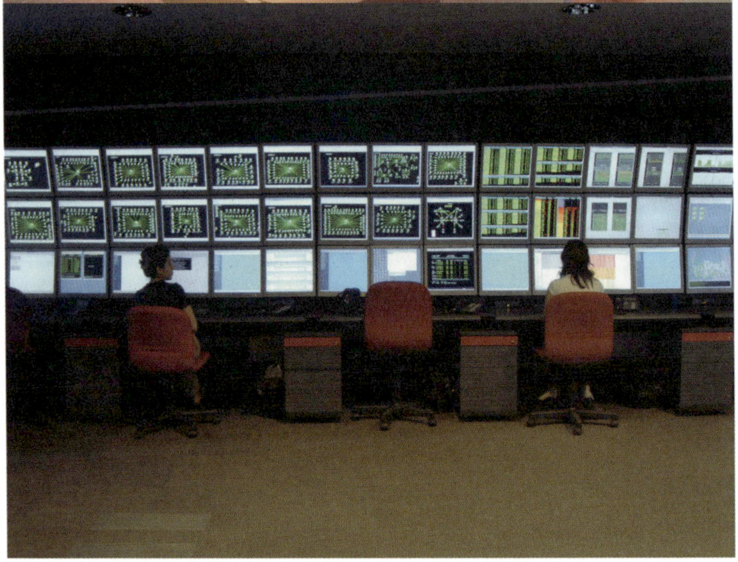

TEIL / PART I

POSTKAPITALE VERHÄLTNISSE
POSTCAPITAL CIRCUMSTANCES

* * *

Postkapitale Verhältnisse

Annäherungen

Als wir das Projekt *Postcapital. Archive 1989–2001* des spanischen Künstlers Daniel G. Andújar – aka Technologies To The People (TTTP) – im November 2008 in Stuttgart eröffneten, hatte die Insolvenz des Finanzinstitutes Lehman Brothers bereits die globale Bankenkrise ausgelöst und allein Deutschland 500 Milliarden Euro zur Rettung der Banken bereitgestellt. Deutsche Verlage kamen mit dem Druck von Karl Marx' *Das Kapital* nicht mehr nach. Es schien, als habe man darin ein kollektives Allheilmittel gegen die Ratlosigkeit oder eine Absolution gesucht. Dabei kann man diese und andere Schriften Marx' – so wie vieler weiterer marxistischer AutorInnen – längst auf Marxists.org frei herunterladen. Aber wer hatte schon ernsthaft vor, sich durch *Das Kapital* zu arbeiten? Woher also die inflationäre Nachfrage nach dem gebundenen Objekt? Ging es um einen Fetisch, eine Reliquie, die bekanntermaßen dazu dient, etwas von den Toten aufzubewahren, das zugleich garantiert, dass diese nicht wiederkehren?[1] Hatte man den Kommunismus zu schnell für »ganz und gar tot« erklärt? Drohte das Verdrängte in Form von Wiedergängern – von *Marx' Gespenstern*, wie Jacques Derrida seine 1993 erschienene Schrift nannte – zurückzukehren?

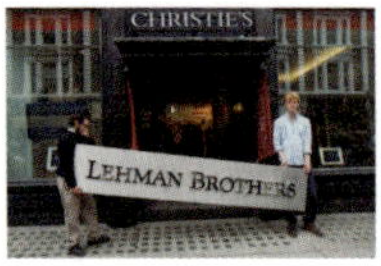

079649868

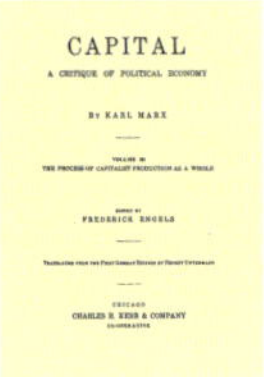

07654
[S. 277]

> Marx ist tot, der Kommunismus ist tot, ganz und gar tot, mit seinen Hoffnungen, seinem Diskurs, seinen Theorien und seinen Praktiken, es lebe der Kapitalismus, es lebe der Markt, es überlebe der ökonomische und politische Liberalismus! [...] Wenn die Behauptungen, unter denen diese Hegemonie ihre dogmatische Orchestrierung zu etablieren versucht, verdächtig und paradox sind, dann vor allem deswegen, weil diese triumphierende Beschwörung in Wirklichkeit zu verleugnen [...] trachtet, dass noch niemals, nie und nimmer zuvor in der Geschichte, der Horizont über den Modellen, deren Überleben man feiert (das heißt über all den alten Modellen der kapitalistischen und liberalen Welt), so dunkel, so bedrohlich und so bedroht war.[2]

Dem Ausstellungstitel *Postcapital* wurde damals mit Skepsis begegnet. Ob wir denn ernsthaft glauben würden, der Kapitalismus sei überwunden oder habe sich gar durch die Krise abgeschafft? Und was solle denn nach dem Kapitalismus kommen? Ein neuer, anderer Sozialismus, Marxismus, Kommunismus? [S. 336-338]

Zwei Jahre später begibt sich die siebzehnte Ausgabe des *e-flux Journals*[3], die im Rahmen der Berlin Biennale 2010 erscheint, auf die Suche nach dem *Postcapital Self*: dem Modell einer queeren Ökonomie, das auf J. K. Gibson-Grahams Schriften *The End of Capitalism (As We Knew It)* (1996) und *A Postcapitalist*

---

1. Vgl.: Karl-Josef Pazzini, »Reliquie – Ein Aufzeichnungsmedium?«, in: Erik Porath (Hrsg.), *Aufzeichnung und Analyse. Theorien und Techniken des Gedächtnisses*, Würzburg 1995, S. 163.

2. Jacques Derrida, *Marx' Gespenster. Der Staat der Schuld, die Trauerarbeit und die neue Internationale*, Frankurt/M. 2004 (Originaltitel: *Spectres de Marx*, Paris 1993), S. 78.

3. Marion von Osten (Hrsg.), *e-flux Journal (In Search of the Postcapitalist Self)*, Nr. 17, http://www.e-flux.com/journal/issue/17

Politics (2006)[4] zurückgeht. Gefragt wird nach den Möglichkeiten eines postkapitalistischen Ansatzes in Theorie und Kulturproduktion, der über jenes Postulat hinausgeht, demzufolge jegliche Formen von Arbeit und Freizeit »der kapitalistischen Akkumulation unterworfen sind und schlussendlich zur Kommodifizierung führen«[5].

Gibson-Graham verstehen ihren Ansatz, der Theorien des feministischen Poststrukturalismus, der politischen Ökonomie und *gender studies* miteinander verschränkt, als Dekonstruktion und »Queering« kapitalozentrischer ökonomischer Modelle. Zu den wesentlichen Elementen ihres Konzeptes zählen die Potenziale des politisch Imaginären (»politics of possibility«), die Erfindung einer neuen Sprache der ökonomischen Diversität, die »Selbst-Kultivierung« (»self-cultivation«) neuer Formen von Identität und Begehren sowie die Ausbildung kollaborativer ökonomischer Praktiken in einer auf Differenz basierenden Gemeinschaft. Ziel ist es dabei, zu einer radikal heterogenen Ökonomie zu gelangen, innerhalb derer der »Nichtkapitalismus seine Negativität [...] und zugleich der Kapitalismus seine abstrakte Singularität verliert«[6].

Antke Engel kritisiert in ihrem *e-flux*-Beitrag, dass die von Gibson-Graham intendierten Subjektpolitiken nicht nur konstitutiv für neue ökonomische Beziehungen seien, »sondern auch für die bestehenden, spätmodernen neoliberalen Diskurse [...], die Selbstverantwortung, Teamarbeit und staatliche Unabhängigkeit propagieren«. Gibson-Grahams Ansatz würde auf die Entwicklung eines Selbst hinauslaufen, »das sich für gemeinschaftliche Unternehmen einsetzt, arm aber glücklich ist und als ein sich selbst antreibendes, positiv denkendes Wesen funktioniert, das [...] alternative Ökonomien schafft, die keine Gefahr für profitorientierte Strukturen darstellen«[7]. Man muss unweigerlich – schon allein, weil alle Beiträge dieser *e-flux*-Ausgabe von in Berlin lebenden AutorInnen stammen – an die derzeit angesagteste Prekariats-Hauptstadt denken, die von ihrem Oberbürgermeister höchstpersönlich das Markenzeichen »arm aber sexy« erhielt.

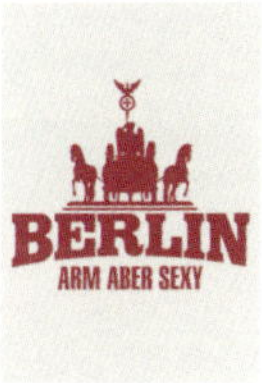

281048868

Die neoliberalen Diskurse der Selbstverantwortung, Teamarbeit, staatlichen Unabhängigkeit et cetera lassen sich unter anderem in einem 1993 erschienen Bestseller des österreichisch-amerikanischen Ökonomen, Managementtheoretikers und Unternehmensberaters Peter F. Drucker (der unter anderem auch für Non-Profit-Organisationen arbeitete) nachlesen, der den Titel *Die postkapitalistische Gesellschaft* trägt. Nach Drucker, der Ende der 1950er-Jahre den Begriff des »Wissensarbeiters« und der »Wissensgesellschaft« einführte, ist die kommende postkapitalistische Gesellschaft, in der wir 1993 bereits lebten, weder anti- noch nicht kapitalistisch, aber in jedem Fall nicht sozialistisch. »Sie wird sich mit Sicherheit des freien Marktes bedienen, des einzigen altbewährten Mechanismus der wirtschaftlichen Integration.«[8] Die postkapitalistische Gesellschaft sei, so Drucker, nach dem Zweiten Weltkrieg durch einen bildungspolitischen Coup der

4. J. K. Gibson-Graham (Julie Graham und Katherine Gibson), *The End of Capitalism (As We Knew It). A Feminist Critique of Political Economy*, Oxford UK, Cambridge, USA 1996; dies., *A Postcapitalist Politics*, Minneapolis 2006.

5. Marion von Osten, »Editorial. In Search of the Postcapitalist Self«, in: dies. (Hrsg.) 2010 (wie Anm. 3), S. 3. [Übersetzung aus dem Englischen: d. Autorin]

6. Gibson-Graham 2006 (wie Anm. 4), S. XXXIV. [Übersetzung aus dem Englischen: d. Autorin]

7. Antke Engel, »Desire For / Within Economic Transformation«, in: von Osten (Hrsg.) 2010 (wie Anm. 3), S. 5 f. [Übersetzung aus dem Englischen: d. Autorin]

8. Peter F. Drucker, *Die postkapitalistische Gesellschaft*, Düsseldorf, Wien, New York, Moskau 1993 (Originaltitel: *Post-capitalist Society*, New York 1993), S. 18.

US-Regierung eingeläutet worden, als nämlich ein neues Gesetz, die *G.I. Bill of Rights*, es jedem aus dem Krieg heimkehrenden Soldaten ermöglichte, ein Hochschulstudium anzutreten. Doch erst der Niedergang des Sozialismus habe den Weg zu ihrer (zwischen 2010 und 2020 vermuteten) Vollendung geebnet. Bis dahin gelte es, jene radikalen Umbrüche zu bewältigen, die mit der neuen Bedeutung des Wissens als grundlegende wirtschaftliche Ressource, den neuen Technologien sowie mit der Etablierung transnationaler und dezentraler Strukturen von Politik, Gesellschaft und Ökonomie einhergehen.

Zu den wesentlichen politischen Voraussetzungen der postkapitalistischen Gesellschaft zählt für Drucker die Überwindung des Nationalstaates. Diese habe sich bereits in den Kolonialreichen angekündigt, scheiterte damals jedoch an deren »Unfähigkeit [...], den Rahmen der bloßen verwaltungstechnischen Abstraktion zu sprengen und zur politischen Gesellschaft zu werden«. Ein Paradox für Drucker, da der Aufstieg der Kolonialreiche doch »so problemlos – man möchte fast sagen: natürlich verlaufen sei«[9]. Eine gewagte These. Den Höhepunkt des Wandels zum transnationalen politischen System sieht er in der »Koalition gegen die Invasion der Iraker in Kuwait«. Denn niemals zuvor hätten »Nationalstaaten [...] nationale Gefühle dem gemeinsamen Interesse der Welt an der Bekämpfung des Terrorismus untergeordnet [...]«[10].

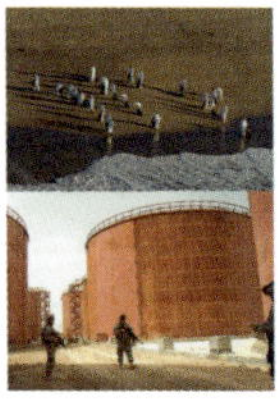

002038021
[S. 37]

Davon abgesehen, dass der Kolonialismus entscheidend zum *Aufstieg* der westlichen Nationalstaaten beigetragen hatte – indem er nicht nur für deren ökonomische, sondern auch identitäre Stärkung sorgte –, war die Bekämpfung des Terrorismus wohl kaum der zentrale Grund für die Überwindung nationaler Gefühle im Golfkrieg von 1991. Vielmehr verdeutlicht »das ›Aufteilen‹ der militärischen Kosten unter den ›alliierten Nationen‹«, wie Masao Miyoshi in *A Borderless World?* schreibt, dass dieser Krieg »im Dienst der herrschenden Wirtschaftsstrukturen geführt wurde [...]« – das heißt im Dienst transnationaler Konzerne, die weder ihrem Ursprungs- noch ihrem Gastland, sondern einzig und allein sich selbst verpflichtet sind, doch die im Zweifelsfall auf die militärische Unterstützung ihres Heimatlandes zählen können. Für Miyoshi setzt sich der Kolonialismus in Form transnationaler Wirtschaftsstrukturen fort, mit dem Unterschied, dass die Kolonisatoren heute in der Regel dankbar von den Kolonisierten aufgenommen werden und es nicht mehr um die Stärkung des Nationalstaates geht. Denn dieser befinde sich seit dem Ende des administrativen Kolonialismus und dem Kalten Krieg »in einem leeren Raum, der ideologisch unumstritten und militärisch abgesichert ist«[11].

Die postkapitalistische Gesellschaft im Sinne Druckers wird im Wesentlichen von (Profit- wie Non-Profit-)Organisationen bestimmt. An deren Spitzen stehen Wissensführungskräfte, »die in der Lage sind, Wissen produktiv einzusetzen, vergleichbar mit den Kapitalisten, die wussten, wie man Kapital produktiv einsetzt«. Sie beschäftigen Wissensmitarbeiter, deren Produktionswerkzeug »das ihnen eigene Wissen« ist, »das sie überallhin mitnehmen können«[12], und deren Teamform und -zusammensetzung der jeweiligen Aufgabe entspricht. Gemeint ist jenes Wesen, das

9. Ebd., S. 173.

10. Ebd., S. 20 f.

11. Masao Miyoshi, »Eine Welt ohne Grenzen? Vom Kolonialismus zum Transnationalismus und zum Niedergang des Nationalstaates«, in: *Politics-Poetics. Das Buch zur Documenta X*, Ausst.-Kat. Documenta X, Kassel, Ostfildern 1997 (Originaltitel: »A Borderless World? From Colonialism to Transnationalism and the Decline of the Nation-State«, in: *Critical Inquiry*, Nr. 19.4, Chicago, Sommer 1993, S. 726–751), S. 196.

12. Drucker 1993 (wie Anm. 8), S. 19.

Maurizio Lazzarato, Toni Negri und Paolo Virno später und weit weniger euphorisch den »umherschweifenden Produzenten«[13] nennen sollten: ein intellektueller Proletarier, dessen scheinbar »selbstbestimmte« Arbeit vor allem durch prekäre »Beschäftigung, Hyperausbeutung, hohe Mobilität und hierarchische Abhängigkeiten« gekennzeichnet ist.[14]

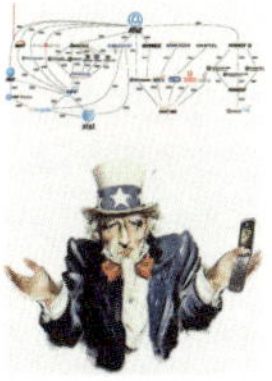

000253076
[S. 56]

Nach Drucker könne das einst singuläre Wissen, das sich im Verlauf des Kapitalismus zu einem pluralen entwickelt habe, in Zukunft nur dann produktiv sein, wenn es »zu einem singulären Wissenskörper zusammengeschweißt«[15] werde. Dies setzt den möglichst uneingeschränkten Zugriff auf weit verstreute Informationen voraus: einen Zugriff, dem die auskunftsfreudigen (und leider auch die auskunftsunwilligen) KonsumentInnen selbst bekanntlich längst – von der digitalen Kundenkarte über den Onlinekauf bis zu Facebook – Tor und Tür geöffnet haben. Drucker hatte 1993 die Bedeutung des Internets und der mobilen Chipkarte noch nicht erkannt. Da Konsum heute ohne diese Werkzeuge kaum noch zu bewältigen ist, wird jeder Konsument zwangsläufig zum dezentralen »Mitarbeiter« der »Organisationen«, denen er nicht nur kostenlos Informationen datenbankgerecht zur Verfügung stellt, sondern für die er auch viele frühere Dienstleistungen (etwa das Buchen von Flügen) selbst übernimmt – um dafür obendrein noch Bearbeitungsgebühren zu zahlen. Auch hier drängt sich das Bild des Kolonisierten auf, der den Kolonisator dankbar empfängt, da er Ausbeutung mit Flexibilität und Freiheit verwechselt. Es sind diese gläsernen KonsumentInnen – oder, um es mit Lazzarato zu sagen, diese »konsumierend-kommunizierenden«[16] Subjekte –, die gemeinsam mit den »umherschweifenden ProduzentInnen« für den Imperativ einer »Selbstkultivierung« neoliberalen Zuschnitts stehen.

Das Verhältnis zwischen den Organisationen und der Gemeinschaft ist in Druckers postkapitalistischer Welt klar geregelt: »Die Gesellschaft und ihre Gemeinschaft *sind*, die Organisationen *tun*.«[17] Dabei sei es unvermeidlich, wenn nicht gar zwingend, dass die Organisationen konstant destabilisierend auf die Gesellschaft wirken, da sie ihr Umfeld permanent dem Wandel der ökonomischen Anforderungen anpassen müssten. Wenn es »zum Konflikt zwischen der Organisationskultur und den Wertevorstellungen der Gemeinschaft kommt, muss die Kultur der Organisation vorgehen, da sie sonst ihrem gesellschaftlichen Auftrag nicht gerecht werden kann«[18]. Die auf das bloße Sein reduzierte Gemeinschaft besitzt demnach also weder Handlungsraum noch Kultur, sondern allenfalls Wertevorstellungen, die, wenn sie sich nicht auf das ehrenamtliche Engagement im sozialen Sektor beschränken, der Innovation im Wege stehen – einer Innovation, an deren Gestaltung die Gemeinschaft zwar nicht beteiligt, zu deren Auftraggeber sie jedoch postum deklariert wird.

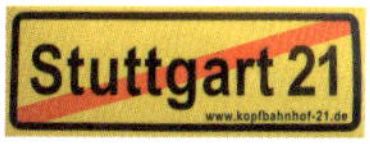

367786782

Ich schreibe diese Zeilen drei Tage, nachdem man im Konflikt um das verkehrstechnische und urbane Großprojekt Stuttgart 21 dem unbedingten Vorrang der »Kultur« der Organisationen mit Wasserwerfern, Pfefferspray und Schlagstöcken Nachdruck verliehen hat. Die »Organisation« ließ in Vertretung von DB-Vorstand Rüdiger Grube verlautbaren (und später dementieren), dass sie den KritikerInnen

13. Toni Negri, Maurizio Lazzarato und Paolo Virno in: Thomas Atzert (Hrsg.), *Umherschweifende Produzenten. Immaterielle Arbeit und Subversion*, Berlin 1998.

14. Maurizio Lazzarato, »Immaterielle Arbeit. Gesellschaftliche Tätigkeit unter den Bedingungen des Postfordismus«, in: Atzert 1998 (wie Anm. 13), S. 47.

15. Drucker 1993 (wie Anm. 8), S. 80.

16. Lazzarato 1998 (wie Anm. 14), S. 58.

17. Drucker 1993 (wie Anm. 8), S. 78.

18. Ebd., S. 96.

von Stuttgart 21 das Recht auf Widerstand abspreche,[19] während ihre Sekundanten aus der Politik nicht müde wurden, diese als wohlstandsverwöhnte, hinterwäldlerische Zukunftsverhinderer zu diffamieren. Es wird (wie üblich) versucht, diesen Konflikt entlang einer reduktionistischen, doppelzüngigen Polarisierung zwischen Wertekonservatismus und Innovation auszuhöhlen, und zugleich behauptet, die Innovation stünde ganz im Dienste der Gemeinschaft. Denn dieser würde sich die einmalige und unwiederbringliche Chance bieten, sich im globalen Wettkampf der technisch-wissenschaftlichen Hochleistungsdisziplinen zu messen.

Ist das der Postkapitalismus, den Drucker 1993 als einzig zukunftsfähiges Modell der Wissensgesellschaft einforderte? Lässt sich diesem das Konzept eines queeren postkapitalistischen Selbst entgegensetzen, einer Ökonomie, die auf radikaler Heterogenität, den »Politiken des Möglichen« und der »Selbst-Kultivierung« neuer Formen von Identität beruht?

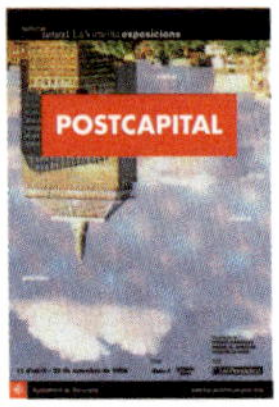

075474411
[S. 308]

Postcapital: Relektüren der Gegenwart

Im Kontext von Daniel G. Andújars Projekt, das unter dem Titel *Postcapital* erstmals 2006 im Palau de la Virreina in Barcelona in Erscheinung trat, ist mit diesem Begriff jedenfalls weder ein wie bei Drucker auf unternehmerische Effizienz zielendes technokratisches noch ein wie bei Gibson-Graham formuliertes queeres Gesellschaftsmodell intendiert. Eher könnte man sagen, dass es den postkapitalistischen Verhältnissen, wie sie von Drucker (zum Beispiel im Hinblick auf die Wissensgesellschaft) projiziert werden, mit Methoden und Denkansätzen begegnet, die tendenziell Gibson-Grahams Ansatz entsprechen (ohne dass sich Andújar explizit darauf beziehen würde). Es geht allerdings nicht um den Entwurf einer Alternative zu den bestehenden Verhältnissen, dessen *Ziel* eine postkapitalistische Gesellschaft oder Ökonomie wäre, sondern darum, die bestehenden Verhältnisse selbst *als* postkapitalistische neu zu betrachten, sie – mit den spezifischen Mitteln und Möglichkeiten der Kunst – einer kritischen Relektüre zu unterziehen und aus dieser Perspektive heraus nach möglichen widerständigen Handlungsweisen und -räumen zu fragen.

Das Projekt unternimmt den Versuch, die gesellschaftlichen, politischen, kulturellen und ökonomischen Umbrüche seit den 1990er-Jahren – konkret zwischen 1989 und 2001 – nicht, wie dies gewöhnlich der Fall ist, unter den Vorzeichen des Postkommunismus beziehungsweise der Expansion westlicher Modelle von Demokratie und freier Marktwirtschaft in den Blick zu nehmen, sondern auch die Erschütterung und Widersprüche der westlichen Modelle selbst freizulegen: und zwar als *Teil* des Kapitalismus. So sind die Attentate auf das World Trade Center, wie Iván de la Nuez in seinem Beitrag zu dieser Publikation schreibt, weder als antikapitalistischer noch archaischer, sondern nur als ein zutiefst in den antidemokratischen Strukturen des Kapitalismus verankerter Terrorakt zu begreifen[20]. Es geht um einen Kapitalismus, der, wie es der tschechische Philosoph, Soziologe und Politologe Václav Bělohradský formuliert hat, mit dem zunehmenden »Widerspruch zwischen demokratischer Theorie und oligarchischer Wirklichkeit [...] immer mehr dem Kommunismus«[21] ähnelt. In gewisser Weise entspricht das *Postcapital*-Projekt also Gibson-Grahams Anliegen, dem Kapitalismus seine Singularität und dem Nichtkapitalismus seine Negativität zu nehmen.

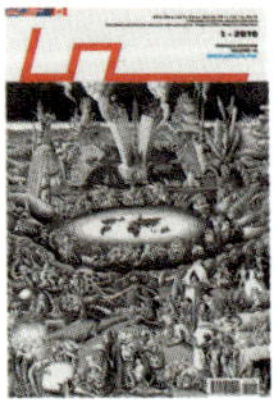

334539723

19. Siehe http://www.spiegel.de/wirtschaft/soziales/0,1518,720944,00.html

20. Iván de La Nuez, in dieser Publikation, S. 91f.

21. Václav Bělohradský, »Manifest für eine Gesellschaft des Unwohlseins. Zusammengesetzt aus den letzten Texten von Václav Bělohradský und ausgewählten Beispielen aus Daniel G. Andújars Projekt *Postcapital Archive*«, in: *Umělec (Umbewertung der Umbewertung)*, deutsche Ausgabe, Heft 1, 2010.

Postcapital schlägt die Relektüre einer Vergangenheit vor, die man, so de la Nuez, angesichts ihrer rasanten Umbrüche »weiterhin im Präsens schreiben kann«[22]. Es geht um einen verschobenen Blick auf die Gegenwart, der zur Kenntnis nimmt, dass sich diese rasanten Umbrüche nicht auf eine »Verwestlichung« der Peripherien des alten Westens reduzieren lassen. Denn jene Kartografien, in denen der Westen das Zentrum und der »Rest« die Peripherien darstellt, sind längst von einer gleichermaßen multizentrischen wie multiperipherischen Gesellschaft durchkreuzt worden, deren Konflikte und Asymmetrien vielleicht den größten und zugleich kleinsten gemeinsamen Nenner abbilden.

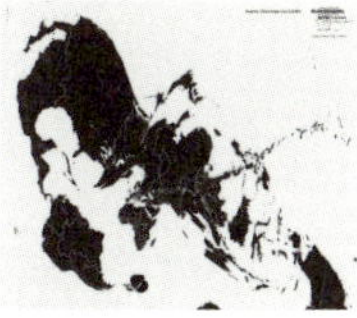

01665
[S. 278]

Wenn wir mit Jacques Rancière oder Ernesto Laclau und Chantal Mouffe darin übereinstimmen, dass nicht der Konsens, sondern der Streit oder die »Ausweitung der sozialen Konfliktualität«[23] das Potenzial einer freieren, gerechteren Gesellschaft bergen, müssen wir zunächst einmal lernen, die Realitäten dieser multizentrischen beziehungsweise multiperipherischen Gesellschaft wahrzunehmen.

Postkapitale Städte

Postcapital befragt im doppelten Sinne des Wortes »Capital« (Kapital / Kapitale) auch die sich verändernden Realitäten und Wahrnehmungsweisen von Stadt. Galt Paris als die »Hauptstadt« des 19. und New York als die des 20. Jahrhunderts, so ist das 21. Jahrhundert in gewisser Weise »enthauptet«, aufgesprengt in eine rapide wachsende Zahl von Megastädten und -agglomerationen, deren Gestalt und Konnektivitäten sich nicht mehr durch traditionelle Karten darstellen lassen, sondern eher durch jene beweglichen Bilder, wie sie auf Google Earth abrufbar sind. Von Ort zu Ort springend, verschwinden hier die dazwischenliegenden Räume. Google Earth ist insofern die perfekte Repräsentation einer Archipel-Ökonomie[24], in der sich, wie Klaus Ronneberger schreibt, die sozialräumliche »Ungleichheit auf allen territorialen Ebenen – lokal, national und global« wiederholt. »Zentren und Peripherien durchdringen einander, die ›versunkenen‹ Gebiete zwischen den Archipelen werden zunehmend abgekoppelt.«[25]

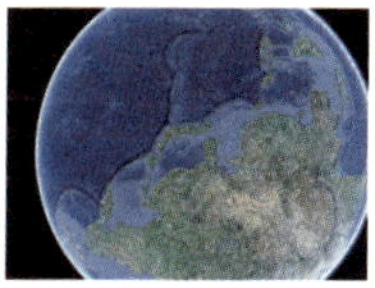

02451
[S. 279]

Der rasante Zuwachs an Megastädten geht bekanntlich nicht nur mit der inflationären Errichtung spektakulärer Architekturkomplexe einher, sondern auch mit einer wachsenden Ausdehnung von Slums und slumähnlichen Strukturen. Die zukünftigen Städte, so Mike Davis' These, »werden ganz überwiegend [...] aus grobem Backstein, Stroh, recyceltem Plastik, Zementblöcken und Abfallholz« gebaut und »inmitten von Umweltverschmutzung, Exkrementen und Abfall im Elend versinken«[26]. Rem Kohlhaas' Credo »Learning from Lagos«, das den nackten Überlebenskampf in den Slums als kreatives Chaosmanagement feiert, klingt dabei wie die Zuspitzung jenes neoliberalen Zynismus, mit dem prekäre Arbeits-, Einkommens- und Lebensbedingungen als Nukleus der innovationshungrigen, flexibilisierten *New Economies* schöngeredet werden. Unterschlagen wird dabei zum Beispiel, dass die rapide Zunahme von Slums nicht unwesentlich ein Effekt der Strukturanpassungsprogramme von Weltbank und IWF ist.

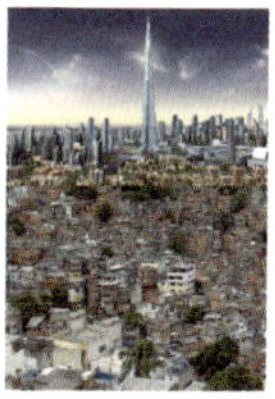

005038021
[S. 137]

---

22. Iván de La Nuez, in dieser Publikation, S.92.

23. Ernesto Laclau, Chantal Mouffe, *Hegemonie und radikale Demokratie. Zur Dekonstruktion des Marxismus*, Wien 2006 (Originaltitel: *Hegemony and Socialist Strategy: Towards a Radical Democratic Politics*, London 1985), S. 31.

24. Vgl. Pierre Veltz, *Mondialisation, villes et territoires. L'économie d'archipel*, Paris, 1996.

25. Klaus Ronneberger, »Elendsurbanisierung im ›goldenen‹ Zeitalter der Globalisierung«, in: *nitribitt,* Nr. 34, http://www.copyriot.com/nitribitt/2007/nit-34_KR.pdf

26. Mike Davis, *Planet der Slums*, Berlin 2007 (Originaltitel: *Planet of Slums*, London, New York 2006), S. 23.

> In den achtziger Jahren nutzten der Internationale Währungsfonds (IWF) und die Weltbank die hohe Verschuldung, um die Wirtschaft der meisten »Drittwelt«-Länder umzustrukturieren. In dieser Zeit hatten nicht nur die armen Migranten vom Lande, sondern auch Millionen alteingesessener Städter, die von der Brutalität der Strukturanpassung verdrängt oder vollends ruiniert worden waren, keine andere Zukunft mehr als das Leben in den Slums.[27]

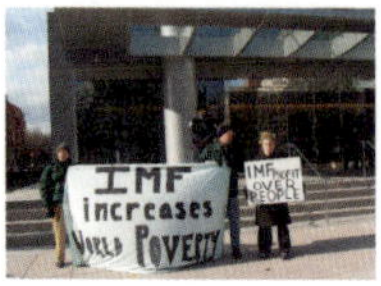

155467946

Die Archipel-Struktur der Ökonomie findet ihre Entsprechung auch in der Segregation des urbanen Raumes. Während die Hausmanisierung von Paris bekanntlich dazu diente, das Errichten von Barrikaden zu vereiteln, sind die Megastädte des 21. Jahrhunderts asymmetrische Komplexe, die sich entlang einer Vielzahl von Barrikaden organisieren. Shoppingmalls, Bildungs-, Wellness- und Entertainmentstätten, Bahnhöfe, Flughäfen, Banken-, Regierungs- und Gastronomie-Viertel, Hotelanlagen, Golfareale, *gated communities* et cetera bilden ein System aus nach außen abgeriegelten, quasi-autarken Inseln. Die Räume zwischen diesen Inseln werden abgehängt und im schlimmsten Falle zu »no-go-areas« erklärt, die man im besten Falle mit dem Helikopter überspringt. Die urbanen Formationen werden also gleichermaßen von der Archipel-Ökonomie und der Ökonomie der Angst – vor sozialem Abstieg, den sozial Abgehängten und seit dem 11. September 2001 auch vor Anschlägen – geprägt. Doch bekanntlich sind all ihre Barrieren nur bedingt kontrollierbar. Von der informellen Aneignung urbaner Räume, die die Grenzen der Segregation durchkreuzen, über die Unmöglichkeit, Anschläge zu verhindern, bis zu den jüngsten Beispielen der Rückgewinnung der Straßen in Stuttgart oder Kairo zeigt sich, dass die postkapitalistische Leidenschaft, (soziale, politische wie ökonomische) Mauern zu errichten – Mauern, die, »wie jeder weiß, dazu gemacht sind, um zu fallen«[28] – zutiefst ambivalent ist. Denn sie sind gleichermaßen physisch und illusionär, massiv und durchlässig.

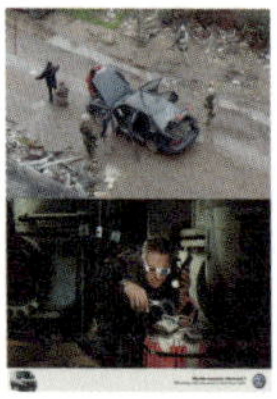

002035024
[S. 168]

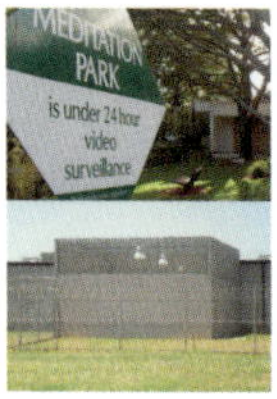

002003972
[S. 171]

Ein weiteres Phänomen der postkapitalen Gesellschaft ist die Transformation von Städten zu Konzernen (New Public Governance), die mit der wachsenden Privatisierung öffentlicher Räume und Infrastrukturen einhergeht. Die Stadt selbst soll zur Marke werden, um Investoren anzulocken – und die »großen Events«. Zwei der Profiteure im Wettkampf der Städte und Regionen darum, einmal für wenige Wochen berühmt, zur »Welthauptstadt auf Zeit« zu werden, sind IOC und FIFA, die wie eine Kolonialmacht auftreten, wo immer sie gastieren, und dankbar empfangen werden. Die Enteignung und Lizenzierung von Stadien und öffentlichen Plätzen (im Rahmen von Public Viewings) zählen dabei zu ihren Grundrechten. Die Frage nach dem »Recht auf Stadt«, danach, wem die Stadt gehört, ist zur zentralen Frage der postkapitalen Gesellschaft geworden.

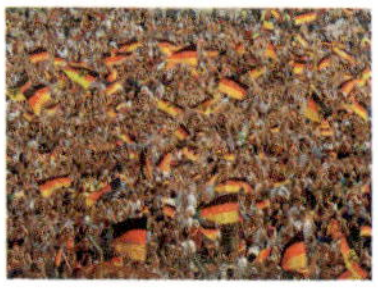

194547748

Grenzen und Flöße

Postcapital untersucht die bestehenden Verhältnisse insbesondere im Hinblick auf ihre fluktuierenden und widersprüchlichen Grenzen. Was bedeuten die vielen neuen Grenzen, die nach dem Fall der Berliner Mauer errichtet wurden, um, wie im Zuge des Schengener oder des Nordamerikanischen Freihandelsabkommens (NAFTA), andere niederzureißen zu können? Was zeigt sich in der beständigen

---

27. Mike Davis, »Planet of Slums«, in: *Centrum2004.2005. Jahrbuch Architektur und Stadt,* 2005, S. 80.

28. Paul Virilio und Laure Noualhat, »On a embouti le mur du temps«, Interview mit Paul Virilio, in: *Libération*, 25.5.2010, http://www.liberation.fr/economie/0101637459-on-a-embouti-le-mur-du-temps. [Übersetzung aus dem Französischen: d. Autorin]

Fortifizierung und Überschreitung jener Grenzen, die den Unterschied zwischen erwünschten und unerwünschten »umherschweifenden Produzenten« markieren; und deren Martialität und Hochtechnologie zugleich von einer gewissen Theatralik zeugen, da sie »eine Macht und Wirksamkeit vorgeben, die in Wirklichkeit nicht besteht«[29]?

Kürzlich wurde vor dem Europäischen Informationszentrum in Schengen ein vom Berliner Sony-Zentrum gestiftetes, 2,8 Tonnen schweres Stück der Berliner Mauer errichtet, das Teil einer Ausstellung zum Thema »Grenze« ist, die aus Anlass des 25-jährigen Bestehens des Schengener Abkommens stattfindet.[30] Man könnte dieses Stück Mauer – an diesem Ort, zu diesem Anlass und von diesem Stifter – vielleicht zum Denkmal des Postkapitalismus (und der Postkapitalen) erklären, in dem Grenzen selbst zu einem andauernden Grenzfall geworden sind: zwischen dem uneingeschränkten Zugriff auf fremde Märkte und Arbeitskräfte und der Angst vor Überfremdung, zwischen Globalisierung und Regionalismus, Zentrum und Peripherie, Privatem und Öffentlichem, Tourismus und Migration, frei flottierenden Datenströmen und Copyright. Nicht zu vergessen jene Sicherheitszäune, die von den *gated communities* in Florida bis zur »Grünen Zone« in Bagdad die Grenzen zwischen Schutz und Gefangenschaft aufheben und somit in gewisser Weise zur Berliner Mauer zurückkehren. Oder die Mauer der Wall Street, jene Zeitmauer, die, so Paul Virilio, am 6. Mai 2010 um 14:25 Uhr durch den sogenannten *flash crash*, als die Börsenkurse innerhalb von wenigen Minuten drastisch fielen, erstmals durchbrochen wurde – und womit ein Fundament des Kapitalismus, die Funktion der Antizipation, aus den Angeln gehoben wurde.[31] Selbst in der Werbung, jener einstigen Domäne der heilen Welt, werden seit Anfang der 1990er-Jahre, spätestens mit Oliviero Toscanis Benetton-Kampagnen, beständig die Grenzen dessen überschritten, was als Moral oder guter Geschmack gilt.

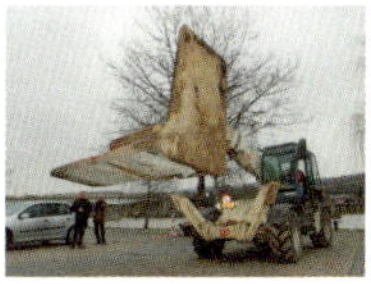

166477189

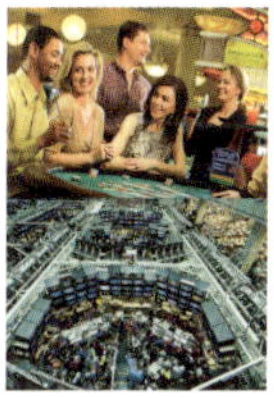

008065091
[S. 30]

Bekanntlich haben zu den rasanten Umbrüchen, denen wir seit Ende der 1980er-Jahre kaum noch hinterherkommen, ganz wesentlich auch Digitalisierung, Glasfaserkabel, Internet und GPS beigetragen. 2005 konstatiert Thomas L. Friedman, die Welt sei flach geworden.[32] Als Auslöser und Credo der Verflachung nennt er die Überwindung von Grenzen (für die symbolisch der Fall der Berliner Mauer) sowie das Öffnen von Fenstern (für das die Einführung und der Siegeszug des Windows-Betriebssystems stünden). Iván de la Nuez hat *Die Welt ist flach* zu einer Schrift erklärt, die dem Postkapitalismus gewidmet sei, jener »von Paradoxen durchzogenen Epoche, in der an die Stelle der PC (Abkürzung der Partido Comunista) ein anderer PC (der Personal Computer) trat, der von nun an die kollektive Vorstellungskraft der neuen Generationen prägte«[33].

Während sich Christoph Kolumbus 1492 in Richtung Indien aufgemacht habe, um mit seiner »Entdeckung« erste Beweise zu liefern, dass die Welt eine Kugel sei (und zu ignorieren, dass er sein eigentliches Ziel verfehlt hatte), habe Friedmann, wie er selbst stolz verkündet, auf einer Reise nach Bangalore, bei der er die Welt der »Callcenter« entdeckte, erkannt, dass die Kugel zu einer Scheibe geworden ist.

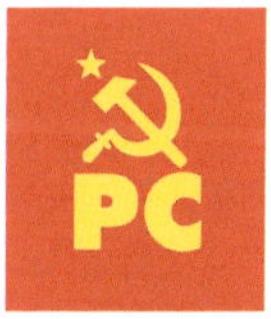

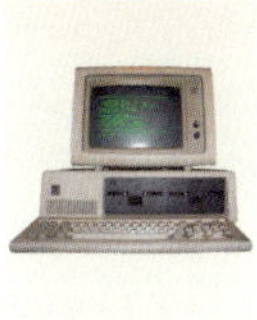

063844870
122197491

29. Ebd.

30. Siehe http://www.wort.lu/wort/web/letzebuerg/artikel/73128/stueck-der-berliner-mauer-in-schengen.php

31. Virilio und Noualhat 2010 (wie Anm. 28).

32. Thomas L. Friedman, *Die Welt ist flach. Eine kurze Geschichte des 21. Jahrhunderts*, Frankfurt/M. 2006 (Originaltitel: *The World Is Flat: A Brief History of the Twenty-first Century*, New York 2005).

33. Iván de La Nuez, *Postcapital. Crítica del Futuro*, Barcelona 2006, S. 37. [Übersetzung aus dem Spanischen: d. Autorin]

Hatte auch er – in der ganzen Verwirrung, die Callcenter hinsichtlich der Idee von Lokalität zuweilen stiften – übersehen, wo er eigentlich gelandet war? Jedenfalls nicht auf *einer* Scheibe, sondern längst in einem komplexen Gebilde aus Tausenden von Plattformen, das sich in zweidimensionalen Metaphern nicht mehr fassen lässt. Es sei denn, man möchte an den Kartografien des »alten Westens« festhalten, die schon immer flach waren, um den illusionären Feldherrenblick zu bestätigen. Genau das ist es, was »der Westen« in Verkennung der postkapitalistischen Realitäten weiterhin tut: sich selbst im Zentrum einer Scheibe zu imaginieren, einer Plattform, die nur mehr ein Floß ist (um ein Bild von de la Nuez aufzugreifen[34]); ein Floß, an das er sich mitsamt seinen gescheiterten Theorien klammert, um nicht unterzugehen, und von dem aus er glaubt, offene Grenzen und Fenster kontrollieren zu können, indem er immer neue Mauern errichtet.[35] Der derzeitige Boom an Vampir- und Zombiegeschichten spricht Bände über die Furcht vor der Wiederkehr dessen, was dabei verdrängt werden soll: von den Gespenstern der arabischen Welt über die Furcht vor Flüchtlingen oder asiatischen Märkten bis hin zu jenem kommunistischen Gespenst, das in den wiedererwachten Rhetoriken des Kalten Krieges auf der koreanischen Halbinsel erscheint. Dieser Horror-Boom lässt sich nicht zuletzt auf Christoph Kolumbus, das heißt das Vordringen der Kolonisatoren in die »Neue Welt« zurückführen, als in der Fremde ein »Anderes« ausgemacht wurde, das seither die Phantasmen der Angst vor der Wiederkehr des Verdrängten beflügelt.

Das Projekt *Postcapital* versucht, sich den Wiedergängern eines zu schnell für »ganz und gar tot« erklärten Kommunismus sowie eines uneingestandenen Postkapitalismus anzunähern. In der Ankündigung zur Ausstellung von 2006 heißt es:

> Der Westen wird gewahr, dass sich der Liberalismus mit dem Wegfall seines ehemaligen Tanzpartners (des Sozialismus) zunehmend orthodox und immer weniger demokratisch verhält. Die alte Patt-Situation zwischen Ost und West hat den Weg geebnet für die Konfrontation zwischen der westlichen und arabischen Welt, zwischen Christentum und Islam, Demokratie und Terrorismus. All dies hat zu einer neuen geopolitischen Landkarte geführt, als deren chronologischen Beginn man die Attentate vom 11. September 2001 in den USA betrachten könnte. Verkürzt gesagt: Die Berliner Mauer stürzte auch in den Westen. Und einst geheiligte Begriffe wie »Solidarität« oder »Transparenz«, die im Zuge der Demontage von Regierungen und Grenzen früherer kommunistischer Imperien noch eine zentrale Rolle spielten, wurden zwischen den Trümmern der alten und den Fundamenten der neuen Mauern globaler Politiken begraben. Diese Situation nennen wir »postkapital«.[36]

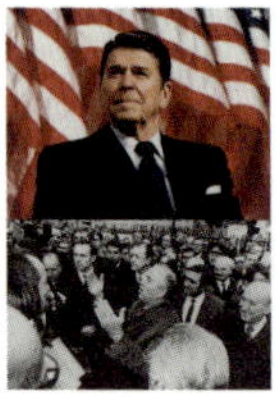

002035910
[S. 10]

34. Iván de la Nuez, in dieser Publikation, S. 97.

35. Nachtrag: Jetzt, nach Fertigstellung meines Textes, erleben wir die arabischen Revolutionen, deren Auswirkungen kaum abzusehen sind, die jedoch die geopolitischen Ordnungen erneut radikal verschieben dürften. Währenddessen diskutiert man in Europa angesichts vermeintlich endloser Ströme arabischer Flüchtlinge die Wiedereinführung der alten Grenzkontrollen (und – angesichts der »Eurokrise« – der alten Währungen). Und in Pakistan wird bin Laden von einer Spezialeinheit der US Navy liquidiert. Einmal mehr offenbaren sich die westlichen Modelle von Demokratie und freier Marktwirtschaft als sinkendes Floß.

36. Siehe http://www.bcn.cat/virreinacentredelaimatge/english/02060411.htm [Übersetzung aus dem Englischen: d. Autorin]. Auch (in spanischer Sprache) veröffentlicht in de la Nuez 2007 (wie Anm. 32), S. 38.

Hatte man zu Beginn der 1990er-Jahre noch den Siegeszug der westlichen Modelle von Demokratie und freier Marktwirtschaft gefeiert, so zeichnete sich bekanntlich schnell das Scheitern seiner Versprechungen von Frieden und Wohlstand für alle ab: in den Kriegen in Ex-Jugoslawien, den Regionen am Persischen Golf, in Afrika, Afghanistan oder dem Irak, in einem immer größer werdenden Gefälle zwischen Reichtum und Armut, im Kampf um Ressourcen wie Wasser, Öl und Gas oder im Platzen diverser ökonomischer Blasen. Die beschleunigte und scheinbar grenzenlose Mobilität von Menschen, Gütern, Informationen oder Geldströmen geht einher mit jenen fatalen Ein- und Ausschlüssen, die in den letzten zwei Dekaden Abermillionen von Menschen auf ihren Migrationsrouten das Leben gekostet oder in unzählige Lager – jene »reinen Räume der Ausnahme« (Giorgio Agamben) – geführt haben. So schreibt Agamben:

> Wenn die Flüchtlinge in der Ordnung des modernen Nationalstaates ein derart beunruhigendes Element darstellen, dann vor allem, weil sie die Kontinuität zwischen Mensch und Bürger, zwischen Nativität und Nationalität [...] aufbrechen und damit die Ursprungsfiktion der modernen Souveränität in eine Krise stürzen.[37]

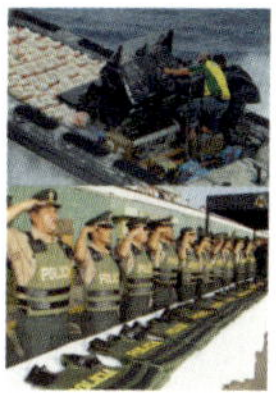

008064305
[S. 59]

Das UN-Flüchtlingskommissariat (UNHCR) sprach 2008 von weltweit 42 Millionen Menschen auf der Flucht. Im selben Jahr bewertete das Heidelberger Institut für internationale Konfliktforschung unter insgesamt 345 beobachteten Konflikten 39 »als hochgewaltsame Auseinandersetzungen, darunter neun Kriege. Hinzu kommen 95 gewaltsame Krisen, das heißt Konflikte, in denen sporadisch Gewalt eingesetzt wird«[38].

All diese Konflikte sind integraler Bestandteil der postkapitalistischen Gesellschaft, in der es das einst klar umrissene »Woanders« – den Osten, die Dritte Welt, die Peripherie, den Islam et cetera – in dieser Form, als ein »Woanders«, nicht mehr gibt. Und dies muss nicht notwendig eine Bedrohung darstellen: »Der Süden unseres Planeten«, wie Václav Bělohradský die sich verschiebenden Kartografien beschreibt, »ist nicht nur die Dritte Welt. Im Süden findet sich jeder wieder, der sich weigert, zur *Überzivilisation* zu konvertieren, und so dem Imperium des Wachstums Widerstand leistet.«[39]

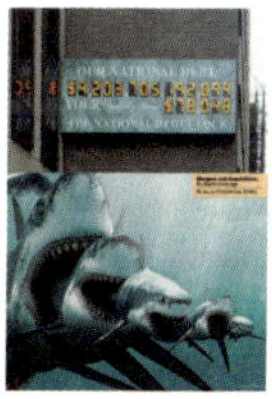

002198350
[S. 32]

Das imaginäre und äußerst gewaltsame Festhalten an einem »Woanders« äußert sich indes in der Internierung von Flüchtlingen zum Schutz einer Souveränität, die von Anfang an eine Fiktion war (Agamben), sowie in der militärischen und ideologischen Verteidigung von Nationalstaaten, die nur mehr leere Räume sind (Miyoshi).

Praktiken des Ungehorsams

Andújar liefert mit *Postcapital* kein Konzept, mit dem die Missstände der postkapitalistischen Gesellschaft behoben werden könnten. Er untersucht stattdessen ihre spezifischen, offenen wie verborgenen Machtstrukturen, um sie mit den Mitteln der Kunst freizulegen und in diese im Sinne eines gleichermaßen zivilen wie künstlerischen Ungehorsams einzugreifen: durch das Hacken ihrer Systeme.

Dies betrifft nicht zuletzt Andújars radikale Aneignung von geistigen Gütern als öffentliche Güter, die sich den Regularien der Copyright-Industrie und deren

---

37. Giorgio Agamben, *Homo sacer. Die Souveränität der Macht und das nackte Leben*, Frankfurt/M. (Originaltitel: *Homo sacer. Il potere sovrano e la nuda vita*, Turin 1995), S. 140.
38. Siehe http://www.ag-friedensforschung.de/themen/neuekriege/hiik2008.html
39. Bělohradský 2010 (wie Anm. 21), S. 82.

weitreichender Kontrolle über die Wissens- und ästhetische Produktion widersetzt. Denn Andújars künstlerische Praxis besteht wesentlich darin, die Repräsentationen (und Repräsentationssysteme) (post)kapitalistischer Machtverhältnisse zu kapern und ihre Bedeutungshegemonie sowie ihre Zensur aufzubrechen; im Sinne einer performativen Interpretation, die, so Derrida, »das, was sie interpretiert, zugleich verändert«[40].

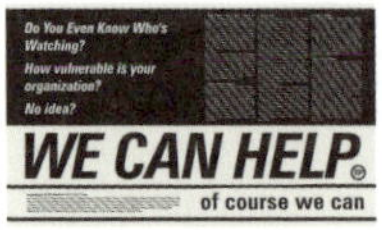

TTTP_02895

Zudem steht seine Arbeitsweise – die die Produktion von Artefakten, die Durchführung von Workshops, das Verfassen von Texten, die Konzeption öffentlicher Online-Plattformen, Aktivismus und Hacktivism, Lehre, die Vizepräsidentschaft der katalanischen Künstlervereinigung, kollektive Formen des Kuratierens und vieles mehr einschließt – für eine offene und kollaborative Form der Kunst- und Wissensproduktion. Es geht um die gemeinsame Entwicklung von Praktiken des Ungehorsams, des Dissenses und der Subversion, die sich auf spezifische Problemfelder beziehen, zu denen auch der Kunstbetrieb selbst zählt.

Das Dilemma der Kritik

Postcapital kreist um eine Reihe von Stichworten, die, aufgerieben zwischen linken und neoliberalen Diskursen, zahlreiche Fallen bieten: Transnationalität, Dezentralität, Wissensgesellschaft, Gemeinschaft, Kollaboration, Kreativität, Identitätspolitiken, Vernetzung, Unabhängigkeit et cetera. Es scheint, dass nahezu sämtliche Gegenmodelle zum Kapitalismus von diesem selbst absorbiert und nutzbar gemacht wurden, wie es unter anderem Luc Boltanski und Eve Chiapello in *Der neue Geist des Kapitalismus* (1999)[41] anhand der Kapitalismuskritik der 1968er-Generation (und hier insbesondere der KünstlerInnen) aufzeigen. Aus der Kritik an den Prozessen der Entfremdung, an Hierarchien und bürgerlichen Werten sei, so Boltanski und Chiapello, der sich selbst kontrollierende Netzwerker hervorgegangen, der eine Trennung von Arbeit und Freizeit nicht mehr kennt. Motiviert von der Kultur, den Werten und Träumen des Unternehmens, für das er jeweils arbeitet, stellt er sich und seine Kreativität freiwillig in dessen Dienst. Führungskräfte treten nicht mehr als Machteliten, sondern als Katalysatoren, Visionäre, Coaches, Inspirationsquellen und Talentförderer auf.

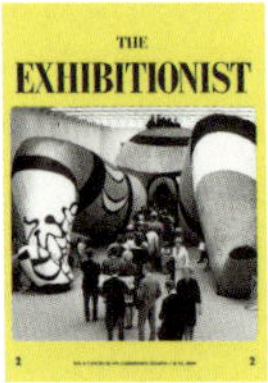

339161830

Diese Zuschreibungen entsprechen exakt einer Gestalt, die in den 1990er-Jahren machtvoll am Firmament der Kunstwelt erschien: dem Kurator. Der Künstler hingegen avancierte in den neoliberalen Rhetoriken, wie es vielfach beschrieben wurde, zum Inbegriff des »umherschweifenden Produzenten«, zur schillernden Figur, hinter der sich Ausbeutung und Prekarisierung verbergen. Um es mit Andújar zusammenzufassen: Während die einen ihr Leben der Kunst widmen, riskieren die anderen ihres.[42]

Sind, wie Marion von Osten in ihrem *e-flux*-Beitrag zum *Postcapital Self* fragt, »die historischen und aktuellen Formen der künstlerischen Selbstorganisation sowie deren Eingriff in die historische Arbeitsteilung des Kunstbetriebs« also tatsächlich »Zeichen eines détournements innerhalb der aktuellen Verteilung von Reichtum und Werten [...]«[43]? Oder sind sie Ausdruck jenes Konzepts der immateriellen Arbeit,

---

40. Derrida 2004 (wie Anm. 2), S. 77.

41. Luc Boltanski, Eve Chiapello, *Der neue Geist des Kapitalismus*, Konstanz 2003 (Originaltitel: *Le nouvel esprit du capitalisme*, Paris 1999).

42. Natürlich gilt dies auch umgekehrt, das heißt, auch KuratorInnen sind Teil der Prekarisierung der Arbeitswelt. In den gesellschaftlichen Zuschreibungen an KuratorInnen und KünstlerInnen scheinen die Rollen indes klar verteilt.

43. von Osten 2010 (wie Anm. 5), S. 5.

das auf der Selbstausbeutung der ProduzentInnen geistigen Mehrwerts beruht, den andere ausschöpfen? Gilt womöglich beides?

Das Gros der zeitgenössischen KünstlerInnen profitiert jedenfalls nur marginal vom finanziellen Kapital, das im Kunstbetrieb zirkuliert, und es greift in dessen Arbeitsteilung vor allem deshalb ein, weil KünstlerInnen als ArchitektInnen, DesignerInnen, DJs, KuratorInnen, SozialarbeiterInnen et cetera in der Regel billiger zu haben sind als ihre professionellen KollegInnen. Selbst ihr Nimbus »arm aber sexy« wird zuweilen von den Institutionen zur eigenen Markenbildung ausgebeutet, wie etwa im Rahmen des Projektes *No Soul For Sale*, das im Dia Center in New York (2009) und in der Londoner Tate Modern (2010) unabhängigen Off-Spaces und Künstlerkollektiven aus aller Welt angeblich ein Forum bot – es diesen aber schon laut Titel nicht einmal mehr selbst überließ, ihre Seele zu verkaufen.

Wie Maurizio Lazzarato, Toni Negri und Paolo Virno in *Umherschweifende Produzenten* argumentieren, untersteht die der ästhetischen Produktion entsprechende immaterielle Arbeit nicht nur der kapitalistischen Verwertung, sondern birgt auch Möglichkeiten der Subversion. Der Kunstbetrieb indes hat sich von den kritischen und subversiven Potenzialen der ästhetischen Produktion weitgehend verabschiedet (oder sie im schlimmsten Falle absorbiert) und stattdessen die Gesetze des Neoliberalismus internalisiert. So heißt es in einer Broschüre zum fünfjährigen Bestehen der Tate Modern (deren neoliberale Museumspolitiken das krensifizierte Museum[44] längst überholt haben), dass ihre BesucherInnen »keine Betrachter, sondern Akteure« seien. Die »Öffentlichkeit selbst ist Teil des Tate-Modern-Phänomens«. Sie »stärkt ihre eigene Coolness, indem sie sich mit einer der coolsten Marken Englands verbündet«[45]. Dies entspricht exakt Lazzaratos These, dass der kapitalistische Mehrwert, den immaterielle Arbeit generiert – nämlich die Produktion von Bedeutung und gesellschaftlichen Verhältnissen –, auf einem kreativen Prozess beruht, der ProduzentInnen und KonsumentInnen gleichermaßen einschließt.[46]

In euphorischen Worten, die unweigerlich an die sektenhaften Bühnenshows erinnern, die Unternehmen wie Apple zur MitarbeiterInnenmotivation inszenieren, bekennt ein anderer Autor der Tate-Modern-Festschrift:

> Ich schätze mich überglücklich, ein klitzekleiner Teil der Familie und Gemeinschaft, die Tate Modern darstellt, zu sein. Die Chance, Zeit im Museum und seinem Umfeld zu verbringen, hat meinem Leben eine zusätzliche Dimension verliehen, die in einem unendlich inspirierenden Kontrast zu Arbeit und Privatleben steht. Ich habe das Gefühl, dass jeder, der jemals dieses Gebäude betritt, etwas von dieser Inspiration spürt. Es ist ein Gefühl der Zugehörigkeit und Verbundenheit, der Erweiterung und Teilhabe an einer neuen Erfahrung. Es ist kaum zu überbieten.[47]

---

44. Vgl.: Joseba Zulaika, »Desiring Bilbao. The Krensification of the Museum and Its Discontents«, in: Anna Maria Guasch, Joseba Zulaika (Hrsg.), *Learning from the Bilbao Guggenheim*, Center for Basque Studies, Reno, Navada 2005, S. 149–170.

45. John Holden, »The Cultural Value of Tate Modern«, in: Tate Modern (Hrsg.), *Tate Modern. The First Five Years*, London 2005, S. 35, http://tate.org.uk/modern/tm_5yearspublication.pdf (deutsche Übersetzung zitiert nach Esther Leslie, »Mehr Wert für die Inhalte: Die Verwertung der Kultur heute«, in: *eipcp*, http://eipcp.net/transversal/0207/leslie/de/#_ftn6).

46. Maurizio Lazzarato, »Verwertung und Kommunikation. Der Zyklus immaterieller Produktion«, in: Atzert 1998 (wie Anm. 13), S. 55 f.

47. Jon Snow, »Reaching Out«, in: Tate Modern 2005 (wie Anm. 45).

In der Tat.

Die aus der Kritik am Kapitalismus hervorgegangenen Konzepte der Selbstbestimmung, Partizipation, Kollaboration, Vernetzung, Kreativität et cetera stehen mehr denn je im Verdacht, die neoliberalen Logiken zu reproduzieren. Auch kritische künstlerische Methoden wie *Appropriation* oder *Detournement* sind längst von der Werbung im Sinne der Banalisierung adaptiert worden. Dieses Dilemma der Kritik scheint symptomatisch für die postkapitalistischen Grenzproblematiken zu sein. Es ist allerdings kaum ratsam, sich davon bis zur Selbstzerfleischung oder Lethargie entmutigen zu lassen, da die Entmutigung selbst ein wesentliches Machtinstrumentarium des (Post)Kapitalismus darstellt. Vielmehr gilt es, den Widerstreit des kritischen Denkens und Handelns anzuerkennen. Und man sollte die Option nicht aufgeben, dass nicht nur die neoliberalen Diskurse jene besetzen, von denen sie kritisiert werden, sondern dass es durchaus auch umgekehrt sein könnte. Es geht um eine beständige »Umbewertung der Umbewertung«[48], wie der Titel einer Ausgabe der Kunstzeitschrift *Umělec*, in der *Postcapital* als Insert erscheint, vorschlägt. Und um die subversiven Potenziale, die immaterielle Arbeit auch impliziert.

48. *Umělec (Umbewertung der Umbewertung)*, deutsche Ausgabe, Heft 1, 2010.

POSTCAPITAL.
DIE MAUER / DIE TÜRME / GUANTÁNAMO

Iván de la Nuez

I. DIE MAUER

Ladies and Gentlemen, The Wall Came Down!

Also sprach Ronald Reagan und erklärte sich mit diesen Worten zum Sieger des Kalten Krieges. Wie ein Kopfgeldjäger, der das Haupt des meistgesuchten Mannes präsentiert und anschließend die Belohnung kassiert. Die Mauer war eben erst gefallen, und es gab in der Tat einen Sieg, mit dem man sich brüsten, und einen Kopf, den man schwingen konnte: das nahezu gesamte Imperium des Bösen (mit Ausnahme der an den Peripherien gelegenen kommunistischen Regimes). Und es gab auch eine Belohnung einzustreichen. Alle Prophezeiungen stimmten darin überein, dass von nun an der Markt, die Demokratie und der Kapitalismus ein einziges System bilden würden, das der ganzen Welt Gleichheit brächte. In ihrer Euphorie übersahen Reagan und insbesondere seine von Francis Fukuyama, dem Autor von *Das Ende der Geschichte,* angeführten Denkfabriken jedoch, dass die Besiegten im Osten nicht untätig bleiben und gefügig auf den Westen warten würden. Ganz im Gegenteil, schon bald sollten sie sich in die andere Welt aufmachen und bis in deren letzten Winkel vordringen. Die moderne Geschichte und westliche Kultur sind in Berlin in Scherben zerbrochen, um jener Flut zu weichen, die die räumliche und menschliche Ordnung weltweit verändern sollte. Die im Folgenden skizzierten Verschiebungen machen es erforderlich, dass wir unser Verhältnis zur Welt, Gesellschaft, Geschichte, Natur und menschlicher Reproduktion angesichts der gewaltigen Herausforderungen einer Zukunft, die ohne jegliche Vorwarnung über uns hereingebrochen ist, neu überdenken.

Zu Zeiten des Kommunismus versicherte man uns noch, wir lebten in einer Welt, die ihre Grenzen aufrechterhalten und ihre nationale Integrität bewahren, in der man sich sicher fühlen und hinter dem bleiernen Damm des Kalten Kriegs verschanzen könne. Heute ist dieser Damm überall gebrochen. Man könnte die Berliner Mauer als sein Symbol betrachten, aber auch, wie noch zu sehen sein wird, die zahlreichen Mauern, die dem, was wir Globalisierung nennen, erst Sinn verleihen. So wie Jorge Luis Borges die Kreuzigung Jesu nicht als Einzelfall betrachtete, sondern als Ereignis, das jeden Tag auf der ganzen Welt jedem Menschen widerfährt, lässt sich auch der Mauerfall weder als einzigartiges noch einmaliges

Geschehen begreifen. Vielmehr handelt es sich um etwas, das sich tagtäglich an allen Grenzen ereignet; überall auf der Erde (zu Land und zu Wasser). So betrachtet, fallen ständig Mauern, und sie verwandeln die Peripherien dabei in etwas, das weitaus mehr ist als die »verwestlichte« Gesellschaft, wie die Propheten des Liberalismus sie vorhergesagt hatten. Der Westen gerät unterdessen zu einer »multiperipherischen« und »postkommunistischen« Welt. Wir sollten also jene anderen Mauern in den Blick nehmen, die jenseits von Berlin fortwährend überwunden werden: zwischen Mexiko und den Vereinigten Staaten, Havanna und Miami, Marokko und Spanien, Albanien und Italien oder, über den Pazifik hinweg, zwischen Amerika und Asien. Eines schönen Tages wacht der Westen auf und findet all diese Randgebiete vor seiner eigenen Haustür vor. Er sieht, wie sie in seine Räume eindringen und viele der dort einst entwickelten Theorien außer Kraft setzen. Plötzlich dringen ästhetische oder religiöse Formen des Ostens in die westliche Welt vor, kubanische oder haitianische Flöße treiben in der Meerenge von Florida, illegale Einwanderer, die sogenannten »espaldas mojadas« (»nassen Rücken«), suchen ihren Weg schwimmend von Mexiko in die Vereinigten Staaten, kleine Boote landen an spanischen Küsten, Albaner kommen nach Italien. Sie bringen die westliche Welt ins Wanken, und nun, da sie einmal da sind, stören sie die Netzwerke, die unseren Kulturkreis speisen.

Der Fall der Berliner Mauer war gewissermaßen ein *Big Bang*, der ungeahnte physische und kulturelle Veränderungen mit sich brachte, deren Wucht uns geradewegs in die nackte Landschaft einer ungeschützten Welt beförderte. Dies kann man nicht leugnen, aber dennoch lassen sich die Veränderungen, um die es im Folgenden noch gehen wird, nicht ausschließlich daran festmachen. Wir brauchen nur auf weit entfernte Länder zu blicken und uns zu vergegenwärtigen, dass es sowohl in Asien als auch in der Karibik (mit China, Vietnam, Nordkorea einerseits und Kuba andererseits) Gesellschaften nach kommunistischem Modell gibt, die die westliche Kultur auf die eine oder andere Weise beeinflussen. 1989 war auch das Jahr des Massakers auf dem Platz des Himmlischen Friedens und markierte das Ende der sandinistischen Revolution. So war nicht Berlin allein Ausgangspunkt für die Turbulenzen dieses Jahres; genauso wenig lässt sich das Jahr 1968 auf die Mairevolution in Paris reduzieren. Schließlich wurde 1968 auch durch den Prager Frühling, das

Massaker in Tlatelolco, die Niederlage der Guerilla in Lateinamerika oder den Tod von Marcel Duchamp geprägt. Außerdem geht es hier nicht nur um Länder und Kontinente, sondern auch um private Bereiche, die ihre Spuren in der Öffentlichkeit hinterlassen. Oder darum, wie das öffentliche in das häusliche Leben eindringt. Und es geht auch um die Risse oder Beziehungen in der Familie und zwischen den Generationen. Alles befindet sich in einem beispiellosen Wandel, der im Begriff ist, die Weltkarte zu verändern.

Euphorie vernebelt zuweilen die Sicht, und Reagan war allzu sehr mit seinem Freudenfest beschäftigt. Vielleicht schenkte er deshalb der Tatsache kaum Beachtung, dass die Welt nur wenige Jahre nach dem Fall der Berliner Mauer in einen sportlichen Wettkampf geriet, dessen Auswirkungen damals niemand vorhersagen konnte.

Die Metapher des »sportlichen Wettkampfs« ist hier keineswegs zufällig gewählt. Bilder aus der Welt des Sports sind beinahe allgegenwärtig, wenn es darum geht, sich der Situation der globalen Neugestaltung anzunähern. Das mag daran liegen, dass der Sport seit dem Niedergang des kommunistischen Imperiums für etwas steht, das Clausewitz dem Krieg zugeschrieben hat: Er ist eine Fortsetzung der Politik – in diesem Fall des Kalten Krieges – unter Einbeziehung anderer Mittel. Und möglicherweise auch daran, dass Sport einen Ausweg aus den alten Konflikten bietet. Vor allem jedoch führt uns der Sport die neuen Nationen, die die globale Geografie bestimmen, deutlich vor Augen. Zweifellos lassen sich in kaum einem anderen Bereich alte imperiale Neigungen so eindeutig wiederbeleben. Gleichzeitig kann man nirgends sonst eine Macht auf symbolische Weise besiegen. Im Sport leben Mythen fort (das David-gegen-Goliath-Prinzip im Fall von Kuba und den USA), er stärkt das kollektive Selbstbild der neuen Nationen (man denke nur an die neuen Nationalmannschaften der Balkanstaaten oder ehemaligen Sowjetunion); und zugleich kann man im Sport in alter Größe neu erstrahlen (wie im Fall der deutschen Wiedervereinigung).

Die Karriere des berühmten Stabhochspringers Sergei Bubka erscheint wie eine Parabel all dessen. Zwischen 1989 und 2001, also zwischen dem Mauerfall und den Anschlägen auf die Zwillingstürme des World Trade Center (die sich im selben Jahr ereigneten, in dem er seine Karriere beendete), stellte dieser Sportler nicht nur 35 Weltrekorde auf, sondern trug nacheinander das Trikot der Sowjetunion (UdSSR), der Gemeinschaft Unabhängiger Staaten (GUS) und schließlich das der Ukraine. Er sprang regelrecht von einem Land ins nächste, von einem Zusammenbruch zum nächsten, vom abgeschotteten, öden, behüteten (und überwachten) Heim in die grenzenlose und unsichere Weite.

In einer anderen Konfliktregion, der Karibik der kubanischen Revolution, gelang es einem Baseballwerfer, der aufgrund seiner mutmaßlichen Absicht, das Land zu verlassen, zu zwei Jahren Haft verurteilt worden war, mit einem Floß zu flüchten. Er wurde von einer benachbarten Insel aufgenommen und beendete seine abenteuerliche Reise mit dem Einzug in das Team der New York Yankees: das Symbol schlechthin im Herzen des Imperiums. Der Aufstieg zum Baseball-Meister – wo war eigentlich Hollywood in all der Zeit? – machte die Irrfahrt des El Duque Hernández, wie man den Sportler nannte, noch heldenhafter. Sein Ball schlug eine noch »höhere«, »rasantere« und »eindrucksvollere« Bahn ein als erwartet. Das Ganze ging so weit, dass die kubanische Regierung seiner Familie – entgegen aller Gewohnheit – gestattete, auszureisen und an den Feierlichkeiten zur Meisterschaft in Manhattan teilzunehmen (wenn auch nur durch Vermittlung des New Yorker Bischofs).

Ein Stabhochspringer, der unter drei verschiedenen Flaggen in den Wettkampf zog, und ein Baseballspieler, der mit einem Floß ins Feindesland gelangte, um dort Erfolge zu feiern. Dies sind die Symbole jener Flutwelle, die in Berlin ihren Anfang nahm und die, wie Reagans Freudenfest, den paradoxen Sieg des Westens und dessen Erschütterungen gleichermaßen in sich trägt.

Lassen wir den Sport einstweilen beiseite (wenn auch nicht die »Staatsathletik«, um einen Begriff von Peter Sloterdijk aufzugreifen) und stellen uns die unvermeidliche Frage: Kann man nach dem erwähnten *Big Bang* von einer »Post-Berliner Kultur« sprechen? Möglicherweise findet man die Antwort nicht in der Geschichte, sondern in der Geografie. Ich selbst gehöre zu jenen Heerscharen, die in den vergangenen zwanzig Jahren, in denen Nationen kamen und gingen, erlebt haben, dass das von Francis Fukuyama angekündigte Ende der Geschichte – jener einseitige, liberale, westliche, dröge und einsame Dämmerzustand, der einzig und allein auf den Werten des christlichen Westens basiert – nicht eingetreten ist. Und das, unter anderem, weil die Mauer auch auf *unsere Seite* gefallen ist. Eine Flut hat sich gen Westen aufgemacht, und ihre kulturellen

Auswirkungen sind in ihrem Ausmaß durchaus mit der Verwestlichung der ehemaligen kommunistischen Welt vergleichbar.

Wie in den Utopien der Renaissance wandelt sich das Verhältnis des Menschen zur Geschichte genau dann, wenn sich seine gewohnten Beziehungen zu früheren Orten ändern oder auflösen. Unter Umständen kann es sogar vorkommen, dass ehemalige Nationen auf feindlichem Boden wieder auftauchen. Nehmen wir zum Beispiel Milorad Pavićs Roman *Landschaft in Tee gemalt*. Einer der Protagonisten, ein jugoslawischer Architekt, will im Herzen der Vereinigten Staaten, genauer gesagt am Potomac, Marschall Titos Palast errichten. Pavić, serbischer Schriftsteller mit pro-serbischer Haltung, Professor für Ikonografie und Experte auf dem Gebiet der byzantinischen Kultur, dem wir Werke wie *Das Chasarische Wörterbuch* verdanken, überträgt die Metapher von der Erfindung der Nation auf ihr ureigenstes Modell – den »American Way of Life«, der am Horizont aufschien –, um diese Fiktion zu zerstören. Jugoslawien existiert nicht mehr, dennoch können seine Symbole im feindlichen Imperium, das die alte Heimat ersetzt hat, reproduziert werden. Der einstige Ort ist verschwunden, um schließlich als Architektur, in Form eines Kunstwerks mitten im Machtzentrum des Westens, erneut in Erscheinung zu treten.

Während Komar und Melamid die stalinistische Ästhetik in New York wieder aufleben lassen und dort riesige Bilder von Lenin und Stalin aufhängen (in offener Anspielung auf den Autoritarismus der Reagan-Ära), rekonstruiert der Architekt im Roman den Palast von Marschall Tito. Er stellt die Idee von Jugoslawien einfach wieder her; ebenso wie das Land durch die aktuellen Umstände einfach in (bislang) sechs Länder (oder sieben, wenn man den Kosovo dazurechnet) zerrissen wurde.

Dass die kommunistischen Staaten an Boden verloren haben – sieht man von weit entfernten Ländern wie China, Vietnam, Kuba oder Nordkorea ab, wo der Kommunismus einer unsicheren Zukunft entgegenblickt –, liegt daran, dass ihr Tanzpartner in der Moderne, der Liberalismus, im Niedergang begriffen ist und sich dies nicht mehr durch den drohenden Feind hinter dem Eisernen Vorhang oder den Kalten Krieg vertuschen lässt. Vielleicht verweist sein Niedergang aber auch auf das Terrain, dass er mangels Wettbewerb, durch das Nicht-Erscheinen des Gegners, gewann.

Wie dem auch sei, wir werden alle weiter einkaufen gehen und unsere Stimmen abgeben – immer häufiger das eine und immer seltener das andere, getreu dem Motto, dass sich ja doch nichts ändert.

Der oben beschriebene athletische Postkommunismus stellt uns vor höchst entscheidende Fragen: Kann es eine Geschichte nach Berlin geben? Wie kann man das politisch Unkorrekte ins Spiel bringen, wenn das Korrekte vom akademischen Betrieb gekidnappt wurde? Wie sieht diese »Post-Berliner Welt« aus? Wie kann der Vormarsch des rücksichtslosen Kapitalismus ohne das Gegengewicht eines realen Sozialismus aufgehalten werden? Wie kann der Demokratie im Westen eine neue Bedeutung verliehen werden? Ist die Ausdehnung des Westens womöglich der Beginn seines Zerfalls, wie es beim Römischen Reich der Fall war?

Vielleicht sind die Antworten in der planetarischen Kultur des Postkommunismus, die mit dem Fall jener heute bereits mythischen Mauer ihren Anfang nahm, zu finden sowie in jenen Parabeln des Sports, die uns – wie die des großen Bubka – zeigen, dass die Welt, nachdem die Muster ihrer Geschichte verschoben wurden, damit begonnen hat, die Grundfesten ihrer Geografie so schnell und so wirksam wie möglich zu zerstören.

Wenn ein Fluss über die Ufer tritt und neuen Boden flutet, ist das Erste, was passiert – wie bereits Roland Barthes in *Mythen des Alltags* erkannte –, dass der Fluss, während er noch seine Umgebung verändert, verschwindet. Dieses »Über-die-Ufer-Treten« prägt Kunst, Kultur und Denken des neuen Jahrtausends. Die couragiertesten Autoren werden diejenigen sein, denen es so weit wie möglich gelingt, ihren Elfenbeinturm zu verlassen und sich der Banalisierung des Schreckens zu verweigern. Es werden diejenigen sein, die eine Poetik der Überlebenden zusammentragen, das heißt jener Menschen, die weiter leben, um über das Geschehene berichten zu können. Ein Privileg, das sie nicht vergessen lassen sollte, was sie all jenen Toten schuldig sind, deren Schatten sich über diese globale Kultur legen.

Mit der Flut, die über uns hereingebrochen ist, treten das Unerwartete, die Individualität und jene winzigen Spuren, die das private Leben im Öffentlichen sowie die kleinen Nationen in der Welt hinterlassen, verstärkt zutage. Wir erleben eine kontinuierliche Entfremdung von den eigenen und eine vielfache Aneignung fremder Erfahrungen. Dennoch sind neben den genannten Verlusten auch beachtliche Gewinne zu verzeichnen. Nicht im wirtschaftlichen, sondern im räumlichen Sinne, das heißt im Hinblick darauf, was die Öffnung einer Welt bedeutet, in der neue Territorien gewonnen werden; in der wir neue Gebiete einnehmen, während sich unsere bisherigen Lebensräume auflösen.

Die Welt zu überfluten *(anegar el mundo)* oder die Welt zu negieren *(a negar el mundo)* könnte ein gutes Motto sein, um die Globalisierung, die mit dem Zusammenbruch des Kommunismus begonnen hat, zu überleben und zu verstehen. Jenseits eines nostalgischen Blicks auf das Gestern sollten wir die Erinnerung an jene Tage im Gedächtnis der Gegenwart verankern, denn die Überflutung hat uns tief im Grunde (und an der Oberfläche) in eine bislang nicht gekannte Amnesie versetzt, als lebten wir versunken in den Hochwasserfluten des Lethe, jenes mythischen Flusses des Vergessens. Oder in Macondo[1], wo die Bewohner nach einem großen Unwetter die Bezeichnungen der Dinge neu aufschreiben mussten, um sie wieder benennen zu können.

* * *

II. DIE ZWILLINGSTÜRME (WTC)

Als die Anschläge auf die Zwillingstürme in New York verübt wurden, erklärte Stockhausen diese zum perfekten Kunstwerk[2].

Das größte Kunstwerk, das es je gegeben hat.

So weit ist er gegangen. In dieser skrupellosen Definition offenbart sich, wie sehr er sich, in ästhetischer Hinsicht, von den Anschlägen hat blenden lassen, die sich zur besten Sendezeit, das heißt während der Morgennachrichten in Amerika, der Tagesnachrichten in Europa und der Abendnachrichten in Asien, ereigneten, um so eine beispiellose visuelle Kraft zu entwickeln, um die symbolische

---

1. Macondo ist ein fiktiver Ort in Gabriel García Márquez Roman *Cien años de soledad* (Hundert Jahre Einsamkeit) von 1967 (dt. 1970), Anm. der Hrsg.
2. Karlheinz Stockhausen in einem Pressegespräch am 16. September 2001 im Senatszimmer des Hotel Atlantic in Hamburg, Transkription des Gespräches in: http://www.stockhausen.org/hamburg.pdf, S. 76 / 77.

Aufmachung zu optimieren und die Verbreitung des Schreckens zu maximieren.

> *Seitdem, denke ich, ist es schwer, Videokunst mit einem derartig hohen Grad an Effektivität zu konzipieren.*

Das Erschütternde an Stockhausens Aussage ist allerdings nicht die Berufung auf einen möglichen ästhetischen Charakter der Anschläge – Kunst ist nicht notwendigerweise Ausdruck des Guten; etwas als »Kunstwerk« zu bezeichnen bedeutet nicht, dass man es gut heißt –, sondern die Berufung auf die *Perfektion*, mit der der Tod und das ungeheuerliche Vernichtungspotenzial in die Gleichung eingeführt werden.

> *Ein Verbrechen ist niemals perfekt,* schrieb Baudrillard, *aber die Perfektion ist immer ein Verbrechen.*[3]

Tatsächlich ist es nicht die Perfektion, die die interessantesten Künstler – Arthur Rimbaud, Marcel Duchamp, Thelonious Monk, Glenn Gould, Bobby Fischer – so interessant macht, sondern gerade ihre Suche nach einer unerreichbaren Perfektion. Im Gegensatz zu dem von Nietzsche am höchsten bewerteten Kunstwerk (das sich selbst erschaffen kann) verweist die Ästhetik des Terrorismus auf ein Werk, das sich selbst, seine Opfer und seinen Schöpfer zerstört.

Es sei an dieser Stelle angemerkt, dass Stockhausen einige Tage später Reue angesichts der Monstrosität seiner erschreckenden Aussage (und einiger abgesagter Konzerte) zeigte. Aber die Situation war nicht mehr zu ändern. Zum einen stand das Gesagte im Raum, und zum anderen hatte seine erste Einschätzung der Ereignisse unmissverständlich aufgezeigt, welche Abgründe sich in der Gegenwart auftun, in der Kunst und Politik tagtäglich ihre jeweiligen Grenzen überschreiten.

Eines ist jedenfalls sicher: Bei den Anschlägen islamischer Fundamentalisten handelt es sich nicht um Erzählungen aus *1001 Nacht*. Die Täter sind keine Araber, die auf fliegenden Teppichen daherkommen und mit Krummsäbeln nach unserer Zerstörung

3. Jean Baudrillard, *Das perfekte Verbrechen*, München 1996.

trachten. Sie sind vielmehr Teil des Kapitalismus, Teil der antidemokratischen und gewalttätigen Seite des kapitalistischen Lebensstils, und sie wissen die vielfachen Mechanismen, die dieses System so erhaben machen, zu nutzen: den Markt (Börse und Erdöl), die technischen Errungenschaften (Telefon, Luftfahrt, Internet, westliche Elite-Universitäten) sowie die Medien (Al Jazeera). So gesehen hat Edward Said recht: Wir stehen vor einem *zeitgenössischen* Problem, nicht vor einem mythischen oder biblischen. Und deshalb ist es nicht ratsam, das Böse und den Anschlag als etwas »Fremdes« oder »Unmenschliches« zu betrachten.

Ebenso wenig ist das, was heute geschieht, ein »Kampf der Kulturen« (weshalb sich auch keine Allianzen bilden lassen), sondern ein hilfloser Krieg zwischen einer Lebensweise, in der gezweifelt, und einer, in der dies nicht getan wird, zwischen einer sich vermischenden Lebensweise und einer, in der nach Reinheit gestrebt wird, zwischen einer weltlichen und einer religiösen Lebensart. Hinter diesen Grenzen von Kultur, Politik und Realität verbirgt sich auch eine tiefe Krise der Kunst, der Niedergang dessen, was leidenschaftslos und vereinfachend – ohne den Versuch einer Definition – als zeitgenössische Kunst bezeichnet wird. Eine Kunst, die gegenwärtig nur versuchen kann zu überleben, den Kopf nicht hängen zu lassen und, wie Duchamp, zu sagen:

Ich bin ein Atmer.

Zwischen 1989 und 2001, dem 9.11. und dem 11.9., dem Fall der Berliner Mauer und dem des World Trade Center, vollzieht sich der Übergang von einer Ästhetik des Verschwindens, wie sie Paul Virilio beschrieben hat, zu einer Angst vor Wiederholung (des Attentats), die ebenfalls von Virilio (in *Panische Stadt*) aufgezeigt wurde. In diesem Zeitraum, von Virilio bis Virilio, haben sich die Grenzen aufgelöst zwischen Kollateralschäden und »zielgenauen« Angriffen, zwischen nie gefundenen Massenvernichtungswaffen und jenen Waffen der Übertragungsmedien, die nie mehr aufhören werden, uns zu finden, ganz gleich, ob sie von Terroristen oder den Verbündeten stammen.

Von 1989 bis 2001, vom 9.11. bis zum 11.9., entrollt sich die Geschichte mit einer solchen Geschwindigkeit, dass wir sie bis auf Weiteres im Präsens schreiben können. Eine Geschichte, die mit dem

Zusammenbruch der Berliner Mauer und des Kommunismus im Namen der Demokratie beginnt und ihren Höhepunkt in der Zerstörung der Zwillingstürme erreicht, die unter anderem gegen jene Demokratie gerichtet ist, nach der sich die Menschen hinter dem Eisernen Vorhang sehnten.

Geht man davon aus, dass der Terrorismus die Fortsetzung des Kalten Kriegs mit anderen Mitteln ist (vielleicht mit der massiven Überhöhung der Medien), dann bedeutet dies, dass die Anschläge, der islamische Terror, auf einer politischen Ebene stattfinden. Und wenn der Terrorismus sich auf einer Ebene mit traditioneller Politik abspielt – wie dies auch für den konventionellen Krieg gilt (die Fortsetzung der Politik unter Einbeziehung anderer Mittel, nach Clausewitz) –, dann deshalb, weil er nicht auf eine gesellschaftliche Erlösung abzielt – allenfalls verspricht er denjenigen, die sich aufopfern, eine Erlösung im Jenseits –, sondern auf die Zerstörung eines kulturellen Lebensstils. Ein individuelles Ereignis wie der Tod (Picasso, Bacon, Freud, Serrano) wird mehr und mehr zu einem spektakulären anstatt zu einem gesellschaftlichen Ereignis.

Die meisten Kunstwerke, die sich mit dem Terrorismus beschäftigen, äußern sich kritisch zu dessen Ursachen (oder zu dem, was die Künstler als dessen Ursachen betrachten). Selten erfahren wir in diesen Werken jedoch etwas über die Motive für die Opferbereitschaft. Ganz zu schweigen davon, dass sie eine Kritik am Terrorakt selbst wagen würden. Allem Anschein nach begnügt man sich mit der simplen Begründung, die Anschläge hätten nur deshalb stattgefunden, weil die betroffenen Länder über die Maße ausgebeutet wurden.

Eine der unmittelbaren Ursachen dieser Ignoranz besteht darin, dass nahezu die gesamte aktuelle Kunst, die sich mit dem Terrorismus befasst, sich der Auseinandersetzung mit dem Unbekannten verweigert und stattdessen ihre Kritik gegen die Probleme und das offensichtliche Verschulden des Westens richtet (wobei Bush hier den – äußerst wohlverdienten – ersten Preis davonträgt). Eine Kritik, die als Joker eingesetzt wird und nichts Neues zur Diskussion beiträgt.

Es gibt jedoch durchaus andere Beispiele. Wenn etwa Daniel G. Andújar die Vernichtungstechniken von US-Armee (Fernlenkung) und Al Qaida (Enthauptung) einander gegenüberstellt, erscheinen sie wie zwei verschiedene Tötungsarten: die eine zivilisiert, die andere barbarisch, die eine »sauber«, die andere blutrünstig, die eine dem Krieg und die andere dem unkontrollierbaren Terrorismus verpflichtet. Indes erinnern beide an Videospiele, an den virtuellen Helden, der mit harter Hand durchgreift, nachdem er zahlreiche Demütigungen und Übergriffe hat erleiden müssen. In einem anderen Zeitalter bezeichnete Che Guevara, einer der großen Heroen der Gewaltkultur (heute zur »Allzweck-Ikone« geschrumpft), die Guerilla-Kämpfer und sich selbst einmal als »kaltblütige und gezielt arbeitende Tötungsmaschinen«. Obwohl sie sich Guerillataktiken und aller damals zur Verfügung stehenden nicht konventionellen Kampfstrategien bedienten, markierte der Tod dennoch eine Grenze – die Grenze der in den Kampf Involvierten –, und Kollateralschäden wurden vermieden. Der Unterschied zwischen Kollateralschäden und identifizierbaren Hauptangriffszielen charakterisiert unser Zeitalter und reißt seine Grenzen nieder.

Selbst der Unabomber, jener westliche Terrorist, mischt sich mit seinen Rechtfertigungen in diese Diskussion ein. Er argumentiert, moderne linke Intellektuelle würden vornehmlich von Kunstformen angesprochen, die sich entweder auf Elend, Niederlage und Verzweiflung konzentrierten oder aber einen orgiastischen Ton anstimmten und jede Möglichkeit einer rationalen Kontrolle negierten. Ganz so, als könne man durch rationales Kalkül nichts erreichen und als ob nichts anderes bleibe, als sich den Empfindungen des Augenblicks gänzlich hinzugeben.

> *Linke [...] bevorzugen masochistische Taktiken [...] Konservative sind Dummköpfe.*[4]

Also sprach der Unabomber.

In unserer Vorstellung gerät der »Unfall« zwischen seinen Wiederkünften zunehmend zu einer schicksalhaften Fügung, zum ferngesteuerten Desaster, zur absichtlich hervorgerufenen Katastrophe, deren Auswirkungen denen eines Unfalls gleichen, deren Ursache jedoch eine vollkommen andere ist. Ob im Pentagon oder in Afghanistan, in Madrid oder in Bagdad: Jemand hat auf einen Knopf gedrückt.

* * *

4. Siehe *Unabomber's Manifesto. Industrial Society and its Future*, in: http://www.42inc.com/~estephen/manifesto/unabe2.html

III. GUANTÁNAMO

Politik ist die Kunst des Möglichen.

Also sprach Bismarck. Und verpasste den Maximalisten damit eine Breitseite. Auf dem Weg in die Gegenwart jedoch hat diese zweckorientierte und machiavellistische Maxime deutlich an Glanz verloren. Aufgrund ihrer rein utilitaristischen Prägung ist sie in der heutigen Zeit unbrauchbar, und das unter anderem, weil die angesprochenen Bereiche - Politik und Kunst (das Mögliche einmal ganz außer Acht gelassen) - uns keine Alternativen zu jener Ungewissheit bieten können, in der wir heute gefangen sind. Politik und Kunst - Kunst und Politik - scheinen miteinander zu tanzen, vollkommen hypnotisiert von der Choreografie ihrer Konfrontation; das perfekte Simulakrum ihrer gegenseitigen Anerkennung.

In den unablässigen wechselseitigen Anleihen zwischen beiden Bereichen zeichnet sich eine Ästhetisierung der Politik ab.

Die Politik ist die Sphäre der reinen Mittel, das heißt, die absolute und integrale Gestik der Menschen, so Agamben.[5]

Die Kunst ihrerseits strebt wiederum mit ihren nicht enden wollenden Diskursen und Veranstaltungen, die um Themen wie die Wiedervereinigung geteilter Länder oder das freundliche Gesicht verschiedener Diktaturen, um Nationalismen oder Kosmopolitismen, Demokratisierungsprozesse oder Tourismusstrategien kreisen, nach politischer Legitimation. Bei diesem Austausch infizieren sich die Künstler häufig mit den Viren der Politik - Rhetorik, Demagogie, Messianismus -, die sich zu jenen Viren gesellen, die wir eher mit der Kunst assoziieren, insbesondere was ihren Anspruch auf Repräsentation betrifft, oder, wie Foucault es bekümmert nennt,

dieses entwürdigende Für-Andere-Sprechen.

---

5. Giorgio Agamben, *Mittel ohne Zweck. Noten zur Politik*, Berlin 2001, S. 62.

Da sich die Politik immer weiter vom Leben entfernt, hat die aktuelle politische Kunst die Aufgabe übernommen, sich diesem auf allen erdenklichen Wegen zu nähern.

Kunst und Leben.

Der Ansatz ist nicht neu. Peter Bürger befasste sich in den 1970er-Jahren intensiv damit, um zu dem Schluss zu kommen, dass das Ziel der künstlerischen Avantgarde schlicht darin bestand, die Grenze zwischen Kunst und Leben niederzureißen, und dass ihr Scheitern folglich darauf zurückzuführen sei, dass sie dieses Ziel nicht erreicht habe. Doch um welches Leben ging und geht es in diesen und anderen Theorien? Zweifellos nicht um das heutige, sondern um das Leben, wie es *einst* war. Anders als im Traum der Avantgarde bestimmt im Hier und Jetzt nicht das Leben die Erfahrung von Welt, sondern das *Überleben*, die Fortsetzung des Lebens unter Einbeziehung anderer (und offensichtlich prekärerer) Mittel.

An den entgegengesetzten Polen der globalen Apotheose – Technologie oder Ungewissheit, Verzweiflung oder Sicherheit, Tourismus oder Vertreibung – könnte die Überlebenskunst möglicherweise in einer Politik der Anpassung bestehen; der Anpassung an eine Situation, in der es an institutionellen Modellen fehlt, um den verschiedenen neuen Lebensweisen zu begegnen.

Andererseits mögen zwar Duchamp, Tzara oder Beuys mit aller Leidenschaft versucht haben, die Mauer zwischen Kunst und Leben niederzureißen, doch die Avantgarde hatte keineswegs ein Monopol auf diesen Kampf. Auch ein dekadenter Ästhet wie Oscar Wilde hat seinen Teil dazu beigetragen, um beide Welten miteinander zu verbinden, und kaum einer hat das Experiment dieser Fusion so teuer bezahlt wie er. Ganz zu schweigen von Gilbert K. Chesterton, dem mit seiner unvergleichlichen Ironie eine Fabel über die Kunst als Anarchie gelungen ist. Jeder einzelne Roman von Chesterton taugt zur Pflichtlektüre für jene Agenten der politischen Kunst, die derzeit im Westen wie Pilze aus dem Boden schießen.

Ich tausche drei Toni Negris gegen einen einzigen Chesterton und setze noch eins obendrauf: Alle Negris gegen Der Mann, der Donnerstag war.

Folgende Überschneidung kann kein reiner Zufall sein. Die *Documenta XI* mit ihrem emphatischen Bekenntnis zur politischen Kunst und der französische Romanautor Michel Houellebecq, der genau diese Form der Kunst so massiv attackiert, haben für ihre antithetischen Plädoyers ein und denselben Begriff gewählt: *Plattform*. Diese nominelle Überschneidung zwischen einer linken und zynisch-rechten Ästhetik lässt die Dinge in einem neuen Licht erscheinen. Die Plattformen, die dem hier bislang Diskutierten wohl am ehesten entsprechen, sind kaum jene, die auf *Programme* oder *Strategien* verweisen, sondern vielmehr Plattformen im physischen Sinne des Wortes: Flöße, auf denen Überlebende sich ausruhen und Atem schöpfen können. Und zwar jene Überlebende, die zwischen den zoologischen Ausdifferenzierungen des Multikulturalismus (jedem Tier sein Käfig) und der völligen Auflösung globaler Standards treiben; die den realen Kommunismus abgeschüttelt haben, um dann mit voller Wucht vom realen Kapitalismus getroffen zu werden; und die nun versuchen, sich ohne allzu viel Ballast über Wasser zu halten. Manchmal mag ihnen dabei nur die Fantasie bleiben, die aus dem Kampf ums Überleben erwächst. In diesem Szenario suchen auch Politik und Kunst ihre Zuflucht. Während Erstere langsam und behutsam zu Boden geht, um bloß keine Erschütterungen zu verursachen, sucht Letztere in der Rebellion ihr Glück, ohne die Konsequenzen tragen zu wollen – den Schirm immer griffbereit, während die anderen schutzlos im Regen stehen.

Bereits in der Definition dessen, was wir zeitgenössische Kunst nennen, wird ein verstörender und amnestischer Leninismus erkennbar, der die finstersten Kapitel einer Tradition verleugnet, in der sie sich selbst verortet und aus der sie ihre Kritik am *Status quo* des heutigen Kapitalismus speist. Diese Kritik ist unverzichtbar, für gewöhnlich jedoch wird dabei übersehen – gleichsam als handele es sich um eine Fußnote oder Bagatelle –, dass unter der Herrschaft der Linken die Beziehung zwischen Politik und Kunst durch eine systematische Zensur geregelt wurde, die das Funktionieren der Kultur erst ermöglichte.

Eine politische Kunst oder künstlerische Politik der Linken ist nicht glaubwürdig, wenn sie sich nicht von ihrer zensurbehafteten Vergangenheit befreit, ganz gleich, ob die Länder Russland, China oder Kuba, ihre repressiven Apparate Gulag, Kulturrevolution oder UMAP, ihre Schöpfer Lenin, Mao oder Fidel Castro heißen.

Erst dann wird es möglich sein, sich den westlichen Demokratien zuzuwenden und ihnen mit einer seriösen, selbstbewussten Kritik zu begegnen.

Mister Gorbachov, Tear Down this Wall!

Also sprach Reagan und forderte von Gorbatschow, die Mauer niederzureißen. Bis heute spricht man übrigens vom »Fall« der Mauer, als sei bei ihrem Zusammenbruch Gottes Hand im Spiel gewesen, und lässt damit die zentrale Rolle all jener Menschen, die sie zum Einsturz brachten, in Vergessenheit geraten.

Kaum zwei Jahrzehnte später herrscht in den westlichen Demokratien zunehmend weniger Transparenz und Solidarität. Und das, obwohl Glasnost und Solidarność weit mehr als bloße Schlagwörter der gegen die Diktaturen in Osteuropa gerichteten Bewegungen waren: nämlich der Antrieb einer inneren Kraft, die den Zusammenbruch des Ostblocks herbeiführen sollte. Diese Demokratie ist ganz der Selbstdarstellung verfallen, von einer hohen Wahlfluktuation geprägt und schmückt sich mit kindischem Tand, Entertainment und Konsum. Hinter beiden Seiten des gefallenen Eisernen Vorhangs treten erstaunte Wesen hervor, die das Scheitern beider moderner Utopien erlebt haben. Sie tragen die Last dieser Tragikomödie, müssen in rasantem Tempo Neues lernen und sind zugleich übersättigt von so viel unnützem Wissen. Und darum gibt es in der aktuellen Kunst so viele Kinder. Und darum sprengen diese Kinder auch so häufig alle vertrauten Maßstäbe, wie beispielsweise Ron Muecks Riesenbaby, die morbiden Figuren von Jenny Saville, die frühreifen Kinder von Boris Mikhailov, die geklonten Jugendlichen von Anthony Goicolea, die bösen Rotkäppchen von Kiki Smith, die finsteren Kinder von Loretta Lux ... Die Wesen, die nach dem Fall des Eisernen Vorhangs auftauchten, sind wie »alte« Kinder, bösartig und naiv zugleich. Sie verkörpern ein Zuviel an Wissen und zugleich den Mangel an Erfahrung, eine Verdrossenheit, die ebenso exzessiv wie ihre Unschuld ist. Geschöpfe, die wie Kinder alles lernen müssen: zu sprechen (eigene Wünsche zu äußern), zu laufen (Grenzen zu überwinden) und zu spielen (angesichts des massiven Einzugs neuer Technologien in den Alltag). Eine Schocktherapie hat sie ihrem unvollkommenen Zuhause entrissen und sie der vollkommenen Schutzlosigkeit ausgeliefert. Ihr beschauliches früheres Leben war mit einem Schlag vorbei, und sie wurden unversehens in einen bodenlosen Überlebenskampf gestürzt.

Vor diesem Hintergrund verweisen die urbanen Strukturen auf eine gewisse *Atopie*. Städte lassen sich nicht mehr verorten, münden in etwas, das man postkapitale Entität nennen könnte, und zwar im doppelten Sinne dieses Begriffs: zum einen in Bezug auf den Wegfall ihrer ursprünglichen repräsentativen Funktion (als Kapitale eines Landes, eines Staates, einer Nation, einer Gemeinschaft) und zum anderen hinsichtlich der Bedeutung von Städten im Postkapitalismus, einer Zeit, in der das urbane Geschehen von neuen Ökonomien geprägt wird. Hier entsteht der Rhythmus des Kapitals nicht, sondern wird, ähnlich wie die elektronische Musik, programmiert. Ein Rhythmus, der sich lediglich wiederholt, anstatt sich zu erneuern. Die Stadt hat sich, wie eine Schreibmaschine oder ein Fotoapparat in den Händen des Touristen, in ein Werkzeug, eine Ausrüstung verwandelt. So wie die alte Vinyl-Schallplatte im Koffer eines DJs.

> *Wer wenig sieht, sieht immer weniger; wer schlecht hört, hört immer Einiges noch dazu.*[6]

Also sprach Nietzsche und warf mit diesen Worten ein erstes Licht auf jene Zeiten, da in den westlichen Gesellschaften die visuelle Kultur langsam, aber sicher beginnen sollte, die Schriftkultur in ihrer Rolle als Wissensvermittlerin zu verdrängen. Diese kulturelle »Mutation« hat nicht nur Auswirkungen auf die bildenden Künste und beeinflusst Ideologie, Dokumentation, gesellschaftliches Engagement, Mode, Werbung und den politischen Diskurs, sondern erfasst auch die Literatur und macht dort ein Überdenken der kreativen Muster notwendig.

Die visuelle Kultur hat sich aller Lebensbereiche bemächtigt und bringt so neue Diskurse und veränderte Konzepte dessen mit sich, was man früher als »Intellektueller« bezeichnete. In *Regeln für den Menschenpark* setzt sich Peter Sloterdijk eingehend mit diesem Aspekt auseinander. Unter den Einwirkungen dieses Wan-

6. Friedrich Nietzsche, »Menschliches, Allzumenschliches. Ein Buch für freie Geister«, in: ders., *Werke in drei Bänden*, München 1954, Band 1, S. 702.

dels bricht die epistolografische Tradition der Philosophie der vergangenen 2500 Jahre zusammen, und es schwindet die Möglichkeit, die »politische und kulturelle Synthesis [...] über literarische, briefliche, humanistische Medien [zu] produzieren«[7].

Es ist das Ende der Literatur als Träger der Nationalgeister.[8]

Klare Worte. An diesem Scheideweg stehen die Künstler vor einer Aufgabe, die weitaus bedeutender ist, als nur die Wunden zu schließen, die die Politik geöffnet hat. Sie sind vielmehr aufgerufen, im Zeitalter der Bilder die Rolle der Intellektuellen selbstbewusst zu übernehmen. Vielleicht müssen sie sich davon verabschieden, Künstler im bisherigen Verständnis zu sein, um Intellektuelle werden zu können. Diese »suizidale« Situation sah Hegel bereits voraus. Er bezeichnete den Künstler als »Menschen ohne Inhalt«, der sich »jenseits« der Kunst bewege und verschwinde, nachdem er uns eine visuelle Erkenntnis und einen ästhetischen Affekt verschafft habe. Tatsache ist jedoch, dass die Kunst, nachdem sie sich in anderen Welten – Politik, Medien, Technologie – verloren hat, verspätet und mit mäßigem Erfolg zu ihrem altbewährten Ithaka zurückkehrt: in den Schutz des Museums und die traditionellen Vergütungsformen. Angesichts dieser fehlenden Kohärenz zwischen einem euphorischen Aufbruch und einer eher kleinlauten Rückkehr erscheinen einige Vorhaben der zeitgenössischen Kunst unglaubwürdig. Nicht, weil die Künstler nicht den Mut hätten, die eigenen Grenzen zu überschreiten und »über sich selbst hinauszuwachsen«, sondern weil sie ihren Weg nicht zu Ende gehen, wie es ein derartig radikales Unterfangen verlangen würde. Viele Künstler ereilt dasselbe Schicksal wie den Mann, der es in einer alten hinduistischen Legende wagt, den Tiger zu reiten: Er erreicht unglaubliche Geschwindigkeiten, Ziele und Abenteuer – und gibt am Schluss doch auf. Ein Fehler, lehrt die Legende: Wer den Tiger reitet, darf nicht absteigen – der Tiger würde ihn auf der Stelle fressen.

---

7. Peter Sloterdijk, *Regeln für den Menschenpark. Ein Antwortschreiben zum Brief über den Humanismus*, Frankfurt/M. 1999, siehe http://menschenpark.tripod.com
8. ebda., genauer Wortlaut: »Keineswegs ist deswegen die Literatur am Ende, aber sie hat sich zu einer Subkultur sui generis ausdifferenziert und die Tage ihrer Überschätzung als Träger der Nationalgeister sind vorüber.«

Man kann der zeitgenössischen Kunst nicht vorwerfen – wie dies einige Konservative tun –, sie habe sich zu weit vorgewagt, vielmehr ist das Gegenteil der Fall: Sie ist nicht weit genug gegangen. Sie hat mitten im Aufbruch haltgemacht. Nach einem Vorstoß in unbekanntes Terrain ist sie an ihren angestammten Platz zurückgekehrt, unter den schützenden Schirm, den andere nicht haben.

Unterdessen hört die gegenseitige Faszination von Kunst und Politik nicht auf, immer wieder neue Kapitel aufzuschlagen, ungeachtet der klaren Vorzeichen, die auf ihr lasten. Giorgio Agamben (*Der Mensch ohne Inhalt*, *Homo Sacer*, *Was von Auschwitz bleibt*), Miguel Morey (*Deseo de ser piel roja* [Wunsch, Indianer zu werden]) und Don DeLillo in seinem Roman über ein Pornovideo, in dem Hitler die Hauptrolle spielt[9], untersuchen die Beziehung zwischen Faszination und Faschismus (zwei Begriffe, die mehr verbindet als nur eine gemeinsame linguistische Wurzel). Sie haben ihren Blick sowohl auf Ursprung und Fortbestand des Faschismus als auch auf die Grenzen der Kunst gerichtet; eine elementare Verknüpfung, die für das Verständnis unserer heutigen Situation unerlässlich ist. So haben sie nicht aufgehört, uns immer wieder vor Augen zu führen, dass Auschwitz kein isoliertes Ereignis in der Geschichte ist. Ganz im Gegenteil: Auschwitz ist charakteristisch für die politischen Gepflogenheiten der Moderne vor und nach dem Nationalsozialismus – von ersten Konzentrationslagern gegen Ende des 19. Jahrhunderts (im kolonialen Kuba oder in den burischen Siedlungen in Afrika) bis hin zu den heutigen Abschiebehaftanstalten in westlichen Städten. Es gibt eine faschistische Kontinuität, die in vielfältigen Bereichen fortlebt: Sie betrifft das Privatleben, den Umgang mit Flüchtlingen, die Rechtsprechung und Sprache, auserwählte und ausgegrenzte Völker, Timişoara und Tiananmen, die Polizei und das Denken gleichermaßen.

Agamben geht noch einen Schritt weiter. Er untersucht die Gegenwart nach dem Zusammenbruch des Sowjetreiches, um eine der größten Herausforderungen unserer Zeit deutlich zu machen – nämlich anzuerkennen, dass das neoliberale Mantra vom Ende der Geschichte mit der in Vergessenheit geratenen sozialistischen These vom Ende des Staates einhergeht.

---

9. Don DeLillo, *Bluthunde*, Köln 1999 (Originaltitel: *Running Dog*, New York 1978).

Heute, da Politiker dem Museum den Vorrang vor dem Mausoleum geben und Personen des öffentlichen Lebens eher biografische Ausstellungen als Statuen für sich reklamieren, ist es an der Zeit, zwischen diesen Welten zu unterscheiden und zu verhindern, dass die Politik die Kunst des Möglichen bleibt ... und dies nur für Politiker. Und es ist auch an der Zeit, jenem narzisstischen Akt entgegenzuwirken, durch den Kunst immer wieder zur Politik des Unmöglichen gerät ... wenn auch nur für die Künstler.

... Und für die Künstler wurde Guantánamo zu einem Genre.

Das auch. Eine reale und zugleich metaphorische Müllkippe mit einer Fläche von nur wenigen Quadratkilometern, auf der es zum Schulterschluss zwischen den Überresten des Kommunismus und einem US-Marinestützpunkt mit sämtlichen Reminiszenzen an den Neokolonialismus kommt.

Der islamische Terrorismus und die Foltermethoden der liberalen Demokratie. Der Nobelpreis für Literatur (Rede von Harold Pinter) und der Silberne Bär auf der Berlinale (für *Road to Guantánamo* von Michael Winterbottom und Mat Whitecross). Die radikale Kunst von Banksy (mit seiner parodistischen Intervention in die *Big Thunder Mountain Railroad* von Disneyland) und sogar Spionage-Thriller (*Der Afghane* von Frederick Forsyth, *Der Gefangene von Guantánamo* von Dan Fespermann). Die spanische Künstlerin Alicia Framis ging gar so weit vorzuschlagen, das Gefangenenlager Guantánamo in ein Museum umzuwandeln. Kritik und Frivolität, Literatur und Bilder nisten sich in dieser Kloake der Globalisierung ein.

Paradoxien und Komplizenschaften in der zeitgenössischen Kultur: Am anderen Ende der Welt, in Abu Dhabi, arbeitet man gerade im Eiltempo daran, den Muslimen die westliche Kultur näherzubringen. Mit der Errichtung einer Niederlassung des Louvre auf der Insel Saadiyat, die, von arabischer Seite finanziert und von Jean Nouvel entworfen, 2012 eröffnet werden soll. Das Emirat wird dort weitere Museen bauen: Guggenheim, ein Seefahrts- und ein Nationalmuseum ... Also werden sich Goya und Picasso nach Osten begeben; wer weiß, vielleicht auch ein Jeff Koons, ein Hermann Nitsch oder ein Damien Hirst.

In Guantánamo wird nichts dergleichen passieren. In diese Region der Karibik werden weder Avicenna noch Averroës reisen, und auch der Ruhm der Sufi-Poesie wird nicht bis dort getragen. Noch unwahrscheinlicher ist, dass es jene Gegenwartskünstler dorthin verschlägt, denen es allen Hindernissen zum Trotz gelungen ist, das zu schaffen, was Catherine David »zeitgenössische arabische Repräsentationen« nennt. Es gibt dort keinen liebenswürdigen Empfang, der das Aufeinanderprallen ein wenig abfedern könnte. Nur Terroristen, Komplizen von Terroristen oder Unschuldige, die des Terrorismus beschuldigt werden; und immer *Der Koran* ... In der Umgebung fehlt es nicht an kubanischen Gefängnissen für Kubaner, auch nicht für politische Gefangene. Doch diese Fakten werden in den Agenden der globalen Kunst für gewöhnlich ignoriert, gefangen wie sie ist zwischen ihrem kritischen Anspruch und der pathetisch aufgeladenen Angst davor, als eine nur wenig spirituelle Interessen verfolgende missionarische Vorhut dazustehen. Denn, machen wir uns nichts vor, wir sprechen hier nicht lediglich von einem Vorstoß der Zivilisation. In *Feuertäufer*, einem Roman über den Glauben, bringt es Antonio Orejudo auf den Punkt:

> *In jeder Predigt, und sei sie noch so geistig, muss stets Raum bleiben, um über Geld zu sprechen.*

Je mehr zum Thema Guantánamo geschrieben, gefilmt, installiert oder gemalt wird, umso ungeeigneter erscheinen die Metaphern, um irgendein Verständnis zu vermitteln, um zum Beispiel etwas über die Geschichte Guantánamos als Kolonialstadt oder als kommunistische Provinz zu erfahren. Heute steht das Wort »Guantánamo« einzig für Degradierung: neokolonialer Militärstützpunkt, Internierungslager für Haitianer, Kubaner oder Kosovaren (je nachdem, welcher Konflikt gerade aktuell ist), Gefängnis, in dem Folter außerhalb des Rechtsstaates praktiziert wird; jahrzehntelang Schutzraum für verschiedene geopolitische Quarantänen. Andererseits erscheint die Zurückhaltung der kubanischen Regierung in dieser Angelegenheit verwunderlich, da sie für gewöhnlich keine Gelegenheit für eine Schmährede gegen die USA auslässt. Vielleicht ist daran aber auch nichts Ungewöhnliches. Der Stützpunkt stellt ein ideales Gegengewicht zum sozialistischen Regime dar, die dunkle Seite, die – im großen Stil – beweist, dass auch in der Demokratie Menschenrechte verletzt werden.

Zwanzig Jahre nach dem Fall der Berliner Mauer und acht Jahre nach dem Anschlag auf das World Trade Center in New York kündigte Barak Obama an, seine erste Amtshandlung würde in der Schließung des Gefangenenlagers Guantánamo bestehen. Es wäre eine großartige Geste, mit der er, ganz nebenbei, die Achse des Bösen ad acta legen könnte: jene schwarze Liste, auf der sein Vorgänger neben unbequemen Landsleuten auch die interessantesten Intellektuellen aus den weltweiten Reservaten der Paria-Länder versammelte – Künstler, die sich einer derartigen Bipolarität widersetzen und sich weigern, mit gezinkten Karten zu spielen. Obama steht noch eine dritte Möglichkeit offen: die Schließung des Militärstützpunktes und dessen Rückgabe an Kuba. Dies wäre ein bedeutender Schritt, um den Schadensausgleich für die vielfachen Demütigungsexzesse zu vereinfachen.

Tyrannische Regimes oder Terrorbewegungen werden nicht selten mit einer in der Vergangenheit verübten Ungerechtigkeit entschuldigt. Demokratien dagegen werden stets anhand der Gegenwart be- und verurteilt. Der Preis, den es dafür zu zahlen gilt, ist entweder hoch oder gleich null. Es liegt in der Hand eines Präsidenten mit afrikanischen Wurzeln, einer interkulturellen Biografie und dem Zweitnamen Hussein, diesen Moment einer »Leerstelle«, diesen »Nullpunkt« herbeizuführen und für einen Neubeginn der Geschichte zu nutzen. Es liegt in der Hand jeder einflussreichen Persönlichkeit, die in der Lage ist, sich die letzte und hoffentlich brauchbare Metapher Guantánamos vorzustellen.

POSTCAPITAL: THE WALL / THE TOWERS / GUANTÁNAMO

Iván de la Nuez

I. THE WALL

Ladies and Gentlemen, The Wall Came Down!

Thus spoke Ronald Reagan, and with these words he announced that he had won the Cold War—like a bounty hunter who brandishes the head of the Most Wanted Man and immediately claims the ransom. The Wall had just collapsed and, yes, there was a victory to crow about, a head to wave around—virtually the whole "Empire of Evil" (leaving out the peripheral communist regimes)—and a ransom to be collected. All predictions concurred that from this moment on, the Market, Democracy, and Capitalism would converge into a Single System that would bring equality to the world. What the euphoria prevented Reagan from seeing—and in particular his Think Tanks led by Fukuyama of *The End of History*—is that the vanquished would not just sit in the East, passively awaiting the West. On the contrary, they would quickly begin heading toward the other world and invading its farthest reaches. In Berlin, modern history and Western culture shattered into shards to make way for the flood that was to transform the spatial and human configuration of the globe. The displacements recorded below force us to reconsider our relationship to the world, society, nature, and the reproduction of the human species, from the perspective of the enormous challenges posed by a future that arrived without prelude.

In the communist era, people still spoke of a world that could preserve its borders, maintain domestic integrity, feel secure, shelter behind the main dike of the Cold War. Today, this dike has long burst on all sides. It may be represented by the Berlin Wall and also—as we shall see—by the many walls that give meaning to what we call "globalization." Even so, just as Jorge Luis Borges did not see the crucifixion of Christ as an isolated event—but rather as an act that occurs every day, all over the world, to all human beings—the fall of the Wall should not be seen as an unrepeatable and unique event. It is something that happens every day at every border, in all lands (and seas) spanned by the planet. Seen in this light, there are many walls collapsing and transforming peripheries into more than the "Westernized" world that the prophets of liberalism had predicted. Meanwhile, the West is becoming a "multiperipheral" and "post-communist" world. And at this point we should look beyond Berlin and mention the constant transgression of other walls: the wall between Mexico and the United States, between Havana and Miami, between Morocco and

Spain, between Albania and Italy, and between the Americas and Asia, across the Pacific.

The West wakes up one morning with these peripheries camped in its own backyard to find that its spaces have been invaded and that many of the theories reliant upon them have fallen apart. Suddenly, aesthetic and religious forms from the East, Cuban and Haitian rafts in the Florida strait, "wetbacks" who cross from Mexico to the United States, flimsy boats that reach the coast of Spain, and Albanians in Italy begin intercepting the Western world and, while they're at it, the networks constituting its cultural circuit.

So the fall of the Berlin Wall functioned as a kind of "Big Bang," triggering physical and cultural transformations that led us, with their raw power, to the naked landscape of the exposed world. But once this has been acknowledged, has been said, we can not pin on it all the changes to be explored in this text. We have only to look to distant lands and remember that both Asia and the Caribbean have societies based on the communist model (in China, Vietnam, North Korea, and Cuba, respectively) and, through them, mark Western culture in one way or another. 1989 also signifies Tiananmen Square and the collapse of the Sandinista Revolution. We cannot fix the destabilizations of 1989 solely in Berlin, just as those of 1968 could not be attributed to Paris. We know that 1968 also marks Prague, Tlatelolco, the defeat of the guerrillas in Latin America, and the death of Marcel Duchamp. In any case, it is not just about countries and continents. It is about the forms of intimacy that leave a trace in public spaces. Or about how public uses interfere in domestic life, and about the cracks or exchanges that take place among families and generations—in the unprecedented shift that is already changing the map of the world.

Euphoria tends to cloud reason, and Reagan was busy with his party. Perhaps that was why he didn't pay much attention when the world entered a state of athletic competition with unexpected consequences a few years after the fall of the Berlin Wall. "Athletic competition" is not a gratuitous metaphor. Images from the sporting sphere are highly symptomatic in our approach to this situation of the reconstruction of the world. This may be because in the period that followed the Communist Empire, sports came to stand for something that Clausewitz had surmised about the war: they are the continuation of politics—in this case also of the Cold War—by other means. And perhaps because they express recourse from the old conflicts. But, above all, because sports clearly show us the new nations that make up the global landscape. They certainly reflect one of the most obvious elements through which to strengthen old imperial drives or, on the contrary, to symbolically defeat some empire; or to corroborate mythologies (David-against-Goliath style, as in the case of Cuba and the United States) and to consolidate the collective imaginary of new homelands (the new national selections from the Balkans or the former Soviet Union); or to claim a return to greatness (as in the case of unified Germany).

The career path of the famous pole vaulter Sergey Bubka stands as a parable of these events. In addition to breaking thirty-five world records between 1989 and 2001—during a time period spanning the fall of the Wall and the attack on the Twin Towers (the year he retired)—this sportsman successively wore the shirt of the Soviet Union (USSR), the Commonwealth of Independent States (CIS), and, finally, the Ukraine. Jumping from one country to another, from one demolition to another; from the restricted, dull, protected (and controlled) space of home to the broad, expanded zone of the end of borders and security.

In another zone of the conflict, the Caribbean of the Cuban Revolution, a baseball pitcher who had been sentenced to two years for allegedly showing an interest in leaving the country managed to escape in a raft, was picked up on a neighboring island, and concluded his eventful journey playing for the New York Yankees, a true symbol in the heart of the Empire. When they were declared champions of the baseball season—where has Hollywood been all this time?—Duque Hernández's (as was his name) exploit was made even more heroic.

The path of his ball was "higher," "faster," and "stronger" than expected, to the point that the Cuban government made the unusual gesture of allowing his family to attend the celebration in Manhattan (even if it required the mediation of the bishop of New York).

A pole vaulter who defended three flags. A baseball player who reached the enemy coast on a raft and then triumphed on its territory. Symbols of the flood that began in Berlin, in which, just as in Reagan's celebration, the paradoxical victory of the West carries its own explosion implicit within.

Moving away from sports for a moment (but not from the "athletics of state" as coined by Peter Sloterdijk), an inevitable question remains floating before us: Is it possible to talk of a post-Berlin culture, after this "Big Bang"? Perhaps the answer is not to be found in history, but in geography. I myself am part of the legions who have witnessed—during these twenty years in which countries have come and gone—how the end of history foretold by Francis Fukuyama as being based solely on Western Christian values—a unipolar, liberal, Western, boring, solitary twilight—has not come to be. And this, among other things, because the Wall also fell toward *our side*. The flooding toward the West sparked cultural consequences just as far-reaching as the Westernization of the former communist world.

As in Renaissance utopias, humans change their relationship to history at the same time as they transform or annul their conventional relationship to the places that existed before.

Sometimes, former countries even emerge in enemy territory. For example, we have Milorad Pavić's novel *Landscape Painted with Tea*. One of its main characters, a Yugoslavian architect, wants to build the palace of Marshal Tito in the heart of the United States, along the Potomac River to be precise. Pavić, a Serbian and pro-Serbian writer, a professor of iconography and expert in Byzantine culture, who has given us books like *Dictionary of the Khazars*, takes the metaphor of the invention of nations to the very model that reared up on the horizon to destroy this fiction—the American Way of Life. Yugoslavia no longer exists, but its symbology can be reproduced in the enemy empire that replaced it. The former place disappeared, but it reemerges as architecture, as a work of art, right in the heart of Western power.

While Komar and Melamid reconstructed the Stalinist aesthetic in New York, going so far as displaying enormous paintings of Lenin and Stalin there (in a clear reference to the authoritarianism of the Reagan era), the novel's architect reconstructs the Marshal's palace. He simply recreates the idea of Yugoslavia insofar as the current conditions have pulled it apart, for the time being, into six (or seven if we accept Kosovo) different countries.

If the communist states have lost their place—in spite of the ambiguous persistence of far-off China, Vietnam, Cuba, and North Korea—it is because liberalism, their dance partner in the modern age, has gone into a state of decline that it can no longer disguise with the threat of the enemy behind the Iron Curtain and the Cold War. Or perhaps it displays the position it won as a result of having no one to compete against, the opponent's no-show. Just the same, we will all keep shopping and voting—increasingly more of the first and less of the second—under the credo that nothing will ever change now.

The athletic post-communism mentioned above also poses some questions of prime importance: Can there be history after Berlin? How can we activate political incorrectness in an era when correctness has been hijacked by the academy? What is this post-

Berlin world like? How can we stop the naked forms of capitalism's progress without the counterweight of real socialism? How can we give democracy a different meaning in the West? Might not the expansion of the West be a prologue to its disarticulation, as in the case of the Roman Empire? The answers may lie in the post-communist planetary culture that opened up with the collapse of that already legendary Wall; and in these athletic parables—like that of the great Bubka—showing us that once the patterns of history have been changed, the world has applied itself to destroying the canon of its geography as quickly and vigorously as possible.

As Roland Barthes already saw in *Mythologies*, a river that overflows and floods new ground disappears as it changes the shape of its surroundings. Today, this brimming-over marks the art, culture, and thought of the new millennium. The bravest authors will be those who manage to escape, as far as possible, the exclusive ivory tower of the banalization of horror; those able to assemble a poetics of survivors who have prolonged their lives so as to tell what has come to pass—a privilege that should not lead them to forget the debt they have incurred to all the dead whose shadows grow longer over this global culture.

The coming flood reaffirms the unexpected, individuality, the miniscule trace of private experience in the public world, of the domestic sphere in the streets, of small nations in the world—a constant alienation of one's own experiences, and a multiple appropriation of the experiences of others. It is worth noting that there are also important gains to be found among these losses. Not in the economic sense, but in spatial terms, in what it means when a world that spans territories opens up: where we can come to grips with new lands to the same measure that our former worlds are dismantled.

Flood the world *(anegar el mundo)* or deny the world *(a negar el mundo)* could be a good motto for surviving and understanding this globalization that began after the collapse of communism. The memory of the present can be set down—not a nostalgia for what happened yesterday, but a memory of the present, for deep down (and on the surface) this flood has brought us up against an incommensurable amnesia, as if it were the flooding of the Lethe, the mythological river of oblivion. Or like Macondo[1] after the rain, when its

---

1. Editor's note: Macondo is a fictitious town in Gabriel García Márquez's novel *Cien años de soledad* (One Hundred Years of Solitude) from 1967.

inhabitants were forced to write down the names of things so that they could name them after the storm.

* * *

II. THE TOWERS

When the attacks on New York's Twin Towers took place, Stockhausen described them as the perfect work of art.

> *The greatest work of art ever.*[2]

That's how far he went. A chilling definition exploding with the aesthetic enthrallment of an attack that took place in prime time—the morning news in the U.S., the afternoon news in Europe, the evening news in Asia—to ensure maximum visual impact, optimize its symbolic packaging, and multiply its cruelty.

> *Since then—I think—it is difficult to conceive of a work of video art equal to its extreme effectiveness.*

However, what is particularly sinister about Stockhausen's definition is not its appeal to the aesthetic nature of the attacks—art does not necessarily express the redemption of good, for saying something "artistic" is not the same as applauding it—but to "perfection," which seems intended to introduce death into the equation, with its uncommon capacity for annihilation.

> *Though the crime is never perfect*—Baudillard conceded—*perfection, true to its name, is always criminal.*[3]

In fact, it is not perfection that makes the most interesting artists interesting. What makes Arthur Rimbaud, Marcel Duchamp, Thelonious Monk, Glen Gould, or Bobby Fischer interesting is precisely their search for a perfection that they never attain. In contrast to the kind of artwork that Nietzsche valued most highly (art which is able

---

2. Karlheinz Stockhausen at a press conference on September 16, 2001 in the Senatszimmer of the Hotel Atlantic in Hamburg. See transcription of the discussion at: http://www.stockhausen.org/hamburg.pdf, pp. 76–77.
3. Jean Baudrillard, *The Perfect Crime* (London: Verso Books, 1996).

to construct itself), the aesthetic of terrorism refers us to a work that destroys itself, its victims, and its creator.

Truth be told, a few days later Stockhausen had his moment of repentance when he realized the horror of his statement (and of the cancellation of several concerts in response to his words). But there was nothing to be done. Firstly: because it had already been said. Secondly: because his first certainty cleared a path straight to the abyss of these times in which art and politics regularly cross each other's borders.

In any case, Islamic fundamentalist attacks are not something out of *A Thousand and One Nights*. These are not Arabs invoking our destruction on flying carpets, armed with scimitars. There is no getting around it—they are part of capitalism, part of a violent, anti-democratic zone of the capitalist way of life, a phase of the system that has proven able to use many of the mechanisms that sublimate it: the market (stock exchange and oil), technological advances (telephony, aviation, the Internet, exclusive Western universities), and the mass media (Al Jazeera). In this sense, we concur with Edward Said: the problem we are facing is *contemporary*, not mythological or biblical. And, as such, it is not a good idea to consider evil and the attacks as something "alien" or "inhuman."

Further, we are not in the midst of a "clash of civilizations" (which is why there is no chance of an alliance) but of a desperate war between one form of life that doubts and another that doesn't, one that mixes and another that appeals to purity, a secular life, and a religious one. A profound crises of art is camouflaged behind these limits of culture, politics, and reality, the decline of which has been lazily and evasively called "contemporary art," with barely an attempt to define it. A kind of art that can now only try to survive, stick out its nose, and say, as Duchamp once did:

I am a breather.

From 1989 to 2001. From 11/9 to 9/11. From the fall of the Berlin Wall to the collapse of the Twin Towers, there is a shift from the aesthetic of disappearance (noted by Paul Virilio) to the anxiety at the reappearance (of the attack) as also mentioned by Virilio in *City of Panic*. In this period from Virilio to Virilio there has been a weakening of the boundaries between collateral damage and "select" targets, between weapons of destruction that were never found and weapons of transmission that will never stop finding us, whether they are wielded by terrorists or allies.

10

The story unfolding from 1989 to 2001, from 11/9 to 9/11, moves at such an accelerated pace that we can always write it in present tense. A story beginning with the fall of the Berlin Wall and the collapse of communism in the name of democracy and culminating with the demolition of the towers against, among other things, the democracy yearned for by those who dwelled behind the Iron Curtain.

If terrorism is the continuation of the Cold War via other means, perhaps via the total sublimation of the media, something tells us that the attacks—Islamic terror—occur to one side of politics. And if terrorism occurs side-by-side with traditional politics, just as conventional war does (the continuation of politics by other means, as Clausewitz reminds us), it is because it does not seek social redemption—at most it promises redemption in the afterlife for those who sacrifice themselves—but the destruction of a cultural way of life.

An individual event like death—Picasso, Bacon, Freud, Serrano—becomes a spectacular, rather than social, event.

Most artworks dealing with terrorism tend to be critical of its causes (or what the artists see as its causes), but they hardly ever allow us to glimpse the keys to the motives for the sacrifices, let alone offer a critique of the terrorist act itself. These artists seem to think it is enough to suggest that the attacks exist simply because there has been a surplus of exploitation in those worlds.

This ignorance has a direct bearing on the fact that most current art dealing with terrorism avoids tackling the unknown and instead aims its criticism at the problems and apparent blame of the West (Bush gets the prize, quite deservedly in this case), using them as a cover-all without contributing anything new to the debate.

But there are other solutions. For example, when Daniel G. Andújar contrasts the forms of annihilation used by the United States (from a distance) and Al Qaeda (via massacre) they appear to be two different ways of killing, one civilized and the other barbaric, one "clean" and the other oversaturated with blood, one belonging to war and the other to illegal terrorism. But they both actually refer us to video games, and have a correlate in virtual heroes who take things extremely seriously after undergoing all kinds of humiliation and usurpation.

In a different period, Che Guevara—a champion of the culture of violence (now toned down as an icon of global consumption)—described the guerrilla, and himself, as a "selective and cold-blooded killing machine." In spite of using guerrilla warfare and every type of unconventional confrontation they could get their hands on, death still imposed the limit, namely, the limit of those involved, which was why collateral damage was avoided, reflecting the difference between collateral damage and major core targets, a fact of our era, which breaks down its borders.

The Unabomber, the terrorist of the West, has a good set of justifications to add to this debate. As the Unabomber sees it, the forms of art that appeal to modern, left-leaning intellectuals tend to either focus on sordidness, defeat, and despair or to adopt an orgiastic tone, renouncing rational control as if rational calculation offered no hope of achieving anything and all that remains is immersion in the sensuality of the moment.

Leftists ... prefer masochistic tactics ... conservatives are fools.[4]

Thus spoke the Unabomber.

Between one reappearance and another, we are swept into an almost providential notion of what an "accident" is. A remote-controlled disaster, an intentionally provoked catastrophe with the same effects as an accident but a very different causality: in the Pentagon or in Afghanistan, in Madrid or Baghdad, somebody pressed a button.

* * *

III. GUANTÁNAMO

Politics is the art of the possible.

Thus spoke Bismarck. And this was his torpedo below the waterline of the Maximalists. But this instrumental, Machiavellian maxim had lost some of its shine by the time it made its way down to us. It was so utilitarian that its usefulness has been squandered for our times. And this is because, among other things, the fields it touches on—politics and art (to say nothing of "the possible")—have lost their ability to come up with alternatives to the uncertainty in which we are trapped. Politics and art—art and politics—seem to dance together, hypno-

4. See *Unabomber's Manifesto: Industrial Society and its Future* at http://www.42inc.com/~estephen/manifesto/unabe2.html.

tized in a choreography of confrontation; the perfect simulacrum of their mutual gratifications.

In the back-and-forth loans between these two worlds, politics appears to have become "aestheticized." According to Agamben:

> *Politics is the sphere of pure means, that is, of the absolute and complete gesturality of human beings.*[5]

Meanwhile, art has taken on the task of designating political legitimacy, crammed as it is with discourses and programs committed to shoring up matters like the reunification of divided countries or the friendly face of various dictatorships, nationalisms, and cosmopolitanisms, transitions to democracy and tourist strategies. In this two-way exchange, artists are often infected by some of the viruses of politics—rhetoric, demagogy, Messianism—which then join those that we might more readily associate with art, especially in terms of representation. Foucault called it in distress:

> *The indignity of speaking for others.*

Given that politics is increasingly removed from life, recent political art has taken on the task of getting close to it by any possible means.

> *Art in life.*

An equation that is decades old now. Peter Burger worked arduously on it during the nineteen-seventies, eventually concluding that the goal of the artistic avant-garde was none other than to abrogate the barrier between art and life, and that its failure lay in falling short of this aim.

But, what "life" did these and other theories talk to us about, then and now? Certainly not today's life, but life as it was *before*. Counter to the dream of the avant-garde, it is not "life" that defines the experience of the world here and now, but survival, which is the continuation of life by other means (more precarious, of course). On the opposite poles of global apotheosis—technology or precariousness, despair or security, tourism or forced exodus—the art of sur-

5. Giorgio Agamben, *Means without End: Notes on Politics* (Minneapolis: University of Minnesota Press, 2000).

vival might perhaps be the politics of adaptation to this situation in which no institutional forms can successfully accommodate the new variants of existence. On the other hand, while it is true that Duchamp, Tzara, and Beuys wholeheartedly embarked on tearing down the wall between art and life, it is equally true that the avant-garde did not have a monopoly on this battle. An aesthete like Oscar Wilde did his bit to merge the two worlds, and there are few who have paid so high a price for such an experiment. To say nothing of Gilbert K. Chesterton, who managed to create—through the prism of his colossal irony—a fable on art as anarchy. Any of Chesterton's novels could be obligatory reading for the agents of political art that are now proliferating in the West.

> *I will swap three Toni Negris for a single Chesterton, says me. Every single Negri, I continue, for* The Man who was Thursday.

The following coincidence cannot be entirely put down to chance. Documenta XI, an emphatic reaffirmation of political art, and Michel Houellebecq, the French novelist who usually brandishes ferocious attacks on this type of art, chose the very same moniker for their antithetical arguments: platform. This nominal similitude between a left-wing and a cynical-right aesthetic leads us to look at things in a different light. The platforms that are best suited to our purpose are probably not those that stake a claim as a "program" or "strategy," but those that refer to a platform in the physical sense. Rafts that offer a place to stop and some respite to survivors, to those who drift from the zoological distinctions of multiculturalism (each animal in its own cage) to the total dissolution of the global standard; or to those who shook free of real communism only to be hit with real capitalism, trying to stay afloat without much baggage, sometimes with nothing more than the imagination born from the struggle for survival. In this panorama, both politics and art seek refuge. One falls slowly and cautiously to the ground, careful to avoid sudden impacts. The other brings rebellion into play, but shields itself from consequences, with an umbrella at the ready and no thought for everybody else.

In the very definition of what we call "contemporary art," we find a disturbing and amnesic Leninism that underestimates the sinister zones of this tradition in which it sees itself reflected, and on which it feeds for its critique of the status quo of capitalism today. A necessary critique that nonetheless usually overlooks—as though it were simply a footnote or a minor accident—the fact that with the left in power the relationship between politics and art has been arbitrated by a structural censorship that underpins the logic of the functioning of culture. Political art, or artistic politics, cannot be credible if it comes from a left that does not distance itself from that history of censorship. Whether the countries are called Russia, China, or Cuba. Or their repressive structures are the Gulag, the Cultural Revolution, or UMAP. Or their artifices are Lenin, Mao, or Fidel Castro. Only when it has done this can it turn its gaze to Western democracy and sink its teeth into criticism, no holds barred.

Mr. Gorbachev, tear down this wall!

Thus spoke Reagan. And this was his call to Gorbachev to demolish the Wall. A wall which, by the way, is still said to have "fallen" as though it had collapsed by an act of God, thus diminishing the role of the societies that brought it down. Just a few decades on, there is increasingly less transparency and less solidarity in Western democracies. And this is in spite of the fact that Glasnost and Solidarity (*Solidarność*) were much more than just slogans to hasten the overthrow of Eastern European dictatorships: they were the spark for the internal energy that triggered the downfall of the communist empire. This democarcy is held in the thralls of representation, subscribes to electoral ephemerality, and is wrapped in the childish baubles of entertainment and consumerism. Bewildered beings advance from either side of the demolished Iron Curtain, beings who have witnessed the failure of both modern utopias and carry the burden of this tragicomedy: they need to learn at full speed, yet at the same time they are oversaturated with so much useless knowledge.

This is why children are so plentiful in the art of our time. And why they are usually out of proportion, like Ron Mueck's big baby, Jenny Saville's gruesome figures, Boris Mikhailov's precocious brats, Anthony Goicolea's teenage clones, Kiki Smith's perverse Red Riding Hoods, Loretta Lux's sinister infants ...

Like "old" children, these beings that appeared after the fall of the Iron Curtain are at once evil and naïve. They combine surplus knowledge with a lack of experience, an excessive world-weariness matched only by their excessive innocence. Specimens that, like children, have to learn to talk (to express their desires), to walk (break borders), and to play (the massive incorporation of new technologies in everyday life). Shock therapy has taken them from the imperfect home to the perfect exposure to the elements. Ultimately, they are torn from their previous small lives and forced headlong into an unbounded struggle for survival.

From this perspective, the urban fabric suggests a certain atopia—somewhat delocalized cities that have culminated in what we could call postcapital entities, in the twofold sense that we could give this concept. Partly in allusion to the collapse of their former representational role (the city as capital of a country, a state, a nation, a community) and partly in the sense of their position in postcapitalism, at this time when cities are branded by new economies in which the rhythm of capital is programmed instead of being produced—as is electronic music—and has started to repeat rather than reproduce itself. The city, like a typewriter, or like a camera in the hands of a tourist, has come to be a "tool," something useful. Like the old vinyl record in a DJ's bag.

> *The man who sees little always sees less than there is to see; the man who hears badly always hears something more than there is to hear.*[6]

Thus spoke Nietzsche. And with these words he adjusted his lantern to shed a little light on those times in which visual culture slowly but surely began to replace written culture as the transmitter of knowledge in Western societies. This cultural mutation did not just affect the visual arts, brimming over into ideology, documentation, social activism, fashion, advertising, and political struggles, but also literature, which was forced to find another way of handling its creative schema. In its total invasion of our ways of life, visual culture sets up new discourses and different uses of the status once known as "the intellectual." In "Rules for the Human Zoo," Peter Sloterdijk wrote eloquently on this matter. Under the effects of this transformation, the epistolary tradition which had represented philosophy for 2,500 years breaks down, as does the possibility of "political and cultural syntheses through literary, letter-writing, and humanistic media."[7]

---

6. Friedrich Nietzsche, *Human, All Too Human: A Book for Free Spirits* (Cambridge: Cambridge University Press, 1996).
7. Peter Sloterdijk, "Rules for the Human Zoo: A Response to the Letter on Humanism," *Environment and Planning D: Society and Space* 27, no. 1 (July 6, 2009), pp. 12–28, http://www.envplan.com/abstract.cgi?id=dst3

It is the end of literature as the bearer of national spirits.[8]

At this crossroads, artists are faced with a much more important task than that of stitching the wounds opened up by politics. Their new commission demands that they transform themselves, without inhibitions, into the intellectuals of the era of the image—perhaps to stop being artists as they have been until now in order to become intellectuals. This suicidal tendency was already spotted by Hegel, who saw artists as "men without content" because they went "beyond" the boundaries of art itself, disappearing after granting us visual knowledge and an aesthetic emotion. The thing is that after losing itself in other worlds—politics, the media, technology—art has returned, too late and without much success, to its same old Ithaca: the protection of the museum and its traditional forms of gratification. This lack of coherence between a fervent outbound journey and a diminished return home makes some contemporary art projects difficult to believe in. And not because they lack the courage to overstep their own boundaries and go "beyond," but because they don't take this expansion all the way to the final port as required by such a radical endeavor. As in the old Hindu metaphor, many artists share the fate of the rider on the tiger's back: after reaching incredible speed, distance, and adventures, he ends up abdicating. This is a mistake, because it is exactly what the myth forbids: anybody who gets on a tiger cannot get off, for they would be instantly devoured.

On careful examination, the worst thing about art today is not that it has ventured too far from itself, as some conservatives think, but that it hasn't gone far enough. It hasn't completed its gesture. Having ventured into unfamiliar territory, it returns to its former home under the umbrella that gives it shelter denied to others.

Meanwhile, the fascination between art and politics keeps on writing new chapters, in spite of the lucid signs that weigh upon it. Giorgio Agamben (*The Man Without Content*, *Homo Sacer*, and *Remnants of Auschwitz*), Miguel Morey (*Deseo de ser piel roja* [Wishing to Become Indian]), and Don DeLillo[9] in a novel about an old porn movie starring Hitler—all expound on the relationship between fascination and fascism, a dovetailing that goes much deeper than a shared linguistic root. They have split their vision in order to look

8. Ibid.
9. Don DeLillo, *Running Dog* (New York: Knopf, 1978).

back toward the origin and persistence of fascism, and also ahead to the limits of art, a fundamental nexus for understanding what is happening to us now. And they do not fail to warn us that Auschwitz is not limited to a specific moment in history. On the contrary, Auschwitz marks the political uses of modernity before and after Nazism, from the first concentration camps in the late nineteenth century (in colonial Cuba, or the Boer settlements in Africa) to today's migrant detention centers in Western cities. Thus a fascist continuity keeps on living and breathing in spheres that span private life and refugees, jurisdiction and language, chosen peoples and marginalized peoples, Timişoara and Tiananmen, police and thought.

Agamben squeezes a bit harder and interrogates the present in the era following the fall of the Soviet empire, in order to decipher one of our most pressing challenges: ensuring that the neoliberal mantra of the end of history is accompanied by the forgotten socialist proposal on the end of the state.

Now that politicians prefer a museum over a mausoleum, and public figures clamor for a biographical exhibition rather than a statue, it is the right time to discern between these two worlds and prevent politics from being held up as the art of the possible ... but only for politicians. It's also a good time to oppose the narcissistic act by which art transforms itself over and over into the politics of the impossible ... even though only for artists.

... And to artists, Guantánamo has become a "genre."

This too. A real and metaphoric garbage dump spanning a few square kilometers in which the vestiges of communism rub shoulders with a U.S. Naval Base, with all its neocolonial references. Islamic terrorism and the tortures of liberal democracy. The Nobel Prize in Literature (through the discourse of Harold Pinter) and the Berlin Film Festival's Silver Bear (awarded to *The Road to Guantanamo* by Michael Winterbottom and Mat Whitecross). Banksy's radical art (with a parody of Disney World in his installation *Big Thunder Mountain Railroad*) and even spy thrillers (*The Afghan* by Frederick Forsythe, *The Prisoner of Guantanamo* by Fan Fesperman). Spanish artist Alicia Framis has gone so far as to suggest that Guantánamo Bay detention facility be turned into a museum. Criticism and frivolity, literature and image, dwell side by side in that sewer of globalization.

Paradoxes—and complicities—of contemporary culture: on the other side of the world Abu Dhabi is working flat out to bring Western culture to Muslims. A franchise of the Louvre, financed by the Arabs and designed by Jean Nouvel, is due to open on Saadiyat Island in 2012. The Emirate plans to build other museums at the same spot: Guggenheim, maritime, national ... Goya and Picasso will head East and, who knows, perhaps a Jeff Koons or a Hermann Nitsch, a Damian Hirst ...

Nothing of the kind will happen in Guantánamo. Avicennas and Averroes won't be visiting that part of the Caribbean and the splendors of Sufi poetry won't be going there either. And certainly not today's artists who have struggled against the tide to construct what Catherine David has dubbed "Contemporary Arab Representations." No niceties here to cushion the crash. Only terrorists, accomplices of terrorists, and innocents suspected of being so; always the *Koran* ...

There is no lack of Cuban prisons for Cubans, including political prisoners, nearby. But this fact is usually wiped from formulas of global art, which is trapped between its critical intent and the pathetic possibility that it may appear to be an evangelizing advance party for interests of a less spiritual kind. Because, let's not kid ourselves, we are not just dealing with a civilizing shove here. Antonio Orejudo understands it perfectly in *Reconstruction*, his novel on faith:

> *All preaching, however spiritual, must always leave room for talking about money.*

It turns out that the more that is written, filmed, installed, and painted about Guantánamo, the more metaphors lose their power to help us to understand anything; to learn, for example, about its history as a colonial villa or a communist province. Today "Guantánamo" simply stands for degradation: a neocolonial military base, detention center for Haitians, Cubans, or Kosovars (depending on the conflict of the moment), a jail in which torture is practiced outside of the *Rechtsstaat* (constitutional state). Decades as a shelter for geopolitical quarantines. On the other hand, it is odd to see the restraint with which the Cuban government, loathe to miss an opportunity for a diatribe against the U.S., has treated this matter. But perhaps this is no mystery. The very presence of the base provides the perfect counterweight to the socialist regime, the accursed part that can prove—and how!—that democracies also violate human rights.

Twenty years after the fall of the Berlin Wall, and eight years after the Twin Towers attack in New York, Barack Obama announced his first measure: he would close the Guantánamo Bay detention facility. A fine gesture with the added bonus of getting rid of the "Axis of Evil," as his predecessor dubbed a list that crams together local condemnation with the most interesting intellectuals of this planetary reserve of pariah countries—creators who reject such bipolarity and refuse to play with marked cards. Obama still has a third option: to close the naval base and return it to Cuba. A notable first step that would go a long way toward simplifying the equation of this multi-orgasm of ignominy. Unlike some tyrannies or terrorist movements that tend to be forgiven for the past because of some seminal injustice, democracies are only judged—and condemned—for the present. The price of democracy is high, or it is nothing. A president of African descent, with a transcultural biography and "Hussein" among his names, holds the power to advance this "blank page" moment, this "degree zero" for restarting history. Any effective figure capable of imagining the last—hopefully useful—metaphor in Guantánamo.

Postcapital Circumstances

Approaches

When we opened the exhibition project *Postcapital: Archive 1989–2001* by Spanish artist Daniel G. Andújar—aka Technologies To The People (TTTP)—in November 2008 in Stuttgart, the bankruptcy of the Lehman Brothers financial institution had already triggered the global bank crisis, with Germany alone having allocated 500 billion euros to rescuing the banks. German publishers were unable to meet the surging demand for the printing of Karl Marx's *Capital*—it was as if people were seeking a collective panacea to cure perplexity, or were in quest of absolution. Yet it has long been possible to download these writings and others by Marx—as well as those of many further Marxist authors—at Marxists.org free of charge. But who was genuinely interested in working his or her way through *Capital*? So where did this inflationary demand for the bound copy originate? Did it have to do with a fetish, a relic, which notoriously serves to retain something from the deceased that simultaneously guarantees that they will not return?[1] Could it be that communism was too quickly declared "very dead"? Did the repressed threaten to return in the form of revenants—of *Specters of Marx*, as Jacques Derrida titled his writings published in 1993?

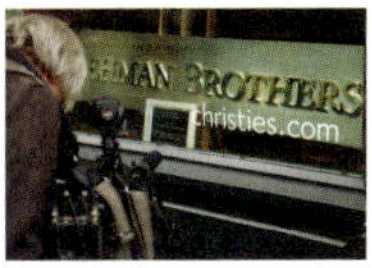

079649874

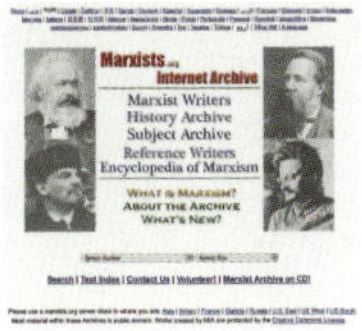

11548
[p. 277]

> Marx is dead, communism is dead, very dead, and along with it its hopes, its discourse, its theories, its practices. It says: long live capitalism, long live the market, here's to the survival of economic and political liberalism! If this hegemony is attempting to install its dogmatic orchestration in suspect and paradoxical conditions, it is first of all because this triumphant conjuration is striving in truth to disavow … the fact that never, never in history, has the horizon of the thing whose survival is being celebrated (namely, all the old models of the capitalist and liberal world) been as dark, threatening, and threatened.[2]

At the time, the exhibition title *Postcapital* was encountered with skepticism. Did we really in all seriousness believe that capitalism had been surmounted, or even disestablished, as a result of the crisis? And what would even supersede capitalism? A new and different socialism, Marxism, communism? [pp. 336-338]

Two years later the seventeenth issue of the *e-flux Journal*,[3] which was published in the scope of the 2010 Berlin Biennale, began to search for the *Postcapital Self*: the model of a queer economy which traces back to J. K. Gibson-Graham's writings *The End of Capitalism (As We Knew It)* (1996) and *A Postcapitalist Politics* (2006).[4] Beeing sought were the possibilities of a postcapitalist approach in theory and cultural production,

---

1. Karl-Josef Pazzini, "Reliquie – Ein Aufzeichnungsmedium?," in *Aufzeichnung und Analyse: Theorien und Techniken des Gedächtnisses*, ed. Erik Porath (Würzburg: Königshausen & Neumann, 1995), p. 163.
2. Jacques Derrida, *Specters of Marx: The State of the Debt, the Work of Mourning, and the New International*, trans. Peggy Kamuf (New York: Routledge, 1994), p. 52. Original French version published as *Spectres de Marx* (Paris, 1993).
3. Marion von Osten, ed., *e-flux Journal* 17 (June 2010), http://www.e-flux.com/journal/issue/17, and specifically Marion von Osten, "Editorial—'In Search of the Postcapitalist Self'," http://worker01.e-flux.com/pdf/article_159.pdf.
4. J. K. Gibson-Graham (Julie Graham and Katherine Gibson), *The End of Capitalism (As We Knew It): A Feminist Critique of Political Economy* (Cambridge, MA: Blackwell Publishers, 1996); J. K. Gibson-Graham, *A Postcapitalist Politics* (Minneapolis: University of Minnesota Press, 2006).

exceeding the said postulate, according to which "all activities at work and in one's spare time are subordinate to capitalist accumulation and ultimately lead to commodification."[5]

Gibson-Graham consider their approach—which interlinks the theories of feminist poststructuralism, the political economy, and gender studies—a deconstruction and "queering" of capitalocentric economic models. Counting among the core elements of their concept are the potentials of the political imaginary ("politics of possibility"), the creation of a new language of economic diversity, the "self-cultivation" of new forms of identity and desire, as well as the formation of collaborative economic practices in a community based upon difference. The objective here was to arrive at a radically heterogeneous economy "in which noncapitalism lost its negativity ... and capitalism simultaneously lost its abstract singularity."[6]

In her *e-flux* contribution, Antke Engel expresses criticism that the "politics of subjects" intended by Gibson-Graham were "not only constitutive of new economic relations, but also of existing late modern, neoliberal discourses ... that promote self-responsibility, team-building, and independence from state support." Engel implies that Gibson-Graham's approach ends up focusing "on the development of a self that is engaged in community enterprises, is poor-but-happy, and functions as a self-activated, positive thinking being who ... creates alternative economies posing no threat to profit-oriented structures."[7] This inevitably reminds us of the presently most coveted capital of precariousness—if for no other reason than the fact that all contributions to this *e-flux* issue originate from authors living in Berlin—upon which was bestowed the trademark "poor but sexy" by the mayor himself.

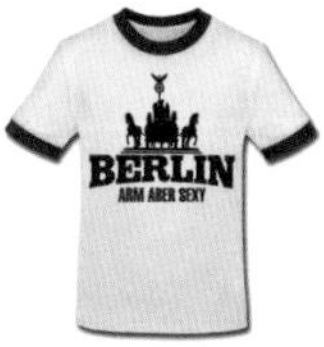

281048891

The neoliberal discourse of self-responsibility, teamwork, state sovereignty, et cetera, can be looked up, for example, in a bestseller by the name of *Post-Capitalist Society* published in 1993 by Austrian-American economist, management theorist, and management consultant Peter F. Drucker (who has also worked for nonprofit organizations, among others). According to Drucker, who at the end of the nineteen-fifties introduced the terms "knowledge worker" and "knowledge society," the postcapital society on the rise, in which we were already living in 1993, is neither anticapitalistic nor noncapitalistic, but is in fact nonsocialist.

> This new society surely ... will use the free market as the one proven mechanism of economic integration.[8]

Drucker notes that the beginnings of postcapital society were heralded after the Second World War through an educational-political masterstroke by the U.S. government which initiated a new law, the G.I. Bill of Rights, making it possible for all soldiers returning from the war to go to college. Yet according to Drucker, the path was not paved for its completion (expected between 2010 and 2020) until the decline of socialism. Up to this point of completion, it would be crucial to manage those radical upheavals that go hand in hand with the new meaning of knowledge as a fundamental economic resource, with the new technologies, as well as with the establishment of transnational and decentralized structures of politics, society, and economy.

Drucker counts overcoming the nation-state among the essential political requirements for the emergence of postcapital society. While already presaged by the colonial empires, this however failed back then due to an "inability of the colonial empires to

---

5. von Osten 2010 (see note 3), p. 3.

6. Gibson-Graham 2006 (see note 4), p. XXXIV.

7. Antke Engel, "Desire For / Within Economic Transformation," quoted in von Osten 2010 (see note 3), pp. 5–6, and specifically http://worker01.e-flux.com/pdf/article_156.pdf, p. 6.

8. Peter F. Drucker, *Post-Capitalist Society* (New York: HarperCollins, 1993), p. 7.

become anything more than administrative abstractions, … to become political societies." A paradox for Drucker, for the rise of the colonial empires had actually come "into being so easily—one is tempted to say 'naturally'."[9] A bold assumption. Drucker sees the pinnacle of the transformation to a transnational political system in the "coalition against Iraq's invasion of Kuwait." For never before, asserts Drucker, had "nations … set the common interest of the world community in putting down terrorism ahead of their own national sentiments …"[10]

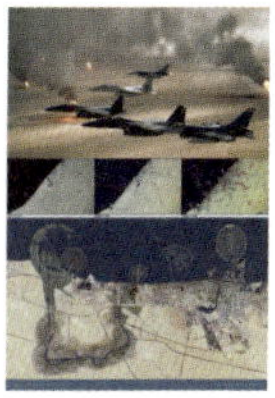
009200113
[p. 038]

Aside from the fact that colonialism decisively contributed to the *rise* of the Western nation-states—by catering not only to their economic but also their identitary empowerment—the fight against terrorism was hardly the pivotal reason for conquering national feelings during the Gulf War of 1991. In fact, "the 'sharing' of the military expenses among the 'allied nations'"—as Masao Miyoshi writes in his essay "A Borderless World?"—demonstrates that this war "was fought on behalf of the dominant corporate structure," meaning in service of transnational corporations which are accountable neither to their country of origin nor to their host country but solely to themselves, yet all the while able to count on the military support of their home country should the need arise. In Miyoshi's view, colonialism is carried forth in the form of transnational economic structures, though with slight differences: colonizers today tend to be gratefully received in general by those being colonized, and of issue today is no longer the strengthening of the nation-state. Indeed, the latter has found itself positioned since the end of administrative colonialism and the Cold War "in a vacant space that is ideologically uncontested and militarily constabulized."[11]

Postcapital society according to Drucker is predominately determined by organizations (both for-profit and non-profit). Filling top positions are knowledge executives "who know how to allocate knowledge to productive use, just as the capitalists knew how to allocate capital to productive use." They hire "knowledge workers" whose tools of production are their own knowledge, which they can take "with them wherever they go,"[12] and whose team form and composition correspond to the respective task at hand. Implied here is the entity that Maurizio Lazzarato, Toni Negri, and Paolo Virno were to later (and with much less euphoria) call the "*umherschweifende Produzenten* (vagabonding producers)":[13] an intellectual proletarian whose seemingly "self-determined" work is primarily characterized by precarious "activity, excessive exploitation, high mobility, and hierarchical dependencies."[14]

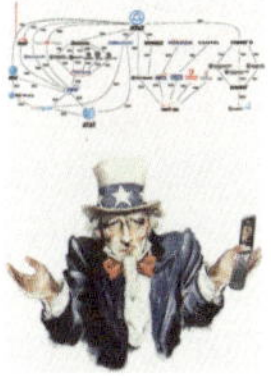
000253076
[p. 56]

In Drucker's view, what was once knowledge (in the singular) and then developed into knowledges (in a plural sense) can in future only become productive if "welded together into a single, unified knowledge."[15] This requires, as far as possible, unrestricted access to broadly disseminated information: access to which disclosure-happy consumers (and regrettably also those reluctant to provide information) have long since opened the gates, from the digital loyalty card to online shopping to

---

9. Ibid., p. 119.

10. Ibid., p. 9.

11. Masao Miyoshi, "A Borderless World?" in *Tresspasses: Selected Writings* (Durham: Duke University Press, 2010), p. 142. Originally published as "A Borderless World? From Colonialism to Transnationalism and the Decline of the Nation-State," *Critical Inquiry* 19, no. 4 (summer 1993), pp. 726–51.

12. Drucker 1993 (see note 8), p. 8.

13. Toni Negri, Maurizio Lazzarato, and Paolo Virno in *Umherschweifende Produzenten: Immaterielle Arbeit und Subversion*, ed. Thomas Atzert (Berlin: Id-Verlag 1998).

14. Maurizio Lazzarato, "Immaterielle Arbeit: Gesellschaftliche Tätigkeit unter den Bedingungen des Postfordismus," in Atzert 1998 (see note 13), p. 47.

15. Drucker 1993 (see note 8), p. 50.

Facebook. In 1993 Drucker had not yet been able to foresee the impact of the Internet and of the mobile smart card. Since consumption today can hardly be managed without these tools, each and every consumer inevitably becomes a decentralized employee of the "organizations" to which they not only "donate" information right into related databases but also personally carry out what used to be external services (such as the booking of flights)—only to end up paying, on top of it all, processing fees. Surfacing here, too, is a picture of colonized individuals who gratefully welcome the colonizer since they mistake exploitation for flexibility and freedom. These transparent consumers—or, to use Lazzarato's words, these "consuming-communicating" subjects[16]—together with the "vagabonding producers" stand for the imperative of a "self-cultivation" of neoliberal character.

The relationship between organization and community is clearly regulated in Drucker's postcapitalist world: "Society, community, family *are*; organizations *do*"[17]—whereby it is unavoidable, or even mandatory, that the organization constantly affects society in a destabilizing way, for it has to permanently adapt its surroundings to the transformation fostered by economic demands. "If an organization's culture clashes with the values of its community, the organization's culture will prevail—or else the organization will not make its social contribution."[18] Thus, the community that has been reduced to mere existence is invested with neither scope of agency nor culture. At best, it possesses values that, so long as they are not limited to voluntary involvement in the social sector, stand in the way of innovation—an innovation whose design may not have seen contributions by the community but where the community is nevertheless posthumously declared its initiator.

These lines are being written three days after the absolute priority of the "culture" of organizations was emphasized by means of water guns, pepper spray, and riot sticks in the conflict surrounding the large-scale urban and public-transport project "Stuttgart 21."[19] The "organization"—represented by Rüdiger Grube of the Deutsche Bahn board—announced (and later denied) that it was depriving critics of Stuttgart 21 the right to resistance,[20] while its seconds from the political realm never tired of vilifying the protesters as backwoods impeders of the future who have been spoiled by prosperity. This alliance between politics and money is trying (as usual) to carve out the conflict through reductionist, duplicitous polarization between value conservatism and innovation, while simultaneously asserting that innovation stands to serve collective interests—as it would offer a unique and irretrievable chance for proving oneself in the global contestation between high-performance disciplines within technology and the sciences.

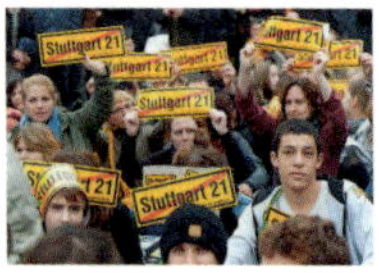

367786965

Is this the postcapitalism that Drucker called for in 1993, as the only sustainable model of knowledge society? Can this be countered by the concept of a queer postcapitalist self, of an economy that is founded upon radical heterogeneity, the "politics of the possible," and a "self-cultivation" of new forms of identity?

Postcapital: Rereading the Present

In the context of Daniel G. Andújar's project, which first appeared under the title *Postcapital* in 2006 in Palau de la Virreina in Barcelona, this term is not, at any rate,

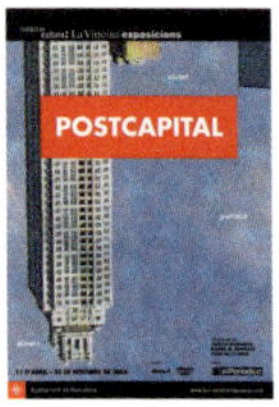

075474411
[p. 308]

16. Lazzarato 1998 (see note 14), p. 58.

17. Drucker 1993 (see note 8), p. 49.

18. Ibid., p. 62.

19. See David Gordon Smith and Josie Le Blond, "Germany Shocked by 'Disproportionate' Police Action in Stuttgart," in http://www.spiegel.de/international/germany/-0,1518,720735,00.html.

20. See http://www.spiegel.de/wirtschaft/soziales/0,1518,720944,00.html.

meant to reflect a technocratic societal model striving for entrepreneurial efficiency as posited by Drucker, nor a "queer" model as drafted by Gibson-Graham. One could rather assert that it addresses the postcapitalist conditions projected by Drucker (for instance as regards to knowledge society) with methods and approaches that tendentially correlate with Gibson-Graham's approach (without Andújar actually explicitly referencing them). However, of issue here is not a blueprint of an alternative to existing conditions, with its *goal* being a postcapital society or economy. The point is rather to reconsider the existing conditions *as* postcapitalist—to subject them, with the specific means and possibilities of art, to a critical rereading and to seek, from this vantage point, possible resistive means and spaces of agency.

The project does not attempt, as is often the case, to hone in on the societal, political, cultural, and economic upheaval having arisen since the nineteen-nineties—and specifically between 1989 and 2001—under the auspices of postcommunism or the expansion of Western models of democracy and free economy, but to also uncover the verberations and contradictions of the Western models themselves: namely, as a *part* of capitalism. From this vantage point, the attacks on the World Trade Center are to be understood, as de la Nuez notes in his contribution to this publication, neither as anticapitalist nor as archaic, but really just as an act of terror deeply anchored in the antidemocratic structures of capitalism[21]. Here we are speaking of a global capitalism which, as phrased by Czech philosopher, sociologist, and political theorist Václav Bělohradský, "increasingly resembles communism" with the growing "discrepancy between democratic ideal and oligarchic reality."[22] Thus, in a certain way facets of the *Postcapital* project are consistent with Gibson-Graham's objective of divesting capitalism of its singularity and noncapitalism of its negativity.

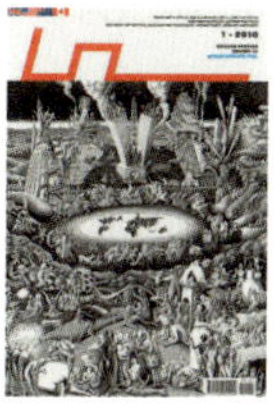

334539723

Postcapital proposes the rereading of a past which, according to de la Nuez, "we can always write … in present tense" being that it "moves at such an accelerated pace."[23] It undertakes a shifted view of the present which acknowledges that these rapid upheavals cannot be reduced to a "Westernization" of the peripheries of the former West. For such cartographies where the West represents the focal point and the "rest" the peripheries have long been thwarted by a society that is equally multicentric and multiperipheral, its conflicts and asymmetries perhaps revealing the greatest, and simultaneously the smallest, common denominator.

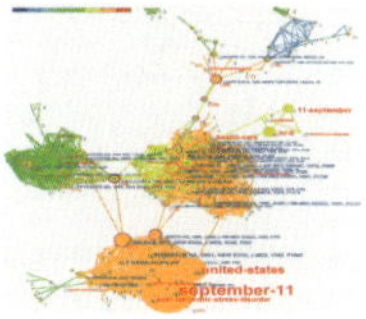

02456
[p. 278]

If we concur with Jacques Rancière or Ernesto Laclau and Chantal Mouffe in that not consensus but struggle or the "extension of social conflictuality"[24] harbor potential for a more free, just society, then we must start out by learning how to become aware of the realities within these both multicentric and multiperipheral societies.

Postcapital Cities

Considering the dual meaning of the word "capital" (referencing either funds or cities), *Postcapital* also questions the shuffling realities and perceptual modes of the city. While Paris was considered the "capital" of the nineteenth century, and New York of the twentieth, the twenty-first century has to a certain extent been "decapitaled," divested of a representative capital. Bursting forth in the current century have been a rapidly escalating number of mega-cities and -agglomerations, the shapes and

21. See Iván de la Nuez in this publication, p. 112.

22. Václav Bělohradský, "Manifiesto for a Society of Uneasiness. A Compilation of Final Texts by Václav Bělohradský and a Selection of Examples from Daniel G. Andújar's Project *Postcapital Archive*," *Umělec (A Reevaluation of Reevaluations)*, English edition, issue 1 (2010).

23. See Iván de la Nuez in this publication, p. 113.

24. Ernesto Laclau and Chantal Mouffe, *Hegemony and Socialist Strategy: Towards a Radical Democratic Politics* (1985; New York: Verso, 2001), p. 1.

connectivities of which elude depiction by traditional maps but are instead reflected by moving images like those accessible on Google Earth. Jumping from site to site, the spaces located in between end up vanishing. In this respect, Google Earth is a perfect representation of the archipelagic economies[25] where, as Klaus Ronneberger notes, sociospatial "inequality on all territorial levels—local, national, and global—" is echoed. "Centers and peripheries penetrate one another, and the 'submerged' areas between the archipelagos are increasingly being disconnected."[26]

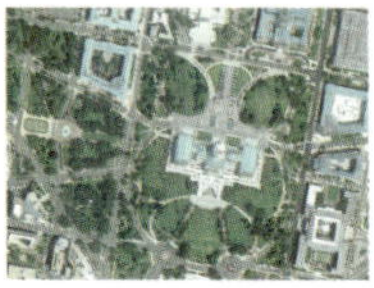

02451
[p. 279]

The rapid surge of mega-cities is known to go hand in hand not only with an inflationary way of erecting spectacular architectural complexes but also with an increasing expansion of slums and slumlike structures. The "cities of the future" will, according to Mike Davis's thesis, be "largely constructed out of crude brick, straw, recycled plastic, cement blocks, and scrap wood … surrounded by pollution, excrement, and decay."[27] In this context Rem Kohlhaas's credo "Learning from Lagos," which celebrates as creative management of chaos the bare fight for survival in slums, sounds like the pinnacle of the neoliberal cynicism with which the precarious working, earning, and living conditions were glorified as the nucleus of innovation-hungry, flexibilized "new economies." Neglected here is, for example, the fact that the rapid growth of slums is deeply affected by the World Bank and IMF structural adjustment programs.

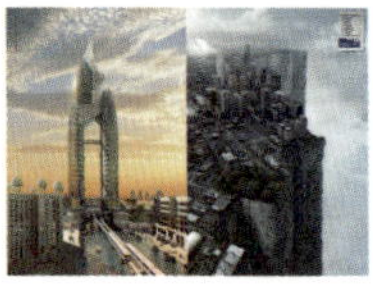

000180530
[p. 139]

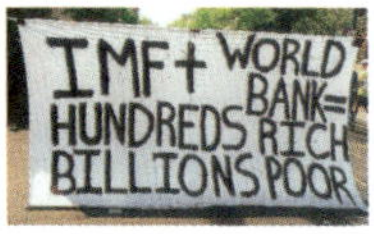

155468001

> The 1980s, when the IMF and World Bank used the leverage of debt to restructure the economies of most of the Third World, are the years when slums became an implacable future, not just for poor rural migrants, but also for millions of traditional urbanites, displaced or immiserated by the violence of "adjustment."[28]

The archipelagic structure of the economy is also mirrored by the segregation of urban space. While the Hausmanization of Paris is generally known as having served to impede the erection of barricades, the mega-cities of the twenty-first century are asymmetrical complexes organized along a wealth of barricades. Forming a system of quasi-autarchic islands cordoned off to the outside are shopping malls, educational, wellness, and entertainment venues, train stations, airports, banking, governmental, and culinary districts, hotel facilities, golf complexes, gated communities, et cetera. The spaces between these islands are curtained off and, in a worst case scenario, declared "no-go areas" that may at best be skipped across with a helicopter. Thus, the urban formations are equally influenced by the archipelagic economy and the economy of fear—fear of social decline, the "socially declined," and, since September 11, 2001, also of terrorist attacks. Yet all of their barriers are of course only controllable to a limited extent. From the informal appropriation of urban spaces traversing the bounds of segregation to the impossibility of averting terrorist attacks, to the most recent examples of reclaiming the streets in Stuttgart or Cairo, it is obvious that the postcapital passion of erecting (social, political, and economic) walls—walls that "as everyone knows were erected but to fall"[29]—is utterly ambivalent. These walls are physical and illusionary, solid and pervious—in equal measure.

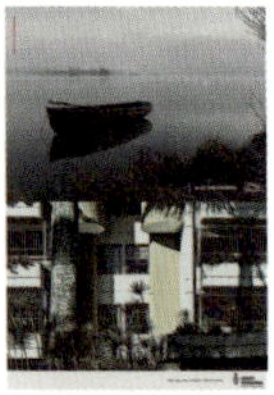

002154756
[p. 170]

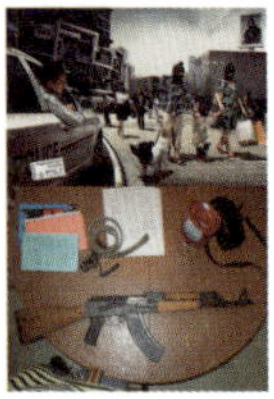

002038031
[p. 174]

---

25. Pierre Veltz, *Mondialisation, villes et territoires: L'économie d'archipel* (Paris: Presses Universitaires de France, 1996).

26. Klaus Ronneberger, "Elendsurbanisierung im 'goldenen' Zeitalter der Globalisierung," *nitribitt* 34, http://www.copyriot.com/nitribitt/2007/nit-34_KR.pdf.

27. Mike Davis, *Planet of Slums* (New York: Verso, 2006), p. 19.

28. Mike Davis, "Planet of Slums: Urban Involution and the Informal Proletariat," *New Left Review* 26 (March–April 2004), p. 5.

29. Jean-Louis Violeau and Paul Virilio, "Le littoral, la dernière frontière: Entretien avec Paul Virilio," *eurozine*, http://www.eurozine.com/articles/2010-12-15-virilio-fr.html. First published in *Esprit* (December 2010).

A further phenomenon of postcapital society is the transformation of cities into companies (new public governance) involving a growing privatization and commercialization of public spaces and infrastructures. The city itself is meant to become a brand, with an aim to attract investors—as well as the "big events." Two parties profiting in the competition between cities and regions seeking a onetime shot at fame for just a few weeks—wanting to be the "temporary capital of the world"—are the International Olympic Committee (IOC) and the Fédération Internationale de Football Association (FIFA), organizations comporting themselves as if they were colonial powers wherever they are gratefully being received. Counting among their basic rights are the dispossession and licensing of stadiums and public venues (in the case of public showings). The question of the "right to the city," of who the city belongs to, has become a pivotal issue of postcapital society.

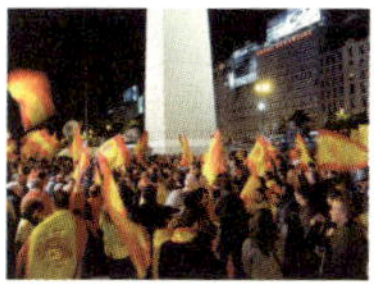

194540531

Boundaries and Rafts

Postcapital investigates existing circumstances, especially in view of their fluctuating and contradictory boundaries. What significance do the many new boundaries erected after the fall of the Berlin Wall have, that is, those boundaries which—in the scope of the Schengen Agreement or the North American Free Trade Agreement (NAFTA)—were erected to tear others down? What manifests in the perpetual fortification and trespassing of those borders that mark the difference between wanted and unwanted "vagabonding producers"; and whose martialism and high technology simultaneously bear witness to certain theatrics since they "simulate force and potency that do not actually exist"?[30]

Recently a 2.8 ton piece of the Berlin Wall was erected in front of the European Information Centre in Schengen, donated by Berlin's Sony Center, as part of an exhibition on the topic of "borders" being presented on the occasion of the twenty-five-year existence of the Schengen Agreement.[31] One might perhaps declare this section of wall—in this place, on this occasion, by this donor—a monument dedicated to postcapitalism (and the postcapitals) where boundaries themselves have become an enduring borderline case: between unfettered access to foreign markets and work force and the fear of foreign infiltration, between globalization and regionalism, centricity and peripherality, the private and the public, tourism and migration, freely flowing data currents and copyrights. Not to be forgotten are those security gates that have suspended the boundaries between protection and captivity, from the "gated communities" in Florida to the "green zone" in Baghdad, thus to a certain extent reviving the Berlin Wall. Or the walls of Wall Street, that temporal wall which, as per Paul Virilio, was penetrated for the first time on May 6, 2010 at 2:25 p.m. thanks to the so-called "flash crash," where stock prices fell dramatically within just a few minutes—with a fundament of capitalism, the function of anticipation, having become completely unhinged.[32] Even in advertising, one of the onetime domains of an idyllic world, the limits of what is considered moral or good taste started consistently being crossed in the early nineteen-nineties, at the latest since Oliviero Toscani's Benetton campaigns.

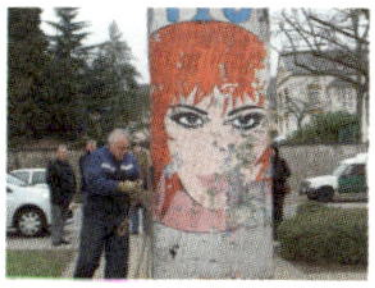

352786868

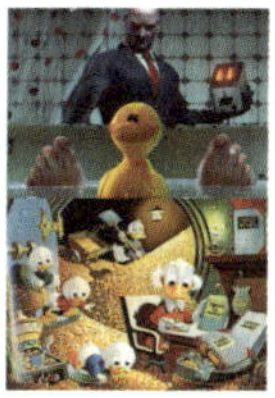

000230694
[p. 31]

Having played a crucial role in the rapidly materializing upheaval since the nineteen-eighties, with which we have hardly been able to keep up, are of course digitalization, fiber-optic cables, the Internet, and global positioning systems. In

30. Ibid.

31. See http://www.wort.lu/wort/web/letzebuerg/artikel/73128/stueck-der-berliner-mauer-in-schengen.php.

32. Jean-Louis Violeau and Paul Virilio 2010 (see note 29).

2005 Thomas L. Friedman stated that the world had become flat.[33] He cited the surmounting of borders (with the fall of the Berlin Wall being symbolic here) and the opening of windows (represented by the introduction and successful positioning of the Windows operating system) as the triggers and credo for this flattening. Iván de la Nuez has declared *The World is Flat* to be a written work dedicated to postcapitalism: an "epoch permeated by paradoxes, where one PC (abbreviation for Partido Comunista) was replaced by another PC (the personal computer), which from that point on influenced the collective imaginary of new generations."[34]

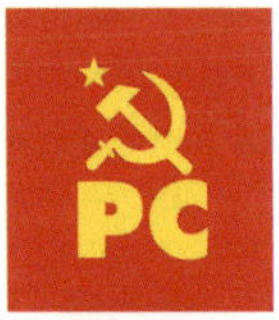

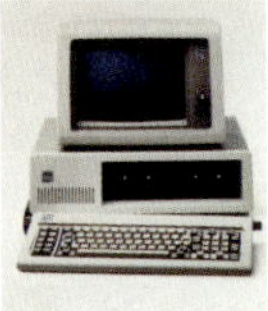

063844870
122197502

While Christopher Columbus set out for India in 1492 so as to offer, with his "discovery," novel proof that the world is round (and to ignore that he had actually failed at his objective), Friedmann came to realize, as he proudly declares, on a trip to Bangalore—where he discovered the world of "call centers"—that the globe has become a disc. Did he, too, ignore—during the turmoil occasionally caused by call centers with regards to the idea of locality—the place he ended up reaching? At any rate, it is no longer the question of *one* disc but of a complex fabric of thousands of platforms, eluding description through two-dimensional metaphors—unless one would like to hold on to the cartographies of the "old West," which had always been flat, in order to validate the illusionary *Feldherrenblick* (general's gaze). Yet this is precisely what "the West" continues to do when misapprehending postcapital realities: imagining itself at the center of a disc, of a platform that is nothing but a raft (to seize upon an image by de la Nuez[35]); a raft to which it clings with all of its failed theories so as not to plunge under, and from which position it fancies it can control open borders and windows by erecting new wall after wall.[36] The current boom of vampire and zombie stories speaks volumes about the dread of that which is supposed to be repressed resurfacing: ranging from the ghosts of the Arab world to a fear of refugees or of Asian markets to that communist specter that appears in the resurrected Cold War rhetoric of the Korean peninsula. This horror boom can not least be traced back to Christopher Columbus, that is, to the colonizers making inroads into the "new world," for discovered with the foreign was the "other," which has ever since lent wings to the phantasmal fear of the return of the repressed.

The project *Postcapital* attempts to approximate the revenants of a communism that was too quickly declared "very dead" as well as an unavowable postcapitalism. The exhibition description from 2006 noted:

> Without its dancing partner in the modern era (socialism), … [the West] started to discover liberalism as being more and more orthodox and less and less democratic. The old East-West standoff has given way to a confrontation between the West and the Arab world, between Christianity and Islam,

---

33. Thomas L. Friedman, *The World Is Flat: A Brief History of the Twenty-first Century* (New York: Farrar, Straus and Giroux, 2005).

34. Iván de la Nuez, *Postcapital: Crítica del Futuro* (Barcelona: Institut de Cultura del Ajuntament de Barcelona y Linkgua ediciones S. L., 2006), p. 37 [Translation from Spanish by the author].

35. See Iván de la Nuez in this publication, p. 116.

36. Later note: Now, after this text had been finished, we are experiencing the Arab revolutions. Though the future impact of these events is hardly assessable, they will surely cause another radical shift in existing geopolitical systems. In the meantime, European politicians are discussing—in light of purported streams of Arab refugees that are endless—the reintroduction of the former border controls (and, in light of the "Euro crisis," also the former currencies). And in Pakistan special U.S. Navy forces have liquidated Osama bin Laden. Once again the Western models of democracy and free market economy reveal themselves as a sinking raft.

> between democracy and terrorism. And all this has given rise to a new geopolitical map, the beginnings of which may be situated, chronologically, in the attacks on September 11, 2001 in the United States. To sum it up in a sentence: the Berlin Wall also collapsed on the West. And quasi-sacred terms, having played a leading role in bringing down the governments and the borders in the former communist empire countries—"solidarity," "transparency"—were buried under the rubble of the old walls and the foundations of the new walls being put up in new global politics. We call this situation "postcapital."[37]

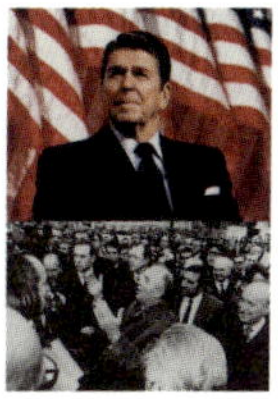

002035910
[p. 10]

While the early nineteen-nineties saw the celebration of triumphant Western models of democracy and free market economy, it soon became clear that its promises of peace and prosperity for all were failing: in the wars in former Yugoslavia, the Persian Gulf regions, in Africa, Afghanistan, or Iraq, in an ever-growing chasm between wealth and poverty, in the struggle for resources like water, oil, and natural gas, or in the bursting of diverse economic bubbles. The accelerated and seemingly boundless mobility of people, goods, information, or money currents goes hand in hand with those fatal inclusions and exclusions that have cost untold millions of migrating people their lives or routed them into countless encampments—those "absolute spaces of exception" (Giorigio Agamben). As Agamben puts it:

> If refugees represent such a disquieting element in the order of the modern nation-state, this is above all because by breaking the continuity between man and citizen, *nativity* and *nationality*, they put the originary fiction of modern sovereignty in crisis.[38]

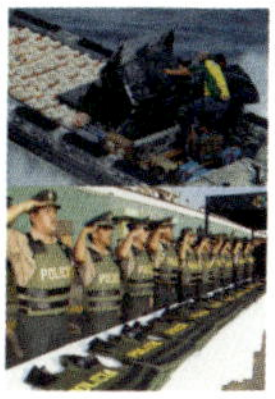

008064305
[p. 59]

In 2008, the UN Refugee Agency (UNHCR) spoke of 42 million people worldwide seeking refuge in flight. The same year, the Heidelberg Institute for International Conflict Research (HIIK) rated 39 of 345 monitored conflicts as "conflicts fought out with the use of a massive amount of violence," including nine wars; "95 conflicts were conducted with sporadic use of violence and therefore classified as crises."[39]

All of these conflicts represent an integral part of postcapital society, where the clearly delineated "elsewhere"—the East, the Third World, the periphery, Islam, et cetera—no longer exists as such, as an "elsewhere." And this does not necessarily need to indicate a threat: "The Global South," as Václav Bělohradský calls the shifting cartographies, "is not just the Third World; anyone may find himself there who refuses to convert to the *übercivilization* and who thus offers resistance to the empire of the growth of Growth."[40]

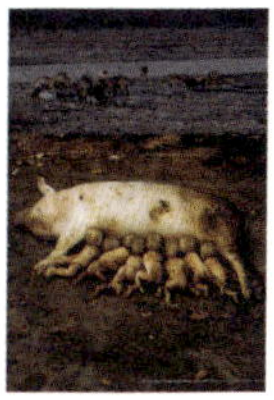

000235087
[p. 33]

The imaginary and extremely violent adherence to an "elsewhere" is meanwhile expressed through the internment of refugees with an aim of protecting a sovereignty which has always been an "originary fiction" (Agamben) as well as the military and ideological defense of nation-states that are nothing more than "vacant space" (Miyoshi).

---

37. See http://www.bcn.cat/virreinacentredelaimatge/english/02060411.htm. Also published (in Spanish) in Iván de la Nuez 2007 (see note 34), p. 37.

38. Giorgio Agamben, *Homo Sacer: Sovereign Power and Bare Life* (Stanford: Stanford University Press,1998), p. 131. Originally published as *Homo dacer: Il potere sovrano e la nuda vita* (Turin, 1995).

39. See http://www.hiik.de/en/konfliktbarometer/pdf/ConflictBarometer_2008.pdf, p. 1.

40. Bělohradský 2010 (see note 22).

Practices of Disobedience

With *Postcapital*, Andújar does not present a concept with which the injustices of post-capital society could be remedied. He instead explores its specific power structures—both open and concealed—so as to expose them with artistic means, to intervene along the lines of disobedience both civil and artistic: by hacking into their systems.

This not least pertains to Andújar's radical appropriation of intellectual commodities as public commodities, an approach defying the rules governing the copyright industry and its far-reaching dominion over knowledge and aesthetic production. For Andújar's artistic practice essentially consists of hijacking the representations (and systems of representation) of post/capitalist power relations and cracking both its hegemony of meaning and its censorship practices in equal measure: in the sense of a performative interpretation that, in Derrida's words, "transforms what it interprets."[41]

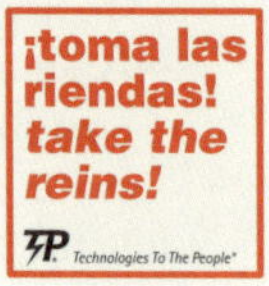

TTTP_03010

At the same time, his working approach—which includes the production of artifacts, holding workshops, drafting texts, conceptualizing public online platforms, activism and hacktivism, teaching, acting as vice-president of the Catalan artists' association, collective forms of curating, and much, much more—stands for an open and collaborative form of art and knowledge production. He is committed to a joint development of practices of disobedience, of dissent, and of subversion which reference specific problem areas of which the art scene itself is one.

The Dilemma of Critique

Postcapital revolves around a series of key words which, torn between leftist and neoliberal discourses, offer numerous pitfalls: transnationality, decentralism, knowledge society, the collective, collaboration, creativity, identity politics, networking, independence, et cetera. It seems that almost all countermodels to capitalism have been absorbed and made useful by capitalism itself, as Luc Boltanski and Eve Chiapello, among others, have illustrated, for instance in *The New Spirit of Capitalism* (1999)[42] with reference to the critique of capitalism by the "1968 generation" (and here especially by the artist). Resulting from criticism of alienation processes, of hierarchies and civil values, are, according to Boltanski and Chiapello, self-controlling networkers who no longer differentiate between work and leisure. Motivated by the culture, values, and dreams of the company for which they work, these individuals freely volunteer themselves and their creativity to the service of the company. Managers, in turn, no longer operate as the power elite but rather as catalysts, visionaries, coaches, sources of inspiration, and fosterers of talent.

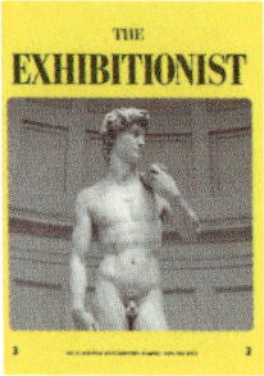

339161831

These latter ascriptions precisely correlate with a gestalt that forcefully emerged in the nineteen-nineties from the firmament of the art world: the curator. The artist, in turn, advanced in neoliberal rhetoric, as it was frequently termed, to the epitome of the "vagabonding producer," to a shining figure behind which exploitation and casualization may hide. To summarize in Andújar's words: while some dedicate their lives to art, others risk their lives.[43]

Marion von Osten wonders in her *e-flux* contribution on the postcapital self, if "artists' historical and current forms of self-organization, and interventions into the art system's historical division of labor, [aren't] signs of a détournement within the

41. Derrida 1994 (see note 2), p. 51.

42. Luc Boltanski and Eve Chiapello, *The New Spirit of Capitalism* (New York: Verso, 2007). Originally published as *Le nouvel esprit du capitalisme* (Paris: Gallimard, 1999).

43. Of course the opposite may also be said, that is, curators are also associated with the precarization of the working world. Yet in societal ascriptions related to curators and artists, the respective rolls seem to be clearly allotted.

actual distribution of wealth and value."[44] But aren't they rather an expression of that concept of immaterial work based on the self-exploitation of the producers' high intellectual value, exhausted by others? Or do perhaps both perspectives apply?

In any case, the bulk of contemporary artists profit but marginally from the financial capital circulating in the art world. And it primarily interferes with the division of labor because artists are generally cheaper to hire as architects, designers, DJs, curators, social workers, and so forth, than are their professional colleagues. Even their nimbus "poor but sexy" is occasionally exploited by institutions for their own branding purposes, for instance in the framework of the project *No Soul For Sale*, which was said to have provided—at the Dia Center in New York (2009) and Tate Modern in London (2010)—a forum for independent off-spaces and artist collectives from all over the world; a project which, according to its title, was not even willing to leave it up to these groups themselves to sell their own souls.

As Maurizio Lazzarato, Toni Negri, and Paolo Virno argue in *Umherschweifende Produzenten* (vagabonding producers), immaterial work corresponding to aesthetic production is subjected not only to capitalist exploitation; it also harbors potential for subversion. Yet the art scene has for the most part disengaged itself from the critical and subversive potentialities of aesthetic production (or absorbed them, in the worst case scenario) and instead internalized the principles of neoliberalism. Noted in a brochure issued on occasion of the five-year anniversary of the Tate Modern (whose neoliberal museum policies have long since overhauled the "Krensified" museum[45]) is, for example, that its visitors "are not spectators, they are actors; the public are themselves part of the Tate Modern phenomenon." They are "reinforcing their own coolness through their alliance with one of Britain's Coolest Brands."[46] This precisely reflects Lazzarato's theory that the capitalist surplus value generated by immaterial work—namely, the production of meaning and societal relationships—is founded upon a creative process that involves producers and consumers at equal degrees.[47]

Using euphoric words, which are inevitably reminiscent of cultic shows staged by companies like Apple to motivate employees, another author of the Tate Modern anniversary publication professes:

> I count myself unbelievably lucky to be a tiny part of the family and community that is Tate Modern. The opportunity to spend time in and around the museum has given my life an added dimension and an endlessly stimulating contrast to the workplace and home. My sense is that everyone who ever steps inside the building feels something of that stimulus. It's a feeling both of belonging and of connection, of extension and of reaching out into new experience. It's hard to beat.[48]

---

44. von Osten 2010 (see note 3), p. 5.

45. See Joseba Zulaika, "Desiring Bilbao: The Krensification of the Museum and Its Discontents," in *Learning from the Bilbao Guggenheim*, ed. Anna Maria Guasch and Joseba Zulaika (Reno, NV: Center for Basque Studies, 2005), pp. 149–70.

46. John Holden, "The Cultural Value of Tate Modern," in *Tate Modern: The First Five Years*, ed. Tate Modern (London: Tate Modern, 2005), p. 35, or see http://tate.org.uk/modern/tm_5yearspublication.pdf.

47. Maurizio Lazzarato, "Verwertung und Kommunikation: Der Zyklus immaterieller Produktion," in Atzert 1998 (see note 16), pp. 55–56.

48. Jon Snow, "Reaching Out," in Tate Modern 2005 (see note 46), p. 16, or see http://tate.org.uk/modern/tm_5yearspublication.pdf.

Indeed.

The concepts of self-determination, participation, collaboration, networking, creativity, and so forth, having arisen from the critique of capitalism, are today more than ever under suspicion of reproducing neoliberal logics. Even critical artistic methods like "appropriation" or "détournement" have long been adapted and banalized by advertising. This dilemma that critique is facing seems to be symptomatic for the postcapital border problematics. However it is hardly advisable to let oneself become discouraged by this to the point of self-destruction or lethargy since discouragement itself represents a substantial instrument of power within (post)capitalism. In turn it seems essential to admit the antagonisms within critical thinking and agency. And one should not abandon the option that not only neoliberal discourses are occupying those who criticize them but that this strategy might work the other way around as well. Of importance here is a consistent "reevaluation of reevaluations,"[49] as the title of an issue of the art journal *Umělec*, in which *Postcapital* is published as an insert, suggests—and a focus upon the subversive potentials likewise implied by immaterial work.

---

49. *Umělec (A Reevaluation of Reevaluations)*, English edition, issue 1 (2010).

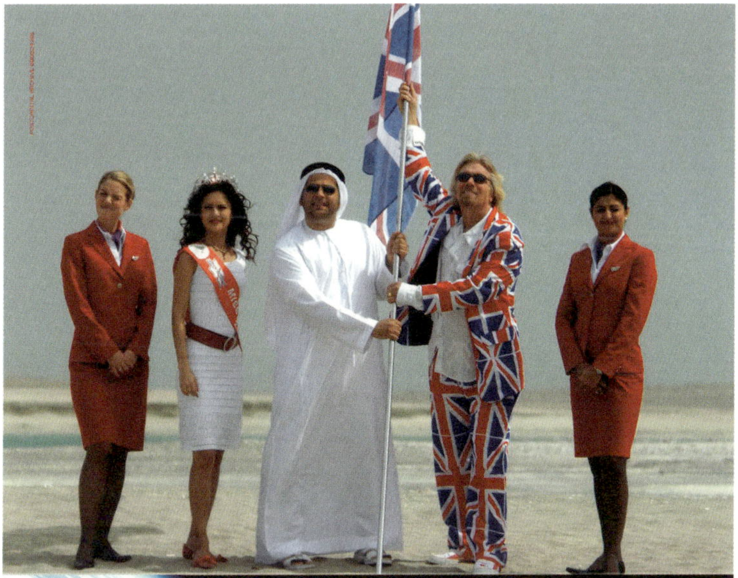

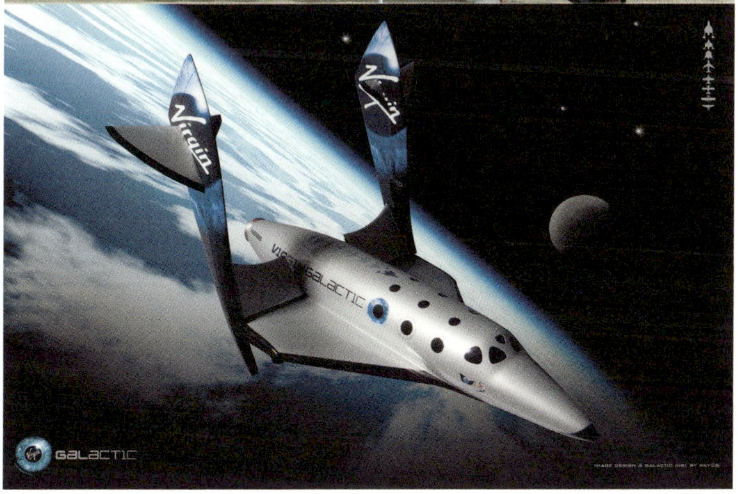
GALACTIC

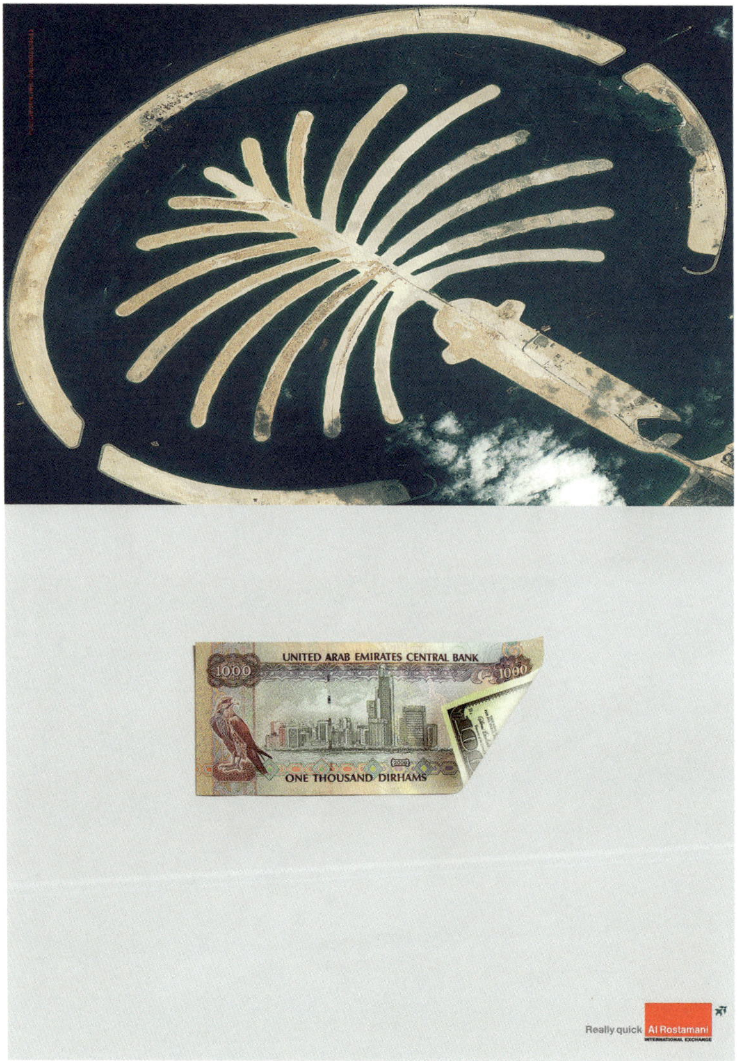
UNITED ARAB EMIRATES CENTRAL BANK
1000
ONE THOUSAND DIRHAMS
Really quick
Al Rostamani
INTERNATIONAL EXCHANGE

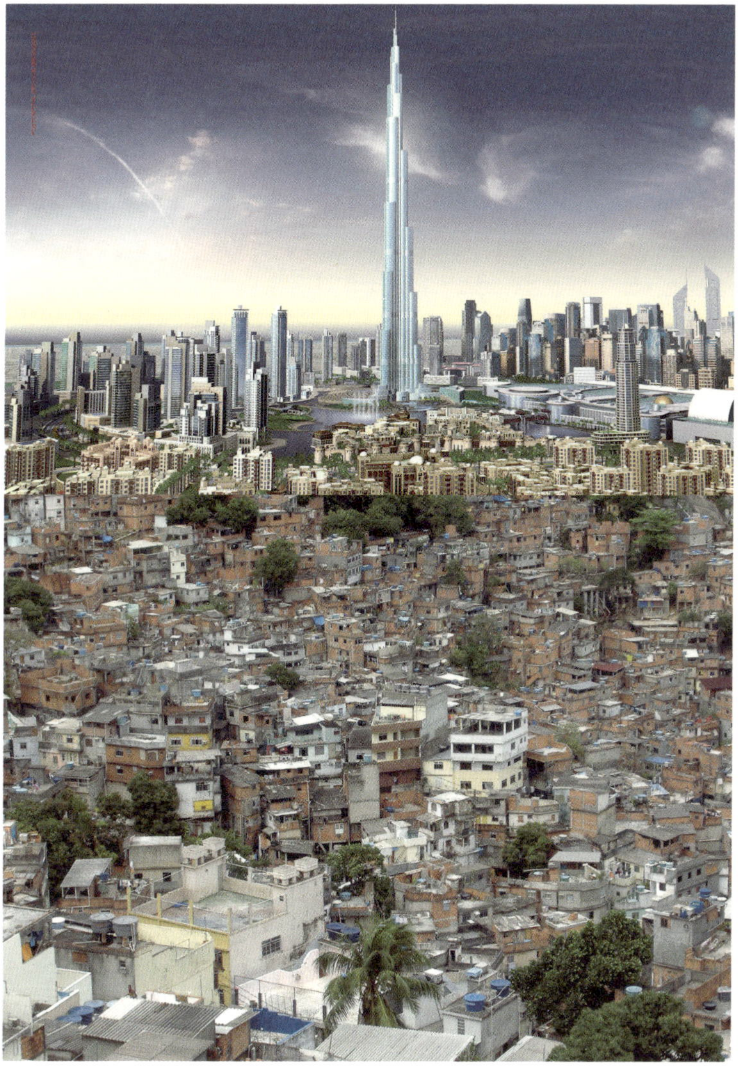

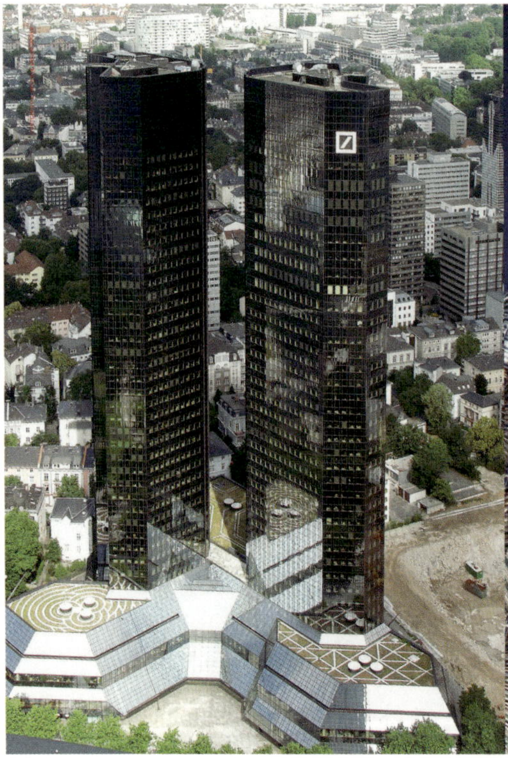

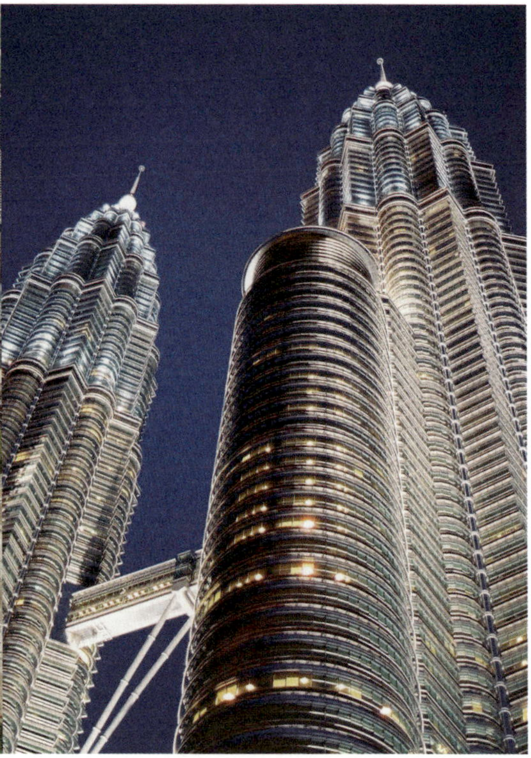

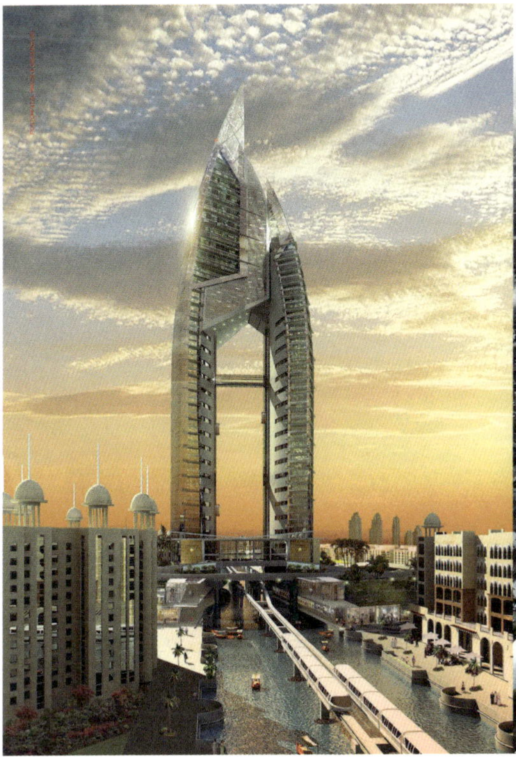

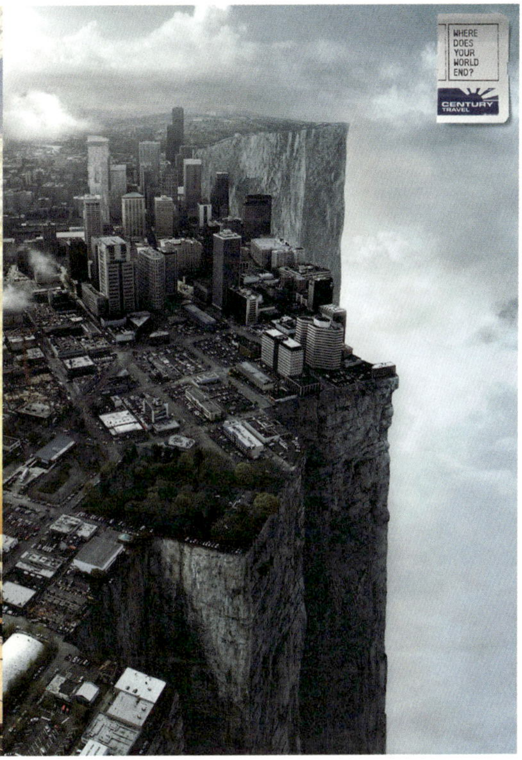
WHERE DOES YOUR WORLD END?
CENTURY TRAVEL

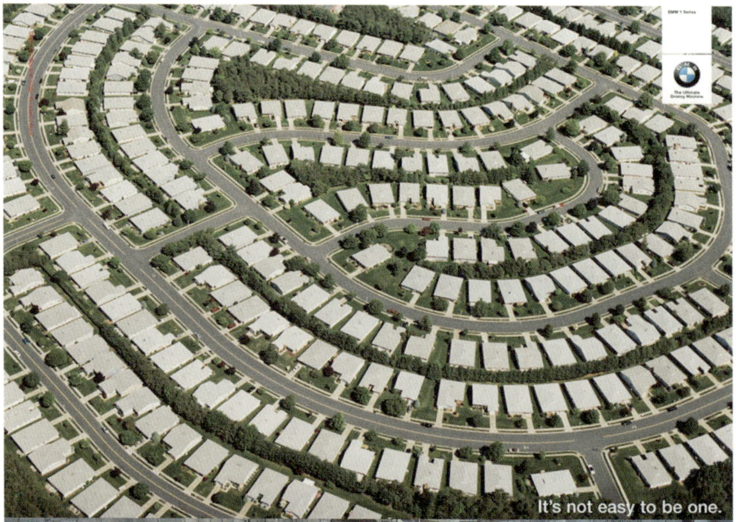
It's not easy to be one.

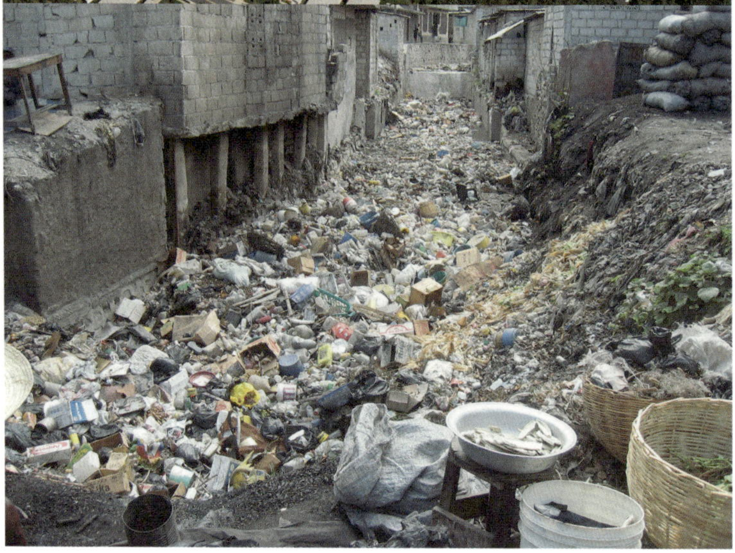

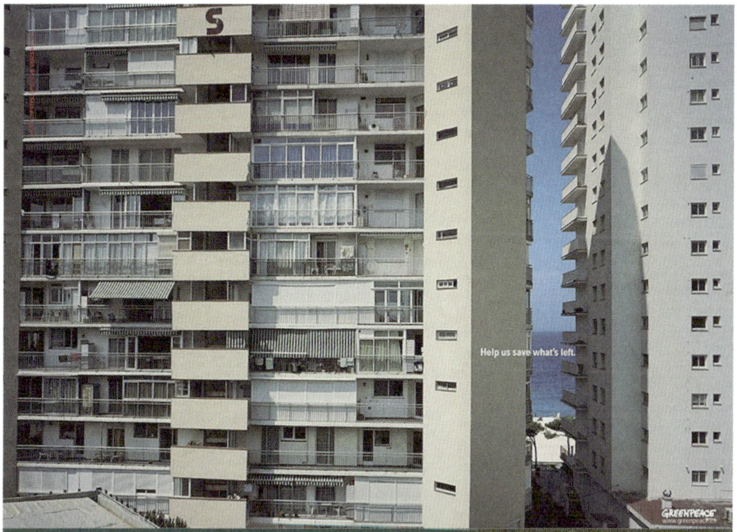
S
Help us save what's left.
GREENPEACE

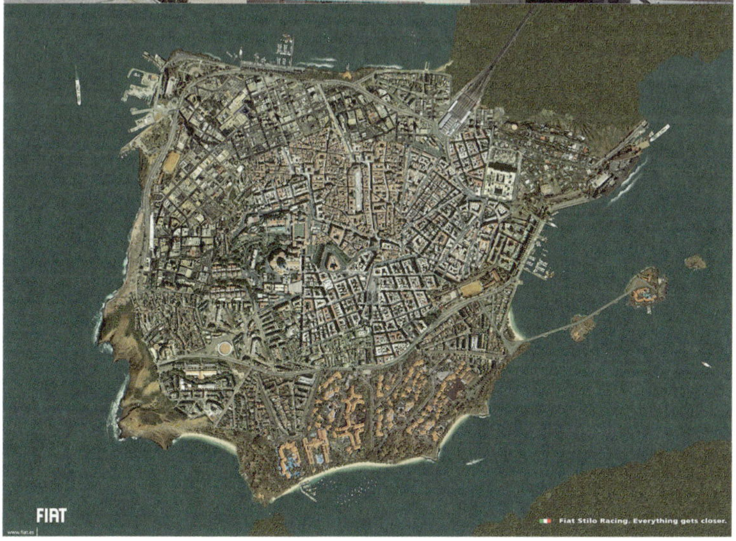
FIAT
www.fiat.es
Fiat Stilo Racing. Everything gets closer.

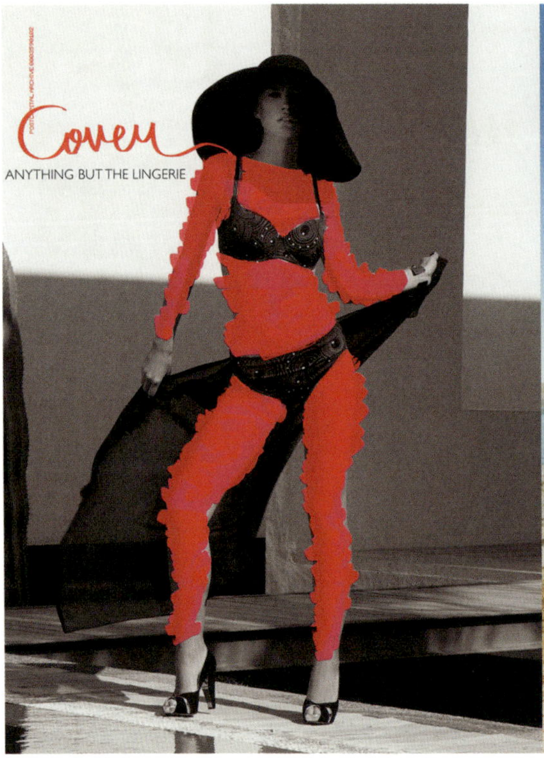
Cover
ANYTHING BUT THE LINGERIE

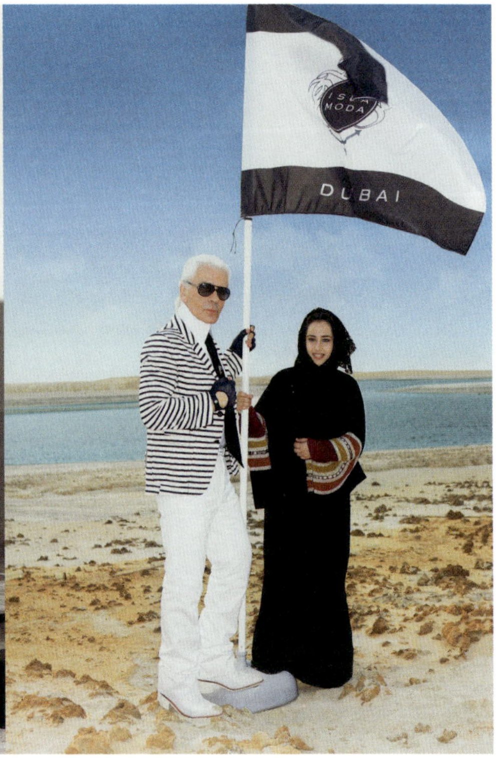
DUBAI

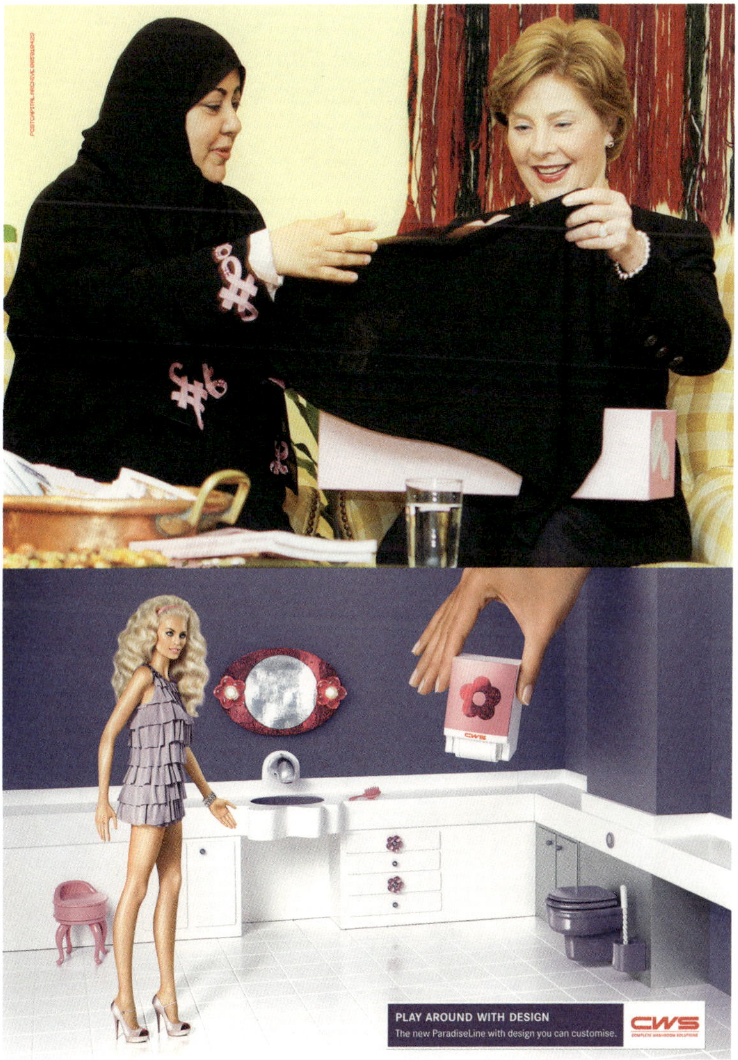
PLAY AROUND WITH DESIGN
The new ParadiseLine with design you can customise.
CWS
COMPLETE WASHROOM SOLUTIONS

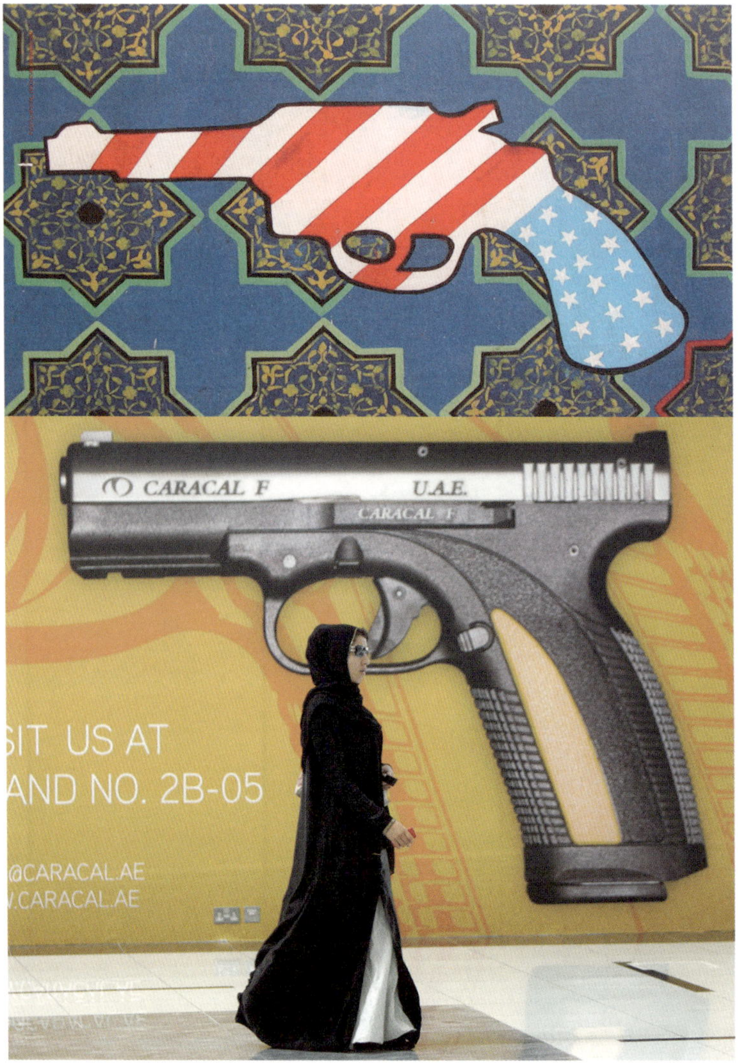
CARACAL F
U.A.E.
CARACAL F
SIT US AT
AND NO. 2B-05
@CARACAL.AE
.CARACAL.AE

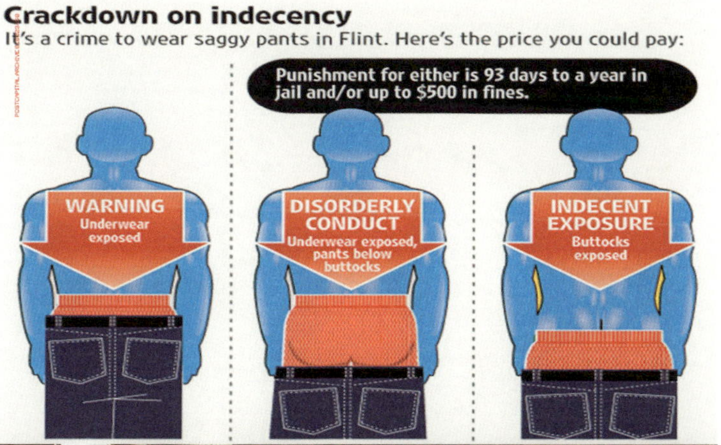
Crackdown on indecency
It's a crime to wear saggy pants in Flint. Here's the price you could pay:
Punishment for either is 93 days to a year in jail and/or up to $500 in fines.
WARNING
Underwear exposed
DISORDERLY CONDUCT
Underwear exposed, pants below buttocks
INDECENT EXPOSURE
Buttocks exposed

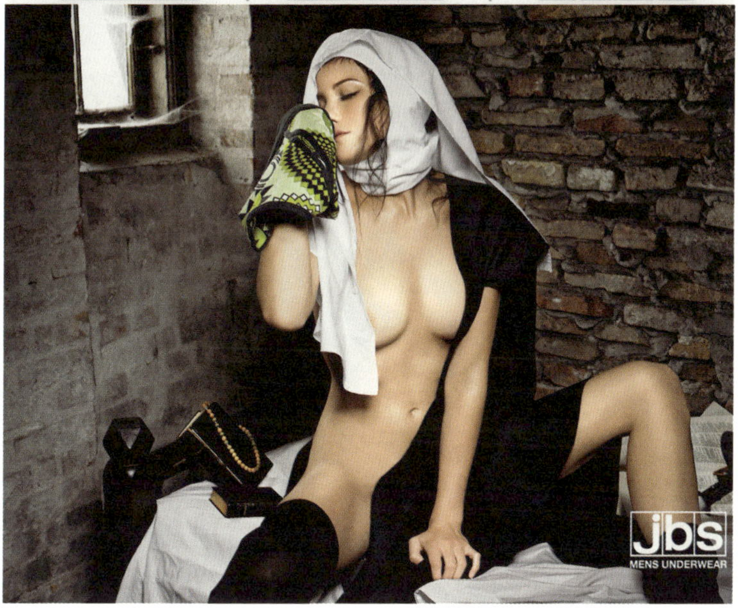
jbs
MENS UNDERWEAR

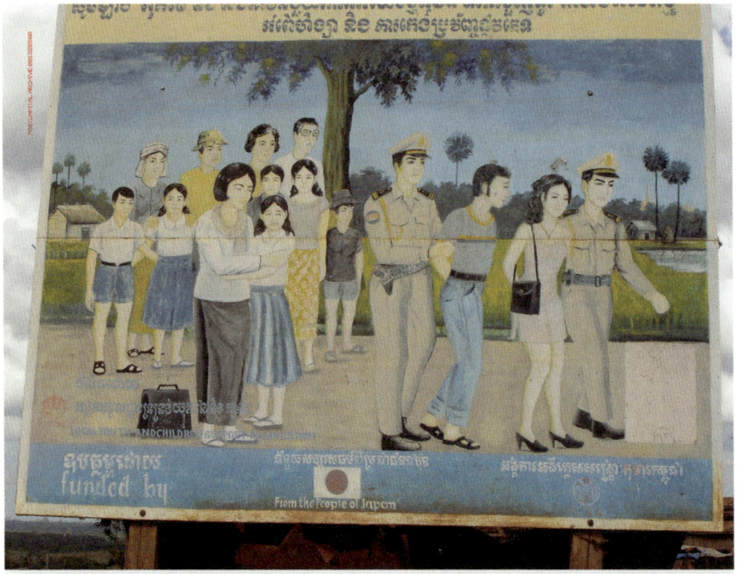
funded by
From the People of Japan

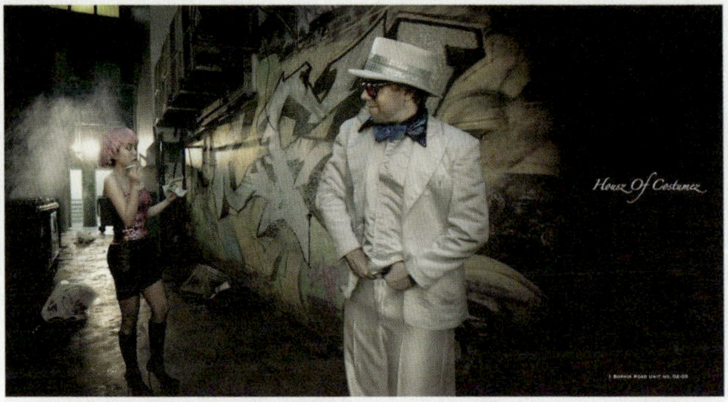
Housz Of Costumez

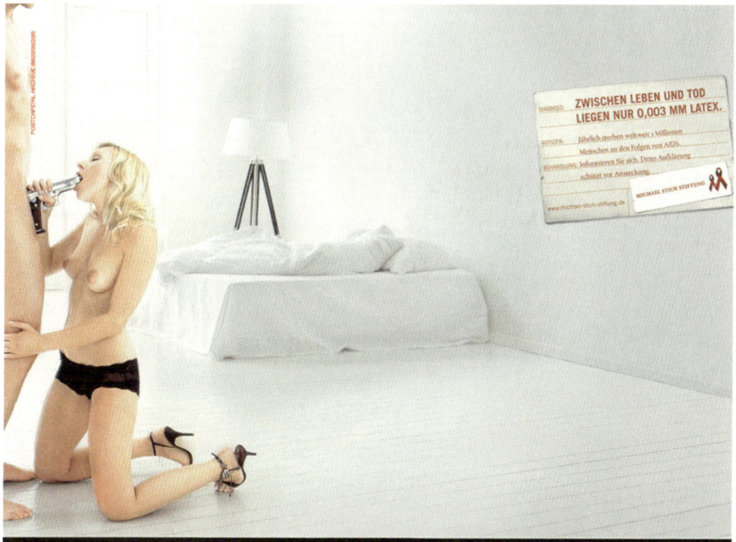
ZWISCHEN LEBEN UND TOD
LIEGEN NUR 0,003 MM LATEX.
Jährlich sterben weltweit 3 Millionen
Menschen an den Folgen von AIDS.
Informieren Sie sich. Denn Aufklärung
schützt vor Ansteckung.
www.michael-stich-stiftung.de
MICHAEL STICH STIFTUNG

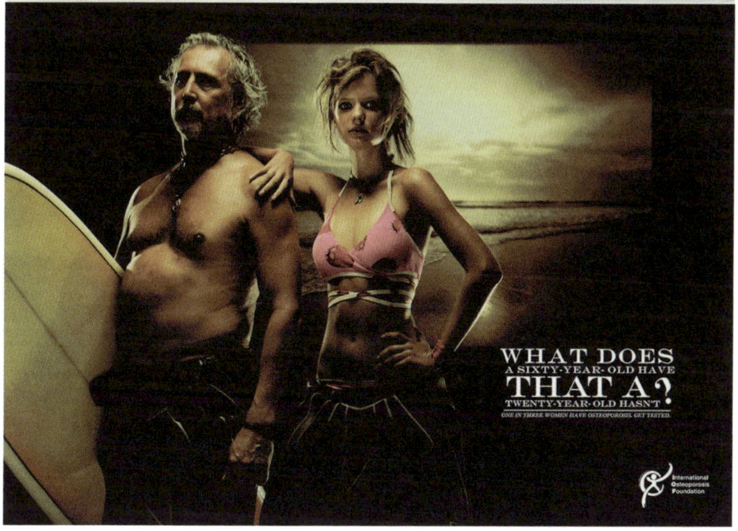
WHAT DOES
A SIXTY-YEAR-OLD HAVE
THAT A ?
TWENTY-YEAR-OLD HASN'T
ONE IN THREE WOMEN HAVE OSTEOPOROSIS. GET TESTED.
International
Osteoporosis
Foundation

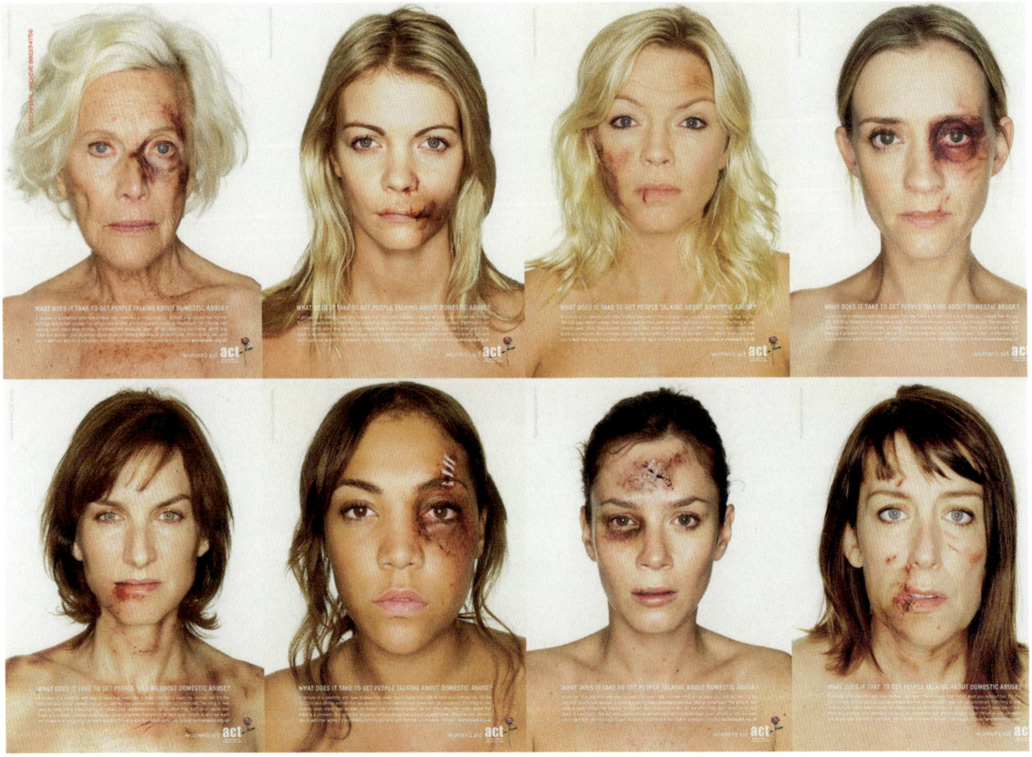

POSTCAPITAL ARCHIVE 002154756
WHAT DOES IT TAKE TO GET PEOPLE TALKING ABOUT DOMESTIC ABUSE?
women's aid
act

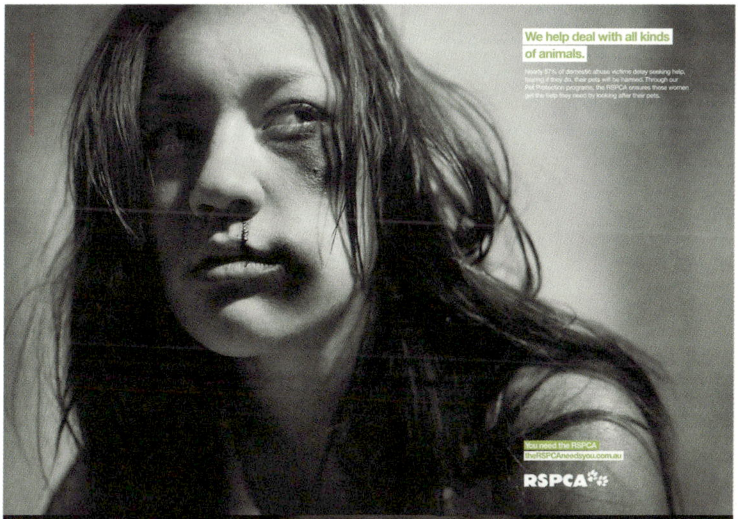
We help deal with all kinds of animals.
You need the RSPCA
theRSPCAneedsyou.com.au
RSPCA

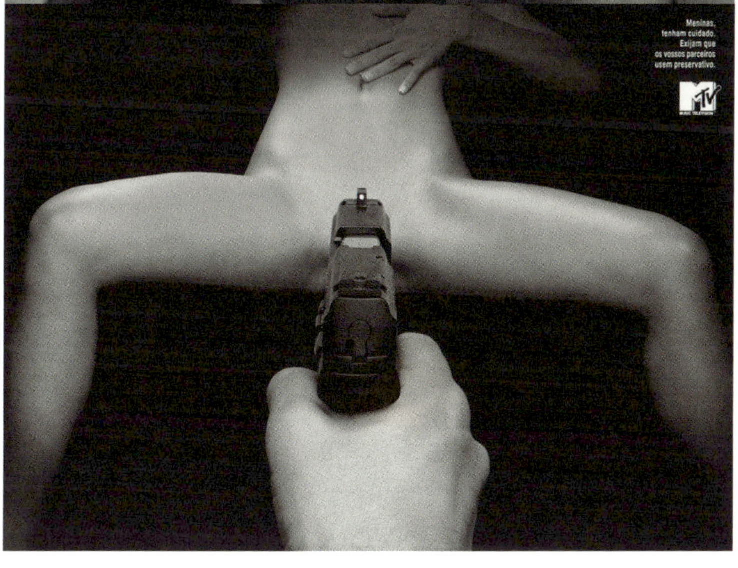
Meninas,
tenham cuidado.
Exijam que
os vossos parceiros
usem preservativo.

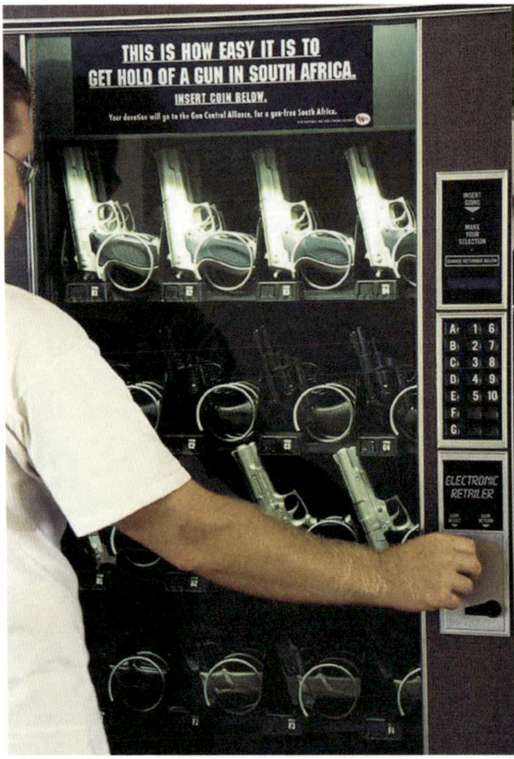
THIS IS HOW EASY IT IS TO
GET HOLD OF A GUN IN SOUTH AFRICA.
INSERT COIN BELOW.
Your donation will go to the Gun Control Alliance, for a gun-free South Africa.
ELECTRONIC RETAILER

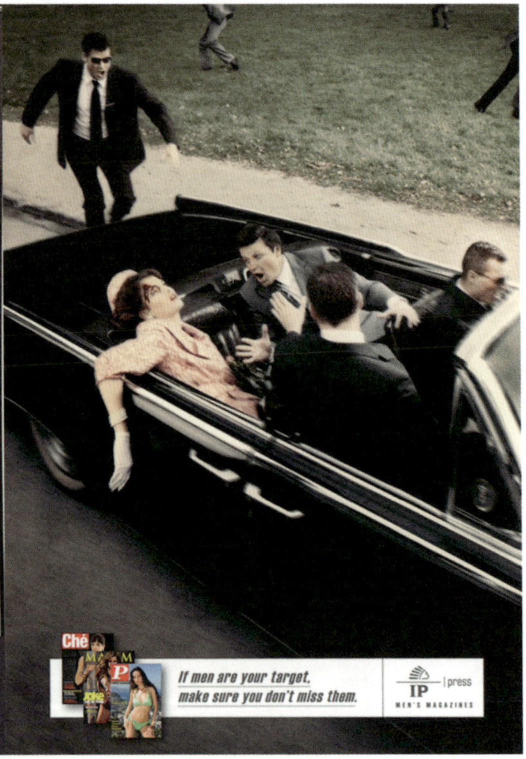
Ché
If men are your target,
make sure you don't miss them.
IP press
MEN'S MAGAZINES

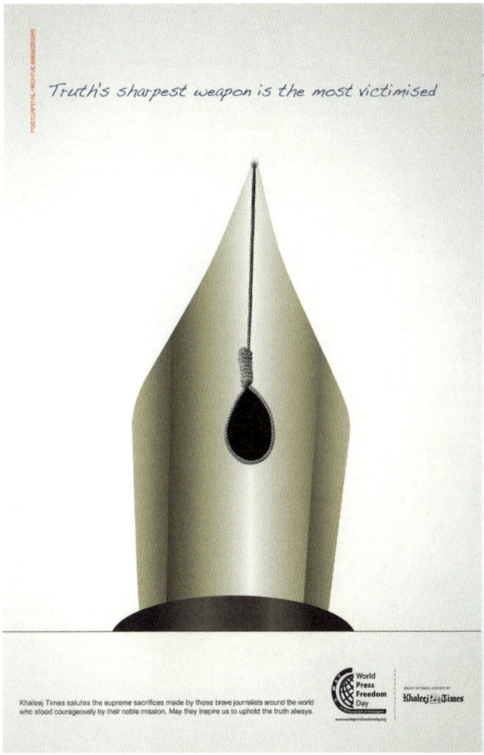

Truth's sharpest weapon is the most victimised
Khaleej Times salutes the supreme sacrifices made by those brave journalists around the world who stood courageously by their noble mission. May they inspire us to uphold the truth always.
World Press Freedom Day
Khaleej Times

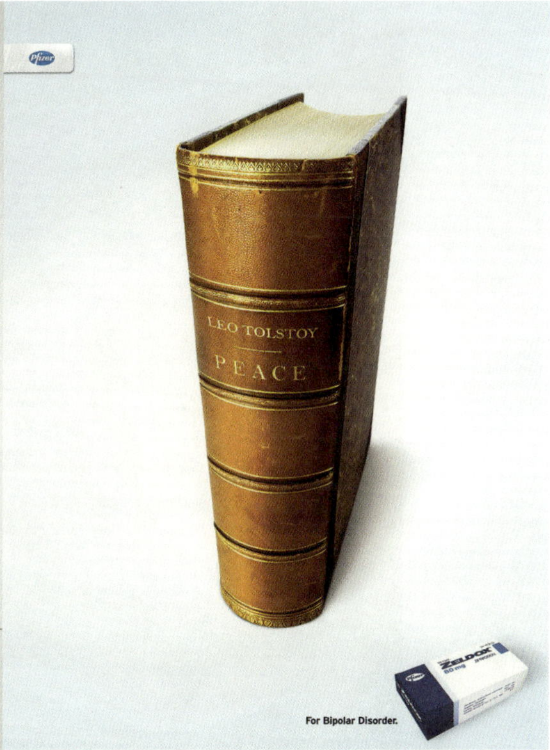

Pfizer
LEO TOLSTOY
PEACE
ZELDOX
80 mg
For Bipolar Disorder.

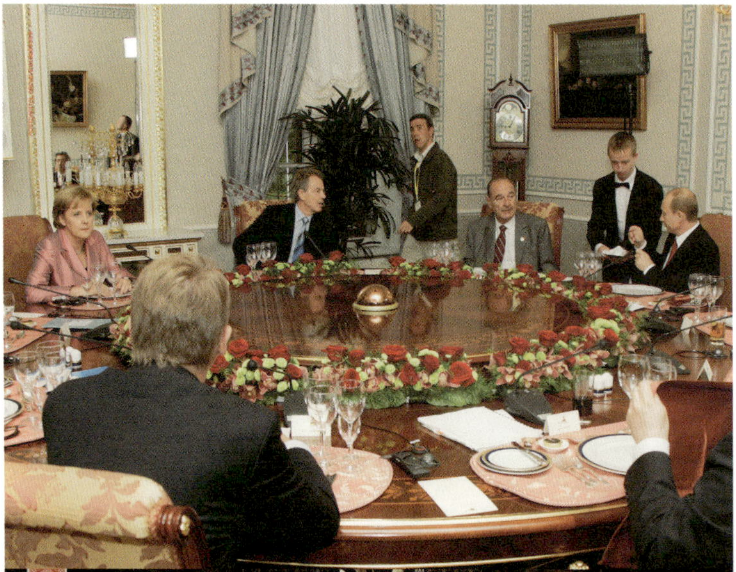

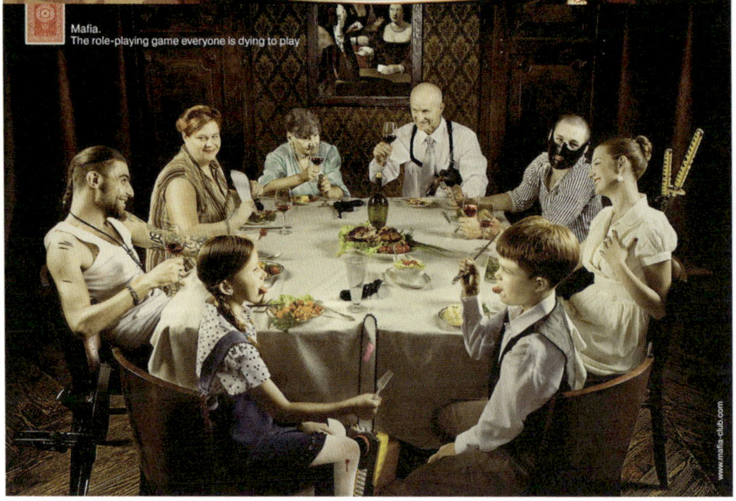
Mafia.
The role-playing game everyone is dying to play
www.mafia-club.com

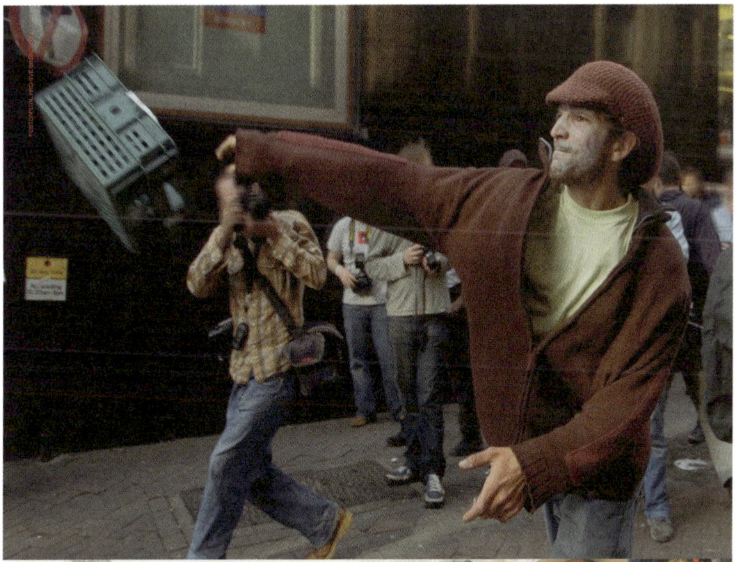

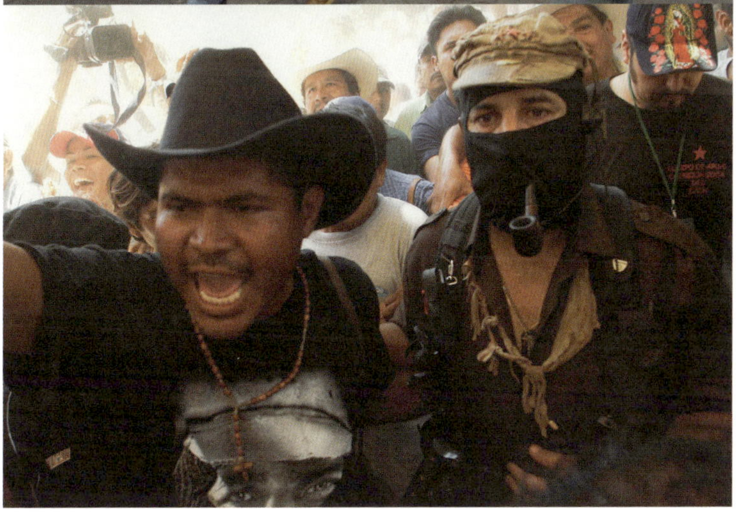

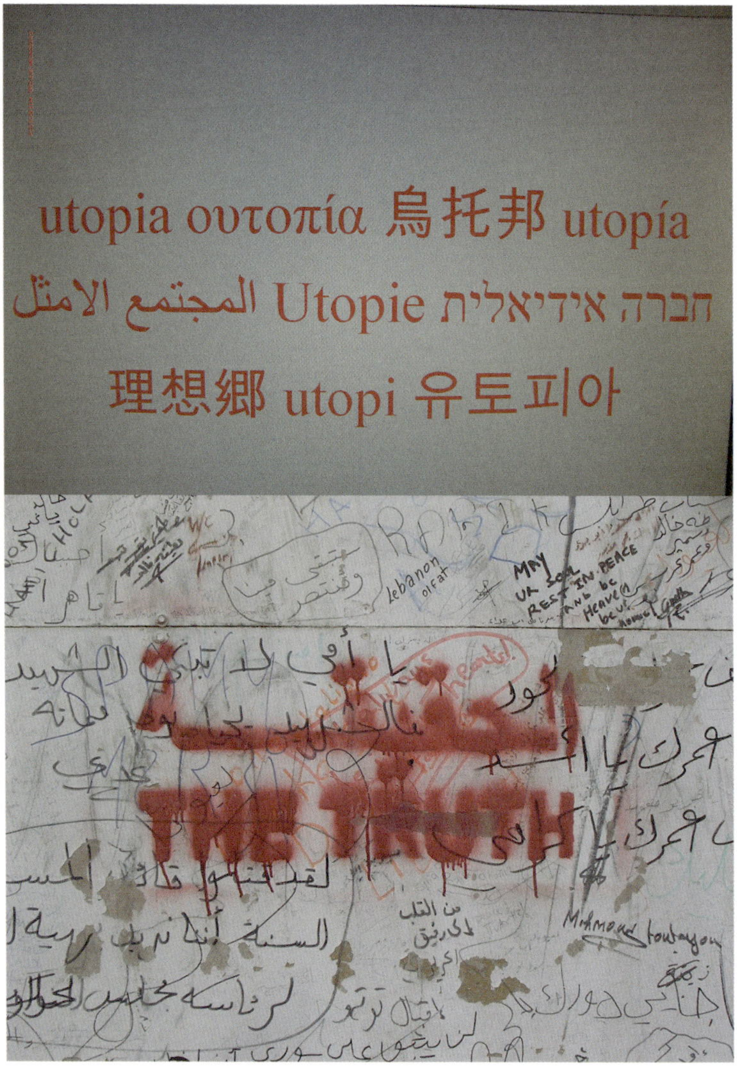
utopia ουτοπία 烏托邦 utopía
المجتمع الامثل Utopie חברה אידיאלית
理想鄉 utopi 유토피아
THE TRUTH

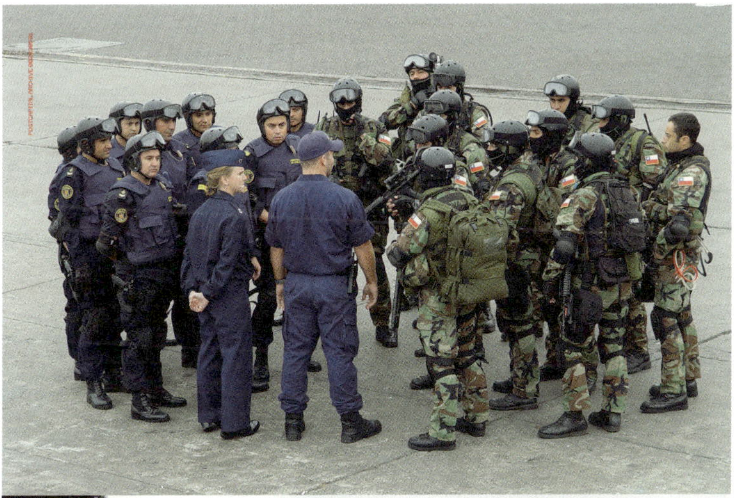

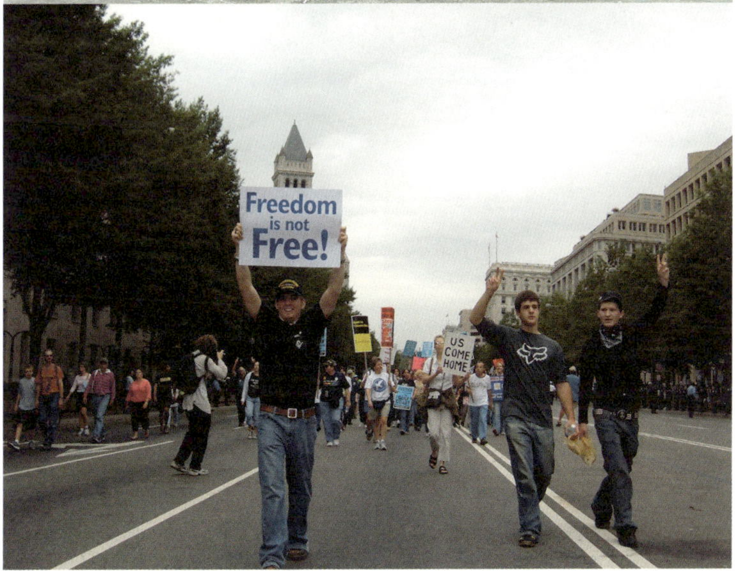
Freedom
is not
Free!
US
COME
HOME

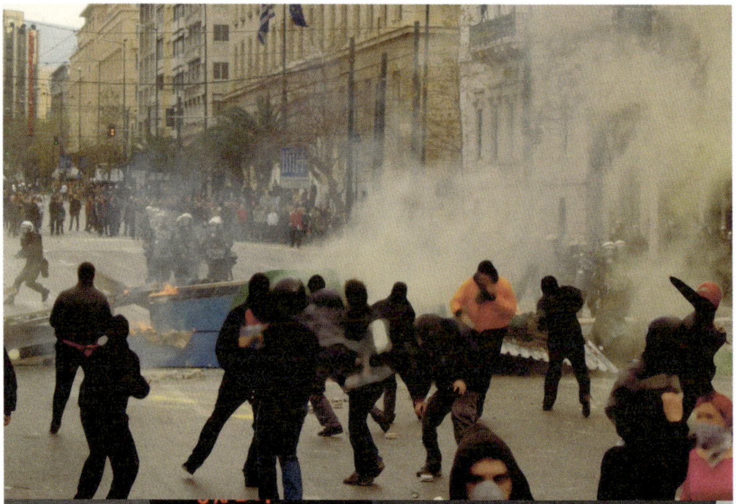

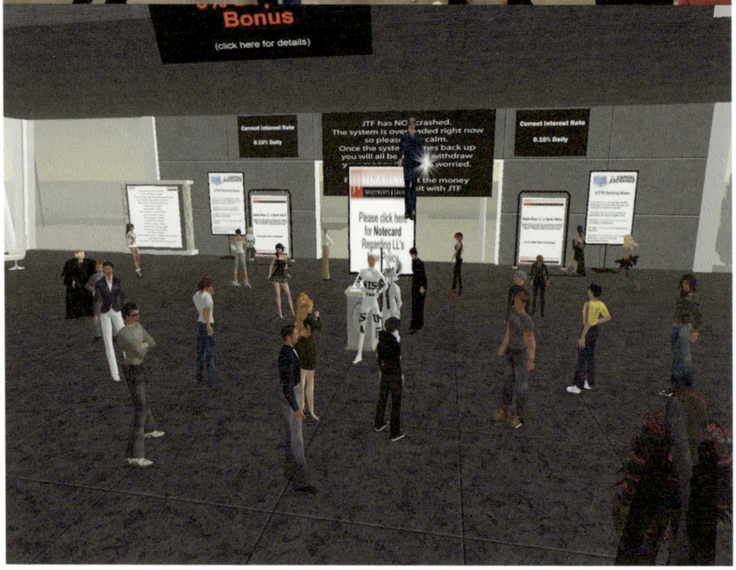
Bonus
(click here for details)
Current Interest Rate
0.10% Daily
Current Interest Rate
0.10% Daily

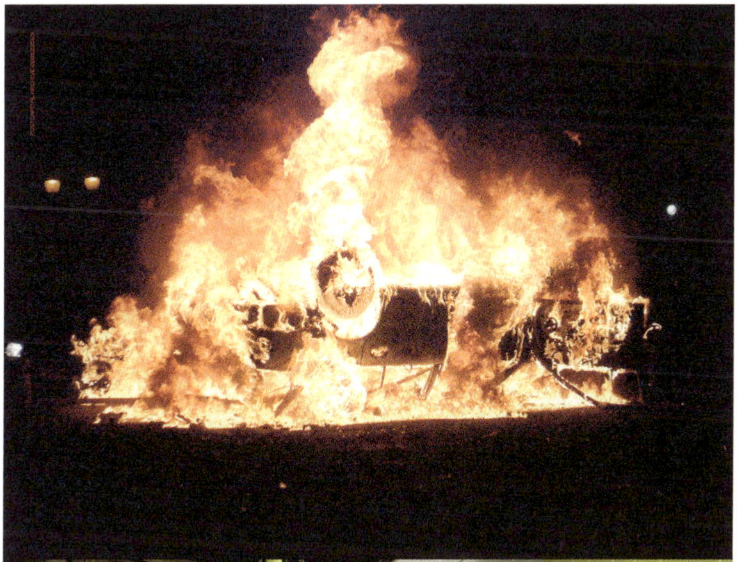

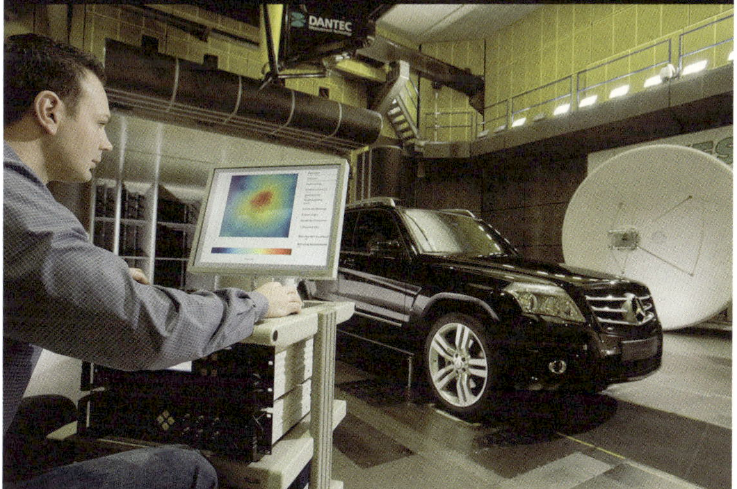
DANTEC

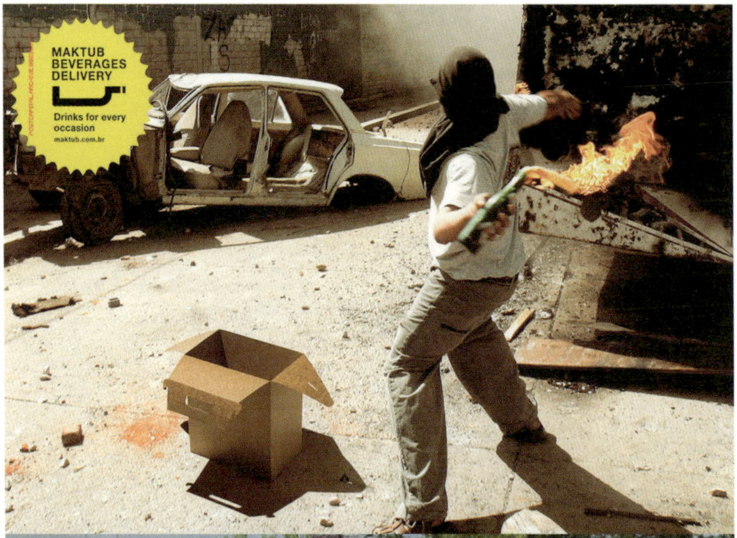
MAKTUB
BEVERAGES
DELIVERY
Drinks for every
occasion
maktub.com.br

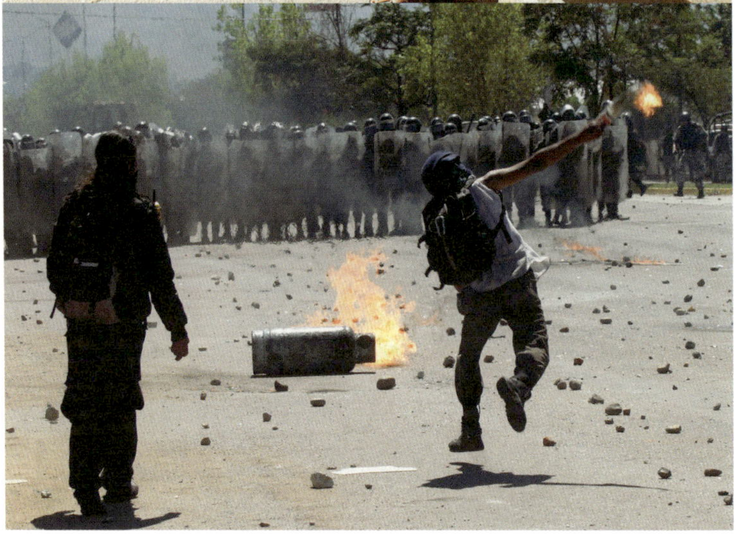

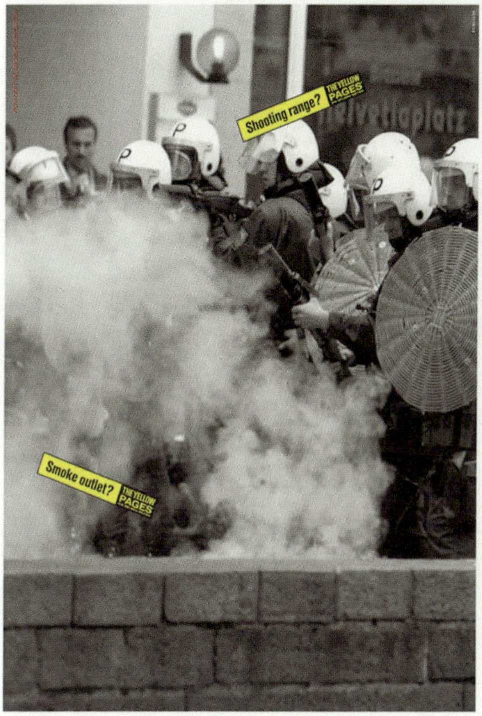
Shooting range? THE YELLOW PAGES
Smoke outlet? THE YELLOW PAGES

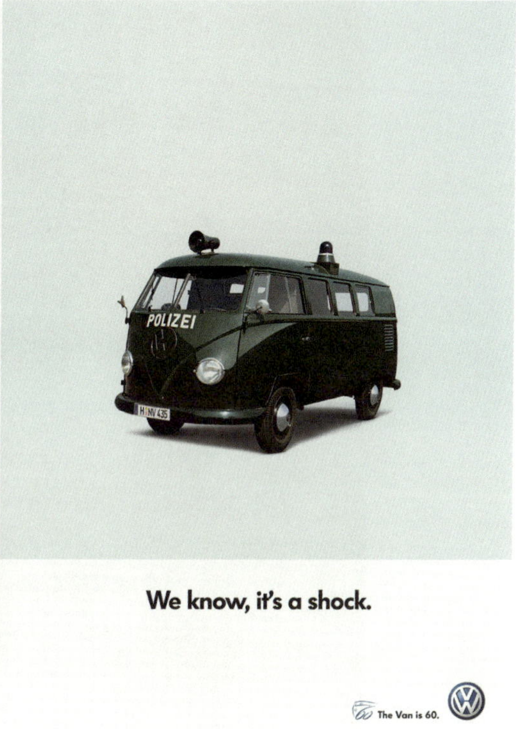
POLIZEI
We know, it's a shock.
The Van is 60.

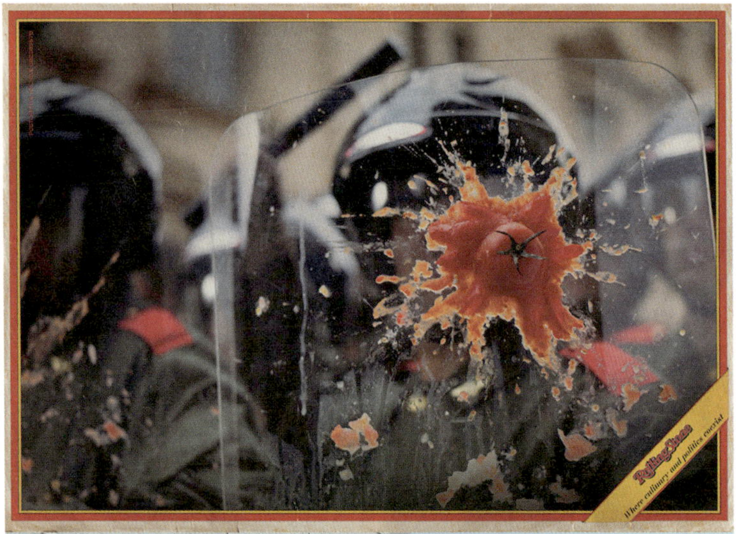
RollingStone
Where culinary and politics coexist

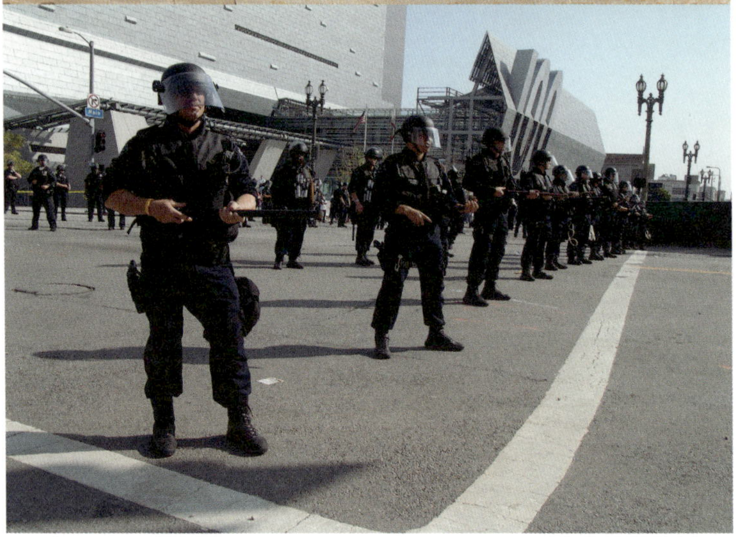

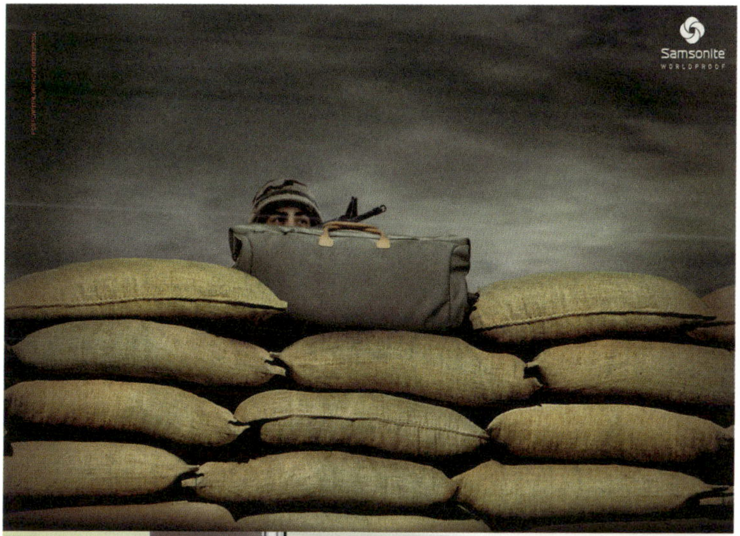
Samsonite
WORLDPROOF

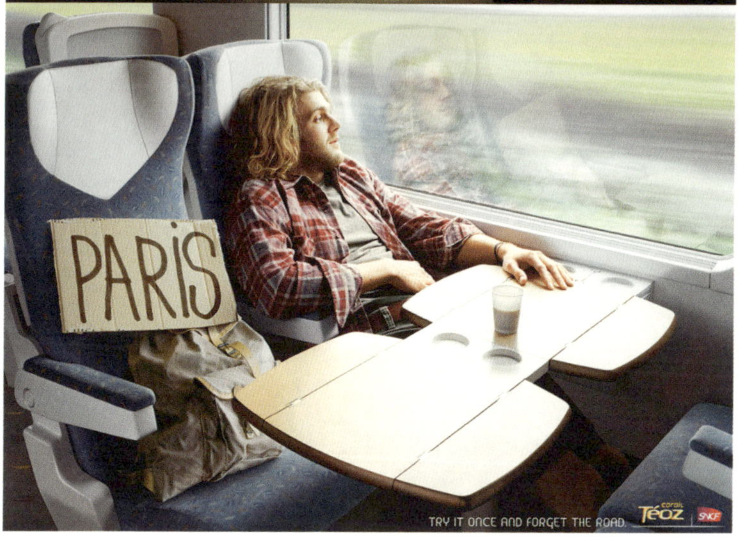
PARIS
TRY IT ONCE AND FORGET THE ROAD.
Corail Téoz
SNCF

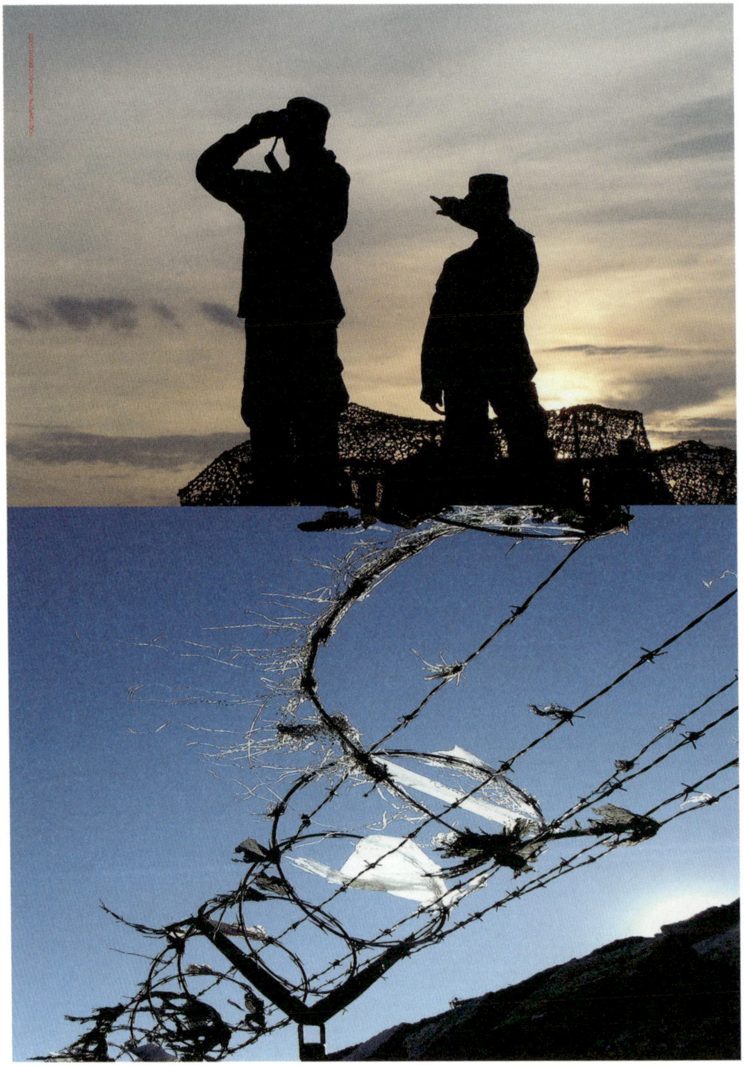

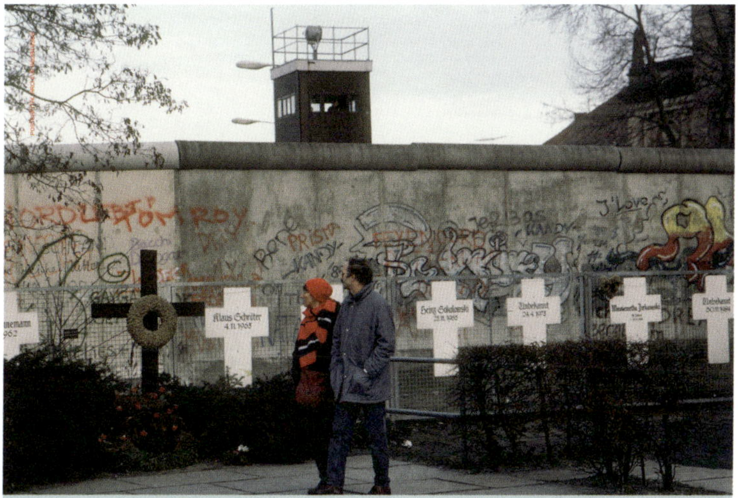
Klaus Schröter
4.11.1965
J'Love

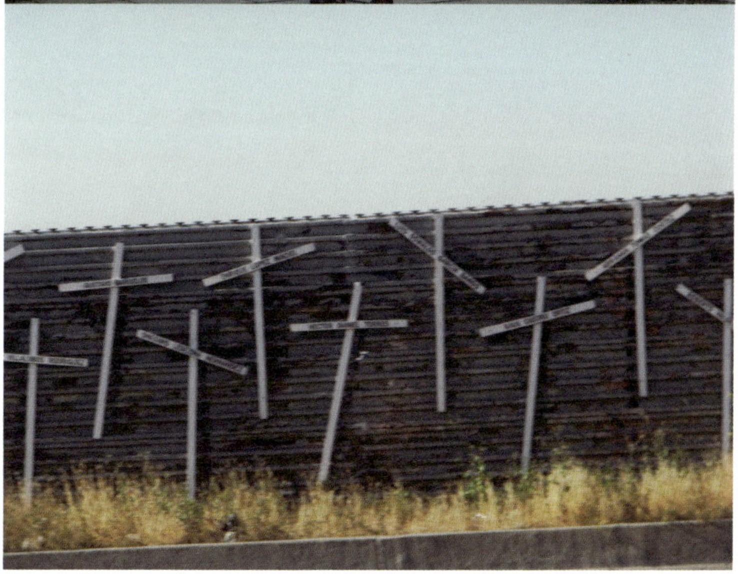

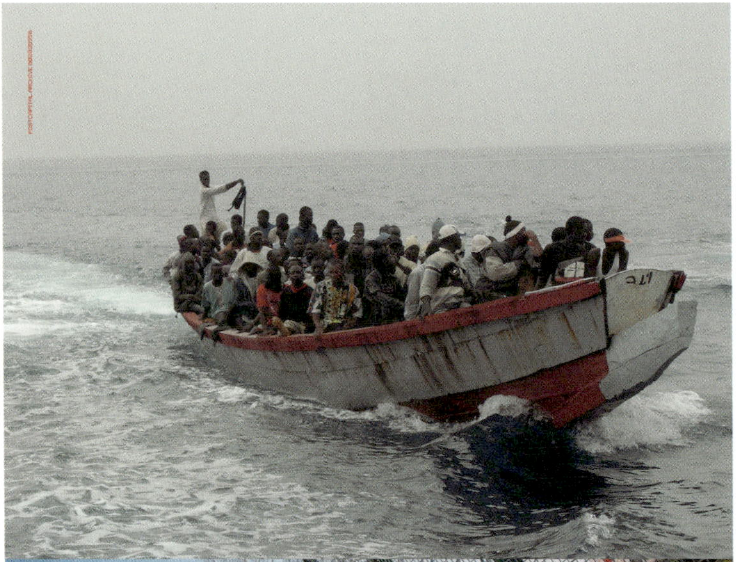

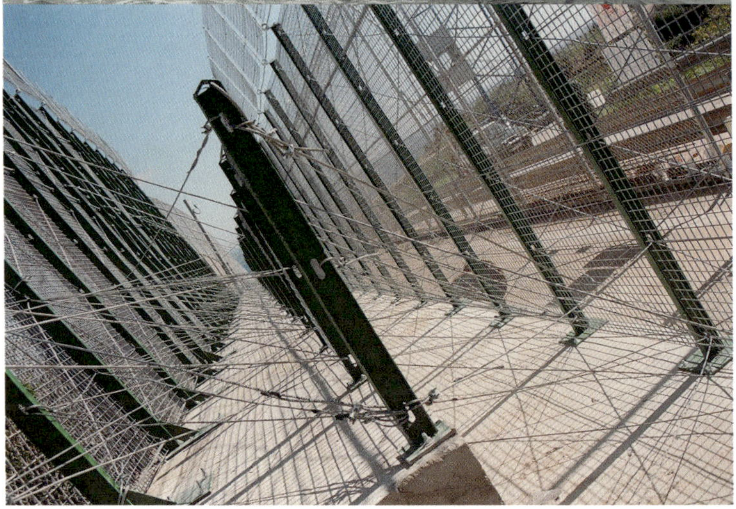

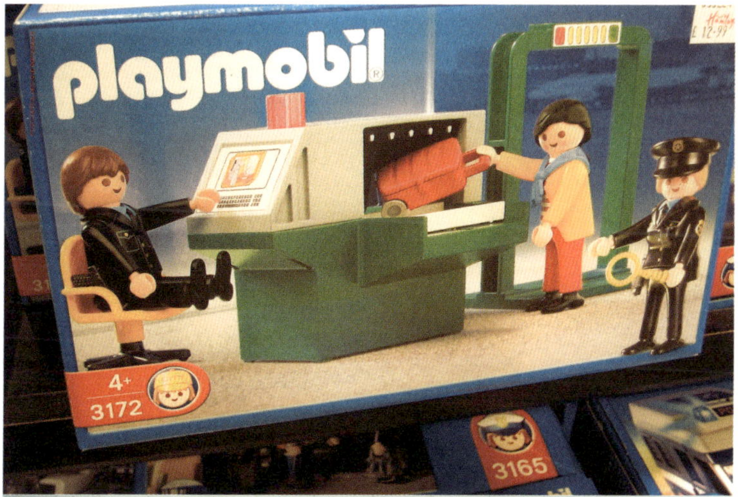
playmobil
4+
3172
3165

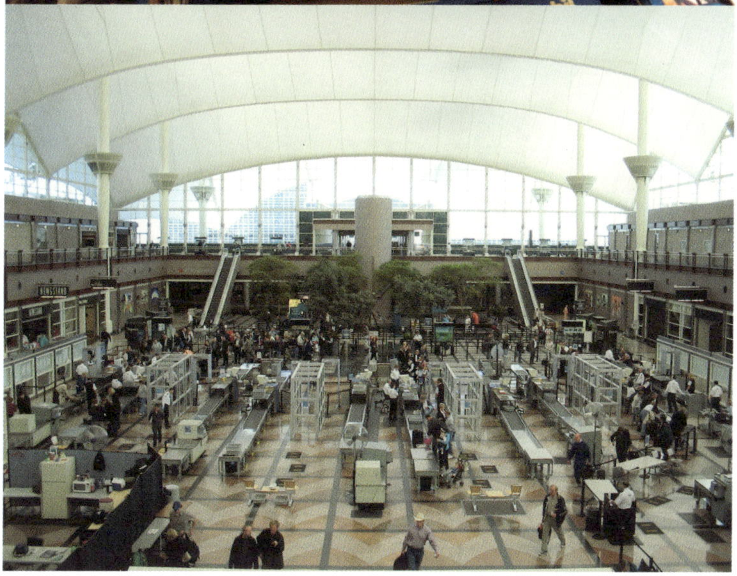

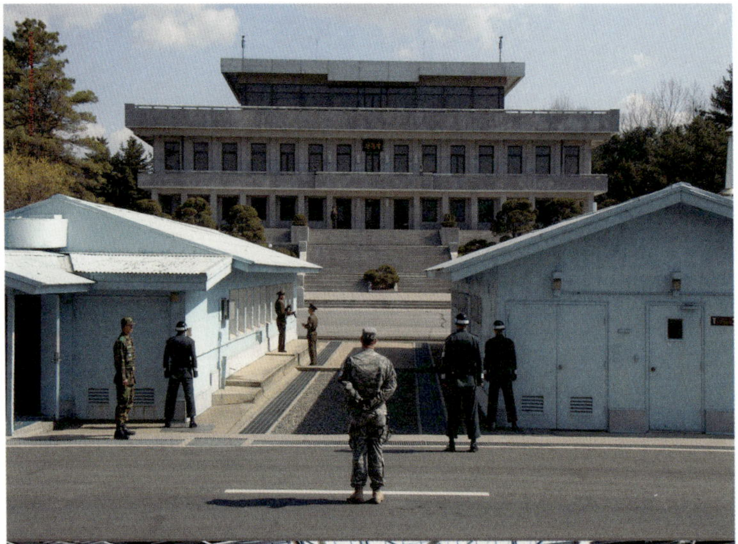

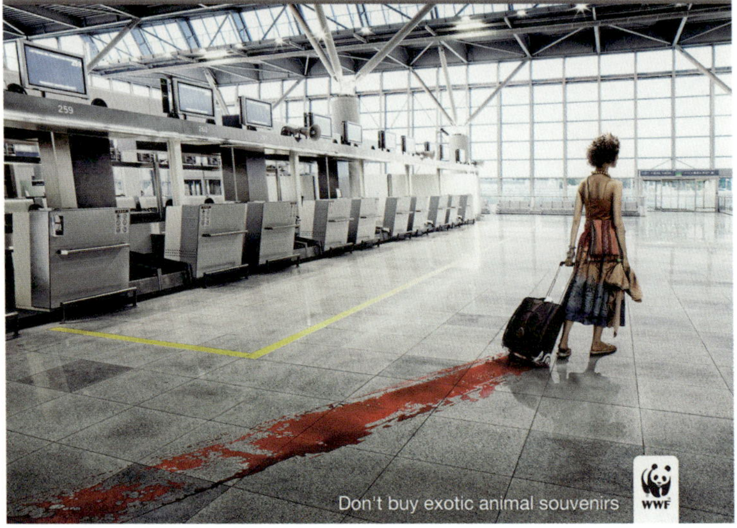
259
Don't buy exotic animal souvenirs
WWF

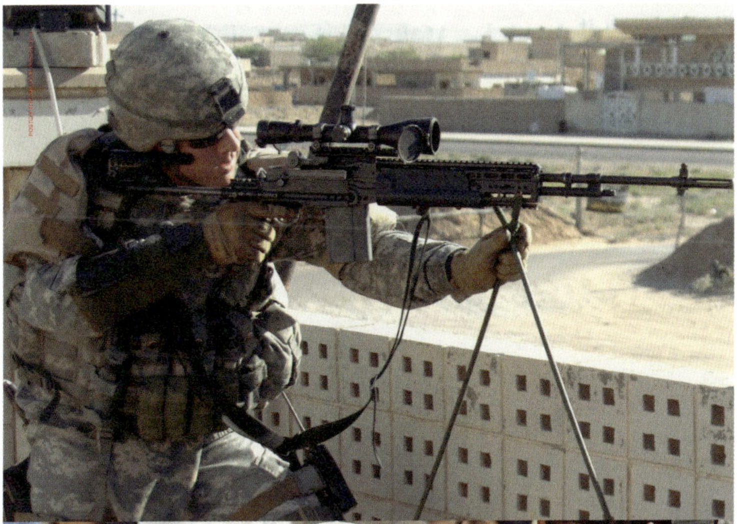

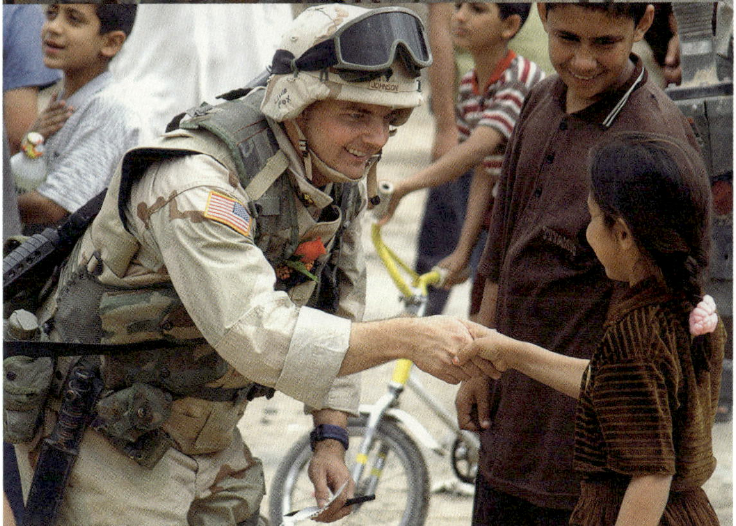

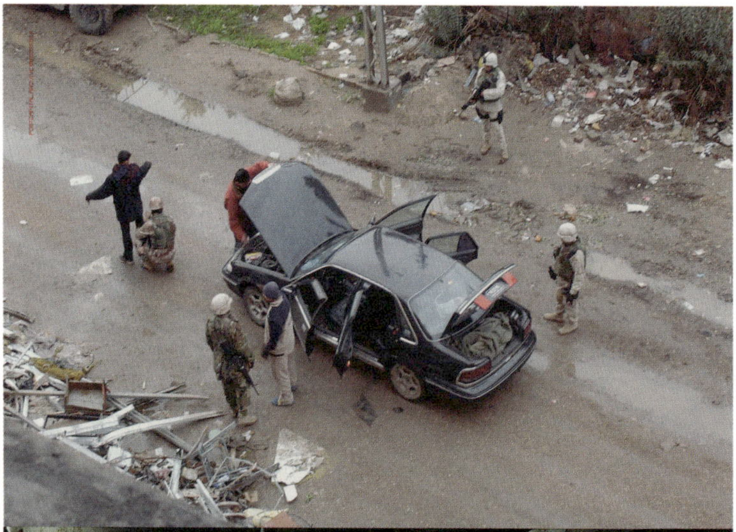

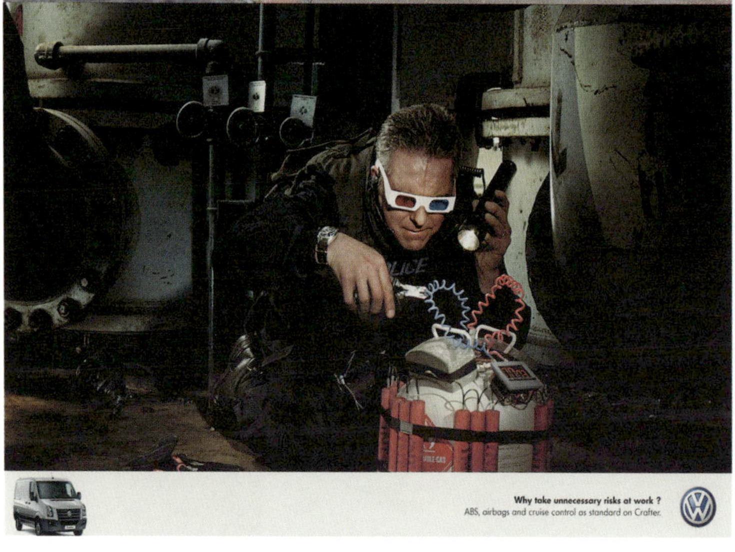
Why take unnecessary risks at work ?
ABS, airbags and cruise control as standard on Crafter.

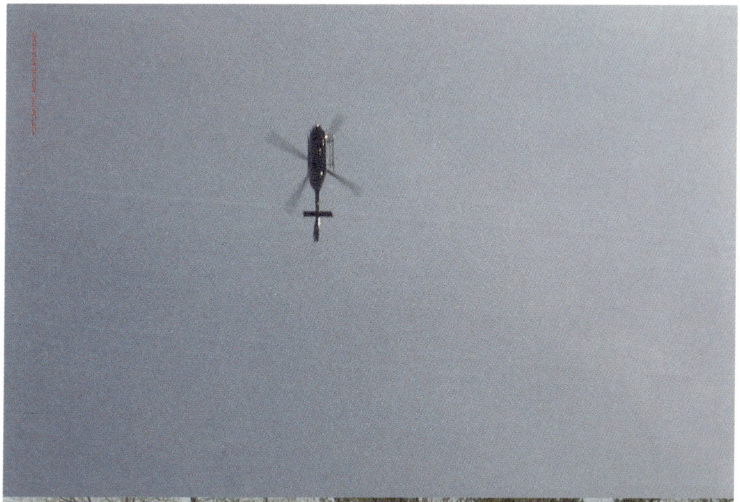

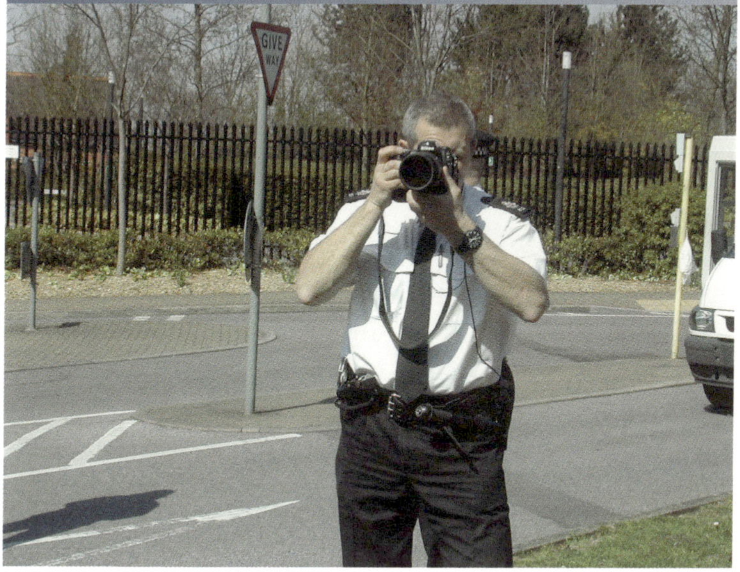
GIVE
WAY

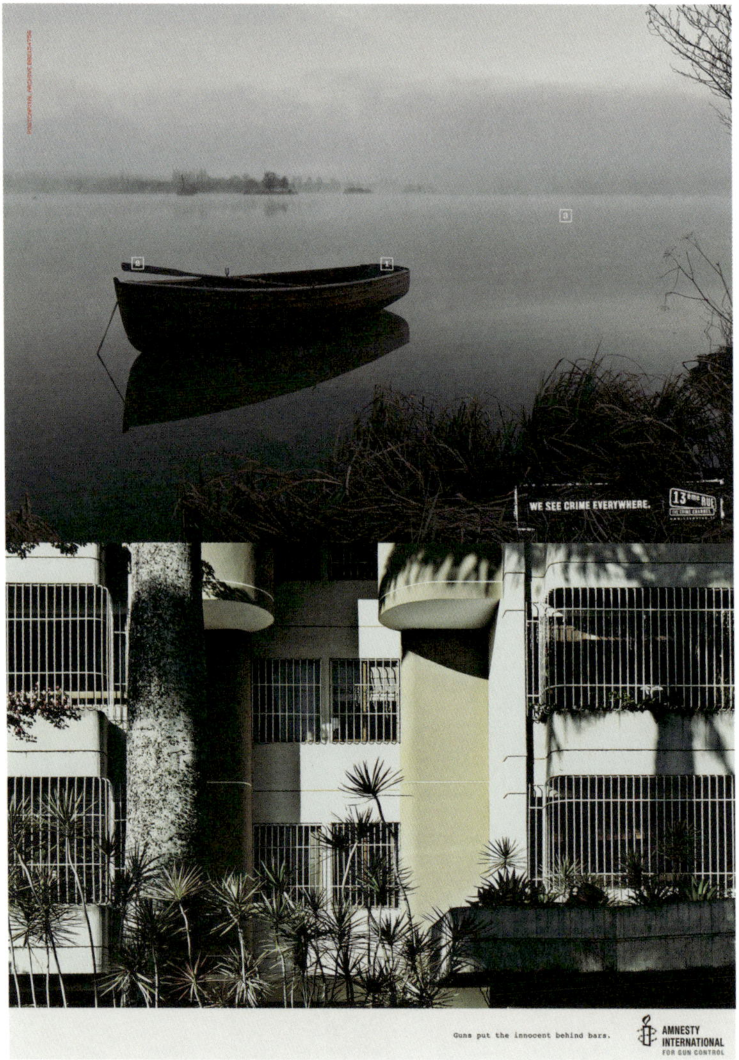
WE SEE CRIME EVERYWHERE.
13ème RUE
Guns put the innocent behind bars.
AMNESTY INTERNATIONAL
FOR GUN CONTROL

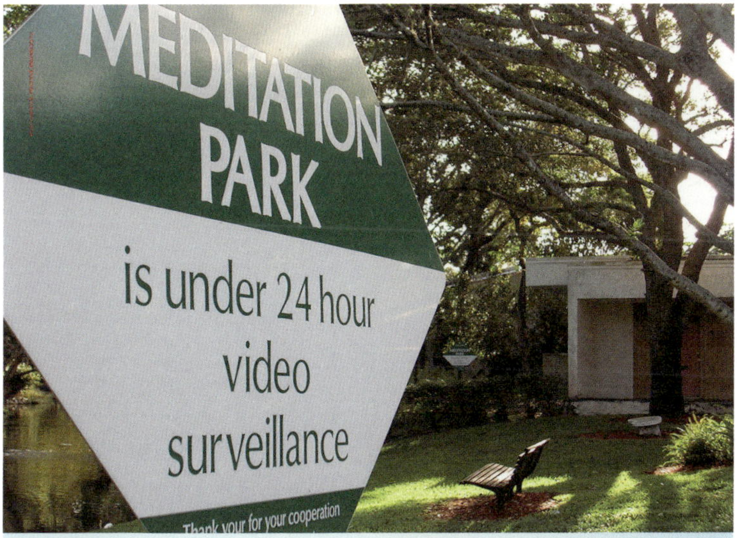
MEDITATION
PARK
is under 24 hour
video
surveillance

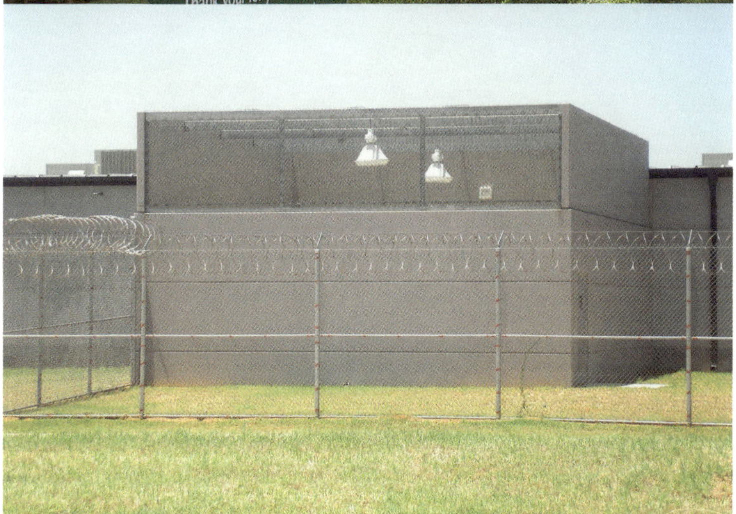

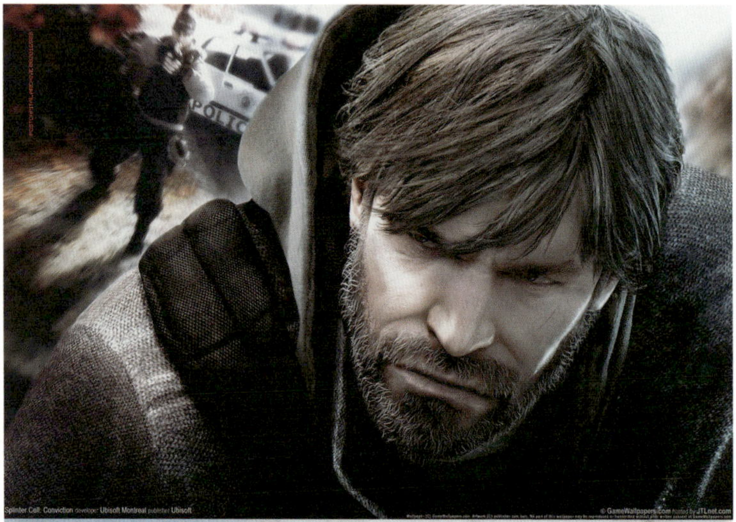
POLIC
Splinter Cell: Conviction developer: Ubisoft Montreal publisher: Ubisoft
© GameWallpapers.com hosted by JTLnet.com

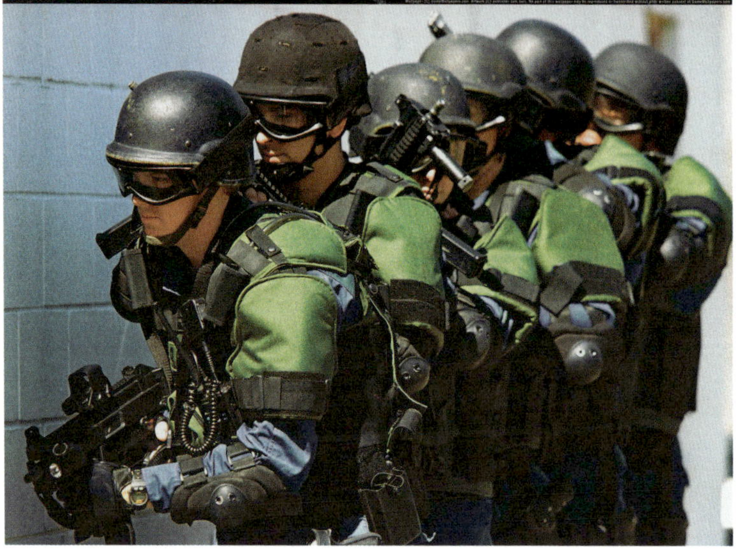

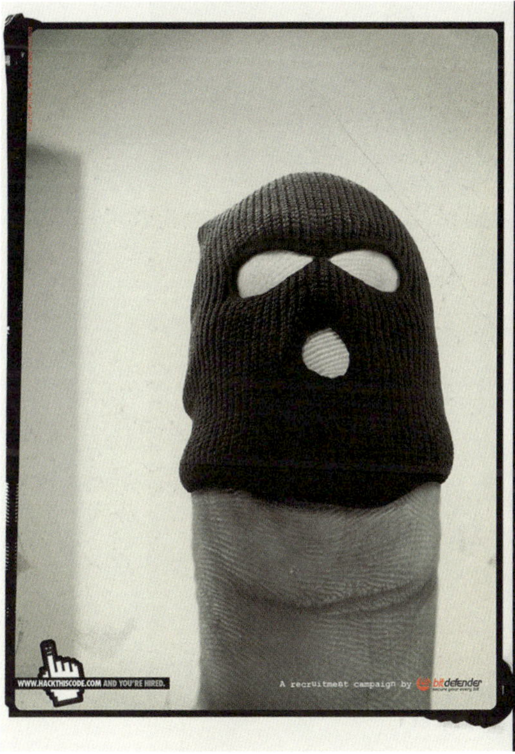
WWW.HACKTHISCODE.COM AND YOU'RE HIRED.
A recruitment campaign by bitdefender

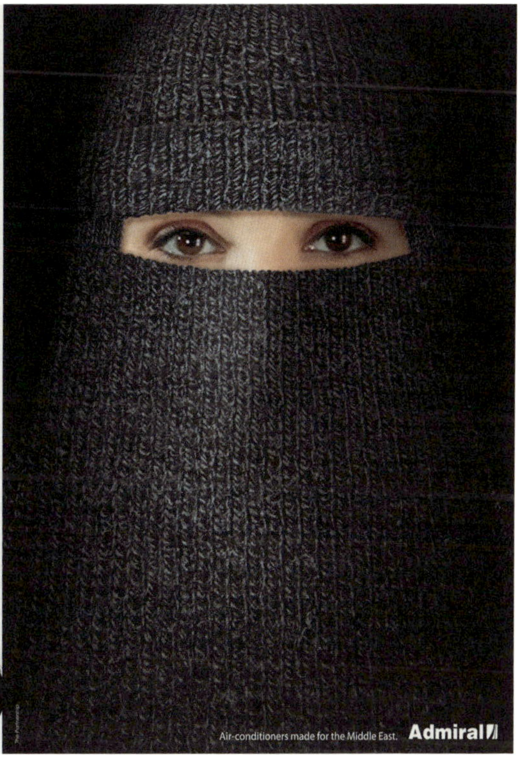
Air-conditioners made for the Middle East.
Admiral

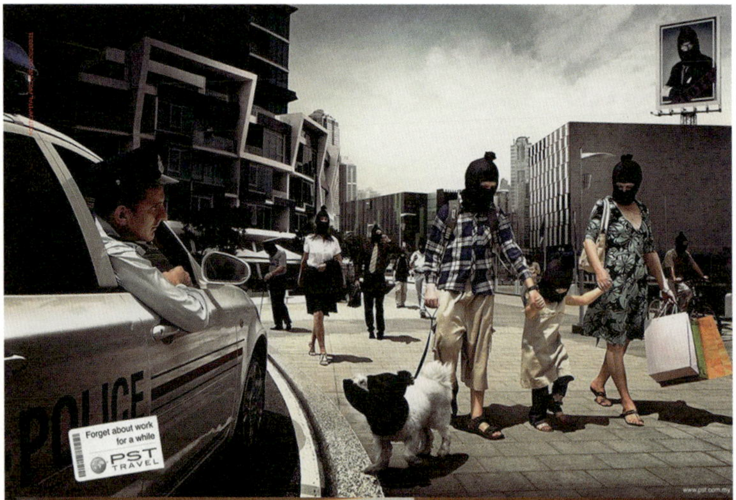
POLICE
Forget about work
for a while
PST
TRAVEL

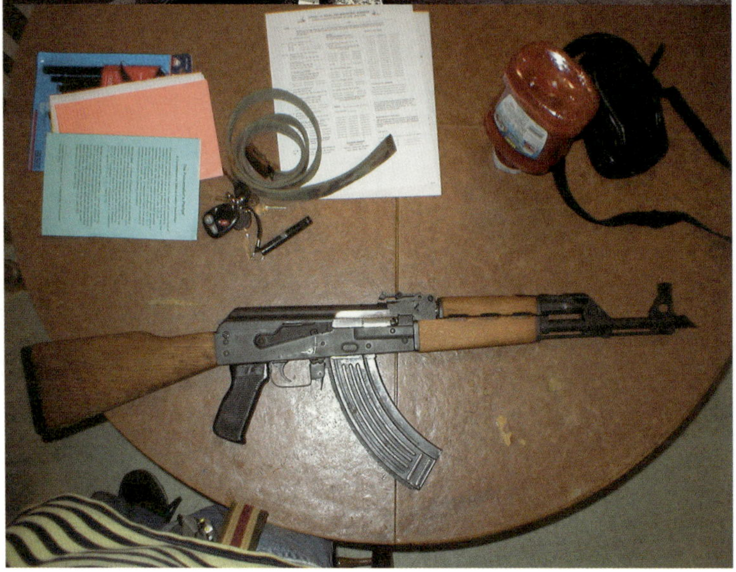

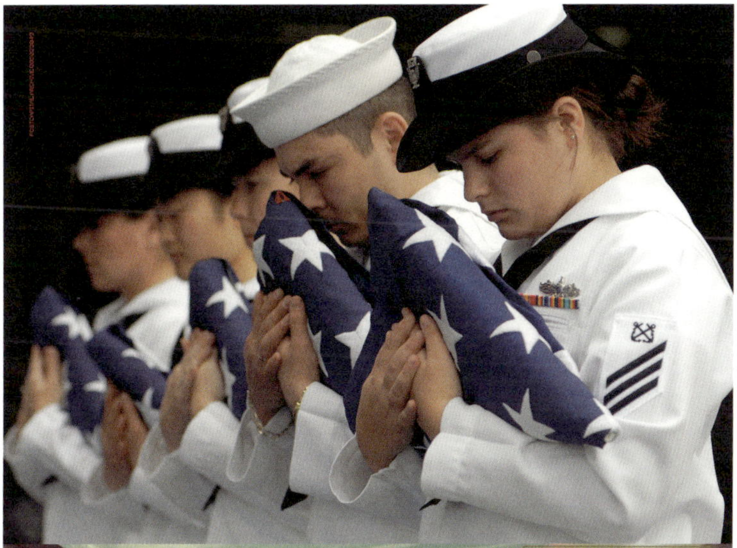

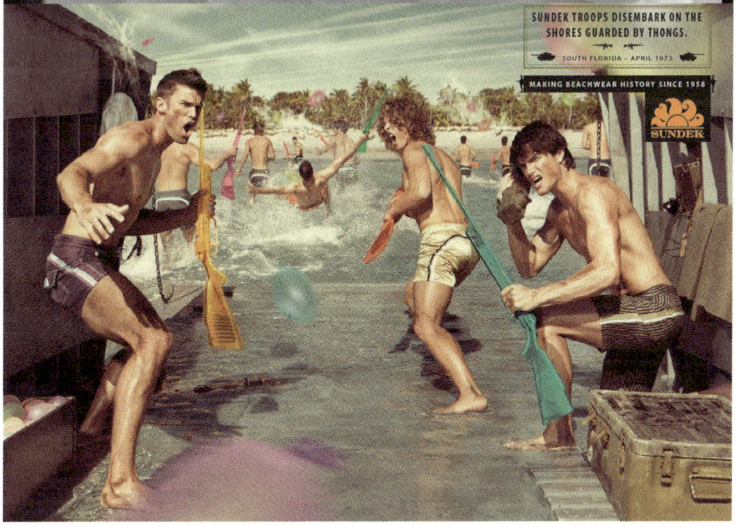
SUNDEK TROOPS DISEMBARK ON THE SHORES GUARDED BY THONGS.
SOUTH FLORIDA - APRIL 1973
MAKING BEACHWEAR HISTORY SINCE 1958
SUNDEK

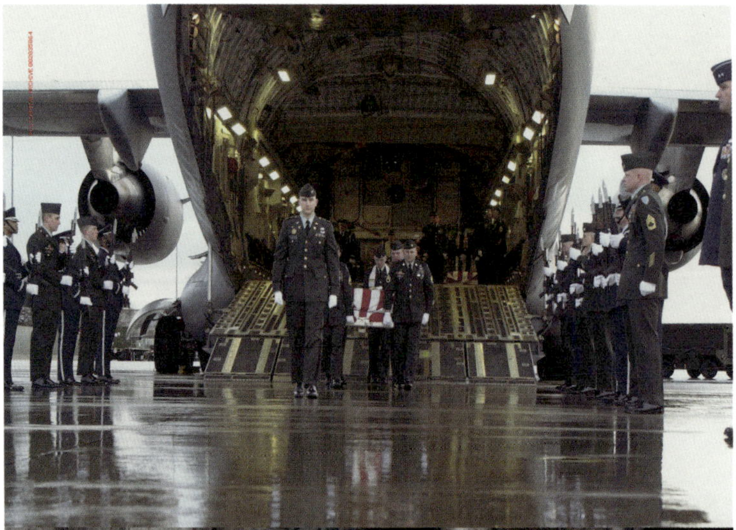

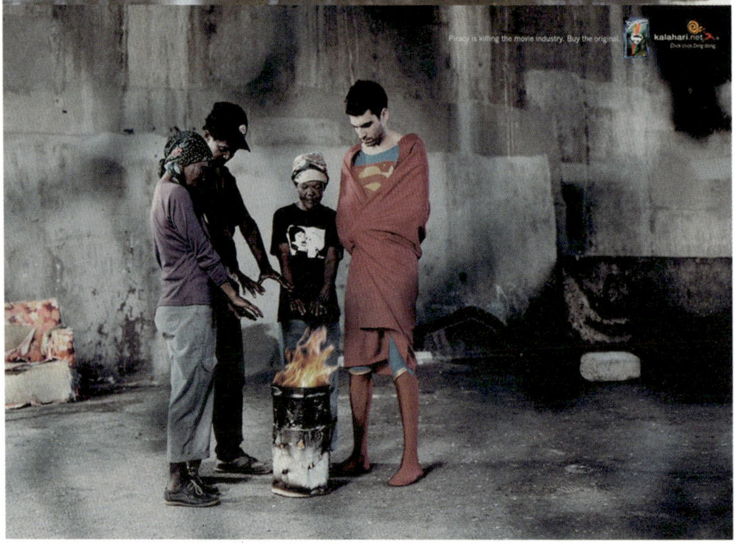
Piracy is killing the movie industry. Buy the original.
kalahari.net

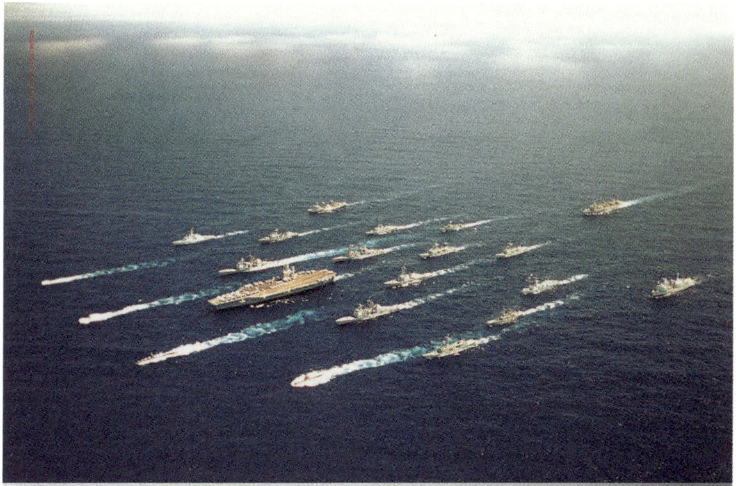

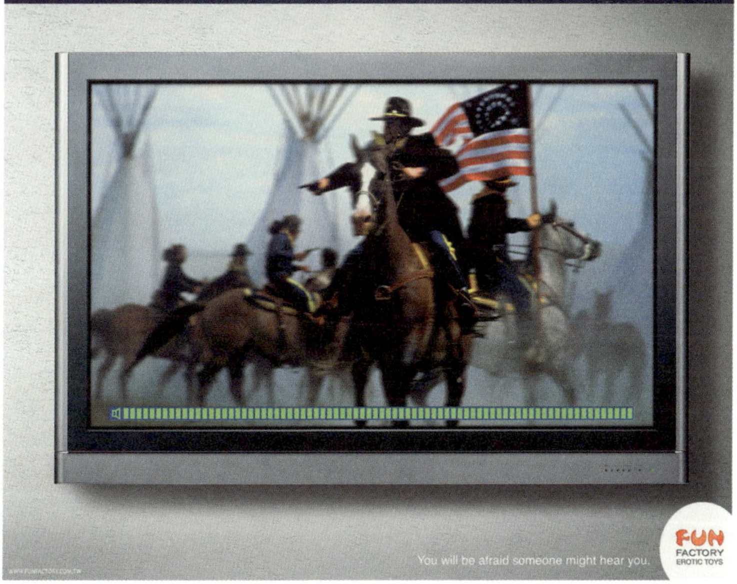

FUN
FACTORY
EROTIC TOYS
You will be afraid someone might hear you.

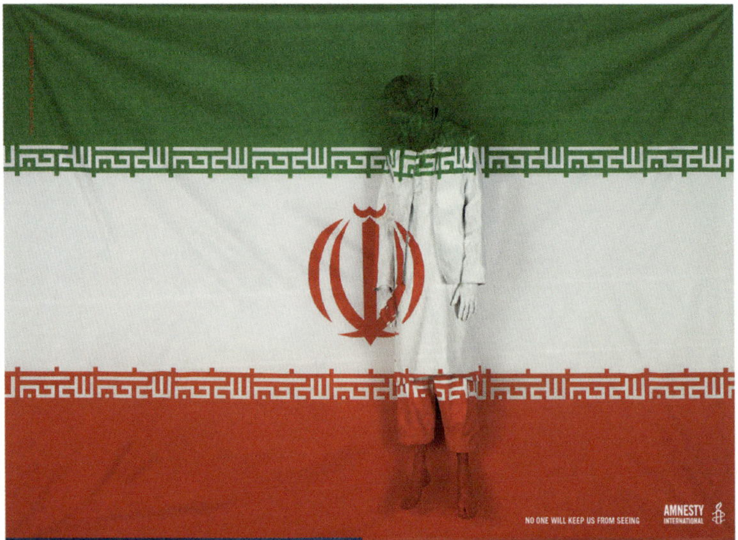
NO ONE WILL KEEP US FROM SEEING
AMNESTY INTERNATIONAL

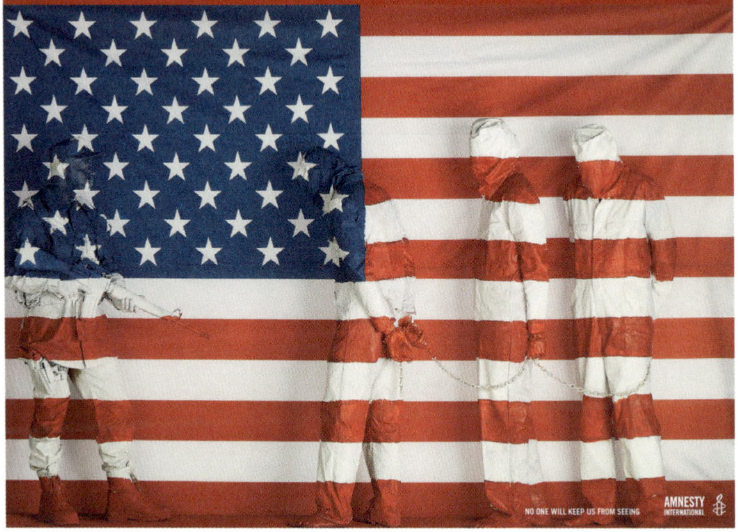
NO ONE WILL KEEP US FROM SEEING
AMNESTY INTERNATIONAL

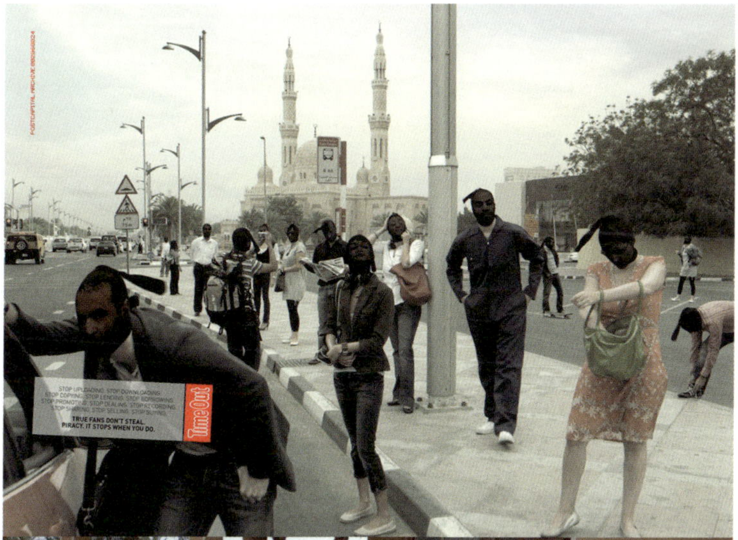
POSTCAPITAL ARCHIVE
TRUE FANS DON'T STEAL.
PIRACY. IT STOPS WHEN YOU DO.
Time Out

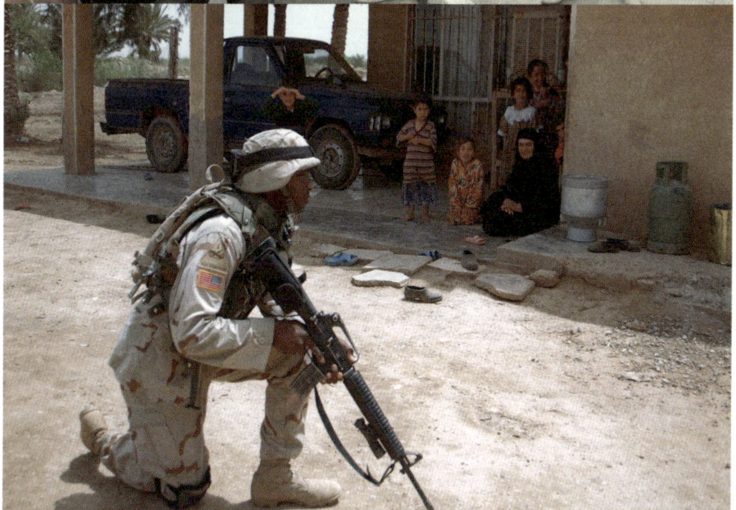

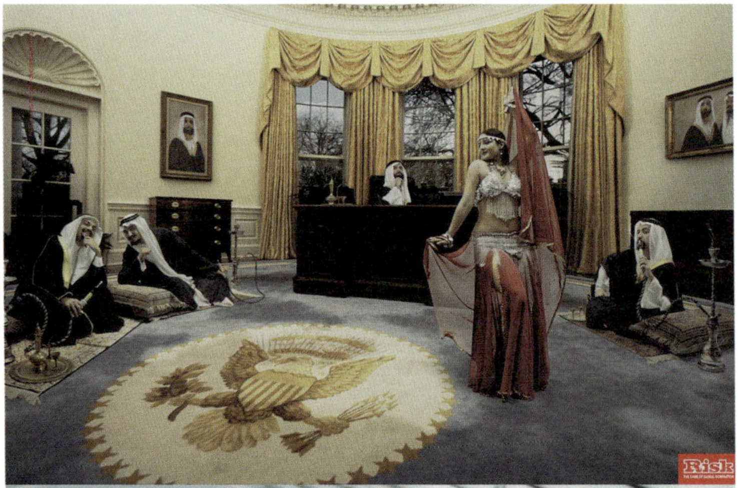
Risk

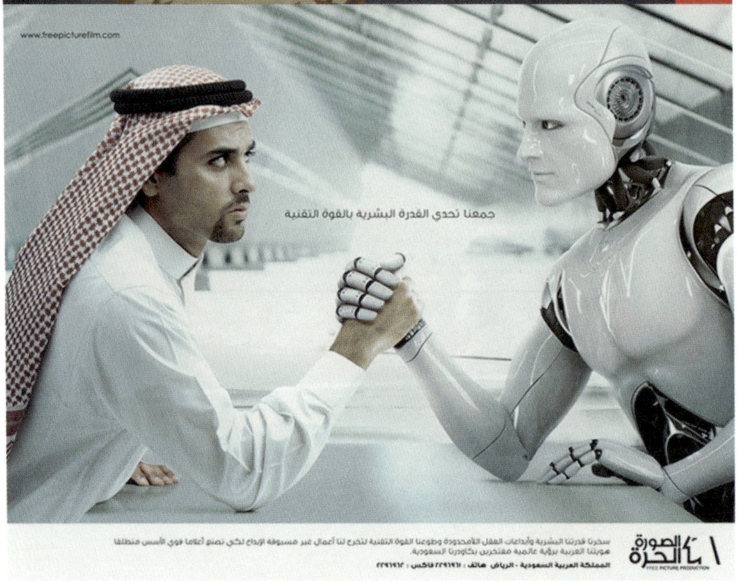
www.freepicturefilm.com
جمعنا تحدي القدرة البشرية بالقوة التقنية
سخرنا قدرتنا البشرية وأبداعات العقل اللامحدودة وطوعنا القوة التقنية لتخرج لنا أعمال غير مسبوقة الإبداع لكي نصنع أعلاما فوق الأسس منطلقا
هويتنا العربية برؤية عالمية مفتخرين بكاودرنا السعودية.
المملكة العربية السعودية - الرياض هاتف : ٢٢٩١٩٦١ فاكس : ٢٢٩١٩٦٢
الصورة الحرة
FREE PICTURE PRODUCTION

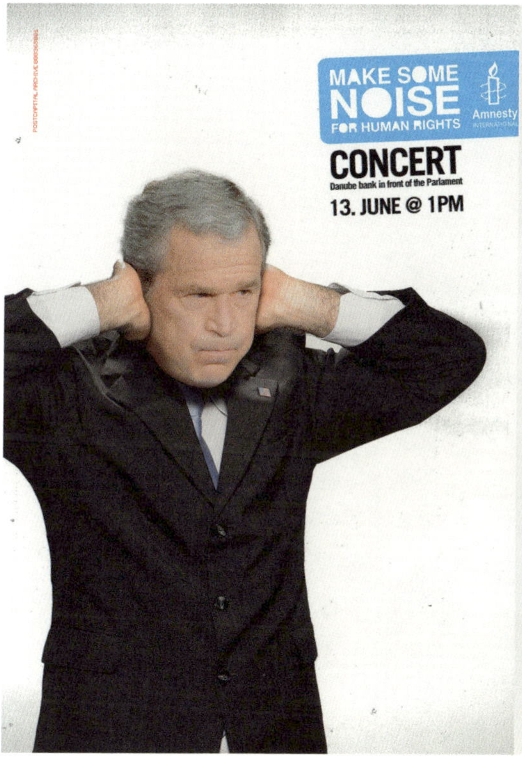
MAKE SOME
NOISE
FOR HUMAN RIGHTS
Amnesty
INTERNATIONAL
CONCERT
Danube bank in front of the Parlament
13. JUNE @ 1PM

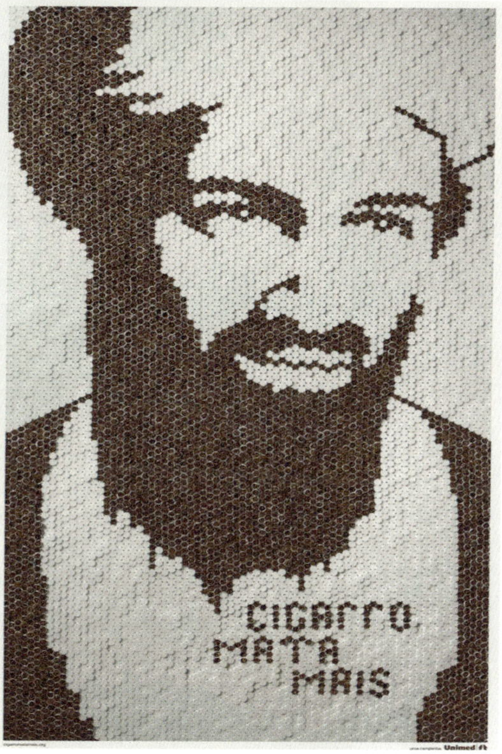
CIGARRO
MATA
MAIS
Unimed

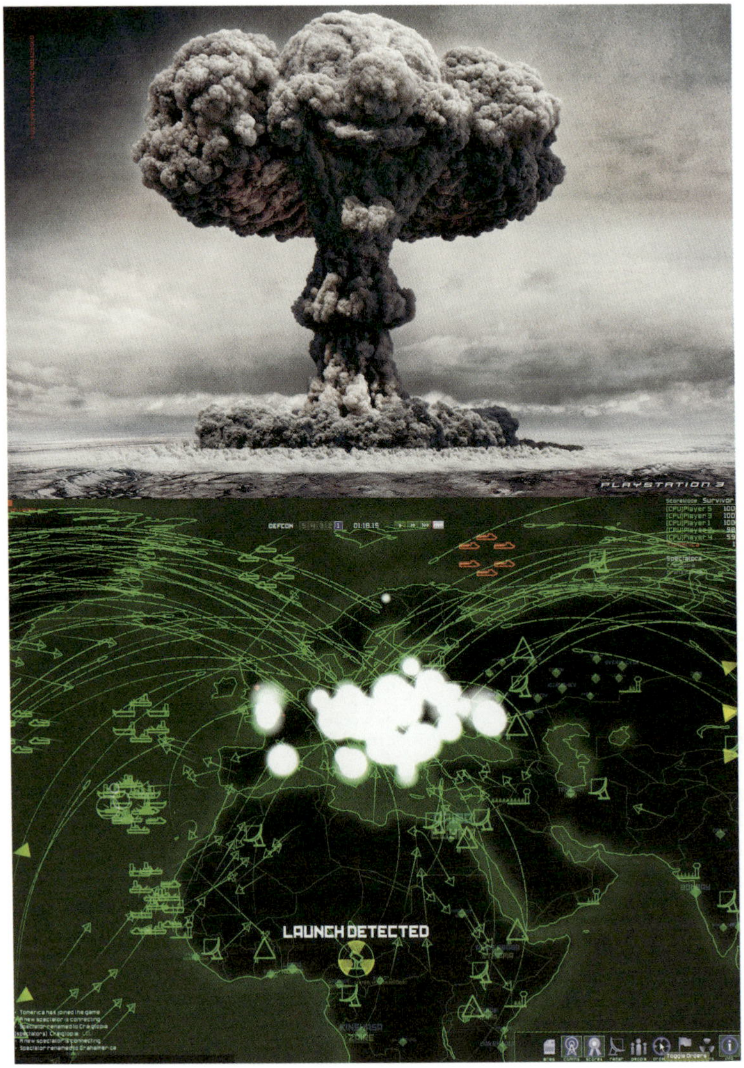
PLAYSTATION 3
DEFCON
LAUNCH DETECTED

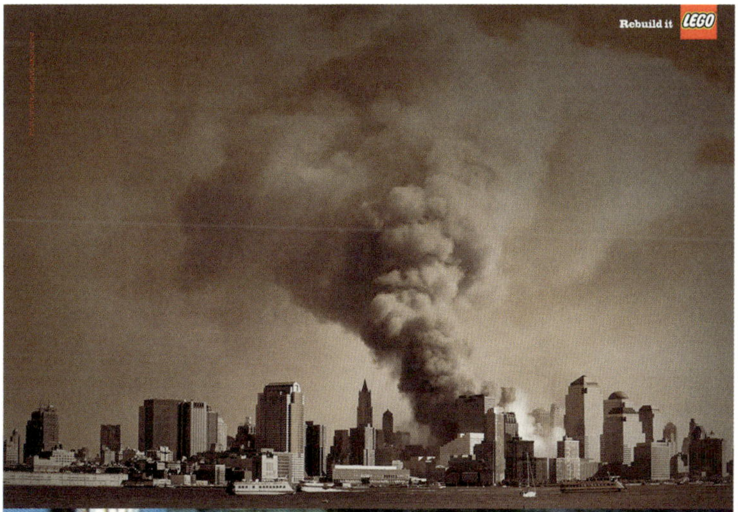
Rebuild it
LEGO

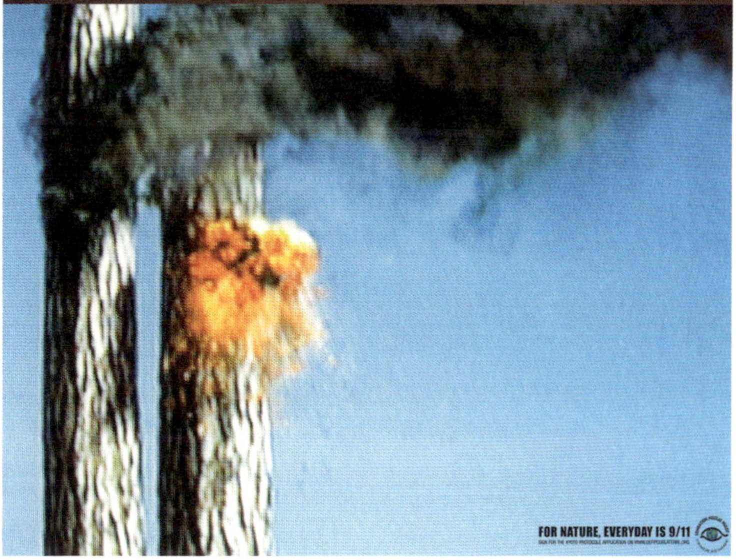
FOR NATURE, EVERYDAY IS 9/11

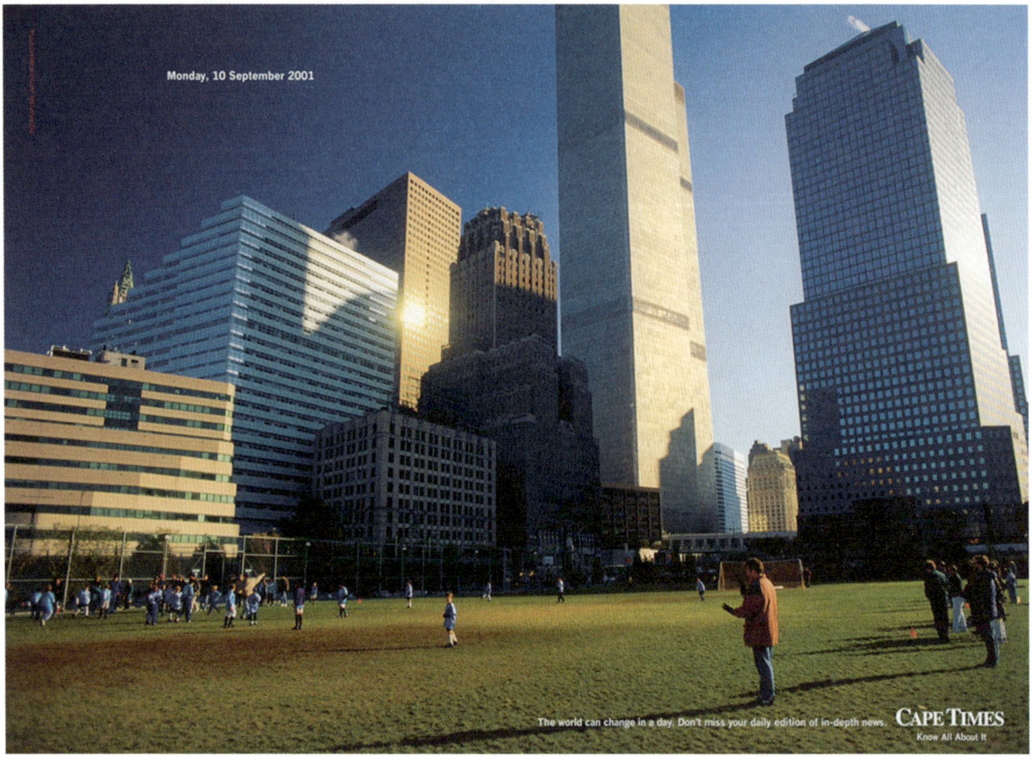
Monday, 10 September 2001
The world can change in a day. Don't miss your daily edition of in-depth news.
CAPE TIMES
Know All About It

TEIL / PART II

DAS PROJEKT
THE PROJECT

* * *

Postcapital. Archive 1989–2001

Iris Dressler

1. Annäherungen

Postcapital

Postcapital ist ein prozessuales, offenes Projekt, das sich, basierend auf einem digitalen Archiv und einer modularen Struktur, in immer anderer Form und unter immer anderen Konstellationen der Zusammenarbeit in verschiedensten Räumen ansiedelt: seien es reale, virtuelle oder diskursive Räume, eine Ausstellung, eine Publikation, ein Workshop, der städtische Raum, das Internet. Es ist eine Art mobile Bühne, die vor und hinter den Kulissen Dinge, Personen und Situationen temporär miteinander in Beziehung und Aktion treten lässt. Ein Vehikel, ein provokantes Stichwort, ein Werkzeug, eine Denkfigur, eine Fragestellung, eine Interpretation, eine Konfrontation.

Postcapital repräsentiert weniger ein bestimmtes Werk des Künstlers Daniel G. Andújar, sondern verweist vielmehr auf seine künstlerische Haltung. Festzulegen, wo und wann *Postcapital* begann, kann daher nur eine Konstruktion bleiben, die den offenen Charakter des Projektes sowie Andújars Arbeitsweise ausblenden würde. Man könnte eher sagen, dass ein bestimmter Prozess an einem bestimmten Punkt (für eine gewisse, noch nicht absehbare Zeit) einen Namen bekam, und man könnte diesen Punkt an einer bestimmten Begegnung festmachen: der Begegnung zwischen Andújar und dem kubanischen Essayisten Iván de la Nuez, der bis 2009 den Palau de la Virreina in Barcelona leitete, wo *Postcapital* 2006 mit dem Untertitel *Politics, the City, Money* quasi uraufgeführt wurde: in Form eines Dialoges zwischen Andújar, de la Nuez und dem kubanischen Künstler Carlos Garaicoa.

Andújar (Jahrgang 1966), de la Nuez (Jahrgang 1964) und Garaicoa (Jahrgang 1967) entstammen zwar derselben Generation, doch könnten die Welten, in denen sie aufgewachsen sind, nicht unterschiedlicher sein: das frankistische, postfrankistische und schließlich neoliberale (derzeit vom Bankrott bedrohte) Spanien einerseits und das Kuba eines andauernden, unvollendeten sozialistischen Projektes (dessen Erfolg kürzlich vom *Máximo Líder* höchstpersönlich in Zweifel gezogen wurde[1]) andererseits. Einem Kuba, aus dem der eine, de la Nuez, 1991 auswandern musste und in dem der andere, Garaicoa, zu einem erfolgreichen Protagonisten der internationalen Kunstmärkte avancierte. Lebensläufe, die also durchkreuzt sind von den ideologischen Fronten zwischen Kapitalismus und Sozialismus, Ost und West, Nord und Süd sowie der Verschiebung dieser Fronten – und die de la Nuez in seinem Fall wie folgt zusammenfasst:

> Waren wir nicht die Auserwählten, die unverdorben und frei vom Gespenst des Kapitalismus in eine geld- und klassenlose Welt hineinwachsen würden? Jetzt, soeben aus dieser Zukunft zurückgekehrt, werden wir ermahnt, uns eine Welt vorzustellen und darin zu leben, die anders ist als die versprochene (sie gleicht einem Trabant auf einer E-Bay-Auktion) [...] Programmiert für ein Leben im Kommunismus, müssen wir unsere »Umprogrammierung« hinnehmen, um eine Zukunft zu bewohnen, die nicht die »unsere« gewesen ist.[2]

---

1. Siehe z.B.: Jeffrey Goldberg, »Fidel: ›Cuban Model Doesn't Even Work For Us Anymore‹«, in: *The Atlantic*, 8.9.2010, http://www.theatlantic.com/international/archive/2010/09/fidel-cuban-model-doesnt-even-work-for-us-anymore/62602; »Fidel Castro übt Selbstkritik«, in: *Zeit Online*, 9.9.2010, http://www.zeit.de/politik/ausland/2010-09/kuba-castro-fehler

2. Iván de la Nuez, »Our (Imperfect) Man in Havana«, in: *Stan Douglas. Past Imperfect. Werke 1986–2007*, hrsg. von Hans D. Christ und Iris Dressler, Ausst.-Kat. Württembergischer Kunstverein Stuttgart und Staatsgalerie Stuttgart 2007–2008, Ostfildern 2007, S. 103.

Die Auseinandersetzung mit der Frage, was es bedeutet, unter so verschiedenen, nicht selbst gewählten Realitäten aufzuwachsen; mit den Grenzen, die sich daraus für ein kollektives Wissen ergeben; mit der Auflösung dieser Realitäten sowie mit dem Problem der vermeintlich freien Wahl und des permanenten Entscheidenmüssens, führte 2006 schließlich zu *Postcapital. Politics, the City, Money*. Das Gemeinschaftsprojekt bestand aus einer ersten räumlichen Umsetzung beziehungsweise Interpretation von Andújars *Postcapital*-Archiv, einer Reihe von darauf Bezug nehmenden Werken Garaicoas und einer Anthologie aus Rezensionen diverser Essays, die de la Nuez über mehrere Jahre in verschiedenen Medien veröffentlicht hatte und nun unter dem Titel *Postcapital. Crítica del Futuro* [Kritik der Zukunft] neu zusammenstellte. *Postcapital* ist auf vielerlei Ebenen ein Projekt der Relektüre.

Das Archiv

Das digitale Archiv, auf dem *Postcapital* beruht und das gleichermaßen das Zentrum wie die vielen Peripherien, das Innen und Außen, die Vorder- und Rückseite, das Problem und die Ansätze, den Ausgangspunkt und das Unvorhersehbare des Projektes markiert, entstand lange vor 2006. Es ist direkt verbunden mit Andújars künstlerischer Praxis, die unter anderem in der kritischen Aneignung und Neubewertung vorhandener Bild-, Text- und Tonreservoirs – jenem schier unendlichen Rauschen – besteht und die zwangsläufig zur Bildung von Archiven führt.

Postcapital setzt an der Frage nach den Möglichkeiten und Problematiken eines Archivs an, das wir, so Andújar, heute nicht mehr besuchen, sondern bewohnen. Es geht um die An- und Überforderungen, die mit dem scheinbar grenzenlosen Zugriff auf sowie der scheinbar unbeschränkten Veröffentlichbarkeit von Informationen einhergehen, und um die Kontrollmechanismen, die hier am Werk sind. »Wir müssen Strukturen schaffen«, schreibt er, »die es ermöglichen, dieses lärmende Durcheinander in spezifisches Wissen umzuwandeln [...]. Diesem Problem können wir uns nur auf kollektive Weise nähern.«[3] Anders als bei den TheoretikerInnen der neoliberalen Wissensgesellschaft zielt die hier intendierte kollektive Wissensproduktion nicht auf das »Zusammenschweißen« eines »singulären Wissenskörpers« (Drucker) im Dienst der Kapitalakkumulation ab, sondern auf eine vernetzte Wissensproduktion, die unkontrollierbar in viele Richtungen zugleich verläuft.

Maurizio Lazzarato hat darauf hingewiesen,[4] dass der französische Kriminologe und Soziologe Gabriel Tarde bereits 1902 den Gedanken formulierte, dass Wissenstausch oder die Weitergabe von Wissen nichts mit der Anhäufung von Reichtümern zu tun habe.

> Tausch, im Falle von Wissen [...], heißt nicht opfern, sondern bedeutet gegenseitige Beleuchtung, in gegenseitiger Gabe, aber einer vollkommen privilegierten Gabe, die nichts mit den Reichtümern gemein hat. Hier verarmt

---

3. Daniel G. Andújar, »Dialogue between Álvaro de los Ángeles and Daniel G. Andújar«, in: *Herramientas del arte. Relecturas*, Ausst.-Kat. Sala Parpalló, Valencia 2008, S. 76, s. auch: http://www.salaparpallo.es/userfiles/file/cast-ing.pdf [Übersetzung aus dem Englischen: d. Autorin]

4. Maurizio Lazzarato, »Europäische Kulturtradition und neue Formen der Produktion und der Zirkulation des Wissens«, in: Justin Hoffmann, Marion von Osten (Hrsg. / ed.), *Das Phantom sucht seinen Mörder. Ein Reader zur Kulturalisierung der Ökonomie*, Berlin 1999, S.169–184, s. auch (und zitiert nach): *episteme*, www.episteme.de/download/Lazzarato-Kultur-Wissen.pdf

der Gebende im Geben, im Falle von Wahrheiten[5] [...] gibt er und erhält im gleichen Zuge.[6]

Postcapital folgt dieser Idee des Wissenstauschs, die den zunehmenden Auswüchsen der Vermarktung von geistigem Eigentum, jenem »Öl des 21. Jahrhunderts« (Mark Getty), entgegensteht.

Das digitale *Postcapital*-Archiv umfasst über 250.000 Dokumente – Texte, Bilder, Videos, Audiomitschnitte et cetera –, die Andújar über verschiedene Suchmaschinen aus dem Internet zusammengetragen hat. Es gibt eine »Bibliothek« (*Library*), die zahllose Beiträge linker AutorInnen von Agamben bis Žižek umfasst, darunter eingescannte Bücher und Schriften, offizielle und nicht offizielle Videoaufnahmen von Vorträgen, Hörbücher und dergleichen.

Zu den weiteren Hauptkategorien zählen die Schlagworte 1989, 2001, Stadt, Politik und Geld. Hierunter finden sich so unterschiedliche Dokumente wie Cartoons der 1950er-Jahre, die in den USA das Prinzip des Kapitalismus popularisieren sollten, freigegebene Stasiakten, Dokumente der feministischen, Black-Power- und Umweltbewegungen, Handyaufnahmen aus dem Irakkrieg und Fotos der weltweiten Proteste gegen diesen Krieg, Nationalhymnen, zig Varianten der *Internationale*, Werbebroschüren urbaner Großprojekte, Verschwörungstheorien zum 11. September 2001 et cetera. Dabei handelt es sich um Dokumente, die sowohl von professionellen AutorInnen als auch von »AmateurInnen« stammen.

Jeder Auftritt von *Postcapital*, sei es in Form von Ausstellungen, Interventionen im öffentlichen Raum, Workshops oder Inserts in Publikationen, greift auf eine Auswahl aus dem schier endlosen Pool des Archivs zurück, deren einzelne Dokumente in Form von Rekombinationen ins Spiel gebracht werden. Angesichts der Bildmacht der Massenmedien und ihrem unaufhörlichen Output an »Lärm« zieht Andújar das Arbeiten mit vorhandenen Bildern der Produktion neuer vor. Das Potenzial der Kunst liegt für ihn darin, »das, was hinter den Bildern liegt, freizulegen, [...] die Codes visueller Bezugssysteme zu knacken« und diese dekonstruktiven Methoden der Dechiffrierung selbst zu vermitteln.[7]

Mit jeder Aufführung von *Postcapital* – zumindest im Rahmen von Ausstellungen und Workshops – wird auch das gesamte Archiv, also die »Quelle« oder das »Rohmaterial« des Projektes, über mehrere Computerterminals frei zur Verfügung gestellt: Sei es zur Recherche vor Ort, zum Kopieren einzelner Dokumente oder des gesamten Archivs. *Postcapital* lädt die BesucherInnen beziehungsweise NutzerInnen somit ein, eigene Interpretationen der Bestände des Archivs vorzunehmen, sie auf je andere Weise zu de- und rekontextualisieren. In diesem Sinne folgt das Projekt auf sehr direkte Weise dem Gedanken von »Open-Source«, der in der unvorhersehbaren Weiterbearbeitung offener Quellen liegt.

Mag es vor diesem Hintergrund zunächst naheliegen, das *Postcapital*-Archiv im Internet zu veröffentlichen – was bereits an den bestehenden Copyright-Gesetzen scheitern würde –, zeigt sich jedoch schnell, dass dabei ein wesentliches Element des Projektes verloren gehen würde: nämlich die Beziehung zwischen dem digitalen Archiv und den von Andújar vorgeschlagenen Methoden der Interpretation und Relektüre. Jedes Archiv basiert bekanntlich auf Prozessen der Filterung, Auswahl und Ordnung, denen ein bestimmtes Interesse und eine bestimmte Haltung

---

5. Tarde nennt Wissen auch Wahrheit.

6. Gabriel Tarde, *Psychologie économique*, Paris 1902, S. 79, zitiert nach Lazzarato 1999 (wie Anm. 4).

7. Andújar 2008 (wie Anm. 3), S. 76.

vorausgehen. Weder Suchmaschinen noch die Begriffe, die man darin eingibt, sind neutral, und nicht alles, was die Maschinen aus dem Netz gesogen haben, ist in Andújars Archiv verblieben. Die somit bereits gefilterte und klassifizierte Ansammlung von Dokumenten wird mit der räumlichen beziehungsweise materiellen Übertragungen des Archivs einer erneuten Auswahl unterzogen und in andere mögliche Ordnungen, Bedeutungs- und Bezugsysteme verschoben. Es geht um das Ausloten und die Freilegung der Vielschichtigkeit möglicher Bezugssysteme von Dokumenten (beziehungsweise Wissen). Insofern schaffen die Aufführungen von *Postcapital* immer auch Umgebungen, die die Methoden der Relektüre zur Disposition stellen.

Das Projekt, das selbst eben nicht das Internet ist, sondern dessen Grenzen und Möglichkeiten befragt, fordert überdies den institutionellen Rahmen im Sinne einer Erweiterung desselben und als Schutzraum für zeitgenössische Kunst explizit ein: Das heißt, zum einen verlangt es die Öffnung des Ausstellungsraums hin zu einem Werkzeug oder Arbeitsumfeld, einem Angebot, das nicht nur besichtigt, sondern auch genutzt werden kann, und zum anderen beansprucht es die Institution als Freiraum der zeitgenössischen Kunst, die durch die Kommodifizierung von geistigem Eigentum zunehmend eingeschränkt wird.

Das Urheberrecht schützt bekanntlich immer weniger den oder die UrheberIn eines Werkes, sondern stärkt vielmehr die Position der BesitzerInnen von Urheberrechten, also derjenigen, die an der Verwertung des geistigen Eigentums anderer verdienen und den Zugriff darauf steuern. Diese Kontrolle steht jenen künstlerischen Praktiken entgegen, die auf der Wi(e)deraneignung kultureller Güter (sei es aus Kunst, Musik, Literatur, Werbung, den Massenmedien et cetera) basieren, um diese einer kritischen Neubewertung zu unterziehen. Kunstinstitutionen neigen bei solchen Arbeiten mittlerweile immer häufiger dazu, die Verantwortung für potenzielle Rechtsstreite in vorauseilendem Gehorsam an die KünstlerInnen selbst zu delegieren, anstatt schlicht für die Freiheit der Kunst einzutreten – und überlassen die durch entsprechende Verträge eingeschüchterten KünstlerInnen im schlimmsten Fall der Selbstzensur. Damit tragen sie zur Beschneidung einer ästhetischen Praxis bei, die nicht nur weite Bereiche der zeitgenössischen Kunst betrifft, sondern seit spätestens den 1920er-Jahren aus der Kunstgeschichte nicht mehr wegzudenken ist.

1989–2001

Die zeitliche Klammer – 1989 bis 2001 –, die *Postcapital* in den Blick nimmt, ist nicht als hermetischer Zeitraum zu verstehen, der den Übergang zum Postkapitalismus markieren würde. Vielmehr greift sie zwei Jahreszahlen auf, die als Synonyme zweier Ereignisse zirkulieren – des Falls der Berliner Mauer und der Anschläge in den USA –, die ihrerseits wiederum zu Ikonen der historischen Zäsur stilisiert wurden. Als solche werden sie von Andújar eingesetzt und zugleich befragt: das heißt als ikonisierte Ereignisse, die erst im Verbund von Politik und Medien zu historischen Umbrüchen erhoben und denen gegenüber andere Geschehnisse verdrängt oder als weniger bedeutsam verbucht werden.

So wurde 1989 bekanntlich nicht nur die Berliner Mauer zu Fall gebracht[8], sondern im selben Jahr auch der Volksaufstand in China gewaltsam beendet: ein Ereignis, dessen Auswirkungen auf die Gegenwart und Zukunft der postkapitalistischen Gesellschaft womöglich weitreichender sind als der Fall der Berliner Mauer. Neben

8. Iván de la Nuez weist in seinem Beitrag scharfsinnig darauf hin, dass die Redewendung vom »Fall der Berliner Mauer« dieses Ereignis zu einer göttlichen Fügung stilisiert und all jene Menschen ausblendet, die sie de facto zu Fall gebracht haben. Iván de la Nuez, in dieser Publikation, S. 98.

den Revolutionen, die sich in Rumänien, Ungarn und Jugoslawien ereigneten, marschierten US-Streitkräfte in Panama ein. Vor Alaska havarierte der Öltanker Exxon Valdez und löste eine der größten Umweltkatastrophen aus, in deren Folge es aber auch zur globalen Vernetzung der Umweltschutzbewegungen kam. George H. W. Bush wurde Präsident der USA und Slobodan Milošević Präsident der jugoslawischen Teilrepublik Serbien. In Chile und Brasilien fanden die ersten freien Wahlen nach den in den 1960er- beziehungsweise 1970er-Jahren implementierten Militärdiktaturen statt. Nintendo brachte den ersten Game Boy auf den Markt, und am Genfer Institut CERN wurden die Grundsteine für das World Wide Web gelegt, jenes Protokoll, das uns schließlich erlauben sollte, zumindest theoretisch, von überall auf der Welt Zugriff auf das Internet zu haben – und das bekanntlich am Anfang einer tief greifenden Veränderung der Kommunikation, Logistik, Ökonomie und Wissensproduktion stand.[9]

2001 ist wiederum nicht nur das Jahr der Attentate in den USA, sondern zum Beispiel auch des G8-Gipfels in Genua, in dessen Vorfeld das Schengener Abkommen temporär aufgehoben wurde und in dessen Verlauf es zu schweren Kämpfen zwischen DemonstrantInnen und der Polizei kam. Ein Aktivist wurde dabei getötet. George H. W. Bushs Sohn wurde Präsident der USA und Ex-Präsident Slobodan Milošević an den Internationalen Strafgerichtshof ausgeliefert. China trat der WTO bei, und in Bulgarien übernahm der ehemalige Zar Simeon II. die Regierungsgeschäfte. Die Bilanzfälschungen des US-amerikanischen Energiekonzerns Enron führten zum bis dahin größten Unternehmensskandal in der Geschichte der USA, und die gescheiterten Kasinopolitiken des Guggenheim-Direktors Thomas Krenz machten von sich als *GuggEnron* die Rede.

Wobei es nicht einmal die Jahreszahl 2001, sondern das Tageskürzel 9/11 ist, das heute uneingeschränkt für die terroristischen Anschläge in den USA steht, die als eine der erschütterndsten Tragödien aller Zeiten in den historischen Kanon aufgenommen wurden. Der Militärputsch in Chile vom 11. September 1973, bei dem der Präsidentenpalast bombardiert und die demokratische Regierung gestürzt wurde, scheint demgegenüber heute kaum noch von globaler Relevanz. Dabei gilt die Diktatur Augusto Pinochets, in deren Zuge rund 30.000 Menschen verschleppt und / oder ermordet wurden, als erstes »Experimentierfeld« einer neoliberalen Staatsformation, das bekanntlich nicht nur seitens der USA (CIA und »Chicago Boys«), sondern auch von westeuropäischen Staaten, insbesondere Deutschland, unterstützt wurde. Dieses Experiment ebnete Ende der 1970er-Jahre in den USA und Großbritannien den Weg zu einer, wie David Harvey schreibt, »dramatischen Konsolidierung des Neoliberalismus als einer neuen ökonomischen Orthodoxie [...] Was Pinochet mit staatlicher Gewalt erzwang, erreichte Thatcher durch die Organisation eines demokratischen Konsenses«[10].

Im Rekurs auf zwei fetischisierte historische Ereignisse verweist *Postcapital* gleichermaßen auf deren Konstruiertheit und Relativität, greift hinter diese zurück beziehungsweise über diese hinaus und beleuchtet zugleich deren Zwischenräume.

---

9. Es ist interessant, dass Peter F. Drucker, einer der »Diskursväter« der Wissensgesellschaft, 1993 die Bedeutung des Internets verkennt. Die technische Zukunft seiner postkapitalistischen Gesellschaft liegt nicht im Medienverbund zwischen, sondern in der bloßen Akkumulation von Laptop-Computer, Faxgerät, Telefon, Kopiergerät, Videorekorder und Satellitenschüssel.

10. David Harvey, *Räume der Neoliberalisierung. Zur Theorie der ungleichen Entwicklung,* Hamburg 2007 (Originaltitel: *Spaces of Neoliberalization: Towards a Theory of Uneven Geographical Development,* Stuttgart 2005), S. 14–15.

1. Approximations

Postcapital

Postcapital is a processual and open project that, based upon a digital archive and a modular structure, settles in ever-changing forms and in constantly changing constellations of collaboration in the most divergent spaces: be it real, virtual, or discursive spaces, an exhibition, a publication, a workshop, urban space, or the Internet. It is a sort of mobile stage which allows things, persons, and situations to temporarily interrelate and interact both in front of and behind the stage. It is a vehicle, a provocative keyword, a tool, a figure of thought, an explorative question, an interpretation, a confrontation.

Postcapital represents less a particular work by the artist Daniel G. Andújar and more a reference to his artistic stance. Any attempt to determine where and when *Postcapital* began can therefore remain nothing but a construction that would end up suppressing the open character of the project as well as Andújar's working approach. One could rather say that a particular process was given a name at a particular point in time (for a certain non-yet-determined period), and this point could be attached to a particular encounter: the encounter between Andújar and the Cuban essayist Iván de la Nuez, who had been running the Palau de la Virreina in Barcelona through 2009, where *Postcapital* basically premiered in 2006 subtitled by *Politics, the City, Money*—in the form of a dialogue between Andújar, de la Nuez, and the Cuban artist Carlos Garaicoa.

Though Andújar (born 1966), de la Nuez (born 1964), and Garaicoa (born 1967) originate from the same generation, the worlds in which they grew up could not have been more different: Francoist, post-Francoist, and finally neoliberal Spain (at present on the verge of bankruptcy), on the one hand, and Cuba immersed in an ongoing socialist project (the success of which was actually called into question recently by *Máximo Líder* himself[1]). A Cuba whence one, de la Nuez, had to emigrate in 1991 and where the other, Garaicoa, was to advance to a successful protagonist within the international art markets. Hence, these are life journeys which have intersected with the ideological fronts between capitalism and socialism, the East and the West, the North and the South, and which have also felt these fronts shifting—and which de la Nuez summarizes (in his case) as follows:

> Were we not the chosen ones that would grow up, uncontaminated, free of the shadow of capitalism, into a world without money and without classes? Now, recently arrived from that future, we find ourselves told to imagine and live a different world from the one we were promised. (The world of a Trabant in an auction on eBay.) … Programmed to live within Communism, we now have to come to terms with being "reprogrammed" to inhabit a future that was not "ours."[2]

---

1. See, for example, Jeffrey Goldberg, "Fidel: 'Cuban Model Doesn't Even Work For Us Anymore'," *The Atlantic*, September 8, 2010, http://www.theatlantic.com/international/archive/2010/09/fidel-cuban-model-doesnt-even-work-for-us-anymore/62602; "Fidel Castro übt Selbstkritik," *Zeit Online*, September 9, 2010, http://www.zeit.de/politik/ausland/2010-09/kuba-castro-fehler.

2. Iván de la Nuez, "Our (Imperfect) Man in Havana," in *Stan Douglas: Past Imperfect: Works 1986–2007*, ed. Hans D. Christ and Iris Dressler, exh. cat. Württembergischer Kunstverein Stuttgart and Staatsgalerie Stuttgart (Ostfildern: Hatje Cantz, 2007), p. 103.

Ultimately leading to *Postcapital: Politics, the City, Money* in 2006 were explorations of the question as to what it means to grow up exposed to such divergent realities not personally chosen; of the resulting boundaries pertaining to collective knowledge; of the dissolution of these realities; as well as of the problem presented by supposed free will and continually having to make decisions. The collaborative project was made up of an initial spatial realization or interpretation of Andújar's *Postcapital* Archive, a series of works by Garaicoa referencing this, and an anthology of reviews of diverse essays that had been published by de la Nuez over the course of several years in different media and which he recompiled under the title *Postcapital: Crítica del Futuro* (Critique of the Future). In many respects, *Postcapital* is a project of rereadings.

The Archive

The digital archive upon which *Postcapital* is founded—and which equally marks the center and the many peripheries, the interior and the exterior, the front and back sides, the problem and related approaches, the point of origin and the unforeseeable within the project—was created long before 2006. It is directly associated with Andújar's artistic practice which, among other things, involves the critical appropriation and reevaluation of existing image, text, and sound reservoirs (that never-ending noise), which inevitably leads to the establishment of archives.

Postcapital builds on the issue of the possibilities and problems associated with an archive that we, according to Andújar, today no longer visit but rather inhabit. It deals with the demands (to the point of excessiveness) resulting from the seemingly boundless access to information—and likewise with a seemingly limitless ability to publish information—as well as with the control mechanisms that are at play here. "We have to create mechanisms," he writes, "which would allow us to transform all of that noisy mess into specific knowledge … We will have to embrace this collectively …"[3] In contrast to the theorists of the neoliberal knowledge society, the collective knowledge production striven for here is not targeted at the "welding together" of a "single, unified knowledge" (Drucker) in service of the accumulation of capital, but rather at a shared knowledge production that uncontrollably runs in many different directions at the same time.

Maurizio Lazzarato notes[4] how French criminologist and sociologist Gabriel Tarde had in 1902 already phrased the idea that the exchange of knowledge, or the conveyance of knowledge, has nothing to do with the accumulation of wealth.

> Exchange, with regard to beacons [knowledge] … , does not mean sacrifice: it means mutual influence, through the reciprocity of gift, but of a special class of gift which has nothing to do with wealth. Here, the giver deprives himself by giving; with regard to truths[5] … , he gives and retains at the same time.[6]

---

3. Daniel G. Andújar, "Dialogue between Álvaro de los Ángeles and Daniel G. Andújar, in *Herramientas del arte: Relecturas*, exh. cat. Sala Parpalló (Valencia, 2008), p. 76; also see http://www.salaparpallo.es/userfiles/file/cast-ing.pdf.

4. Maurizio Lazzarato, "European Cultural Tradition and the New Forms of Production and Circulation of Knowledge," 1999, http://www.moneynations.ch/topics/euroland/text/lazzarato.htm.

5. Tarde also calls knowledge "truth."

6. Gabriel Tarde, *Psychologie économique* (Paris, 1902), p. 79, quoted from Lazzarato 1999 (see note 4).

Postcapital pursues this concept of knowledge exchange, which stands opposed to the excessively increasing marketing of intellectual property, the "oil of the 21st century" (Mark Getty).

The digital *Postcapital* Archive comprises over 250,000 documents—texts, images, videos, audio recordings, and more—compiled by Andújar from the Internet by means of various search engines. There is a "library" that encompasses countless contributions by leftist authors ranging from Agamben to Žižek, including scanned books and writings, official and unofficial video recordings of lectures, audio books, and the like.

Counting among the further main categories are the keywords: 1989, 2001, city, politics, and money. Here documents from very different sources can be found, like cartoons from the nineteen-fifties that were meant to popularize the principle of capitalism in the United States, newly released Stasi files from East Germany, documents from the feminist, black power, and environmental movements, recordings made with cell phones from the Gulf War and photos of the protests worldwide against this war, national anthems, umpteen variations of *The Internationale*, advertising brochures for large-scale urban projects, conspiracy theories about September 11, 2001, and more. These are documents that stem both from professional authors and from "amateurs."

Each performance of *Postcapital*—be it in the form of exhibitions, interventions in public space, workshops, or inserts in publications—harks back to a selection taken from the archive's virtually endless pool, with its individual documents being brought into play in the form of recombinations. Considering the imaging power of the mass media and their incessant output of "noise," Andújar prefers to work with existing images instead of producing new ones. For him, the potential of art lies in discovering "what lies behind those images," in cracking "the code of visual frameworks," and in communicating these deconstructive methods of decryption.[7]

With each staging of *Postcapital*—at least in the framework of exhibitions and workshops—the entire archive, that is, the "source" or the "raw material" of the project, is made freely accessible via multiple terminals: be it for on-site research, or for copying individual documents or even the entire archive. *Postcapital* thus invites visitors, or rather users, to come up with their own interpretations of the archive's inventory, to de- and recontextualize these in ever-new ways. In this sense, the project adheres (in a very direct manner) to the "open-source" idea, which involves the unanticipated continued processing of open sources.

If, considering this background, the next obvious step would be to publish the *Postcapital* Archive on the Internet—which, incidentally, would fail from the outset due to copyright laws—it would soon become apparent that an essential element of the project would get lost in the process: namely, the relationship between the digital archive and the methods of interpretation and rereading suggested by Andújar. As is known, every archive is based upon processes of filtering, selection, and order that are prefaced by a particular interest and a certain stance. Neither search engines nor the entered terms are neutral, and not everything that the machines have sucked out of the Internet has remained in Andújar's archive. The already filtered and classified cluster of documents is then subjected—with the spatial or rather material transferences of the archive—to a renewed selection and shifted into other possible arrangements and systems of meaning and reference. The point here is to explore and expose the complexity of possible referential systems of

7. Andújar 2008 (see note 3), p. 76.

documents (or of knowledge). In this respect, the performances of *Postcapital* are always also environments that place the methods of rereading at the audience's / user's disposal.

Moreover, the project, which itself is clearly not the Internet, probes its boundaries and potentialities, explicitly demanding an institutional framework both in terms of an expansion thereof and as a protective space for contemporary art: meaning, on the one hand, it is calling for an expansion of exhibition space as a tool or a working environment, an offering that is not only to be viewed but also to be used; and, on the other hand, it is calling for the institution as a free space for contemporary art—which is increasingly being constrained by the commodification of intellectual property.

Copyright law is of course doing less and less to protect the creator of a work and is instead strengthening the position of those owning copyrights, meaning those who earn money by exploiting the intellectual property of others and who have direct influence on the use of copyrighted works. This control stands in contrast to those artistic practices based upon the *Wi(e)deraufführung* [re(contra)appropriation] of cultural assets (be it from the realms of art, music, literature, advertising, mass media, et cetera), enabling these to undergo a critical reevaluation. In the case of such works, art institutions meanwhile tend to increasingly delegate, with anticipatory obedience, the responsibility for potential legal battles to the artists themselves instead of simply taking responsibility for artistic freedom—thus abandoning artists, intimidated by the related contracts, to self-censorship in the worst case scenario. They are thereby contributing to the curtailment of an aesthetic practice—one pertaining not only to broad sections of contemporary art but that cannot be ignored in the context of art history, at least since the nineteen-twenties.

1989–2001

The time bracket examined by *Postcapital*—1989 to 2001—is not to be understood as a hermetic time period marking the transition to postcapitalism. Rather, two years have been seized upon to circulate as synonyms for two events—the fall of the Berlin Wall and the terrorist attacks in the United States—which have in turn been stylized as icons of historical caesura. As such, these events have been employed by Andújar while being simultaneously queried: that is, as iconicized events that via an alliance between politics and media have first attained the status of historical upheavals, with other occurrences being repressed or registered as less momentous in comparison.

For instance, 1989 saw not only the destruction of the Berlin Wall[8] but also the violent end of the people's revolt in China: an event whose impact on the present and future of postcapitalist society may even prove farther reaching than the fall of the Berlin Wall. And in addition to the revolutions going on in Romania, Hungary, and Yugoslavia, the U.S. military invaded Panama. The Exxon Valdez went aground in Alaska, triggering one of the largest environmental catastrophes to date, the consequence of which, however, was increased global networking between the environmental protection movements. George H. W. Bush became president of the United States and Slobodan Milošević president of the constituent republic within Yugoslavia. In Chile and Brazil the first free elections were held since military dictatorships had been implemented in the nineteen-sixties and seventies. Nintendo

8. In his contribution, Iván de la Nuez astutely points out that the figure of speech "fall of the Berlin Wall" stylizes this event as divine providence while dismissing all of those people who actually caused it to fall in the first place. See Iván de la Nuez in this publication, p. 117.

started marketing their first Game Boy, and at the Genevan institute CERN the foundations for the World Wide Web were being laid, those protocols that would ultimately allow us, at least theoretically, to access the Internet from anywhere in the world—and which, as we now know, was posited at the threshold of a profound shift in communication, logistics, economy, and knowledge production.[9]

And 2001, in turn, is not only the year the terrorist attacks took place in the United States but also, for example, the year of the G8 summit in Genoa prior to which the Schengen Agreement was temporarily lifted and during which severe riots arose between demonstrators and police forces. An activist was killed in the process. The son of George H. W. Bush was inaugurated as U.S. president, and ex-president Slobodan Milošević was extradited to the International Criminal Court. China joined the World Trade Organization, and in Bulgaria the former czar Simeon II took over administrative power. The accounting fraud perpetrated by the energy conglomerate Enron lead to the largest company scandal in the history of the U.S. (at the time), and the failed casino politics of Guggenheim director Thomas Krenz had people talking about "GuggEnron."

Though it is not even the numbers of the year 2001 but rather the month-day numerical abbreviation 9/11 that today outright stands for the terrorist attacks of September 11 in the United States—a date that has gone down in history as one of the most shocking tragedies of all time. In comparison, the military coup in Chile of September 11, 1973, during which the presidential palace was bombed and the democratic government overthrown, hardly still seems to be of global relevance today. Yet the dictatorship under Augusto Pinochet, which saw the displacement and/or murdering of around 30,000 citizens, is considered to have been an initial "experimental field" for a neoliberal form of government which, as has long been known, was supported not only by the U.S. (CIA and "Chicago boys") but also by West European countries, especially Germany. In the late nineteen-seventies in the U.S. and Great Britain, this experiment paved the way for, as David Harvey writes, a "dramatic consolidation of neoliberalism as a new economic orthodoxy ... What Pinochet did through coercive state violence was done by Thatcher through the organization of democratic consent."[10]

Taking recourse to two fetishized historical events, *Postcapital* references both their constructedness and their relativity to equal degrees, drawing on these (respectively going beyond these) while simultaneously illuminating their interstices.

9. It is interesting to note that Peter F. Drucker, one of the "discourse fathers" of knowledge society, in 1993 failed to recognize the significance of the Internet. The technical future of his postcapital society lay not in the connection between media but rather in the mere accumulation of laptop computer, fax machine, telephone, photocopier, video recorder, and satellite dish.

10. David Harvey, *Spaces of neoliberalization: towards a theory of uneven geographical development* (Stuttgart: Steiner Verlag, 2005), pp. 11 and 12.

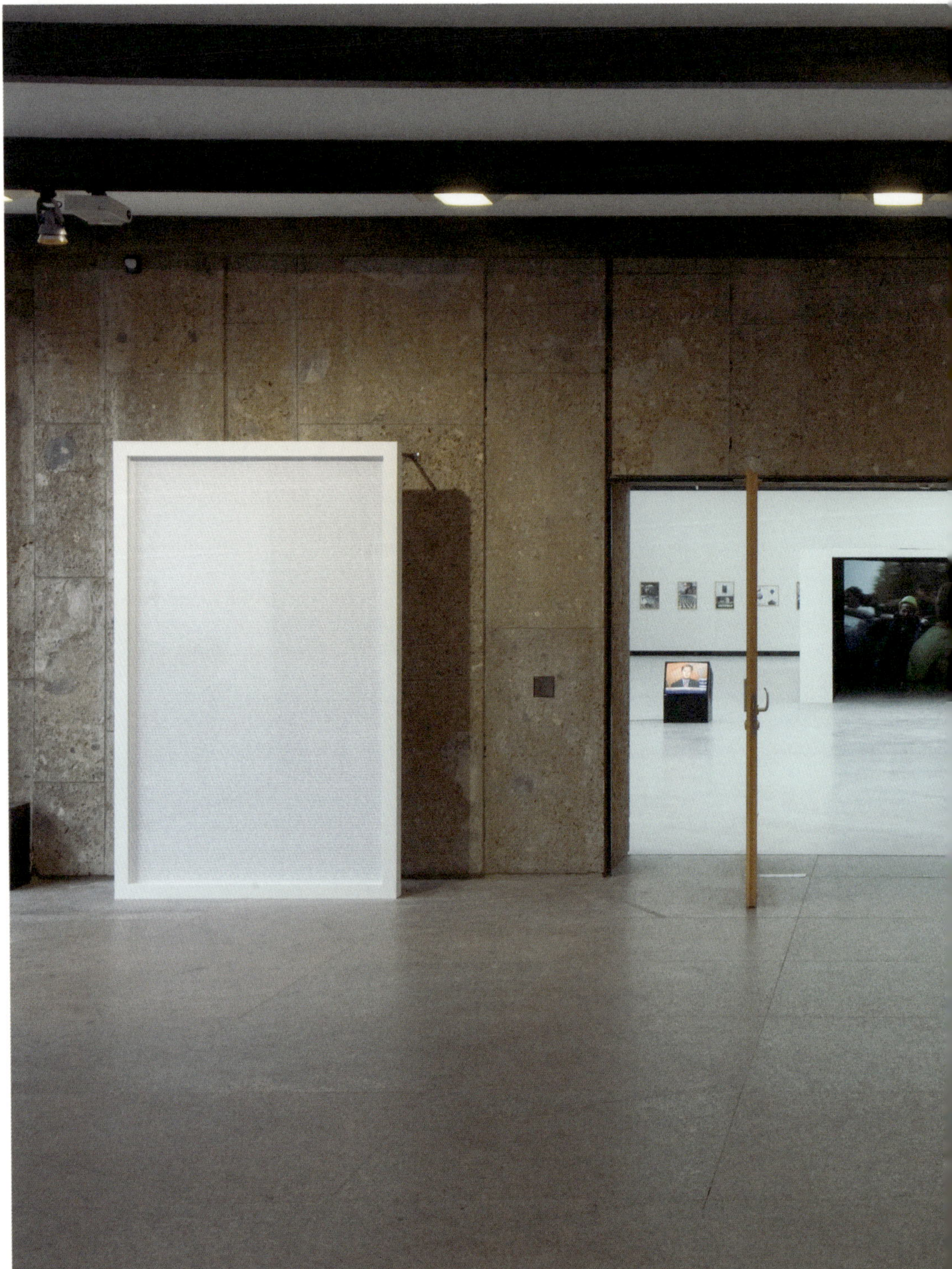

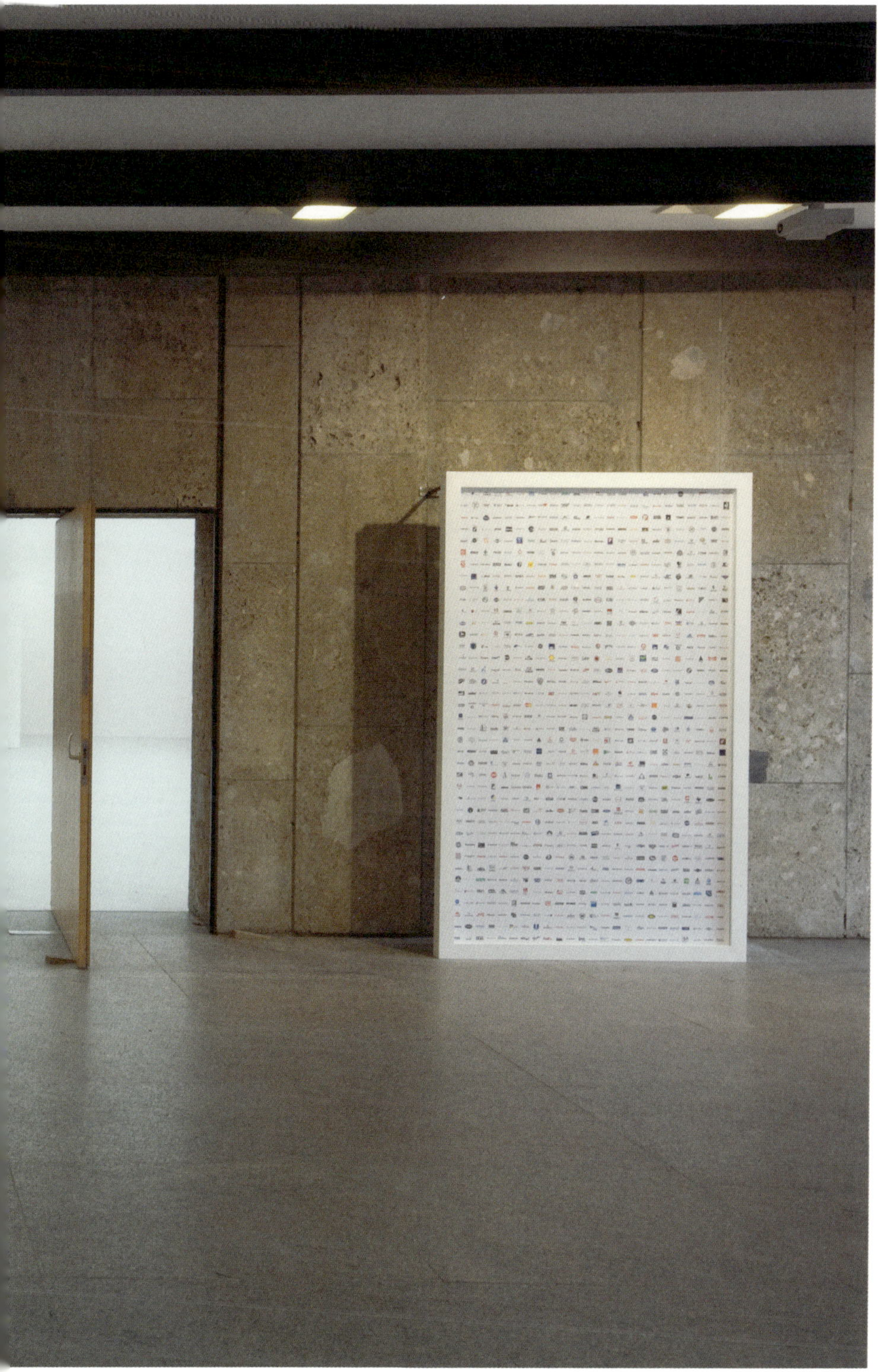

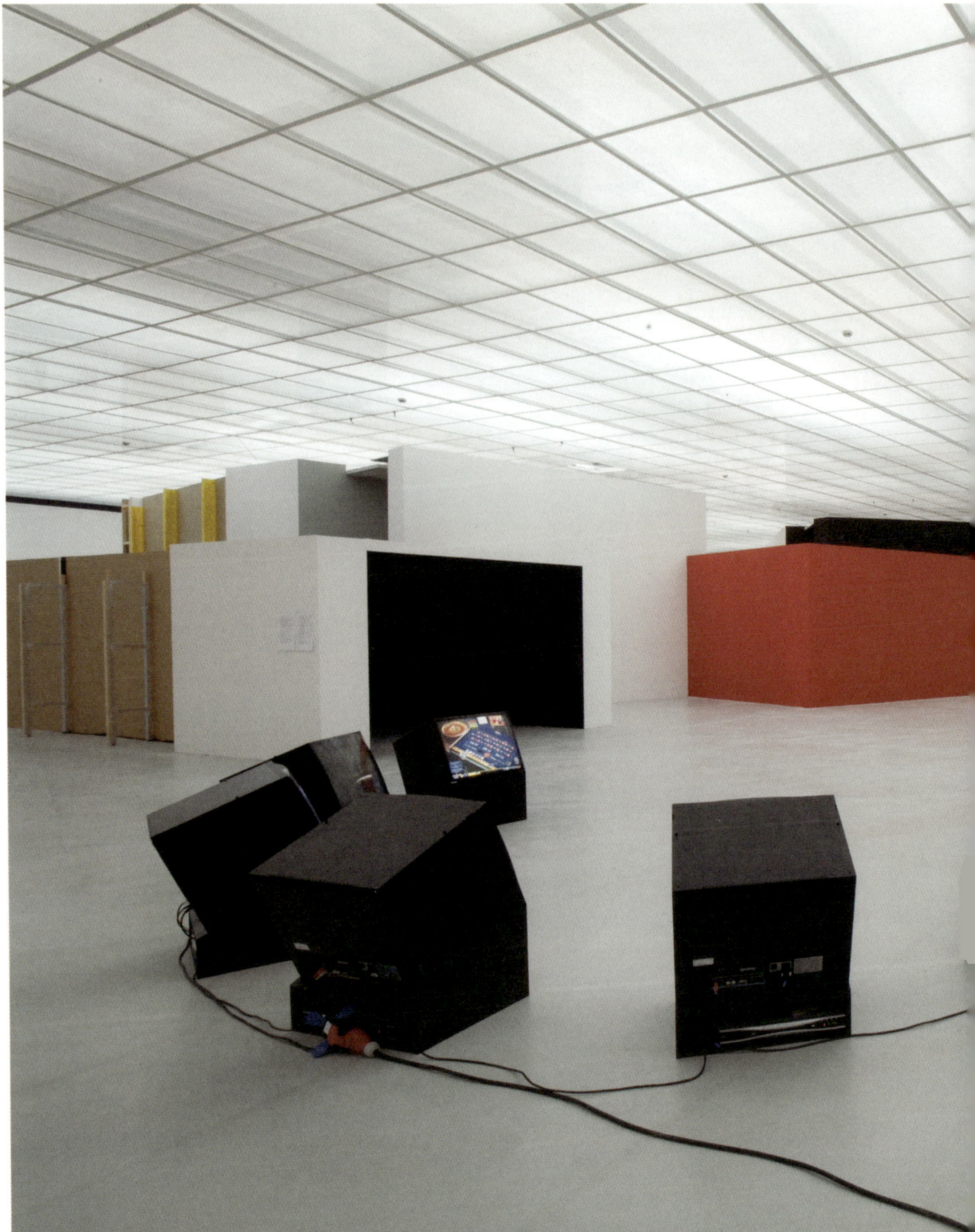

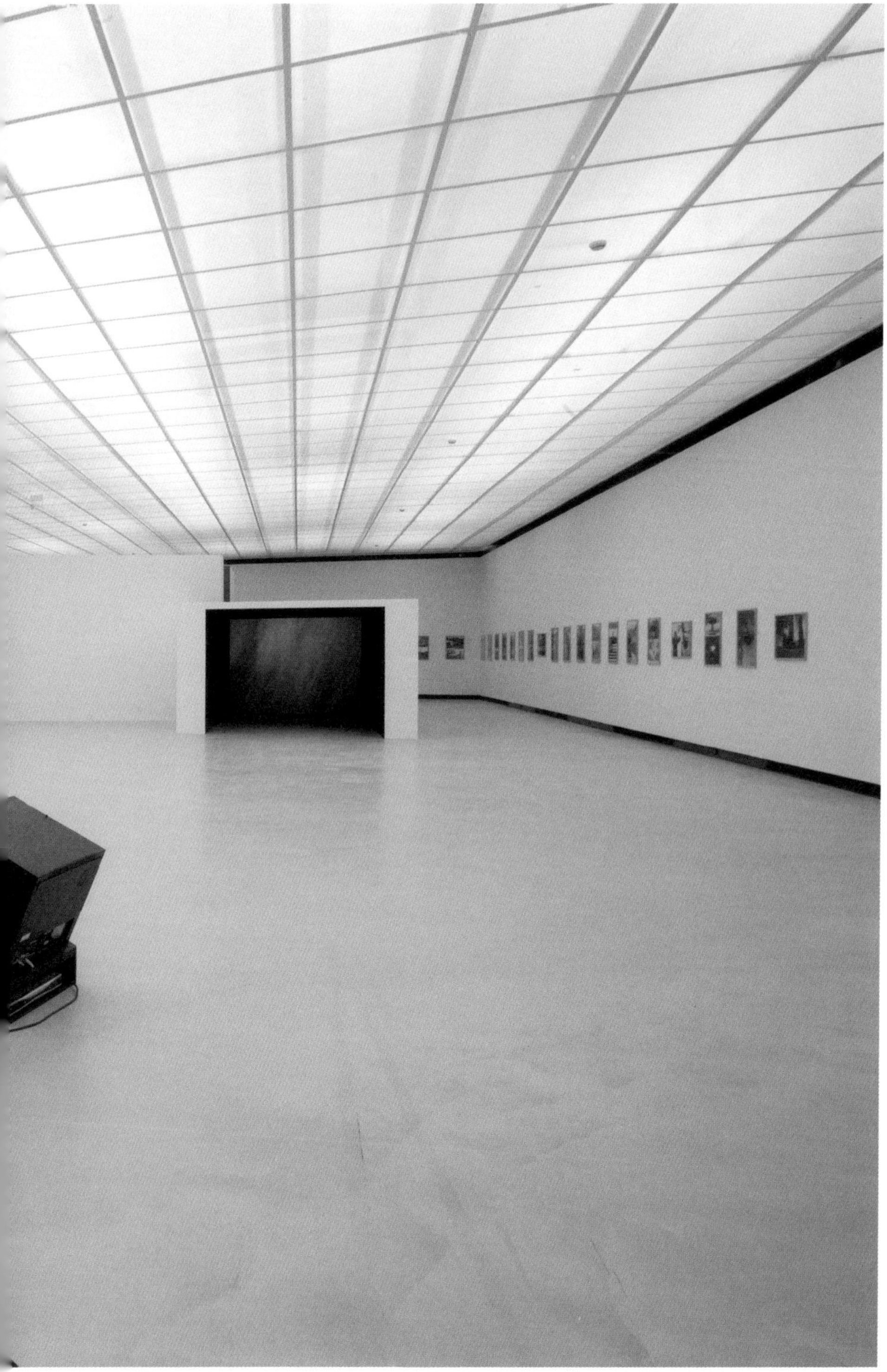

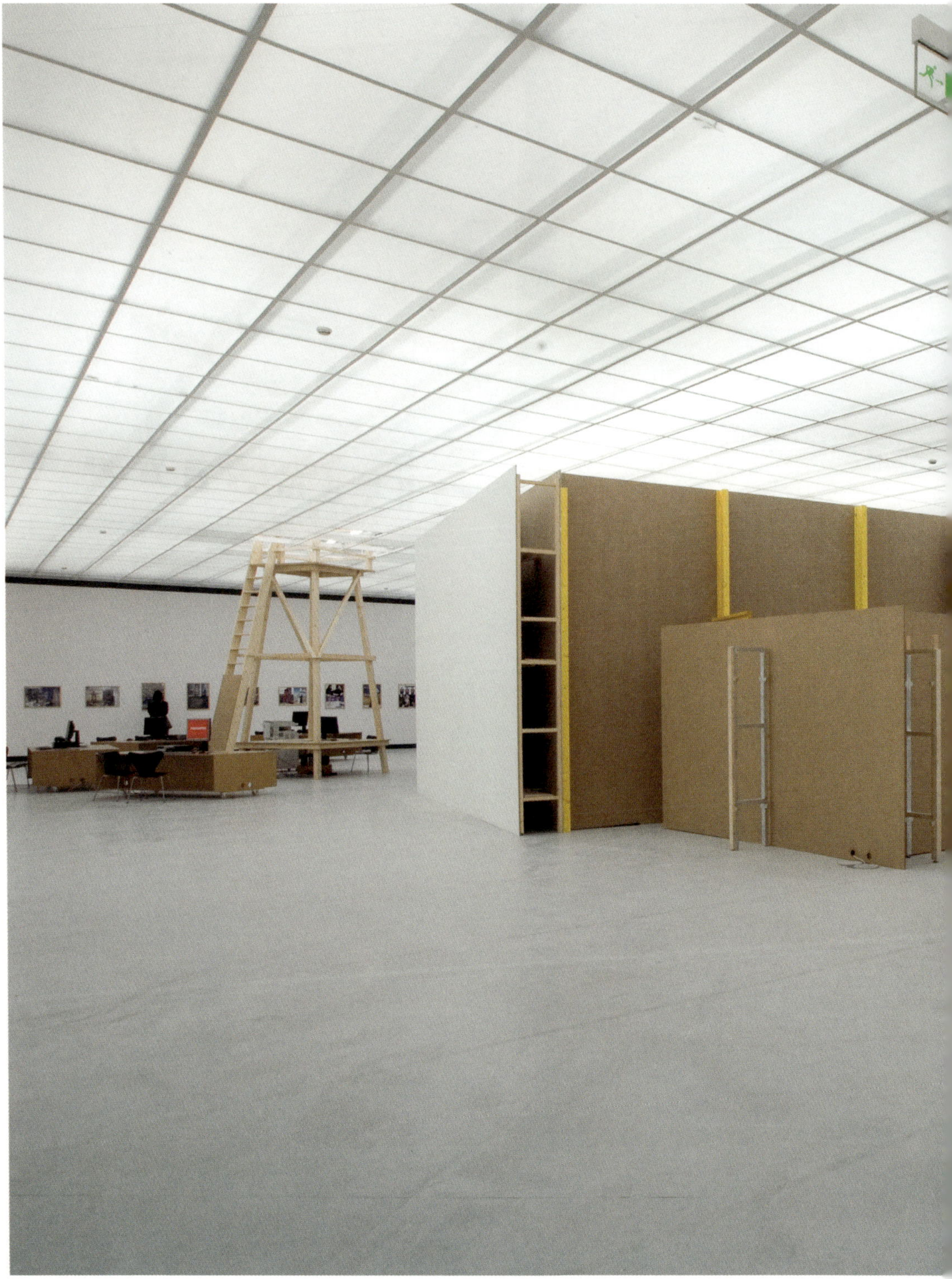

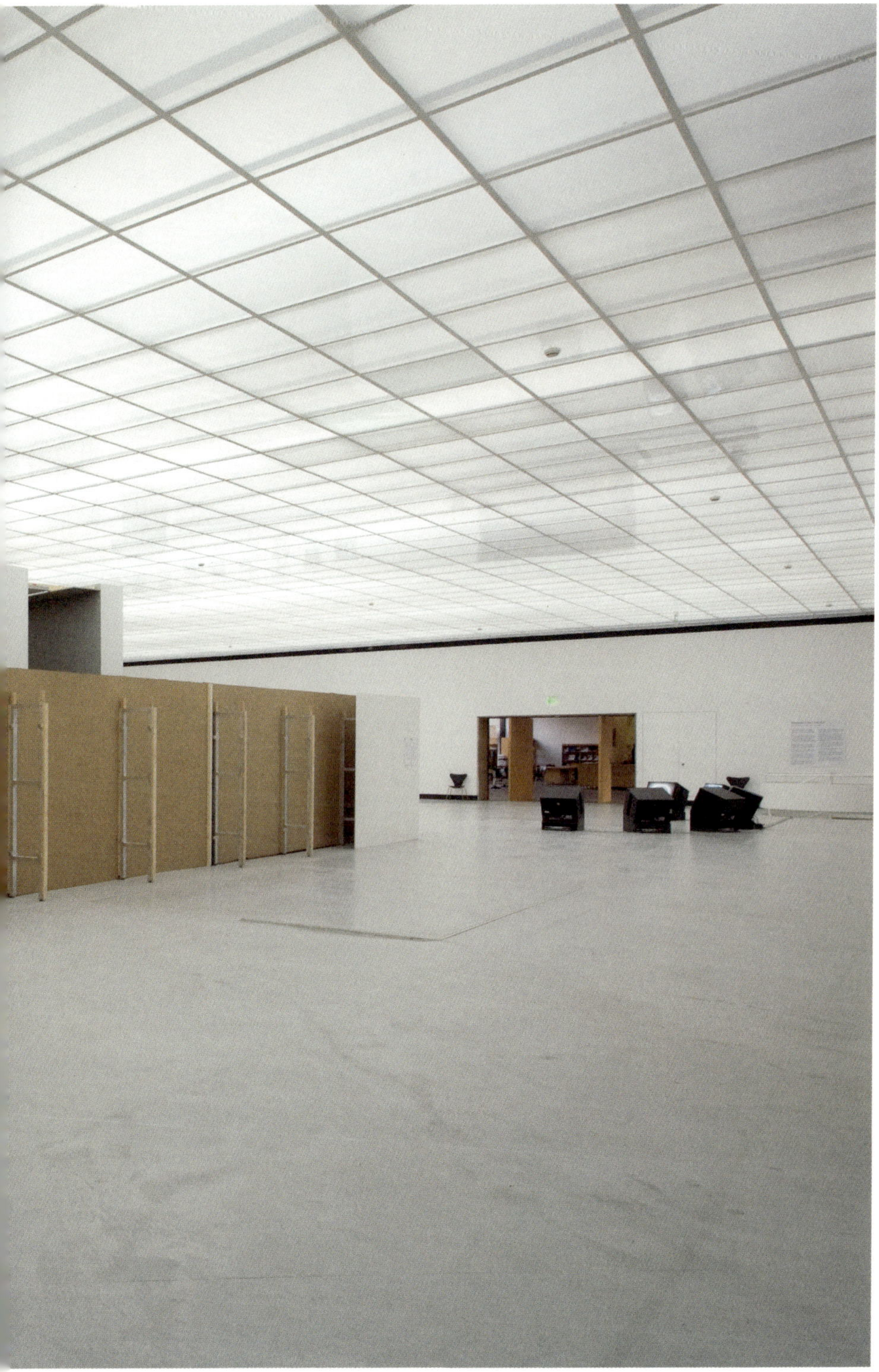

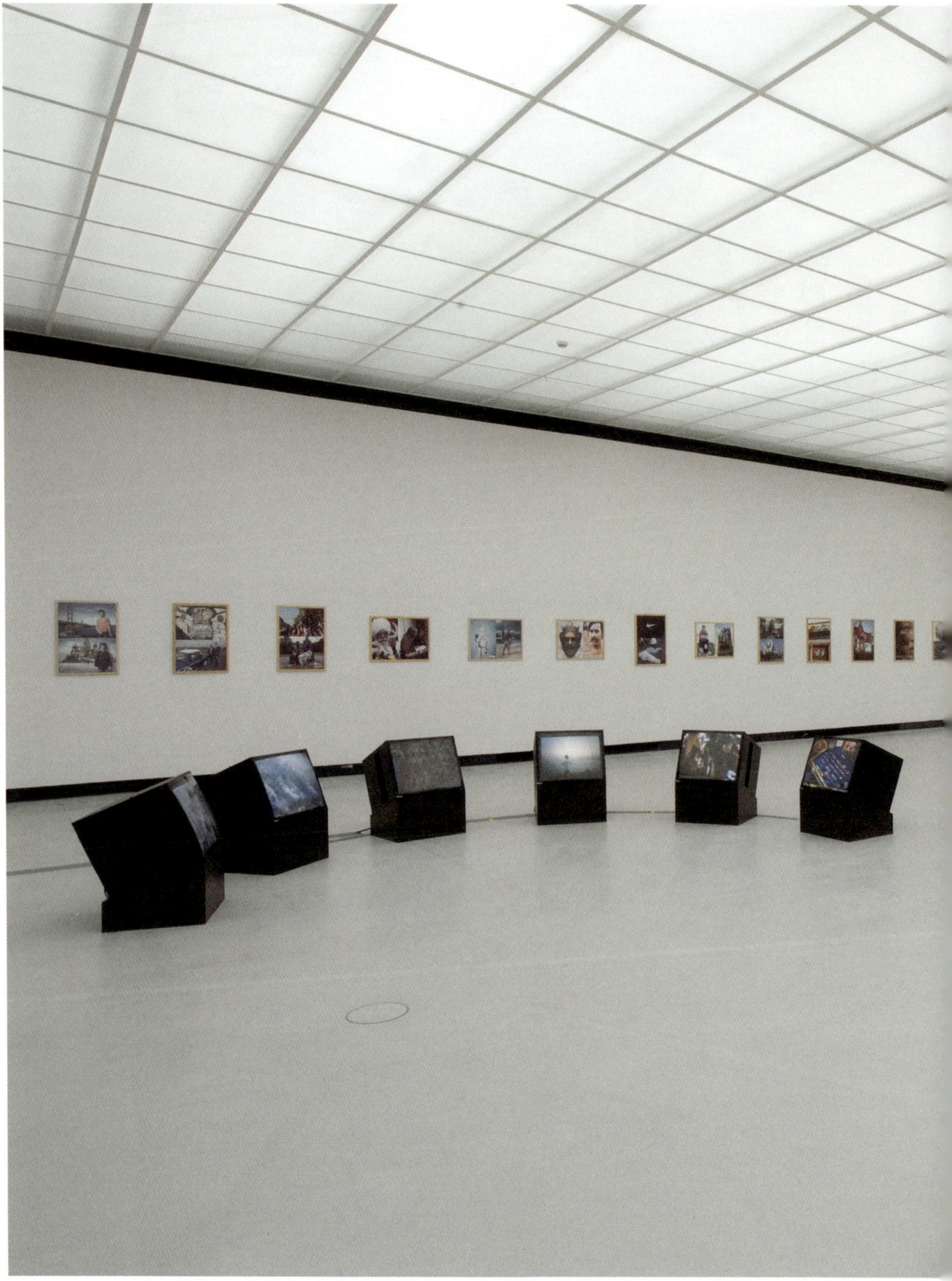

Postcapital Archive (1989–2001)_STR 2008_1289

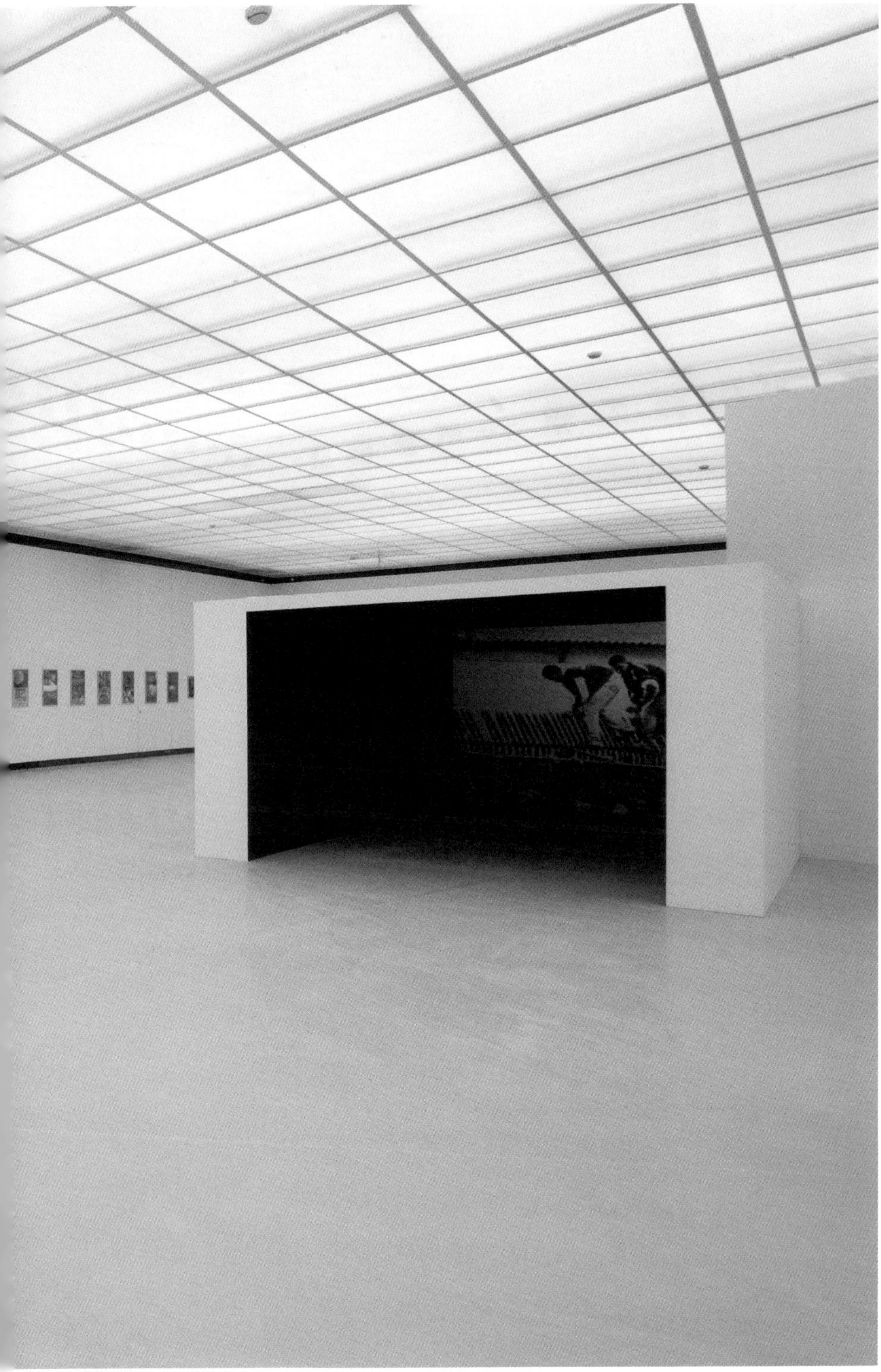

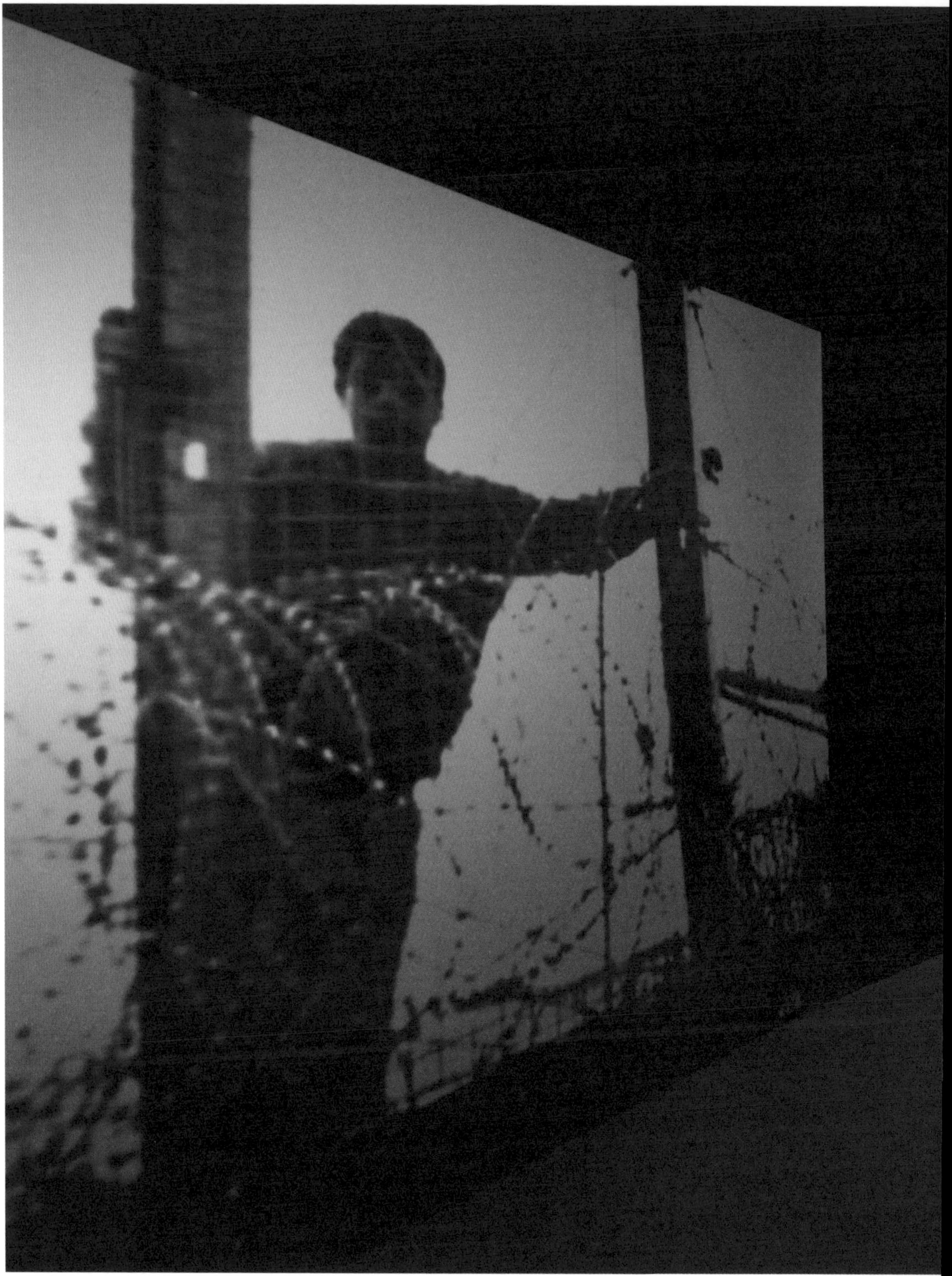

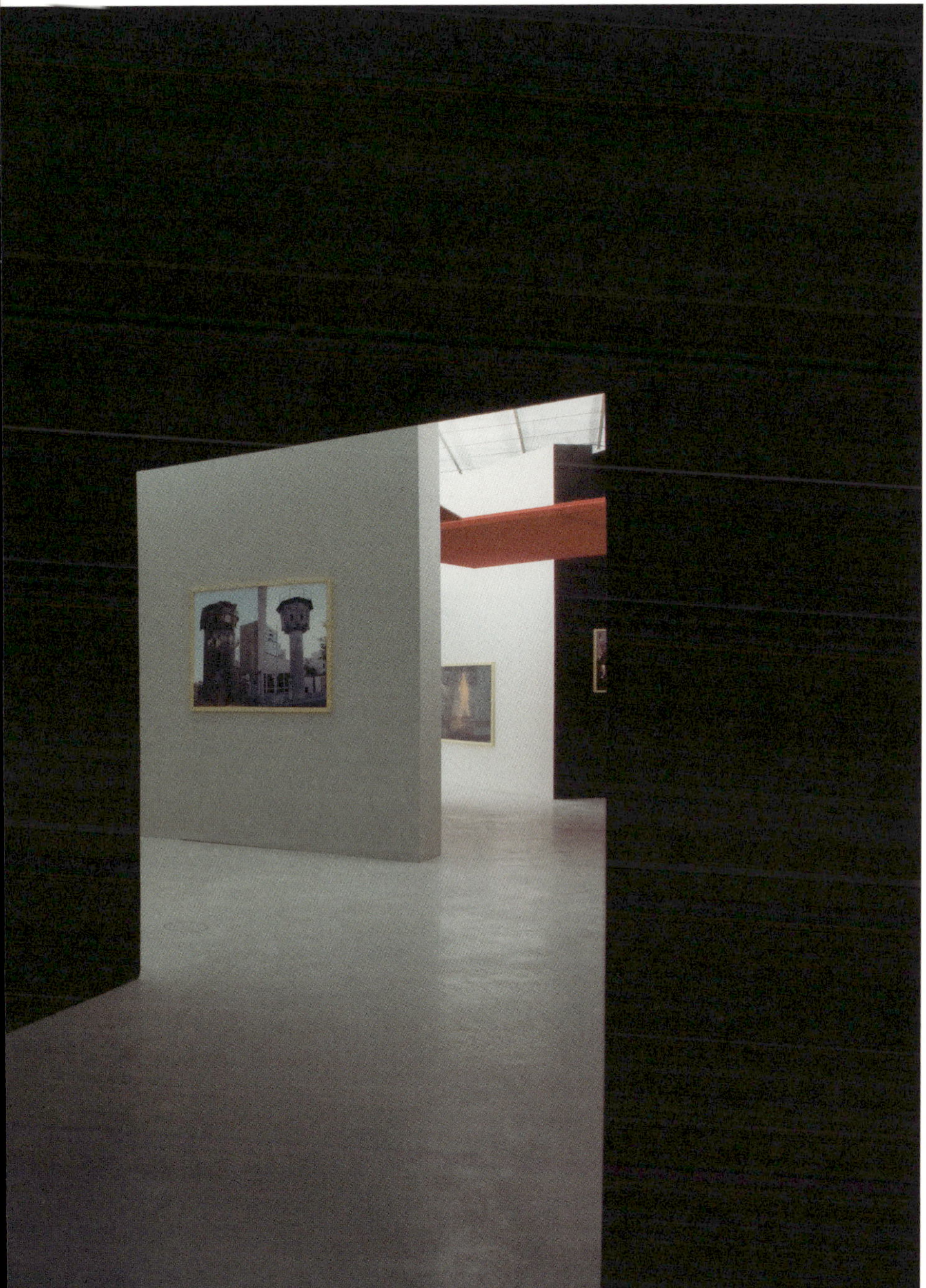

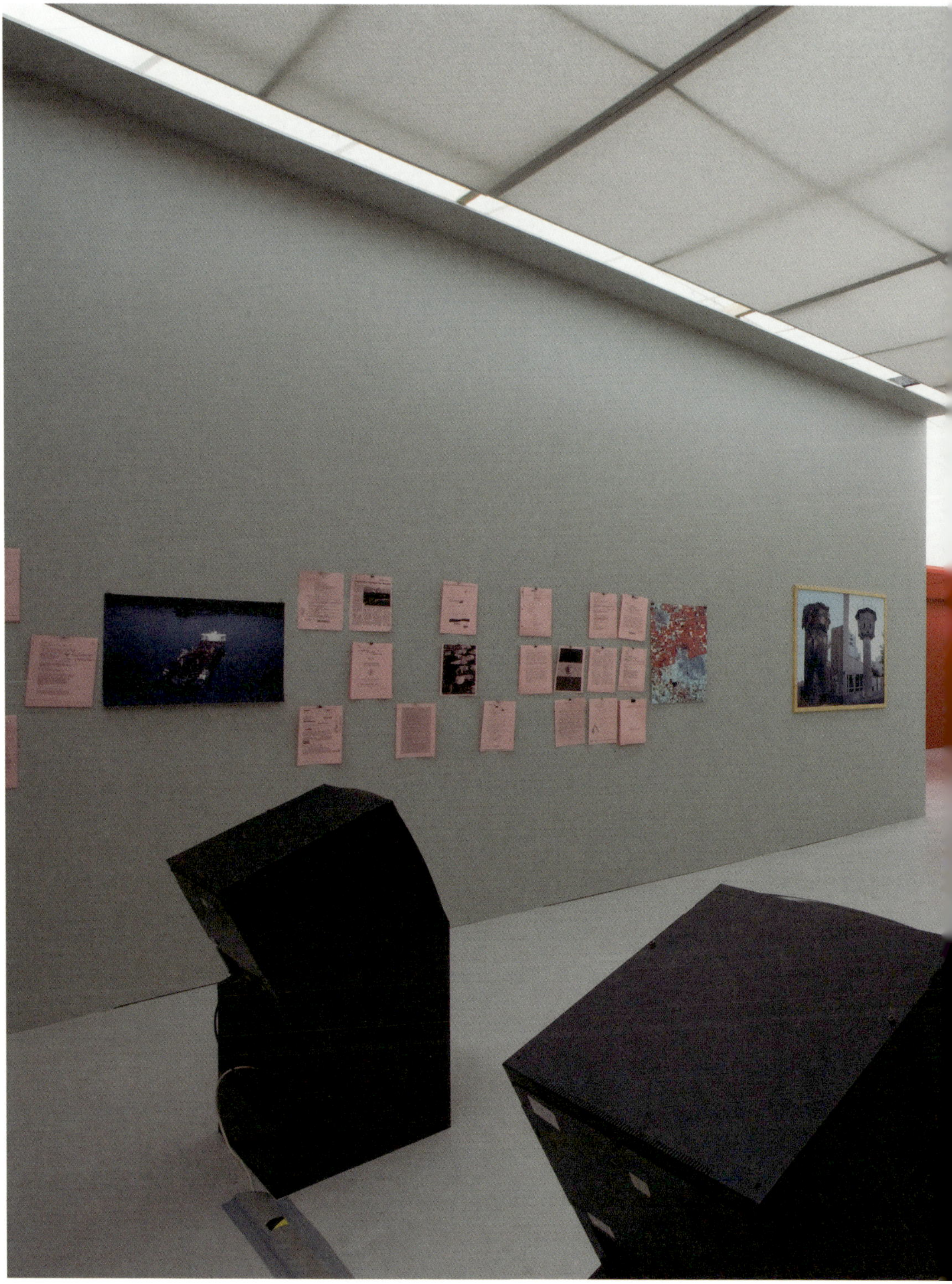

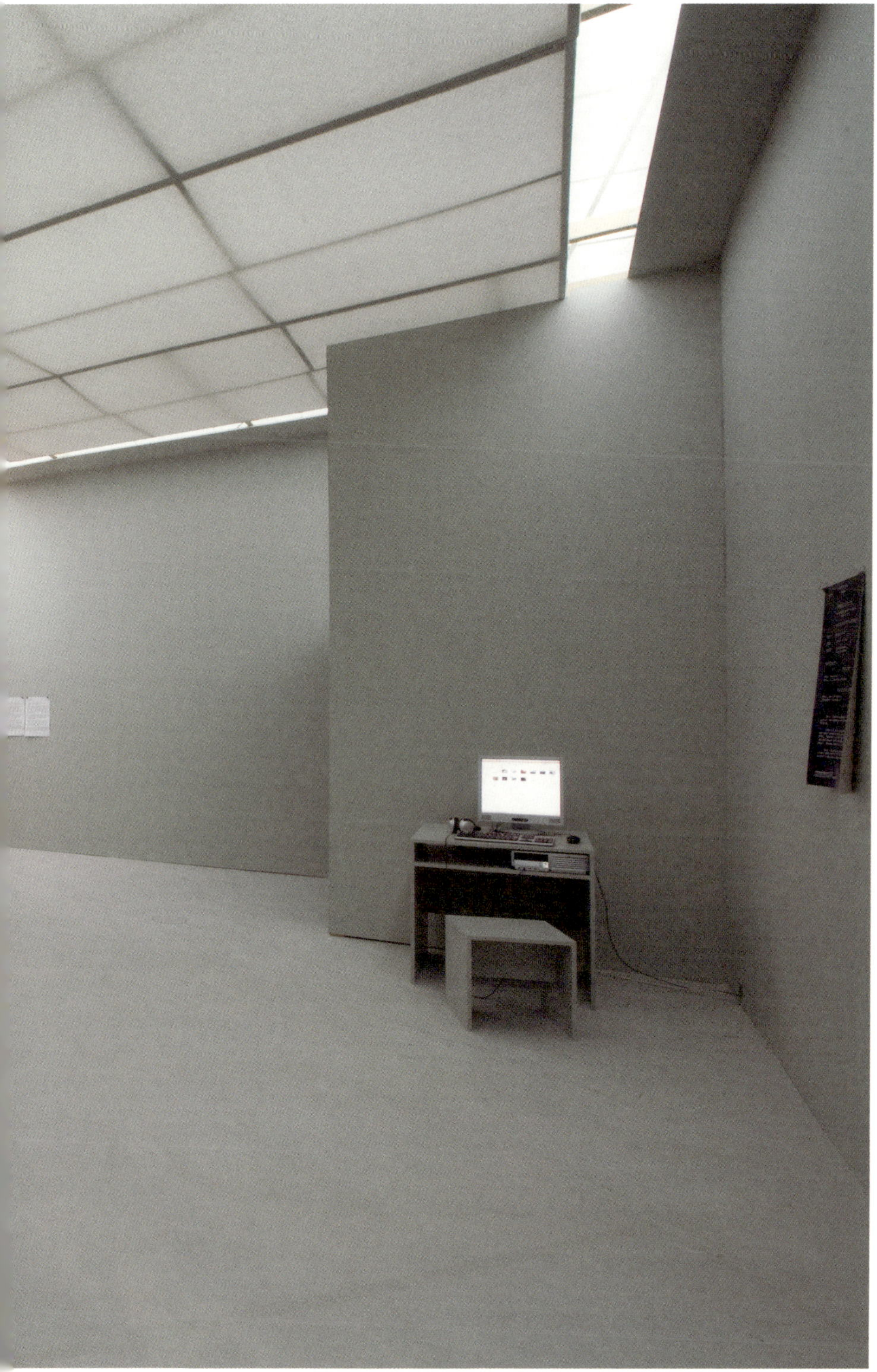

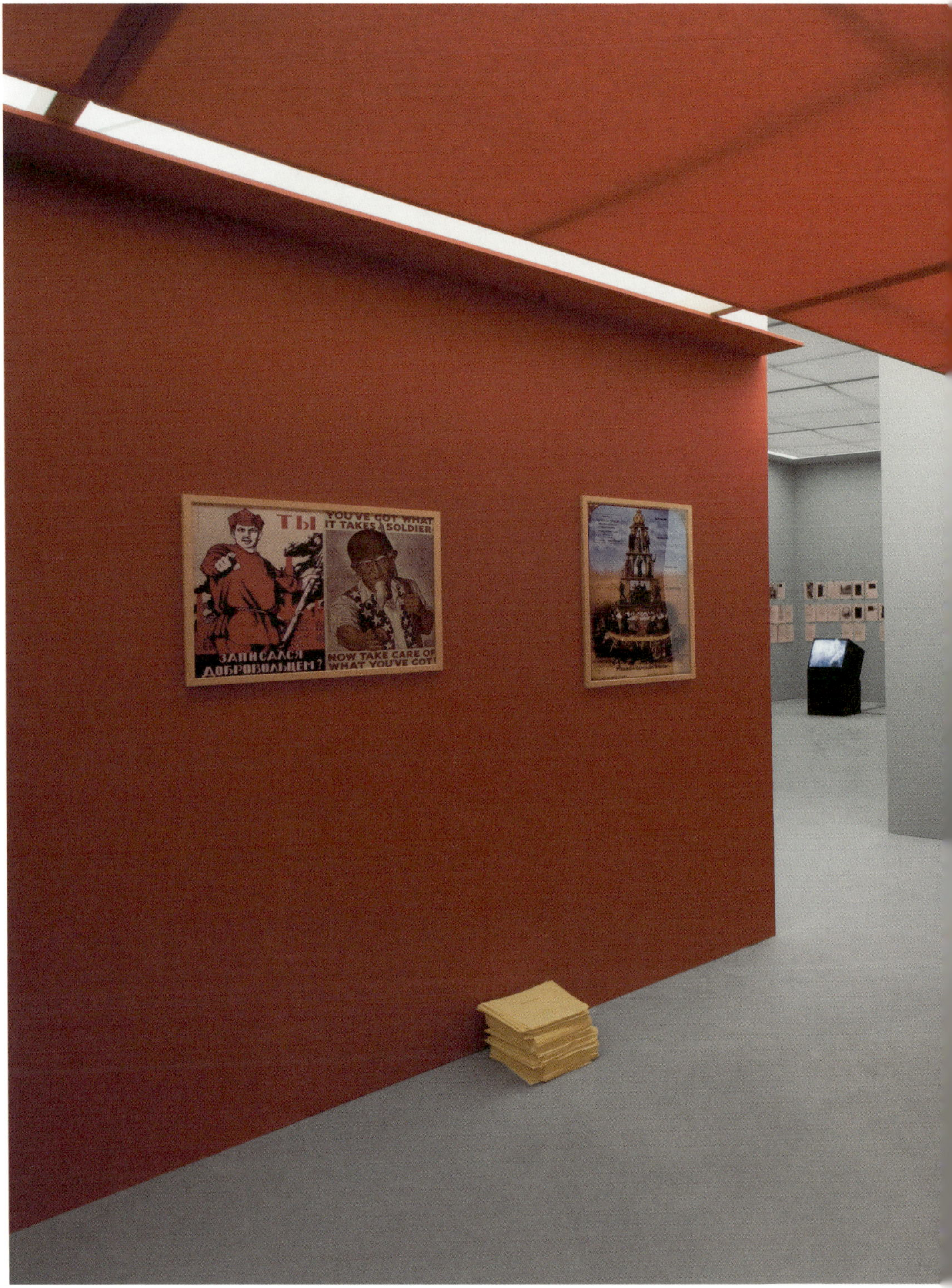

 Postcapital Archive (1989–2001)_STR 2008_1266

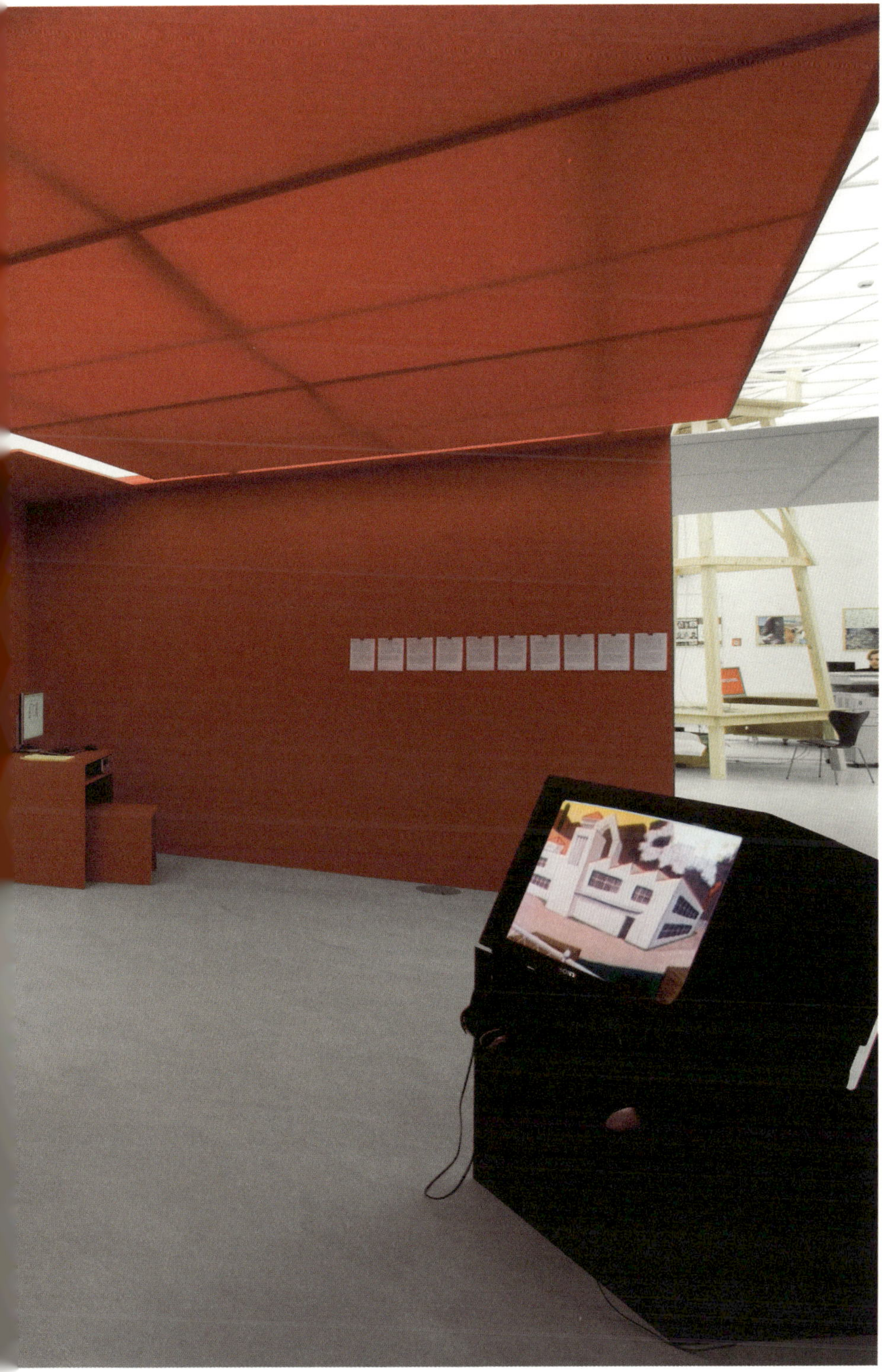

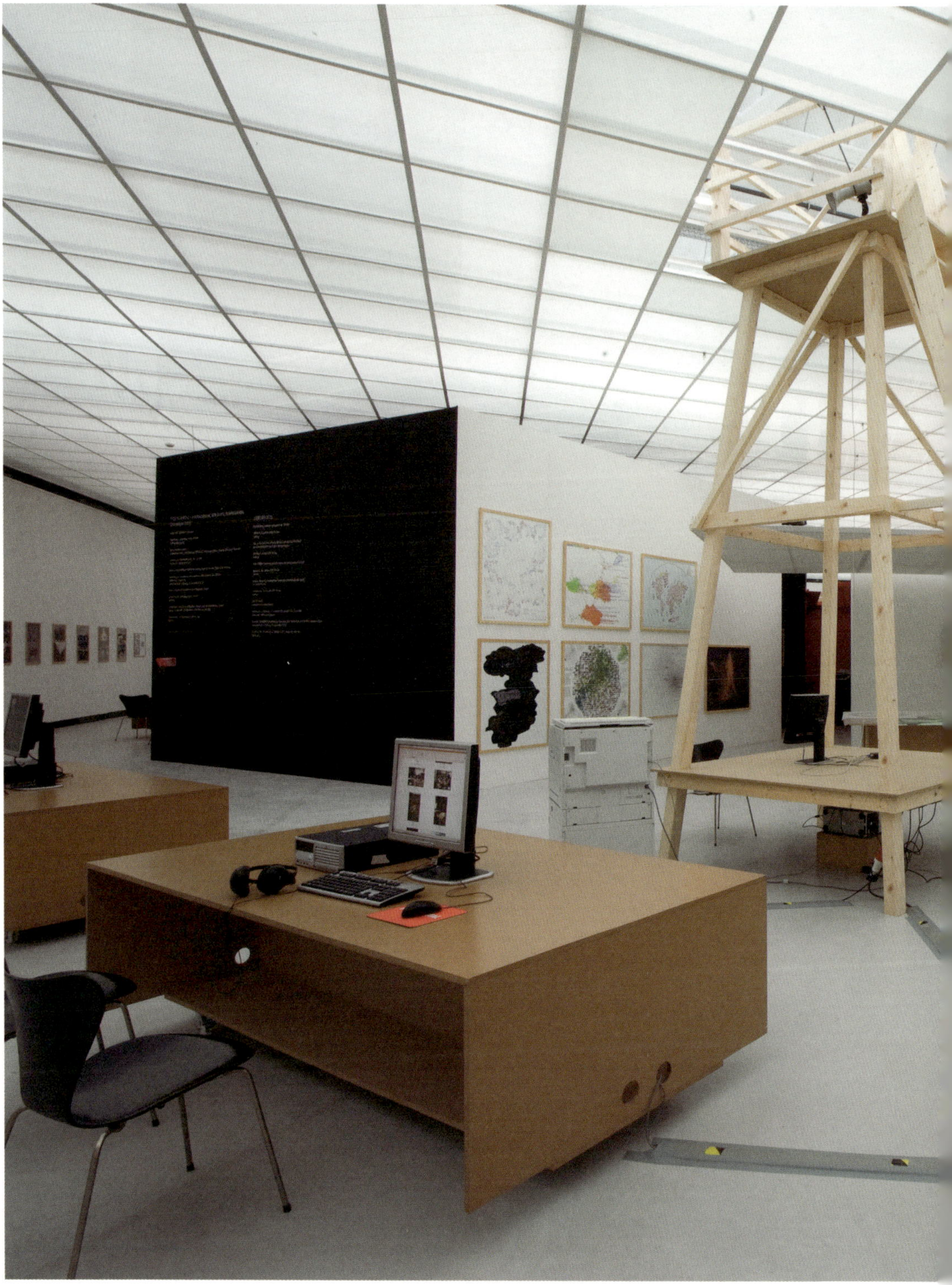

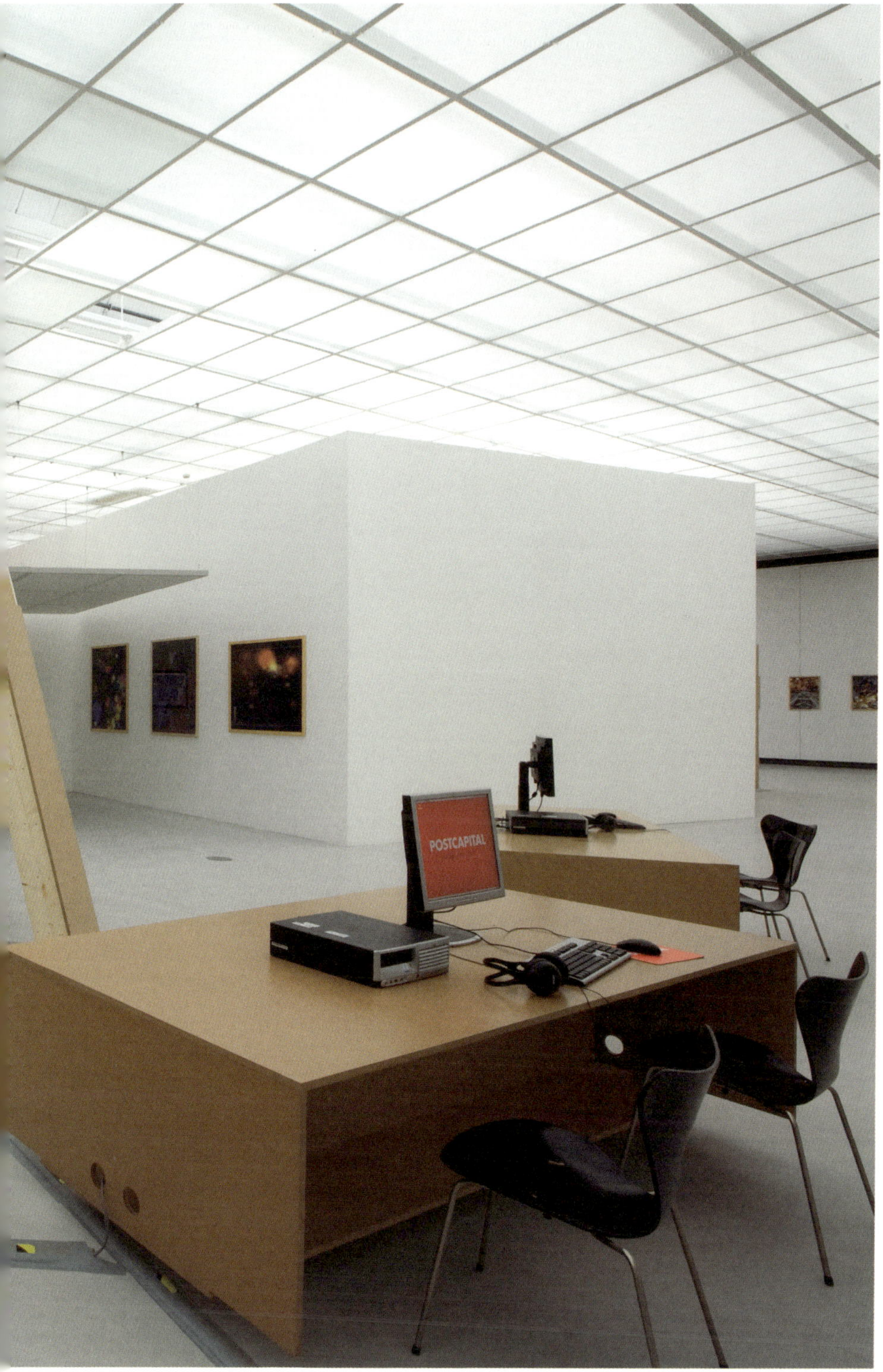
POSTCAPITAL

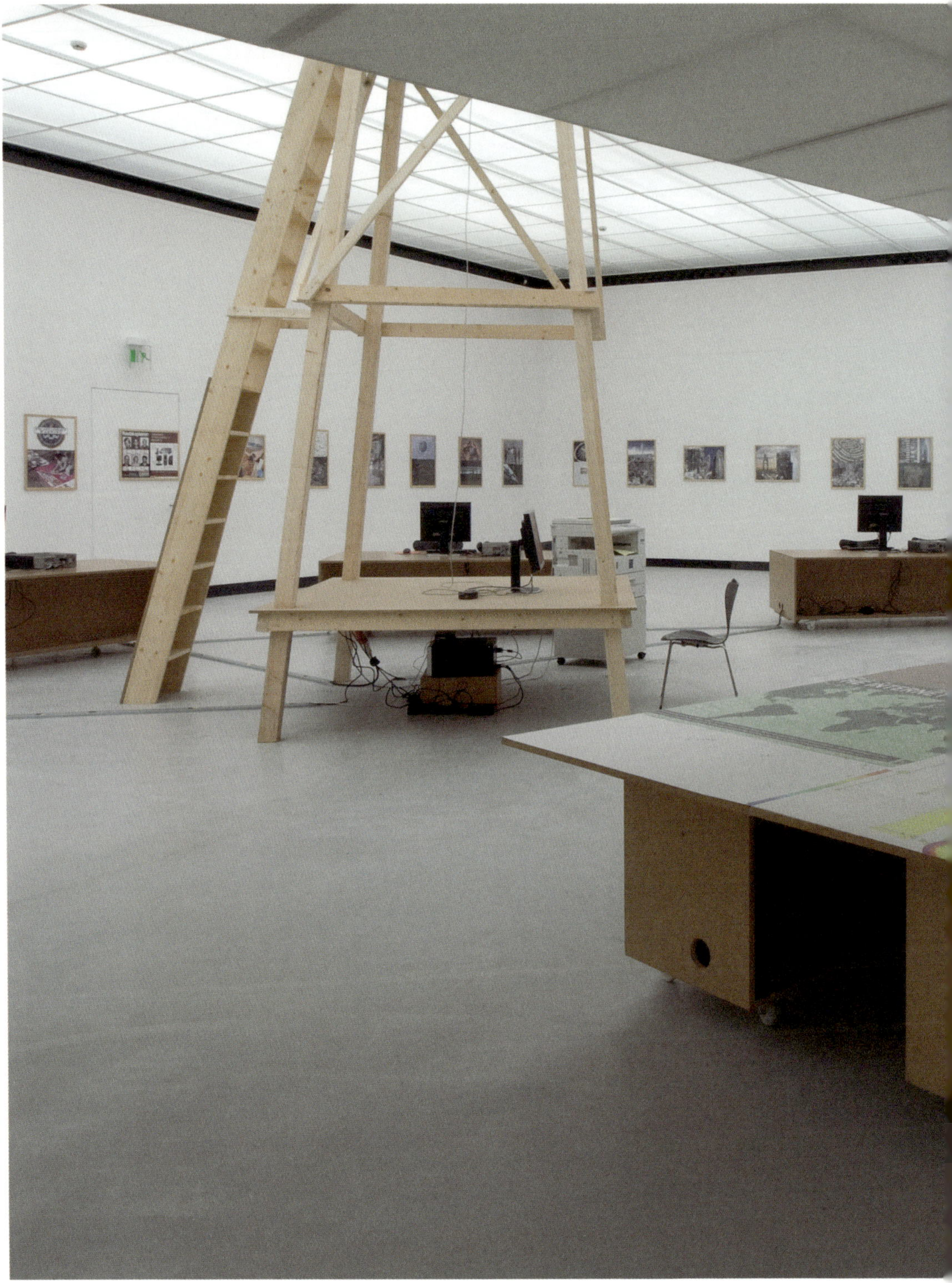

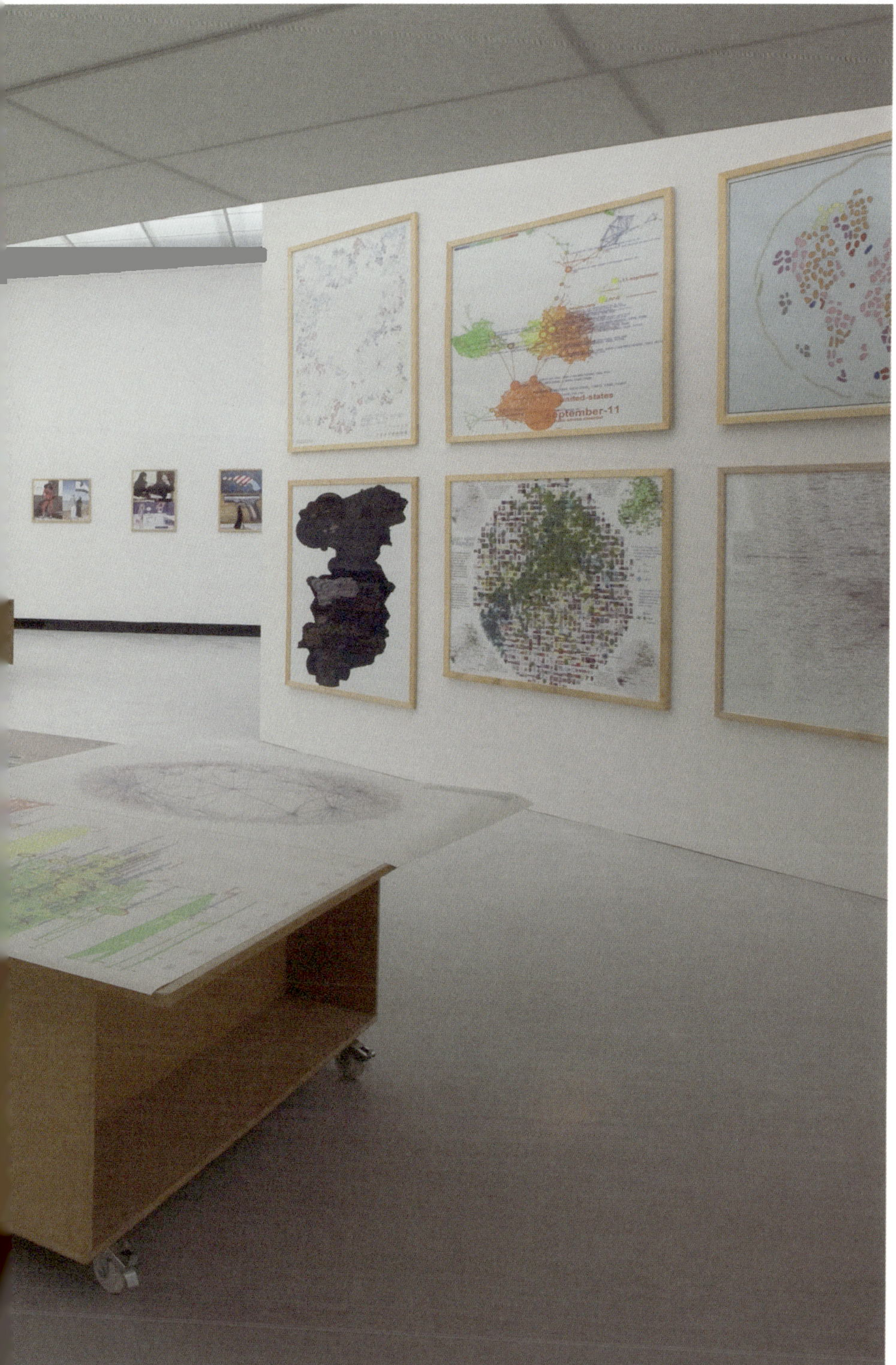

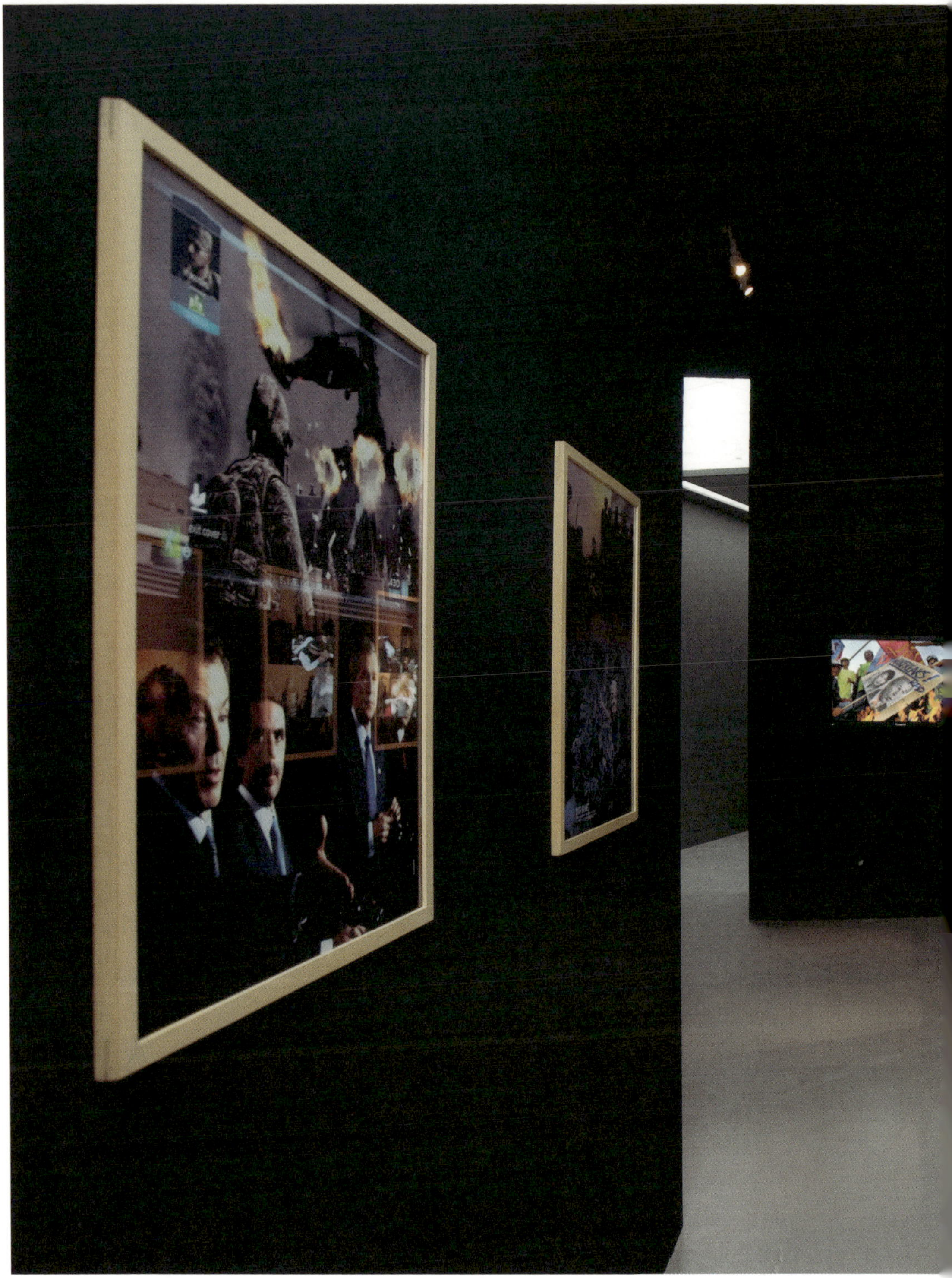

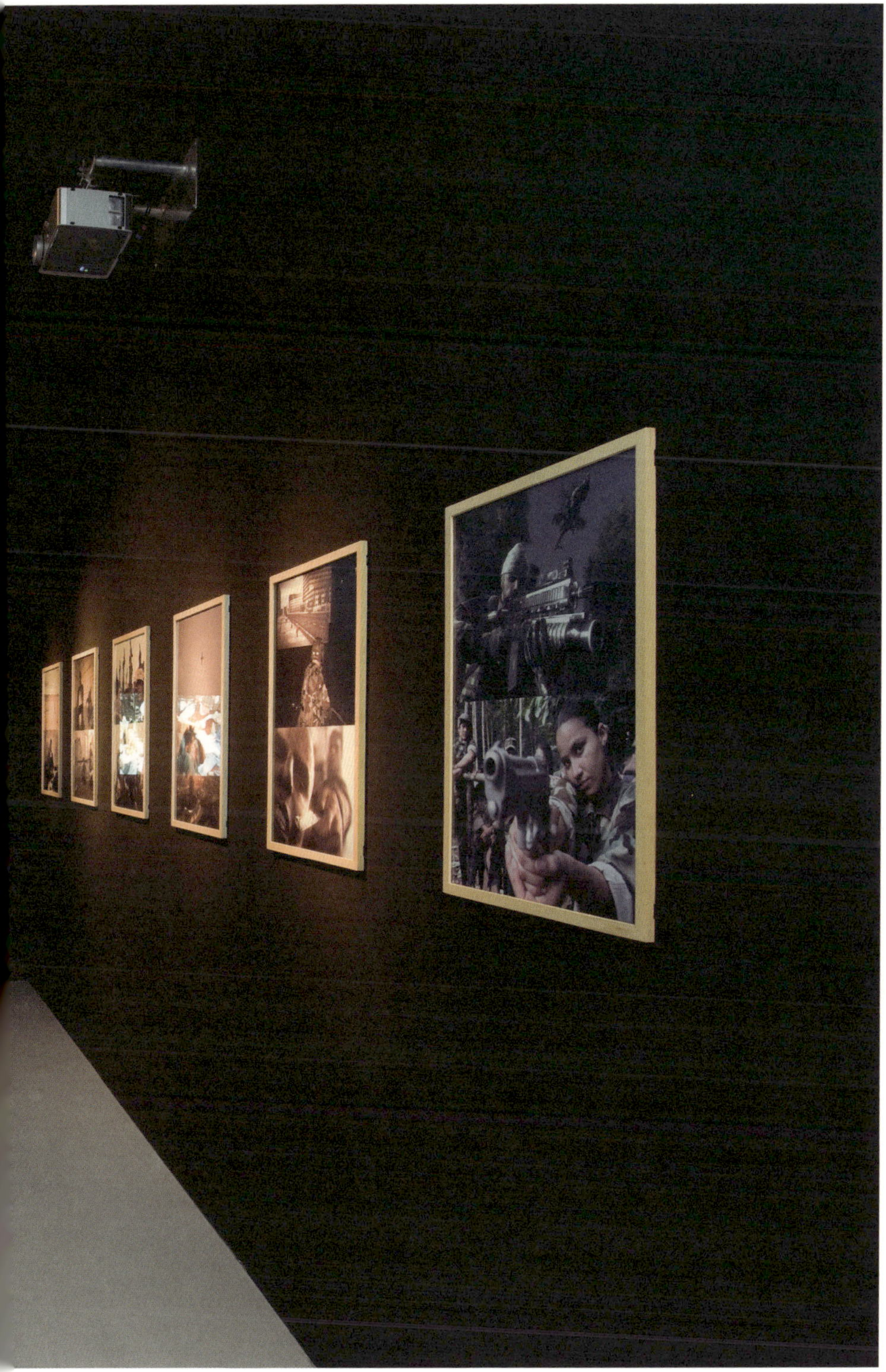

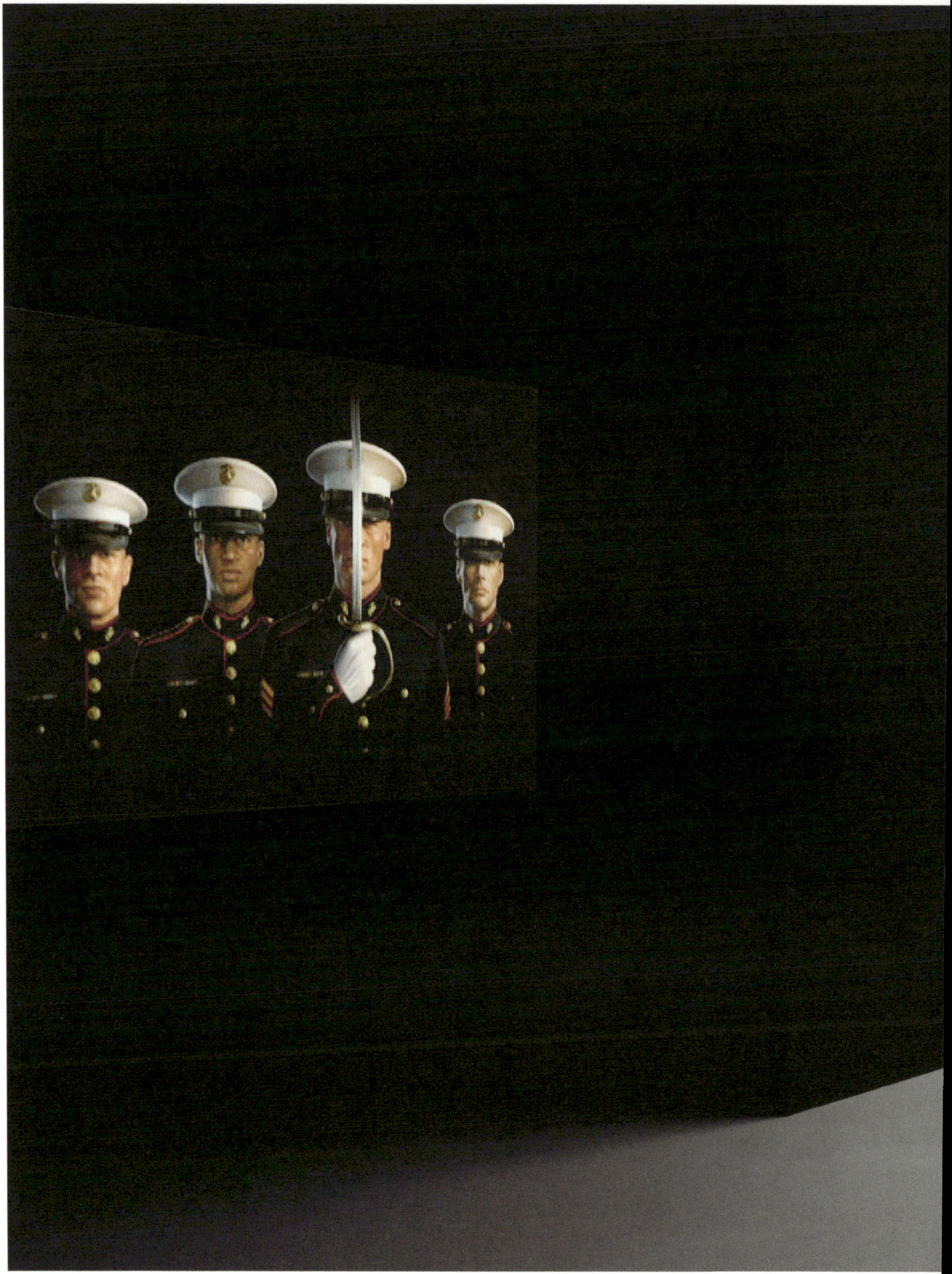

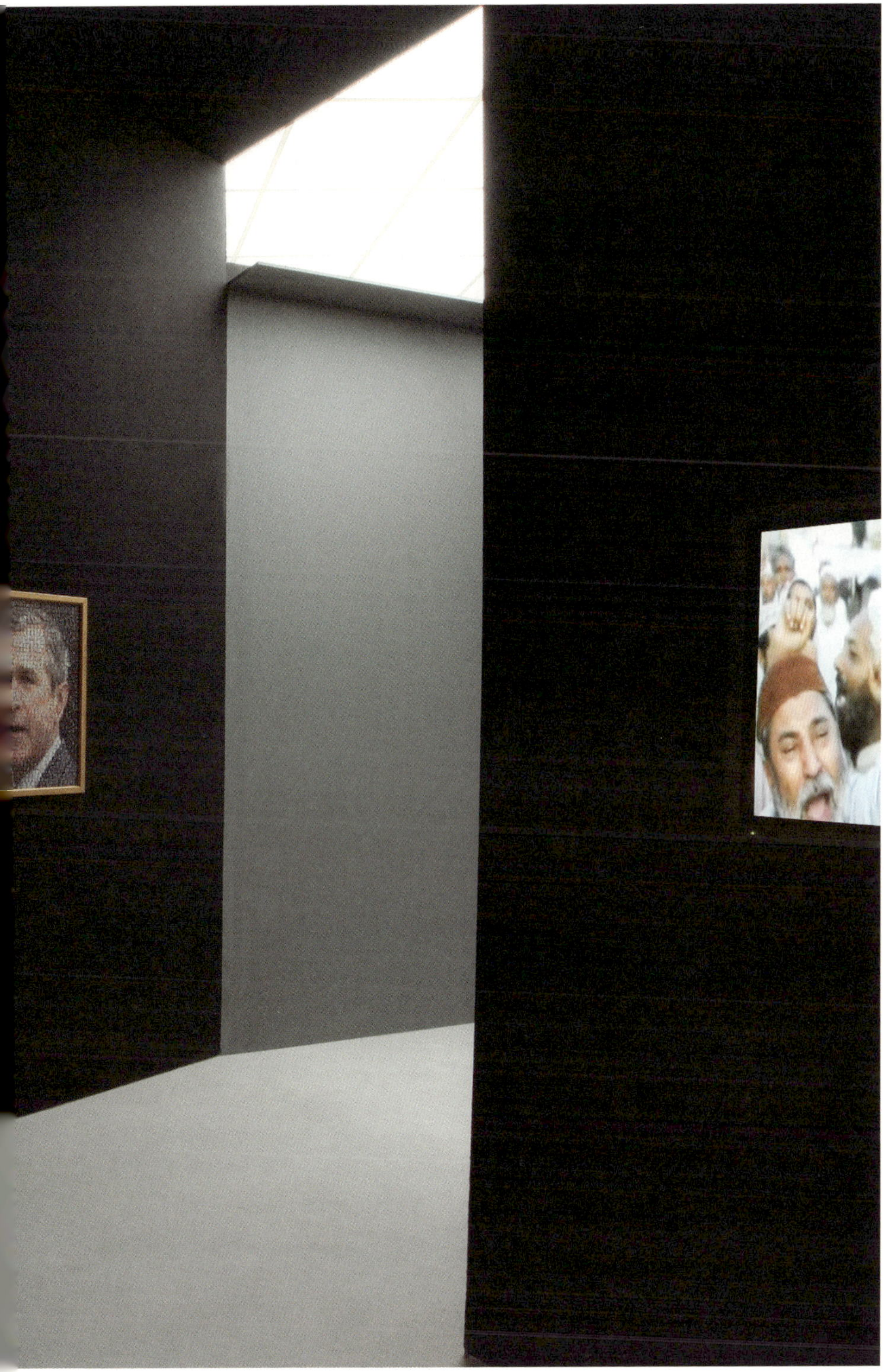

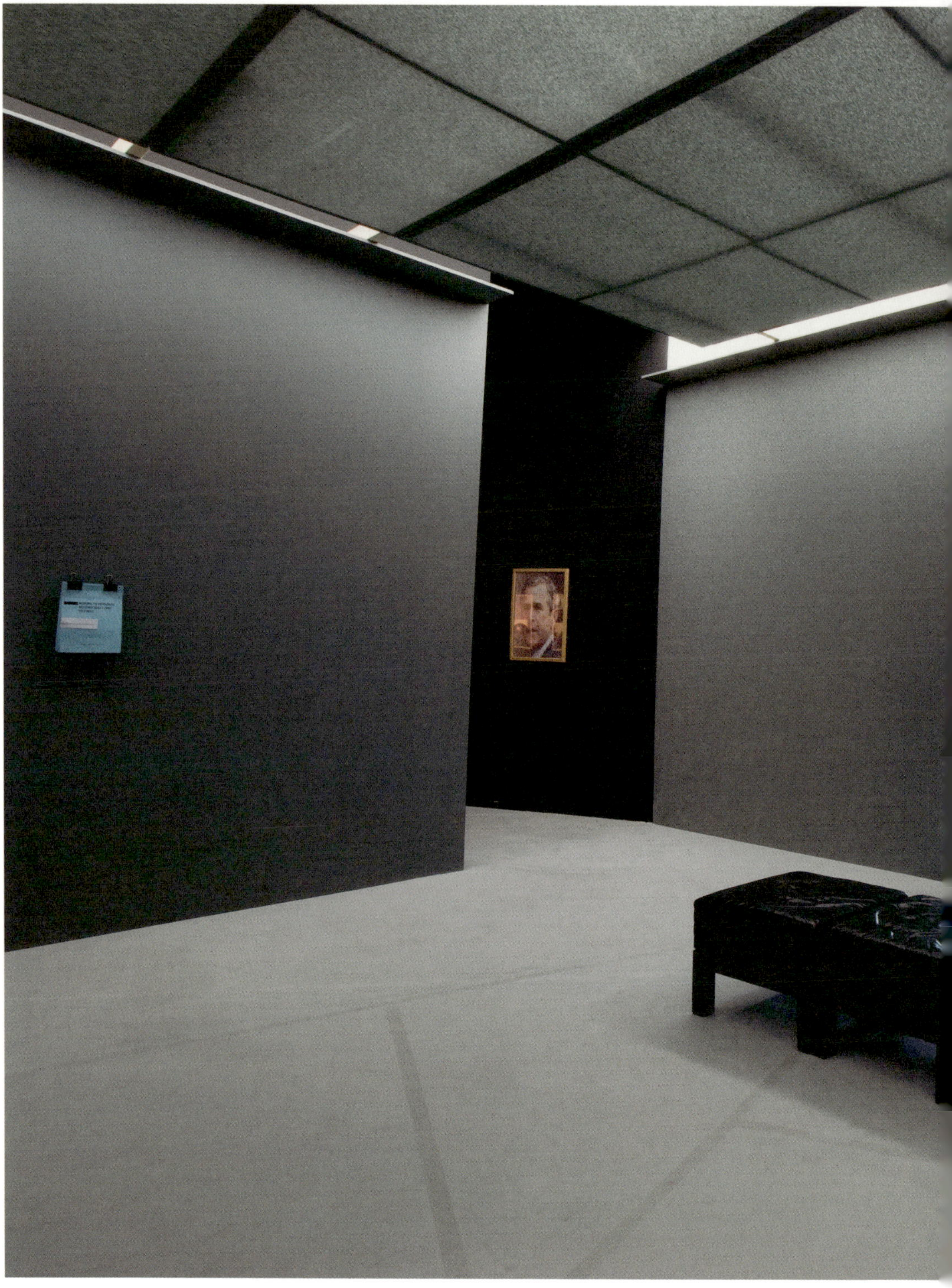

 Postcapital Archive (1989–2001)_STR 2008_1285

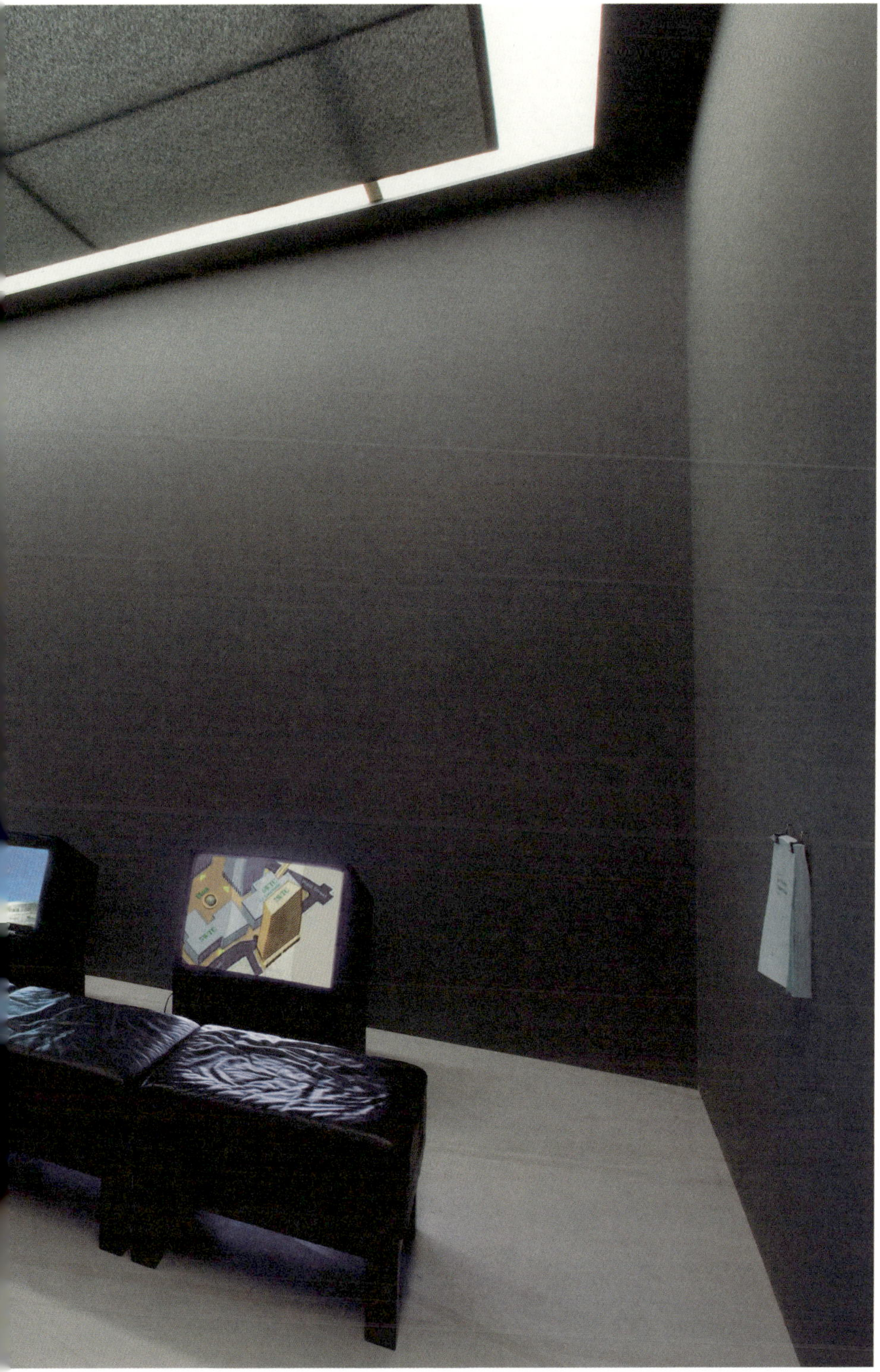

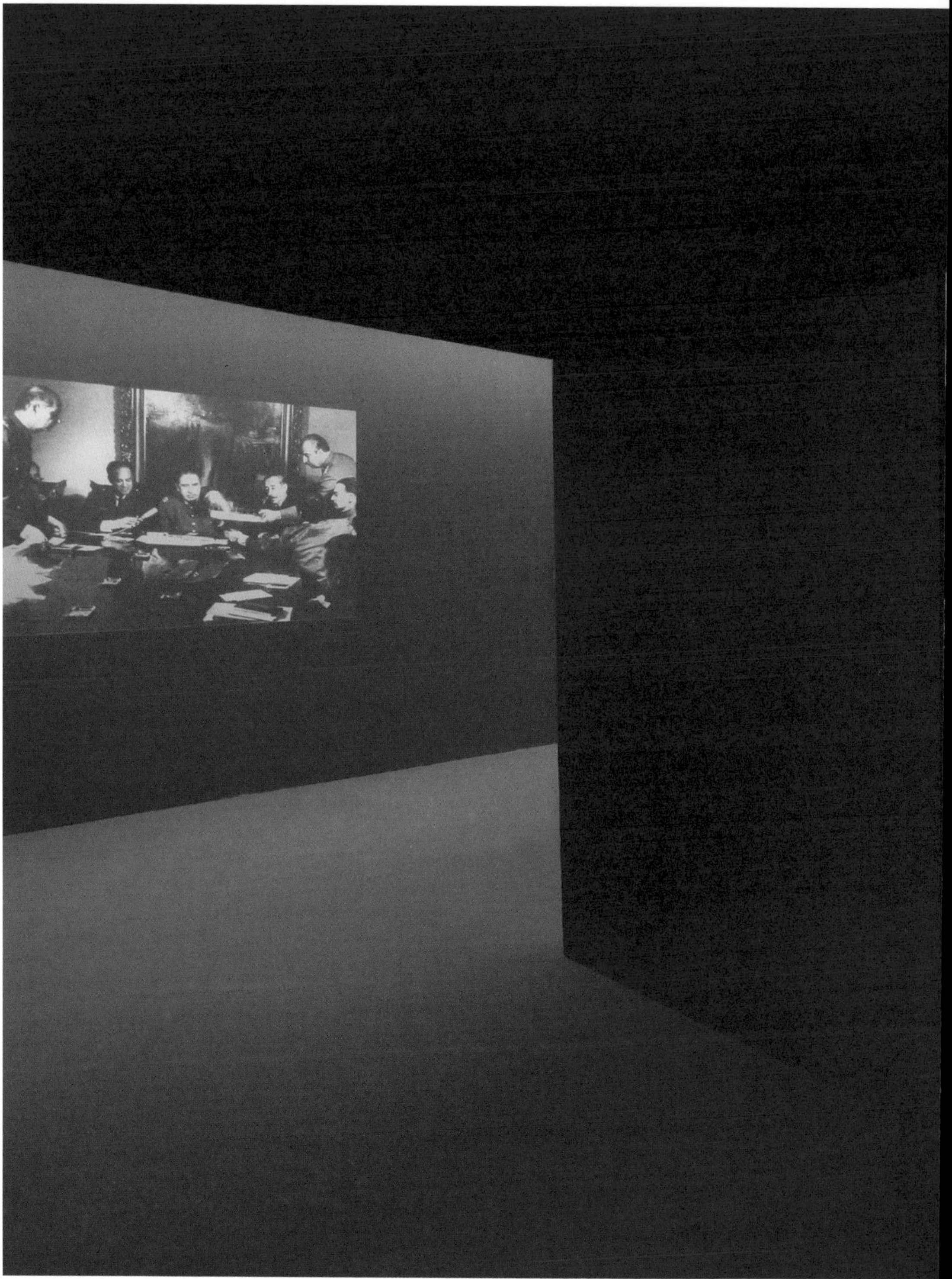

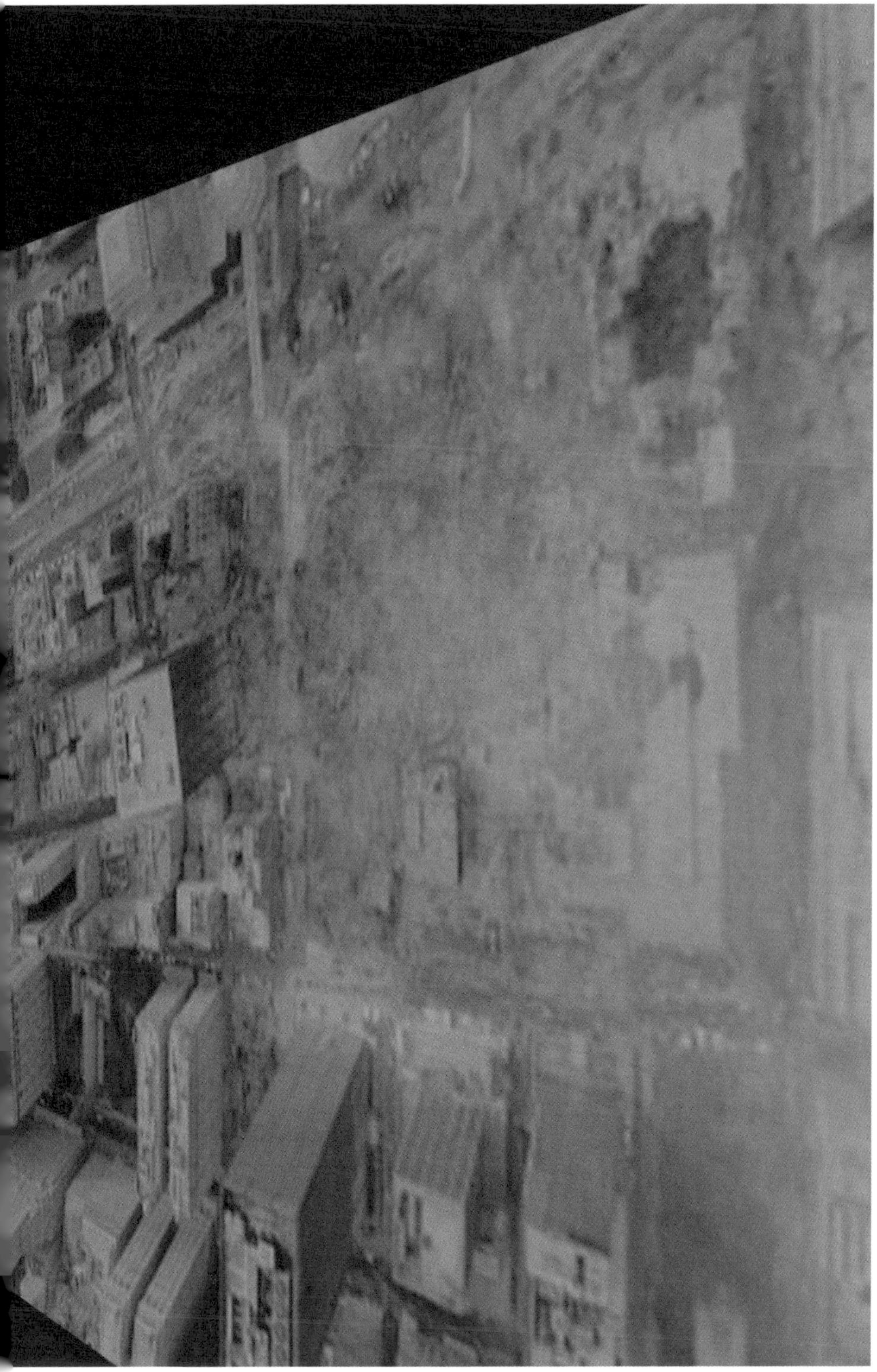

2. Ausstellungsmodule: Stuttgart

Die Aufführungen von *Postcapital* setzen sich aus verschiedenen Modulen zusammen, die im Verlauf des Projektes entstanden sind und im Folgenden am Beispiel der Stuttgarter Ausstellung genauer in den Blick genommen werden sollen. Diese Module bilden weder für sich noch miteinander konstante Einheiten ab. Sie ändern ihre Form und Struktur, werden in unterschiedlichen Konstellationen gezeigt, manchmal auch als Einzelmodul. Insofern bilden sie eher ideelle denn materielle, eher potenzielle denn manifeste Konfigurationen ab.

Sämtliche Bilder, Videos, Audio-, Text- und andere Dokumente, die in den Modulen in Form von Collagen, Tableaus, Montagen oder Resamplings verhandelt werden, sind Bestandteile des digitalen Archivs, das heißt, sie entstammen dem Internet. Selbst die Metatexte in der Ausstellung – die Auflistung chronologischer Fakten zu den Jahren 1989 und 2001 sowie ein Glossar – zitieren Wikipedia. *Postcapital* nimmt also sehr direkt Bezug auf jenes Archiv, das wir nicht mehr besuchen, sondern bewohnen. [S. 336-338]

Was oder wer ist »links«?

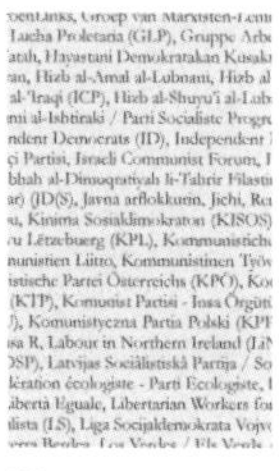

18 [S. 256]

Zu den Grundmodulen von *Postcapital* zählt eine umfangreiche Liste mit Namen politischer Parteien, Organisationen, Gruppen, Einzelpersonen, Zeitschriften, Verlage, Blogs und Webportale von Afrika bis Ozeanien, die sich selbst als »links« bezeichnen.[1] Sie widmen sich Themen wie Kapitalismus- und Globalisierungskritik, Postkolonialismus, Migration, Pazifismus, Umweltschutz, Feminismus, Geschlechterforschung, Medienkritik, Arbeits- und ArbeiterInnenkampf, Menschenrechtsfragen und vielem mehr. Man findet in dieser Liste so unterschiedliche Gruppierungen und AkteurInnen wie das Institute of Postcolonial Studies (IPCS) in Melbourne; das europäische Netzwerk Transform; die südafrikanische anarchistische Online-Plattform Zabalaza.net; den Verlag Verso Books; die Kommunistischen Parteien Vietnams und Kubas (und vieler anderer Länder); das Coordination Committee of Maoist Parties and Organisations of South Asia; das Online-Archive Marxists.org; die Demokratische Partei China; die US-amerikanischen Iraq Veterans Against the War; die Tupamaros aus Uruguay; die Föderation deutschsprachiger AnarchistInnen (FdA); das Edward Said Archiv; das Institute of Globalization Studies (IPROG) in Moskau; die Arab Women's Solidarity Association; Bitch Media aus Portland, Oregon; die australische Organisation Children Out Of Detention (ChilOut); die Coalition Against Slavery in Mauritania and Sudan (CASMAS) oder ATTAC Réunion.

In der Stuttgarter Ausstellung zählte diese Liste zu den ersten beiden Elementen, die den BesucherInnen begegneten. Die Frage, was linkes Denken und Handeln ist oder sein sollte, wurde also von Anfang an offengelassen. Vielmehr wurde daran erinnert, dass eine linke politische Positionierung, Kampfform oder Kampfzone, je nach subjektivem, politischem, ideologischem, gesellschaftlichem und kulturellem Kontext, etwas sehr Unterschiedliches sein kann. Es spiegelt sich darin jene Heterogenität, die, wie Laclau und Mouffe ausführen, »die Aufgabe theoretischer Überprüfung so dringlich gemacht« hat. Denn sie »beinhaltet eine Ausweitung der sozialen Konfliktualität auf ein weites Feld von Gegenständen, welches das Potenzial (aber

1. Siehe http://www.postcapital.org/parties/index.php?&newlang=eng

nicht mehr als das Potenzial) für einen Fortschritt hin zu freieren, demokratischeren und egalitäreren Gesellschaften hervorbringt«[2].

Logosammlung

Diese Liste linker Organisationen wurde in einem von zwei monumentalen Objektrahmen präsentiert, die den Eingang zur Ausstellung flankierten. Der rechte Rahmen enthielt eine Tafel mit über 900 Logos der größten transnationalen Konzerne. Man könnte dieses Eingangsszenario als Erinnerung, als Gedenktafeln an die beiden einstigen »Tanzpartner« – Kommunismus und Kapitalismus, links und rechts – lesen, deren klare Konturen sich bereits auflösen. Denn während sich auf der einen Seite die Heterogenität und Divergenz linker Diskurse offenbarten, hatte man es auf der anderen Seite mit einem aufgrund der rasanten Übernahmepraktiken höchst instabilen Gebilde zu tun. Beide Module waren (wenn auch in anderer Form) bereits 2006 Teil der *Postcapital*-Ausstellung in Barcelona. Seither hat sich der Bestand der Logosammlung immer wieder verändert.

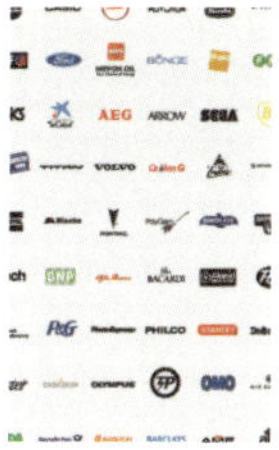

18
[S. 257]

Old Media Noise

Ein weiteres Modul besteht aus Videomontagen, die auf Fernsehsendungen und Bilder aus den Printmedien zurückgreifen. In sechs Kapiteln organisiert, die in Stuttgart auf ebenso vielen im Halbkreis angeordneten Monitoren präsentiert wurden, entwirft *Old Media Noise* eine Art Archäologie der »alten Massenmedien« und ihrer Agenden: politische Propaganda (hier bezogen auf den Kalten Krieg); Werbung (allgemein und am Beispiel politischer Werbespots); Unterhaltung (Sport); Frauen in den Medien (Sex, Gewalt, alte und neue Rollenbilder) sowie Börsennachrichten.

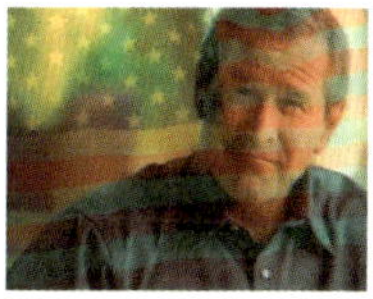

POL_64987
[S. 258-259]

Timeline

Die *Timeline*[3], bestehend aus bis zu 116 Bildmontagen, entstand in dieser Dimension erstmals im Rahmen der Stuttgarter Ausstellung. In einer waagerechten Linie angeordnet, umsäumte sie wie eine Art »Gedächtnisfries« das gesamte Ausstellungssetting.

Die Motive der in der Regel aus zwei Bildern zusammengesetzten Montagen entstammen größtenteils der Werbung sowohl für kommerzielle Unternehmen als auch für humanitäre Organisationen. Die am Eingang noch bestehende Trennung zwischen kommerziellen Unternehmen und Non-Profit- (beziehungsweise linken) Organisationen ist hier aufgehoben – schon allein deswegen, weil beide Seiten in puncto Werbung mit ähnlichen Aufmerksamkeitsstrategien (Provokation, Schock, Humor, Zitat et cetera) arbeiten.

Die *Timeline* ist eine Art visuelle Erzählung der geopolitischen, ökonomischen, gesellschaftlichen und kulturellen Verschiebungen der letzten zwanzig Jahre, die allerdings, abgesehen vom ersten und letzten Bild, keiner strengen linearen Chronologie folgt. Sie entfaltet die rasanten Umbrüche, die wir »weiterhin im Präsens schreiben können« (de la Nuez), eher auf metonymische Weise entlang der Bildmacht und Bildgewalt der Werbung, jener Repräsentationsmaschine schlechthin der (post) kapitalistischen Gesellschaft. Durchsetzt werden die Bildfolgen dabei von Motiven aus den Massenmedien sowie privaten, im Internet veröffentlichten Dokumenten.

Das erste Bild der *Timeline* zeigt die Berliner Mauer am 8. November 1989 – also einen Tag vor dem Mauerfall –, das letzte Bild das New Yorker World Trade

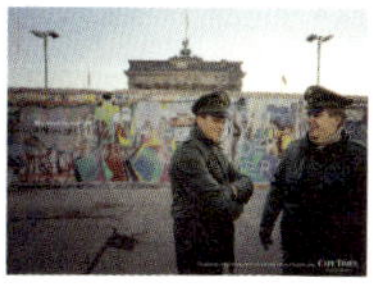

001008094
[S. 7]

2. Ernesto Laclau, Chantal Mouffe, *Hegemonie und radikale Demokratie. Zur Dekonstruktion des Marxismus*, Wien 2006 (Originaltitel: *Hegemony and Socialist Strategy: Towards a Radical Democratic Politics*, London 1985), S. 31.

3. Die gesamte *Timeline* kann eingesehen werden unter http://tttp.org/info/postcapital/timeline/index.html

Center am 10. September 2001. Beide Motive entstammen einer Kampagne der südafrikanischen Zeitung *Cape Times*, die mit dem Slogan »The world can change in a day« wirbt. Die mediale Konstruktion historischer Ereignisse wird hierbei ebenso offenbar wie die Aneignungsstrategien der Werbung, die ihrerseits innerhalb der gesamten *Timeline* immer wieder vorgeführt und in einem permanenten Akt der Piraterie und Wi(e)deraneignung unterwandert werden: im Sinne einer »Umbewertung der Umbewertung«.

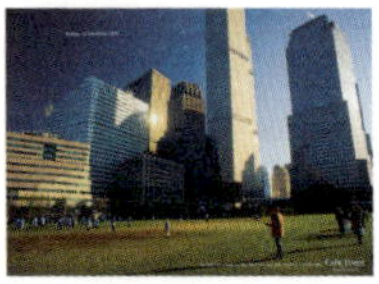

001676554
[S. 184]

Die *Cape Times*-Kampagne bedient sich einer ganzen Reihe ikonisierter historischer Ereignisse, darunter auch das Kennedy-Attentat. Dieses taucht an sehr viel späterer Stelle in Andújars *Timeline* auf. Allerdings nicht als Bestandteil der *Cape Times*-Kampagne, sondern einer Werbung für Männermagazine, die mit einer entscheidenden Veränderung des Geschehens aufwartet: Nicht John F., sondern Jackie Kennedy ist hier dem Attentat zum Opfer gefallen. »If men are your target, make sure you don't miss them«, heißt es dazu.

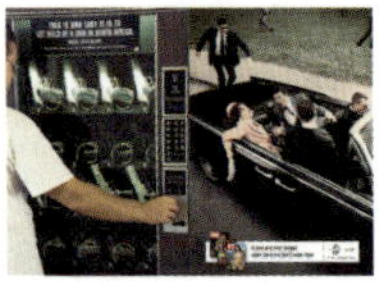

001360201
[S. 150]

Auf das Motiv der Berliner Mauer folgt eine Reihe von Montagen aus (unter anderem) Werbebildern, die sich der mit dem Ende des Kalten Krieges obsolet gewordenen Machtsymbole bedienen und deren ideologische Entleerung für sich nutzbar machen. Mit dem berühmten Konterfei des Che Guevara wird für Sportschuhe der US-amerikanischen Marke Converse geworben und dabei zugleich der weiße Stern der US-Flagge (im Emblem des Unternehmens) mit dem roten Stern des Sozialismus (auf der Kappe des Kämpfers) versöhnt. Andújar hat dieses Plakat mit der Werbung für ein Museum des Kommunismus kombiniert. Mit dem Slogan »Get Intimate with History« zeigt sie einen Karl-Marx-Darsteller, der sich in Unterwäsche die Fußnägel schneidet. Kommodifizierung, Banalisierung und / oder Musealisierung scheinen das Schicksal einstiger Heroen des Kommunismus zu sein.

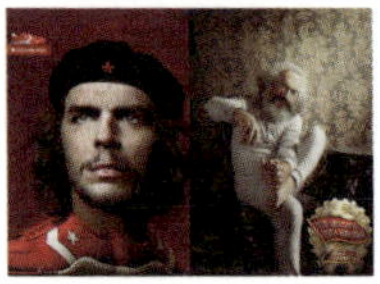

009171989
[S. 9]

Auch im Falle der Sportschuhwerbung hat sich der Gestalter keines Originalfotos der historischen Referenzfigur, sondern offensichtlich einer Person bedient, die Che Guevara ähnlich sieht. Das Plakat wurde von dem Designer Andrej Dragan 2006 für die polnische Dependance des Unternehmens entwickelt. Kurz nach ihrem Erscheinen brach in der Globosphäre Spaniens eine erhitzte Debatte los, da das vermeintliche Gesicht des El Che auch die Züge des rechtskonservativen spanischen Ex-Ministerpräsidenten José María Aznar trägt. Hat man sich an die Hybridisierung der Imperative von Revolution und Konsum längst gewöhnt, so scheint mit der Angleichung zwischen dem Guerillero und dem buschtreuen Politiker, der 2004 unter anderem wegen seiner irreführenden Informationspolitik um die Attentate von Madrid abgewählt wurde, eine Grenze überschritten worden zu sein. Das Unternehmen ließ jedenfalls eilig verlautbaren, dass eine Ähnlichkeit mit Aznar nicht beabsichtigt gewesen sei und das Plakat nur in Polen erscheinen werde. Ob Zufall oder nicht, die Angelegenheit zeigt, dass Interpretation eine der Achillesfersen der Globalisierung ist.

Neben El Che, Karl Marx, Friedrich Engels, Ronald Reagan, Michail Gorbatschow, Leonid Breschnew, Erich Honecker oder Fidel Castro taucht in dieser »Ahnenreihe« – quasi als Quintessenz derselben – der Trabant auf. Und nicht zuletzt Nelson Mandela, der als Surfer dargestellt und untertitelt mit den Worten »Life is easier if you don't speak up« für *Jyllands-Posten* wirbt – jene dänische Tageszeitung, die durch den von ihr ausgelösten sogenannten Karikaturen-Streit 2005 Berühmtheit erlangte. Mit diesem Zeitsprung direkt am Anfang der *Timeline* kündigen sich bereits die Übertragungen des einstigen »Ost-West-Konfliktes« auf den Antagonismus zwischen der westlichen und arabischen Welt an.

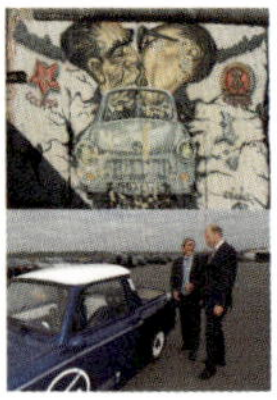

005038860
[S. 13]

Die Anzeige der *Jyllands-Posten* verhandelt die zweifelhafte Courage des konservativen Blattes auf Augenhöhe mit keinem geringeren als dem südafrikanischen Anti-Apartheids-Kämpfer, der noch 1988 von Ronald Reagan als Terrorist bezeichnet wurde. Andújar konfrontiert das Mandela-Motiv mit einer weiteren Anzeige, die einen Ku-Klux Klan-Anhänger in weißer Montur zeigt, der anscheinend ein Buch der Black-Power-Bewegung hochhält. Mit einem »Witz« darüber, dass ein gelungenes Marketing jedem alles – und mag es noch so unpassend sein – verkaufen kann, bewirbt sie den »100-Watt-Award« für effektive Werbung.[4] In beiden Fällen maßen sich die Gestalter eine Entleerung politischer Symbole an, um sie für ihre Botschaften banalisieren zu können, die selbst banalisierend sind, indem sie Manipulation zum Witz erklären oder unter dem Deckmantel der Pressefreiheit kaschieren. Durch die Kombination der beiden Motive und deren Einbettung in benachbarte Bildfolgen macht Andújar diese Banalisierungsketten rückgängig. Darüber hinaus zeigt er immer wieder auf, dass die *kritische* Aneignung von Machtsymbolen eine zentrale künstlerische wie aktivistische Methode darstellt. So taucht in der *Timeline*, die ja selbst dieser widerständigen Praxis entspricht, zum Beispiel eine US-Flagge auf, deren Sterne durch Konzernlogos ausgetauscht wurden.

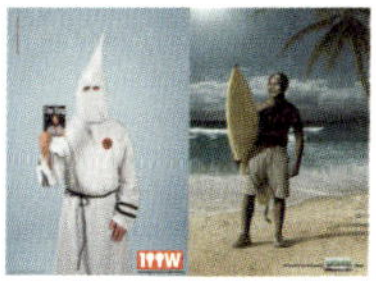

008966750
[S. 16]

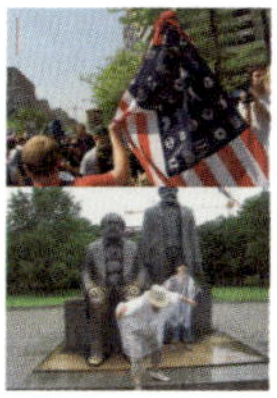

002897568
[S. 14]

Mit der Aneignung von Markenzeichen operiert eine offizielle Antidrogenkampagne (des Gesundheitsministeriums in Dubai[5]), in der ein aus Kokain geformter Nike-Swoosh und der Spruch »Just Don't« erscheinen. Hier handelt es sich allerdings kaum um eine Verfremdung des Markenzeichens, da es als etwas eingesetzt wird, für das es ganz im Sinne des Unternehmens steht: Coolness. Da Kokain wiederum selbst als hippe Droge gilt, dürfte die Kampagne ihre Absicht kaum erfüllen. Andújar setzt ihr das Bild zweier in ärmliche Decken gehüllter Leichen entgegen, die auf dem Asphalt liegen. Das an die Opfer von Drogenkriegen in Lateinamerika erinnernde Szenario lässt sich als Verweis auf die Ausbeutungsverhältnisse lesen, die hinter der Yuppie-Droge stehen – und sich von dort aus durchaus auch auf die Praktiken des Sportartikelherstellers übertragen.

Eine Kampagne, die wiederum eine Nationalflagge aufgreift, stammt von Amnesty International. Sie zeigt das Gesicht einer Asiatin, auf das die Flagge Chinas gemalt ist, durch die eine Träne läuft. Sie sollte im Kontext der Olympischen Spiele von 2008 in China an die Geschehnisse 1989 auf dem Platz des Himmlischen Friedens erinnern. Ähnlich wie der »Fall der Berliner Mauer« oder die »Attentate vom 11. September« ist auch das »Massaker auf dem Platz des Himmlischen Friedens« zu einer medialen Konstruktion von Historie geworden: denn das Massaker selbst hat bekanntlich nicht an diesem Ort stattgefunden. Dennoch wurde der Platz des Himmlischen Friedens außerhalb Chinas (hier wird das Thema nach wie vor tabuisiert) zum Synonym der gewaltsamen Beendigung des Volksaufstands.

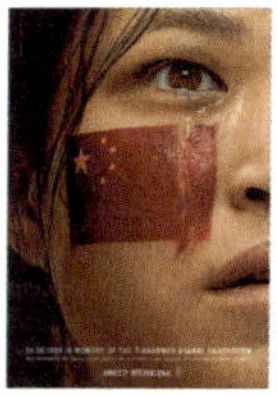

001989236
[S. 23]

Zugleich steht die ai-Kampagne für eine der zentralen Werbestrategien humanitärer Organisationen: die Erzeugung pathetischer Betroffenheit oder die Konfrontation mit Gewalt, wie die anschließende Bildmontage aus zwei weiteren Motiven dieser Kampagne, diesmal mit brutalen Folterszenen, zeigt.

Dieser Montage folgt ein Doppelbild, das einen Reisepass der USA mit einer US-Wahlkampagne verschränkt, die nur scheinbar paradoxerweise mit dem Slogan »Don't vote. Things are fine just the way they are« zur Wahlbeteiligung aufruft. Denn der Negativ-Slogan wird mit einem bei Nicht-Wahl drohenden »Horrorszenario« verknüpft, sodass das *Don't!* unweigerlich zu einem *Do!* umschlägt. Das »Horrorszenario«, das hier in Aussicht gestellt wird, manifestiert sich in einer Karte der

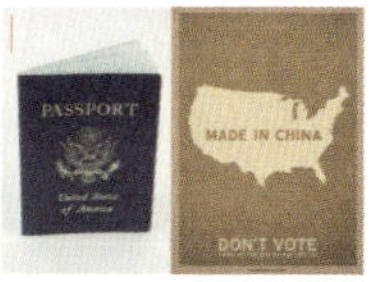

005064209
[S. 25]

4. Weitere Motive der Kampagne, die nicht in der *Timeline* verwendet wurden, sich allerdings im *Postcapital*-Archiv befinden, zeigen einen Glatzkopf mit Föhn und einen Blinden mit Flachbildschirm.

5. Siehe http://blisstree.com/feel/just-dont-cocaine-nike-swoosh/?utm_source=blisstree&utm_medium=web&utm_campaign=b5hubs_migration

USA, auf der mit großen Lettern »Made in China« geschrieben steht. Von chinesischer Seite zu befürchten ist nicht wie einst die Expansion des Kommunismus, sondern die kapitalistische Vorherrschaft der Volksrepublik.

Andújar hat die Zusammensetzung der einzelnen Bildmontagen mit großer Präzision gewählt. Die beiden jeweils miteinander verbundenen Motive erzeugen durch ihre mal direkten und mal subtilen formalen Bezüge eine starke Homogenität, die jedoch im Prozess der Dechiffrierung der widersprüchlichen visuellen und semantischen Codes aufbricht und nicht selten in Dissens umschlägt. Meist hat er Bildmotive gewählt, deren Slogans oder Bilduntertitel von nur geringer Größe sind, sodass das visuelle Wechselspiel bei näherer Betrachtung noch einmal auf sprachlicher Ebene konterkariert wird und in unerwartete Richtungen führt. Auf diese Weise ergeben sich im Verlauf der *Timeline* komplexe Referenzgefüge, die sowohl innerhalb der einzelnen Bildmontagen als auch zwischen diesen wirksam werden. Auf polemische Zuspitzungen folgen subtile Anspielungen, auf Ironie Enttarnung. Durch das In-Gang-Setzen eines permanenten Streits um die Umbewertung der Umbewertung visueller und semantischer Codes erzeugt sie unentwegt divergierende Lesweisen sowie einen beständigen Aufschub von Bedeutung. Zugleich werden dabei die Bildstrategien der »entwendeten« Motive offengelegt.

Bereits in dem bislang betrachteten kurzen Abschnitt der *Timeline* – von Bild / Montage 1 bis 19, von der Berliner Mauer bis zur Bedrohung der US-Identität durch den chinesischen Kapitalismus – ergibt sich eine Vielzahl sich überlagernder Verweise. So folgt unmittelbar auf das Motiv der Berliner Mauer eine Kombination aus zwei Werbebildern, die beide einen Stacheldraht zeigen, der jeweils vor blauem Himmel durch die Bildmitte verläuft. Das Motiv oben soll an den 2. Oktober als »Internationalen Tag der Nicht-Gewalt« erinnern. Der Metallhaken des Stacheldrahts wird dabei von zwei Kampfjets umkreist, deren Kondensstreifen zusammen mit dem Widerhaken ein Friedens-Zeichen ergeben. Diese Rhetorik der Bekämpfung von Gewalt durch Gewalt, des »gerechten Krieges«, erinnert unweigerlich an die »Friedensmissionen« der USA (und ihrer Verbündeten) wie im Fall der aktuellen Kriege in Afghanistan und im Irak. Das Motiv unten wirbt mit der Behauptung, nur Musik könne Barrieren überwinden, für eine weltweit operierende Restaurant-, Hotel- und Kasino-Kette.

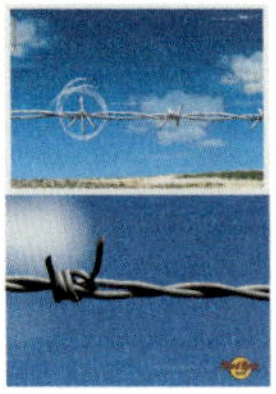

000035510
[S. 8]

Ein paar Stellen weiter kombiniert Andújar zwei Motive einer Kampagne, die mit dem Aufruf »Travel low cost, but travel« für Billigreisen wirbt und hier konkret mit San Francisco und Moskau lockt. Ist der Fall der Berliner Mauer noch heute ein Symbol der Freiheit und »Verbrüderung« von West und Ost, so stellt sich die Frage, was mit dieser Freiheit und mit den neuen Komplizenschaften gemeint ist, welche Imperative damit verbunden sind und wo ihre neuen Grenzen verlaufen.

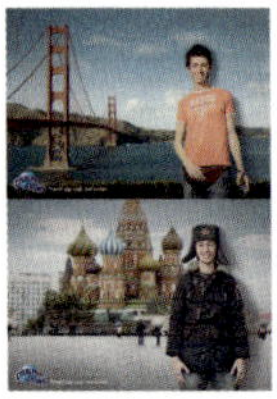

000023983
[S. 12]

Die *Timeline* verhandelt Zeit weniger in chronologischem Sinne, sondern als performativen Akt der De- und Recodierung, den sie den BetrachterInnen abverlangt. Ihre lineare Anordnung, die sich in Stuttgart wie ein Band um die gesamte Ausstellung legte, führte gerade nicht zu einer linearen, sondern eher einer insularen Betrachtung. Das heißt, als BesucherIn oszillierte man ständig zwischen verschiedenen Abschnitten der *Timeline* und anderen Modulen der Ausstellung. Auch wenn ich im Folgenden die einzelnen Module von *Postcapital* nacheinander beschreibe, so ist es wichtig, dabei zu bedenken, dass diese als ein komplexes, aufeinander bezogenes Verweissystem ohne festen Parcours angelegt sind.

Es ist unmöglich, an dieser Stelle die *Timeline* in ihrer Gesamtheit und Vielschichtigkeit zu erfassen: bis zum World Trade Center werden unterschiedlichste Themenbereiche aufgemacht, wie der Status des Geldes (Euro versus Dollar, materielle und immaterielle Märkte, Kasino und Börse et cetera); der Kampf um und die Ausbeutung von Ressourcen; das wachsende Gefälle zwischen Reichtum und Armut, »Erster« und »Dritter« Welt (Gesundheit, Bildung, Nahrung, Kindheit);

Informationspolitiken; transnationaler Warentransfer (legal und illegal); Piraterie und Copyright; alte und neue Archive; Megastädte und -agglomerationen (real und virtuell); Immobilienspekulation; Geschlechterrollen (in der westlichen und arabischen Welt sowie aus westlicher Sicht in der arabischen Welt und umgekehrt); Gewalt gegen Frauen; Waffenfetischismus; Politiken der Machteliten; Militarisierung der Zivilgesellschaft; Krieg (real und virtuell); Protestformen; alte und neue Grenzen; Sicherheit und Überwachung.

Bevor die *Timeline* schließlich beim »11. September« anlangt, scheint sich der Kreis zu schließen, da diese letzte Station, in einer Art Spiegelung des Anfangs, erneut mit der Aneignung von Machtsymbolen und -figuren eingeleitet wird: diesmal bezogen auf die »neuen« Machthaber und Feindbilder. So kombiniert Andújar zwei Motive einer Kampagne von Amnesty International, die zum einen die US-amerikanische und zum anderen die iranische Nationalflagge zeigt, wobei sich hinter beiden jeweils Gefolterte verbergen. Eine weitere Montage verbindet die Werbung für das Computerspiel *Risk,* in dem es um die Weltherrschaft geht, mit der Werbung einer saudi-arabischen Filmproduktionsfirma. Erstere imaginiert das »Horrorszenario« schlechthin – ein von Arabern samt Wasserpfeifen und Bauchtänzerin besetztes Oval Office –, Letztere zeigt das Kräftemessen zwischen einem Araber und einem Roboter. Im Anschluss prallen zwei Erzfeinde, George W. Bush und Osama bin Laden, aufeinander. Der eine wirbt mit zugehaltenen Ohren für das Konzert »Make Some Noise for Human Rights«, während der andere für eine Anti-Raucherkampagne herhalten muss. Sein Konterfei wurde aus Zigaretten gebildet und ist mit dem Spruch »Cigarro Matta Mais« (Zigaretten töten mehr) untertitelt.[6]

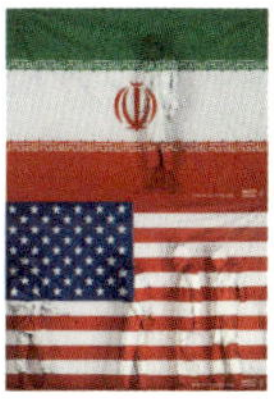

008300497
[S. 178]

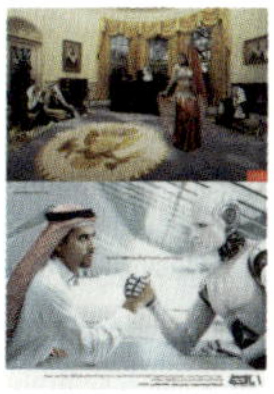

000365168
[S. 180]

Auch vor dem Symbol der Symbole des Jahres 2001 macht die Verwertungs- und Banalisierungsmaschinerie der Werbung nicht halt. So enthält die letzte Bildmontage vor der *Cape Times*-Anzeige eine (manipulierte?) Werbung für Lego, die die brennende Skyline von Manhattan mit dem Spruch »Rebuild it« zeigt. Darunter taucht das Icon der Einschläge in die Zwillingstürme auf. Erst bei genauerer Betrachtung entpuppt es sich als Nahaufnahme von zwei Pflanzenstängeln. Dazu heißt es »For Nature, Everyday is 9/11«.

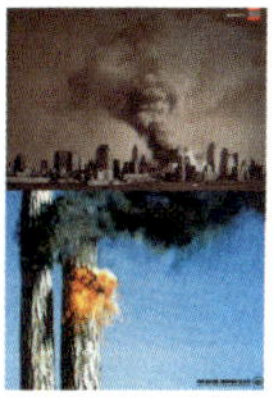

002012090
[S. 183]

Stadtkulisse

Postcapital konfrontiert die BesucherInnen immer wieder mit Entscheidungssituationen. Stand man in Barcelona vor der Wahl, den Ausstellungsparcours – sowohl räumlich als auch ideologisch – von links oder rechts zu beginnen, so konnte man in Stuttgart entweder über das Jahr 1989 oder 2001 einsteigen. Dies betraf nicht nur die *Timeline*, sondern auch eine architektonische Struktur, die erstmals für Stuttgart entwickelt wurde: Sie erinnert von vorne an eine modernistische Stadtsilhouette. Ihre kubischen, von außen in weiß, rot und schwarz gefassten sechs Raumkörper verweisen zudem auf die Formensprache des russischen Konstruktivismus und Suprematismus.

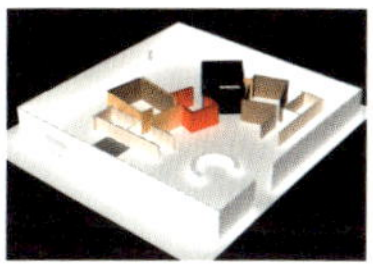

0568
[S. 198-199]

Es handelt sich um eine von zwei Eingängen her betretbare Struktur, deren einzelne Module miteinander verbunden und ineinander verschachtelt sind, was sich dem Betrachter jedoch erst in der Raumskulptur selbst erschließt. Der erste Eindruck der Ausstellung – die leeren monochromen Oberflächen der Stadtkulisse, die im Halbkreis angeordneten Videomonitore mit ihrem dahinplätschernden »Medienrauschen« sowie die Rahmung durch das scheinbar kohärente Band der *Timeline* – vermittelte

6. Ein weiteres Motiv dieser Kampagne bedient sich des Porträts von Adolf Hitler, das Andújar im Rahmen eines anderen Projektes, *Herramientas del arte* (Kunstwerkzeuge), nutzte, siehe: Álvaro de los Ángeles (Hrsg.), *El arte en cuestión*, Valencía 2010, S. 89.

zunächst Geschlossenheit und Übersicht; ein Eindruck, der sich Schritt für Schritt auflöste. So waren bereits die seitlichen Wände der Raumstruktur unverschalt, ihre Konstruktion und Kulissenhaftigkeit trat offen zutage. Auf der Rückseite befanden sich mehrere Tischelemente aus einfachen MDF-Platten mit diversen Computerterminals, ein Drucker und Kopierer sowie eine aussichtsturmartige Holzkonstruktion, die das Oberlicht durchstieß und unter der sich der Server mit dem gesamten digitalen *Postcapital*-Archiv befand. Von dieser *Workstation* aus blickte man in eine siebte offene Raumsituation, die sich aus den Rückwänden der geschlossenen Raumkörper ergab. Eine dieser Rückwände diente als überdimensionale Tafel, an der das Veranstaltungsprogramm der Ausstellung zu lesen war. Im Vergleich zum geschlossenen Eindruck der »Schauseite« des Ausstellungssettings fand man hier eher eine »Backstage«-Situation vor.

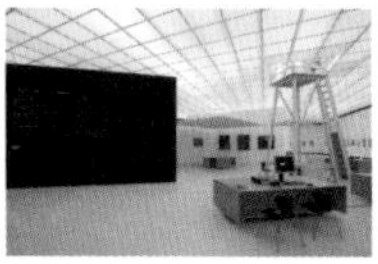

1395
[S. 210-211, 322]

Jedoch zurück zum »Anfang«. Die beiden optionalen Eingangsschleusen der Stadtkulisse, an deren hinteren Wänden jeweils ein Video projiziert wurde, waren Passagen, die zu den zwei dem Jahr 1989 und 9/11 gewidmeten Raummodulen führten. Ein dritter möglicher Eingang erwies sich – ganz im Sinne der Ein- und Ausschlüsse urbaner Räume – aus der Nähe als Sackgasse.

Das Video der 1989er-Passage, *The Wall*, zeigt eine Montage aus Filmsequenzen, in denen Grenzen überwunden beziehungsweise zu überwinden versucht werden: von den frühen Fluchtversuchen am »antifaschistischen Schutzwall« über die Bilder des 9. Novembers 1989 bis hin zu den Versuchen, die Grenzen zwischen Mexiko und den USA, Afrika und Europa oder am Gazastreifen zu überqueren. Alle Szenen werden in Slow Motion wiedergegeben. Es ist insbesondere die für das Überwinden von Grenzen erforderliche enorme physische Anstrengung, die dabei in den Vordergrund tritt: der alles riskierende »nackte Körper«, der sich gegen die Dispositive der Ein- und Ausschließung auflehnt. Dass die Welt flach geworden sei, wie Friedman behauptet, erweist sich hier als blanker Zynismus beziehungsweise als rein rhetorische Konstruktion.

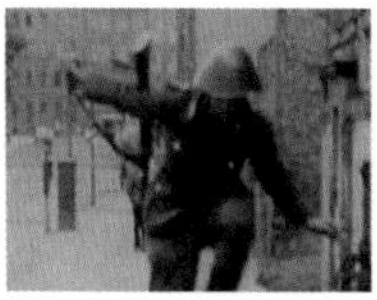

00056
[S. 260-263]

Der Videoloop der 9/11-Passage besteht aus der Animation eines Satellitenbildes von Ground Zero. Das Bild wird in einer Kreisbewegung langsam von außen nach innen erschlossen, sodass man nur an bestimmten Stellen erkennen kann, was hier eigentlich zu sehen ist. Ganz bewusst vermeidet Andújar den Rückgriff auf die Bildikone der brennenden Zwillingstürme, sondern nutzt ein abstrakteres Bild.

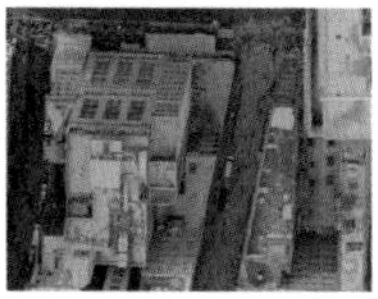

15687
[S. 290-293]

Jedem der sieben Raumgefüge war ein Schlagwort beziehungsweise Suchbegriff zugeordnet, das / der Aspekte der *Timeline* aufgriff: neben Grenze und 1989, Ground Zero und 9/11 zählten dazu noch Marxismus (*Red Room*), Krieg und Kartografie.

1989

Der dem Jahr 1989 gewidmete, innen grau gefasste Archivraum enthielt zahlreiche Kopien von Bild- und Textdokumenten zu den diversen Ereignissen dieses Jahres (und deren Hintergründe / Folgen) in Deutschland, Polen, Rumänien, Ungarn, Panama, China und den USA. Es fanden sich Stasi-Dokumente wie zum Beispiel eine Anordnung über »die Arbeit mit Offizieren im besonderen Einsatz« von 1986 sowie Schriften *über* die Stasi, darunter einige Bände der Mitte der 1990er-Jahre von der BStU[7] herausgegebenen Reihe *Anatomie der Staatssicherheit*. Vertrauliche Berichte der US-Botschaft in Warschau kommentieren die Wahlen im Juni 1989 in Polen. In einem Memorandum des Weißen Hauses vom Mai desselben Jahres werden die Direktiven für die Verhandlungen über einen Teilerlass von Polens Schulden

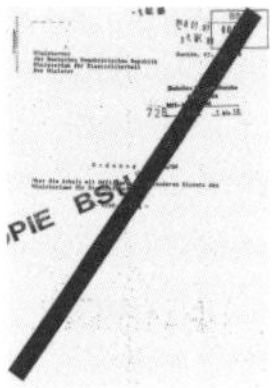

42654
[S. 271]

7. Bundesbeauftragte für die Unterlagen des Staatssicherheitsdienstes der ehemaligen Deutschen Demokratischen Republik.

beim Pariser Club[8] festgelegt, mit dem Ziel, Polens Hinwendung zur freien Marktwirtschaft zu stärken.

Bei einem Gros der ausgewählten Dokumente handelt es sich um einst geheime Akten, die mittlerweile freigegeben wurden. Dabei stachen insbesondere jene Akten hervor, die im Zuge der Freigabe an vielen Stellen, manchmal über ganze Seiten hinweg, geschwärzt wurden. Zu diesen Belegen der Pseudotransparenz zählten zum Beispiel ein CIA-Papier von 1988, das sich mit Gorbatschows »neuem Denken« befasst, sowie diverse Depeschen aus US-amerikanischen Botschaften in Osteuropa, Russland und China – sogenannte *cables,* wie sie jüngst von WikiLeaks veröffentlicht wurden –, in denen es im Wesentlichen um militärische Fragen sowie die Stärken oder Schwächen der politischen Eliten der betreffenden Länder geht.

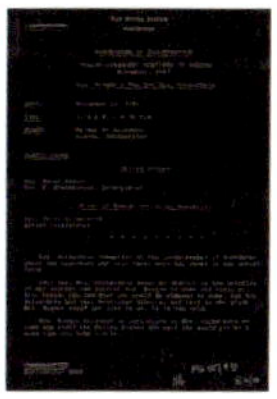

42860
[S. 272]

Unter den nicht geschwärzten deklassifizierten Akten befindet sich ein Memorandum vom 19. November 1985, das den Smalltalk zwischen Nancy Reagan und Raisa Gorbatschow dokumentiert, die sich in Genf, am Rande des Gipfeltreffens ihrer Ehegatten, zu einem Tee trafen und sich höflich gegenseitige Einladungen aussprachen – ganz so, als hätte es den Kalten Krieg schon damals nicht mehr gegeben. Ein Papier von 1988 aus dem Weißen Haus diente der Vorbereitung eines weiteren Gipfeltreffens in Moskau, bei dem das Abrüstungsabkommen zwischen den USA und der UdSSR verhandelt werden sollte.

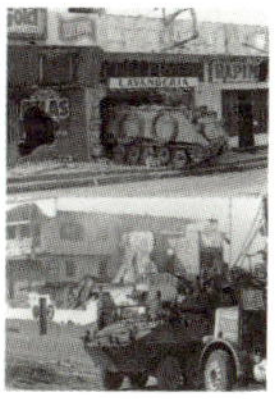

42551
[S. 270]

Neben der Auflösung und den Auflösungserscheinungen des Kalten Krieges sowie dem Zusammenbruch der sozialistischen Regime in der DDR, Rumänien, Polen und Ungarn wurden in dem hier versammelten Material auch die Amtseinführung von George H. W. Bush als Präsident der USA, die von diesem angeordnete Invasion des US-Militärs in Panama, die Havarie der Exxon Valdez vor der Küste Alaskas sowie die Proteste in China und deren gewaltsame Beendigung thematisiert. Letztere wurde unter anderem prominent über zwei Videokompilationen verhandelt. Die eine zeigt in einer endlosen Wiederholung jene kurze und berühmt gewordene Szene, in der sich ein Student einem anrückenden Panzer entgegenstellt. Die andere besteht aus Videofragmenten unterschiedlicher Herkunft, die um die Ereignisse in Peking kreisen.

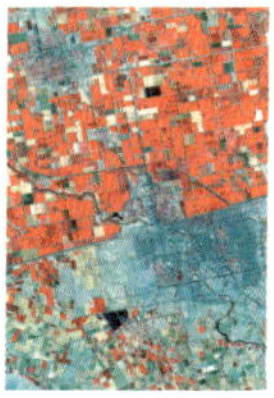

26351
[S. 267]

Auf die zahlreichen Grenzen, die nach dem Fall der Berliner Mauer zu veritablen Todesstreifen aufgerüstet wurden, verwies ein Satellitenbild der Grenzgebiete zwischen Mexiko und den USA – genauer zwischen den Städten Calexico und Mexicali, deren hybride, symmetrisch gespiegelte Namen[9] bereits die Grenzsituation annoncieren. Das Satellitenbild weist nach, dass es auf der US-amerikanischen Seite eine effiziente landwirtschaftliche Bodennutzung gibt, während auf der mexikanischen Seite Ödnis herrscht. Postkapitalistische Grenzen sind in erster Linie asymmetrische Wirtschaftsgrenzen, an denen sich die Handelsfreiheit der einen und der ökonomische Ausschluss der anderen überlagern.

Die Grenzproblematik wurde zudem von einem Ableger der *Timeline* aufgegriffen. Die Bildmontage zeigt zwei einander ähnelnde Überwachungstürme, von denen der eine weitgehend intakt und noch in Betrieb zu sein scheint, was sich von dem anderen, der bereits stark verfallenen ist, kaum vermuten lässt. Doch das Gegenteil ist der Fall: Bei dem intakten Turm handelt es sich um einen musealisierten

8. »Der Pariser Club [...] ist ein internationales Gremium mehrerer Staaten, in dem staatliche Forderungen gegen zahlungsunfähige Staaten behandelt werden und insbesondere über Fragen der Umschuldung und des Schuldenerlasses entschieden wird. [...] 1956 wurde in Paris auf Bitte Argentiniens erstmals ein Treffen einberufen.« Quelle: http://de.wikipedia.org/wiki/Pariser_Club

9. Die Namen der Städte Calexico (USA) und Mexicali (Mexiko) setzen sich jeweils aus Silben von Mexico und California zusammen.

Wachturm in Berlin, während der andere im Westjordanland die israelische Sperranlage sichert.

Über ein Computerterminal hatten die BesucherInnen schließlich Zugriff auf Andújars digitales Archiv – allerdings nicht auf das gesamte Material (wie dies erst in der *Workstation* der Fall war), sondern auf eine Auswahl, die sich auf den hier verhandelten Kontext bezog. Ein solches Terminal tauchte wie die »Ableger« der *Timeline* in allen Raummodulen auf.

Red Room

Vom 1989er-Archiv gelangte man zu einem roten Raum, der dem Marxismus gewidmet war. Das Computerterminal präsentierte hier das Online-Archiv Marxists.org, dessen Sammlung marxistischer Literatur in seiner Heterogenität jener Auflistung linker Organisationen am Eingang der Ausstellung in nichts nachsteht. Neben den einschlägigen AutorInnen finden sich auch Beiträge von Francis Fukuyama, John F. Kennedy, Galileo Galilei oder Konrad Lorenz. Marxists.org umfasst Schriften in rund 50 Sprachen, darunter Bengalisch, Singhalesisch, Urdu und Esperanto.

Für die Stuttgarter Ausstellung druckte Andújar den gesamten (deutschsprachigen) ersten Band von Karl Marx' *Das Kapital* aus, der damals, wie an anderer Stelle bereits erwähnt, über den Buchhandel nicht lieferbar war. An zwei Hörstationen konnte man überdies unzählige Variationen von *Die Internationale* sowie eine Rezitation des *Kommunistischen Manifests* hören. Die *Timeline* wurde fortgesetzt von einer Montage aus zwei Propagandaplakaten der einstigen Kontrahenten USA und UdSSR, die mit sich ähnelnden Gesten zum Kampf aufrufen, sowie von der *Pyramid of Capitalist Systems*, einer Grafik, die 1911 für das US-amerikanische Gewerkschaftsorgan *Industrial Worker* warb. In Form einer Karikatur zeichnet sie die Hierarchie der kapitalistischen Gesellschaft nach, an deren Spitze das Geld regiert, gefolgt von der Staats-, Rechts- und Finanzgewalt (»We rule you«), den Kirchen (»We fool you«), der Exekutive (»We shoot at you«) und der Bourgeoisie (»We eat for you«). Gestützt wird das gesamte System (»We work for all / We feed all«) von der Arbeiterklasse.

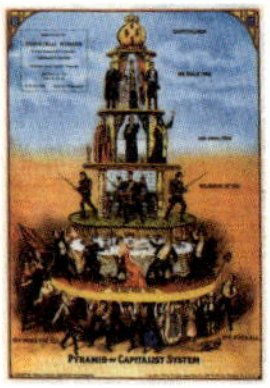

02020
[S. 275]

Eine dritte Interpretation des Kapitalismus lieferten zwei US-amerikanische Zeichentrickfilme, die in den 1950er-Jahren als ökonomische Lehr- und ideologische Propagandafilme für die ganze Familie ausgestrahlt wurden. Vom Aufbruch in die Neue Welt bis zur gelungenen Abwehr des Gespenstes des Kommunismus erklärt *It's Everybody's Business* (1954[10]) die Bill of Rights, das freie Unternehmertum sowie das fordistische Wirtschaftssystem zur Dreifaltigkeit des amerikanischen Traums. In einem ähnlichen Duktus feiert *Meet King Joe* (1951) den US-amerikanischen Arbeiter als glücklichsten auf Erden und imaginiert in einem allzu voreilig formulierten Treppenwitz der Geschichte, wie fröhlich auch sein chinesischer Kollege sein könnte, würde ihm nur der technische Fortschritt zuteil.

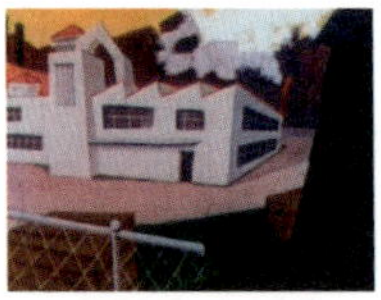

05555
[S. 276]

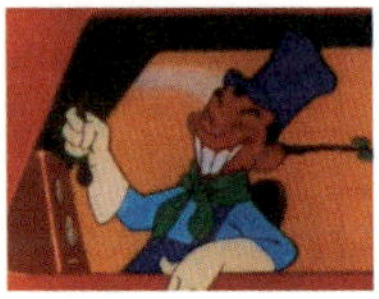

06055
[S. 276]

9/11

Betrat man die Stadtkulisse über die 9/11-Passage, so hatte man an einem bestimmten Punkt gleich zwei Videos im Blick: die Animation von Ground Zero sowie eine Kompilation aus Fotos, Videofragmenten und Dokumenten, die um den Militärputsch vom 11. September 1973 in Chile und seine Folgen kreist. Letztere (*9/11 Secret*) beginnt mit dem Signet einer freigegebenen Geheimakte. Es besteht aus dem durchgestrichenen Wort »Secret« und wirkt hier wie das Logo einer

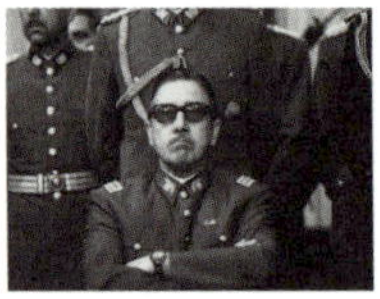

01080
[S. 288-289]

10. Die hier gezeigte Fassung entstammt einer für die Zwecke der Air Force modifizierten Version des Films von 1965.

Filmproduktionsfirma. Neben der Bombardierung des Präsidentenpalasts La Moneda durch zwei Militärflugzeuge, den Gewaltakten gegen die Bevölkerung und der Inhaftierung Zehntausender im Nationalstadion ist auch Henry Kissinger zu sehen, der Pinochet, dessen Putsch er bekanntlich unterstützt hatte, freudig als neuen Machthaber begrüßt. Die Videoarbeit wurde von einem 244 Seiten starken Dokument begleitet, das die Namen der rund 30.000 Opfer der Pinochet-Diktatur auflistet.

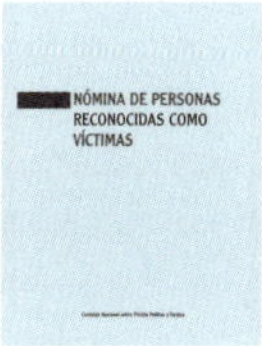

06598
[S. 287]

Der 11. September 1973 und der 11. September 2001 waren jeweils Dienstage. In die Attacken auf La Moneda und das World Trade Center waren jeweils zwei Flugzeuge involviert. So könnte der Beginn einer Verschwörungstheorie lauten. Ganz in diesem Sinne wurden im Raummodul *9/11* in direkter Nachbarschaft zu den Materialen über Chile eine englische und deutsche Fassung des mit großem Erfolg über das Internet verbreiteten Videos *9/11 Mysteries* gezeigt. Minutiös und mit hoher Plausibilität wird hier nachgewiesen, dass nicht die beiden Boeings die drei Türme des World Trade Centers zum Einsturz brachten (WTC 7 stürzte rund sieben Stunden nach WTC 1 und 2 ein), sondern dass es sich hier um gezielte, durch die CIA lancierte Sprengungen handelte.

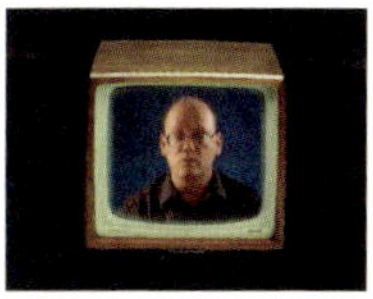

05541
[S. 286]

Andújar ist weit davon entfernt, diese Version der Ereignisse vom 11. September 2001 als eigentliche Wahrheit deklarieren zu wollen. Vielmehr interessieren ihn die Standards der Beweisführung und Überzeugung, deren sich *9/11 Mysteries* bedient: Computeranimationen, Zeugen- und Expertenaussagen, Slow Motion, das wiederholte Vor- und Zurückspulen von Sequenzen et cetera – jene strukturellen und technischen Standards der Konstruktion von Wahrheit also, mit denen Massenmedien prinzipiell operieren. Es geht ihm um die grundsätzliche Verdächtigkeit dieser Konstruktionen, die für die inoffiziellen wie offiziellen Narrative zum 11. September 2001 und anderen Ereignissen gleichermaßen gilt, und um die Frage, was eine Erzählung zu einer offiziellen beziehungsweise inoffiziellen, zu einer universellen beziehungsweise marginalen macht, warum der 11. September 2001 die Welt mehr erschüttern sollte als der 11. September 1973.

The War

Von *9/11* gelangte man zum Raummodul *The War*, dessen zentrale Arbeiten, *Honor* und *No War*, zum einen den virtuellen und realen Wirklichkeiten der modernen Kriegführung und zum anderen den Protestkulturen der globalen Antikriegsbewegungen nachgingen.

Am 15. und 16. Februar 2003 protestierten Abermillionen Menschen weltweit gegen den Eintritt der USA und ihrer Verbündeten in den Irakkrieg. Es handelte sich nicht nur um die bis dahin größte Antikriegsdemonstration aller Zeiten, sondern auch die erste, die vor Ausbruch eines Krieges stattfand. Die digitale Diaschau *No War* zeigt Bilder von verschiedenen Schauplätzen dieses Protestes. Sie sind alphabetisch nach den entsprechenden Städtenamen sortiert, sodass man eine eigenwillige Reise kreuz und quer durch alle Kontinente unternimmt. Neben George W. Bush sind es die klassischen Attribute der US-Gesellschaft – Dollarzeichen, McDonald´s, Coca-Cola, Mickey Mouse, die Freiheitsstatue et cetera –, über die vielerorts die Politiken der USA kritisiert werden; und natürlich über die US-amerikanische Flagge, die manchmal mit Konzernlogos oder Hakenkreuzen anstelle der Sterne auftaucht und die nicht selten brennt. Den Insignien der US-amerikanischen Hegemonie werden neben Peace-Zeichen, Friedenstauben und Lichterketten auch der Koran oder ein Bild Saddam Husseins entgegensetzt. *No War* zeugt von gleichermaßen homogenen wie heterogenen Protestkulturen, deren politische Positionierungen, trotz der gemeinsamen Ablehnung des Krieges sowie (in diesem Fall) der Politiken von George W. Bush und seinen Gefolgsleuten, stark divergieren. Auch dies ein Symptom der postkapitalistischen Gesellschaft, deren entscheidende Herausforderung darin besteht, eine

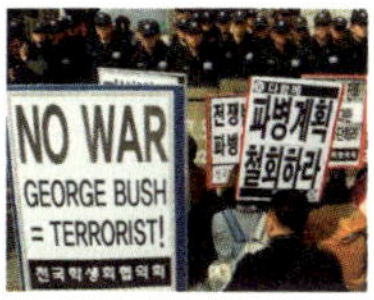

22694
[S. 284]

Kultur des Dissens auszutragen und auszuhalten – nicht zuletzt als Alternative zum Krieg, die 2003 bekanntlich nicht gewählt wurde.

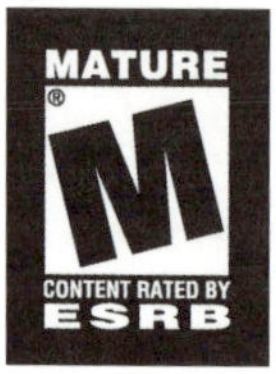

226240768

Die Videoarbeit *Honor* verschränkt Fragmente aus Werbetrailern für Computerspiele mit Amateuraufnahmen realer Situationen. »Rated M for mature« heißt es zu Beginn der Videoarbeit aus dem Off, nachdem bereits ein Schuss gefallen ist: ein Hinweis darauf, dass sich das nun Folgende für Personen unter 17 Jahren[11] nicht eignet – und auf die endlosen Debatten über die Jugendgefährdung durch Ego-Shooter-Spiele und dergleichen. Die Altersklassifizierung gehört zum Trailer für das 2004 erschienene Computerspiel *Full Spectrum Warrior*, das Andújar hier aufgreift. Es ist aus einem Simulations-Programm der US-Armee hervorgegangen, nur um ein Jahr später in einer erneuten Adaption zur Armee zurückzukehren: als Computerspiel *Virtual Iraq*, das zur Therapie post-traumatischer Belastungsstörungen bei aus dem Irak und Afghanistan heimgekehrten US-Soldaten eingesetzt wird.[12]

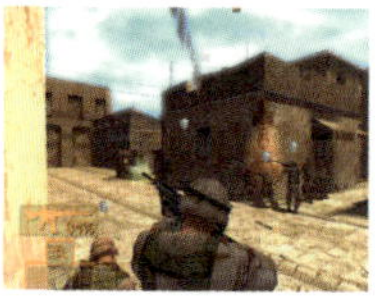
02568
[S. 282-283]

In *Full Spectrum Warrior* haben die Spieler die Befehlsgewalt über zwei mit modernsten Waffen und GPS ausgestattete US-Bodentruppen, die es im Kampf gegen die »Achse des Bösen« in den fiktiven Staat Zekistan verschlagen hat. In schnellen Schnitten verschränkt Andújar die Szenarien kampftaktischer wie waffentechnischer Präzisionsarbeit aus der Traileranimation mit Bildern aus dem »Alltag« des Irakkriegs, die die »Befreiungsmacht« weitaus grobschlächtiger und planloser aussehen lassen. Es handelt sich um Amateuraufnahmen eines »Zwischenfalls«, bei dem US-Soldaten das Auto eines Zivilisten räumen, es beschießen und schließlich mit ihrem Panzer überrollen. Auf der Tonebene ist der Soundtrack des Trailers mit seiner dramatisch-dynamischen Musik aus orientalischen und Heavy-Metal-Versatzstücken, den Funksprüchen der Soldaten und hyperrealistischen Geräuschen der Kampfhandlungen zu hören.

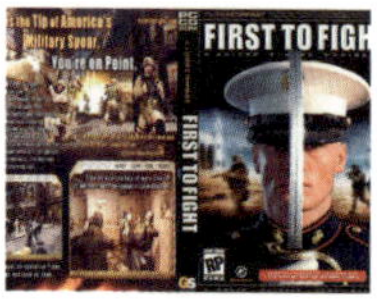

03102
[S. 282-283]

Honor besteht aus zwei Abschnitten. Der zweite greift das Spiel Close Combat. First to Fight von 2005 auf, das ebenfalls dem Kampf gegen die »Achse des Bösen« verpflichtet ist und dessen Trailer vor allem auf Ehre, Heldentum und Patriotismus des amerikanischen Kriegers schlechthin, des Marines, zielt. Wie *Full Spectrum Warrior* basiert es auf einem Simulator des US-Militärs. Die pathetischen Inszenierungen aus dem Trailer werden von einem kruden Home Movie konterkariert, in dem finster dreinblickende Jugendliche sich dabei filmen, wie sie ihre Kampfmontur samt diversen Handfeuerwaffen mit bemühter, aber wenig überzeugender Coolness anlegen, wobei der Kontext völlig offenbleibt.

Die beiden Abschnitte, die die Mythen militärischer Präzision und Ehrenhaftigkeit befragen – zwei Mythen also, die sich im Irak und in Afghanistan von der Lüge der Massenvernichtungswaffen über die zahllosen »Kollateralschäden« bis zu Abu-Ghuraib selbst als Simulakren entlarvten –, werden von einer Zwischensequenz miteinander verbunden. Diese umfasst Fragmente aus Werbetrailern des Computerspiels Tahta al-Hisar (Under Siege, 2005) der syrischen Softwarefirma Afkar Media. *Tahta al-Hisar* zählt zu einer Reihe von Computerspielen, die sich als Alternative zu den stereotypen Repräsentationen der arabischen Welt in den Produkten der westlichen Game-Industrie verstehen.[13] Das Spiel, das eine klare politische Position bezieht, kreist um eine palästinensische Familie während der zweiten Intifada und

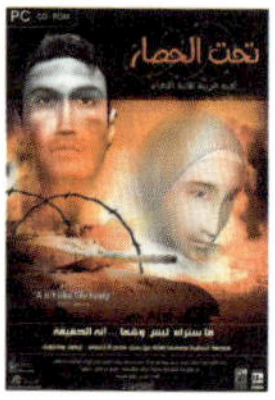

03566
[S. 282-283]

11. Solche Empfehlungen werden in den USA zum Beispiel durch das 1994 etablierte Entertainment Software Rating Board vergeben, siehe http://www.esrb.org/index-js.jsp

12. Siehe http://www.virtuallybetter.com/IraqOverview.html

13. Siehe Vít Šisler, »Digital Intifada«, in: *Umělec*, englische Ausgabe, Heft 1, 2006, S. 77–81, http://www.digitalislam.eu/article.do?articleId=1419; ders., »Digital Arabs. Representation in Video Games«, in: *European Journal of Cultural Studies*, Band 11, Nr. 2, SAGE Publications, 2008, S. 203–20, http://www.digitalislam.eu/article.do?articleId=1704

greift dabei auch auf davorliegende Ereignisse wie das Attentat zurück, das der jüdische Siedler Baruch Goldstein 1994 in einer Moschee in Hebron auf die dort Betenden verübte.

Die *Timeline* in diesem Raummodul setzt ebenfalls an der Frage nach den Schnittstellen zwischen realem und virtuellem Krieg an. So verbindet eine Bildmontage das Schlachtfeldszenario eines Computerspiels mit einem Pressefoto jenes Gipfeltreffens zwischen Tony Blair, José María Aznar, George W. Bush und José Manuel Barroso, das am 16. März 2003 auf den Azoren stattfand. Vier Tage vor Beginn des Irakkriegs demonstrierten die Stellvertreter der »Koalition der Willigen« im Militärflughafen Lajes noch einmal ihre Entschlossenheit. Die vier Protagonisten auf dem Foto erscheinen merkwürdig puppenhaft, fast wie Wachsfiguren.

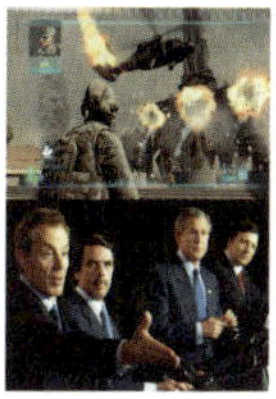

07898
[S. 280-281]

Die darauf folgende Montage kombiniert eine gestellt wirkende Kampfsituation im modernen »Schützengraben« mit einer Werbung, die dazu aufruft, eine Paintballtruppe zu rekrutieren. Zu sehen ist eine bin-Laden-Puppe mit Paintball-Gewehr, die sich hinter einem künstlichen Felsen verschanzt hat. Die Affinität zum Kriegspielen ist trotz der großen Erfolge der Computerspieleindustrie, die längst höhere Umsätze als Hollywood verbucht, eben nicht nur eine virtuelle Angelegenheit. Darauf verweisen auch die Jugendlichen, die sich im *Honor*-Video auf ritualisierte Weise bewaffnen und von denen man nicht weiß, ob sie »nur« spielen wollen oder tatsächlich in die Schlacht ziehen. Eine weitere Montage konfrontiert wiederum das Bild eines Soldaten, der am Simulator trainiert, mit einer brutalen, auf den ersten Blick real wirkenden Szene, in der einem Mann mit einem Messer ins Gesicht geschnitten wird. Erst bei näherer Betrachtung wird deutlich, dass es sich hier um das Bild einer Videoanimation handelt.

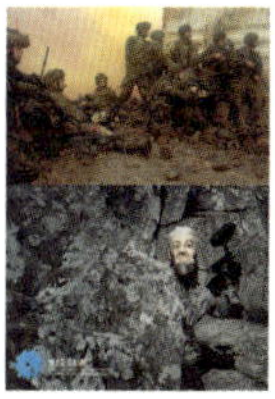

09555
[S. 280-281]

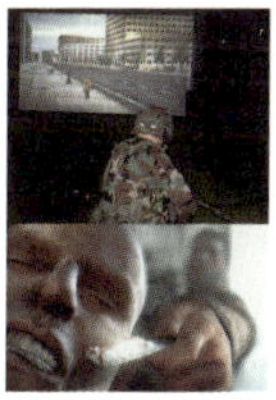

13699
[S. 280-281]

Die Verschränkungen zwischen Heerestechnologie und Unterhaltungsindustrie (vom Funk zum Radio, vom Radar zum Fernsehen, von der Turing-Bombe zum vernetzten PC) sowie die Mediatisierung und Virtualisierung des Krieges (von CNN bis Al Jazeera, von C4I und ISTAR[14] bis *Kuma War*[15]) sind sattsam beschrieben worden. Gilt der Golfkrieg von 1991 als erstes Experimentierfeld des »Cyberwars«, dessen Fernsehbilder indes meist nicht mehr als ein abstraktes grünes Flackern boten, so zählt der Irakkrieg von 2003, als die Mär der chirurgischen Kriegführung längst durch einen anderen Euphemismus, den sogenannten Kollateralschaden, abgelöst war, dank eingebetteter, von den Militärs sorgsam ausgewählter Journalisten zu den bisherigen Höhepunkten der telegenen Kriegführung. »Nie war der Zuschauer dem Geschehen so nah«, jubilierten die Moderatoren auf allen Kanälen in Verkennung und Verleugnung der den Übertragungsmedien inhärenten Konstruktion von Simulakren. Krieg scheint zu einem nicht enden wollenden Spiel geworden zu sein – einem hybriden Spiel, in dem sich Realität, Fiktion und Simulation beständig durchkreuzen. Selbst die traumatisierten Soldaten, die die Wirklichkeit des Krieges, die Differenz zum Computerspiel nicht verkraften, sollen durch virtuelle Kriegsspiele wieder ans System der Realität angeschlossen werden. Der Krieg ist gerecht, der Krieg ist nur ein hyperreales, cooles Spiel in Echtzeit. So in etwa lautet die Botschaft der psychologischen Kriegführung via Massenmedien und Computerspiele. Und das mit Erfolg. Wie sonst ließe sich die Erschütterung erklären, die immer dann auftritt, wenn Zivilsten getötet werden oder Soldaten in Särgen heimkehren.

14. Militärische Akronyme des Führungsinformationssystems *Command, Control, Computers, Communications, Intelligence* (C4I) und des Aufklärungssystems *Intelligence, Surveillance, Target Acquisition, Reconnaissance* (ISTAR).

15. *Kuma-War* ist der Titel eines 2004 erschienenen, freien Internet-Computerspiels, das reale kriegerische Konflikte (vom Irak bis Südkorea) aufgreift und dessen Verlauf von ständig aktualisierten Dokumenten (Presseberichte, Pläne, Satellitenbilder et cetera) gestützt wird.

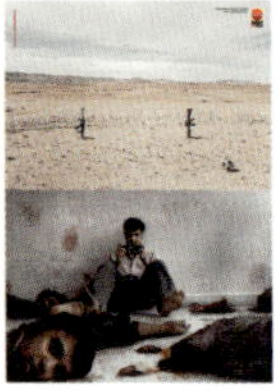

16589
[S. 281]

Eine weitere Bildmontage in dieser *Timeline*-Sequenz spitzt die Durchdringung von Spiel und Gewalt zu. Sie kombiniert die Anzeige einer Kinderhilfsorganisation mit einer Werbung für die PlayStation Portable. Erstere gibt den Blick auf eine Wüste frei. Zwei mit einem größeren Abstand nebeneinander in den Boden gerammte Maschinengewehre sowie ein Fußball verweisen auf einen besonderen Umstand der spielerischen Improvisation. Der Slogan dazu lautet: »Giving kids a chance to be kids«. Letztere zeigt einen indischen Jungen, der gebannt auf seine mobile PlayStation blickt, während überall im Raum verteilt und ohne dass er davon Notiz nehmen würde die Versatzstücke seines eigenen verstümmelten Körpers herumliegen. Diese Konfrontation zwischen dem Aufruf zur Errettung verwahrloster Kindersoldaten und dem mit Computerspielen verwöhnten Mittelschichtkind erschüttert jene zutiefst ambivalente bürgerliche Idee von Kindern als erste und letzte Instanz der Unschuld. Waren Spielzeuge für Jungs nicht schon immer Kriegsspielzeuge? Geht es bei dem Aufruf zur Errettung von Kindern nicht vielmehr um die Errettung der Erwachsenenseele, des Glauben-Wollens an die Unschuld?

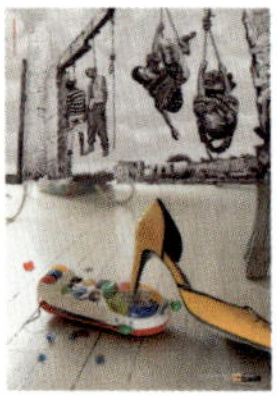

009312571
[S. 50]

Exkurs: Bedingungen von Kindheit

An einer ganz anderen Stelle der *Timeline* wird das Auseinanderklaffen der Bedingungen von Kindheit und der bürgerlichen Projektion darauf erneut befragt. Die Werbung von Hilfsorganisationen scheint hierfür besonders grenzwertige Bilder zu liefern. So zum Beispiel eine Anzeige von Amnesty International, in der es ebenfalls um Kindersoldaten und – wie behauptet wird – *deren* Traum geht, »einfach nur Kinder zu sein«. Im Hintergrund des Bildes baumeln zwei erhängte schwarze Jungen in Zivilkleidung von einem Balken. Davor sieht man zwei schwer bewaffnete Kinder, die die Halsschlingen ausgelassen als Schaukeln benutzen. Andújar konfrontiert dieses Bildmotiv mit der Werbung eines Batterieherstellers. Sie fokussiert ein »Mobiltelefon« für Babys, das mit dem Stöckelabsatz eines eleganten Damenschuhs gewaltsam zertrümmert wurde. »Lasts longer, much longer. Sorry«, so der nachsichtige Kommentar. Ein Bild, das sich auf vielerlei Weise lesen lässt: Es steht für den Konsumimperativ, dem in den reichen Ländern bereits Kleinstkinder ausgesetzt sind, die nie zu jung werden, um sich die Werkzeuge der Wissens- und Konsumgesellschaft anzueignen. Was ist damit gemeint, »einfach nur Kind zu sein«? Das Bild verweist aber auch auf das Imago der gestressten und zugleich skrupellosen Karrierefrau, der das Management des Nachwuchses nach wie vor obliegt.

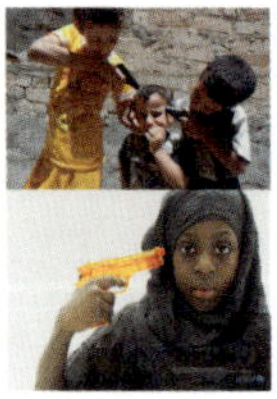

001083069
[S. 49]

Eine weitere Bildmontage greift ein Plakat von UNICEF auf. Es zeigt ein schwarzes Mädchen mit dunklem Kopftuch – eine Figur, deren Status als Benachteiligte aus westlicher Perspektive gleich dreifach abgesichert wird –, das sich eine Wasserpistole an den Kopf hält. »Bad water kills more children than war«, so der Slogan, als hätte das eine mit dem anderen nichts zu tun. Der viel beschworene Krieg um Trinkwasser ist kein Zukunftsszenario. Er wurde mit der hemmungslosen »Akkumulation durch Enteignung« (David Harvey) längst ausgerufen. Oder um es mit Václav Bělohradský zu sagen: »Industrielles Wachstum ist Krieg.«[16] Über diesem Motiv ist ein Foto zu sehen, auf dem zwei arabische Jungen einem völlig verstörten dritten Kind links und rechts eine Pistole an die Schläfen halten und

16. Václav Bělohradský, »Manifest für eine Gesellschaft des Unwohlseins. Zusammengesetzt aus den letzten Texten von Václav Bělohradský und ausgewählten Beispielen aus Daniel G. Andújars Projekt *Postcapital Archive*«, in: *Umělec (Umbewertung der Umbewertung)*, deutsche Ausgabe, Heft 1, 2010, S. 86.

dabei offensichtlich großen Spaß haben. Das Bild, das man im Internet unter den Suchbegriffen »Children« und »Gaza« findet, räumt erneut mit den bürgerlichen Idealen des Kindseins auf. Mit ihm wäre kein Spendenaufruf zu machen.

Als Sinnbild der sich verschiebenden Weltordnung erscheint schließlich eine Werbung der Universität von Gent. Sie zeigt ein schwarzes Paar, das vor einer einfachen afrikanischen Lehmhütte posiert. Die Frau trägt ein weißes Kind auf dem Arm, das etwas überheblich in die Kamera blickt. »Dare to think«, heißt es dazu. Eine ungeheuerliche Provokation, die an die Urängste der »Ersten Welt« vor dem Verlust ihres Status rührt. Diese Ängste werden jedoch zugleich beschwichtigt, da die Szenerie für das Undenkbare schlechthin, für einen schlechten Scherz steht. Andújar stellt diesem Motiv eine Werbung von Ikea gegenüber. Es ist eine Art Handlungsanweisung, wie man sich als Kunde in dem radikalen Do-it-yourself-System des Möbelgiganten zurechtfindet. Der Grundtenor adressiert den »Geiz-ist-geil«-Konsumenten, der gerne auf Service und Originalität verzichtet, solange er dabei Geld sparen kann. Eine Flagge weist darauf hin, dass es sich um die Werbung einer Ikea-Filiale in Singapur handelt – jenem kleinen Inselstaat, der zu den reichsten Ländern der Welt zählt; einem jener Tigerstaaten, die in den 1980er- und 1990er-Jahren die Kartografien der führenden Industrienationen verschoben haben. Billigmöbel für eine Bevölkerung, die laut Weltbank im Jahr 2009 über eine Kaufkraft von 49.780 US$ pro Kopf verfügte?[17] Ist das womöglich ebenso absurd wie die Vorstellung, dass schwarze AfrikanerInnen einst weiße Kinder adoptieren werden, um ihnen eine bessere Zukunft zu bieten? Zwar gibt es in Afrika bislang »nicht einmal« eine Ikea-Niederlassung, aber hätte man vor einigen Dekaden an den Aufstieg Chinas, Indiens, Südkoreas oder Singapurs geglaubt?

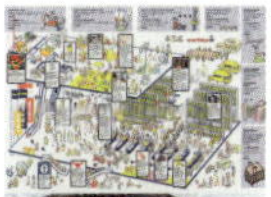

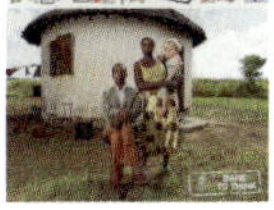

002035894
[S. 44]

Kartografien

Das Raumgefüge, das sich von *The War* und dem *Red Room* aus schließlich zum »Backstage«-Bereich der Ausstellung hin öffnete, kreiste um die neuen, verschobenen Kartografien der postkapitalistischen Gesellschaft entlang ihrer Repräsentationen. So steuert eine geloopte Videoanimation die 50 größten Megastädte[18] beziehungsweise -agglomerationen auf Google Earth an und führt dabei, im beständigen Überspringen der Zwischenräume, die geo-ökonomische Archipelstruktur der postkapitalistischen »Weltordnung« vor Augen.

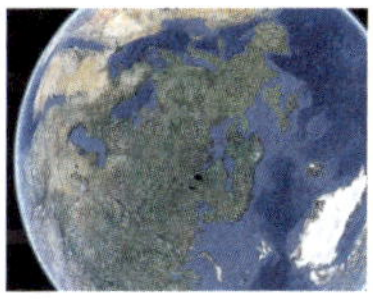

02451
[S. 279]

Darüber hinaus umfasst der Raum eine Reihe von Karten unterschiedlichster Art und Ästhetik, die sich sowohl auf reale wie virtuelle Territorien beziehen, darunter die Weltkarte der Reporter ohne Grenzen, die die »schwarzen Löcher« des Internets anzeigt, die Lagepläne und Karten der Computerspielwelten *Azeroth World of Warcraft* und *Eve Online* oder die »World Instability Map«. Letztere scheint die vertrauten Koordinatensysteme der Weltkarte aufzuheben, sodass Lage und Proportionen verschiedener Länder stark verzerrt wirken – und doch verweist sie nur darauf, dass Karten immer schon eine Konstruktion waren und nicht das Territorium selbst sind (Alfred Korzybski). Mehr noch: Das Territorium, wie Jean Baudrillard 1981 in

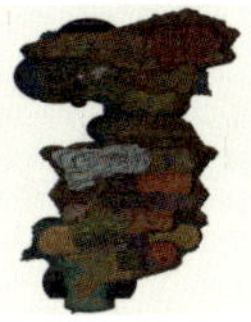

02459
[S. 278]

17. Im selben Jahr belief sich die Kaufkraft in Deutschland auf 36.780 US$ und in Schweden auf 38.590 US$.

18. Tokio-Yokohama, Delhi, Seoul-Incheon, Jakarta, Manila, Mumbai, New York, São Paulo, Mexiko-Stadt, Shanghai, Kairo, Osaka-Kobe-Kyoto, Kalkutta, Shenzhen, Los Angeles, Peking, Moskau, Karatschi, Istanbul, Buenos Aires, Dongguan, Rio de Janeiro, Guangzhou-Foshan, Dhaka, Lagos, Paris, Nagoya, Chicago, Kinshasa, Lima, Bogotá, London, Taipeh, Ho-Chi-Minh-Stadt, Chennai, Johannesburg-East Rand, Bangalore, Lahore, Teheran, Rhein-Ruhr-Region, Bangkok, Hongkong, Hyderabad, Tianjin, Chongqing, Bandung, Bagdad, Santiago de Chile, Kuala Lumpur, Toronto-Hamilton.

Simulacres et Simulations schreibt, geht der Karte nicht mehr voraus, sondern es wird selbst erst durch die Karte erzeugt.[19]

Dass die Kartografie dabei – vom Kolonialismus der Neuzeit bis zum Irakkrieg – ein Instrumentarium der militärischen, politischen und ökonomischen Macht darstellt, spiegelt sich selbst in den Geoinformationssystemen von Computerspielen wider. So ist Eve Online ein Spiel, bei dem es um die Kolonialisierung des Weltalls geht, das heißt um die Eroberung von Planeten, die Ausbeutung und Kontrolle von Ressourcen sowie die Dominanz interplanetarischer Handelsmärkte. Auch in *Azeroth* wird fleißig Handel getrieben, weshalb die Karte der Fantasy-Welt zahlreiche Hinweise auf Bodenschätze gibt.

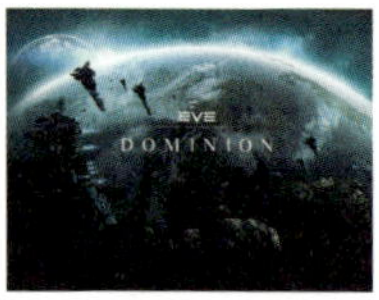

284712794

Kartografie beschränkt sich längst nicht mehr auf die Repräsentation von Geodaten. Der schier endlose Zugriff auf Information erfordert die Entwicklung von computergestützten Methoden der Datenvisualisierung, die das Auffinden erleichtern und zugleich der Komplexität vernetzter Datenströme gerecht werden. Da auch der Zugriff auf die Werkzeuge der Datenvisualisierung über das Internet erleichtert wird, scheint die Zahl an visualisierten Daten ebenso uferlos wie die Datenflut selbst. Neben den Geokarten zeigte Andújar eine Reihe von Ergebnissen dieser Darstellungspraktiken, die mittlerweile den Begriff der »Infosthetik« hervorgebracht haben. Hierzu zählen einige der Clusteranalysen des US-amerikanischen PHD-Studenten Chris Harrison[20], der unter anderem die Verlinkungen der Seiten von Wikipedia entlang bestimmter Schlagworte (Politik, Mensch, Musik) untersucht. Ziel ist es, am Beispiel einer kollektiv produzierten Datenbank darzustellen, welche Themenfelder am stärksten beziehungsweise schwächsten aufeinander bezogen wurden und wie Informationen gemeinschaftlich organisiert werden. Darüber hinaus stellt eine Grafik die Häufigkeiten des Auftretens von und die Beziehungen zwischen Orten und Personen in der Bibel dar. Diese auf Mustererkennung zielenden Dataminings von großen Datenbeständen, die sich formal an planetaren Strukturen, Stadt- oder Netzplänen orientieren, filtern, bereinigen und übersetzen Informationen, ordnen sie dem Regelwerk des jeweiligen Visualisierungsmodells unter. Sie produzieren in erster Linie Hierarchien, generieren, ganz in der Tradition der Kartografie, Zentren und Peripherien, Bedeutsames und Marginales, ohne diese Verhältnisse selbst zu befragen. Insofern bilden sie die Strukturen und Organisation von Wissen nicht ab, sondern bringen diese erst hervor. Ziel ist die optimale Ausbeutung von Informationen, worauf bereits der Begriff Datamining verweist, eine Methode, die insbesondere für Politik, Ökonomie und Militär eine hohe Relevanz hat. So wertet eine intergalaktisch anmutende Karte, die Andújar zeigt, Daten des *CIA World Factbook* von 2004 hinsichtlich weltweiter Militärausgaben im Verhältnis zum jeweiligen Bruttoinlandsprodukt aus.

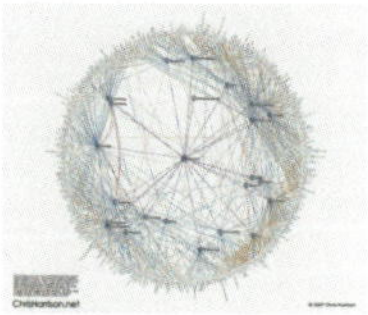
06558
[S. 278]

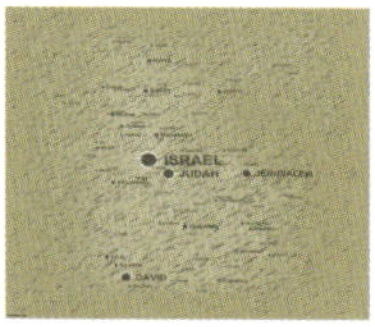

10002
[S. 278]

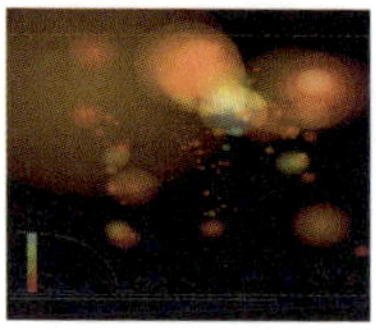
11321
[S. 278]

Eine weitere Karte visualisiert den ersten Teil von Jack Kerouacs Roman *On the Road* (1957), den er bekanntlich mit der Schreibmaschine auf einer aus Papierbögen zusammengeklebten Rolle schrieb. Geordnet nach Kapiteln, Absätzen, Sätzen und Wörtern, nimmt das Diagramm eine Analyse über das Aufkommen und die sprachliche Dichte verschiedener Themen vor: etwa Bob und Jazzmusik; Reisen; Partys, Alkohol und Drogen; Arbeit und Überleben; Frauen, Sex und Beziehungen oder illegale Aktivitäten und Konfrontationen mit der Polizei. Die Wortdichte eines Satzes wird in blütenartigen Grafiken veranschaulicht, deren Farbe auf das jeweilige Thema, das hier verhandelt wird, verweist. Dem floralen Gebilde ließe sich also entnehmen, ob Kerouac Sex in langen oder kurzen Sätzen abhandelt und ob dieser eher im Kontext

19. Jean Baudrillard, *Simulacra and Simulation*, Michigan 1994 (Originaltitel: *Simulacres et simulation*, Paris 1981), S. 1.

20. http://www.chrisharrison.net

von Reisen, Arbeit oder Drogen auftaucht. Die Archipel-Struktur, die Inseln hervorhebt und Zwischenräume ausblendet, ist auch dieser Visualisierung inhärent. Zudem geben solche mathematischen Analysen eine Neutralität von Interpretation vor, die durch die systemimmanenten Filter – von der Auswahl der Suchbegriffe bis zur Architektur der Software – in keiner Weise gegeben ist.

Andújars Kapitel über Kartografie zeigt nicht nur die ihr inhärenten Hierarchien und Politiken auf, sondern verweist zugleich auf ein zentrales Problem, um das *Postcapital* kreist: die Organisation von Wissen und Informationen unter den Bedingungen des Internets. So versteht sich das *Postcapital*-Archiv selbst explizit als ein Problem der Strukturierung, Ordnung sowie des Umgangs mit der Interkonnektivität von Daten.

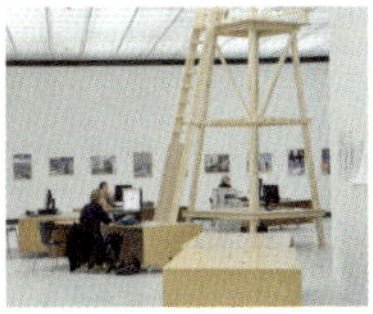

STR 2008_WRK_0251
[S. 210-211,322]

Workstation

Im »Backstage«-Bereich beziehungsweise der *Workstation* der Ausstellung befand sich ein Server mit dem gesamten *Postcapital*-Archiv, das hier an verschiedenen Computerterminals abgerufen werden konnte. In Stuttgart waren die rund 250.000 Dateien noch in einer klassischen Baumstruktur aus Ordnern und Unterordnern strukturiert, wobei die BesucherInnen eigene Ordner anlegen oder Dokumente umgruppieren konnten. Darüber hinaus war es möglich, Materialien vor Ort auszudrucken, einzelne Dokumente oder den gesamten Datenbestand zu kopieren. Diese Open-Source-Haltung folgt, neben dem Gedanken eines offenen Wissenstauschs, auch der Überzeugung Andújars, dass digitale Daten – die nach jenen geflügelten Worten Jeff Rothenbergs für immer oder fünf Jahre halten, was immer zuerst kommt – nur dann eine gewisse Zukunft haben, wenn sie möglichst häufig kopiert und in Umlauf gebracht werden. Die Optionen und Problematiken der Veröffentlichung, des Austauschs und der Archivierung digitaler Daten wurden in der *Workstation* auch im Rahmen eines von Andújar geleiteten Workshops behandelt.

Weitere Elemente der *Workstation* waren eine physische Bibliothek (*Library*), die Ausdrucke einer Auswahl von Texten und Schriften aus dem digitalen *Postcapital*-Archiv enthielt, sowie eine Art Hochstand aus einem groben Holzlattengerüst, dessen Aussichts- oder Rednerplattform jedoch nicht erreichbar war: Der für den Ausstellungsraum zu hohe Turm durchstieß das Oberlicht, hinter das die Plattform verschwand. Im Sinne einer Metapher steht der Turm für die Ein- und Ausschlüsse, Hierarchien und die Zensur des World Wide Web, worauf unter anderem bereits die Karte zu den »schwarzen Löchern« des Internets verwies. Der Server selbst, quasi die Quelle der gesamten Ausstellung, war unter der Konstruktion verborgen.

Andújar, dem es in seiner Auseinandersetzung mit vernetzen Informations- und Kommunikationstechnologien in hohem Maße um die Erprobung und Vermittlung einer kollektiven, unabhängigen und widerständigen Wissensaneignung geht, weiß sehr wohl, dass die demokratischen Träume, die einst auf das Internet projiziert wurden, längst durch dessen Kommerzialisierung und politische Kontrolle eingeholt wurden. Seine künstlerische Methode zielt insofern weniger auf die Aneignung als auf die Wi(e)deraneignung der Territorien der Bild- und Wissensproduktion und deren Werkzeuge. Dies zeigt sich nicht zuletzt in den von ihm seit 2001 initiierten zahlreichen e-Plattformen, bei denen es sich um kulturpolitische Onlineforen für verschiedene Städte (Valencia, Barcelona, Madrid, Sevilla et cetera) handelt, auf denen man bereits 2001 – also lange vor WikiLeaks – Informationen und Dokumente anonym posten konnte, das heißt, ohne dass die IP-Adresse des Senders nachzuvollziehen ist. Neben »Do It Together« lautet eines seiner Mottos »Hack the System«. Dies gilt für die uns umgebenden Technologien und Technokratien ebenso wie für die Repräsentationen und das Rauschen, die diese generieren.

Erweiterungen

Postcapital beruht auf der Idee eines Austauschs von Wissen und ästhetischer Erfahrung, die nicht auf ein singuläres Ziel hin orientiert ist, sondern Vielschichtigkeit, Vielstimmigkeit und Unvorhersehbares zulässt. Dem entspricht, dass die Ausstellungen von *Postcapital* in der Regel im Dialog mit weiteren Beiträgen beziehungsweise Interpretationen auftreten, wie etwa in Barcelona mit den Werken Carlos Garaicoas und den politisch-literarischen Analysen von de la Nuez. Letztere bildeten dabei nicht den diskursiven Überbau des Projektes ab, sondern eine simultane Stimme, die weitere Richtungen, Lektüren und Denkansätze bietet.

In Stuttgart fand im Rahmen und *in* der Ausstellung ein dichtes Veranstaltungsprogramm statt, wie das von Katrin Mundt kuratierte Filmprogramm, das am Archiv »als Ablage der Gegenwart« (Mundt) ansetzte; der von Yvonne P. Doderer geleitete Workshop zur kapitalistischen Stadt als urbane Utopie; der bereits erwähnte Workshop von Andújar zu Archivkulturen; ein Seminar mit StudentInnen der Staatlichen Akademie der Bildenden Künste Stuttgart oder die zahlreichen Vorträge zu Fragen der Grenzüberschreitung (Keiko Seo); zur marxistischen Theorie (Helmut Draxler); zu Kulturen der Netzwerkgesellschaft (Felix Stalder); zur Wissensstadt (Kirsten Wagner); zur kritischen Theorie in der Architektur (Ole W. Fischer); zur dyadischen politischen Landschaft Koreas (Du-Yol Song) oder zu den westlichen Bildpolitiken in Zeiten von Krieg und Terror (Linda Hentschel).[21] Eine unabhängig von der Ausstellung und gemeinsam mit der Akademie Schloss Solitude sowie dem Stuttgarter Hospitalhof veranstaltete Tagung zur Zensur in der Kunst bot weitere Anschlüsse an *Postcapital*, insbesondere im Hinblick auf die Verschränkungen zwischen Copyright und Zensur. Bereits im Vorfeld der Ausstellung diskutierte ein Workshop von Andújar in der Akademie Schloss Solitude Fragen nach der Transformation von Informationen in Wissen.

Postcapital wurde in Stuttgart als Umfeld, Werkzeug und Katalysator einer offenen Kunst- und Wissensproduktion interpretiert und als solches fortgeschrieben.

21. Audiomitschnitte der meisten Vorträge befinden sich auf der Website des Württembergischen Kunstvereins, s.: http://www.wkv-stuttgart.de/programm/2008/veranstaltungen/programm-postcapital

2. Exhibition Modules: Stuttgart

The executions of *Postcapital* are assembled from various modules that have been created over the course of the project. These are to be more closely reviewed in the coming pages by example of the Stuttgart exhibition. The modules do not form invariable units, either individually or in connection with others. They alter their form and structure, are shown in different constellations, sometimes even as one single module. They therefore represent configurations that are more conceptual than material, more contingent than manifest.

All images, videos, audio, text, and other documents that are negotiated in the modules in form of collages, tableaus, montages, or resamplings are constituent elements of the digital archive, meaning, they originated on the Internet. Even the meta-texts in the exhibition—chronological facts listed from the years 1989 and 2001 as well as a glossary—cite Wikipedia as a source. Thus, *Postcapital* makes [pp. 336-338] very direct reference to this archive that we no longer visit but rather inhabit.

What or Who Is "Leftist"?

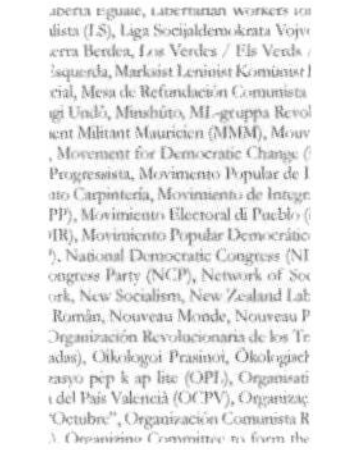

18 [p. 256]

Counting among the basic *Postcapital* modules is a comprehensive list which includes the names of political parties, organizations, groups, individuals, magazines, publishers, blogs, and Web portals from Africa to Oceania of those who call themselves "leftist."[1] They dedicate their time to topics like critique of capitalism and globalization, postcolonialism, migration, pacifism, environmental protection, feminism, gender theory, media criticism, labor disputes, human rights issues, and many more. In this list one finds a wide range of divergent groups and actors, such as: the Institute of Postcolonial Studies (IPCS) in Melbourne; the European network Transform; the South-African, anarchistic online platform Zabalaza.net; the publishing house Verso Books; the communist parties of Vietnam and Cuba (and many other countries); the Coordination Committee of Maoist Parties and Organisations of South Asia; the online archive Marxists.org; the Democracy Party of China; the U.S.-based Iraq Veterans Against the War; the Tupamaros of Urugay; the Federation of German-Speaking Anarchists (FdA); the Edward Said Archive; the Institute of Globalization Studies (IPROG) in Moscow; the Arab Women's Solidarity Association; Bitch Media of Portland, Oregon; the Australian organization Children Out Of Detention (ChilOut); the Coalition Against Slavery in Mauritania and Sudan (CASMAS); or ATTAC Réunion.

In the Stuttgart exhibition, this list was among the first two elements encountered by visitors. Thus, the question as to what leftist thought / action is or should be was left open from the outset. In fact, it was indicated that a leftist political positioning, form of conflict, or conflict zone may mean very different things depending upon the respective subjective, political, ideological, societal, and cultural context. Mirrored therein is the heterogeneity that, as Laclau and Mouffe elucidate, has "made so urgent the task of theoretical reconsideration." For it implies "an extension of social conflictuality to a wide range of areas, which creates the potential, but no more than the potential, for an advance towards more free, democratic, and egalitarian societies."[2]

---

1. See http://www.postcapital.org/parties/index.php?&newlang=eng.

2. Ernesto Laclau and Chantal Mouffe, *Hegemony and Socialist Strategy: Towards a Radical Democratic Politics* (1985; New York: Verso, 2001), p. 1.

Logo Collection

This list of leftist organizations was presented in one of two monumental object frames flanking the exhibition entryway. The frame to the right contained a collection of approximately nine hundred logos from the largest transnational companies. One could interpret this entry scenario as a reminder, like commemorative plaques, of the two onetime "dancing partners"—communism and capitalism, the Left and the Right—whose clearly delineated contours have already been disintegrating. For while on the one side the heterogeneity and divergence of leftist discourse was manifesting, one was dealing on the other side with highly unstable, indebted entities, due to rapid takeover practices. Both modules had already been part of the 2006 exhibition in Barcelona (though in different form). Since then the logo collection inventory has been continually changing.

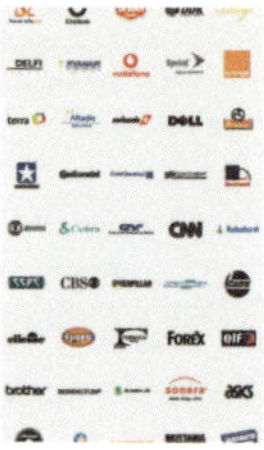

18
[p. 257]

Old Media Noise

A further module is comprised of video montages drawing from television programs and images in printed media. Organized in six chapters, which were presented in Stuttgart on six monitors arranged in a semicircle, *Old Media Noise* sketches something of an archeology of the "old mass media" and their agendas: political propaganda (here in reference to the Cold War); advertising (in general and using political commercials as an example); entertainment (sports); women in the media (sex, violence, old and new role models); and stock-market reports.

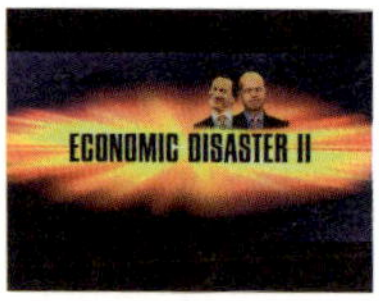

POL_55698
[pp. 258-259]

Timeline

The *Timeline*,[3] comprised of up to 116 image montages, was created in this dimensionality for the first time as part of the Stuttgart exhibition. Arranged in a horizontal line, it skirted the entire exhibition setting like a kind of "memory frieze."

The motifs of the montages, usually made from two images, for the most part derived from advertising both for commercial firms and for humanitarian organizations. Here the division between commercial firms and nonprofit (or leftist) organizations found at the entrance had been suspended—not least because both sides, when it comes to advertising, tend to employ similar attention-getting strategies (provocation, shock, humor, quotes, et cetera).

The *Timeline* is a type of visual narrative of the geopolitical, economic, societal, and cultural shifts of the last twenty years—a narrative which, however, does not follow a strictly linear chronology aside from the first and last image. It unfolds the swift upheavals that we "can always write ... in present tense" (de la Nuez), in more of a metonymic manner, alongside the force and violence of imagery in advertising, that machine of representation which is absolutely characteristic of post/capitalist society. Here, the image sequences are thwarted by motifs from mass media as well as by private documents that have been published on the Internet.

The first *Timeline* image depicts the Berlin Wall on November 8, 1989—one day before the fall of the Wall—while the last one shows the World Trade Center in New York on September 10, 2001. Both motifs derive from a campaign put on by the South African newspaper *Cape Times*, which advertises with the slogan "The world can change in a day." The mediatic construction of historical events becomes just as obvious here as do the appropriation strategies of advertising, which are, for their part, shown again and again within the entire *Timeline*, being infiltrated

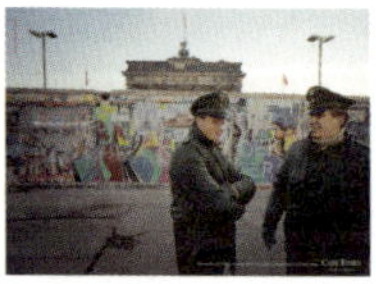

001008094
[p. 7]

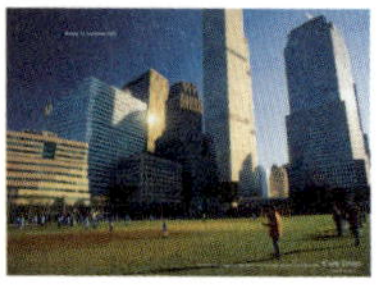

001676554
[p. 184]

3. The *Timeline* in its entirety can be viewed at: http://tttp.org/info/postcapital/timeline/index.html.

through a perpetual act of piracy and re(contra)appropriation: in the sense of a "reevaluation of reevaluations."

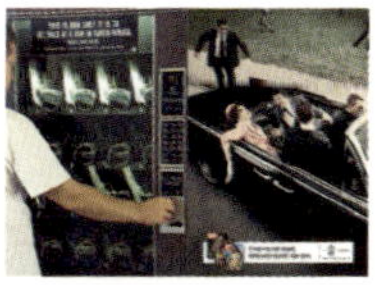

001360201
[p. 150]

The *Cape Times* campaign avails itself of a whole string of iconicized historical circumstances, including the assassination of President Kennedy. This surfaces at a much later point in Andújar's *Timeline*—however, not as part of the *Cape Times* campaign, but in the context of an ad for men's magazines which puts forward a decisive turn of the event: falling victim here is not John F. Kennedy but his wife Jackie. The caption reads: "If men are your target, make sure you don't miss them."

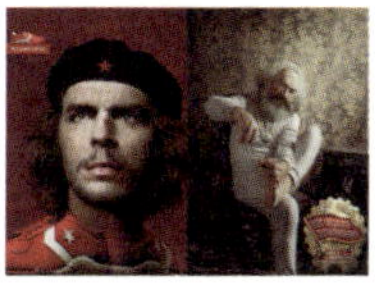

009171989
[p. 9]

On the motif of the Berlin Wall, a series of montages of advertising images (among other sources) ensues, which refer to onetime power symbols—rendered obsolete after the Cold War—making use of their ideological depletion. The famous portrait of Che Guevara serves to market sneakers for the U.S. brand Converse, with the white star of the U.S. flag (in the company emblem) being reconciled with the red star of socialism (on the cap of the revolutionary). Andújar has combined this poster with advertising for a Museum of Communism. With the slogan "Get Intimate with History," the ad shows someone depicting Karl Marx, who is cutting his toenails clad only in underwear. Commodification, banalization, and/or musealization appear to be the fate of the former heroes of communism.

In the case of the Converse ad, too, the designer did not draw upon an original photo of the historical character of reference but evidently upon a person who looks similar to Che Guevara. The poster was developed by designer Andrej Dragan in 2006 for the company's Polish branch. Shortly after its release a heated debate erupted in Spain's globosphere because the facial features of the purported face of El Che were said to resemble those of the right-wing former Prime Minister of Spain, José María Aznar. Although people had long become accustomed to the hybridization of the imperatives of revolution and consumption, the equating of the guerrillero with the Bush-supporting politician—who in 2004 lost the election due to his misleading information politics on the Madrid assassinations, among other things—seemed to have gone too far. In any case, the company quickly issued a statement that no similarity between El Che and Aznar was intended, also noting that the poster would only be appearing in Poland. Coincidental or not, this case illustrates how interpretation is one of the Achilles' heels of globalization.

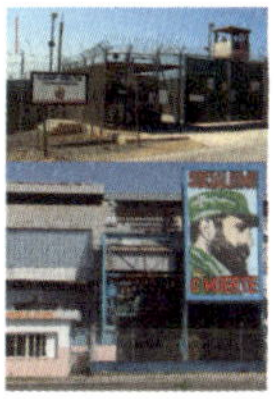

005032017
[p. 11]

Appearing in this "ancestral series" in addition to El Che, Karl Marx, Friedrich Engels, Ronald Reagan, Mikhail Gorbachev, Leonid Brezhnev, Erich Honecker, and Fidel Castro—more or less as a quintessence of the same—is the automobile model Trabant. And, not least, Nelson Mandela, who is represented as a surfer and captioned with the words "Life is easier if you don't speak up" in an ad for *Jyllands-Posten*—the Danish daily newspaper that rose to notoriety with the so-called "caricature controversy" which it incited in 2005. With this temporal leap right at the beginning of the *Timeline*, the transferring of the erstwhile "East-West conflict" to the antagonism between the Western and Arab worlds was already being signalized.

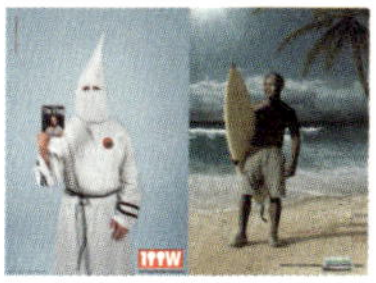

008966750
[p. 16]

The *Jyllands-Posten* advertisement negotiates the dubious audacity of the conservative newspaper on a par with someone as significant as the South African anti-apartheid fighter, who back in 1988 had even been stigmatized by Ronald Reagan as a terrorist. Andújar confronts the Mandela motif with a further ad, one showing a Ku Klux Klan follower in a white robe holding up what appears to be a book from the Black Power movement. With a "witticism" on how successful marketing can foist anything—no matter how inappropriate—on anyone, the ad promotes the "100-Watt-Award" for effective advertising.[4] In both cases the designer arrogates an emptying of political symbols in order to be able to banalize them for their own messages, which are themselves banalizing—by declaring manipulation a witticism or by hiding it behind the cloak of freedom of the press.

By combining both motifs and embedding them in neighboring image sequences, Andújar reverses these threads of banalization. Moreover, he repeatedly highlights how the *critical* appropriation of power symbols represents a central artistic and activistic method. For example, showing up in the *Timeline*—which itself of course reflects this resistive practice—is the American flag, with its stars swapped for company logos.

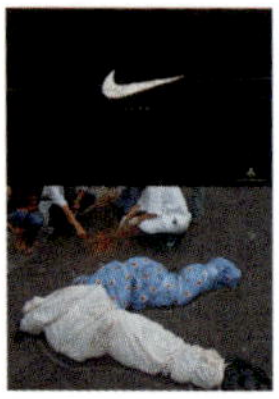

002085692
[p. 18]

An official anti-drug campaign (by the Dubai Health Department[5]) operates with the appropriation of a brand. Here, a Nike "swoosh" logo is formed from cocaine accompanied by the slogan "JUST DON'T." This, however, can barely be called an alienation of the brand, for it is being invoked in a way that correlates with something the company stands for anyways: coolness. And since cocaine is considered a hip drug, the campaign can hardly be said to have fulfilled its objective. Andújar counters this with a picture of two corpses sprawled upon the asphalt and sheathed in squalid blankets. The scenario, which is reminiscent of the victims of drug wars in Latin America, can be read as a reference to the exploitative conditions underlying the yuppie drug—which then might also allude to the practices of the sporting goods manufacturer.

A campaign which in turn takes up a national flag has been developed by Amnesty International. It portrays the face of an Asian woman with the flag of China painted on her right cheek, a tear running down the paint. She was meant to remind onlookers—in the context of the 2008 Olympic Games in China—of the 1989 events at Tiananmen Square. Similar to the "fall of the Berlin Wall," the "Tiananmen Square massacre" has also become a media-induced construction of history: for, as we know, the massacre itself did not actually take place at this site. Nevertheless, outside of China (within the country, the topic continues to be tabooed) Tiananmen Square has come to be synonymous with the violent termination of the people's revolt.

At the same time, this campaign represents one of the main advertising strategies employed by human rights organizations: engendering impassioned consternation or confronting people with violence, as is illustrated by the subsequent image montage of two further motifs from the campaign, this time featuring brutal torture scenarios.

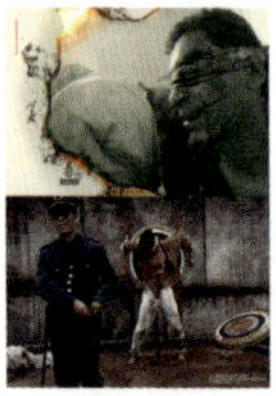

010052391
[p. 24]

This montage follows a double image that intertwines a U.S. passport with a U.S. election campaign that encourages people to vote in a roundabout way, paradoxically invoking the slogan "Don't vote. Things are fine just the way they are." For the negative slogan is associated with an imminent "horror scenario" should one not vote, with the "Don't!" inevitably flipping to a "Do!" The "horror scenario" presaged here manifests in a map of the United States upon which the large letters "Made in China" are printed. It is no longer the expansion of communism to be feared from China, as was once the case, but now its capitalist supremacy.

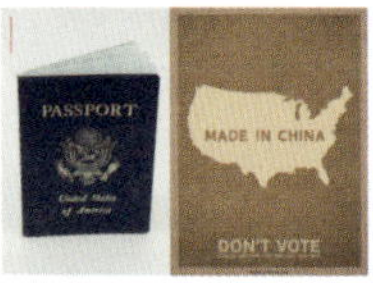

005064209
[p. 25]

Andújar culled the elements of the individual image montages with great precision. The two interconnected motives each time generate a strong homogeneity

4. Further campaign motifs found in the *Postcapital* Archive, though not used in the *Timeline*, show a bald head with a blow dryer and a blind man with a flat-screen monitor.

5. See http://blisstree.com/feel/just-dont-cocaine-nike-swoosh/?utm_source=blisstree&utm_medium=web&utm_campaign=b5hubs_migration.

through their sometimes direct and sometimes subtle formal references. Yet this homogeneity cracks under the process of deciphering the contradictory visual and semantic codes, frequently shifting into dissent. In most cases, Andújar has selected image motifs with slogans or captions of quite small size, enabling the visual interplay, upon closer consideration, to once again be counteracted on a linguistic level and to point in unexpected directions. In this way, complex referential structures arise over the course of the *Timeline* which take effect both within the individual image montages and between them. Following polemic intensification are subtle allusions, and irony follows exposure. By the putting-into-motion of perpetual contention for the reevaluation of reevaluation of visual and semantic codes, he incessantly produces diverging readings as well as a steady suspension of meaning. In the meantime, the pictorial strategies of the "stolen" motifs are bared.

The short section of the *Timeline* discussed here—from image/montage 1 to 19, from the Berlin Wall to the menace to U.S. identity posed by Chinese capitalism—already presents quite a few superposed references. For instance, immediately following the Berlin Wall motif is a combination of two advertising images, both of which show barbed wire which in each case runs across the image center against a blue sky. The upper motif is meant to recall October 2 as the "International Day of Non-Violence." In this image, the metal hooks on the barbed wire are circumscribed by two fighter jets whose condensation trails combine with the barbs to trace a peace sign. This rhetoric of fighting violence with violence—of "just war"—inescapably reminds of the "peace missions" undertaken by the United States (and their allies), such as the current wars raging in Afghanistan and Iraq. The lower motif advertises, with the assertion that only music can overcome borders, for a globally operating chain of restaurants, hotels, and casinos.

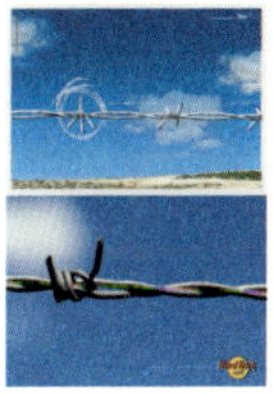

000035510
[p. 8]

A few positions further along, Andújar combines two motifs from a campaign that sells cheap trips with the slogan "Travel low cost, but travel," specifically luring customers with San Francisco and Moscow. Albeit the fall of the Berlin Wall today still embodies a symbol of liberty and "brotherhood" between East and West, questions arise as to what is meant by this liberty and by the new complicities, which imperatives are associated therewith, and where their new boundaries are drawn.

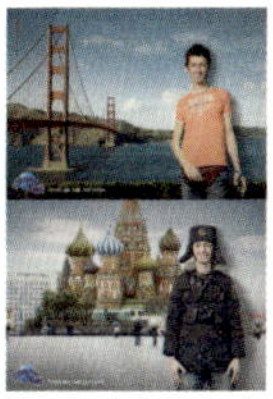

000023983
[p. 12]

The *Timeline* negotiates time much less in the sense of chronology but rather as a performative act of decoding and recoding as exacted from the viewers. Its linear arrangement, which in Stuttgart extended like a ribbon around the entire exhibition, specifically did not foster a linear but instead more of an insular view. As such, the visitors were continuously oscillating between various sections within the *Timeline* and other modules in the exhibition. Even though I describe (in the following paragraphs) the individual *Postcapital* modules in succession, it is important to keep in mind that we are dealing with a complex, interreferential system without a fixed parcourse.

It is impossible here to capture the *Timeline* in its entirety and complexity, for it touches on the most varied of topic areas all the way through to the World Trade Center, including: the status of money (euro versus dollar, material and immaterial markets, casinos and stock markets, et cetera); the fight for and exploitation of resources; the growing chasm between wealth and poverty, between the "First" and "Third" Worlds (health, education, nutrition, childhood); information politics; transnational transfer of goods (legal and illegal); piracy and copyrighting; old and new archives; mega-cities and -agglomerations (real and virtual); real-estate speculation; gender roles (in the West and the Arab world as well as in the Arab world from a Western vantage point and vice versa); violence against women; armament fetishisms; politics of power elites; militarization of civil society; war (real and virtual); forms of protest; old and new borders; security and surveillance.

Before the *Timeline* finally reaches “September 11,” the circle seems to close, for this last station—as if to mirror the beginning—is once again introduced by the appropriation of power symbols and figures: but this time in terms of the “new” power holders and perceived enemies. Here Andújar combines two motifs from a campaign by Amnesty International which, for one, shows a U.S. flag, but also an Iranian national flag, with both flags veiling tortured individuals. A further montage associates an ad for the computer game *Risk*, which deals with global dominance, with an ad for a Saudi-Arabian film production company. The former imagines the “horror scenario” par excellence—an Oval Office taken over by Arabs complete with water pipes and belly dances—whereas the latter displays an Arab and a robot arm wrestling. Next, two archenemies, George W. Bush and Osama bin Laden, clash. Bush is promoting the concert “Make Some Noise for Human Rights” with his hands pressed to his ears, while bin Laden is engaging in an anti-smoking campaign. His likeness has been formed from cigarettes and is captioned with the saying “Cigarro Matta Mais” (cigarettes kill more).[6]

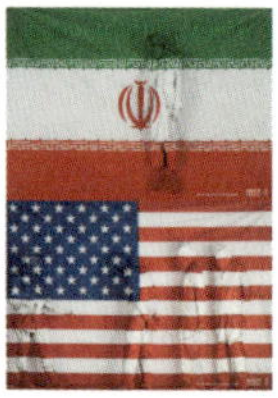

008300497
[p. 178]

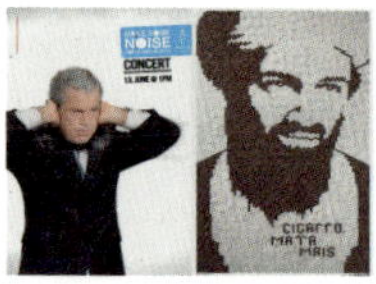

008365001
[p. 181]

The exploitation and banalization engines of advertising do not even spare the symbol of all symbols from the year 2001. Thus the last image montage before the final *Cape Times* ad contains a (manipulated?) advertisement for Lego showing the burning skyline of Manhattan accompanied by the saying “Rebuild it.” Situated below this image is the iconic impact on the Twin Towers. But upon closer examination it is revealed that we are in fact viewing two plant stems. The accompanying text declares: “For nature, everyday is 9/11.”

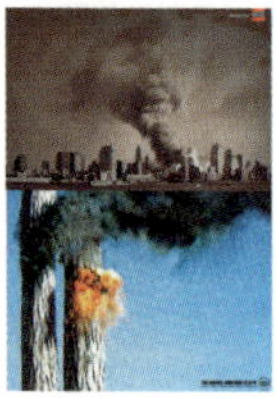

002012090
[p. 183]

Urban Setting

Postcapital repeatedly confronts its visitors with situations calling for decisions. Whereas in Barcelona we had the choice of commencing the exhibition parcourse—both spatially and ideologically—from the left or from the right, in Stuttgart we could enter either at the year 1989 or at 2001. This applied not only to the *Timeline*, but also to an architectural structure which was specially developed for the Stuttgart exhibition: from the front, it brought to mind a modernist urban silhouette. Its six cubic spatial constructions, which were white, red, and black on the outside, moreover referenced the formal language of Russian Constructivism and Suprematism.

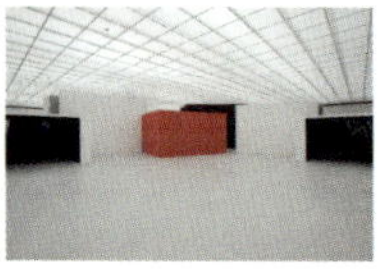

0568
[pp. 198-199]

The structure could be entered from two sides. Its individual modules were interconnected and interlaced; yet this was not apparent to the viewers until they entered the spatial sculpture. As such, the first impression of the exhibition—the empty monochrome surfaces of the urban setting, the video monitors arranged in a semicircle with their burbling “media noise,” as well as the seemingly consistent ribbon of the *Timeline*—initially yielded a sense of coherence and overview, an impression that was to dissipate step by step. Thus the side walls of the spatial structure were already unboarded, their construction and artificiality openly visible. To the rear there were various table elements made of simple medium-density fiberboard (MDF) slabs boasting various different computer terminals, a printer and a photocopier, in addition to a watchtower-like wooden construction

---

6. Furthermore, this campaign avails itself, among other things, of the portrait of Adolf Hitler. This motiv has been used by Andújar and Rogelio López Cuenca as part of another project, *Herramientas del arte* [Tools of Art]. See Álvaro de los Ángeles, ed., *El Arte en cuestión* (Valencía, 2010), p. 89.

which penetrated the skylight overhead and under which the server hosting the *Postcapital* Archive was positioned. If situated at this workstation, a seventh open environment was visible, formed from the back sides of the enclosed spatial constructions—one of these back sides serving as a giant blackboard, announcing the exhibition's events program. In contrast to the enveloped impression of the "viewing side" of the exhibition setting, here the viewers encountered more of a backstage situation.

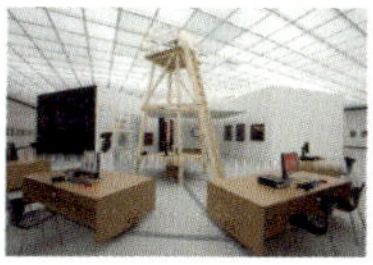

1395
[pp. 210-211,322]

But back to the "beginning." The two optional entry sluices of the urban setting—with a video projected against each of their back walls—were passages leading to the two spatial modules dedicated to the year 1989 and to 9/11 respectively. A third possible entrance emerged—along the lines of the inclusions and exclusions of urban spaces—from nearby as a cul-de-sac.

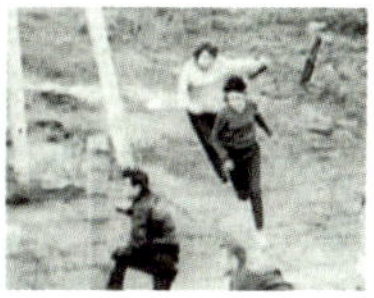

00098
[pp. 260-263]

The video in the 1989 passage, *The Wall*, showed a montage of film sequences in which people overcome—or try to overcome—borders: from the early escape attempts along the "antifascist bulwark" to pictures taken on November 9, 1989 to attempts at crossing the borders between Mexico and the United States, Africa and Europe, or along the Gaza Strip. All scenes were shown in slow motion. Moving to the forefront here was, in particular, the enormous physical strain that surmounting borders demanded: the "naked body" who is risking everything, revolting against the dispositive of inclusion and exclusion. That the world has become flat, as Friedman asserts, here proves to be pure cynicism, or a purely rhetorical construction.

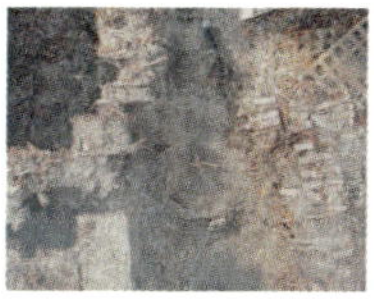

15687
[pp. 290-293]

The video loop in the 9/11 passage showed an animation of a satellite image of Ground Zero. The image was slowly captured through a circular motion from outside to inside so that one can only recognize at certain points along the way what is actually being viewed. Andújar purposefully avoided resorting to the pictorial icon of the burning Twin Towers but instead selected an abstract image.

Each of the seven spatial complexes was associated with a key or search word that reflected aspects of the *Timeline*: these included—in addition to border, 1989, Ground Zero, and 9/11—the categories Marxism (*Red Room*), war, and cartography.

1989

The archive room, toned in grey to the interior and dedicated to the year 1989, held numerous copies of image and text documents on the various events of this year (with information on the respective background and on ensuing consequences) which took place in Germany, Poland, Romania, Hungary, Panama, China, and the United States. There were "Stasi" (East German secret police) documents, for instance a directive on "working with officers on special duty" from 1986 or writings *about* the Stasi, including several volumes from the mid-nineteen-nineties from the series *Anatomie der Staatssicherheit* (Anatomy of State Security) issued by BStU.[7] Confidential reports from the U.S. Embassy in Warsaw commented on the June 1989 elections in Poland. Outlined within a memorandum from the White House from May of the same year were directives for negotiations on partially waiving Poland's debt to the Paris Club[8] with the goal of strengthening Poland's orientation toward a free market economy.

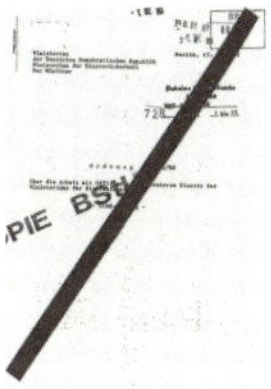

42654
[p. 271]

7. The Office of the Federal Commissioner Preserving the Records of the Ministry for State Security of the German Democratic Republic.

8. "The Paris Club … is an informal group of financial officials from 19 of some of the world's biggest economies, which provides financial services such as debt restructuring, debt relief, and debt cancellation to indebted countries and their creditors… . The club grew out

The majority of the selected documents had once been secret files which had meanwhile been made public. Standing out in particular were those files that had been blackened out in the course of declassification, even whole pages at times. Counting among this evidence of pseudo-transparency was, for example, a CIA paper from 1988 dealing with Gorbachev's "new thinking," or various telegrams from U.S. embassies in Eastern Europe, Russia, and China—so-called "cables," as were recently published by WikiLeaks—essentially dealing with military issues as well as with the strengths and weaknesses of the political elite within the countries in question.

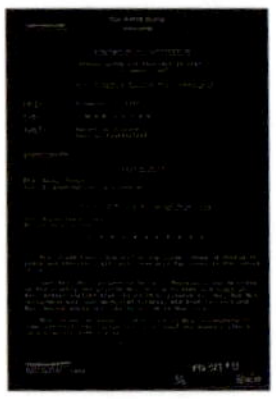

42860
[p. 272]

Found among the non-blackened, declassified files was a memo written on November 19, 1985 documenting Nancy Reagan and Raisa Gorbachev engaging in small talk. These two first ladies had tea together in Geneva, at the sidelines of the summit attended by their husbands, where they politely extended invitations to each other—almost as if the Cold War had already been over by that point. Also there was a 1988 paper from the White House which aimed to prepare for a further summit meeting in Moscow at which the disarmament treaty between the USA and the USSR was to be negotiated.

Besides the dissolution of the Cold War (and its signs)—as well as the collapse of the socialist regimes in the GDR, Romania, Poland, and Hungary—the material collected here included information on the inauguration of George H. W. Bush as president of the United States, the invasion of Panama by the U.S. military as ordered by President Bush, the Exxon Valdez oil spill along the coast of Alaska, as well as the protests in China and their violent end. The latter was prominently thematized in two video compilations. One shows an endless repetition of those brief scenes that have become famous in which a student stands up against an advancing tank. The other is comprised of video fragments of various provenance, all relating to the Beijing events.

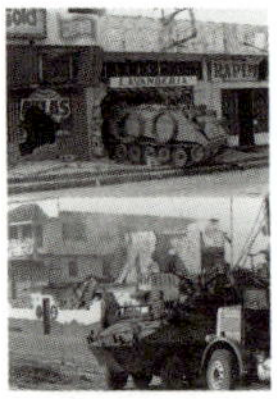

42551
[p. 270]

The many borders, which after the fall of the Berlin Wall were armed to the point of becoming veritable death strips, were referenced in the exhibition by a satellite image of the border areas between Mexico and the United States—more specifically, between the cities of Calexico and Mexicali whose hybrid, symmetrically mirrored names[9] already announce the border situation. The satellite image substantiates how on the U.S. side efficient agricultural land use can be found while the Mexican side is dominated by barrenness. Postcapital borders are for the most part asymmetrical economic boundaries along which freedom of trade, on the one side, and economic exclusion, on the other, are superimposed.

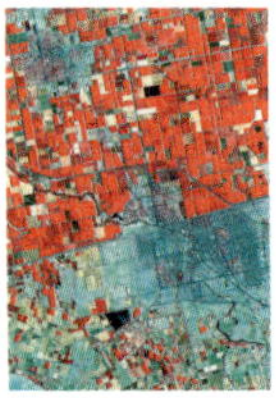

26351
[p. 267]

The border difficulties have furthermore been taken up by an offshoot of the *Timeline*. This image montage portrays two observation towers of similar stature, one of which seems to be by and large intact and in use, which can hardly be assumed of the other, for it seems to be in a state of dereliction. Yet the opposite is the case. The intact tower is actually a musealized watchtower in Berlin, while the other tower actively secures the Israeli barrier along the West Bank.

Via a computer terminal, exhibition visitors could finally access Andújar's digital archive—though not the material in its entirety (as was the case at the *Workstation*) but just a selection that referenced the respective context being explored there. Such a terminal was, like the "offshoots" of the *Timeline*, located in each spatial module.

---

of crisis talks held in Paris in 1956 between the nation of Argentina and its various creditors." Source: http://en.wikipedia.org/wiki/Paris_Club.

9. The names of the cities Calexico (USA) and Mexicali (Mexico) are each made up of syllables taken from Mexico and California.

Red Room

Leaving the 1989 archive, one arrived in a red room dedicated to *Marxism*. The computer terminal in this location presented the online archive Marxists.org, whose collection of Marxist literature is in no way inferior, in terms of heterogeneity, to the list of leftist organizations at the exhibition entryway. Alongside the most pertinent authors, contributions can be found by Francis Fukuyama, John F. Kennedy, Galileo Galilei, or Konrad Lorenz. Marxists.org houses writings in nearly fifty languages, including Bengalese, Sinhalese, Urdu, and Esperanto.

For the Stuttgart exhibition, Andújar printed the entire (German-language) first volume of Karl Marx's *Capital*, which had been undeliverable in bookstores at the time, as mentioned elsewhere. What is more, at two listening stations countless variations of *The International* could be heard, as could a recitation of *The Communist Manifesto*. The *Timeline* continued on with a montage made from two propaganda posters produced by the two former antagonists, the USA and the USSR, each calling to arms with similar gestures. Then followed the Pyramid of Capitalist Systems, a graphic from 1911 promoting the U.S. union's organ *Industrial Worker*. In the form of a caricature, it traces the hierarchy of capitalist society, with money reigning at the pinnacle of the pyramid, followed by the powers of state, law, and finance (We rule you), of the church (We fool you), of the martial (We shoot at you), and the bourgeoisie (We eat for you). The whole system is underpinned by the working class (We work for all / we feed all).

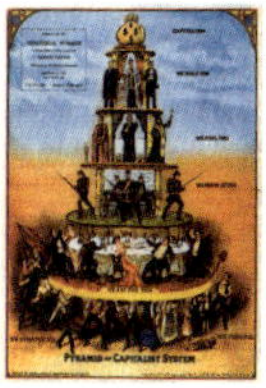
02020
[p. 275]

A third interpretation of capitalism was provided by two U.S. animated films that were broadcast in the nineteen-fifties as economic educational and ideological propaganda films for the whole family. From setting off to the New World to successfully fending off the specter of communism, *It's Everybody's Business* (1954)[10] touches on the Bill of Rights, free enterprise, and the Fordist economic system as the Holy Trinity of the American Dream. In similar style, Meet King Joe (1951) celebrates U.S. laborers as the happiest on earth while imagining—in an all too precipitately phrased "staircase witticism" of history—how happy his Chinese counterparts would be could they but only likewise profit from advances in technology.

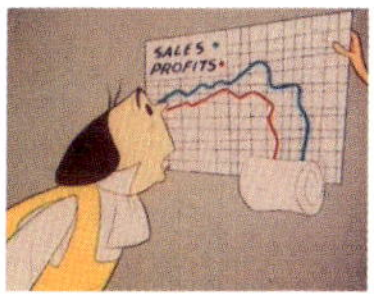

06055
[p. 276]

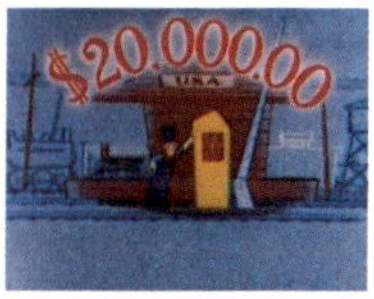

05555
[p. 276]

9/11

Upon entering the urban setting via the 9/11 passage, one's gaze simultaneously alit at one point upon two videos: the animation of Ground Zero and a compilation of photos, video fragments, and documents revolving around the military coup of September 11, 1973 in Chile. The latter (*9/11 Secret*) begins with the detail of a declassified file. It shows the word "Secret" crossed out and in this context has the mien of a film production company logo. Seen here—in addition to the bombing of La Moneda by two military jets, the acts of violence against the people, and the imprisonment of tens of thousands of citizens in the national stadium—is also Henry Kissinger cordially greeting Pinochet as the new ruler, whose coup he is known to have supported. The video work was accompanied by a 244-page document listing the names of the nearly 30,000 victims of the Pinochet dictatorship.

September 11, 1973 and September 11, 2001 were both Tuesdays. Involved in the attacks on La Moneda and on the World Trade Center were two planes respectively. Thus could read the introduction to a conspiracy theory. Along these lines, in the *9/11* spatial module (directly adjacent to the materials on Chile) English

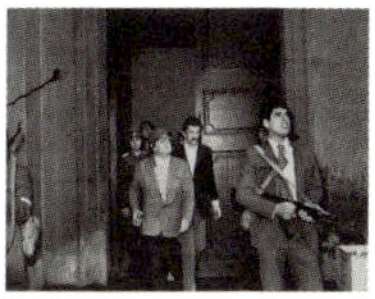
01679
[pp. 288-289]

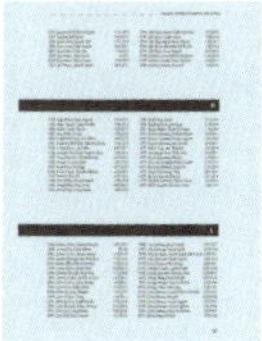
06598
[p. 287]

10. The version shown here is from a 1965 version of the film adapted for Air Force purposes.

and German versions of the video *9/11 Mysteries* were shown, a film that has enjoyed great popularity on the Internet. Here it is substantiated, in a meticulous and highly plausible way, that it was not the two Boeings which caused the three World Trade Center towers to collapse (WTC 7 fell approximately seven hours after WTC 1 and 2) but that the tragedy was in fact caused by targeted detonations enabled by the CIA.

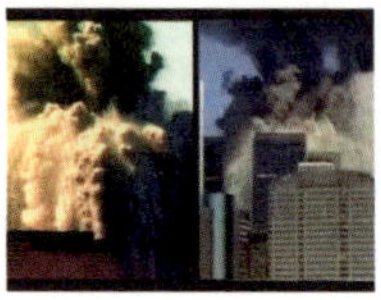

05541
[p. 286]

Andújar is far from wanting to declare this version of events on September 11, 2001 to be the actual truth. Instead, he is interested in standards of evidence and persuasion employed by *9/11 Mysteries*: computer animation, testimony by witnesses and experts, slow motion, the repeated rewinding and fast-forwarding of sequences, et cetera—those structural and technical standards involved in the construction of truth with which the mass media predominately operate. Andújar explores the fundamental dubiousness of these constructions, as relevant to both the unofficial and official narratives of September 11, 2001 and other events, and also the question as to what makes a narrative official or unofficial, universal or marginal—and as to why September 11, 2001 would shock the world more than September 11, 1973.

The War

Moving from the 9/11 section, one approximated the spatial module *The War*, the central works of which—*Honor* and *No War*—track the virtual and actual realities of modern warfare, on the one hand, and the protest cultures of the global anti-war movements, on the other.

On February 15 and 16, 2003 millions and millions of people protested throughout the world against the invasion of Iraq by the United States and its allies. This involved not only the largest anti-war demonstration to date, but also the first one to be held before war actually broke out. The digital slide show *No War* shows images of various scenes of protest. The slides are alphabetically sorted according to the respective city names so that viewers embark upon a journey arbitrarily crisscrossing all continents. The symbols of critique against the U.S. policies in many places are—aside from George W. Bush—the classic attributes of U.S. society: the dollar sign, McDonald's, Coca-Cola, Mickey Mouse, the Statue of Liberty, among others; and of course also the U.S. flag, which at times emerges printed with company logos or swastikas instead of stars and which is not rarely burned. The insignia of U.S. hegemony are juxtaposed—alongside peace signs, peace doves, and strings of lights—with the Koran or a picture of Saddam Hussein. *No War* bears witness to equally homogeneous and heterogeneous protest cultures, the political positioning of which strongly diverges, despite the commonality of damning war as well as (in this case) the policies of George W. Bush and his followers. This, too, represents a symptom of postcapital society whose decisive challenge is to deliver and sustain a culture of disagreement—not least as an alternative to war, an option that was obviously not chosen in 2003.

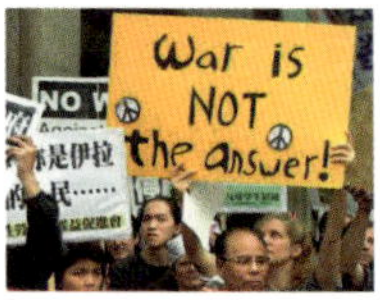

24058
[p. 284]

The video work *Honor* interweaves fragments cut from advertising trailers for computer games with amateur recordings of real situations. "Rated M for mature" is noted at the beginning of the video work from the off, but not until a shot has been fired: a hint at how what follows may not be suitable for anyone under age seventeen[11]—and at the endless debates on the demoralizing effect that ego-shooter games and the same have on youth. The age recommendation

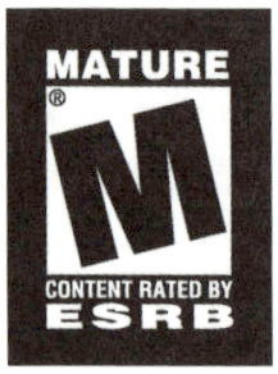

226240768

11. Such recommendations are for instance issued in the U.S. by the Entertainment Software Rating Board which was established in 1994. See http://www.esrb.org/index-js.jsp.

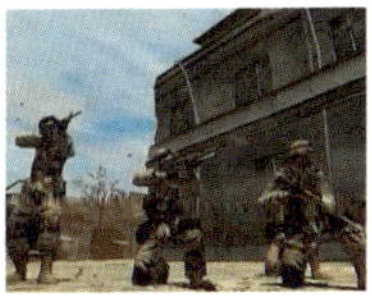

02568
[pp. 282-283]

stems from the trailer for a computer game released in 2004, *Full Spectrum Warrior*, which Andújar takes up here. It was created based upon a simulation program for the U.S. Military—only to be returned back to the Army just one year later in a new adaptation: as the computer game *Virtual Iraq*, which is implemented in therapy for soldiers returning from Iraq and Afghanistan who suffer from post-traumatic stress disorder.[12]

In *Full Spectrum Warrior*, players direct two U.S. ground force units (equipped with the most modern weaponry and GPS devices) which have been stranded in the fictitious country of Zekistan as part of their struggle against the "Axis of Evil." Through swift cuts, Andújar interlinks scenarios from the trailer animation highlighting battle- and weaponry-related precision work with images of "everyday life" in the Gulf War that make the "liberating forces" seem particularly coarse and disorganized. These are amateur recordings of an "incident" at which U.S. soldiers evacuate a civilian car, littering it with shots before overrunning it with their tank. From an audio perspective, the trailer soundtrack integrates dramatic-dynamic music from Oriental and heavy-metal selections, radio chatter among the soldiers, and hyperrealistic sounds of active fighting.

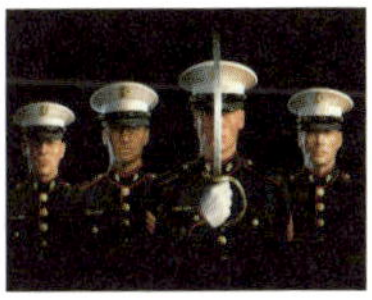

03101
[pp. 282-283]

Honor is comprised of two segments. The second segment seizes the game Close Combat: First to Fight from 2005, which is likewise dedicated to fighting the "Axis of Evil." Its trailer particularly zeroes in on honor, heroism, and patriotism as epitomizing the American warrior par excellence: the Marines. Like *Full Spectrum Warrior*, it is founded upon a U.S. Army simulator. The melodramatic stagings of the trailer are counteracted by a trashy home movie in which dark-eyed youths film themselves getting dressed in their battle gear (including various different handguns) with affected coolness that is not particularly convincing. Here the context remains completely open.

These two segments querying the myths of military precision and honorableness—two myths, therefore, that unmasked themselves in terms of Iraq and Afghanistan as simulacra, from the lie concerning weapons of mass destruction to the countless instances of "collateral damage" to the Abu-Ghuraib prison—are interconnected by an intermediate sequence. This comprises fragments from advertising trailers for the computer game Tahta al-Hisar (Under Siege, 2005) released by the Syrian software company Afkar Media. *Tahta al-Hisar* belongs to a series of computer games that are considered alternatives to the stereotypical representations of the Arab world as found in products produced by the Western game industry.[13] The game, which clearly takes political sides, revolves around a Palestinian family during the second Intifada, thus also drawing on preceding events such as the 1994 attack on people praying in a Hebron mosque by the Jewish immigrant Baruch Goldstein.

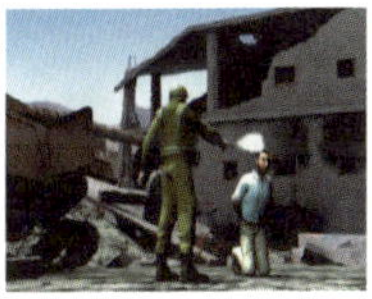

03564
[pp. 282-283]

In the scope of this spatial module, the *Timcode* likewise takes up the issue of interfaces between real and virtual war. For instance, an image montage associates the battlefield scenario of a computer game with a press photo from the summit meeting held on March 16, 2003 in the Azores and attended by Tony Blair, José María Aznar, George W. Bush, and José Manuel Barroso. Four days before the Second Gulf War began, representatives of the "coalition of the willing" once

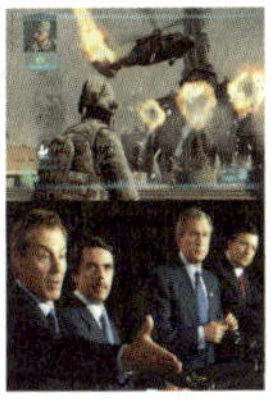

07898
[pp. 280-281]

12. See http://www.virtuallybetter.com/IraqOverview.html.

13. On this issue, see Vít Šisler, "Digital Intifada," *Umělec*, English edition, issue 1 (2006), pp. 77–81, also available at http://www.digitalislam.eu/article.do?articleId=1419; Vít Šisler, "Digital Arabs: Representation in Video Games," *European Journal of Cultural Studies* 11, no. 2, SAGE Publications (2008), pp. 203–20, also available at http://www.digitalislam.eu/article.do?articleId=1704.

again demonstrated their resolve at Lajes Air Base. The four protagonists in the photograph appear strangely puppetized, almost like wax figures.

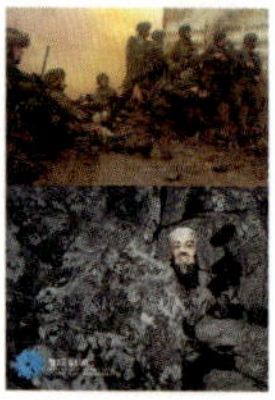

09555
[pp. 280-281]

The montage that follows combines a seemingly staged battle situation in a modern "trench" with an advertisement that calls to recruit a paintball troop. Visible is a bin Laden doll clutching a paintball gun, and residing behind an artificial crag. So the affinity for playing war—despite the major successes of the computer-game industry, which has long been reaping higher profits than Hollywood—is not really just a virtual matter. This is also illustrated by the youths in the *Honor* video, who ritualistically arm themselves without us knowing whether they are "only" playing or actually setting off to war. A further montage in turn confronts the image of a soldier training in a simulator with an apparently realistic, brutal scene in which the face of a man is being cut by a knife. Only upon closer examination does it become clear that this image has been taken from an animated video.

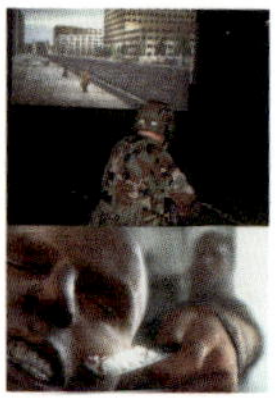

13699
[pp. 280-281]

The intervolvements between military technology and the entertainment industry (from CB to radio, from radar to television, from the Turing bomb to the networked personal computer) as well as between mediatization and virtualization of war (from CNN to Al Jazeera, from C4I and ISTAR[14] to *Kuma War*[15]) have been sufficiently described. While the First Gulf War of 1991 was considered to have been an initial experimental field for "cyberwar" but television images of the time offered little more than abstract green flickering, the Second Gulf War of 2003—when the myth of surgical warfare had long been replaced by another euphemism, so-called "collateral damage"—counts among the pinnacles of telegenic warfare to date thanks to undercover journalists who had been carefully selected by the military. "Never have the viewers been so close to the action," jubilated the anchors on all television channels, misapprehending and denying the constructions of simulacra inherent to transmission mediums. War seems to have become that game that never wants to end—a hybrid game where reality, fiction, and simulation are constantly intersecting. Even the traumatized soldiers who are unable to sustain the reality of war, who cannot bear the differences between reality and a computer game, are supposed to be reconnected to the system of reality by means of virtual war games. "War is just," or "war is nothing but a hyperreal, cool game in real time." These are some of the messages of psychological warfare conveyed by the mass media and computer games. And with success. For how else could one explain the shock occurring again and again when civilians are killed or soldiers return home in coffins.

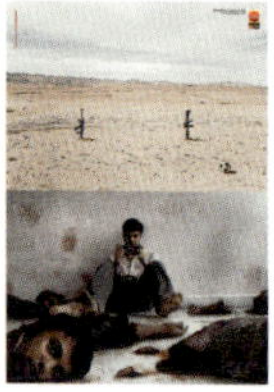

16589
[p. 281]

A further image montage in this *Timeline* sequence intensifies the penetration of play and violence. It combines an advertisement for a children's aid organization with an ad for the PlayStation Portable. The former opens up a view of a desert. Two machine guns rammed into the ground at some distance apart along with a soccer ball reference a special case of playful improvisation. The accompanying slogan reads: "Giving kids a chance to be kids." The latter ad shows an Indian boy who seems mesmerized by his portable PlayStation while spread throughout the room, without him seeming to take note, are set pieces of his own dismembered body. This confrontation between the appeal to save neglected child soldiers and a middle-class child spoiled by computer games shatters the deeply ambivalent bourgeois concept

14. Military acronyms for the Command and Control System *Command, Control, Computers, Communications, Intelligence* (C4I) and the Reconnaissance System *Intelligence, Surveillance, Target Acquisition, Reconnaissance* (ISTAR).

15. *Kuma-War* is the title of a free Internet computer game that came out in 2004. It takes up real militant conflicts (from Iraq to South Korea), and its progression is supported by regularly updated documents (press reports, plans, satellite images, et cetera).

of children being the first and last embodiment of innocence. For haven't playthings for boys always been war toys? And doesn't this appeal to save the children actually apply to the adult soul desperately wanting to believe in innocence?

Excursus: Conditions of Childhood

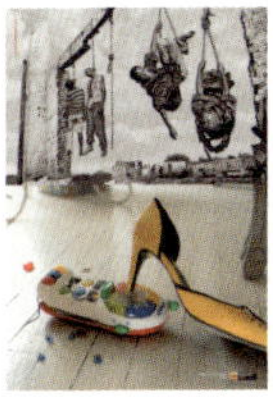

009312571
[p. 50]

Explored anew in a completely different part of the *Timeline* are these divergent conditions as well as bourgeois projections on childhood. Advertising done by aid organizations seems to produce particularly marginal images in this respect. Let's take an ad by Amnesty International which also deals with child soldiers and—as is asserted—with *their* dream of "just being kids." The photograph is backgrounded by two black boys in civilian dress hanging dead from a beam. Fronting these figures are two heavily armed children playfully using other nooses as swings. This image motif is confronted by Andújar with a Duracell battery ad focusing on a "cell phone" for toddlers that has been violently smashed by the stiletto of an elegant high-heeled shoe. The forbearing comment reads: "Lasts longer, much longer. Sorry." An image that can be read in many different ways: it, for one, stands for the consumption imperative to which the smallest of children are subjected in wealthy countries, where they are considered never too young to acquire the tools of knowledge and consumption society. What is meant by "just being kids"? Yet the image also refers to the imago of the stressed and simultaneously unscrupulous career woman who is nevertheless still responsible for the management of the offspring.

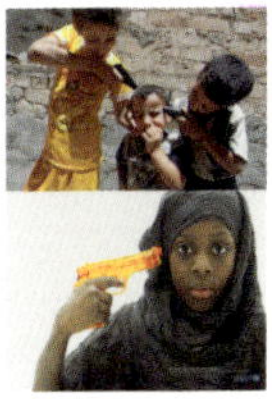

001083069
[p. 49]

A further image montage thematizes a UNICEF poster. It portrays a black girl wearing a dark bandana—a figure whose status as underprivileged from a Western perspective is threefold affirmed—who is holding a water pistol to her head. "Bad water kills more children than war," reads the slogan, as if the one had nothing to do with the other. The much-invoked struggle for drinking water is not just a scenario of the future. It has long been in play due to uncontrolled "accumulation by dispossession" (David Harvey). Or, to say it with the words of Václav Bělohradský, "Industrial growth is war."[16] Positioned above this motif is a photograph of two Arab boys holding real pistols to both temples of a completely distraught third child while obviously enjoying themselves. The picture—to be found on the Internet via the keywords "children" and "Gaza"—once again do away with the middle-class ideals of childhood. These pictures are certainly not appropriate for soliciting donations.

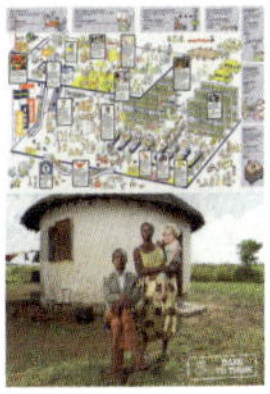

002035894
[p. 44]

And finally, an ad for the University of Geneva seems to provide an allegory for the shifting world order. It shows a black couple posed in front of a simple African mud hut. The woman is carrying a white child in her arms who is insolently staring into the camera. "Dare to think," it asserts. An egregious provocation that touches upon the primeval fears in the "First World" of losing their status. This anxiety is, however, simultaneously allayed, for the setting represents the plain unthinkable, a bad joke. This motif is juxtaposed by Andújar with an IKEA advertisement representing a sort of manual on how to follow the furniture giant's radical do-it-yourself system. The basic thrust addresses the "cheap-is-cool" consumer who is happy to forego service and originality as long as money can be saved. A flag reveals that this ad is for the IKEA store in Singapore: the small island and city-state which counts among the most wealthy countries in the world; one of the

16. Václav Bělohradský, "Manifiesto for a Society of Uneasiness. A Compilation of Final Texts by Václav Bělohradský and a Selection of Examples from Daniel G. Andújar's Project *Postcapital Archive*," *Umělec (A Reevaluation of Reevaluations)*, English edition, issue 1 (2010), http://www.divus.cz/umelec/article_page.php?item=1575.

tiger economies that in the nineteen-eighties and nineties helped shift the cartographies of the once-dominant industrial nations. Cheap furniture for a people that, according to the World Bank, had buying power of $49,780 per capita in 2009?[17] Is this possibly just as absurd as the notion of black-skinned Africans someday adopting white children in order to guarantee them a better future? Though to date there is "not even" a single IKEA branch in Africa, would we have believed in the advancement of China, India, South Korea, or Singapore a few decades ago?

Cartographies

The spatial complex opening up from *The War* and *Red Room* to the "backstage" area of the exhibition revolved around the new shifted cartographies of postcapital society along their representations. Here a looped video animation was heading via Google Earth for the fifty largest mega-cities[18] or -agglomerations, demonstrating along the way—through a constant skipping of the interstices in between—the geo-economic archipelagic structure of the postcapital "world order."

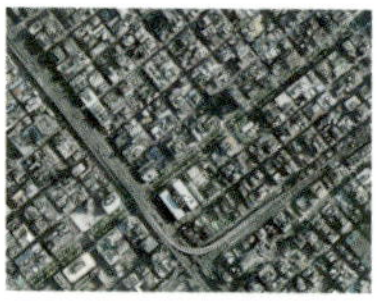

02451
[p. 279]

Moreover, the space encompassed a series of maps of very different character and aesthetic mien, maps that referenced both real and virtual territories, including the world map of Reporters without Borders showing the "black holes" of the Internet, the site plans and maps of the computer game worlds *Azeroth World of Warcraft* and *Eve Online*, or the "World Instability Map." The latter appears to suspend the familiar coordinate systems of the world map, causing the location and proportions of various countries to be severely distorted—and yet it is only pointing out how maps have never been anything but a construction for they are not the territory itself (Alfred Korzybski). Even more: the territory, as noted by Jean Baudrillard in 1981 in *Simulacres et simulations*, "no longer precedes the map … It is … the map that precedes the territory."[19]

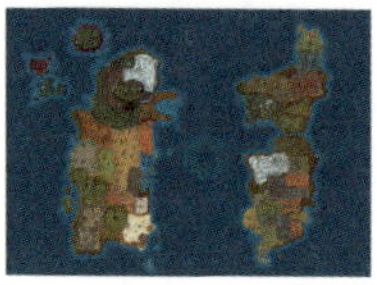

02456
[p. 278]

The fact that, in so doing, cartography—from colonialism of the modern era to the Gulf Wars—represents an instrument of military, political, and economic power is mirrored even in the geoinformation systems of computer games. As an example, *Eve Online* is a game that involves the colonization of space, that is, the conquest of planets, the exploitation and control of resources, and the dominance of interplanetary commercial markets. In *Azeroth*, too, commerce is an issue, which is why the map of the fantasy world is littered with indications of natural resources.

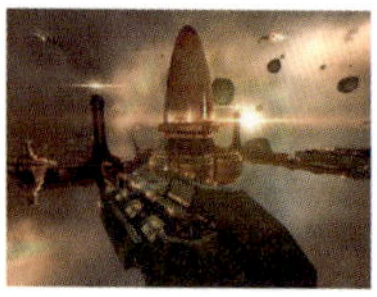

284712794

Cartography has long extended further than the mere representation of geodata. Almost boundless access to information calls for the development of computer-assisted methods of data visualization so as to make locating things easier while at the same time doing justice to the complexity of networked streams of data. Since access to tools for visualization is also getting easier thanks to the Internet, the amount of visualized data appears to be just as boundless as the data stream

17. During the same year the buying power in Germany was $36,780 and in Sweden $38,590 per capita.

18. Tokyo-Yokohama, Delhi, Seoul-Incheon, Jakarta, Manila, Mumbai, New York, São Paulo, Mexico City, Shanghai, Cairo, Osaka-Kobe-Kyoto, Kolkata, Shenzhen, Los Angeles, Beijing, Moscow, Karachi, Istanbul, Buenos Aires, Dongguan, Rio de Janeiro, Guangzhou-Foshan, Dhaka, Lagos, Paris, Nagoya, Chicago, Kinshasa, Lima, Bogotá, London, Taipei, Ho Chi Minh City, Chennai, Johannesburg-East Rand, Bengaluru, Lahore, Tehran, Rhine-Ruhr region, Bangkok, Hong Kong, Hyderabad, Tianjin, Chongqing, Bandung, Baghdad, Santiago de Chile, Kuala Lumpur, Toronto-Hamilton.

19. Jean Baudrillard, *Simulacra and Simulation* (Ann Arbor: University of Michigan Press, 1995), p. 1. Originally published in 1981 as *Simulacres et simulation*.

itself. In addition to geomaps, Andújar displayed a series of results from this representational practice which has yielded the term "infosthetics." Counting among these infosthetics are some of the cluster analyses by American Ph.D. student Chris Harrison,[20] who investigates, among other things, the linking of Wikipedia pages according to particular keywords (politics, people, music). The goal here is to represent, by example of a collectively produced database, those thematic fields that have been most strongly or most weakly reciprocally associated, and also to portray how information is collectively organized. Furthermore, a graphic illustrates the appearance frequency as well as the relationships between places and persons in the Bible. This data mining that aims for pattern recognition in large data pools—which is, formally speaking, oriented to planetary structures, city maps, or network maps—filters, revises, and translates information, classifying it according to the basic rules of the respective visualization model. It first and foremost produces hierarchies, thus generating—in line with the tradition of cartography—centers and peripheries, the meaningful and the marginal, without questioning these conditions themselves. Hence, they do not depict the structures and organization of knowledge but rather generate them to begin with. The goal here is the optimal exploitation of information, already referenced by the term "data mining," a method that has especially high relevance for politics, economics, and the military. For example, a map that appears intergalactic, as displayed by Andújar, analyzes data from the 2004 CIA World Factbook in terms of global military expenditures in relation to the respective gross domestic product.

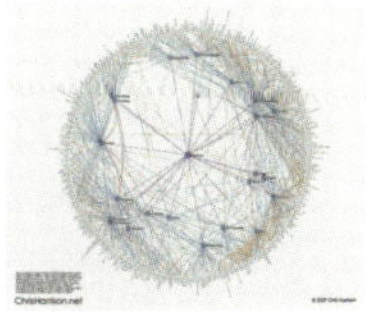

06558
[p. 278]

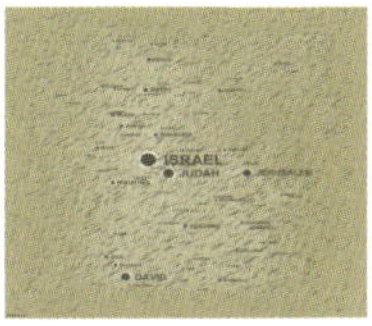

10002
[p. 278]

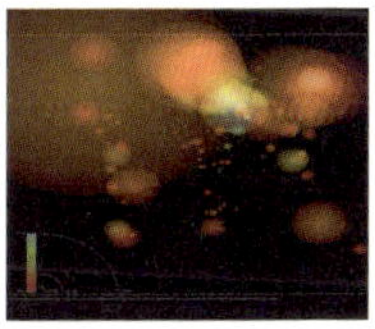

11321
[p. 278]

A further map visualizes the first part of Jack Kerouac's novel *On the Road* (1957), which, as we know, was written with a typewriter on a roll of hand-cut, taped-together sheets of paper. Arranged in chapters, paragraphs, sentences, and words, the diagram undertakes an analysis of the occurrence of various topics and of their linguistic density, for instance: Bob and jazz music; travel; parties, alcohol, and drugs; work and survival; women, sex, and relationships; or illegal activities and confrontations with the police. The word density of a sentence is illustrated in blossom-like graphics, the color of which references the respective topic negotiated here. So the floral shape would reveal whether Kerouac writes about sex in long or short sentences, and whether this subject tends to appear in the context of travel, work, or drugs. The archipelagic structure, which emphasizes the islands and hides the interstices, is also inherent within this visualization. Moreover, such mathematical analyses assume a neutrality of interpretation that the system-immanent filters—from the selection of search terms to the architecture of the software—by no means constitute.

Andújar's chapter on cartography reveals not only its inherent hierarchies and politics; it also at the same time references a pivotal problem, one around which *Postcapital* revolves: the organization of knowledge and information under the conditions given by the Internet. Thus the *Postcapital* Archive explicitly views itself *as* a problem of structuring, classifying, and dealing with the interconnectivity of data.

Workstation

In the "backstage" area of the exhibition, or its *Workstation*, a server was located that hosted the entire *Postcapital* Archive, which could be accessed here at various computer terminals. In Stuttgart this implied around 250,000 documents that were still arranged in a classic tree structure of folders and subfolders, whereby the

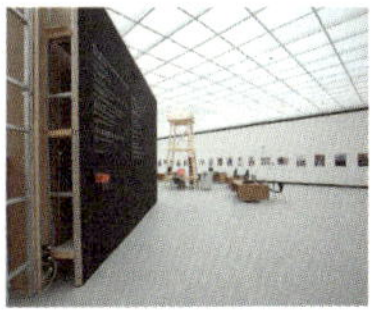

STR 2008_WRK_0251
[pp. 210-211,322]

20. See http://www.chrisharrison.net.

visitors were able to create their own files or to regroup documents. Furthermore, it was possible to print materials on site, or to copy individual documents or the entire database. This open-source stance is in adherence not only with the concept of free exchange of knowledge but also with Andújar's conviction that digital data—which, according to Jeff Rothenberg's saying, will last forever or five years, whichever comes first—may only have a certain future if it is copied as often as possible and brought into circulation. The options and problems of publishing, exchanging, and archiving digital data were also addressed in the *Workstation* in the scope of a workshop headed by Andújar.

Further elements of the *Workstation* were a physical library, which contained printouts of a selection of texts and writings from the digital *Postcapital* Archive, as well as a kind of elevated stand made of a coarse scaffold constructed of wooden slats, its viewing or oratory platform not accessible: this tower, which was too high for the exhibition space, penetrated the skylight overhead, into which the platform disappeared. In a metaphorical way, the tower represented the inclusions and exclusions, the hierarchies and censorship associated with the World Wide Web; as did the aforementioned map pointing out the "black holes" of the Internet. The server itself—quasi the source of the whole exhibition—remained concealed underneath the structure.

Andújar, who in his exploration of networked information and communication technologies is strongly concerned with the trial and conveyance of a collective, independent, and resistive appropriation of knowledge, is indeed aware that the democratic dreams that had once been projected onto the Internet have long been outrun by its commercialization and political control. So his artistic methods target less appropriation than the re(contra)appropriation of the territories of image and knowledge production and their tools. This not least becomes apparent in the e-platforms that have been initiated by the artist since 2001. These are online cultural-political forums for various cities (Valencia, Barcelona, Madrid, Sevilla, et cetera) where in 2001—thus long before WikiLeaks—people were already able to anonymously post information and documents, meaning without their IP address being resolvable. Alongside "do it together," one of his various mottoes is "hack the system." This applies to the technologies and technocracies surrounding us, as it does to the representations and the noise that these generate.

Enhancements

Postcapital is founded upon the idea of exchanging knowledge and aesthetic experience that is not oriented to a unique goal but that instead fosters complexity, polyphony, and the unforeseeable. This means that the *Postcapital* exhibitions have generally emerged in dialogue with further contributions or interpretations, such as, for example, in Barcelona with the works of Carlos Garaicoa and the political-literary analyses of de la Nuez. In the case of the latter, they formed not the discursive superstructure of the project but rather a simultaneous voice offering other directions, readings, and approaches.

In Stuttgart, a tight events program was held in the scope of—and *in*—the exhibition, including the film program curated by Katrin Mundt, which tied into the archive "as a repository of the present" (Mundt); the workshop held by Yvonne P. Doderer on the capitalist city as urban utopia; the aforementioned workshop by Andújar on archival cultures; a seminar with students from the Stuttgart State Academy of Art and Design or the numerous lectures on questions pertaining to border crossing (Keiko Seo); on Marxist theory (Helmut Draxler); on cultures of networked society (Felix Stalder); on the knowledge city (Kirsten Wagner); on critical theory in architecture (Ole W. Fischer); on the dyadic political landscape of Korea (Du-Yol Song); or on the Western image politics in times of war and terror (Linda Hentschel).[21] A conference held independently of the exhibition—together with the Akademie Schloss Solitude and Stuttgart's Hospitalhof—on the topic of censorship in art fostered further connections to *Postcapital*, especially in view of the entanglements between copyright and censorship. And prior to the exhibition, questions involving the translation of information into knowledge were discussed during a workshop put on by Andújar at the Akademie Schloss Solitude.

In the Stuttgart venue, *Postcapital* was interpreted as an environment, tool, and catalyst for an open production of art and knowledge, and was perpetuated as such.

21. Audio recordings of most lectures can be found on the website of the Württembergischer Kunstverein. See http://www.wkv-stuttgart.de/en/programme/2008/exhibitions/postcapital/program.

Ação Popular Socialista (APS), Acção dos Conselhos Revolucionários Anarco-Comunistas pela Intervenção Autónoma / Em Luta! (ACRACIA/Em Luta!), Accion Democrática (AD), Acción Republicana Democrática Española (ARDE), Afirmación para una República Igualitaria (ARI), African National Congress (ANC), Agonistiko Sosialistiko Komma Elladas (ASKE), Agrarian Labour Party of Kyrgystan (ATPK), Agrarnaya Partiya Rossii (APR), AKBAYAN!, Aleh Yarok, Al-Hizb al-Shuyu'i al-Sudani (HSS), Al-Hizb al-Taqaddumi al-Ishtiraki / Parti Socialiste Progressiste (PSP), Alianza Comunista Libertaria (ALC), Alianza Magonista Zapatista (AMZ), Alianza Progresista, Alliance des Forces de Progrès (AFP), Alliance for Democracy, Alliance for Green Philippines, Alliance for Green Socialism (AGS), Alliance Marxist-Leninist, Alliance pour la Démocratie au Mali / Parti Africain pour la Solidarité et la Justice (ADEMA-PASJ), Al-minbar al-Dimuqrati al-Kuwayti, Al-Tajammu' al-Marksiyin al-Leniniyin al-Thawriyin al-Iraqiyin, Alternative Galicia, Alternative Libertaire, Alternative Liste, Alternativy, Alternativa Demokratika, Am Ehad, Analyse und Kritik (AK), Ananeotiki Eksygchronistiki Kinese Aristeras (AEKA), Ananeotiki Kommounistiki kai Oikologiki Aristera (AKOA), Ananeotiki Sypeirosi, Anarchikos Pirinas Kyprou, Anarchist Communitarian Network, Anarchist Federation, Anarchist People of Color, Anarchist Workers Network, Anarchistische Gruppe / Rätekommunisten, Anarcho-Syndicalist Federation (ASF), Anarhiki Paremvasi, Anarho-Sindikalisticka Inicijativa, Anarho-Sindikalisticka Konfederacija (ASK), Anarkhistichen Front, Anarkistenes Organisasjon i Norden (ANORG), And Jëf / Parti africain pour la Démocratie et le Socialisme (AJ/PADS), Andecha Astur - La Izquierda d'Asturies, Annahj Democrati / La Voie Démocratique, Anorthotiko Komma Ergazomenou Laou (AKEL), Anti-Capitalist Convergence Philippines, Anticksousiastiki Kinisi, Antyklerykalna Partia Postepu "Racja" (APP), Aprile per la Sinistra, Arbeidernes Kommunistparti (AKP), Arbeit & soziale Gerechtigkeit - Die Wahlalternative (WASG), Arbejderpartiet Kommunisterne, Arbetarmakt, Arcoiris, Articulação de Esquerda, Asamblea de Convergencia Libertaria (ACL), Asamblea Uruguay, Associação Política Regional e de Intervenção Local (APRIL), Association pour une Gauche Républicaine (AGR), Associazione Bandiera Rossa (ABR), Associazione Marxista Rivoluzionaria "Progetto Comunista", Associazione Reds, Assotsiatsiya Dvizheniya Anarkhistov (ADA), Atlantic Anarchist Circle, Auca - Socialismo Libertario, Australia Class War, Australian Greens, Australian Labor Party (ALP), Australian Women's Party (AWP), Avançar a Luta Socialista, Avtonomna Bezvlastnicheska Grupa "Anarkhosprotiva", Avtonomnoe Deistvie - Gruppa "Proryv", Awareness League, Azerbaycan Demokrat Firqesi / Ferqeh-ye Demokrat-e Azarbaijan, Azzjoni Pozittiva (Moviment Anarkiku Malti), Badil al-Shuyu'i al-Taharruri, Bagimsiz Cumhuriyet Partisi (BCP), Baloldali Alternativa Egyesülés (BAL), Bama Pyi Komyunit Pati [Alan-Pyu] (CPB), Bangladesher Communist Party, Barbados Labour Party (BLP), Base-Frente Unitaria de Trabalhadores (Base-FUT), BastA!, Basels starke Alternative, Batzac, Belaruskaia Satsyial Demakratichnaia Partyia, Bevegelsen for Sosialisme, Bharatiya Kamyunista Parti (CPI), Birlesik Kibris Partisi (BKP), Birlesik Komünist Parti (BKP), Bloc Marxiste-Léniniste, Bloc Nacionalista Valencià (BLOC), Bloco de Esquerda, Bloque Nacionalista Galego (BNG), Bolschewistische Initiative Deutschland, Bolsevik Partisi (Kuzey Kürdistan-Türkiye), Botswana National Front (BNF), Brigadas Emiliano Zapata del PRD (BEZ-PRD), Bring the Ruckus, Bulgarska Rabotnicheska Sotsialisticheska Partiya (BRSP), Bulgarska Rabotnichesko-Selska Partiya (BRSP), Bulgarska Sotsialdemokraticheska Partiya (BSDP), Bulgarska Sotsialdemokratsia, Bulgarska Sotsialisticheska Partiya (BSP), Bulgarski Sotsialdemokrati, Bundnis 90 / Die Grünen, Cambio Democratico, Campaign for Labour Party Democracy (CLPD), Campaign for Socialism, Canadians for Peace and Socialism, Célula para la reconstrucción del Partido Comunista Canario (CRCCP), Centrolewica Rzeczypospolitej Polskiej (CRP), Ceská strana sociálne demokratická (CSSD), Ceskoslovenská anarchistická federace (CSAF), Ceskoslovenské anarchistické sdruzení (CAS), Chunta Aragonesista (CHA), Citizens Party, Class War Federation, regional group, Club de Cultura Socialista de Costa Rica, Club de Cultura Socialista de Costa Rica, Club de la Gauche Socialiste, Club République Sociale, Clube do Chiado, Col.lectiu per una Esquerra Alternativa (CEA), Colectivo Comunista 27 de Septiembre (27-S), Coletivo Florestan Fernandes (CFF), Coletivo José Luiz Carneiro Cruz, Combat, Combat Socialiste, Comhaontás Glas, Comisión de Relaciones Anarquistas (CRA), Comitati di Appoggio alla Resistenza - per il Comunismo (CARC), Committees of Correspondence for Democracy and Socialism (CCDS), Communist Action, Communist Ghadar Party of India (CGPI), Communist League of Great Britain, Communist League of India, Communist Mazdoor Kissan Party (CMKP), Communist Party Alliance (CP Alliance), Communist Party of Aotearoa (CPA), Communist Party of Australia (CPA), Communist Party of Britain (CPB), Communist Party of Great Britain (CPGB), Communist Party of India Liberation (CPI-ML Liberation), Communist Party of India (CPI), Communist Party of Nepal, Communist Party USA (CPUSA), Communist Voice Organization, Communistes, Communistes en Lutte pour la Construction en France d'un Parti Marxiste-Léniniste, Communistisch Collectief Aurora, Compass, Comunismo dal basso, Confederación General del Trabajo (CGT), Confederación Nacional del Trabajo (CNT), Confédération Nationale du Travail (CNT), Confederazione Italiana di Base UNICOBAS (CIB-UNICOBAS), Congrès pour la Démocratie et le Progrès (CDP), Congreso de Unificación Anarco-Comunista (CUAC), Congress of Democrats (CoD), Consejo Indígena Popular de Oaxaca "Ricardo Flores Magón" (CIPO-RFM), Construção Socialismo e Democracia (CSD), Convergencia Ciudadana, Convergencia para la Democracia Social (CpDS), Co-operative Party, Coordinación Estatal de Organizaciones Comunistas (CEOC), Coordinadora de Redes, Colectivos e Individu@s Libertari@s / Coordinadora Libertaria (CRCIL), Coordinadora Libertaria - Banderas Negras, Coordinadora Social Demócrata de Cuba, Coordination Anarchiste, Coordination Bretagne Indépendante et Libertaire (CBIL), Coordination des Groupes Anarchistes (CAG), Corrente Posadista do Partido dos Trabalhadores, Corriente de Identidad Socialista, Corriente Popular, Corriente Socialista Democratica Cubana (Corriente SDC), Courant Syndicaliste-Révolutionnaire (CSR), CPP [Khaskheli], Cristiano Sociali, Cultura Natural, Cumhüriyet Halk Partisi (CHP), Cumhuriyetçi Türk Partisi (CTP), Czerwony Kolektyw - Lewicowa Alternatywa, Dang Cong san Viêt Nam, Danmarks Kommunistiske Parti (DKP), Danmarks Kommunistiske Parti / Marxister-Leninister (DKP/ML), De Groenen, De Gronne, Debs Tendency, Déi Gréng, Déi Lénk / La Gauche / Die Linken, Democracia Socialista, Democraten66, D66, Democratic Alliance for Betterment of Hong Kong, Democratic Labour Party (DLP), Democratic Labour Party, Min-ju No-dong Dang (KDLP), Democratic Socialists of America (DSA), Democratici di Sinistra (DS), Démocratie & Socialisme, Democrazia Popolare - Sinistra Unita (DP-SU), Demokratik Sol Partisi (DSP), Demokratiskt Alternativ, Demokratska Partija Socijalista Crne Gore (DPS), Demokratska Socijalisticka Partija (DSP), Demokratska Stranka, Demokratyczna Partia Lewicy (DPL), Den Anarkistiske Foderation, Det Norske Arbeiderparti (DNA), Deutsche Kommunistische Partei (DKP), Devrimci Halk Kurtulus Partisi-Cephesi (DHKP-C), Die Grünen, Dimokratiki Kinoniko Kinima (DIKKI), Dimokratiki Periphereiaki Enosi (DPE), Direct Action Tendency, Direct! Switzerland, Dominica Labour Party (DLP), Ecolo, Ecologia Sociale, Écologie Sociale, Écologistes Confédérés pour l'Organisation de Luttes Originales, Ecolo, Eesti Anarhistliku Partei, Eesti Rohelised, Eesti Sotsiaaldemokraatlik Tööpartei (ESDTP), Eesti Vasakpartei / Levaya Partiya Estonii, Els Verds - Alternativa Verda, Els Verds - Esquerra Ecologista, Els Verds - L'Alternativa Ecologista, Els Verds - Opció Verda, Emegin Partisi (Emep), Enhedslisten - De Rod-Gronne, Enomeni Dimokrates (EDI), Epanastatiko Kommounistiko Kinima Elladas (EKKE), Espacio Alternativo, Espacio Revolucionario Andaluz, Espai Alternatiu, Esquerda de Galicia (EdeG), Esquerra Republicana de Catalunya (ERC), Esquerra Unida i Alternativa (EUiA), Eusko Alkartasuna (EA), Ezilenlerin Sosyalist Platformu (ESP), Fabian Society, Fabrika, Faits et Analyses, Falce Martello, Federação Anarquista Cabocla (FACA), Federação Anarquista Gaúcha (FAG), Federação Libertária Maximalista Portuguesa (FLMP), Federace sociálních anarchistu (FSA), Federación Anarquista Ibérica (FAI), Federación Anarquista Uruguaya (FAU), Federación de Partidos Verdes de las Américas (FPVA), Fédéracion des Partis Écologistes d'Afrique (FPEA), Federación Libertaria Argentina (FLA), Federacja Anarchistyczna (FA), Federacja Zielonych, Fédération Anarchiste / Anarchistische Föderation, Fédération des Communistes Libertaires du Nord-Est (NEFAC), Federation of Revolutionary Anarchist Collectives (FRAC), Federatsiya Anarkho-Kommunistov (FAK), Federazione Anarchica Italiana (FAI), Federazione Anarchica Siciliana (FAS), Federazione dei Comunisti Anarchici (FdCA), Federazione dei Verde, Feministische Partei - Die Frauen, Fiji Labour Party, Föderation deutschsprachiger AnarchistInnen (FdA), Föderation Gewaltfreier Aktionsgruppen (FöGA), Folkmakt, Forces Militantes, Forum Démocratique pour le Travail et les Libertés (FDTL), Forum Demokratische Linke 21, Forum kommunistischer Arbeitsgemeinschaften, Fórum Socialista, Freedom Road Socialist Organization [Fight Back] (FRSO), Freie Arbeiter Union (FAU/AP), Freie Arbeiterinnen Union Schweiz (FAUCH), Freie Arbeiterinnen Union Österreichs, Freie Liste, Frente Amplio, Frente de Libertação de Moçambique-Partido, Partido Frelimo, Frente Farabundo Martí de Liberación Nacional (FMLN), Frente Obrero Liberashon 30 di Mei (FOL), Frente para el Cambio, Frente Revolucionária do Timor Leste Independente (FRETILIN), Frente Revolucionario (FR), Frente Sandinista de Liberación Nacional (FSLN), Front des Forces Socialistes (FFS), Front Patriotique pour le Renouveau et le Progrès (FP-RP), Front Populaire Ivoirien (FPI), Fronte Popolare per la ricostruzione del partito comunista (FP-rpc), Fuerza de la Revolución, Fuerza Social y Democrática (FSD), Gauche Socialiste (GS), Gegen die Strömung, Génération Ecologie, Gerarer Dialog, Gercek, Gibraltar Socialist Labour Party, Græsrodspartiet Solidarisk Alternativ (SOL), Great Plains Anarchist Network, Green Party of Aotearoa, Green Party of Aotearoa New Zealand, Green Party of England and Wales, Green Party of South Africa (GPSA), Green Party of the United States, Green Power, Green Social Democratic Party, Greens Network Japan, Groen!, GroenLinks, Groep van Marxisten-Leninisten / Rode Morgen, Gronne Demokrater, Grüne Partei der Schweiz / Parti Écologiste Suisse (Grüne/Les Verts), Grünes Bündnis, GB, Grupo Avanzar, Grupo Comunista Revolucionario de Colombia (GCR), Grupo de Lucha Proletaria (GLP), Gruppe Arbeiterpolitik, Gruppe Kommunistische Arbeiterzeitung, Gruppe Neue Einheit, Hai Heghapokhagan Dashnaktsutiune (HHD), Haklar ve Özgürlükler Cephesi (HÖC), Han-min-jeon, Harakat al-Tahrir al-Watani al-Filastini, Al-Fatah, Hayastani Demokratakan Kusaktsutiun (HDK), Ha-Yerukim, Hezb-e Demokratik-e Mardom-e Iran, Hezb-e Kar-e Enqelabi-ye Iran, Hezb-e Kar-e Iran, Toufan, Hezb-e Komunist-e Iran (CPI), Hezb-e Ranjbaran Iran, Hezb-e Tudeh-ye Iran, Hezb-e Zabz Iran, Hizb al-Amal al-Lubnani, Hizb al-Dimuqratiyah al-Wataniyah (NDP), Hizb al-Khudr al-Iraqi, Hizb al-Khudr al-Misri, Hizb al-Sha'b al-Filastini (PPP), Hizb al-Shuyu'i al-'Iraqi - al-Kader, Hizb al-Shuyu'i al-Iraqi - Al-Qiyadah al-Markaziyah, Hizb al-Shuyu'i al-'Iraqi (ICP), Hizb al-Shuyu'i al-Lubnani / Parti Communiste Libanais (PCL), Hizb al-Shuyu'i al-Misri, Hizb al-Shuyu'i al-Suri - al-Maktab al-Siyasi, Hizb al-Shuyu'i al-Suri [Faysal], Hizb al-Tajammu' al-Watani al-Taqaddumi al-Wahdawi (NPUP), Hizb al-Taqaddumi al-Ishtiraki / Parti Socialiste Progressiste (PSP), Hizb al-Watani al-Dimoqrati, Hizb-e Komunist-e Maoist-e Afghanistan, Hizb-e Sosyaldemokratik-e Afghan / Afghan Mellat, Hrvatska Stranka Zelenih - Eko Savez (HSZ-ES), Hrvatski Socijaldemokrati, Independent Democrats (ID), Independent Progressive Politics Network (IPPN), Indian National Green Party, Industrial Workers of the World (IWW), Iniciativa per Catalunya - Verds (IC), Inicjatywa Pracownicza, Intervenção Democrática, Inuit Ataqatigiit (IA), Isçi Partisi, Israeli Communist Forum, Italia Socialista, Ittihad al-Dimuqrati al-Filastini (Fida), Izquierda Alternativa (IA), Izquierda Democrática (ID), Izquierda Democratica de Cantabria (IDCAN), Izquierda Republicana de España (IR), Izquierda Unida (IU), Jabhah al-Dimuqratiyah li-Tahrir Filastin (DFLP), Jabhat al-Quwat al-Dimuqratiyah / Front des Forces Démocratiques (FFD), Jakarta Anarchist Resistance, Jami'at al-Amal al-Watani al-Dimuqrati, Jami'at Al-Minbar al-Taqaddum al-Dimuqrati, Janata Dal (Secular) (JD(S)), Javna arflokkurin, Jichi, Rentai, Ekoroji Omezazu Gurupu - Sôsei, Kalayaan! - Katipunan para sa Pagpapalayang Sambayanan, Kanu Sanyal, Kara Kizil, Kibris Sosyalist Partisi (KSP), Kinima Oikologon Periballontiston - To Prasino Komma tis Kyprou, Kinima Sosialdimokraton (KISOS), Kinisi gia tin Enotita Drasis tis Aristeras (KEDA), Kokkinoprasino Diktyo tou SYN, Kolektif Kucing Hitam, Kommounistiki Organosi Elladas (KOE), Kommounistiko Komma Elladas (KKE), Kommunistesch Partei vu Lëtzebuerg (KPL), Kommunisticheskaya Partiya Respubliki Tatarstan (KPRT), Kommunisticheskaya Partiya Rossiiskoi Federatsii (KPRF), Kommunisticheskaya Partiya Sovetskogo Soyuza [A. Miroshnika], Kommunisticheskaya Partiya Soyuza (KPS), Kommunistien Liitto, Kommunistinen Työväenpuolue (KTP), Kommunistische Aktion - marxistisch-leninistisch, Kommunistische Debatte, Kommunistische Initiative (KI), Kommunistische Partei der Schweiz, Kommunistische Partei Deutschlands (KPD), Kommunistische Partei Österreichs (KPÖ), Kommunistische Partij - Vlaanderen (KP), Kommunistische Plattform der PDS (KPF), Kommunistisk Parti i Danmark (KPiD), Kommunistiska Partiet, Kommunisticheskaya Partiya Kazakhstana, Kommunisty Trudovoi Rossii (KTR), Komunist Partisi - Insa Örgütü, Komunistická strana Cech a Moravy (KSCM), Komunistická strana Ceskoslovenska (KSC), Komunistická Strana Slovenska (KSS), Komunistychna Partiya Robitnykiv i Selyan (KPRS), Komunistychna Partiya Ukrainy (KPU), Komunistyczna Partia Polski (KPP), Konfederatsiya Revolutsionnykh Anarkho-Sindikalistov (KRAS),Kontra, Koordinadora Libertaria, Korea Greens, Korean Anarchist Network, Krajowa Partia Emerytów i Rencistów, Kurdistan Communist Party, La Causa R, Labour in Northern Ireland (LiNI), Labour Left Briefing, Labour Party, Labour Party Ireland, Labour Reform, Laburisticka Partija Srbije, Lajnah al-Wataniyah li-Wahdah Shuyu'iyin Suriyin, Laodongdang, Latvijas Socialdemokratiska Strandnieku Partija (LSDSP), Latvijas Socialistiskā Partija / Socialisticheskaya Partiya Latvii (LSP), Latvijas Zala Partija (LZP), L'avicovy blok, Le Parti Travailliste, League of Revolutionaries for a New America (LRNA), Left Green Network, l'ernesto, Les Alternatifs, Les Verts - Confédération écologiste - Parti Ecologiste, Lëtzebuerger Sozialistesch Arbechterpartei / Parti Ouvrier Socialiste Luxembourgeois (LSAP/POSL), Lëvizja Socialiste për Integrim (LRI), Lewica Demokratyczna Rzeczpospolitej Polskiej (LDRP), Liberdade e Cidadania, Libertà Eguale, Libertarian Workers for a Self-Managed Society, Liberty Union Party (LUP), Lietuvos Socialdemokratu Partija (LSDP), Lietuvos Socialdemokratu Sajunga, Liga Ecologista Revolucionária-Movimento pela Libertação da Terra (LER-MLT), Liga Socialista (LS), Liga Socijaldemokrata Vojvodine (LSV), Linea Rossa, Lok Raj Sangathan (LRS), Los Verdes - Comunidad de Madrid, Los Verdes - Grupo Verde, Los Verdes - Izquierda Verde / Els Verds - Esquerra Verda / Os Verdes - Esquerda Verde / Berdeak - Ezkerra Berdea, Los Verdes / Els Verds / Os Verdes / Berdeak, Los Verdes - SOS Naturaleza, L'Ulivo, Luta Libertaria, Magyar Szociális Zöld Párt, Magyar Szocialista Párt (MSzP), Maoist Internationalist Movement (MIM), Maoist Komünist Partisi, MKP, Margem Esquerda, Markxist Leninist Komünist Partisi (MLKP), Marksistskaya Platforma, Marxist Initiative, Marxistisches Forum, Marxistisch-Leninistische Partei Deutschlands (MLPD, Marxistisch-Leninistische Partei Österreichs (MLPÖ), Marxist-Leninist Organizer unofficial, Mesa de Refondación Comunista (MRC), Meshregional'naya Partiya Zelen'ikh, Miflagah ha-Komunistit ha-Yisre'elit (MAKI), Mifleget ha-'Avodah ha-Yi'sre'elit, Militant Communiste, Miljöpartiet de Gröna, Miljopartiet De Gronne, Minshushugiteki Shakaishugi Undô, Minshûto, ML-gruppa Revolusjon, Mongol Ardyn Chuvsgalt Nam, Mouvement Démocratique et Social (MDS), Mouvement des Démocrates Socialistes / Hizb al-Dimocratiyin al-Ishtirakiyin (MDS), Mouvement Ecologiste Indépendant (MEI), Mouvement Militant Mauricien (MMM), Mouvement pour la Libération Totale de la Côte d'Ivoire (MLTCI), Mouvement pour les Assises de la Gauche (MAG), Mouvement Républicain et Citoyen (MRC), Mouvement Socialiste (MS), Mouvement Socialiste Militant (MSM), Movement for Democratic Change (MDC), Movementu Antia Nobo (MAN), Movimento Anarquista Comunista, Movimento da Renovação Comunista (MRC), Movimento per l'Unità dei Comunisti (UC), Movimento Politico di Opinione: Socialismo Liberale Progressista, Movimento Popular de Libertação de Angola (MPLA), Movimento Revolucionário 8 de Outubro (MR-8), Movimento Unitario di Iniziativa Socialista (MUIS), Movimiento al Socialismo (MAS), Movimiento Anarquista Salvadoreño (MAS), Movimiento Carpintería, Movimiento de Integración Democrática, Movimiento de la Izquierda Revolucionaria - Nueva Mayoría (MIR), Movimiento de Liberación Nacional - Tupamaros (MLN-T), Movimiento de los Claveles Rojos, Movimiento de Participación Popular (MPP), Movimiento Electoral di Pueblo (MEP), Movimiento Fuerza Ciudadana, Movimiento Libertario Cubano (MLC), Movimiento Libertario Joaquín Murieta (MLJM), Movimiento Nueva Izquierda (MNI), Movimiento Obrero Independiente y Revolucionario (MOIR), Movimiento Popular Democrático (MPD), Movimiento Raíz, Movimiento Socialista Emilio Frugoni (MS), Mpitolona ho Amin'ny Fampandrosoan'i Madagaskar (MFM), Munkáspárt, Narodno-Demokratychna Partiya (NDP), National Conscience Party (NCP), National Democratic Congress (NDC), National Democratic Front (NDF), National Workers Party, Nei Lénk / Nouvelle Gauche) periodical periodical Paroles, Neo Aristero Reuma (NAR), Nepal Kamyunist Parti (Ekikrit Marksvadi ra Leninvadi), Nepali Congress Party (NCP), Network of Socialist Campaign Groups, Netzwerk Reformlinke, Neues Forum, New Communist Party (NCP), New Democracy (CPI), New Democratic Party / Nouveau Parti Démocratique (NDP/NPD), New Party, New Politics Network, New Socialism, New Zealand Labour Party (NZLP), Nieuwe Communistische Partij van Nederland (NCPN), Nihon Kyôsantô (Kôdô-ha), Nihon Kyôsantô, Nikkyo, Nihon Rôdô Niji to Midori, Norges Kommunistiske Parti (NKP), Noul Partid Comunist Român, Nouveau Monde, Nouveau Parti Communist Haïtien (NPCH), Nouvelle Gauche, Nouvelle Gauche Communiste, Nova Komunisticka Partija Jugoslavije (NKPJ), Nowa Lewica, Nuclear Disarmament Party (NDP), Nueva Izquierda Verde (NIV), Nueva Organización Revolucionaria de los Trabajadores de España (nORTe), Nuevo Espacio (NE), Nuova Unità, Nya Arbetartidningen (Nya AT), O Trabalho, Obedinen Blok na Truda (OBT), Occitania Libertaria, Offensive Libertaire et Sociale (OLS), Oikologoi Elladas), Oikologoi Prasinoi, Ökologische Linke, OFKOLI, Omospondia Anarhikon Ditikis Ellados (OADE), Opbouworganisatie van de Nieuwe Arbeiderspartij (NAP), Organisation Communiste Libertaire (OCL), Organisation du Peuple en Lutte / Oganizasyo pèp k ap lite (OPL), Organisation für den Aufbau einer kommunistischen Arbeiterpartei Deutschlands, Organisation Socialiste Libertaire (OSL), Organise! Anarcho-Syndicalist Federation, Organise! dissolved, Organise!, Ireland, Organització Comunista del País Valencià (OCPV), Organização Comunista Proletária de Portugal, Organização Marxista, Organización Anarco-Comunista Andaluza (OACA), Organización Anarquista Bandera Negra, Organización Anarquista Libertad (OAL), Organización Comunista "Octubre", Organización Comunista Recabarren (OCR), Organización Libertaria J@!, Organización Libertaria Cimarrón (OLC), Organización Resistencia Libertaria (ORL), Organización Revolucionaria Anarquista (ORA), Organización Socialista Libertaria (OSL), Organizing Committee to form the Communist Party, Organizzazione per il Partito Comunista del Proletariato d'Italia, Organosi gia tin Anasyngrotisi tou Kommounistiko Komma Elladas (OAKKE), Os Verdes, Özgürlük ve Dayanisma Partisi (ÖDP), Pacifistisch Socialistische Partij '92 (PSP'92), Pairtí Cummanach na hÉireann (CPI), Pairtí na nOibrí, Páirtí Sóisialta Daonlathach an Lucht Oibre (SDLP), Pakistan People's Party (PPP), Pakistan Social Democratic Party, Panellinio Sosialistiko Kinima (PASOK), Partai Buruh Sosial Demokrat (PBSD), Partai Nasional Banteng Kemerdekaan (PNBK), Partai Pelopor (PP), Pàrtaidh Uaine na h-Alba, Partei des Demokratischen Sozialismus (PDS), Parti Algérien pour la Démocratie et le Socialisme (PADS), Parti Communiste - Wallonie (PC), Parti Communiste des Ouvriers de France (PCOF), Parti Communiste des Ouvriers Tunisiens / Hizb al-'Ummal al-Shuyu'i (PCOT), Parti Communiste du Canada (CPC/PCC), Parti Communiste du Québec (PCQ), Parti Communiste du Togo (PCT), Parti Communiste Français (PCF), Parti Communiste Révolutionnaire(PCR), Parti de la Gauche Socialiste Unifiée / Hizb al-Yasar al-Ishtiraki al-Muwahhad (GSU), Parti de l'Avantgarde Démocratique Socialiste / Hizb al-Tali'ah al-Dimuqrati al-Ishtiraki (PADS), Parti de l'Indépendance et du Travail (PIT),Parti Demokrati Kurdistan-Irak / Hizb al-Dimuqrati al-Kurdistani 'Iraq (KdP-I/PdK-I), Parti Démokrati Kurdistan-Iran / Hezb-e Demokrat-e Kordestan-e Iran (DPIK), Parti du Front de Libération Nationale / Hizb Jabhat al-Tahrir al-Watani (PFLN), Parti du Peuple Cambodgien, Parti du Progrès et du Socialisme (PPS), Parti du Travail de Belgique / Partij van de Arbeid van België (PTB/PvdA), Parti Keadilan Rakyat (PKR), Parti Marxiste-Léniniste du Québec (PMLQ), Parti Populaire National / Parti Popilè Nasyonal (PNP), Parti Radical de Gauche (PRG), Parti Rizgari Kurdistan / Hizb al-Tahrir al-Kurdistani, Parti Socialiste (PS), Parti Sosialis Malaysia (PSM), Parti Sosialisti Dimukrati Kurdistan / Al-Hizb al-Ishtiraki al-Dimuqrati al-Kurdistani (KSDP), Parti Suisse du Travail (PST), Parti Tindakan Demokratik (DAP), Parti Vert du Canada, Partia e Punës e Shqipërisë (PPSH), Partia e të Gjelbërve e Kosovës (PGJK), Partia Komuniste e Shqipërisë "8 Nëntori", Partia Komuniste Shqiptare (PKSH), Partia Socialiste ë Shqipërisë (PSS), Partia Te Gjelbërit, Partido Africano da Independência da Guiné e Cabo Verde (PAIGC), Partido Aprista Peruano (PAP), Partido Comunista (PC), Partido Comunista Brasileiro (PCB), Partido Comunista Chileno-Acción Proletaria(PC-AP), Partido Comunista Colombiano (PCC), Partido Comunista de Chile (PCC), Partido Comunista de Colombia (PCdeC), Partido Comunista de Cuba (PCC), Partido Comunista de España (PCE), Partido Comunista de la Argentina (PCA), Partido Comunista de la República Dominicana, Partido Comunista de los Pueblos de España (PCPE), Partido Comunista de Mexico (PCM), Partido Comunista de Venezuela (PCV), Partido Comunista del Perú (Patria Roja) (PCdelP), Partido Comunista del Perú [Sendero Luminoso], Partido Comunista del Trabajo, Partido Comunista del Uruguay (PCU), Partido Comunista do Brasil - Fração Vermelha (PCdoB-FV), Partido Comunista do Brasil (PCdoB), Partido Comunista dos Trabalhadores Portugueses (PCTP), Partido Comunista Marxista Leninista, Partido Comunista Marxista Leninista del Ecuador (PCMLE), Partido Comunista Obrero Español (PCOE), Partido Comunista Peruano [Unidad], Partido Comunista Português (PCP), Partido Comunista Revolucionario (PCR, Partido de Acción Socialista, Pasoc, Partido de la Liberación Dominicana (PLD), Partido de la Libéracion (PL), Partido de la Revolución Democrática (PRD), Partido de los Comunistas, Partido de los Trabajadores del Ecuador (PTE), Partido de los Trabajadores Dominicanos (PTD), Partido del Pueblo Costarricense (PPC), Partido del Trabajo (PT), Partido del Trabajo de Colombia (PTC, Partido Democrático Descentralista (PDD), Partido Democrático Popular Revolucionario (PDPR), Partido Democratico Trabalhista (PDT), Partido Demokratiko-Sosyalista ng Pilipinas (PDSP), Partido dos Trabalhadores (PT), Partido Ecologista Alternativa Verde (Los Verdes), Partido Independentista Puertorriqueño (PIP), Partido Independiente (PI), Partido Intransigente (PI), Partido Komunista ng Pilipinas (CPP), Partido Laboral Krusada Popular (PLKP), Partido Liberación Nacional (PLN), Partido Liberal Colombiano (PLC), Partido Obrero Rojo (POR), Partido Popular Socialista (PPS), Partido Por la Democracia (PPD), Partido por la Democracia Social (PDS), Partido Radical Socialdemócrata (PRSD), Partido Revolucionario Democrático (PRD), Partido Revolucionario Dominicano (PRD), Partido Revolucionario Institucional (PRI), Partido Social Revolucionario Democratico de Cuba (PSRDC), Partido Socialista - Democracia Total (PS), Partido Socialista - Frente Amplio (PS-FA), Partido Socialista (PS), Partido Socialista Auténtico (PSA), Partido Socialista Brasileiro (PSB), Partido Socialista de Chile (PS), Partido Socialista del Pueblo de Ceuta (PSPC), Partido Socialista Libertário Brasileiro, Partido Socialista Obrero Español (PSOE), Partido Socialista Peruano (PSP), Partido Sociedad Patriótica 21 de Enero (PSP), Partido Unido Social Democrata (PUSD), Partido Verde, Partido Verde del Peru, Partido Verde Dominicano (PVD), Partido Verde Ecologista, Partido Verde Ecologista de México (PVEM), Partidul Alianta Socialista (PAS), Partidul Comunistilor din Republica Moldova (PCRM), Partidul Social Democrat (PSD), Partidul Social Democrat din Moldova (PSDM), Partidul Socialist Român (PSR), Partij van de Arbeid (PvdA), Partija Rada, Partisan, Partit dels Comunistes de Catalunya (PCC), Partit Laburista (MLP), Partit Socialdemòcrata (PS), Partit Socialista Unificat de Catalunya - Viu (PSUC-viu), Partit Socialista Unificat de Catalunya (PSUC), Partito Andalucista, Partito Comunista d'Italia Marxista-Leninista (PCIML), Partito d'Azione Liberalsocialista, Partito dei Comunisti Italiani (PdCI), Partito dei Democratici, Partito dei Socialisti e dei Democratici, Partito della Rifondazione Comunista (PRC), Partito della Rifondazione Socialista, Partito Marxista-Leninista Italiano (PMLI), Partito Socialista Democratico Italiano, Partito Socialista Nuovo PSI [De Michelis] (Nuovo PSI[DM]), Partito Socialista Nuovo PSI [Martelli] (Nuovo PSI[M]), Partito Socialista Riformista (PSE), Partito Socialista Sammarinese (PSS), Partiya Komunistê Kurdistan (PKK), Partiya Sosyalist a Kurdistan (PSK), Partiya Trudovoi Solidarnosti (PTS), Partiya Vozrozhdeniya Rossii, Partiya Zehmetkêsanê Kurdistan (PZK), Partiya Zelenykh Ukrainy, Party of European Socialists (PES), Partyia Kamunistau Belaruskaia (PKB), Pati Kominis pou Lendépandans èk Sosyalism (PKLS), Patria para Todos (PPT), Patriotyczny Front Lewicy Socjalistycznej (PFLS), Peace and Freedom Party (PFP), Peace and Progress, Great Britain, Peace Party, Great Britain, Peoples' National Party (PNP), People's Progressive Party (PPP), Perspectives Tunisiennes, Plaid Werdd Cymru, Podemos - Por la Democracia Social, Podemos, Pole de Renaissance Communiste en France (PCRF), Politichesko Dvizhenie "Sotsialdemokrati", Politychna Partiya "Trudova Ukraina", Polo Democratico Independiente (PDI), Polo Social, Polska Partia Klasy Robotniczej - Grupa Inicjatywna, Polska Partia Pracy, Polska Partia Socjalistyczna (PPS), Polska Socjalistyczna Partia Robotnicza (PSPR), Pour un Nouveau Parti Socialiste, Priamej akcie - anarchokomunistickej organizácie práce (PA-AKOP), Progetto Comunista - Area Programmatica del PRC, Progresistas Federales, Progressive Labor Party (PLP), Progressive Unionist Party (PUP), Progresyvna Sotsialistychna Partiya Ukrainy (PSPU), Proletarian Path, PSM-Entesa Nacionalista, PT amplo e democrático, Puertorriqueños por Puerto Rico, Québec Socialiste, Rassemblement Constitutionnel Démocratique / Tajammu' al-Dusturi al-Dimuqrati (RCD), Rassemblement des Écologistes Congolais - The Greens (REC - Les Verts), Rassemblement des Écologistes du Burkina (RDEB), Rassemblement des Forces Démocratiques / Takattul al-Quwa al Dimuqratiyah (RFD), Rassemblement du Peuple de Guinée (RPG), Rassemblement pour la Culture et la Démocratie (RCD), Rassemblement pour le Mali (RPM), Reconstruire le PCF (RPCF), Red and Anarchist Action Network, Red Libertaria Apoyo Mutuo, Réfondateurs Communistes, Reform Party, Refundación Comunista, Regroupement Communiste, Réseau No Pasaran, Resistência Popular, Respublikanskaya Narodnaya Partiya Kazakhstana / Kazakstan Respublikalyk Khalyk Partiyasy (RNPK), Revolutionary Anti-authoritarians of Color (RACE), Revolutionary Communist Party (RCP), Revolutionary Communist Party of Britain (RCPB), Revolutionary Democracy, Revolutsionnaya Konfederatsia Anarho-Sindikalistiv "Nestor Mahno" (RKAS), Rifondazione Comunista Sammarinese , Rôdôsha Kyôsantô, Rôdôsha Shakaishugi Dômei, Rôshadô, Rôdôsho Rentai Undô, Rossiiskaya Ekologicheskaya Partiya "Zelenie" (REPZ), Rossiiskaya Kommunisticheskaya Partiya (RKP), Rossiiskaya Kommunisticheskaya Rabochaya Partiya (RKRP), Rossiiskaya Maoistskaya Partiya, Rossiiskaya Partiya Truda (RPT), Rossiiskaya Partiya Samoupravleniya Trudyashchikhsya, Roter Oktober - Organisation zum Aufbau der Kommunistischen Partei in Deutschland, RotFuchs, Roude Fiisschen - Marxisten-Leninisten zu Lëtzebuerg, Rouges Vifs, Ruch Odrodzenia Gospodarczego im. Edwarda Gierka (ROG), Russkoe Revoliutsionnoe Dvizhenie, Sahoi Dang, SPK, Sakartvelos Mtsvaneta Partia, Samajwadi Party, Samfylkingin, Save the Labour Party, Great Britain, Savez Komunista Jugoslavije u Srbiji (SKJ u Srbiji), Savez Nezavisnih Socijaldemokrata (SNSD), Sazman-e Cherikha-ye Feda'i-ye Khalq-e Iran (OIPFG), Sazman-e Feda'iyan-e Khalq-e Iran (Aksariyat) (OIPFM), Sazman-e Kordestan-e Hezb-e Komunist-e Iran, Komalah, Sazman-e Reha'i-ye Afghanistan (ALO), Scintilla, Scottish Federation of Anarchists, Shakai Minshutô, Shamintô, Shakaishugi Kyôkai, Kyôkai-ha, Shin Shakaitô, Shinpoto Kaikakuken Kyôkai, Shora-ye Movaqqat-e Sosyalistha-ye Chap-e Iran, Sinistra DS - per Tornare a Vincere, Sinistra DS per il Socialismo, Siumut, Smer, Sociaal Progressief Alternatief (sp.a), Social Democratic Caucus, Social Democratic Front (SDF), Social Democrats USA (SDUSA), Socialdemokraterna, Socialdemokratiet (SD), Socialdemokratu Savieniba, Socialisme & Démocratie, Socialismo è Libertà, Socialist Campaign Group periodical, Socialist Caucus, Socialist Caucus of the New Democratic Party, Socialist Labour Party (SLP), Socialist Party of Aotearoa (SPA), Socialist Party USA (SPUSA), Socialist Project, Socialist Unity Centre of India (SUCI), Socialist Worker, Socialisti Democratici Italiani (SDI), Socialisti Liberali, Socialistische Partij (SP), Socialistisk Folkeparti (SF), Sociálnodemokratická alternatíva (SDA), Sociálnodemokratická strana slovenska (SDSS), Socijal Demokratska Unija (SDU), Socijaldemokratija (SD), Socijaldemokratska Partija (SDP), Socijaldemokratska partija Bosne i Hercegovine (SDP BiH), Socijaldemokratska Partija Crne Gore (SDP CG), Socijaldemokratska Partija Hrvatske (SDP), Socijaldemokratski Sojuz na Makedonija (SDSM), Socijalisticka Partija na Makedonija (SPM), Socijalisticka Partija Srbije (SPS), Socijalisticka Radnicka Partija Hrvatske (SRP), Socjaldemokracja Polska (SDPL), Sojusz Lewicy Demokratycznej (SLD), Solidaridad Obrera, SolidaritéS / Solidarität, Solidarity Federation, Somalia Green Party, Sósíalistafélagi, Sosialistisk Venstreparti (SV), Sosyaldemokrat Halk Partisi (SHP), Sosyalist Emek Hareketi (SEH), Sotsiaaldemokraatlik Erakond (SDE), Sotsial Demokratalkan Hnchakian Kusaktutiun (SDHK), Sotsial-Demokaticheskaya Partiya Rossiiskoi Federatsii (SDPR), Sotsialdemokraticheska Partiya (SDP), Sotsial-Demokratychna Partiya Ukrainy (ob'ednana) (SDPU), Sotsialisticheskaya Partiya Trudiashchikhsya (SPT), Sotsialistychna Partiya Ukrainy (SPU), Sotsiallisticheskaya Partiya Ata Meken, Sotsialno-Demokraticheskaya Party Rossiiskoi Federatsii (SDPRF), South African Communist Party (SACP), South East Anarchist Network, Soyuz Anarkhistov Ukrainy (SAU), Soyuz Kommunisticheskih Partii (SKP), Soyuz Kommunistiv Ukrainy, Soyuz Kommunistov (SK), Soyuz Marksistov, Sozialdemokratische Partei der Schweiz / Parti Socialiste Suisse / Partito Socialista Svizzero (SP/PS), Sozialdemokratische Partei Deutschlands (SPD), Sozialdemoktratische Partei Österreichs (SPÖ), Spartakus Grupu, St Kitts-Nevis Labour Party (SKNLP), St Lucia Labour Party (SLP), State Mutualist Party (SMP), Strana demokratického socialismu (SDS), Strana Demokratickej L'avice (SDL'), Strana zeleny´ch, Strana Zeleny´ch na Slovensku (SZS), Stranka Mladih Slovenije (SMS), Stranka nove alternative - Pokret Zelenih, Stronnictwo Demokratyczne, Suomen Kommunistinen Puolue (SKP), Suomen Sosialidemokraattinen Puolue (SDP), Sveriges Arbetares Centralorganisation (SAC), Sveriges Kommunistiska Parti (SKP), Sveriges Socialdemokratiska Arbetareparti (SAP), Synaspismos tis Aristeras kai tis Proodou (SYN), Synaspismos tis Aristeras ton Kinimaton tis Oikologias (SYN), Syndikalisterne - Dansk Syndikalistiskt Nätverk, Szociáldemokrata Párt (SZDP), Szociáldemokrata Unió, Taiwan Laodong Zhenxian, Taiwan Ludang, Taiwan Minzhu Gongdang, Tautas Saskanas Partija / Partiya Narodnogo Soglasiya (TSP), Tendência Marxista do PT, The Greens / Green Party USA, Tjen Folket - ei marxist-leninistisk gruppe, Toplumcu Kurtulus Partisi (TKP), Toplumsal Ekoloji Grubu, Türkiye Devrimci Komünist Partisi (TDKP), Türkiye Ihtilalci Komünistler Birligi (TIKB), Türkiye Komünist Isçi Partisi (TKIP), Türkiye Komünist Partisi [ex-SIP], Türkiye Komünist Partisi [Iscinin Sesi] (TKP[IS]), Türkiye Komünist Partisi [Ürün], Työryhmä Kommunalismin Edistämiseksi Suomessa, Új Baloldal Part, Új-Bal, Ukrains'ka Sotsial-Demokratychna Partiya (USDP), Unámonos - Movimiento Unión Nacional por la Seguridad Social, Unia Lewicy III Rzeczpospolitej Polskiej, Unia Pracy, União Democrática Popular (UDP), União Popular Anarquista (UNIPA), Unidad Democrática, Unidad Nacional de la Esperanza (UNE), Unidad Revolucionaria Nacional Guatemalteca (URNG), Unificación Comunista de España / Komunisten Batasuna (UCE), Unija Zelenih, Unión Cívica Radical (UCR), Unión de Revolucionarios Comunistas, Union des Anarcho-Syndicalistes, Union des Forces de Progrès (UFP), Union des Forces Progressistes, Union des Populations du Cameroun [Nkend] (UPC[N]), Union des Révolutionnaires - Communistes de France (URCF), Union Libertaria, Unión Obrera Comunista, Union pour la Démocratie et le Progrès Social (UDPS), Union Socialiste des Forces Populaires / Ittihad al-Ishtiraki lil-Quwat al-Sha'biyah (USFP), Unione Anarchica, Unione Sindacale Italiana (USI), Unità Socialista (US), United Democratic Movement (UDM), United Democratic Party (UDP), United Liberation Front of Assam (ULFA), United National Congress (UNC), United Progressive Party (UPP), United States Pacifist Party (USPP), ürkiye Sosyalist Isçi Partisi (TSIP), US Marxist-Leninist Organization (USMLO), Vänsterpartiet (V), Vasemmistoliitto / Vänsterförbundet (VL), Verds d'Andorra, Vereinigung für Sozialistische Politik, Verenigde Communistische Partij (VCP), Vermont Progressive Party, Vertiente Artiguista (VA), Vihreä Liitto, Vinstrihreyfingin - grænt framboð, Vrije Bond, Vrouwenpartij voor Feministische Politiek, Vserossiiskaya Kommunisticheskaya Partiya Budushchego (VKPB), Vsesaiuznaia Kamunistychnaia Partyia (Bal'shavikou), Vsesoyuznaya Kommunisticheskaya Partiya bol'shevikov (VKPb), Vseukrains'kiy Soyuz Rabochykh (VSR), Workers' Party (WP), Workers Party U.S.A, Workers Solidarity Alliance (WSA), Workers Solidarity Federation (WSF), Workers Solidarity Movement (WSM), Working Families Party (WFP), Working People's Alliance (WPA), Yekîtî Nîstimanî Kurdistan / Ittihad al-Watani al-Kurdistani (PUK/YNK), Yeni Kibris Partisi / Komma Nea Kypros (YKP), Yeni Türkiye Partisi (YTP), Yesiller, Yethiopia Hizbawi Abyotawi Party (EPRP), Yisrael Hevratit Demokratit, Zabalaza Anarchist Communist Federation (ZACF), Zdruzena Lista Socialnih Demokratov (ZLSD), Zelena Ljevica Hrvatske, Zelena Partiya v Bulgariya, Zelena Stranka Eko (ZSE), Zeleni, Zeleni Crne Gore, Zeleni Slovenije, Zhongguo Gongchandang, Zieloni 2004, Zimbabwe Labour Party (ZLP), Zöld Demokraták...

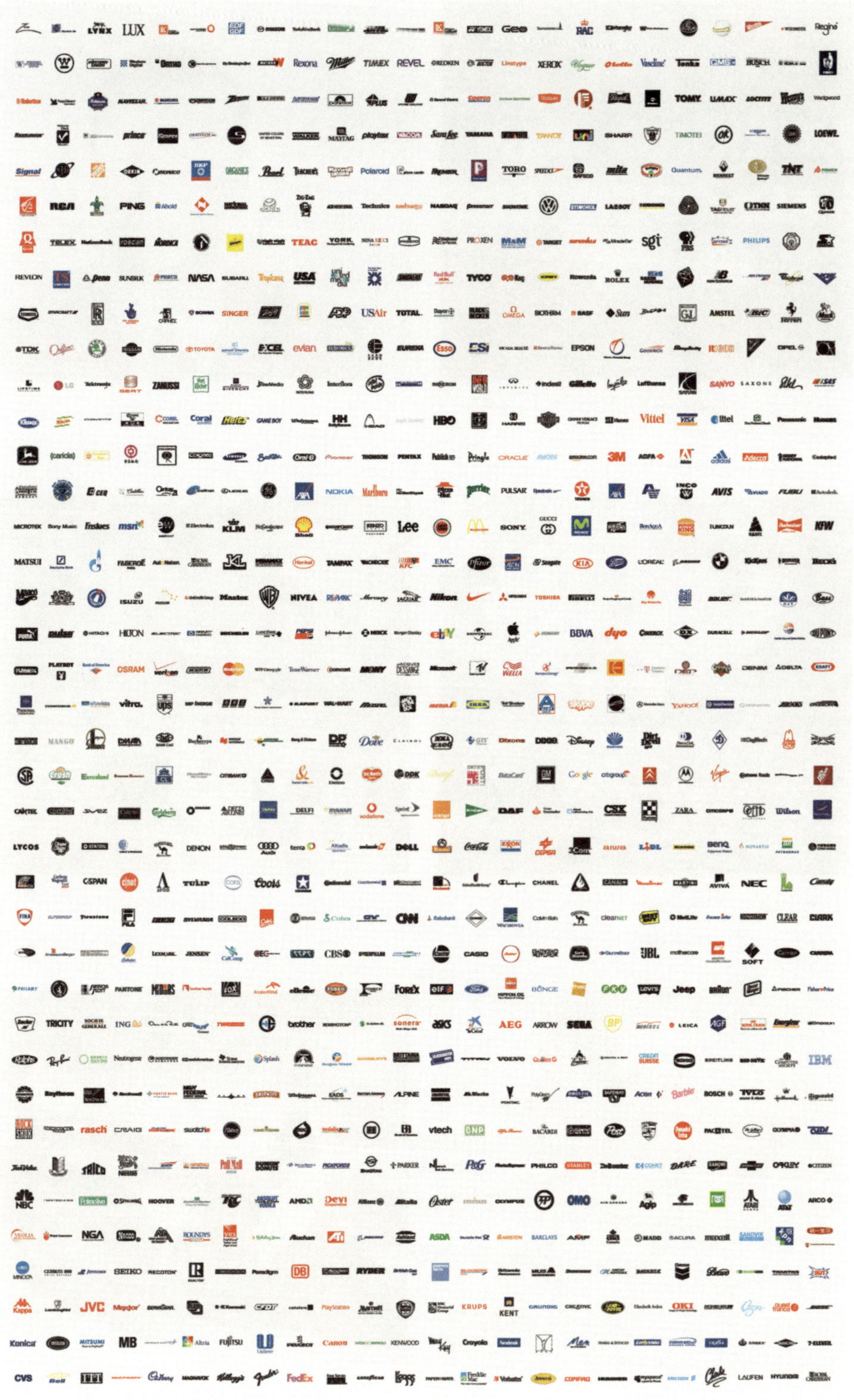

Postcapital Archive (1989–2001)_Right_18

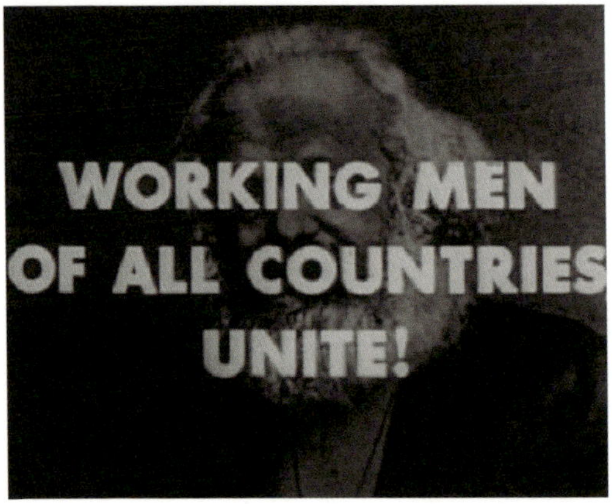

PRO_13699

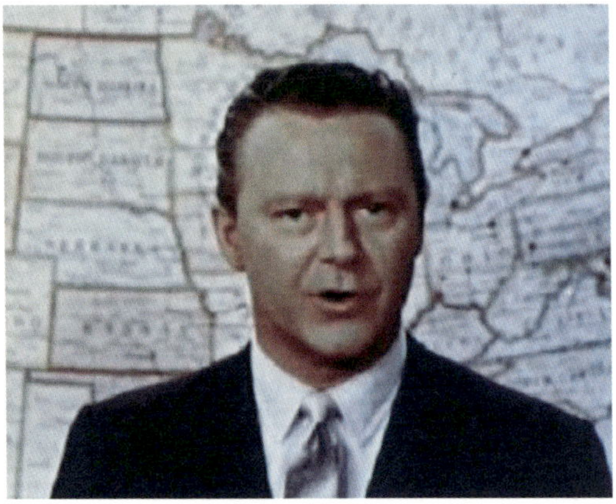

PRO_16356

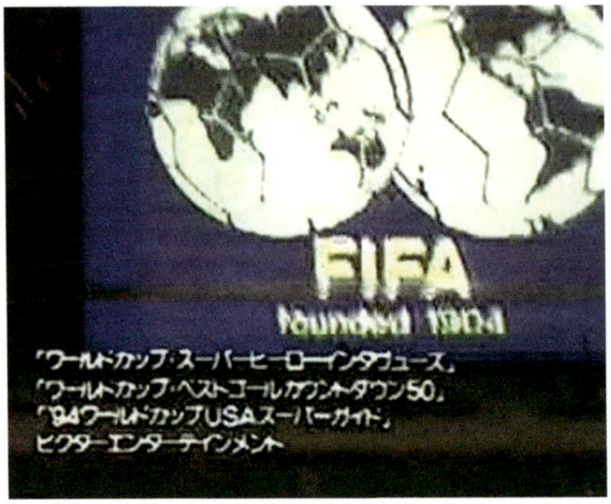

SPO_01563

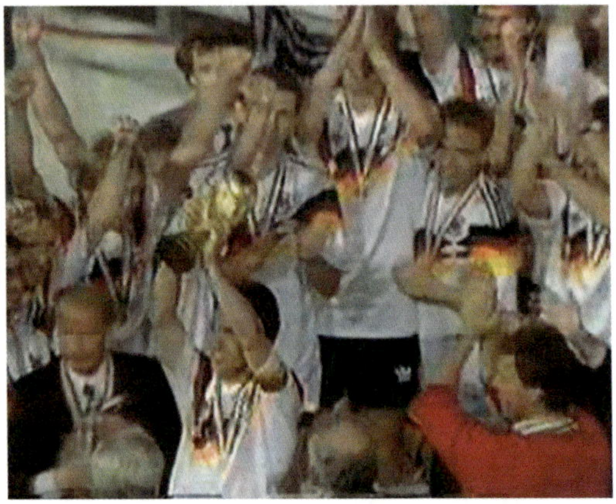

SPO_11655

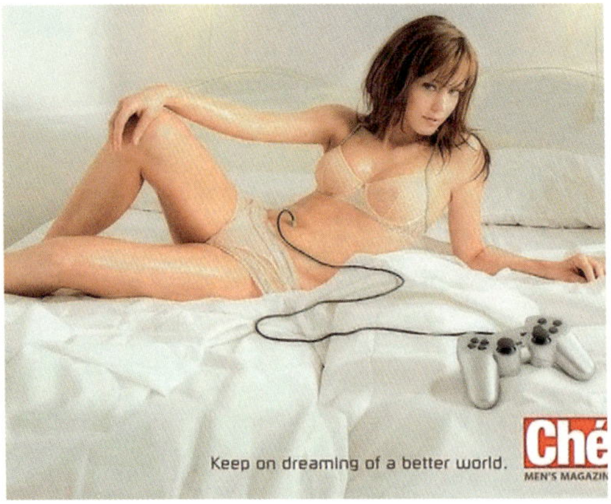

GEN_3986

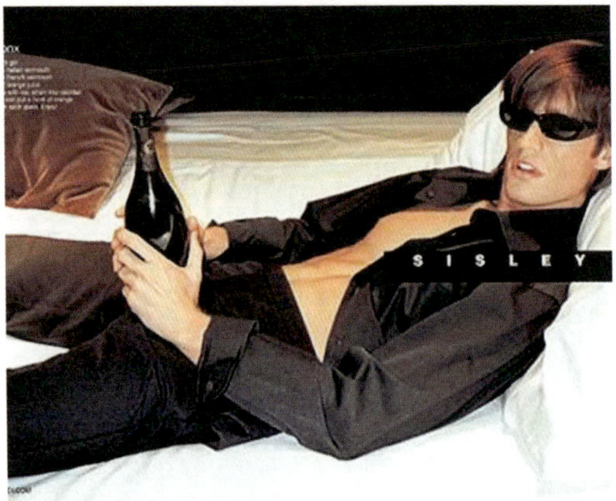

GEN_43235

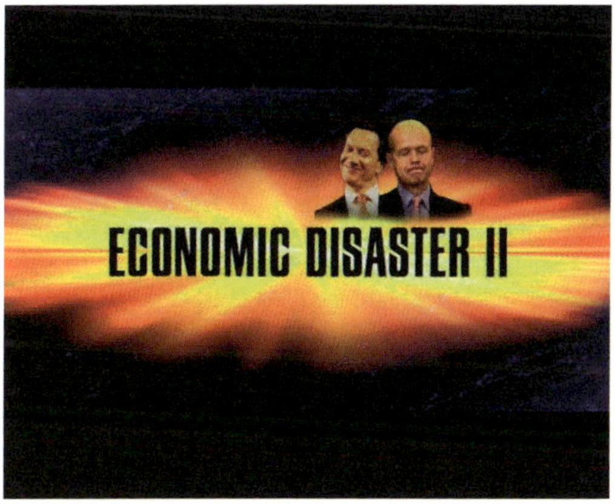

POL_55698

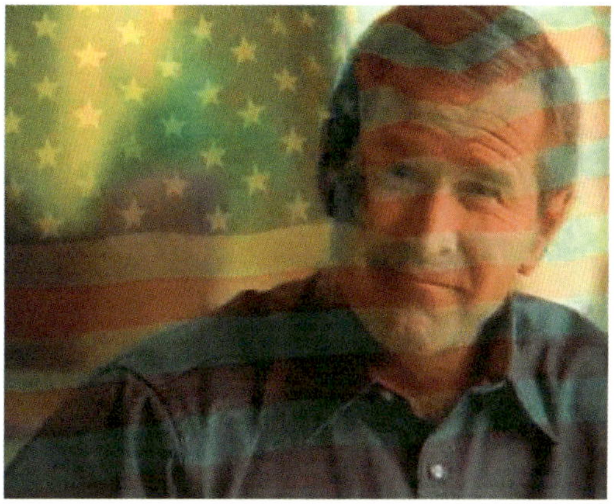

POL_64987

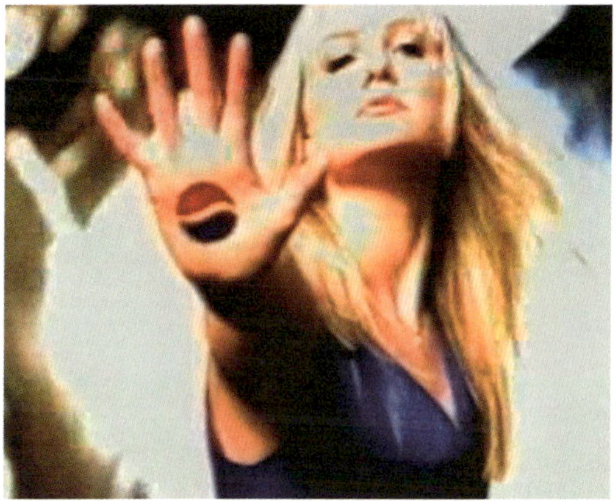

PUB_12569

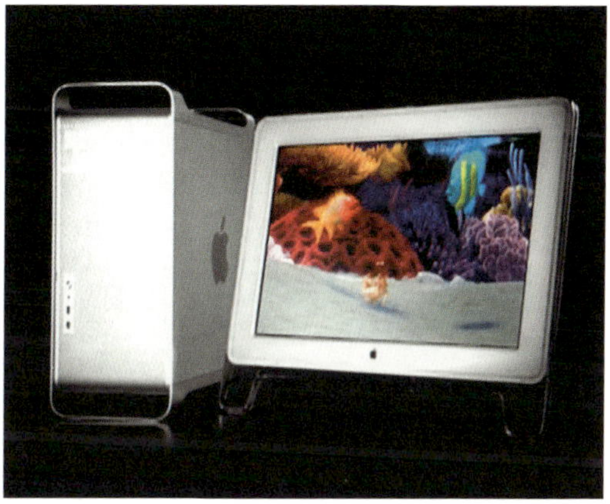

PUB_13501

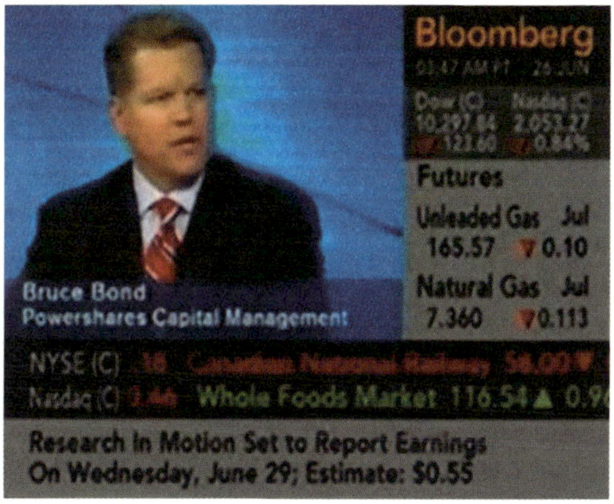

ECO_10850

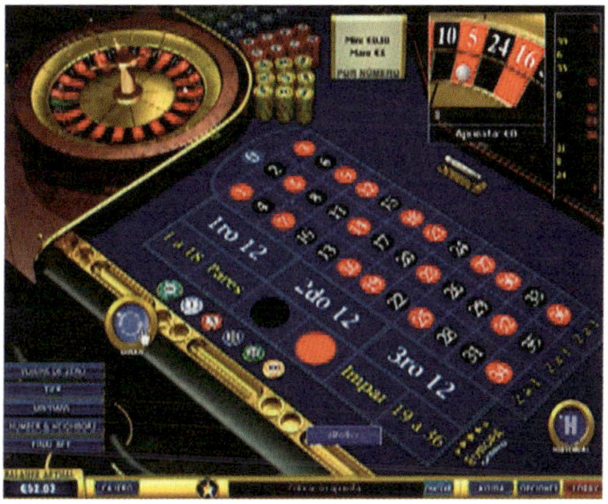

ECO_32356

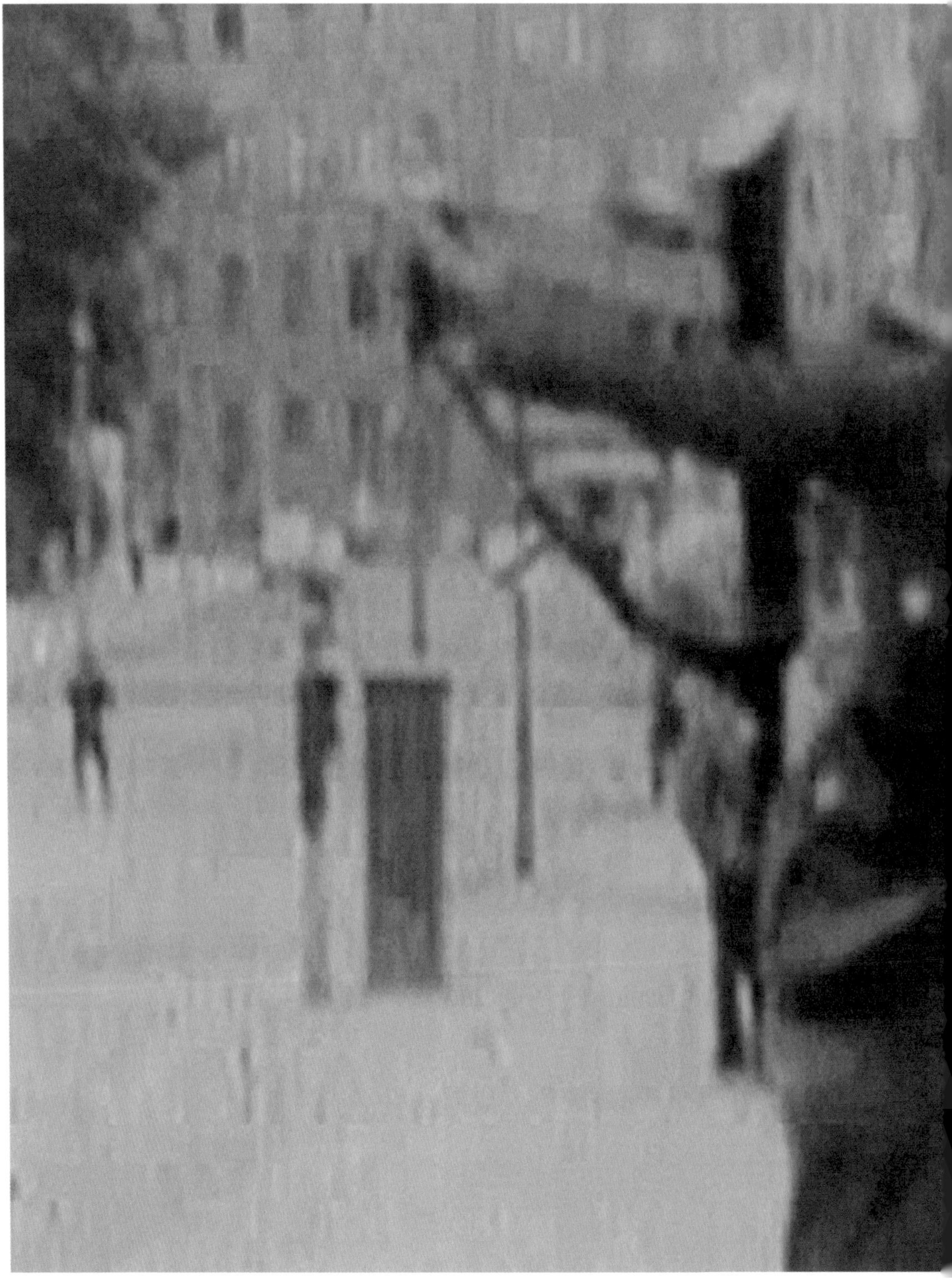

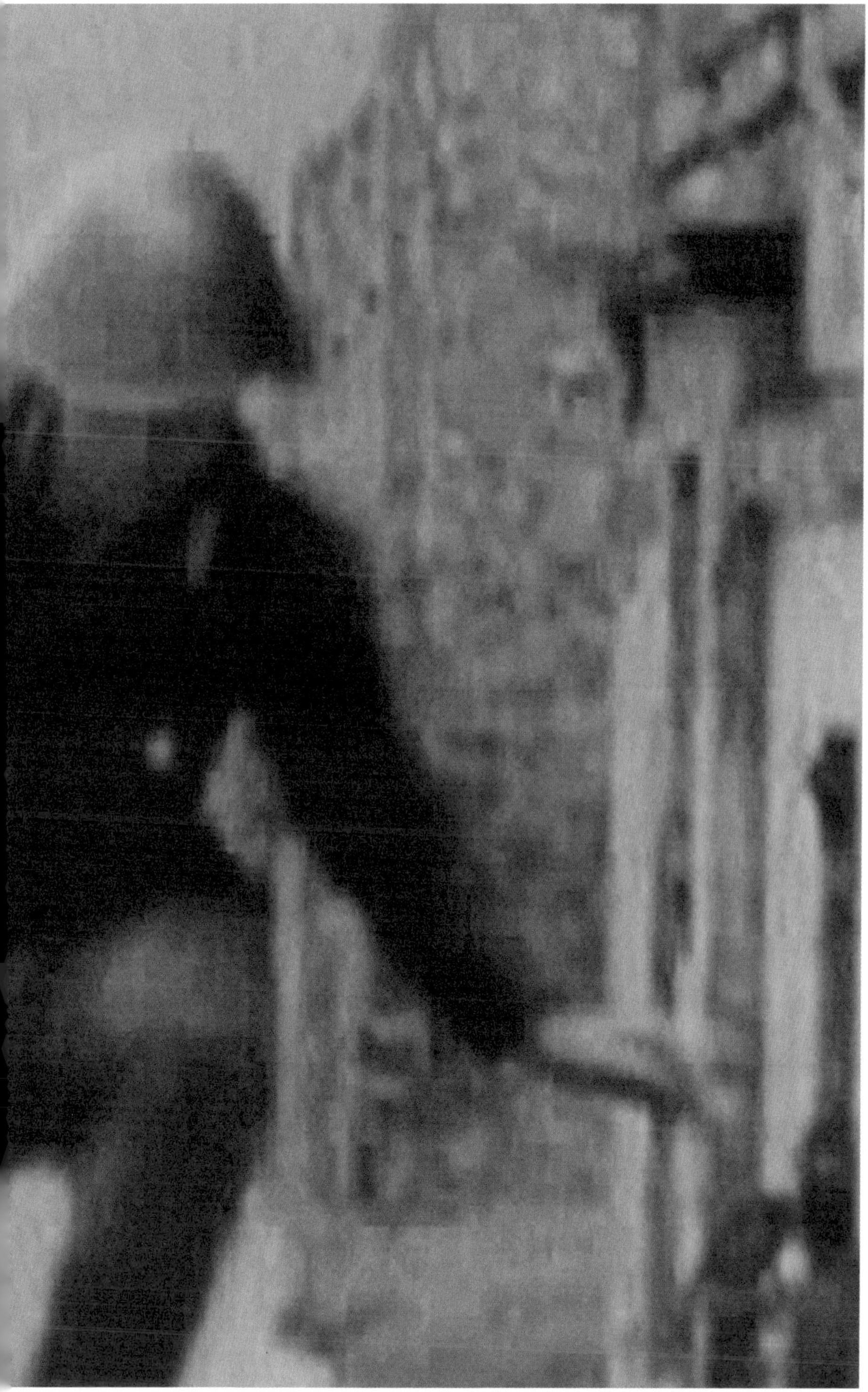

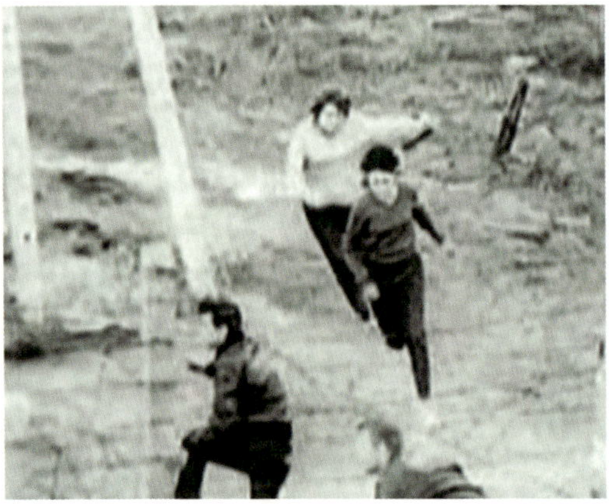

00098

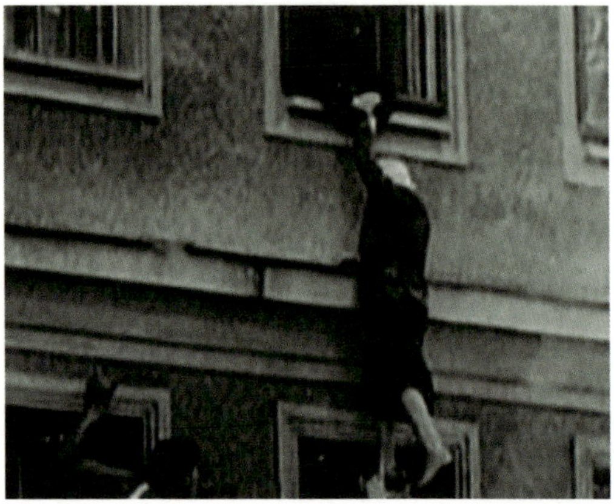

01161

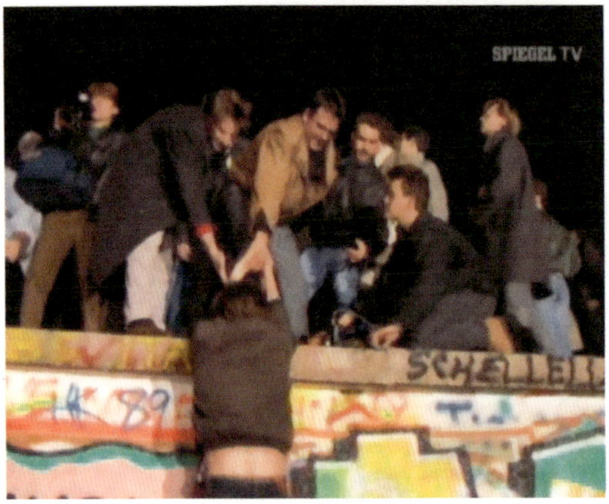

09101

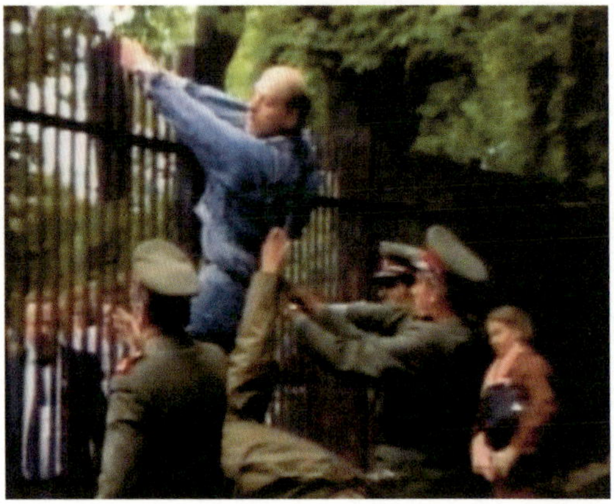

10236

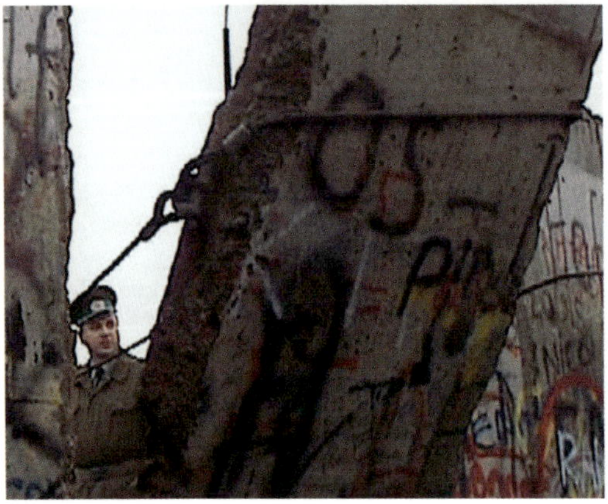

10653

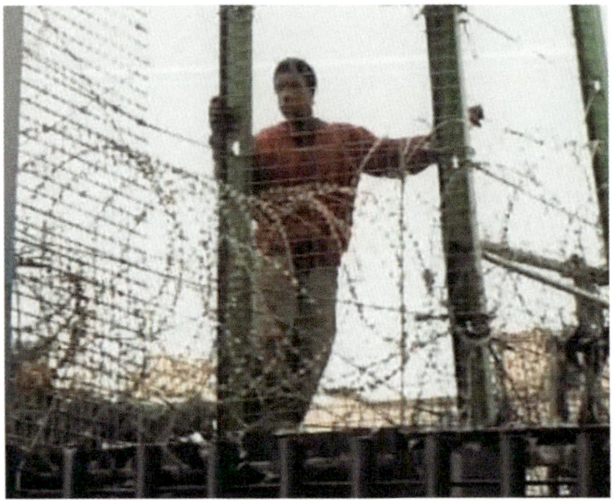

11356

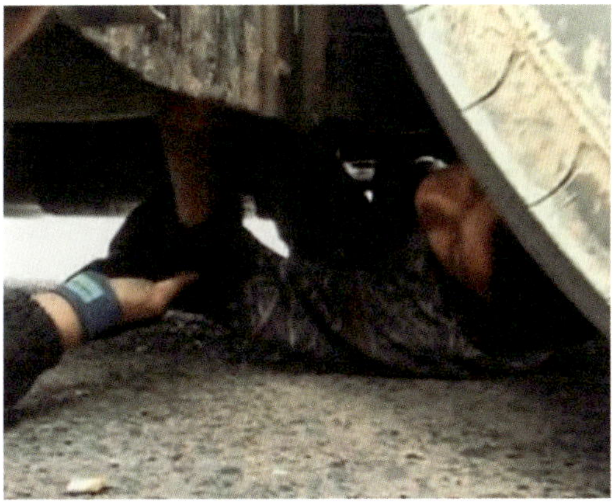

15566

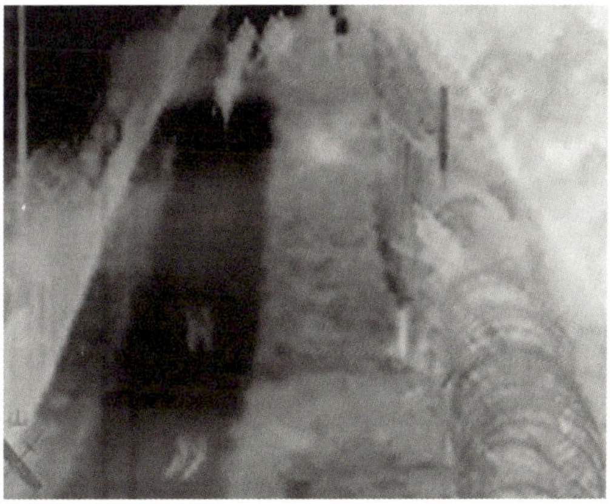

15787

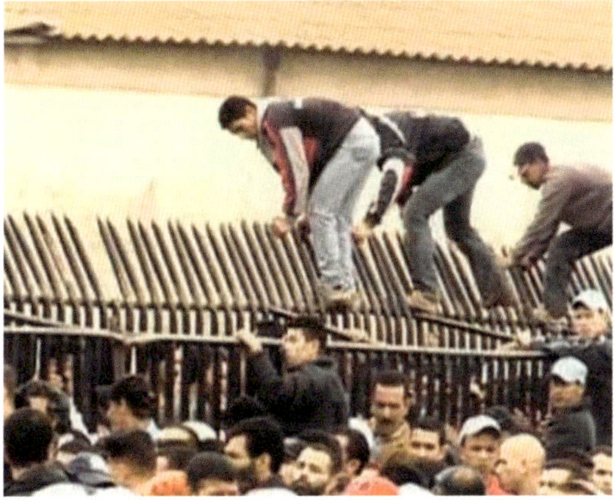

16123

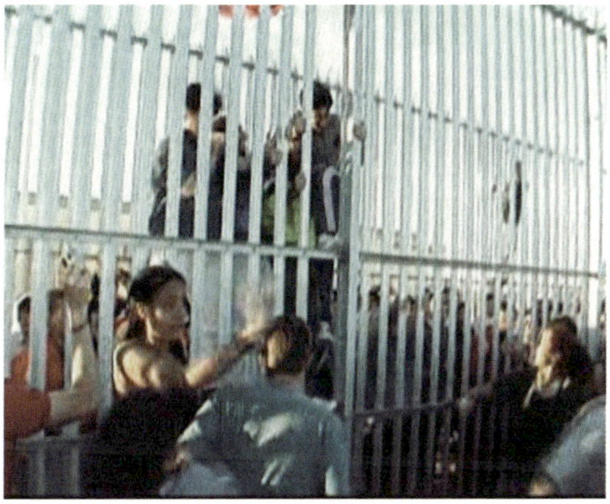

16668

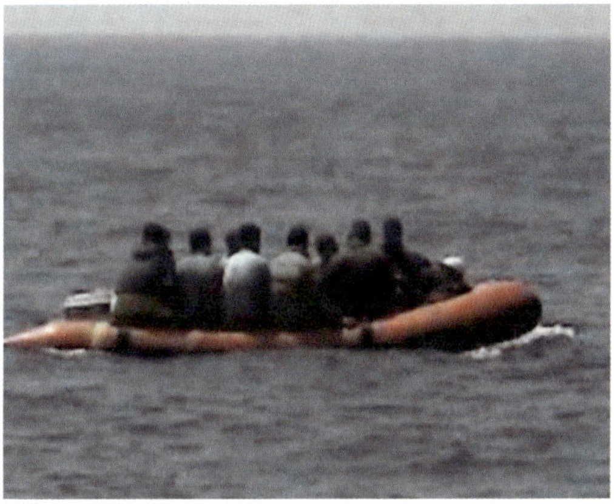

17005

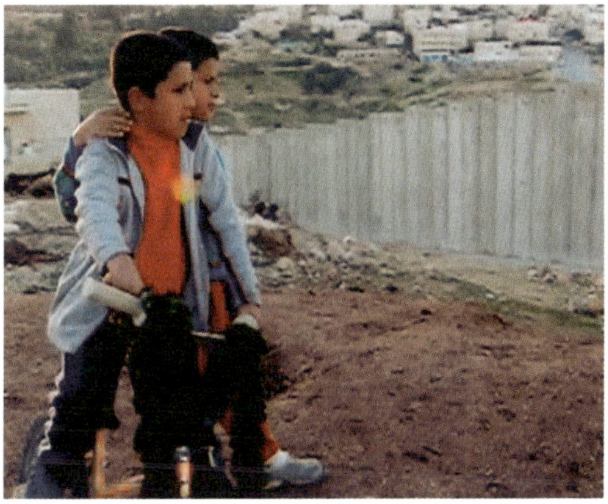

17998

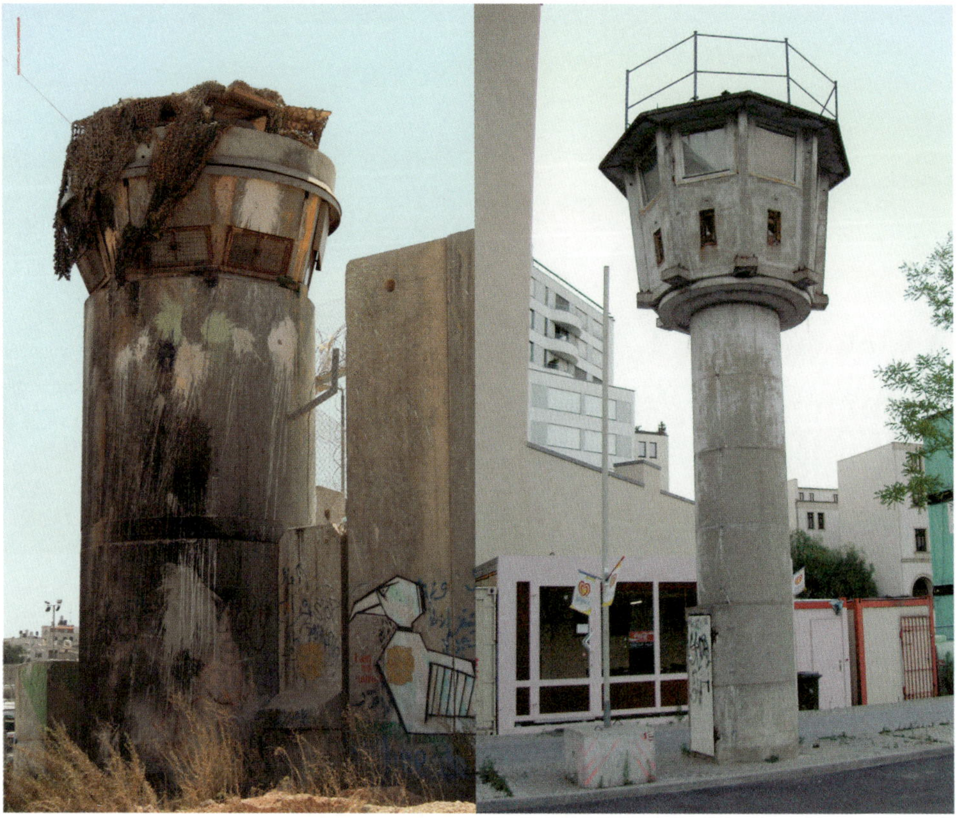

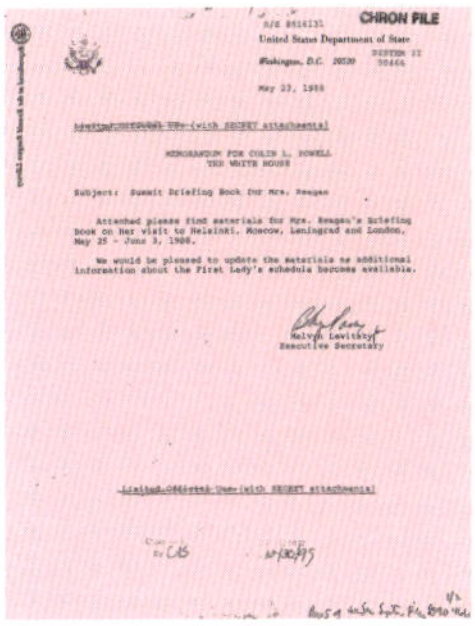

05566

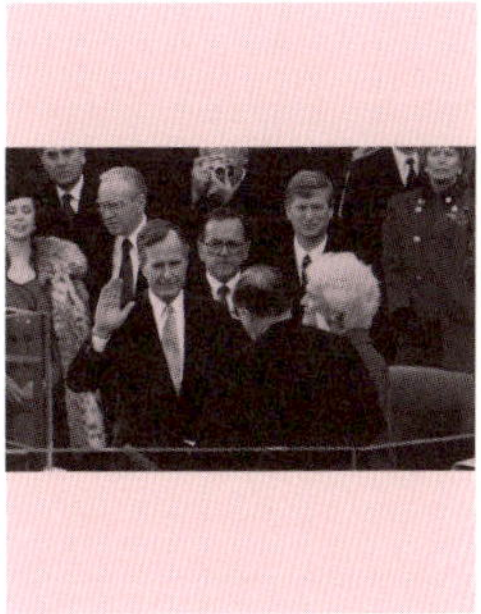

05789

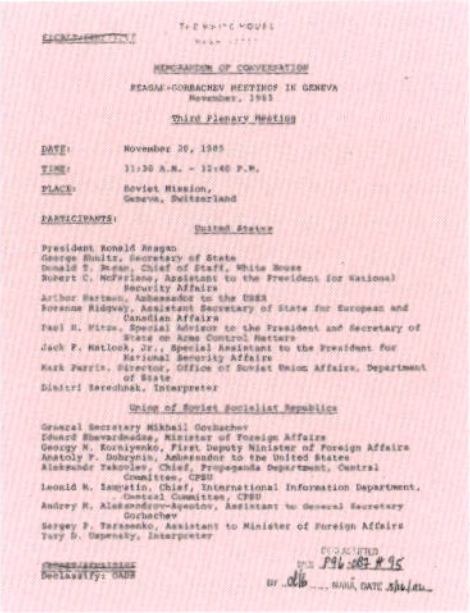

06568

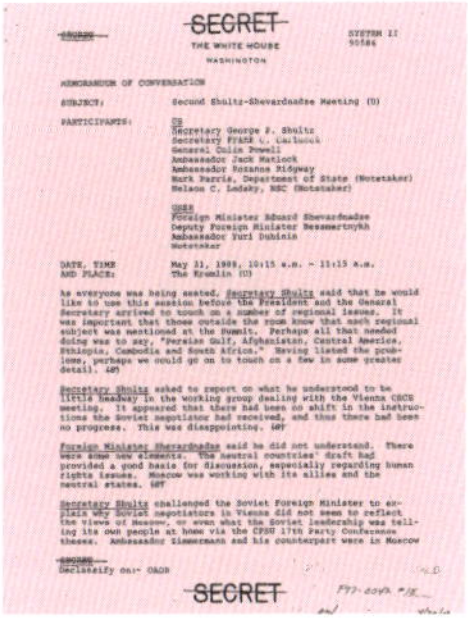

06012

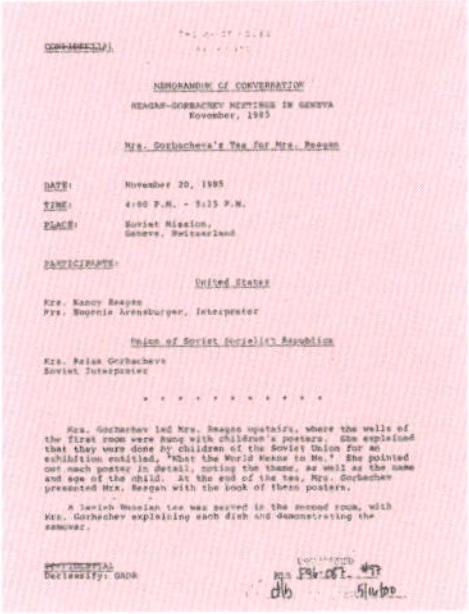

06122

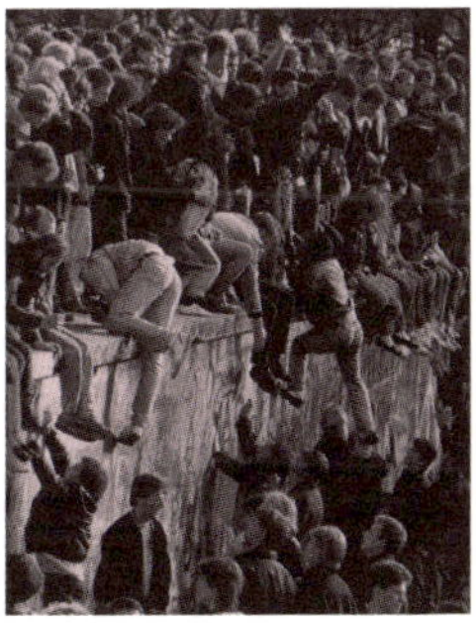

17052

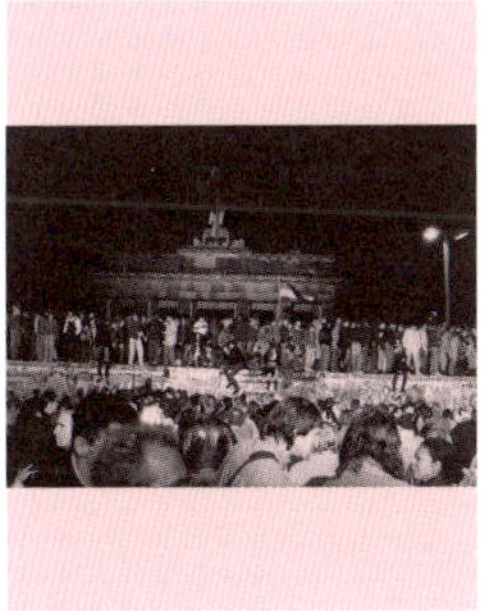

17568

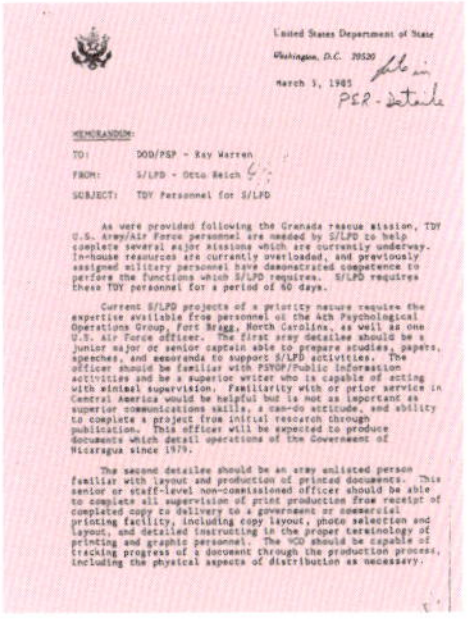

18500

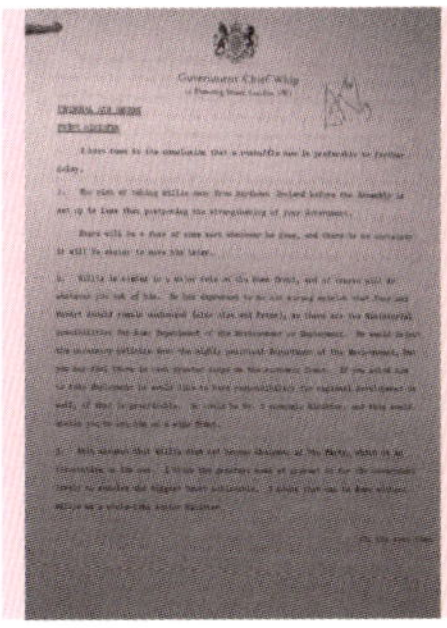

18566

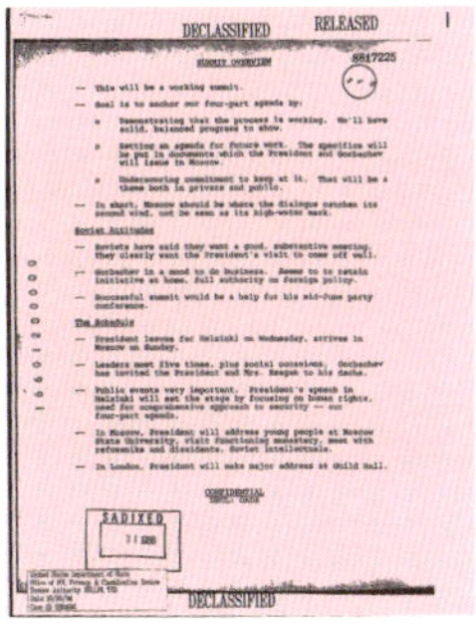

18603

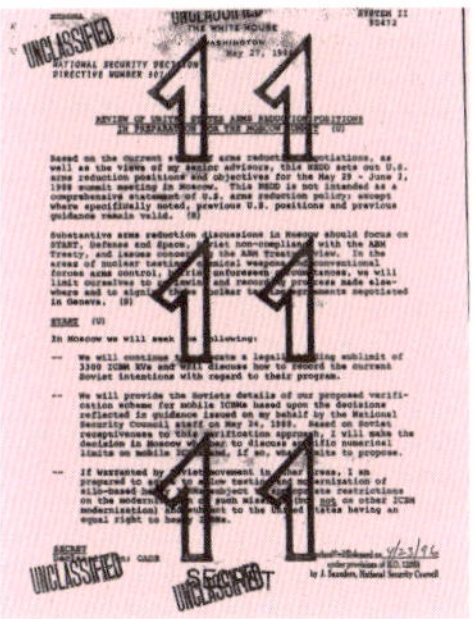

18653

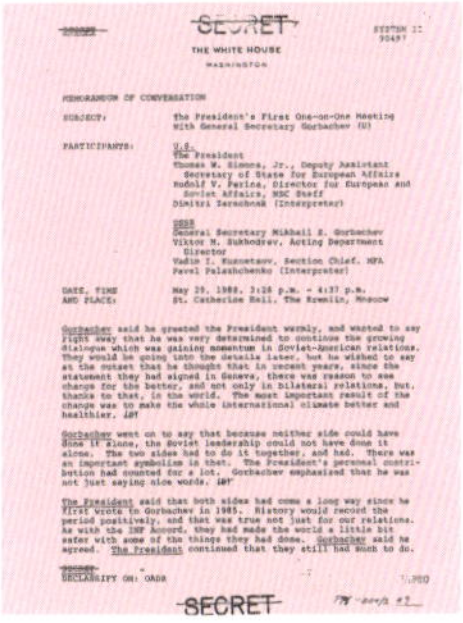

18698

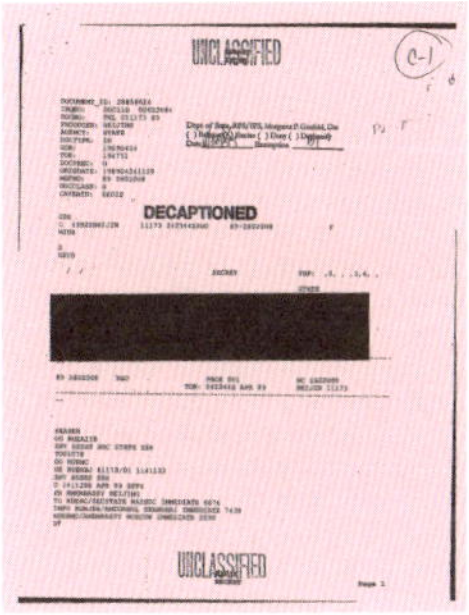

18655

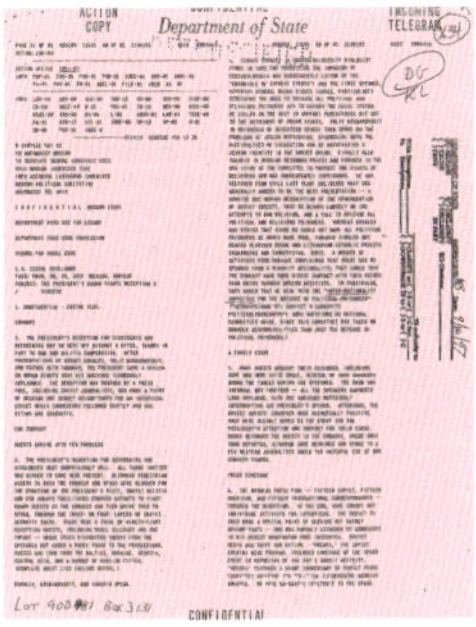

18569

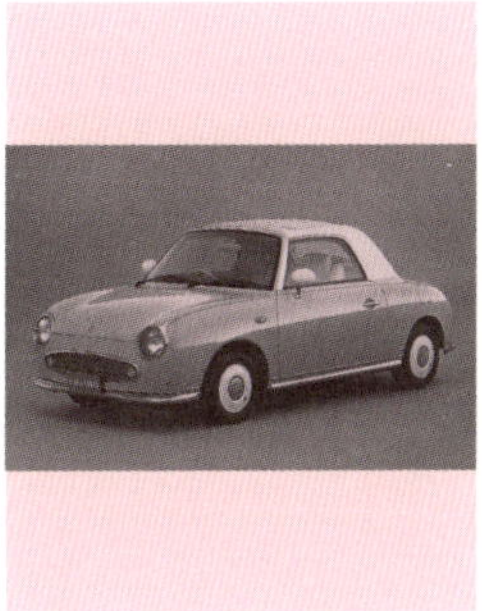

19001

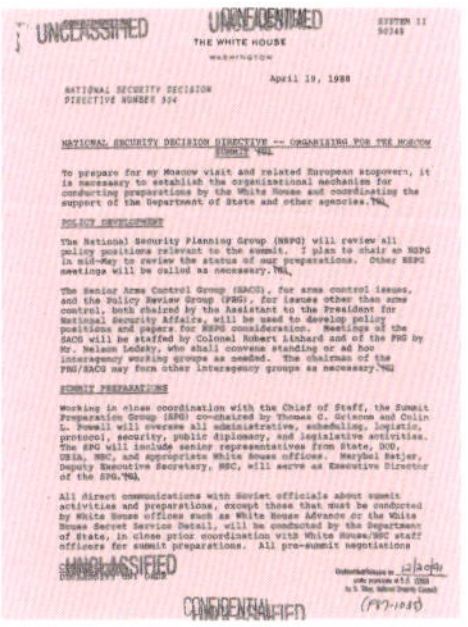

19235

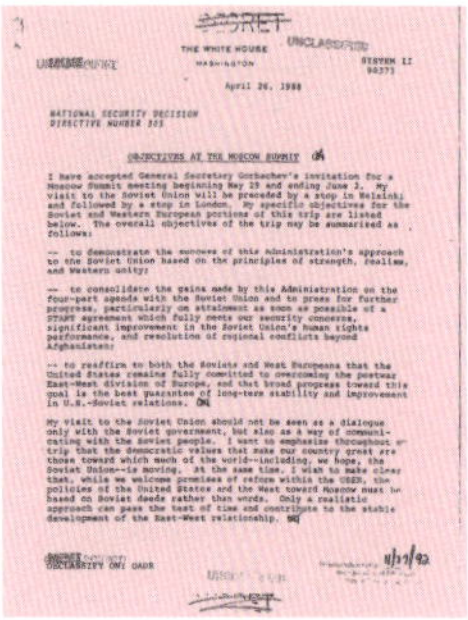
THE WHITE HOUSE
WASHINGTON
NATIONAL SECURITY DECISION DIRECTIVE NUMBER 305
OBJECTIVES AT THE MOSCOW SUMMIT

20056

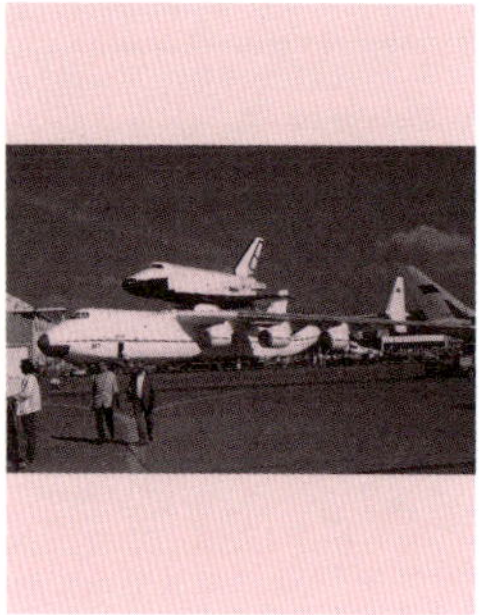

20501

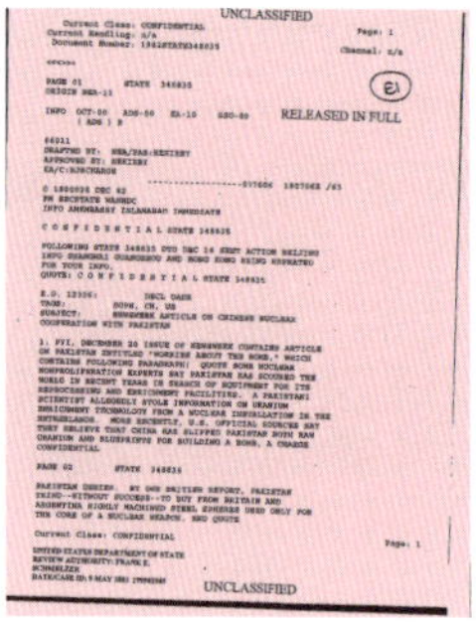
UNCLASSIFIED
RELEASED IN FULL
UNCLASSIFIED

20622

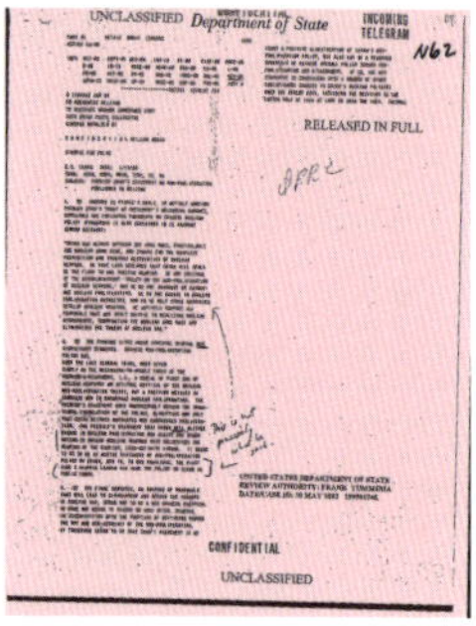
UNCLASSIFIED Department of State TELEGRAM
RELEASED IN FULL
CONFIDENTIAL
UNCLASSIFIED

20125

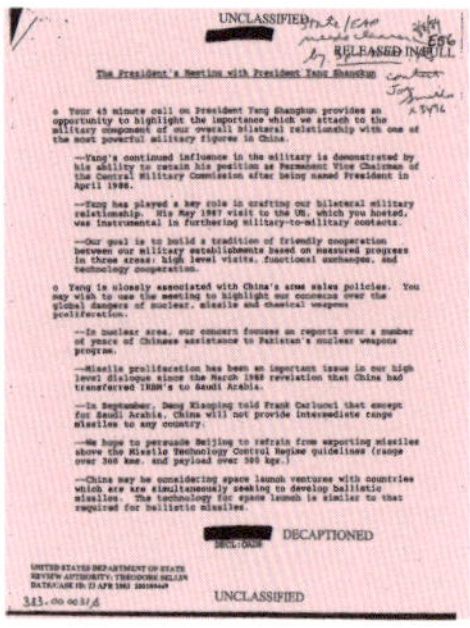
UNCLASSIFIED
RELEASED IN FULL
The President's Meeting with President Yang Shangkun
DECAPTIONED
UNCLASSIFIED

22869

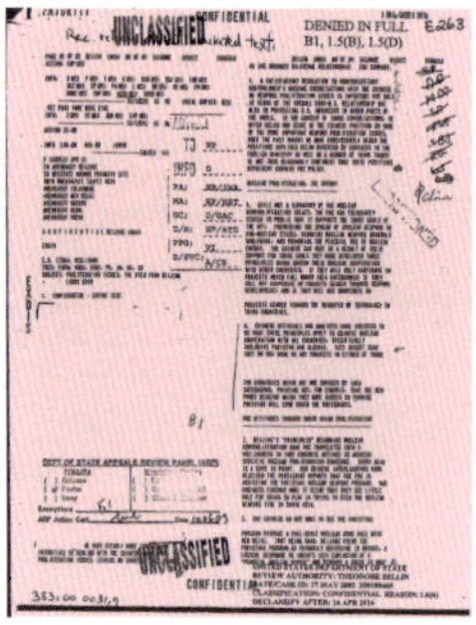
UNCLASSIFIED
DENIED IN FULL
B1, 1.5(B), 1.5(D)
UNCLASSIFIED
CONFIDENTIAL

23001

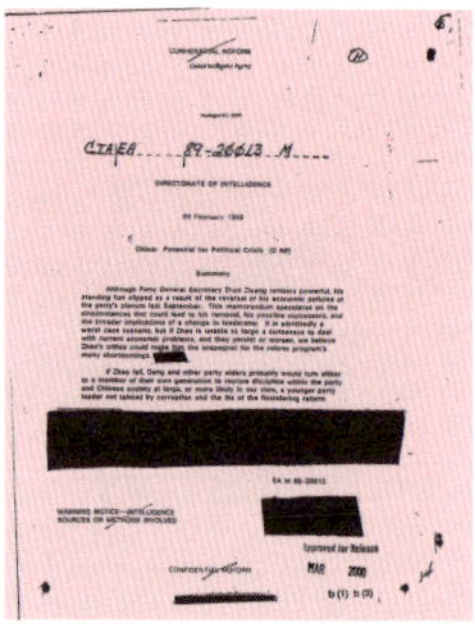
DIRECTORATE OF INTELLIGENCE

23521

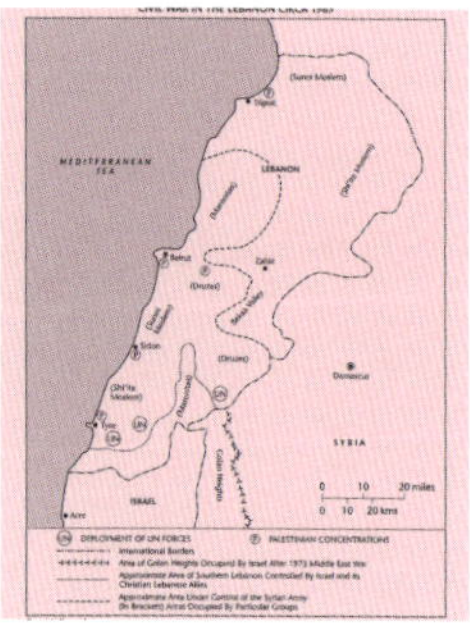

23625

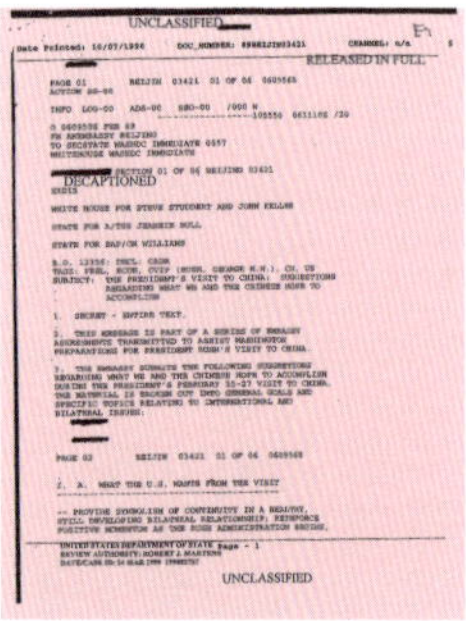
UNCLASSIFIED
RELEASED IN FULL
DECAPTIONED
UNCLASSIFIED

24028

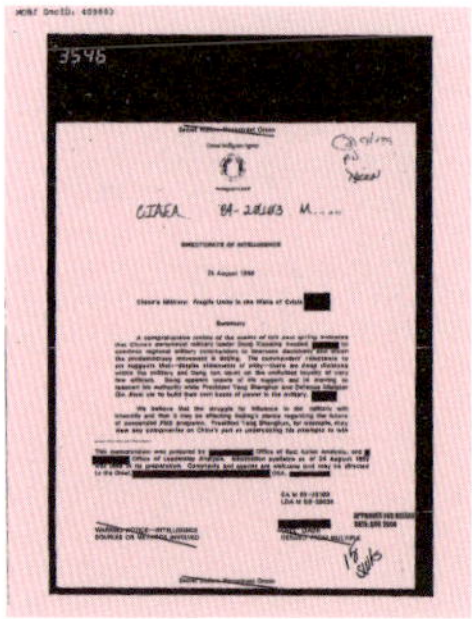
DIRECTORATE OF INTELLIGENCE

24256

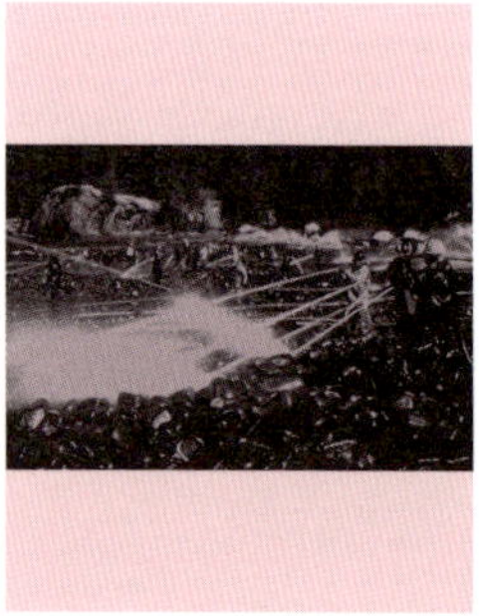

24895

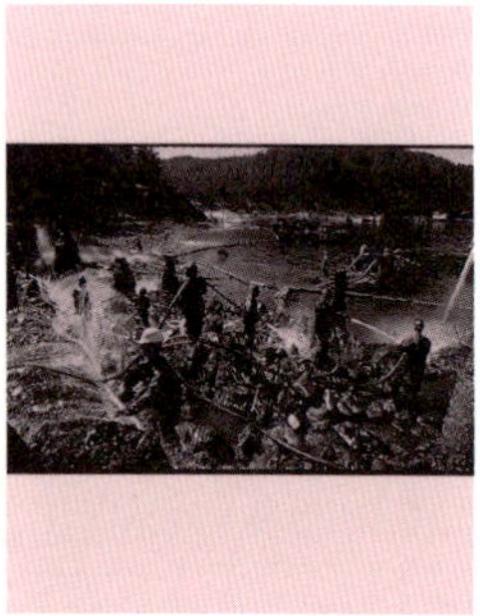

24896

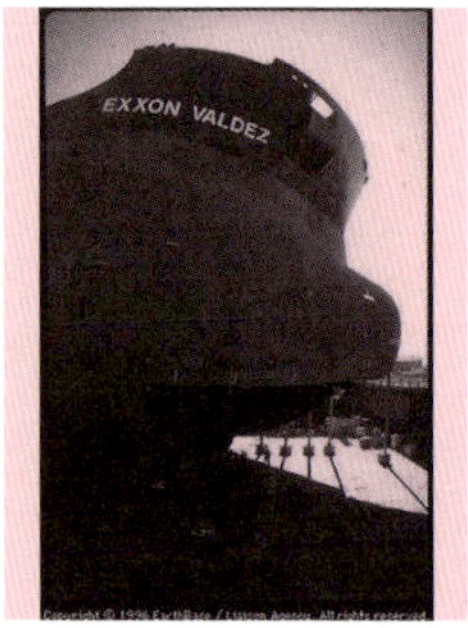

25056

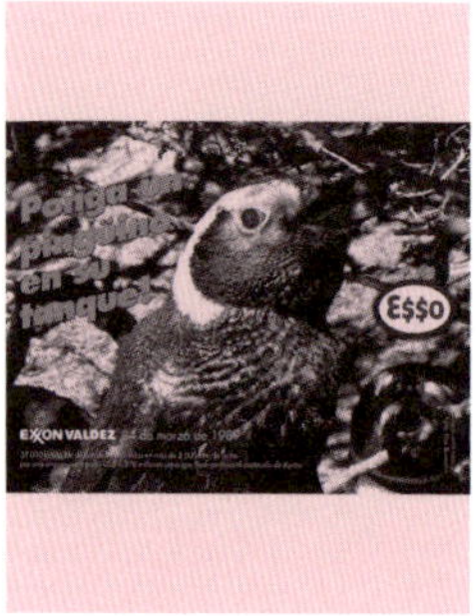

25198

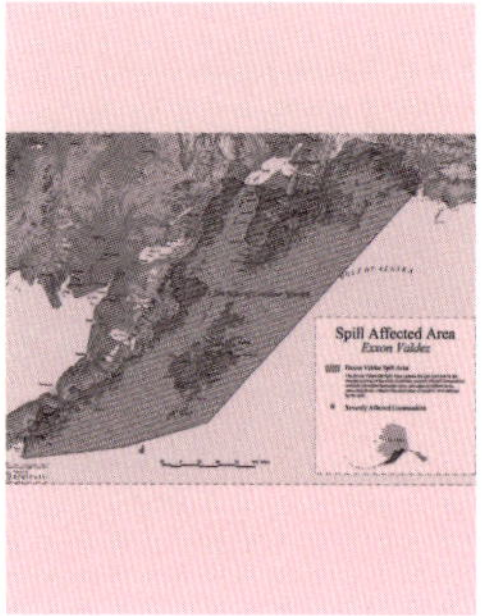

25386

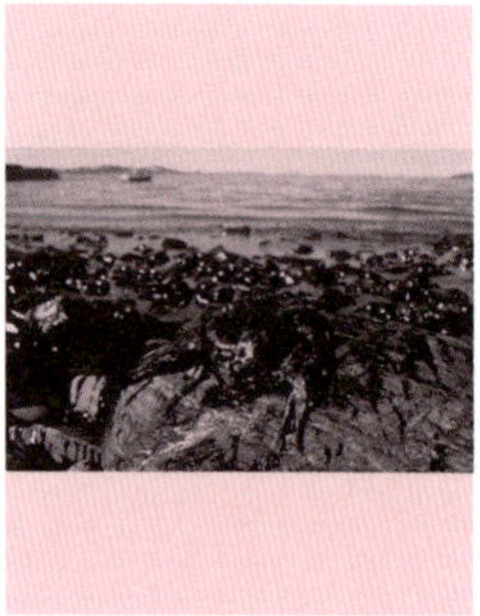

25396

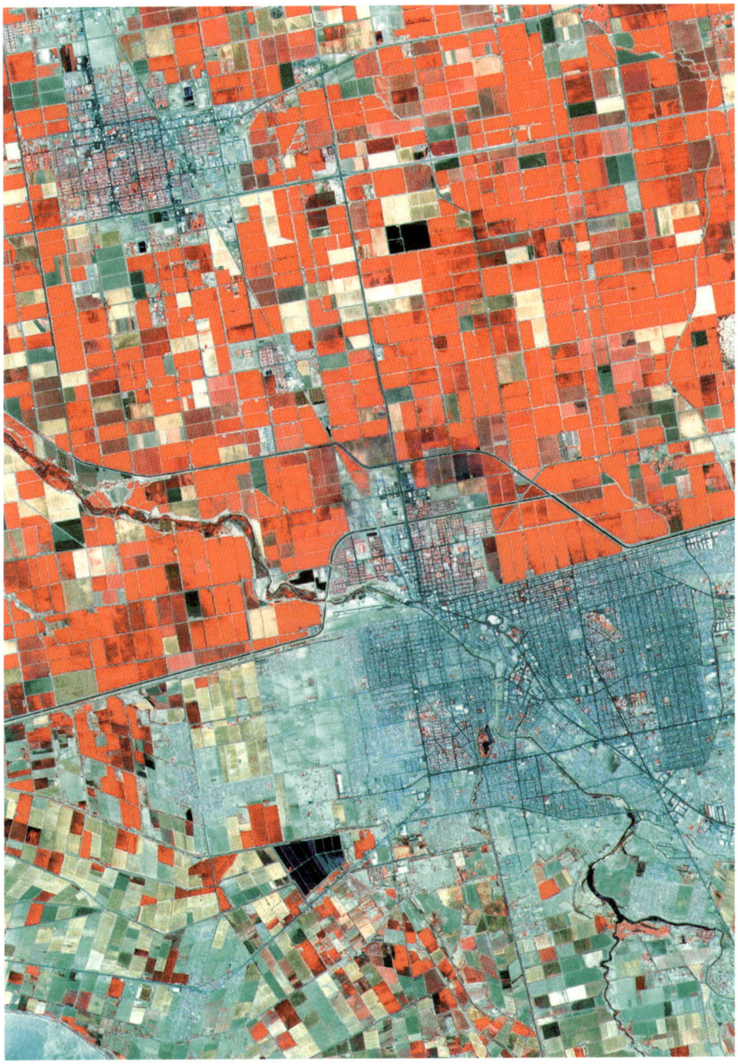

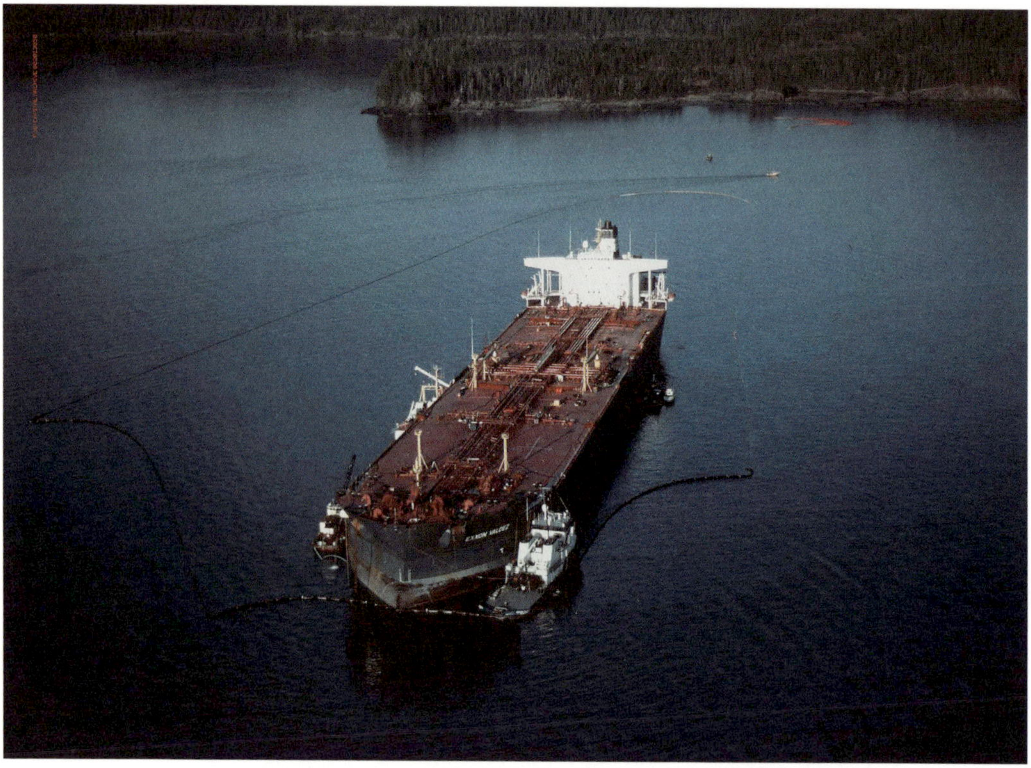

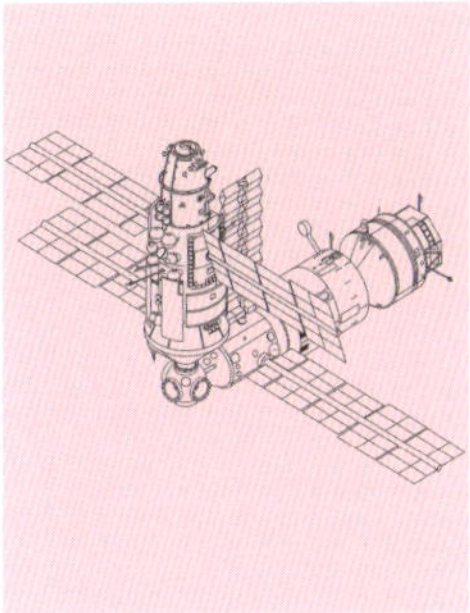

33526

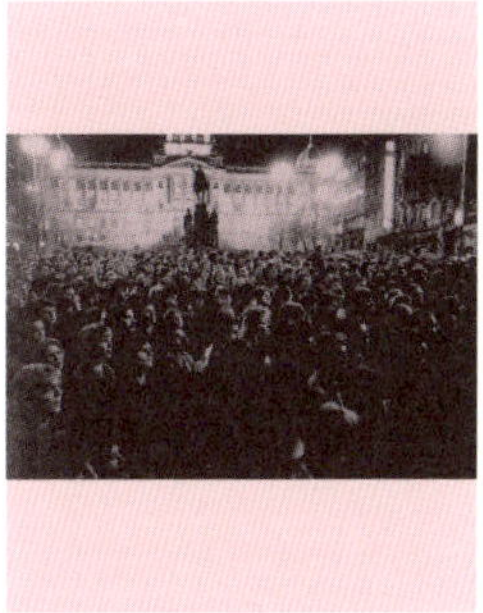

33689

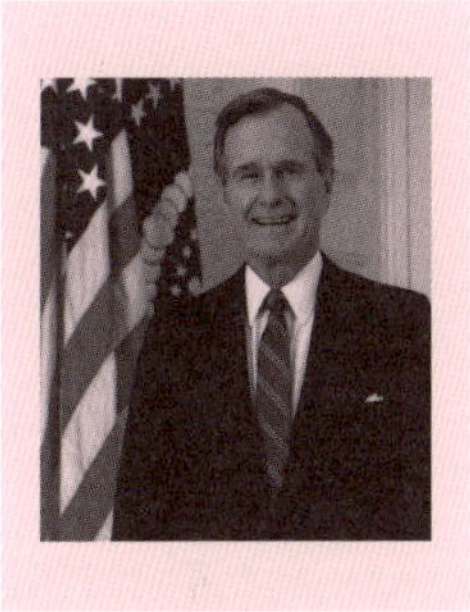

34589

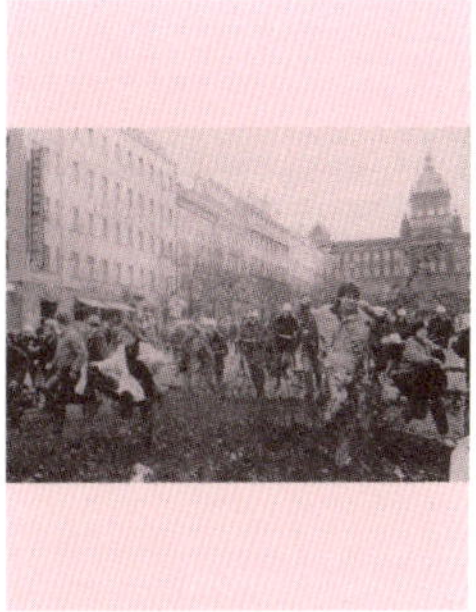

36589

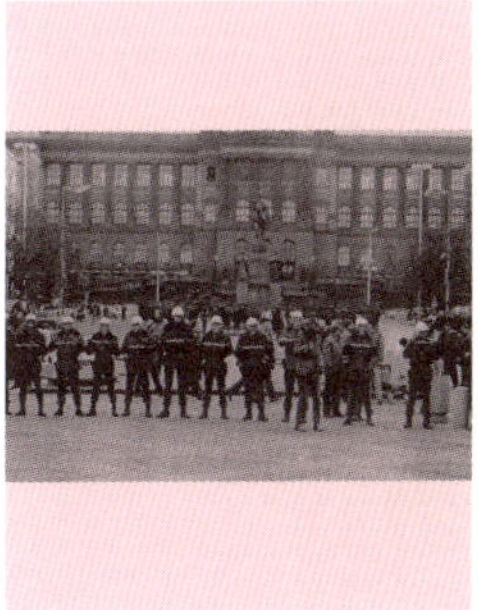

36689

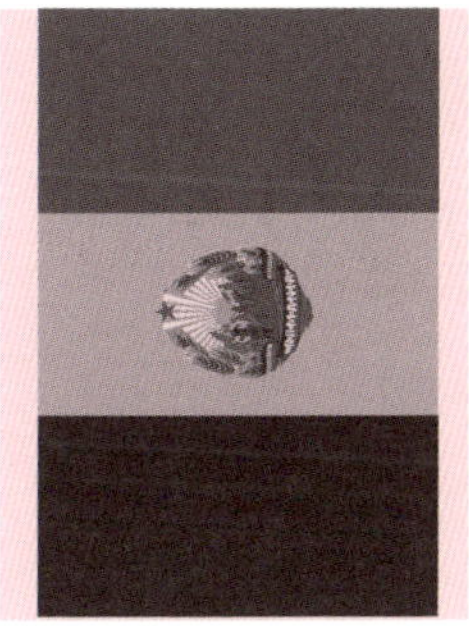

37554

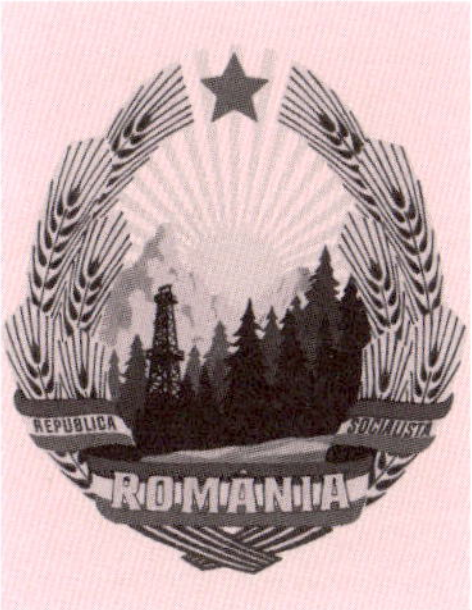

37654

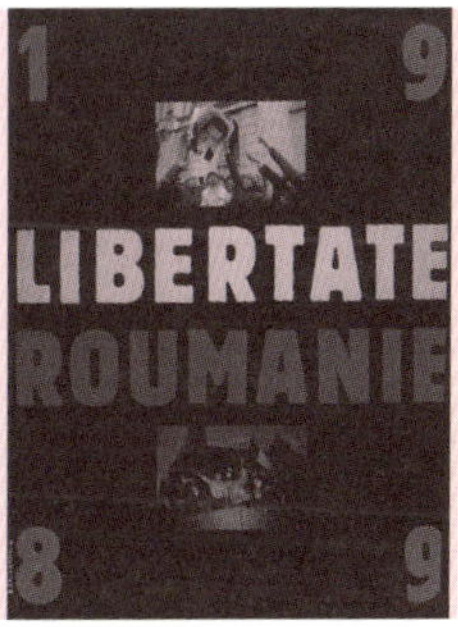

37669

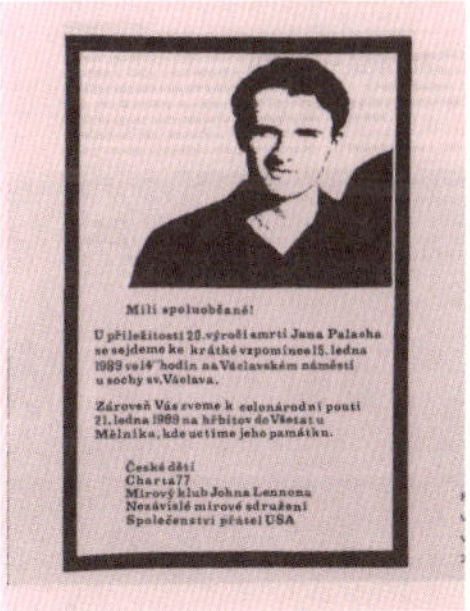

37701

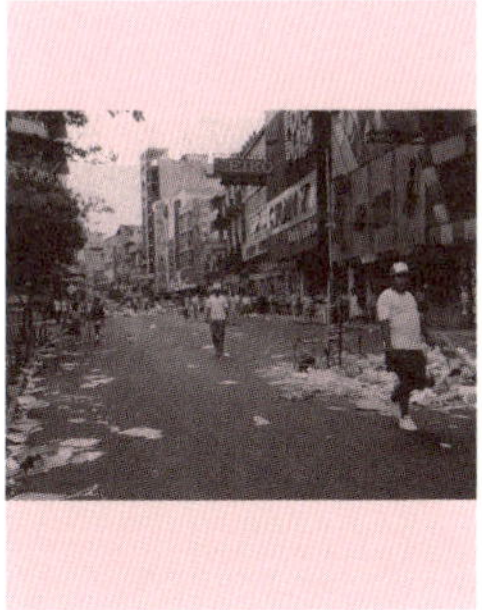

37755

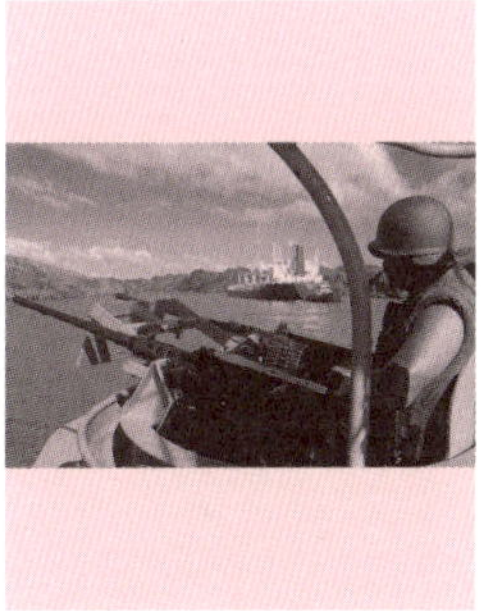

41111

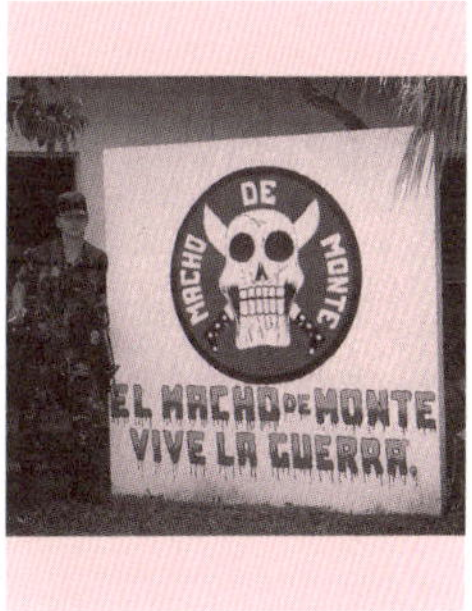

41236

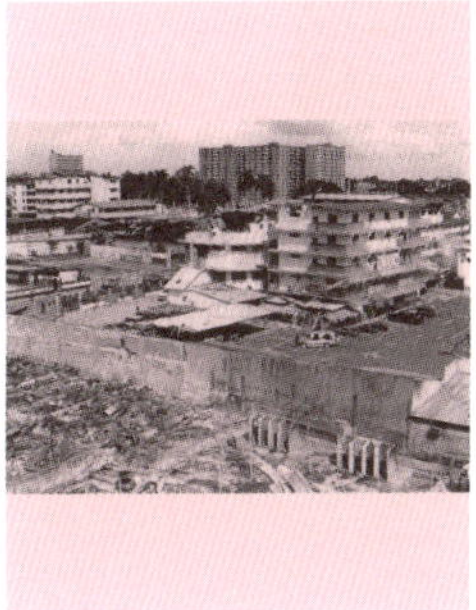

41568

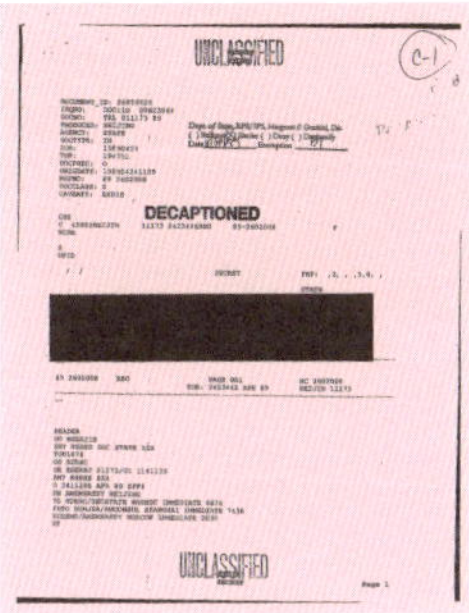

41570

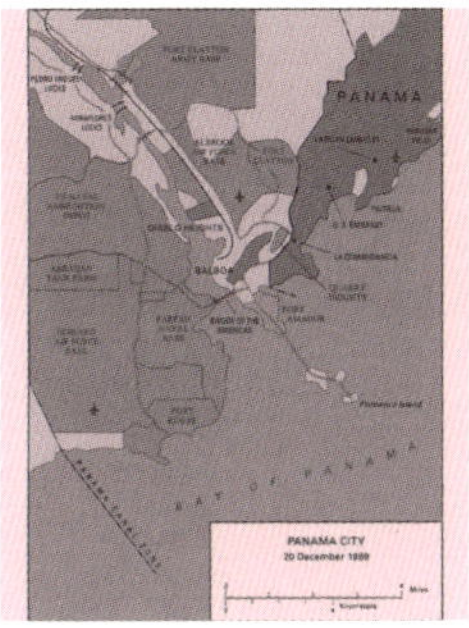

41955

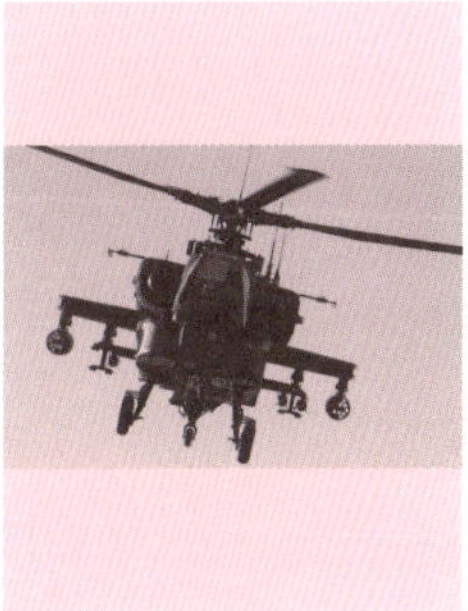

41987

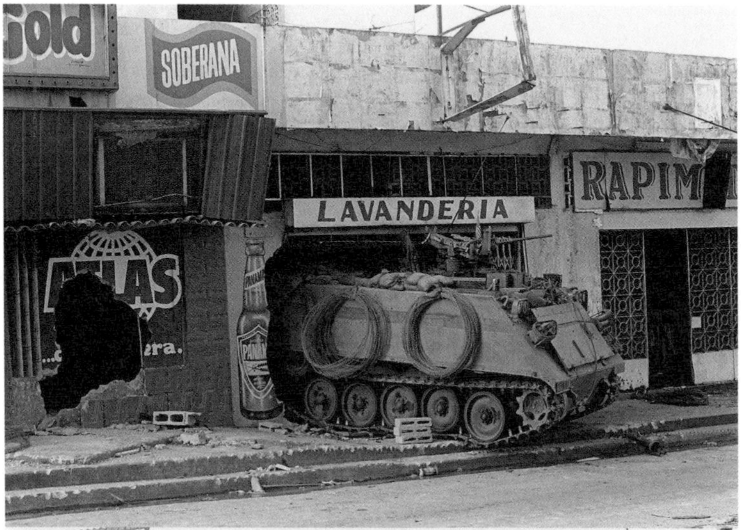
Gold
SOBERANA
LAVANDERIA
RAPIM

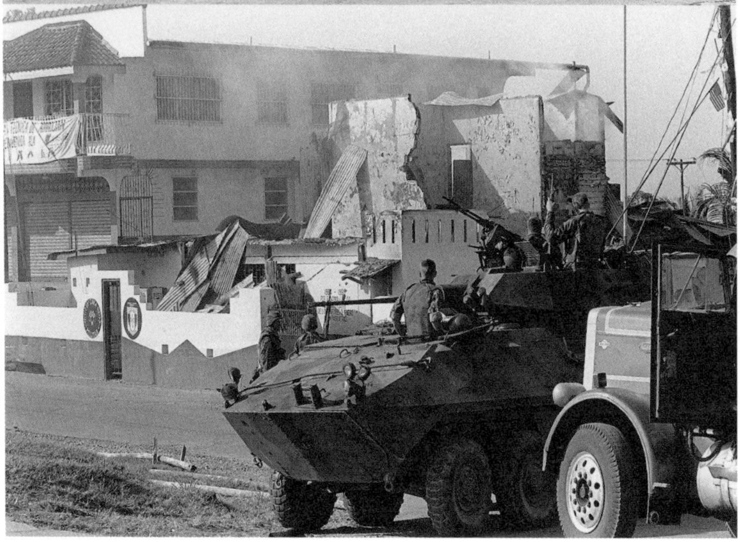

- 1. 02. 89

8. 01. 97
2 [illegible] 86

BS[redacted]
00[redacted]

Ministerrat
der Deutschen Demokratischen Republik
Ministerium für Staatssicherheit
Der Minister

Berlin, 17. [redacted]86

Geheime [redacted]sache
[redacted]08
MfS-[redacted]6
728 [redacted] 1 bis 12

O r d n u n g [redacted]/86

über die Arbeit mit Offiz[redacted]onderen Einsatz des Ministeriums für St[redacted]

- OibE-[redacted]g -

~~CONFIDENTIAL~~

THE WHITE HOUSE
WASHINGTON

MEMORANDUM OF CONVERSATION

REAGAN-GORBACHEV MEETINGS IN GENEVA
November, 1985

Mrs. Reagan's Tea for Mrs. Gorbacheva

DATE: November 19, 1985

TIME: 3:34 P.M. - 4:30 P.M.

PLACE: Maison de Saussure,
Geneva, Switzerland

PARTICIPANTS:

United States

Mrs. Nancy Reagan
Mrs. E. Arensburger, Interpreter

Union of Soviet Socialist Republics

Mrs. Raisa Gorbacheva
Soviet Interpreter

* * * * * * * * * * *

Mrs. Gorbacheva commented on the large number of photographers and reporters and said there were far fewer in the Soviet Union.

Over tea, Mrs. Gorbacheva began by describing the beauties of her country and invited Mrs. Reagan to come and visit it. Mrs. Reagan replied that she would be pleased to come, but Mrs. Gorbacheva had just mentioned Siberia, and that is one place Mrs. Reagan would not like to go; it is too cold.

Mrs. Reagan extended an invitation to Mrs. Gorbacheva to come and visit the United States and said she would prefer a warm time for both visits.

~~CONFIDENTIAL~~
Declassify: OADR

F96-087 #93
dlb 5/16/00

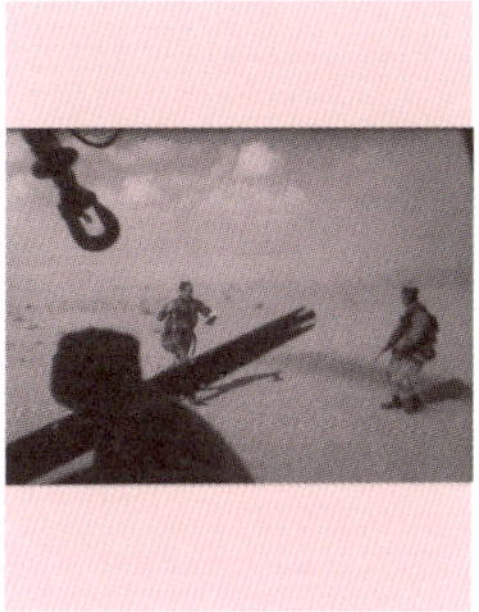

43568

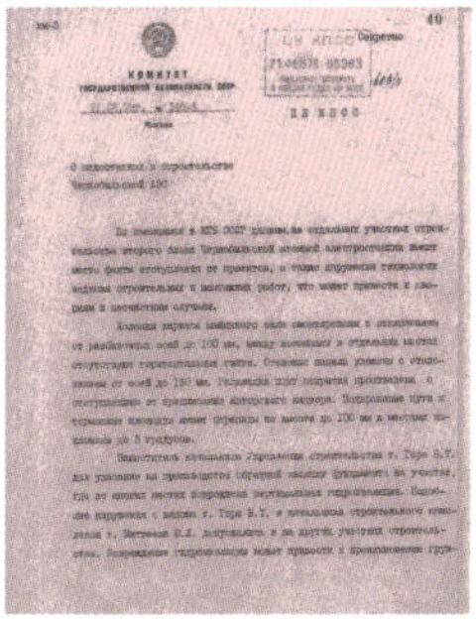

43698

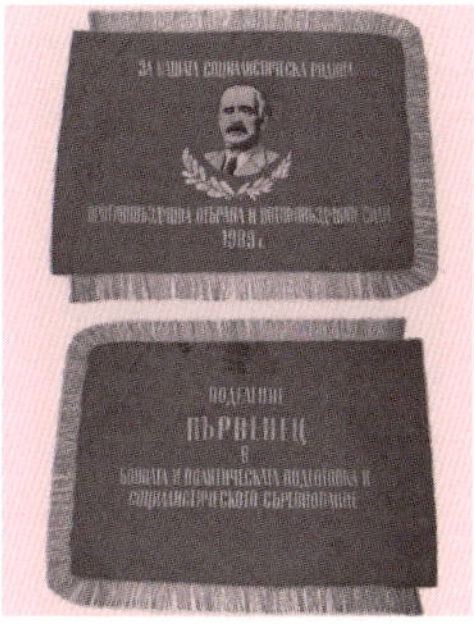

43789

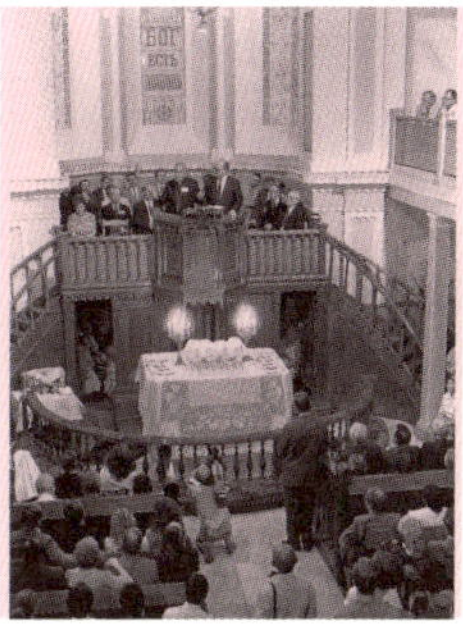

43986

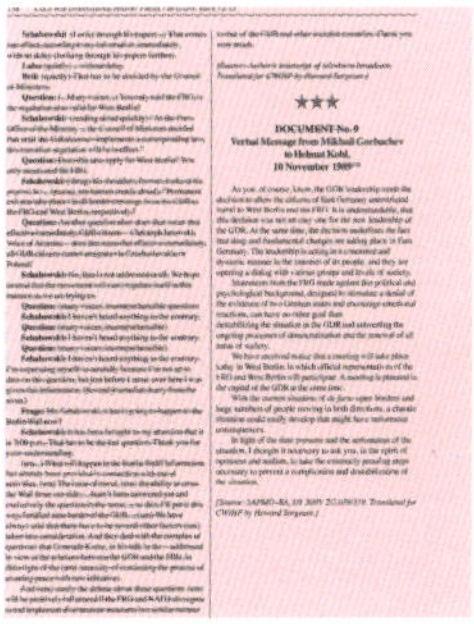

44005

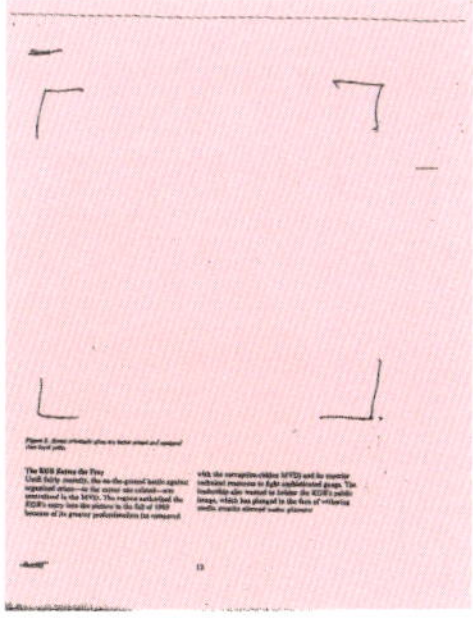

44008

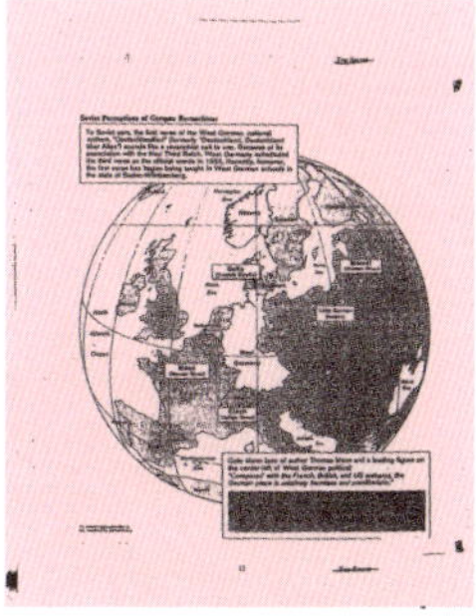

44015

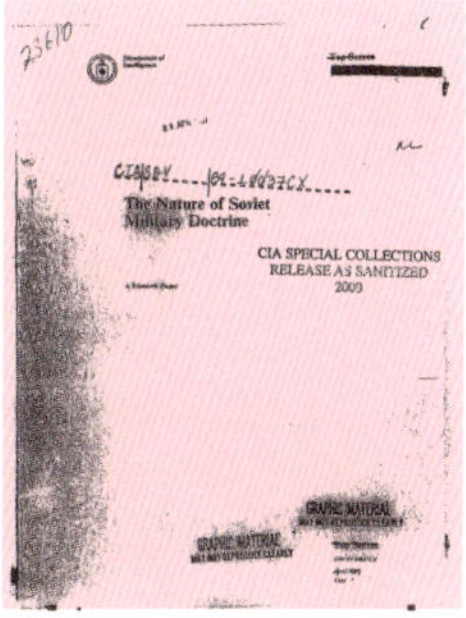

44155

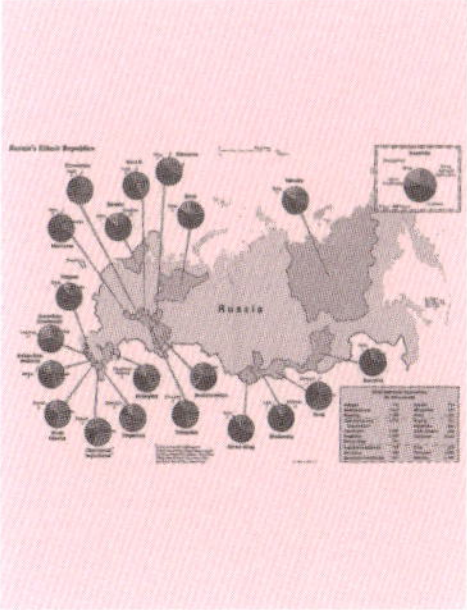

44905

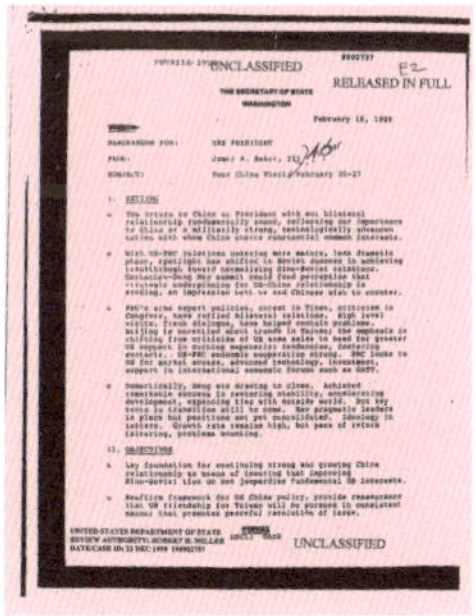

44989

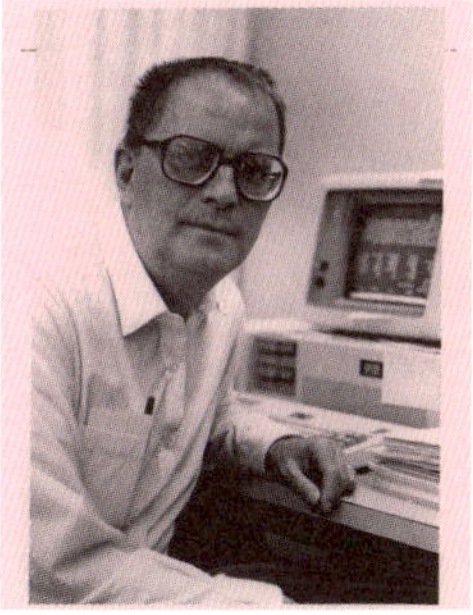

59132

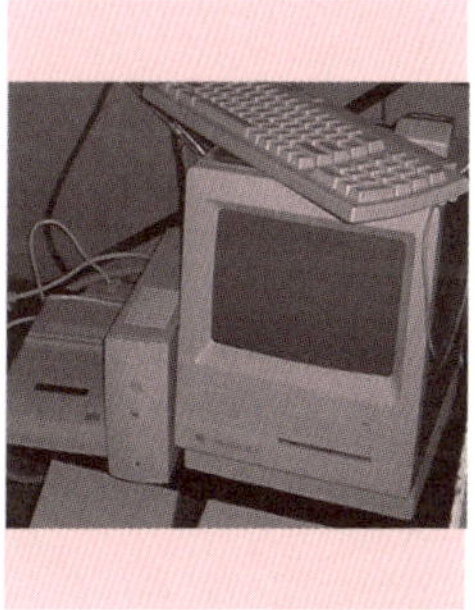

59133

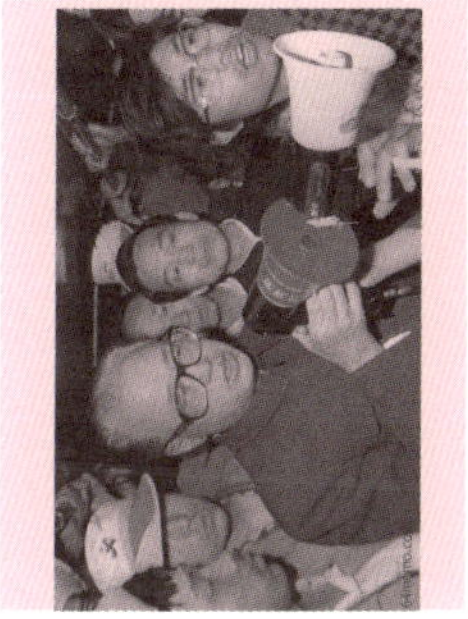

62556

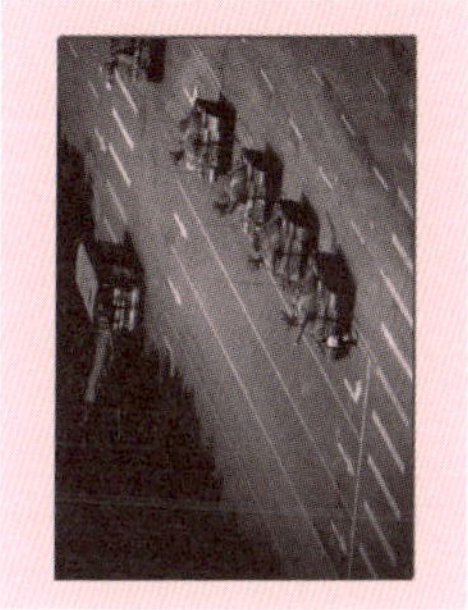

62589

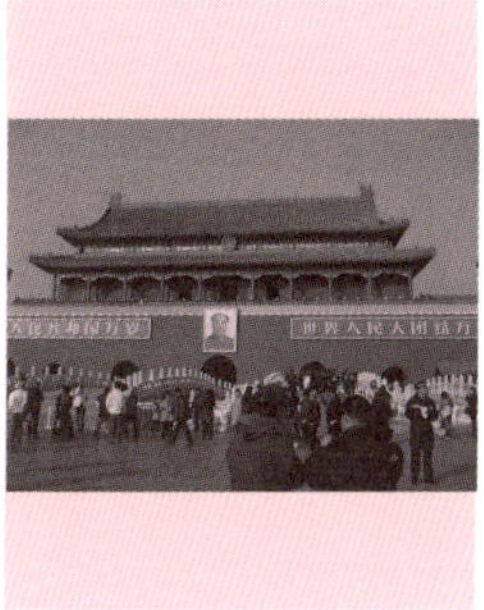

62599

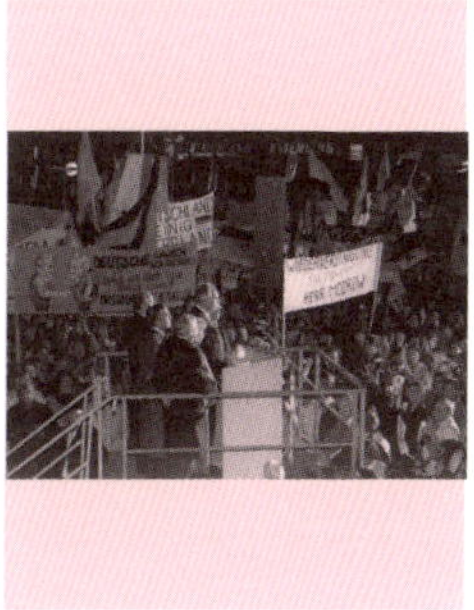

62633

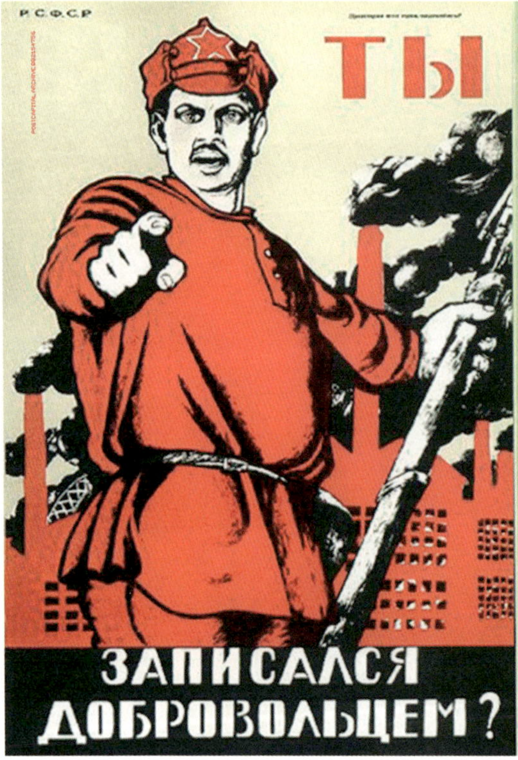
Р.С.Ф.С.Р
ТЫ
ЗАПИСАЛСЯ
ДОБРОВОЛЬЦЕМ?

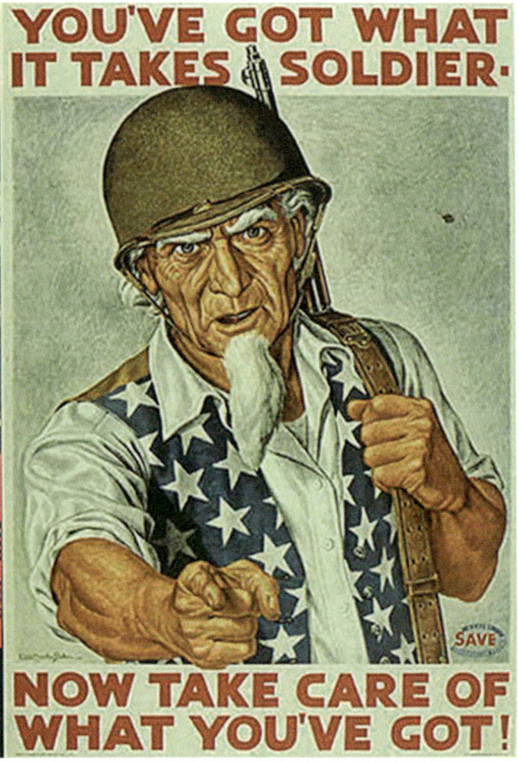
YOU'VE GOT WHAT
IT TAKES SOLDIER·
SAVE
NOW TAKE CARE OF
WHAT YOU'VE GOT!

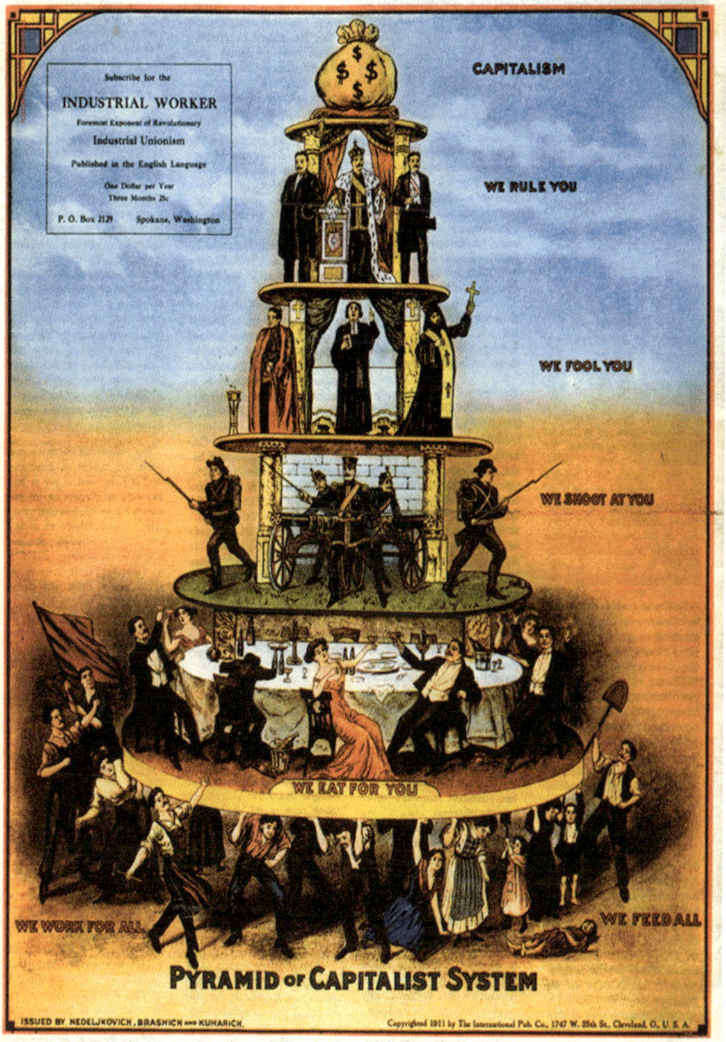
Subscribe for the
INDUSTRIAL WORKER
Foremost Exponent of Revolutionary
Industrial Unionism
Published in the English Language
One Dollar per Year
Three Months 25c
P. O. Box 2129 Spokane, Washington
CAPITALISM
WE RULE YOU
WE FOOL YOU
WE SHOOT AT YOU
WE EAT FOR YOU
WE WORK FOR ALL
WE FEED ALL
PYRAMID OF CAPITALIST SYSTEM
ISSUED BY NEDELJKOVICH, BRASHICH AND KUHARICH.
Copyrighted 1911 by The International Pub. Co., 1747 W. 25th St., Cleveland, O., U. S. A.

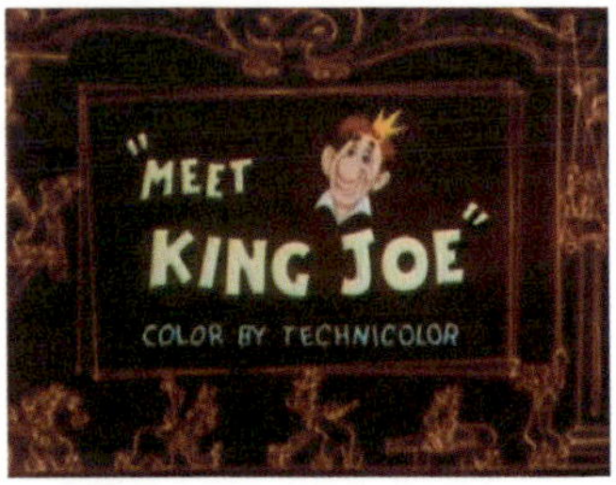
"MEET
KING JOE"
COLOR BY TECHNICOLOR

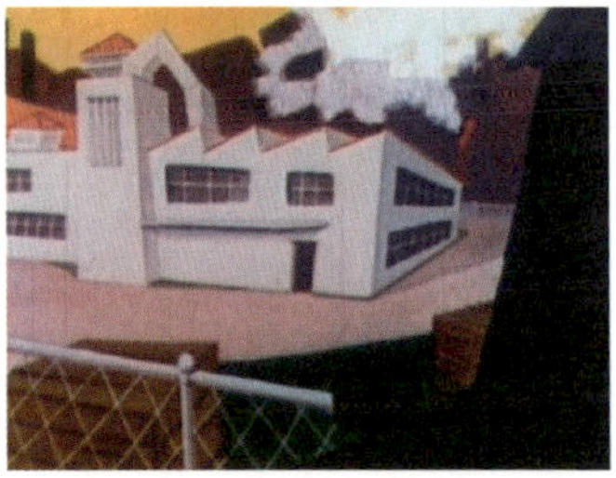

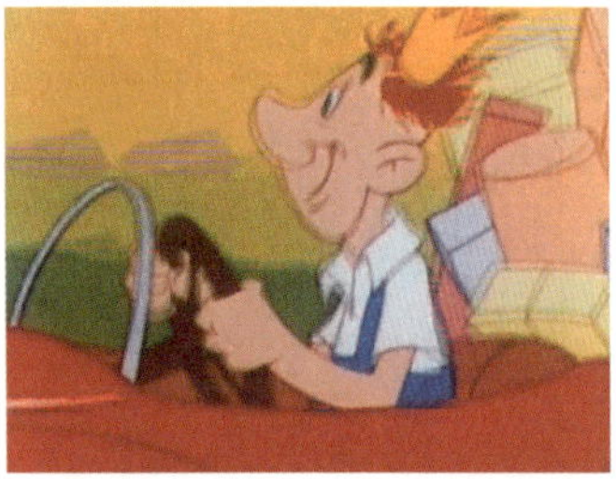

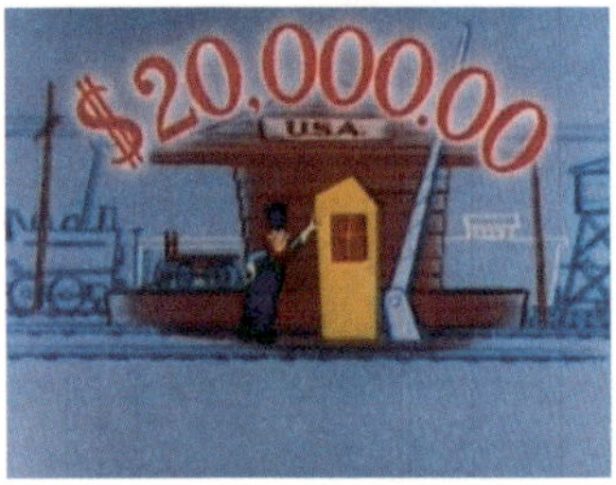
$20,000.00
U.S.A.

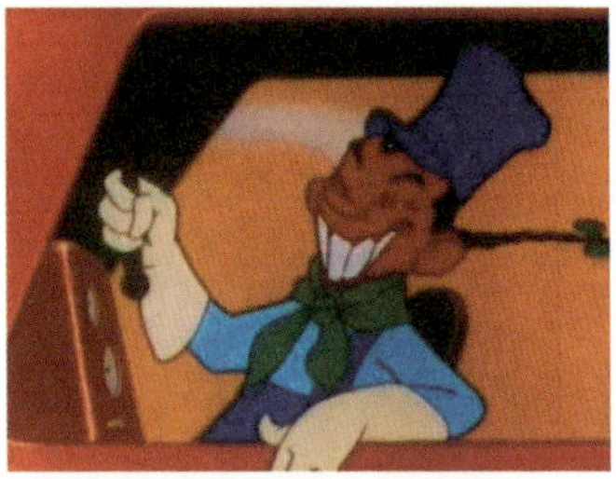

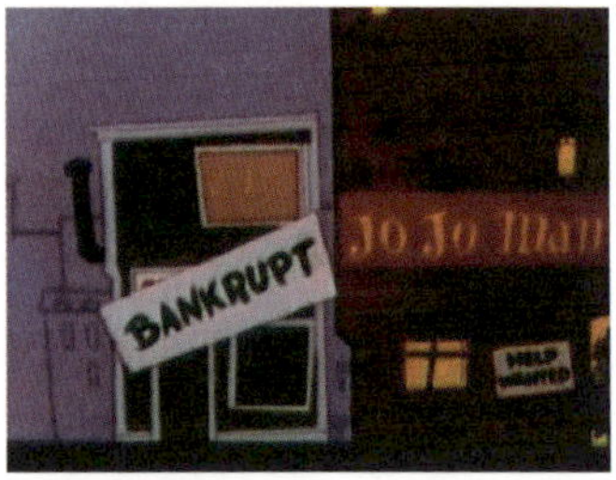
BANKRUPT
HELP WANTED

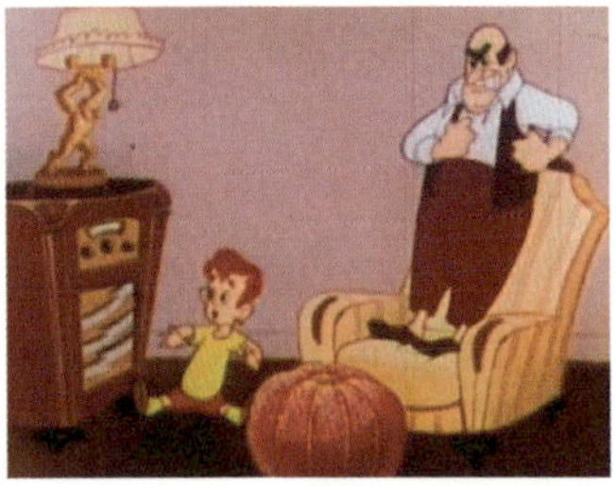

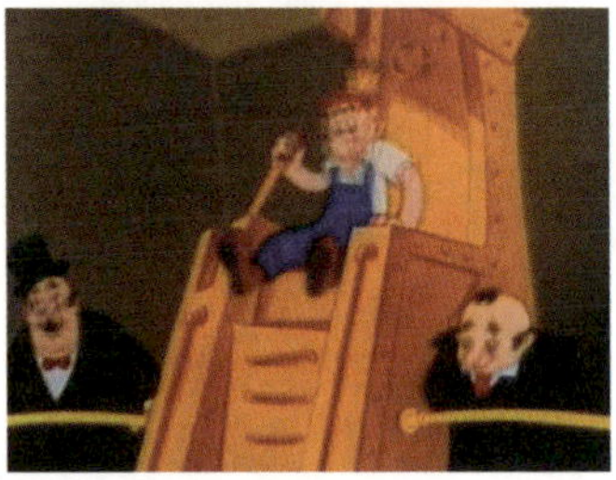

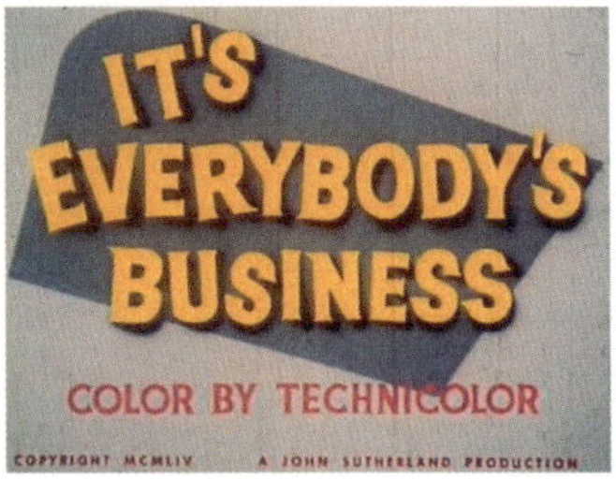
IT'S
EVERYBODY'S
BUSINESS
COLOR BY TECHNICOLOR
COPYRIGHT MCMLIV
A JOHN SUTHERLAND PRODUCTION

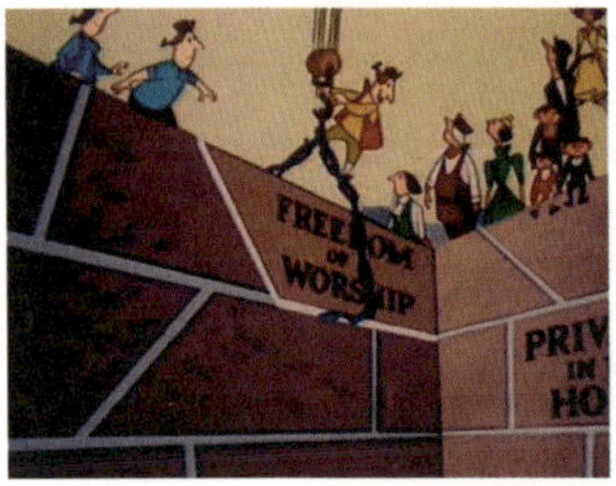

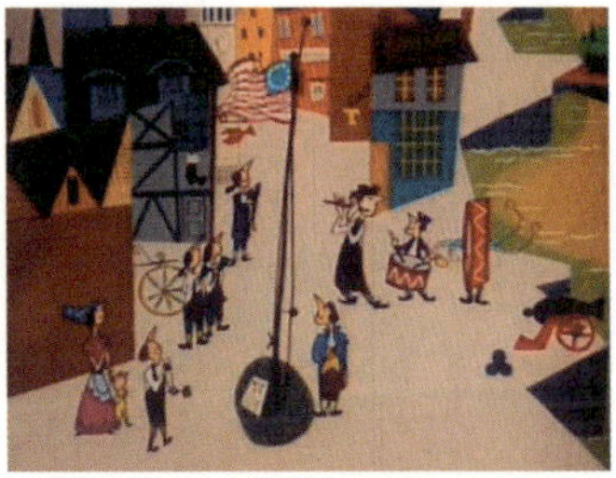

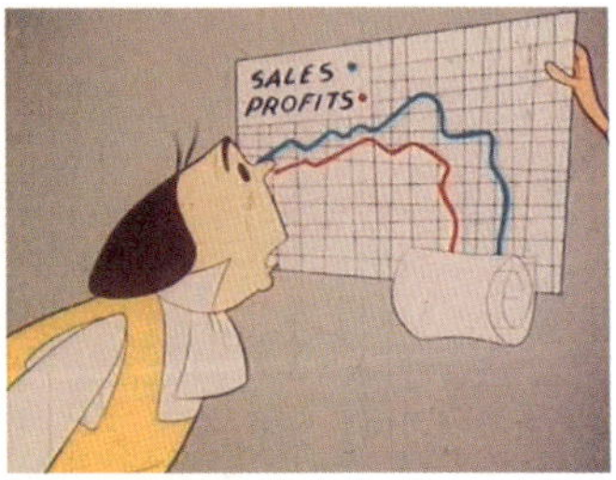
SALES
PROFITS

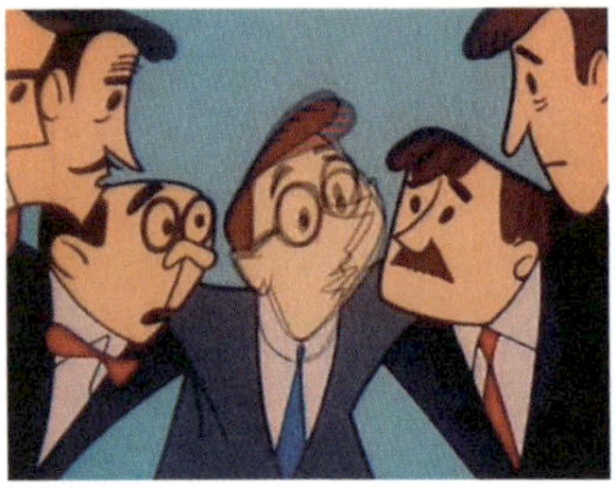

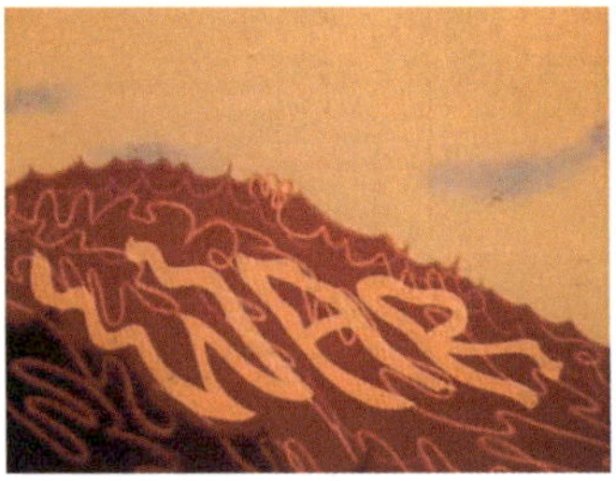

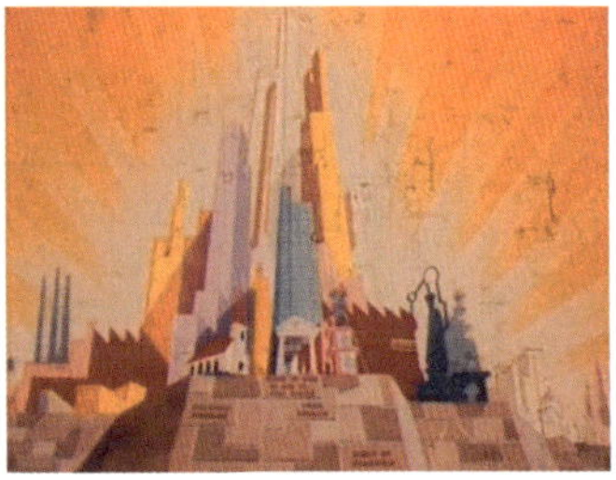

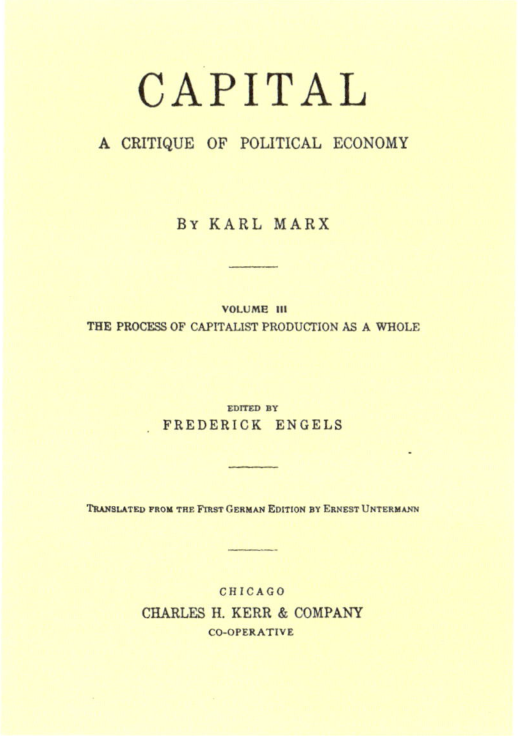

CAPITAL

A CRITIQUE OF POLITICAL ECONOMY

BY KARL MARX

VOLUME III

THE PROCESS OF CAPITALIST PRODUCTION AS A WHOLE

EDITED BY

FREDERICK ENGELS

TRANSLATED FROM THE FIRST GERMAN EDITION BY ERNEST UNTERMANN

CHICAGO

CHARLES H. KERR & COMPANY

CO-OPERATIVE

07654

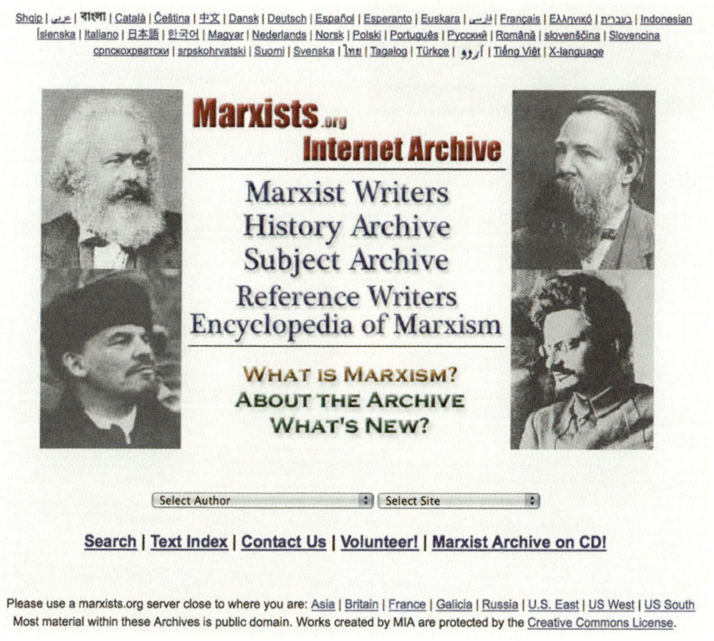

11548

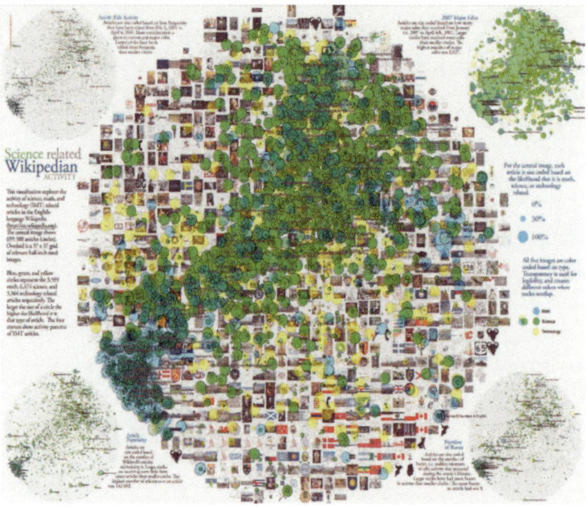

01568

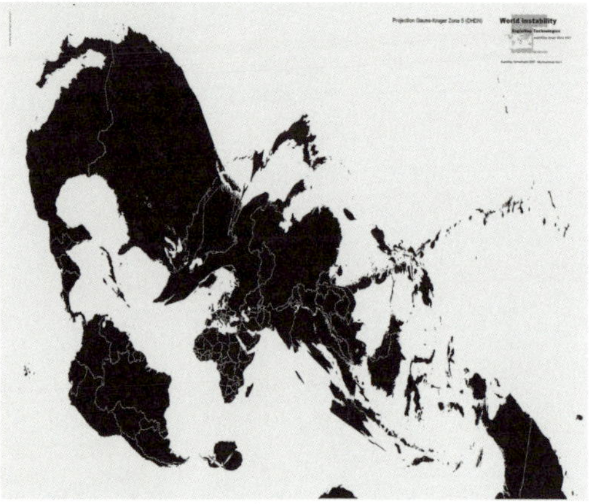

01665

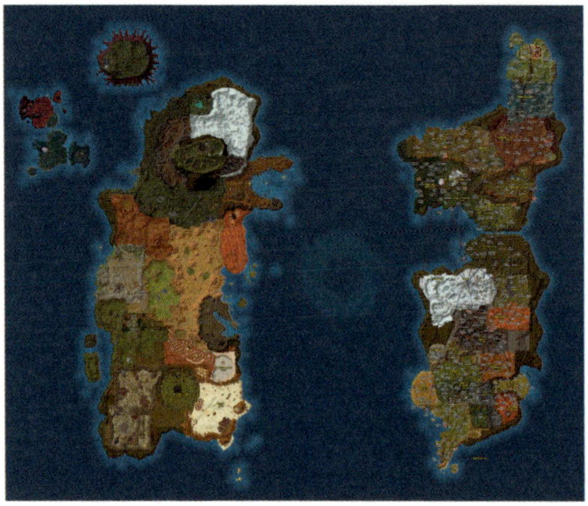

02456

06578

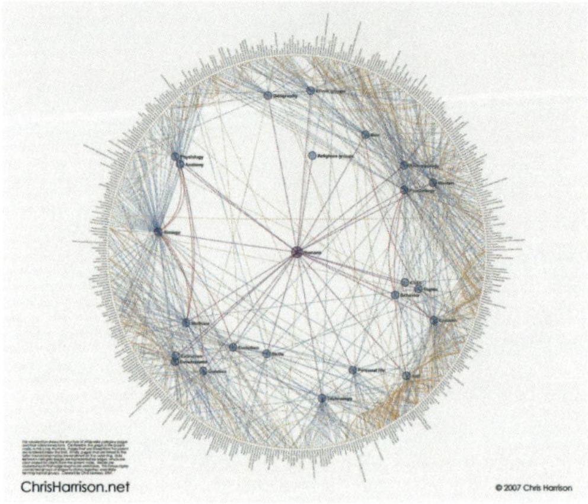

06558

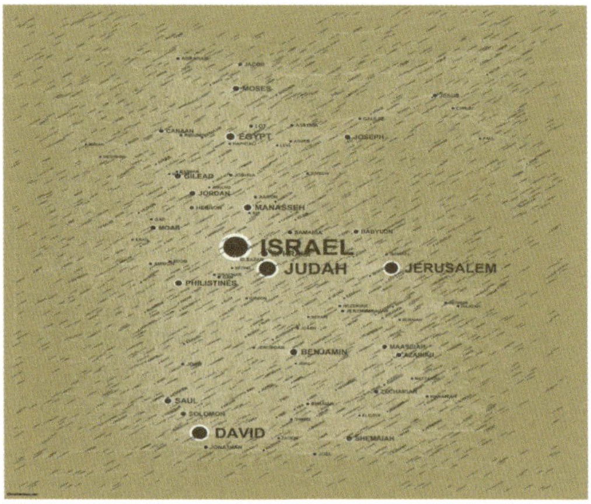

10002

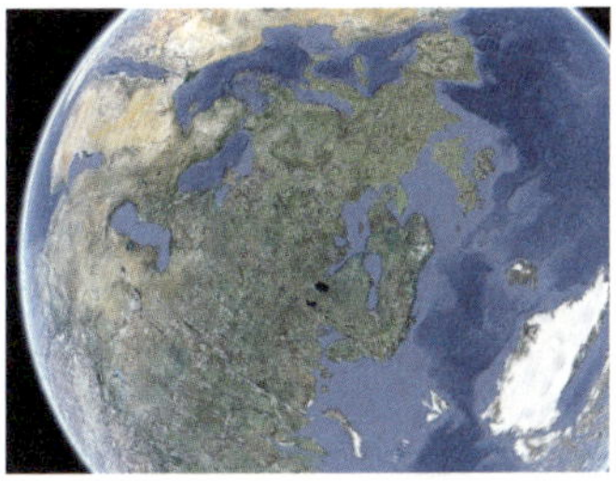
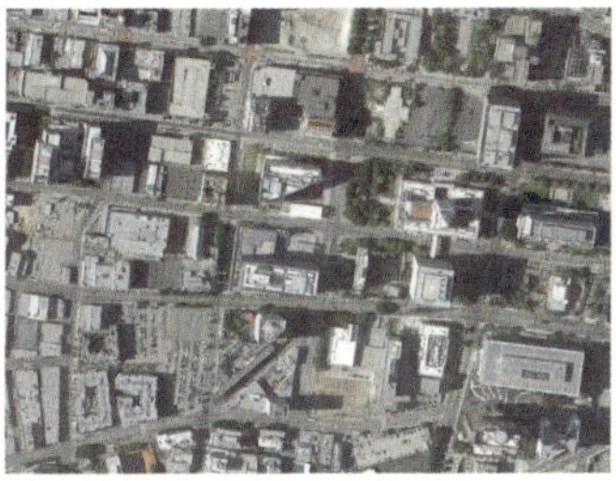
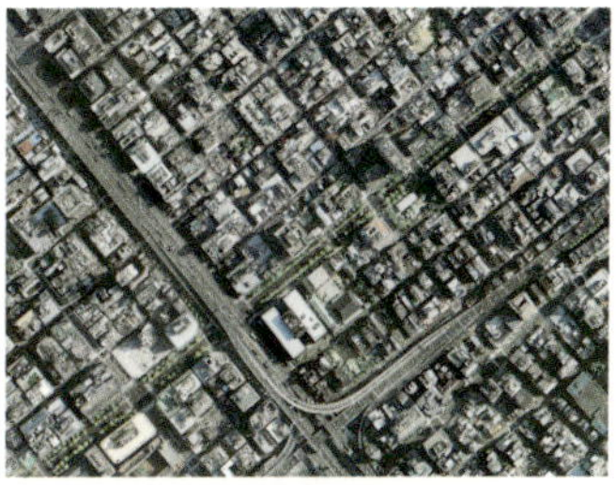
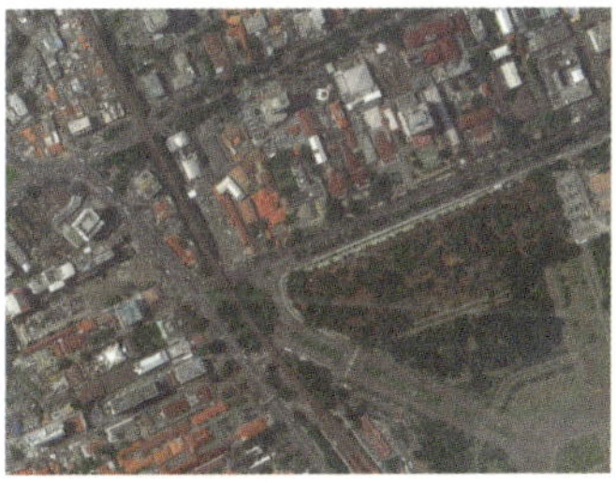
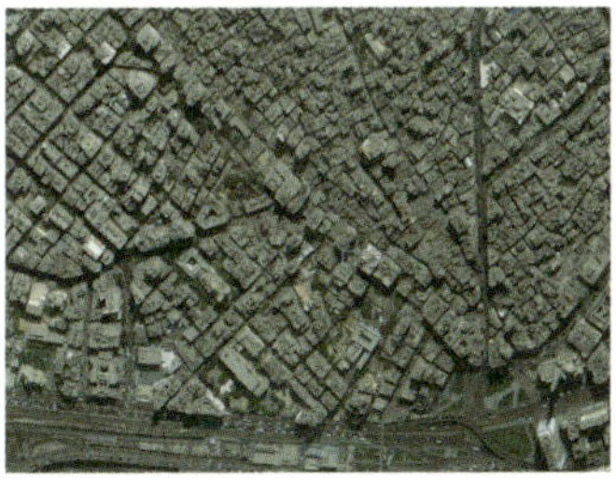
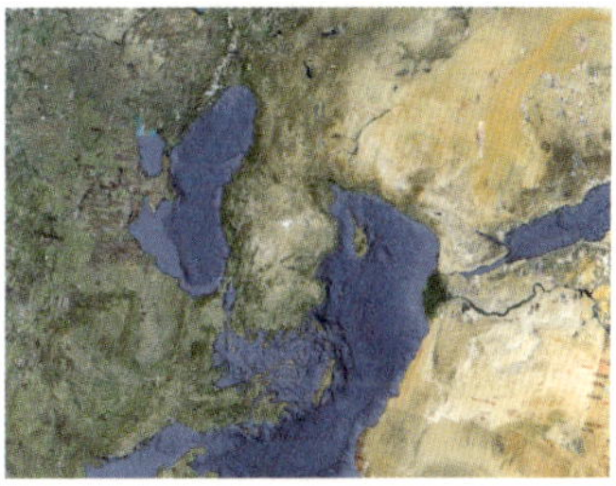
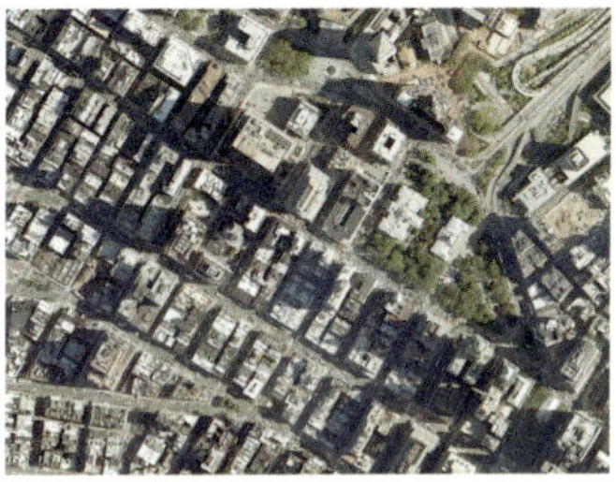
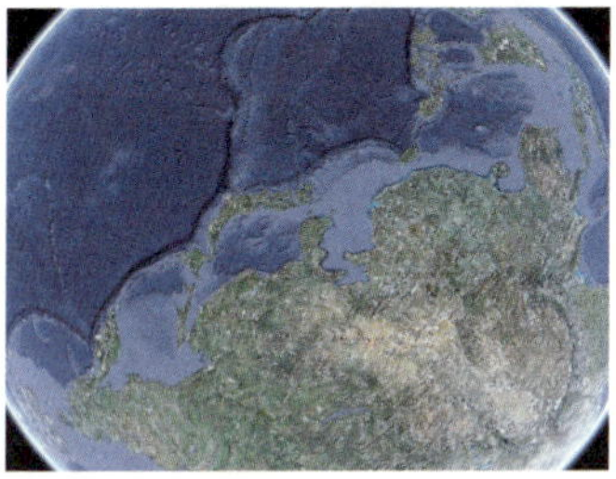
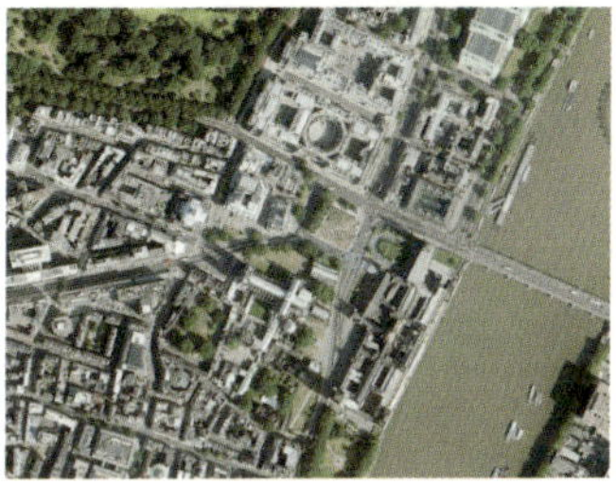
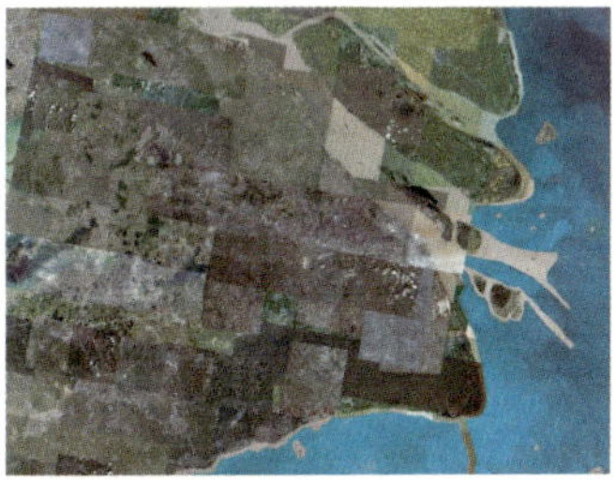
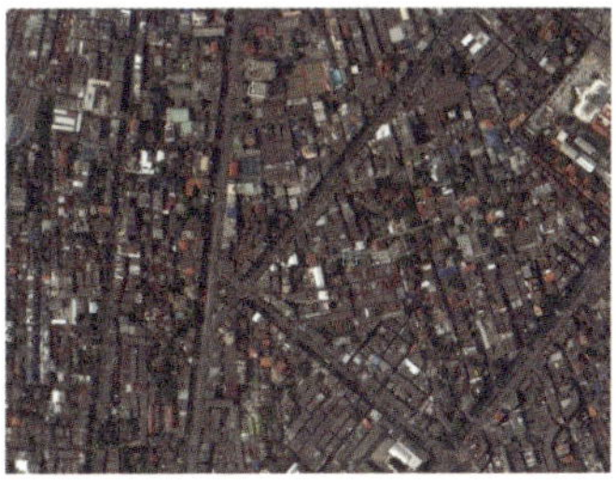
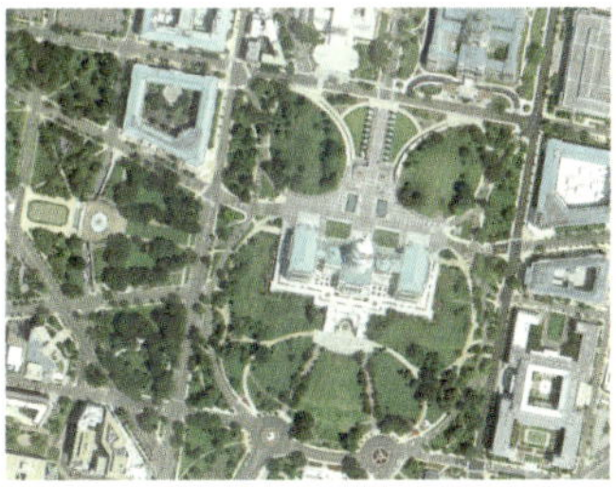
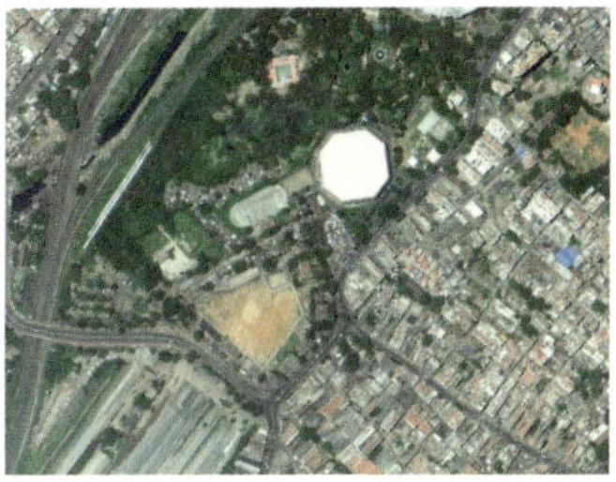
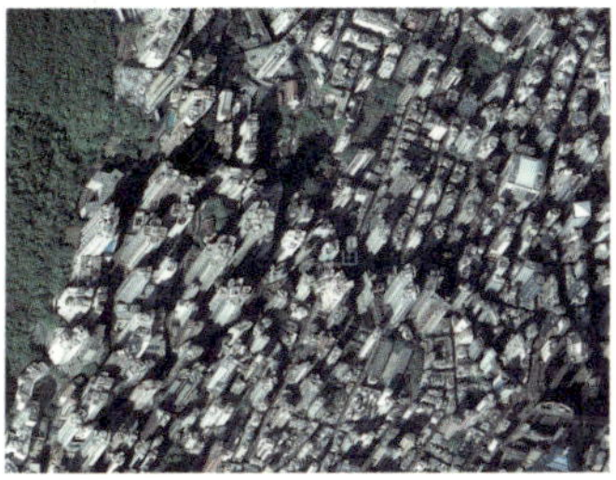
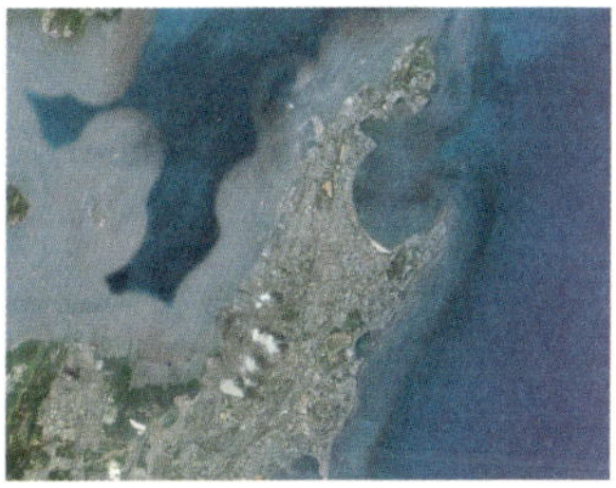

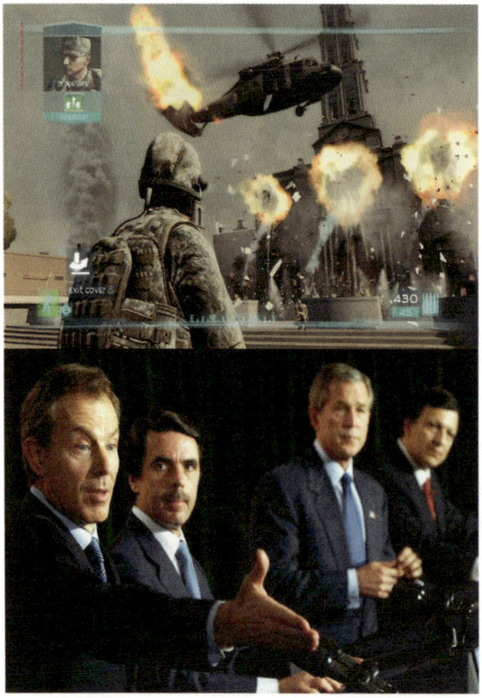

07898

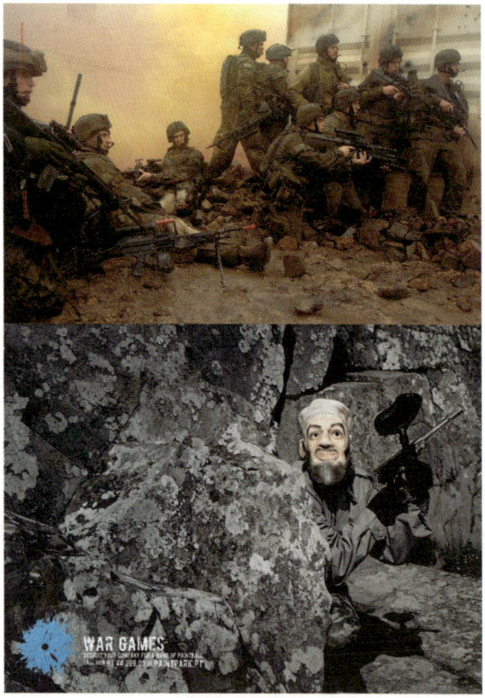

09555

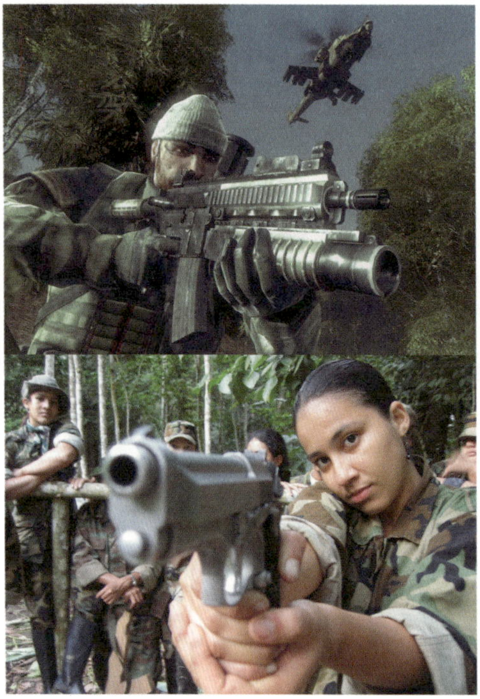

13566

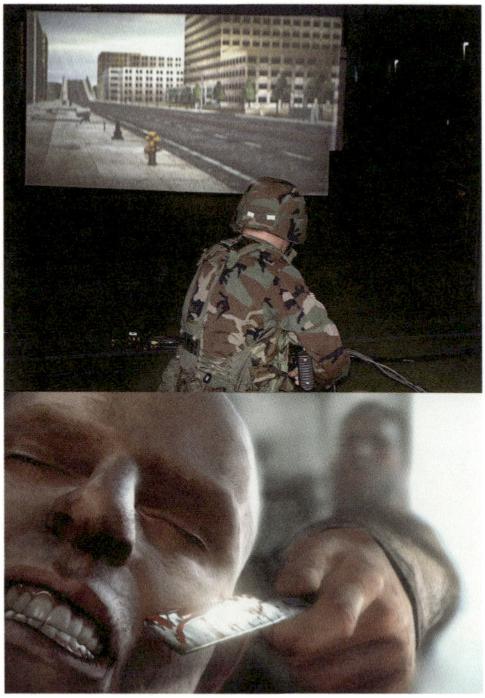

13699

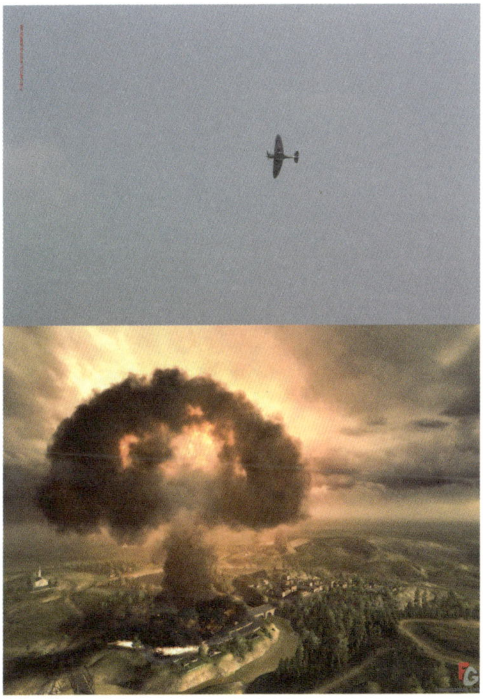

14056

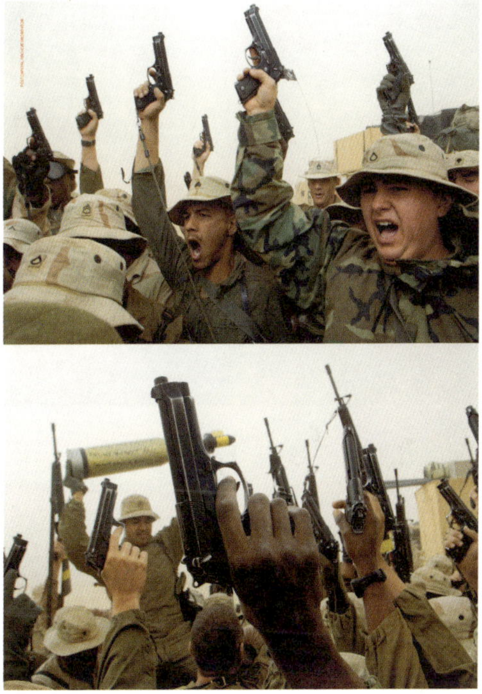

15215

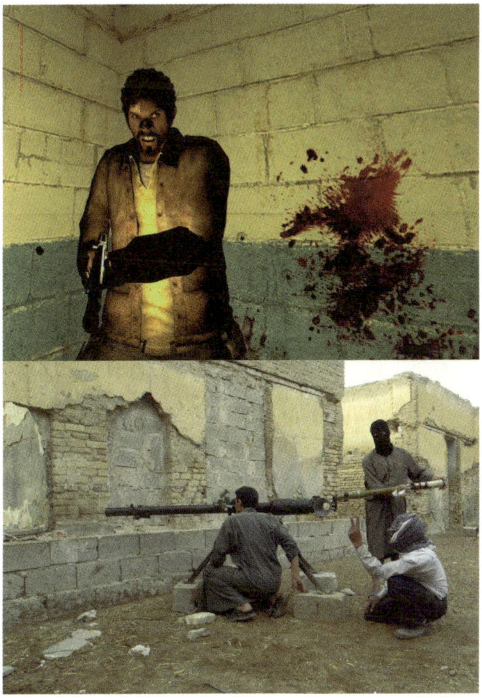

15236

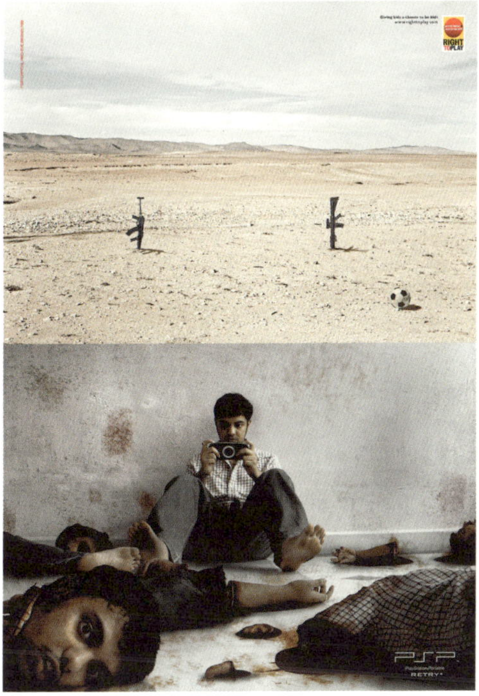

16589

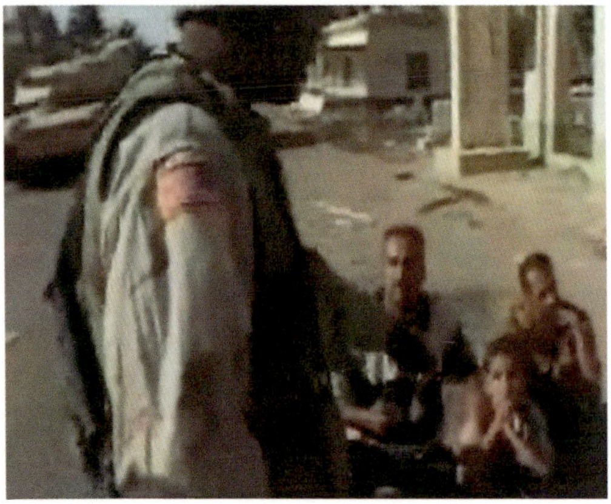

01668

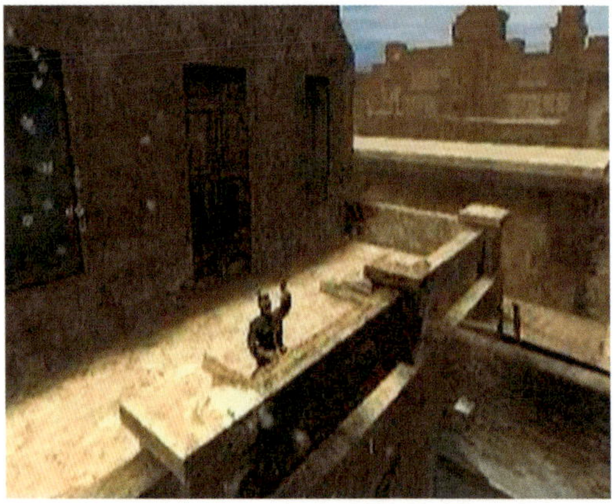

02568

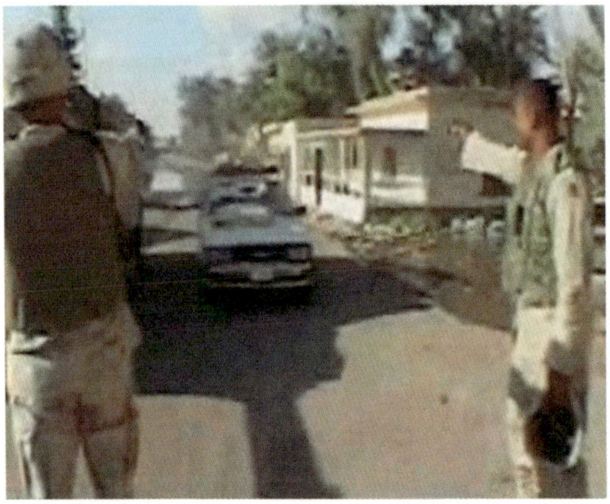

01668

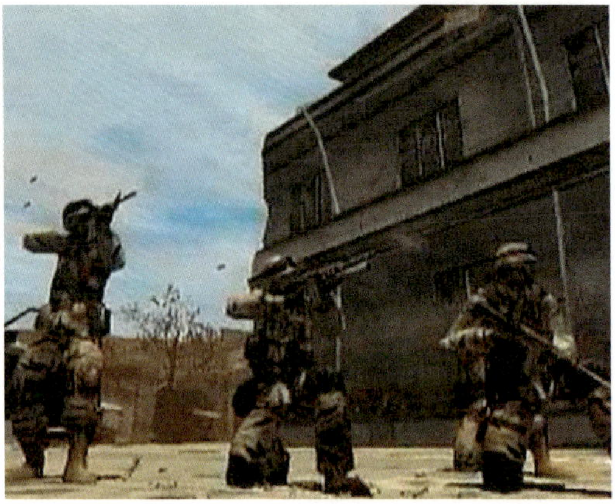

02568

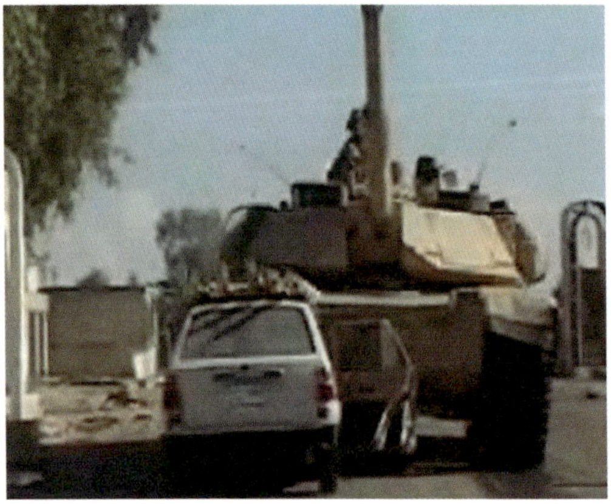

01668

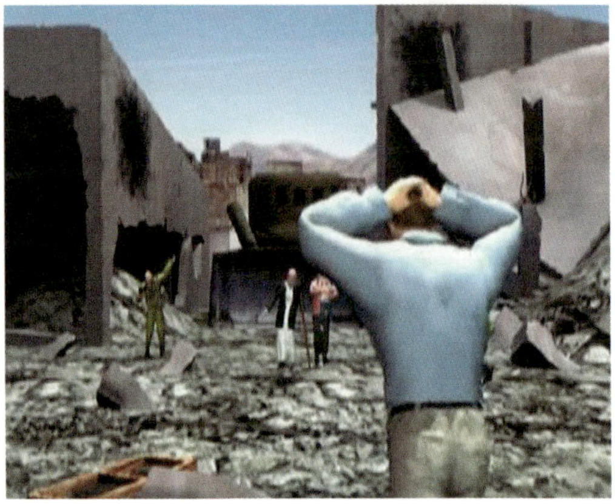

03564

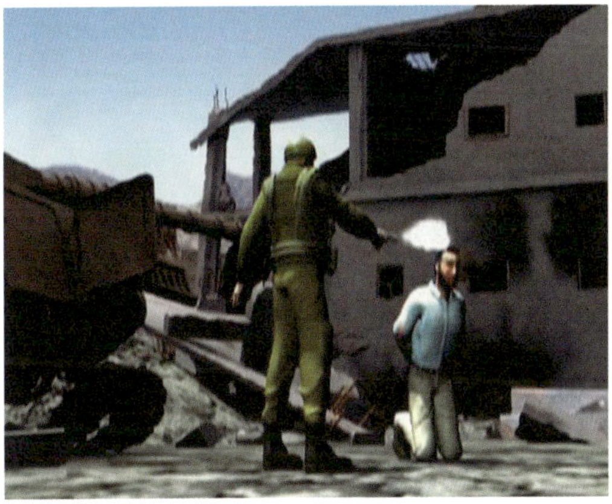

03564

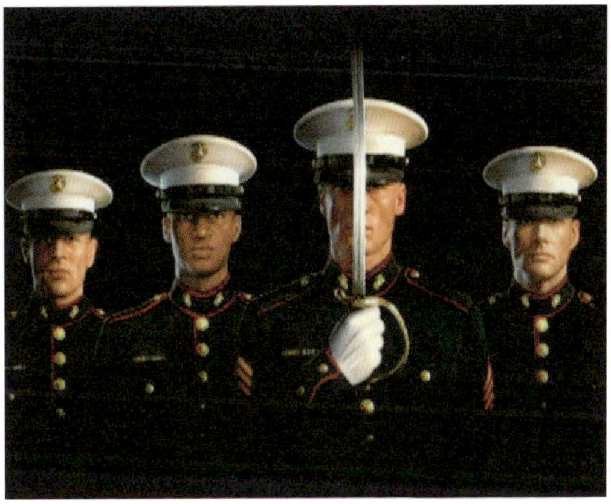

03101

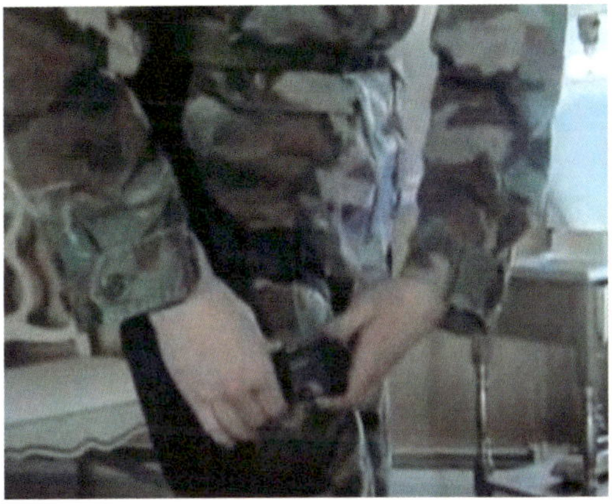

07588

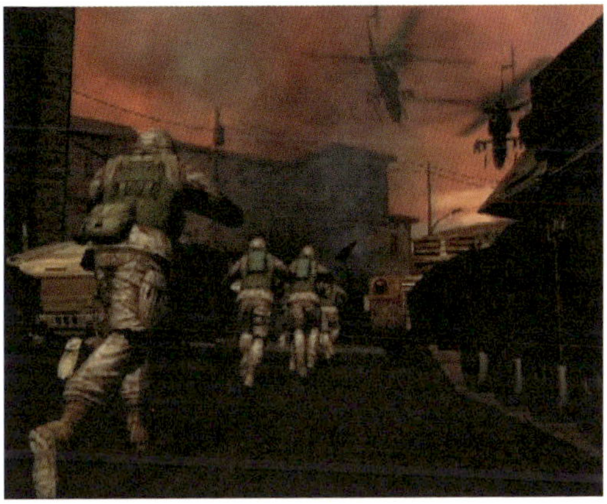

03101

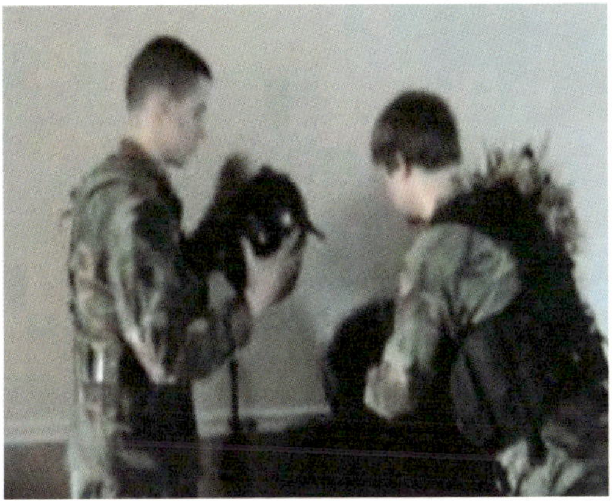

07588

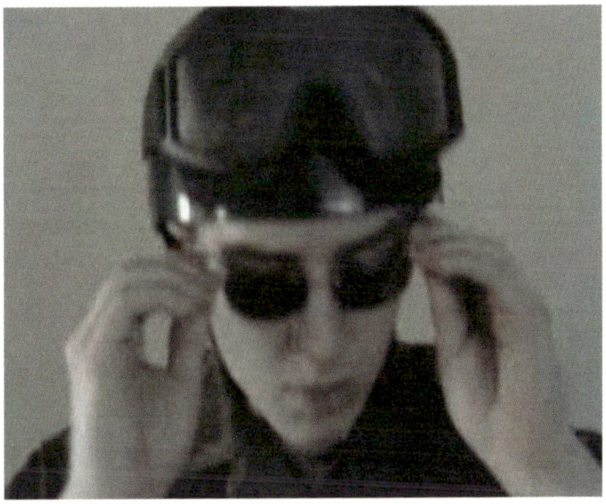

07588

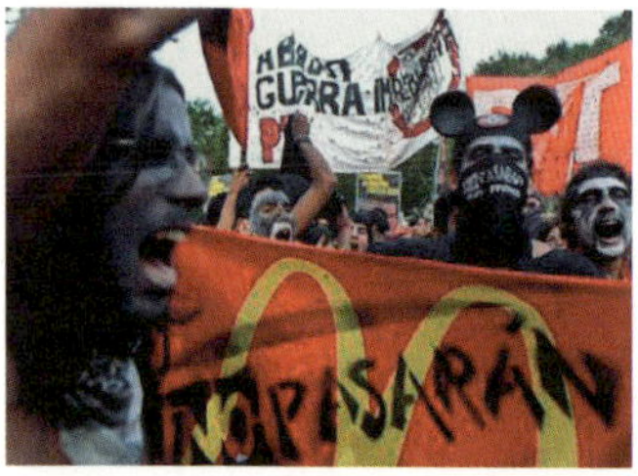

00445

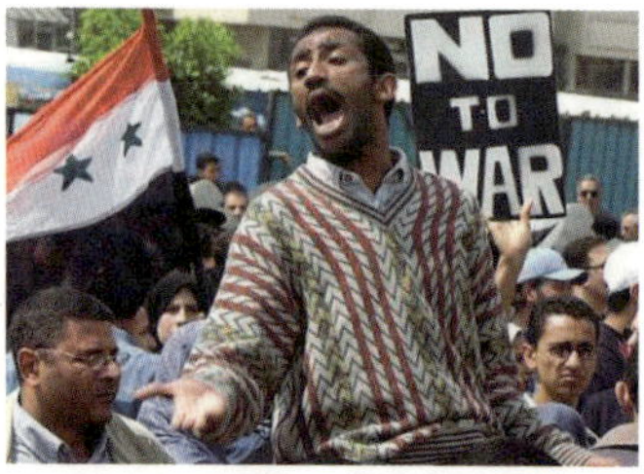

00501

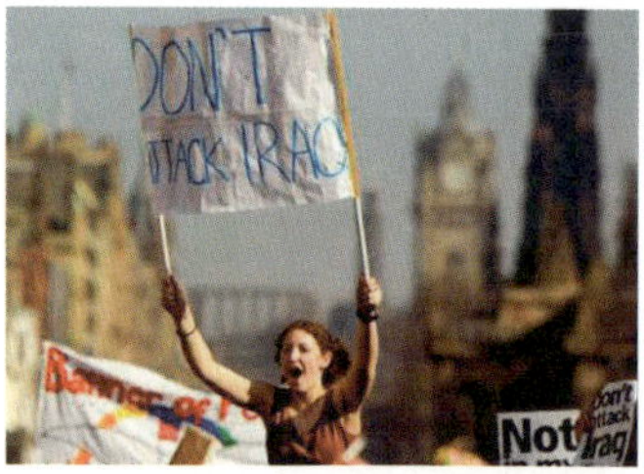

03568

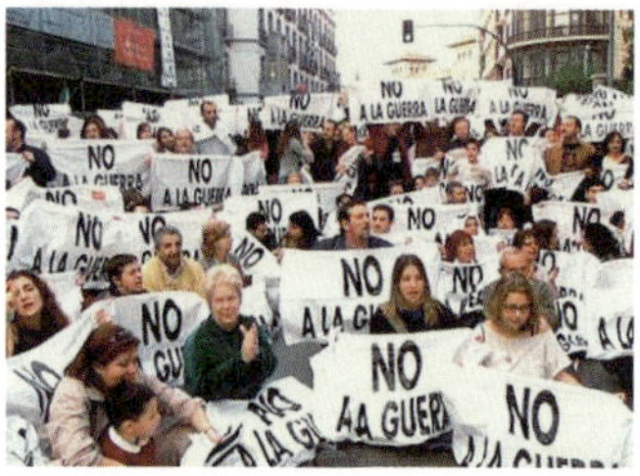

03990

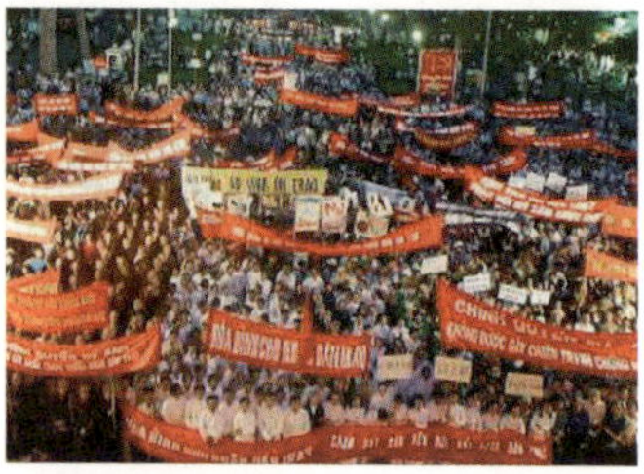

06568

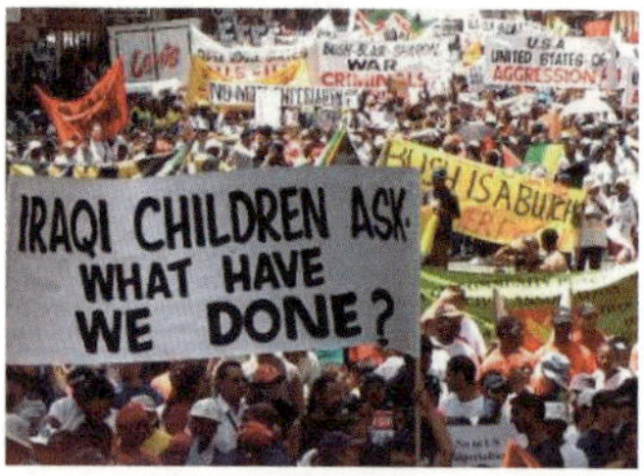

06902

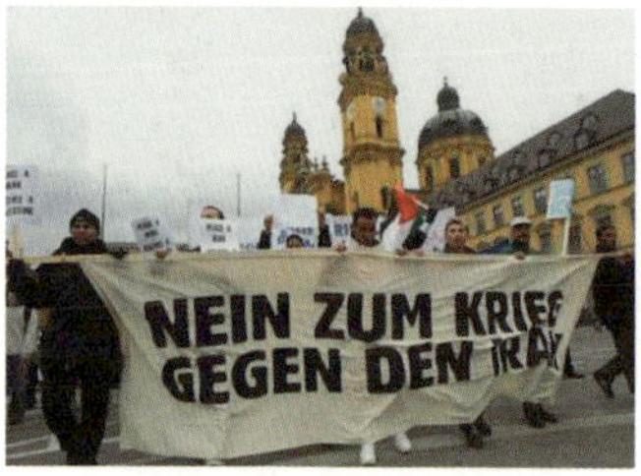

08805

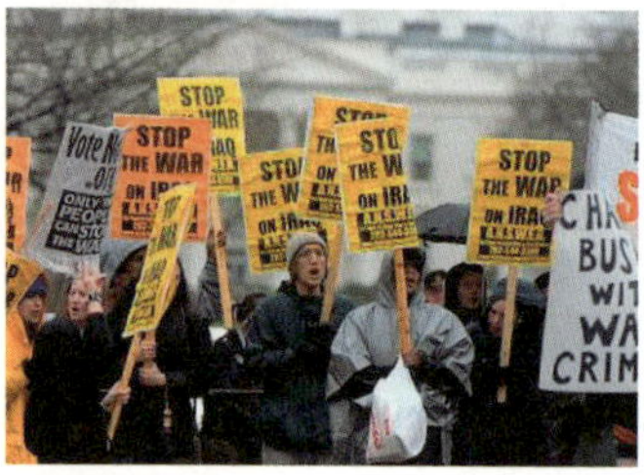

12033

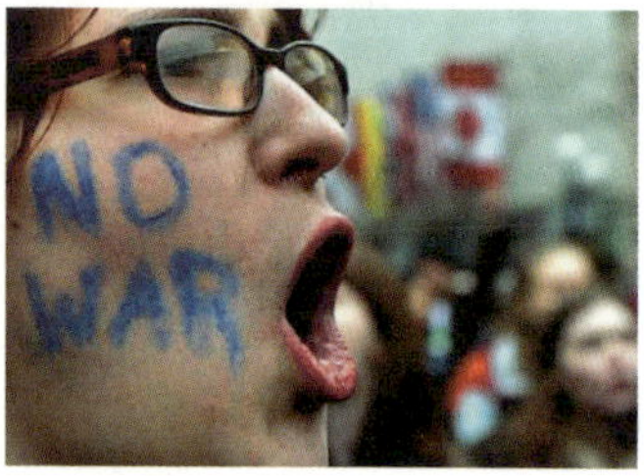

15662

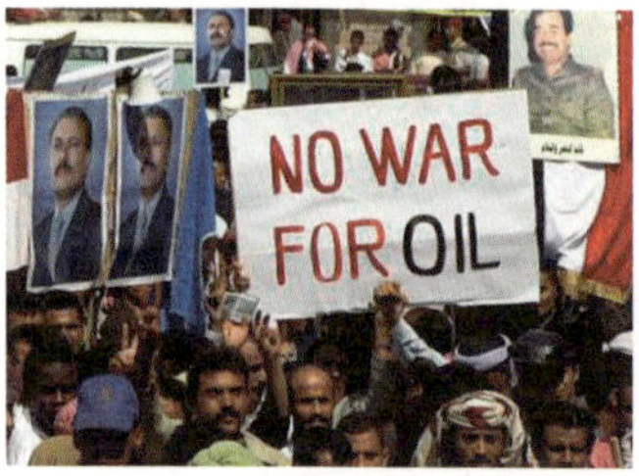

15847

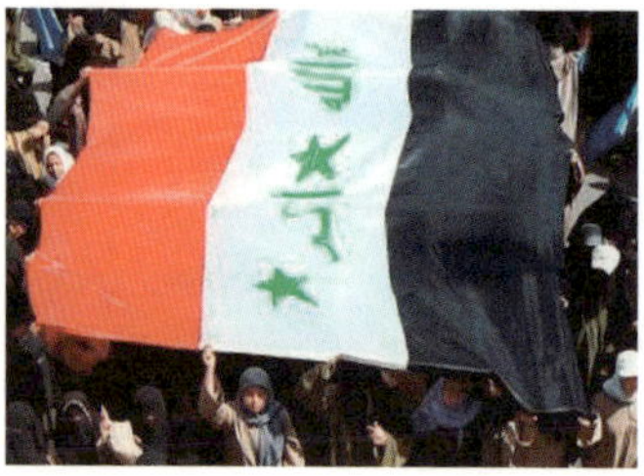

19745

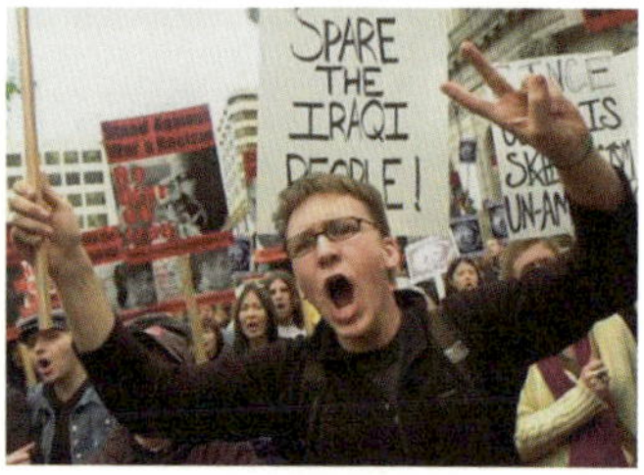

21007

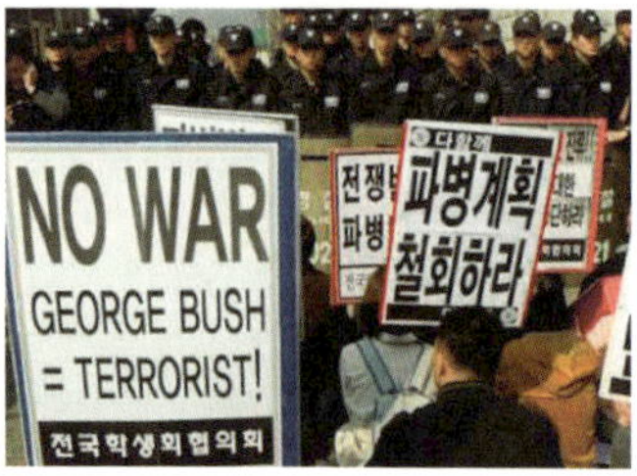

22694

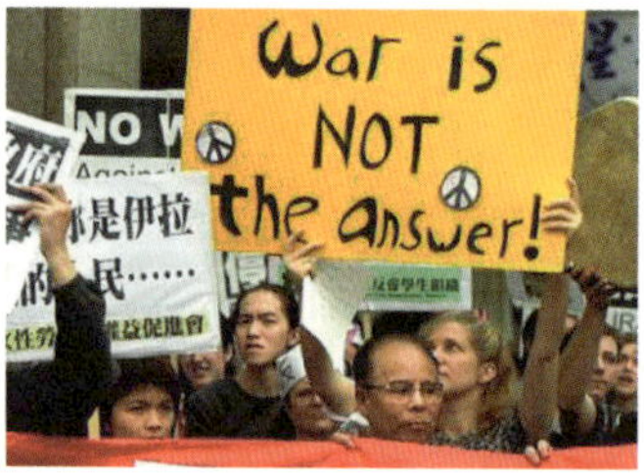

24058

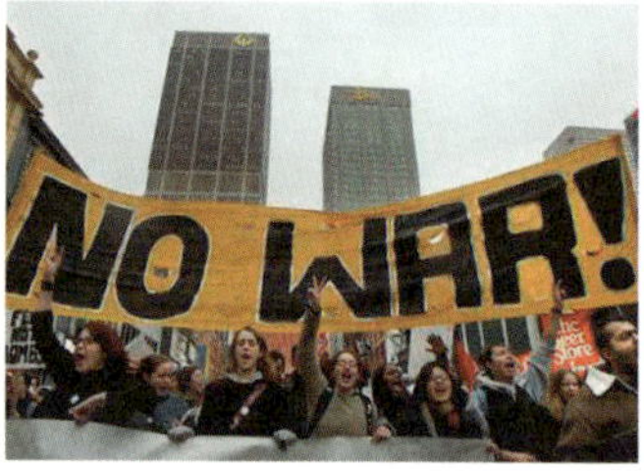

24118

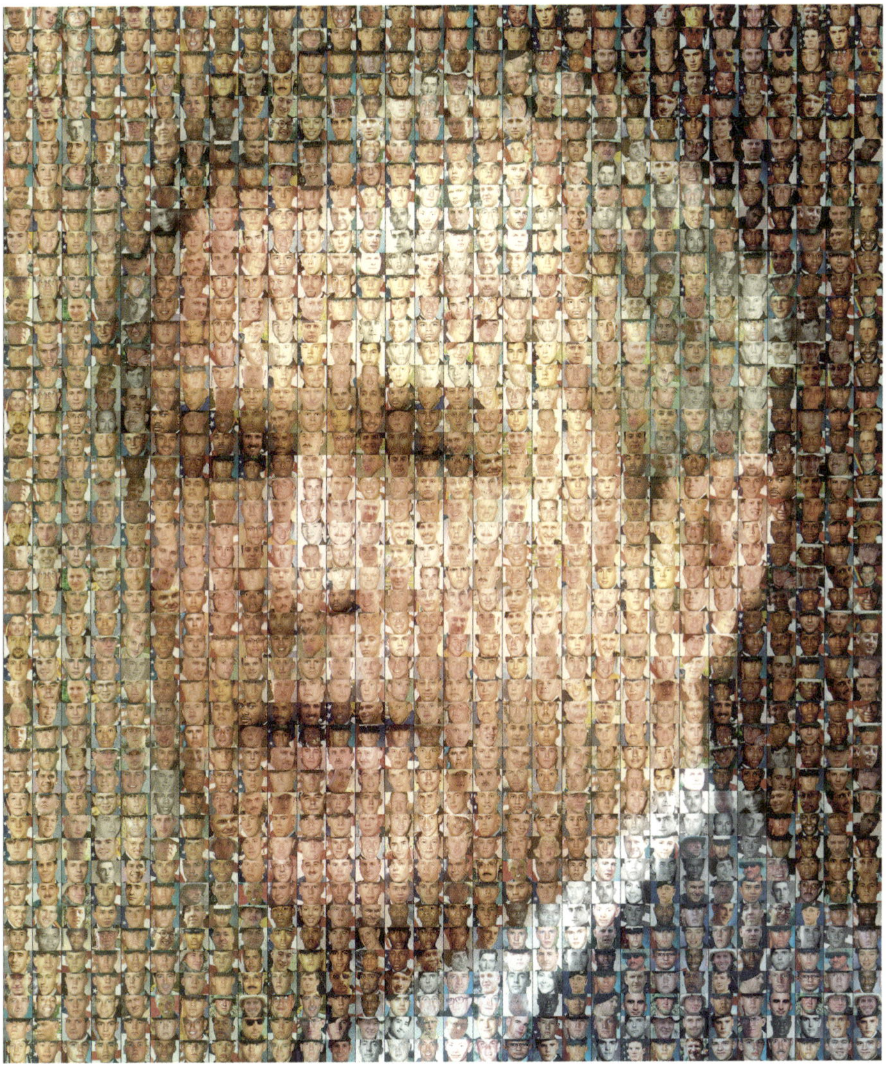

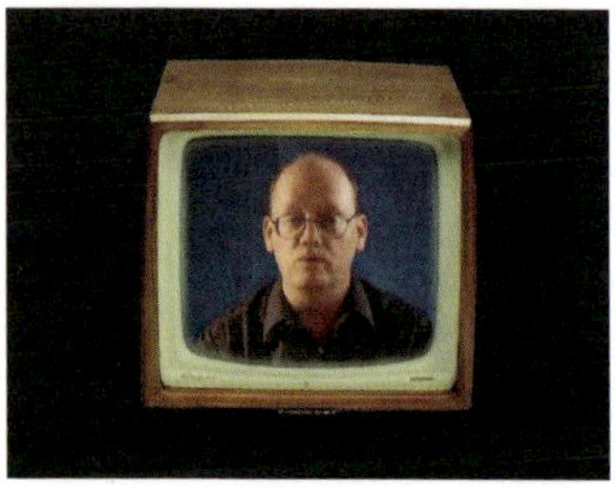
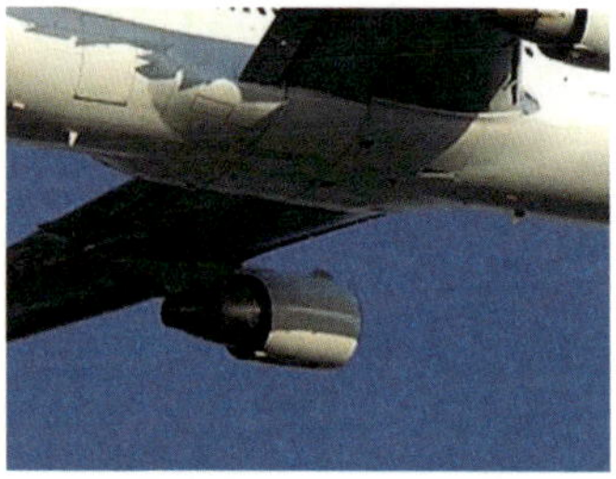
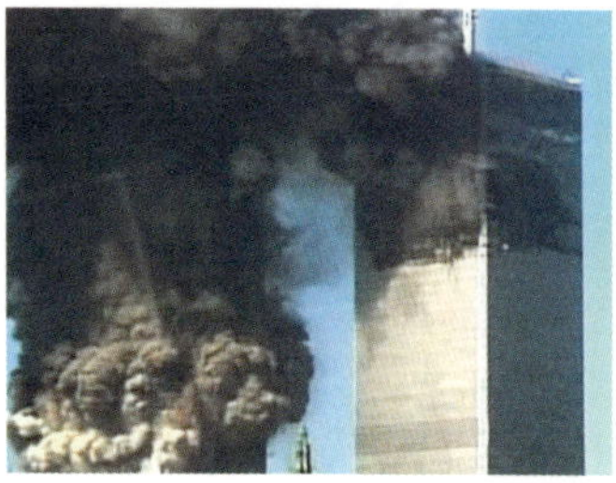
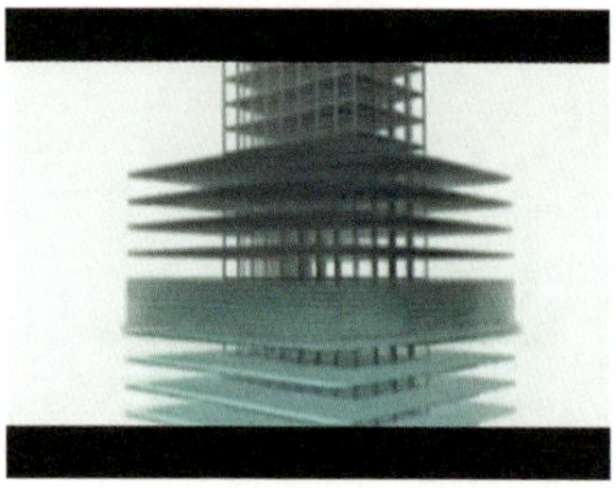
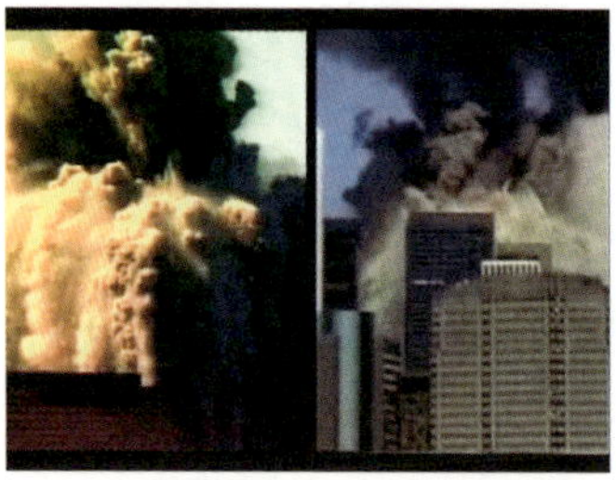
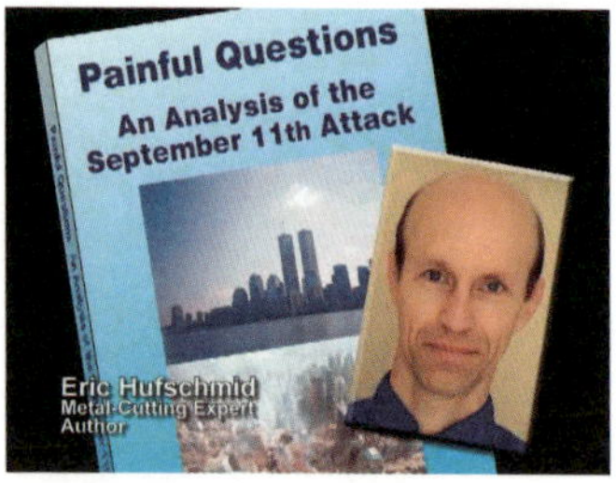
Painful Questions
An Analysis of the September 11th Attack
Eric Hufschmid
Metal-Cutting Expert
Author
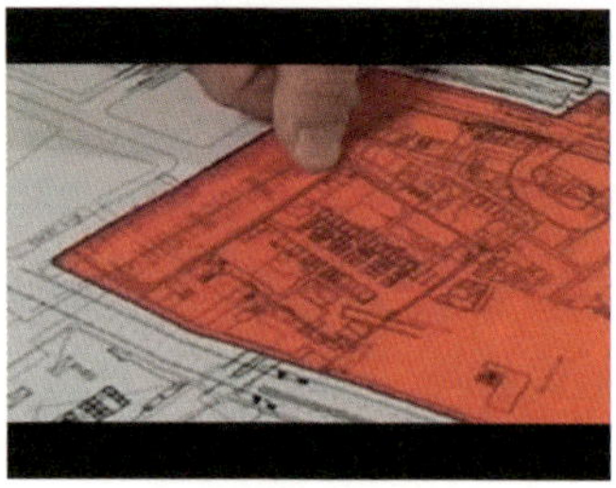
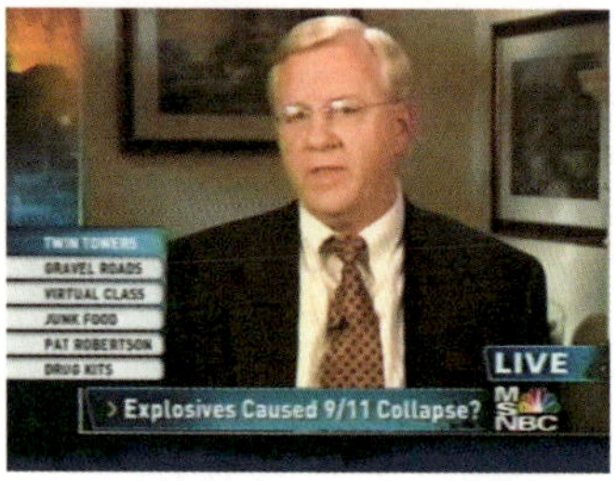
TWIN TOWERS
GRAVEL ROADS
VIRTUAL CLASS
JUNK FOOD
PAT ROBERTSON
DRUG KITS
LIVE
Explosives Caused 9/11 Collapse?
MSNBC
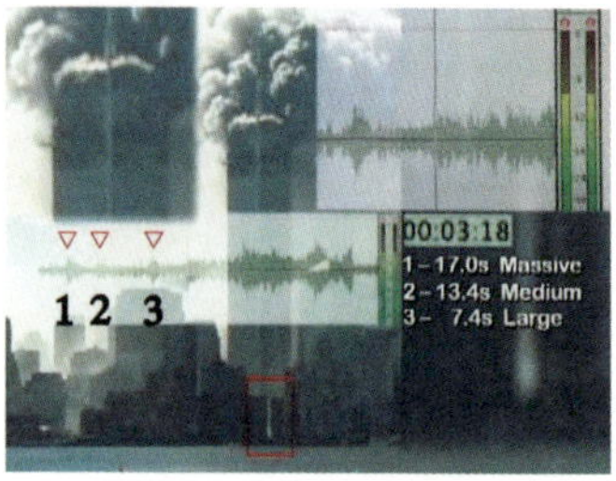
00:03:18
1 - 17.0s Massive
2 - 13.4s Medium
3 - 7.4s Large
1 2 3
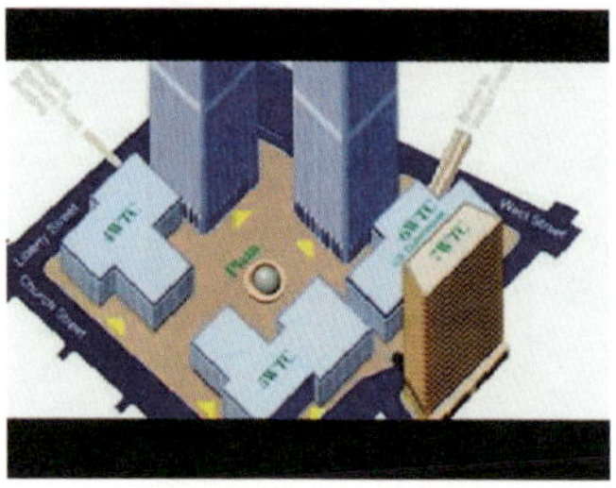
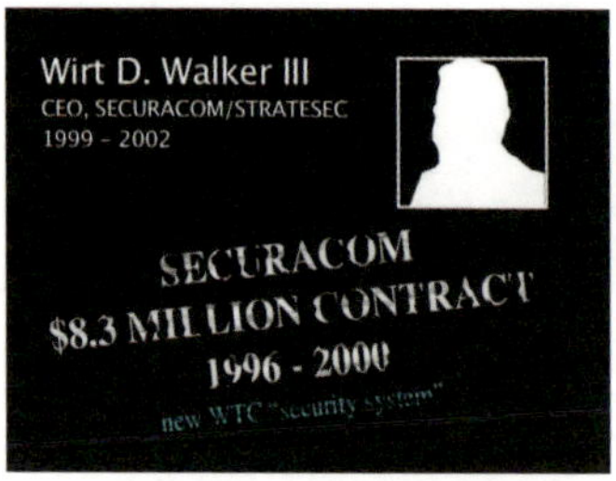
Wirt D. Walker III
CEO, SECURACOM/STRATESEC
1999 - 2002
SECURACOM
$8.3 MILLION CONTRACT
1996 - 2000
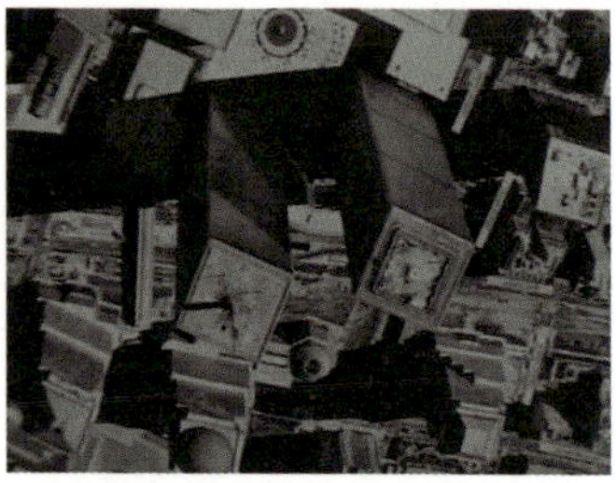
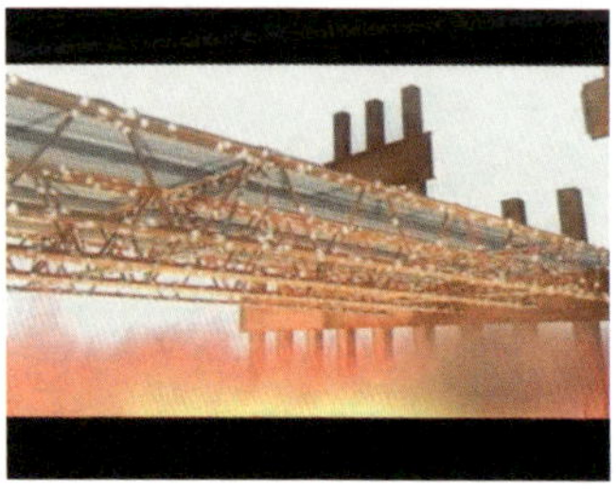
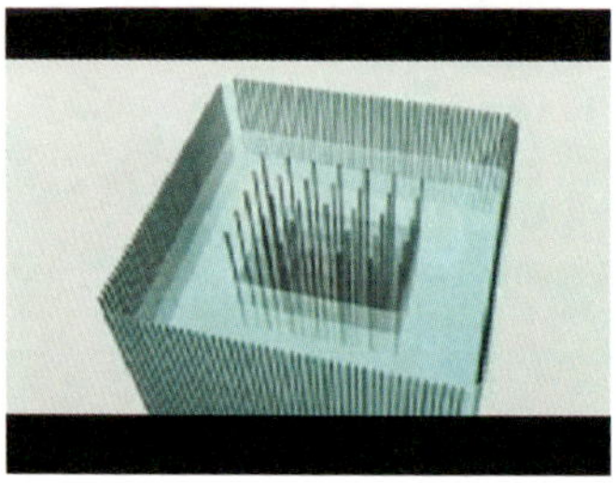
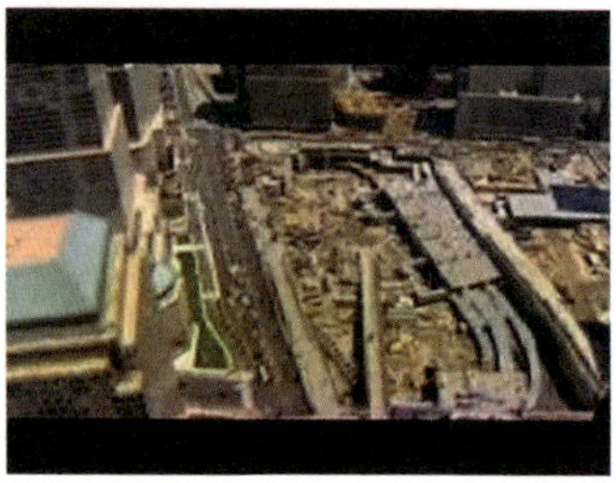

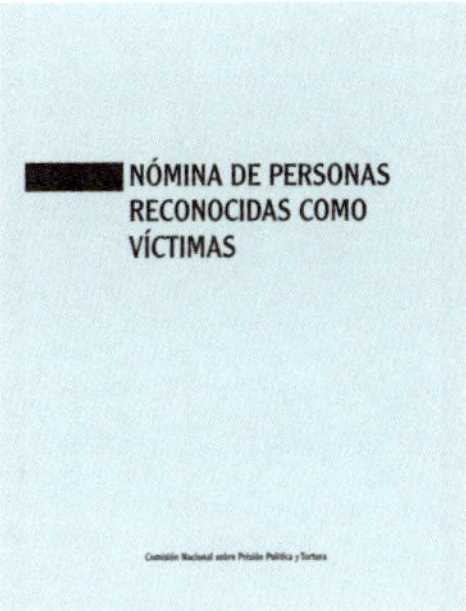
NÓMINA DE PERSONAS RECONOCIDAS COMO VÍCTIMAS

Comisión Nacional sobre Prisión Política y Tortura

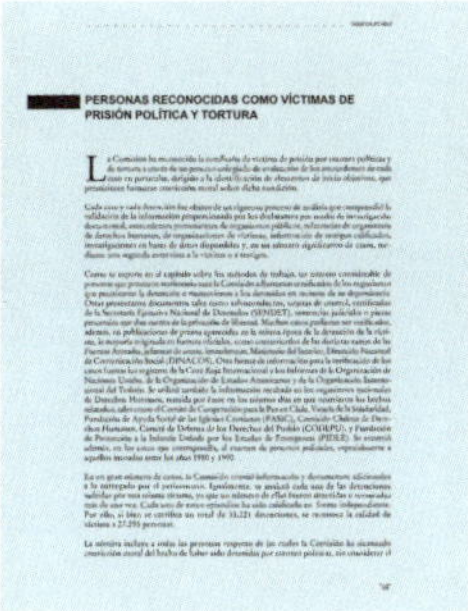
PERSONAS RECONOCIDAS COMO VÍCTIMAS DE PRISIÓN POLÍTICA Y TORTURA

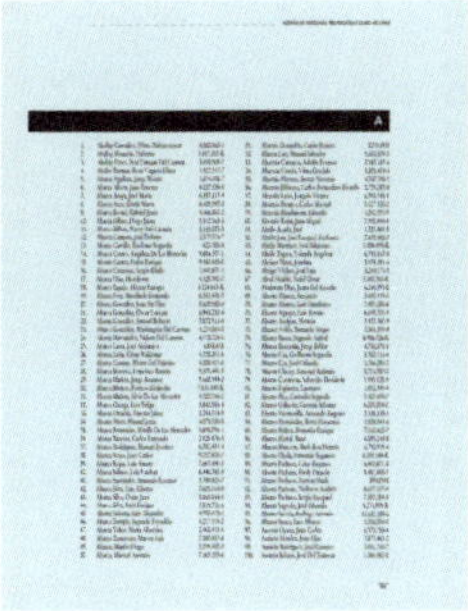
A

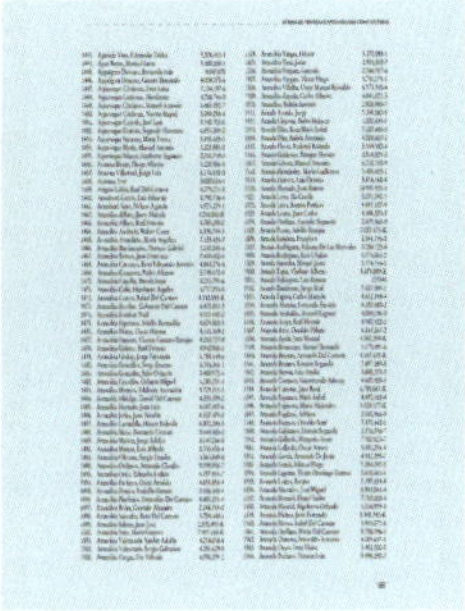

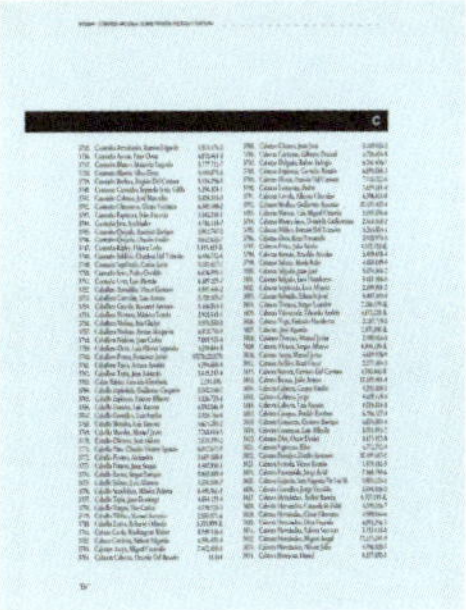
C

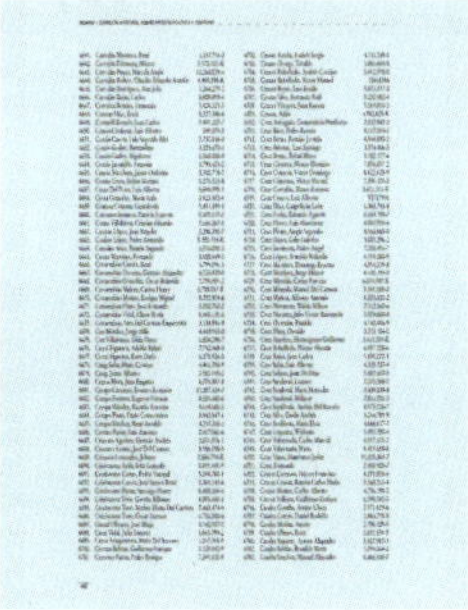

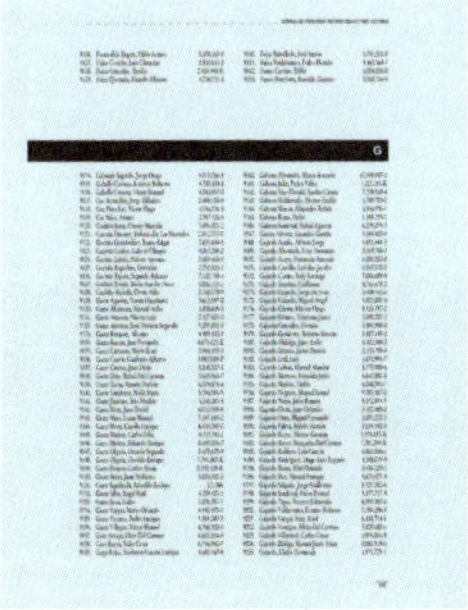
G

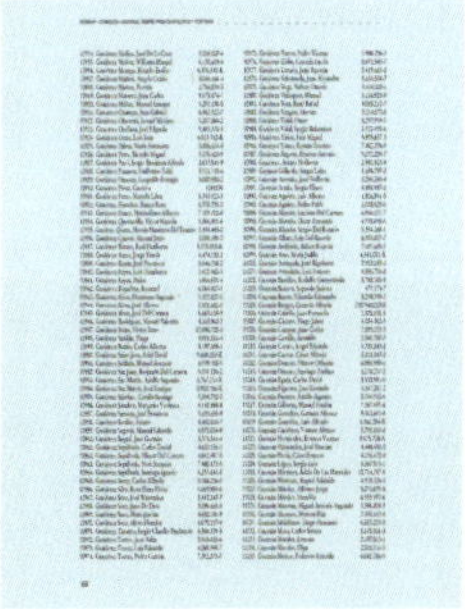

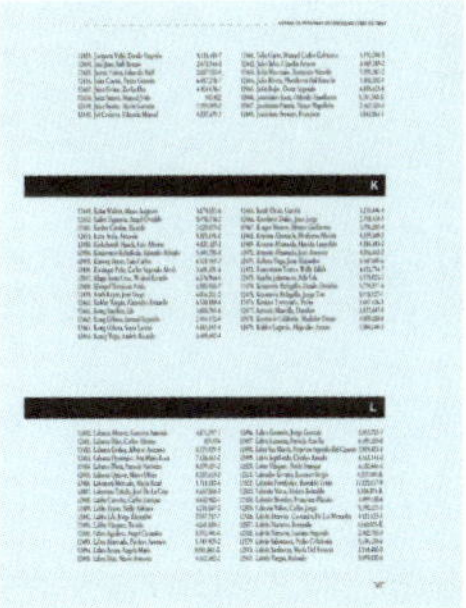
K

L

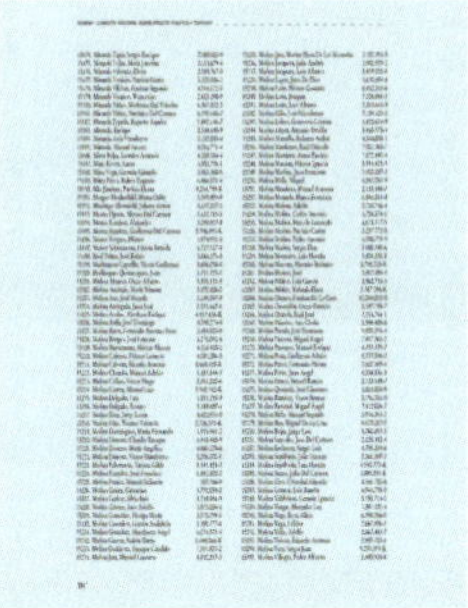

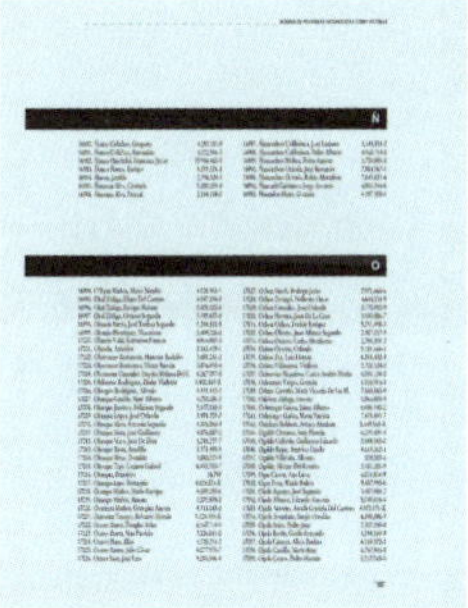
Ñ

O

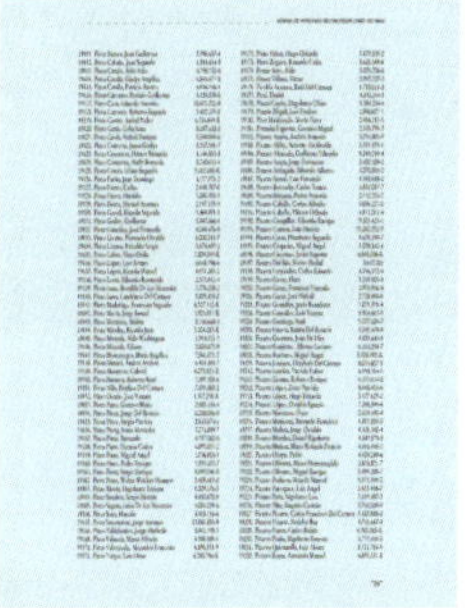

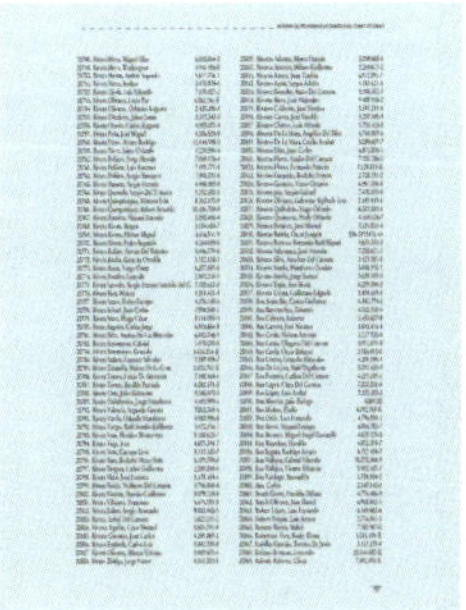

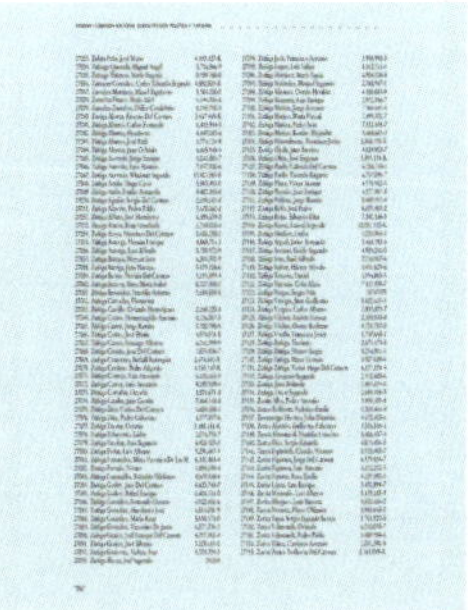

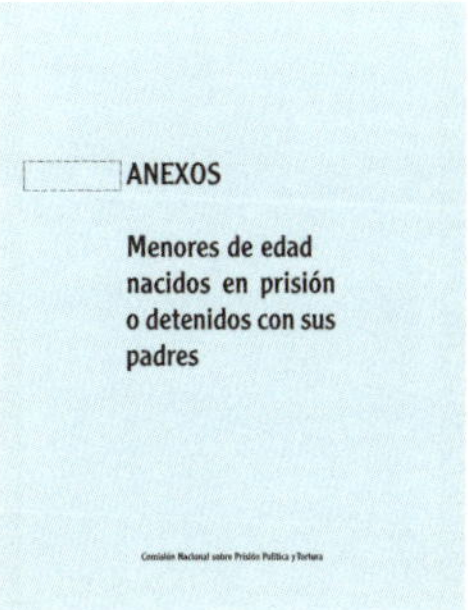
ANEXOS

Menores de edad nacidos en prisión o detenidos con sus padres

Comisión Nacional sobre Prisión Política y Tortura

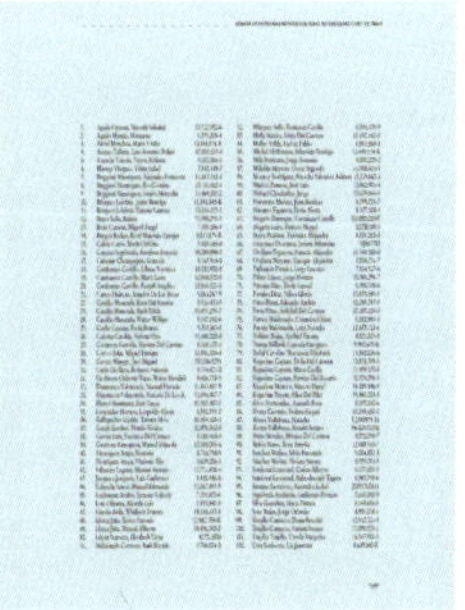

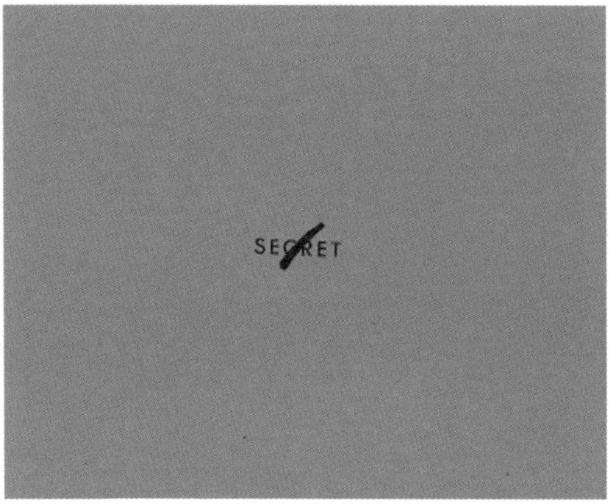

00068

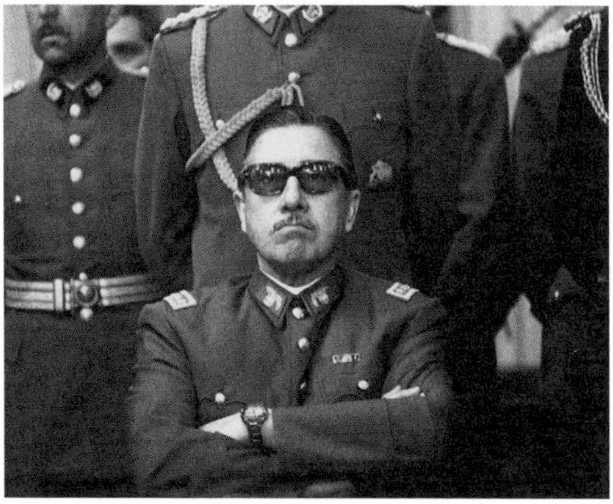

01080

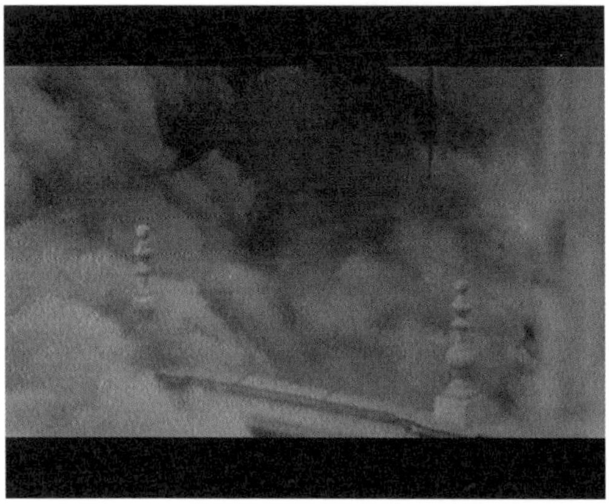

01668

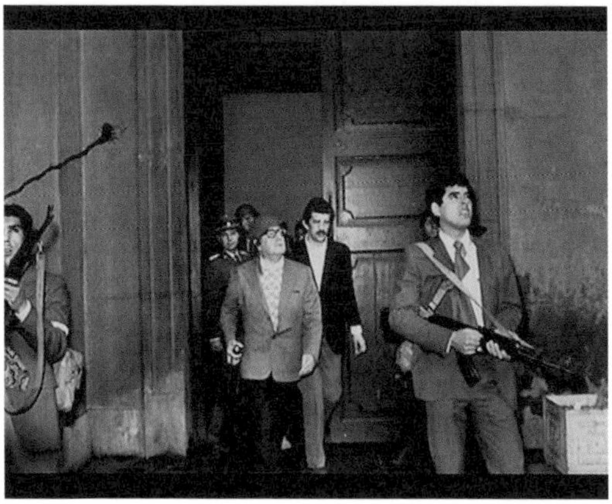

01679

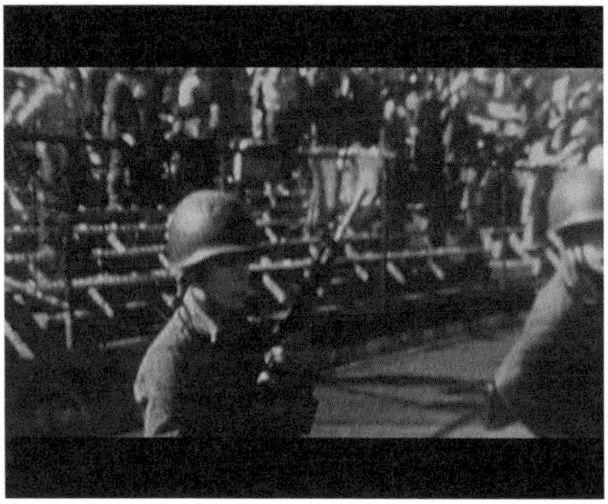

05685

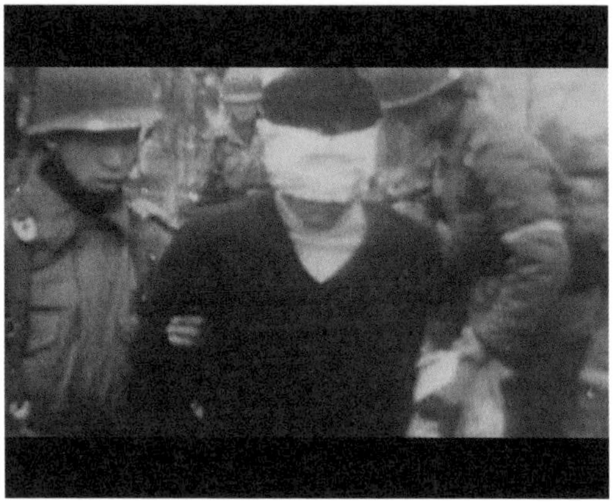

05689

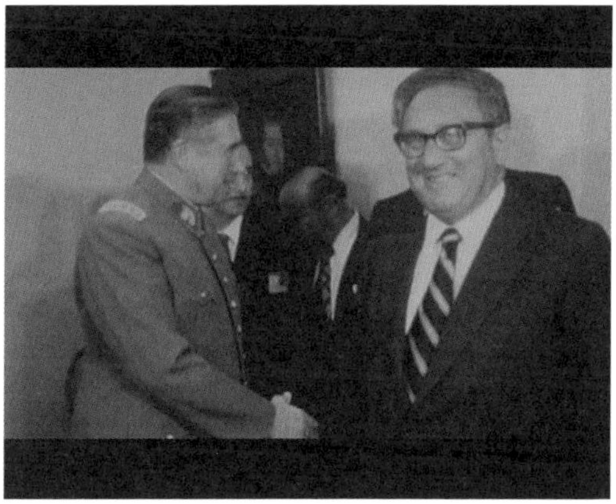

09568

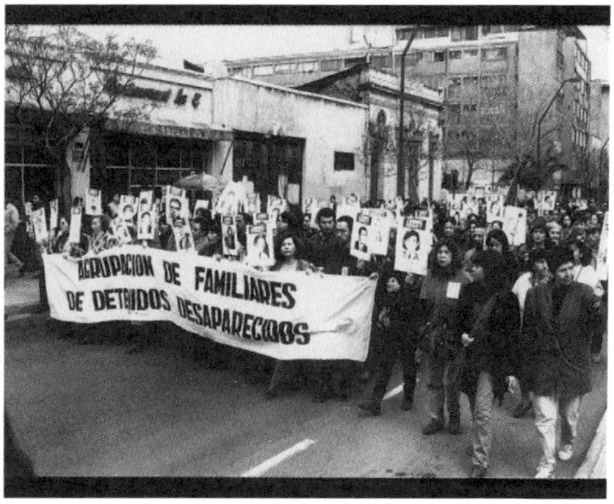

12552

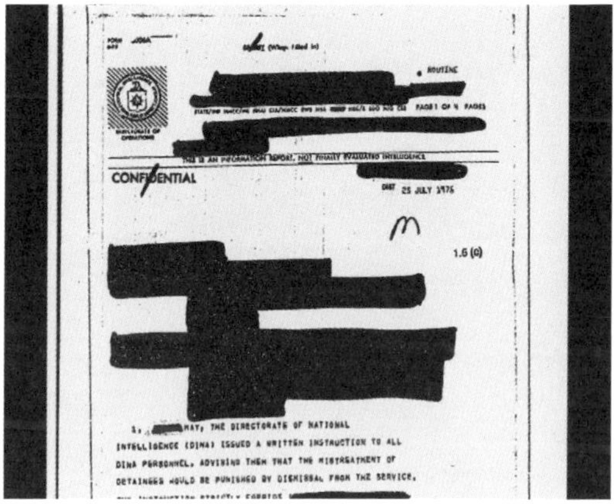

[redacted] • ROUTINE

PAGE 1 OF 4 PAGES

[redacted]

THIS IS AN INFORMATION REPORT, NOT FINALLY EVALUATED INTELLIGENCE

CONFIDENTIAL

[redacted]

25 JULY 1976

1.5 (C)

[redacted]

1. [redacted] MAY, THE DIRECTORATE OF NATIONAL INTELLIGENCE (DINA) ISSUED A WRITTEN INSTRUCTION TO ALL DINA PERSONNEL, ADVISING THEM THAT THE MISTREATMENT OF DETAINEES WOULD BE PUNISHED BY DISMISSAL FROM THE SERVICE. [redacted]

13556

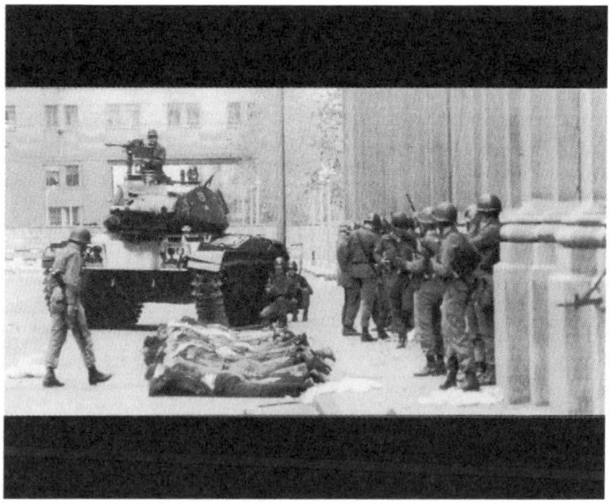

16890

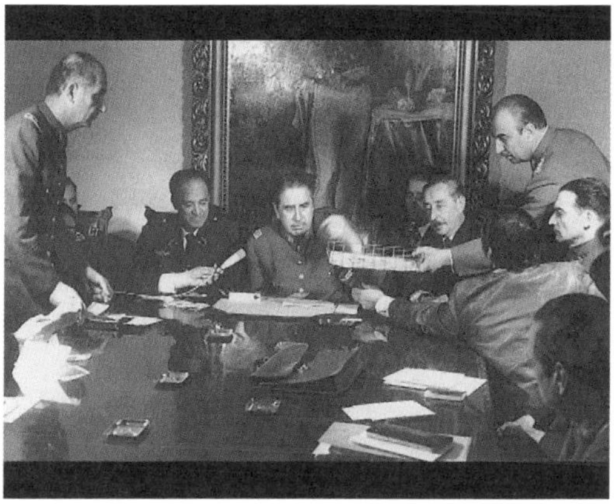

25885

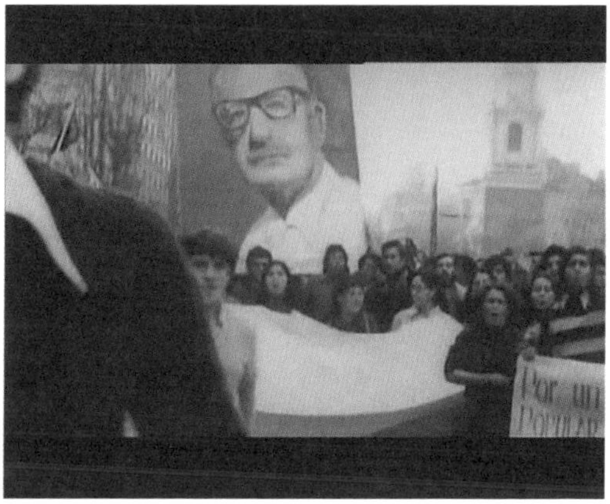

36588

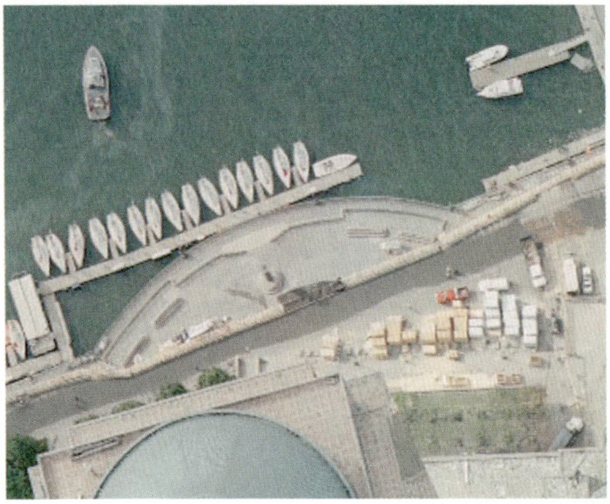
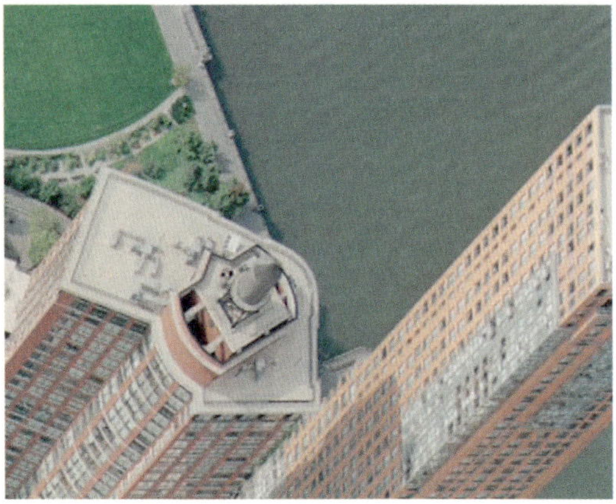
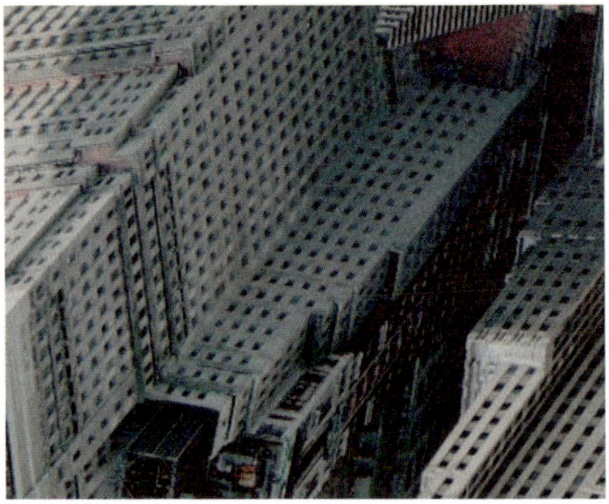
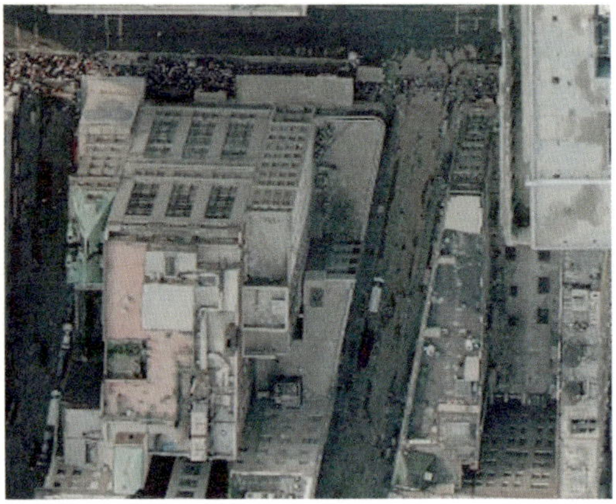
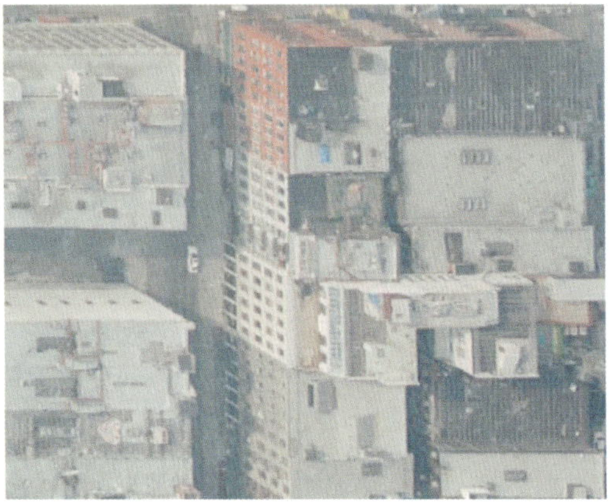
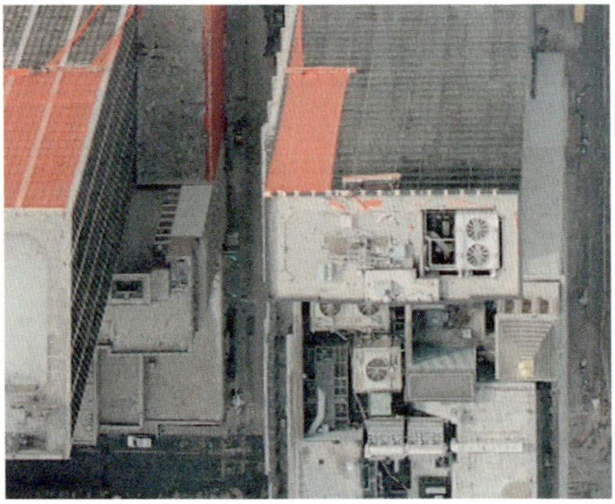

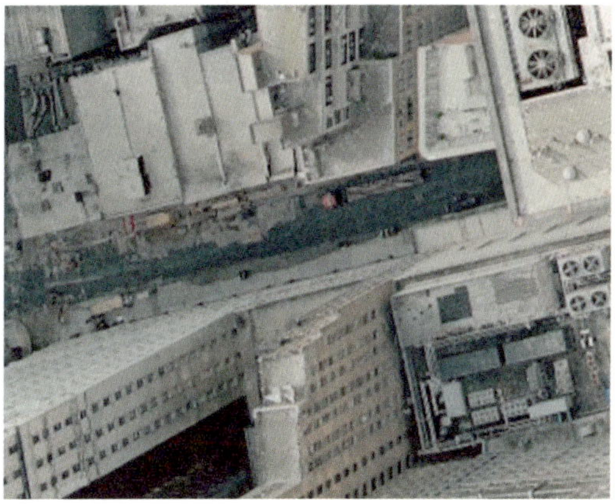
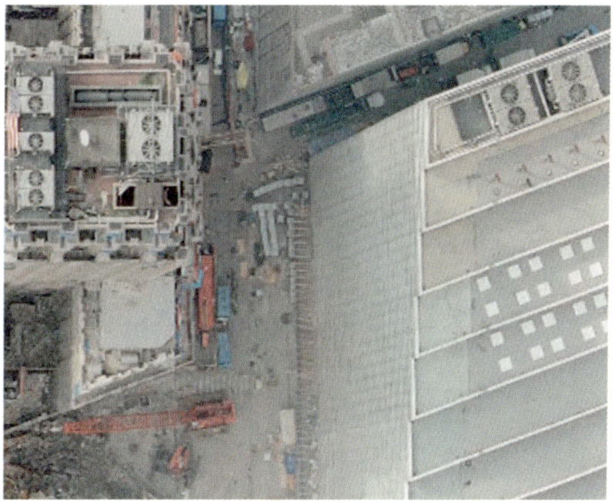
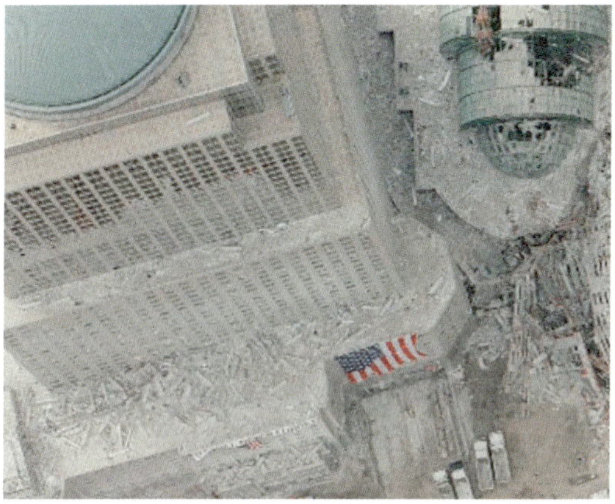
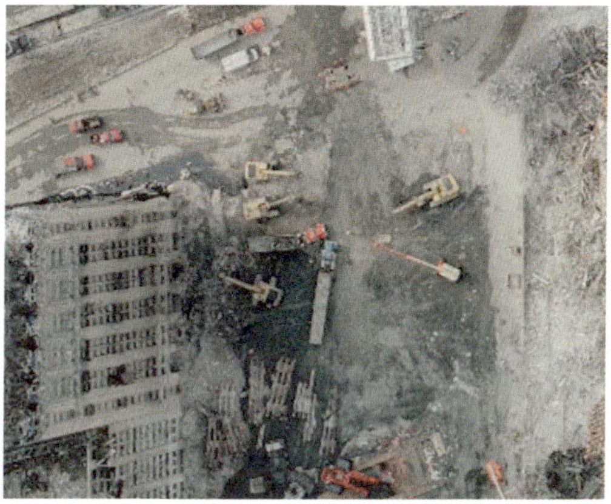
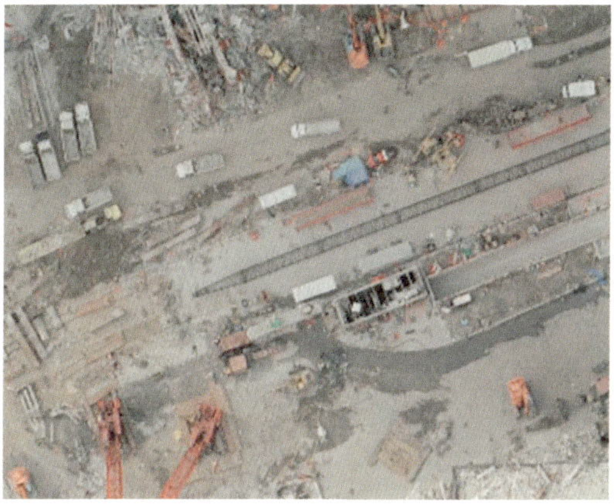
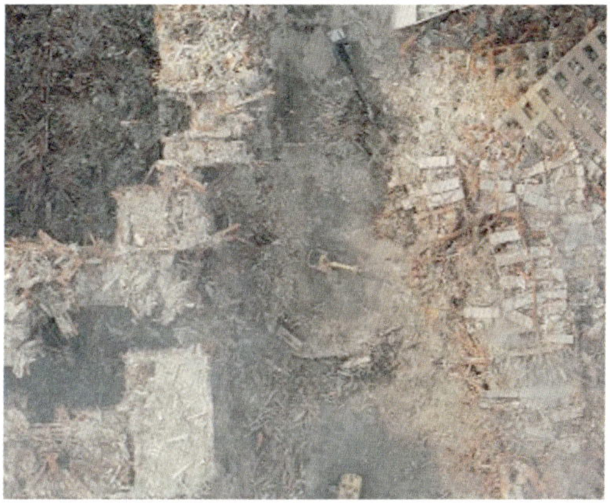

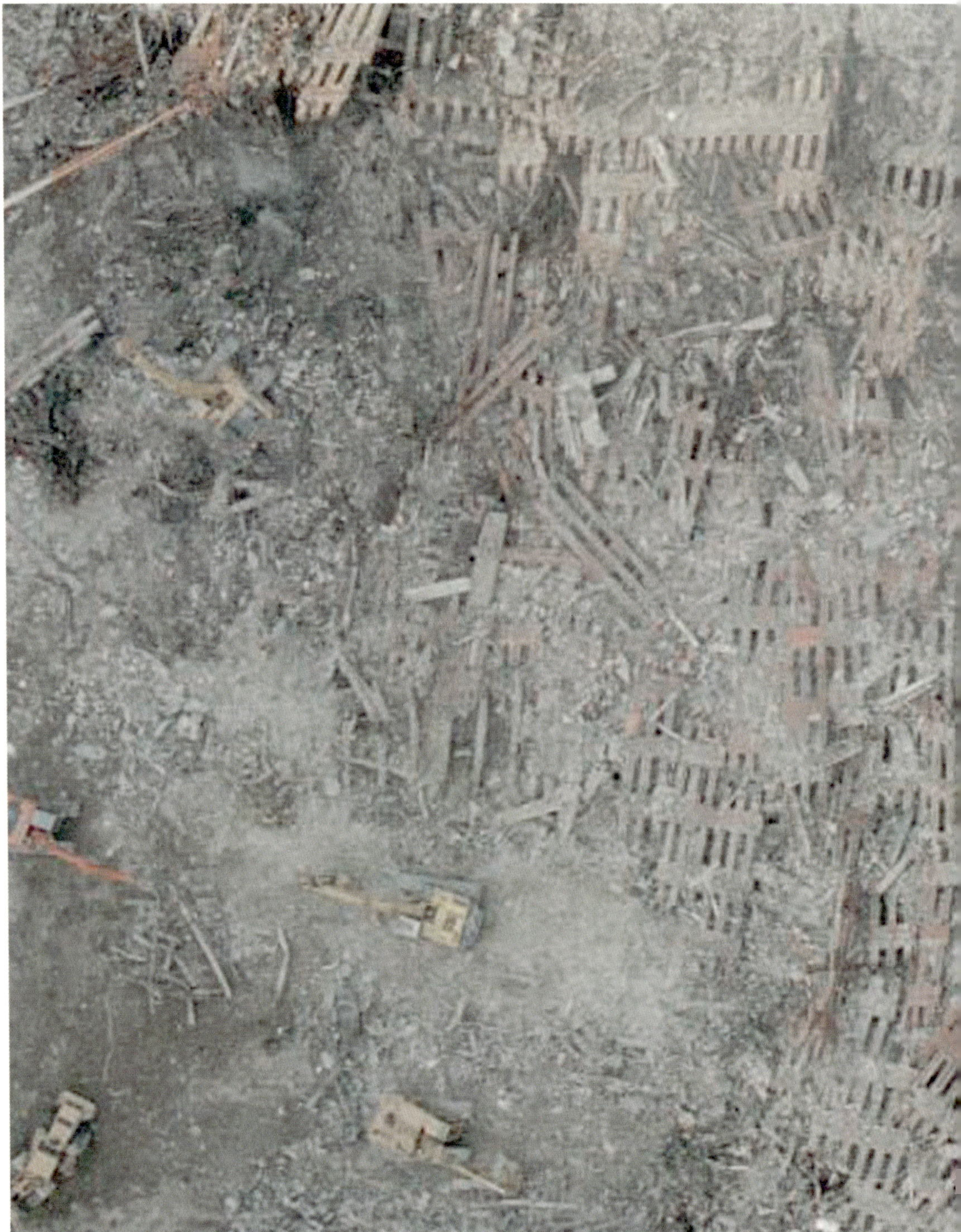

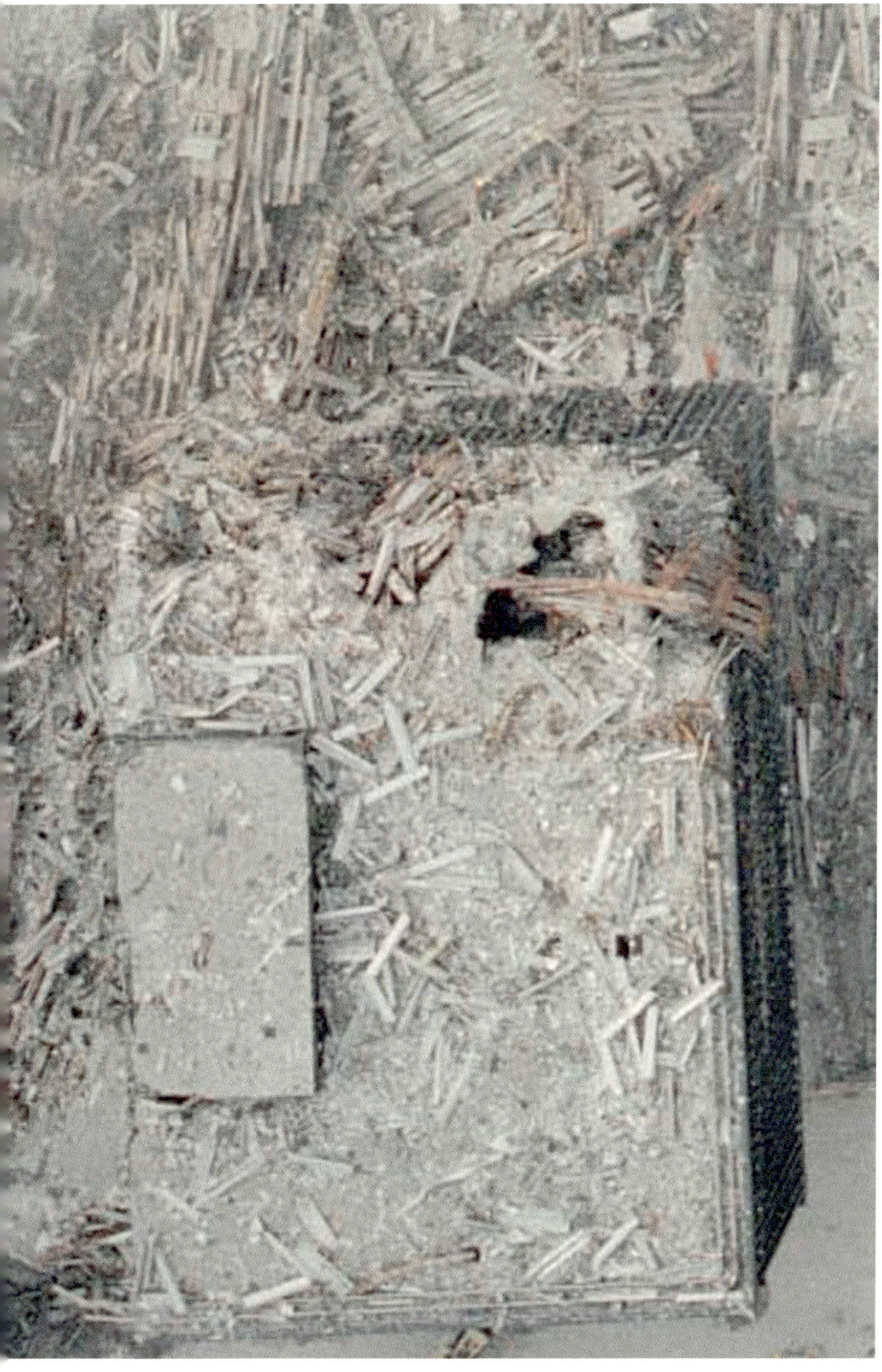

3. Modifikationen und Abschweifungen

Meine bisherigen Ausführungen beziehen sich im Wesentlichen auf die Präsentation von *Postcapital* im Württembergischen Kunstverein. Es ist an dieser Stelle weder möglich noch sinnvoll, die vollständige bisherige Genese des Projektes mit seinen über zwanzig höchst unterschiedlichen Ausprägungen wiederzugeben, da dies nicht nur den Rahmen dieser Publikation sprengen, sondern auch eine Geschlossenheit suggerieren würde, die den in verschiedene Richtungen zugleich verlaufenden Dynamiken des Projekts nicht entspräche. Stattdessen möchte ich im Folgenden – und beginnend mit einem Rückgriff auf die erste Aufführung des Projektes 2006 in Barcelona – exemplarisch einige Modifikationen, Rekontextualisierungen und Abschweifungen des Projektes vorstellen.

Postcapital. Politics, the City, Money (Barcelona)

Neben den bereits erwähnten Besonderheiten der *Postcapital*-Ausstellung in Barcelona – die suggerierte topografisch-ideologische Aufteilung in links und rechts oder der Dialog mit den Werken des kubanischen Künstlers Carlos Garaicoa – umfasste sie einige Module, die in dieser Form bislang nicht mehr aufgegriffen wurden. So waren zwei rot gestrichene Räume verschiedenen Perspektiven auf Kapitalismus und Kommunismus beziehungsweise linke und rechte Ideologien gewidmet. In dem einen Raum säumten Hunderte von Bildern Lenins, die aus dem Online-Archiv Marxists.org stammen, die Wände. Hinter einem klobigen Schreibtisch – einem Archetyp des Machtdesigns – zeigte Andújar eine Kompilation aus Videomitschnitten von Vorträgen und Debatten verschiedener linker Intellektueller wie Michel Foucault und Noam Chomsky, Toni Negri oder Gilles Deleuze, die auf divergierende Weise um Begriffe des Humanen, der Demokratie, Anarchie, Revolution, Utopie et cetera kreisen. Die Kompilation überspitzt dabei eine gewisse eurozentristische Befangenheit in diesem Streit um die Analyse ideologischer Systeme.

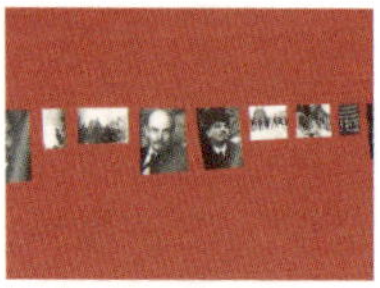

BCN 2006_0703
[S. 308-309]

Auf dem Tisch waren auf einem Monitor die US-amerikanischen Propaganda-Cartoons über das System des Kapitalismus zu sehen. Zugleich lagen dort einige Kopien des für die Ausstellung produzierten Heftes *Calligraphy for Kids* aus. Im Format eines Schulheftes enthielt es das in kindlicher Schreibschrift geschriebene *Kommunistische Manifest*. Das Format referiert unter anderem auf eine Bildungsgepflogenheit während der Franco-Dikatur. SchülerInnen mussten in ihren Schreibheften gebetsmühlenartig immer wieder die großen Momente der spanischen Historie aufschreiben.

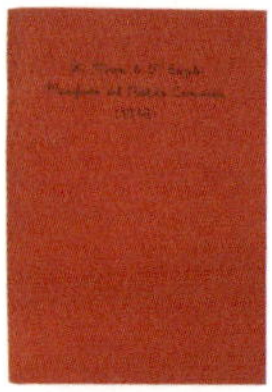

192335018
[S. 308-309]

Im anschließenden Raum zeigte Andújar auf einer großen Leinwand Dziga Vertovs Film *Drei Lieder über Lenin* (1934), der als letzter Avantgardefilm des Regisseurs gilt und zugleich als pathetische Überhöhung des Lenin-Kultes. Andújar präsentierte diesen Film, dessen besonderer Umgang mit Ton und Musik (neben der Montagetechnik) eines seiner zentralen ästhetischen Elemente darstellt, ohne Ton. Stattdessen konnte man dazu die Kompilation aus zig Variationen der *Internationalen* hören. In einer Ecke waren verschiedene Poster des Kalten Krieges aus West und Ost sowie die Pyramide des Kapitalismus zu sehen. Überdies hatte man in diesem Raum Zugriff auf das Marxists.org-Archiv mit seiner äußerst eigenwilligen Auswahl marxistischer Literatur.

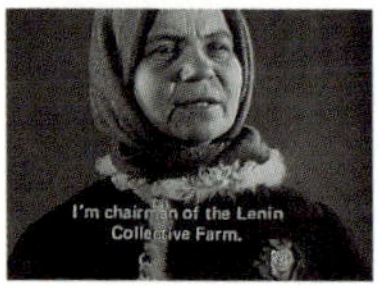

192335018
[S. 308-309]

Beide Räume verwiesen gleichermaßen auf die Antagonismen zwischen Kommunismus und Kapitalismus, links und rechts sowie auf die Divergenzen, Heterogenität und Befangenheiten innerhalb dieser Positionen. Die am Eingang signalisierte räumliche Aufteilung der Ausstellung in linke und rechte Ideologien wurde nicht erfüllt und diese Ideologien stattdessen in ihren Brüchen und in ihren gegenseitigen Umkreisungen – ganz im Sinne von »Tanzpartnern« – beleuchtet. Dabei ging es Andújar nicht nur um die Irritation von Erwartungen, sondern auch um ein gewisses Experiment: Inwiefern ändert sich die Wahrnehmung der BesucherInnen auf das zu Sehende, sobald dieses szenografisch einer bestimmten Denkrichtung zugewiesen wird?

Teil dieser Szenografie war eine Installation von Carlos Garaicoa, die den Eingang in die Ausstellung versperrte, sodass die BesucherInnen dazu gezwungen waren, sich für den vermeintlich linken oder rechten Weg zu entscheiden. Auf einem großen Tisch standen unzählige Kerzen, die in Form urbaner Architekturen und Wahrzeichen gegossen waren. Sie brannten langsam ab und wurden im Verlauf der Ausstellung immer wieder erneuert – getreu jener unerschütterlichen Maxime, dass jedwede Zerstörung beliebig rückgängig zu machen sei. Eine Überwachungskamera übertrug das Geschehen auf eine Leinwand, die im Hintergrund der Szenerie platziert war.

Postcapital umfasste in Barcelona bereits Module wie *Old Media Noise*, *Honor*, *No War*, *The Wall* und *Cartographies*. Die Liste linker Organisationen zog sich über die gesamte Länge eines Verbindungsflures des Gebäudes, während die Sammlung von Konzernlogos auf weißem Tanzteppich in einem Raum erschien, wo *Old Media Noise* zu sehen war. *Honor* und *No War* wurden gemeinsam mit einer weiteren Videokompilation gezeigt, die Bilder militärischer Luftangriffe auf ZivilistInnen mit Bildern Protestierender, die PolizistInnen angreifen, verschränkt.

Auch in Barcelona waren in allen Ausstellungssegmenten Terminals installiert, die in Verbindung mit dem Server des digitalen Archivs standen, der sich in einem separaten Raum mit der *Workstation* befand. Diese umfasste unter anderem eine Auswahl von Publikationen der linken Theorie sowie die von Iván de la Nuez im Rahmen der Ausstellung herausgegebene Anthologie *Postcapital. Crítica del Futuro*. Es war das erste und bislang letzte Mal, dass die *Library* »originale« Bücher anstelle von Kopien enthielt.

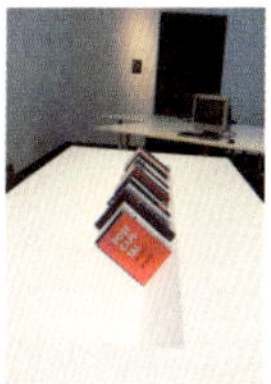

BCN 2006_0748
[S. 308-309]

Die Arbeiten von Carlos Garaicoa kreisten um verschiedene Aspekte von Grenzen, Stadt und Geld. Eines der kostbarsten Objekte war eine Tischvitrine, in der die skulpturalen Miniaturen diverser figurativer und architektonischer Motive internationaler Banknoten zu einem bizarren Kosmos arrangiert waren.

Postcapital. Archive 1989–2001 (Peking, Istanbul, Seoul)

Das in Stuttgart entstandene Ausstellungssetting von *Postcapital* wurde für eine Reihe weiterer Präsentationen des Projektes adaptiert. Im Iberia-Institut für zeitgenössische Kunst in Peking (Kurator: Valentín Roma), wo *Postcapital* 2009 zu sehen war, wurde es auf nahezu identische Weise rekonstruiert, allerdings mit einem entscheidenden Unterschied: Sämtliche Verweise auf den Volksaufstand in China und dessen brutale Niederschlagung im Juni 1989 mussten sowohl aus der Ausstellung als auch aus dem digitalen Archiv entfernt werden. In der offiziellen Geschichtsschreibung Chinas wird dieses Kapitel nach wie vor verschwiegen und war gerade im Jahr 2009 ein striktes Tabu. Das Fehlen eines der zentralen Ereignisse von 1989 bekam in der Ausstellung mit ihrem Untertitel *Archive 1989–2001* eine ungeheuere Präsenz. Zugleich stellt dieser Akt der Zensur in gewisser Weise ebenfalls eine Form der »Interpretation« dar, auf die Andújar sich einließ. Auch jenseits dieses radikalen Filters wird *Postcapital* in China, jenem Hybrid zwischen Kommunismus und Kapitalismus, andere Lesweisen evoziert haben als zum Beispiel in Deutschland.

Als neues Element tauchte in Peking eine Sammlung von Schlagworten des *Postcapital*-Archivs auf, die in chinesischer Übersetzung mit Kreide auf die geschwärzte Rückwand eines Raummoduls geschrieben waren. Diese Sammlung taucht seither jeweils in der Landessprache des betreffenden Ausstellungsortes auf und verweist so auf Probleme der Übersetzung. So gibt es beispielsweise, wie Valentín Roma schreibt, das Wort »copyleft« nicht in der chinesischen Sprache.[1]

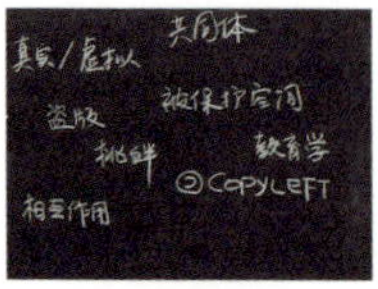

PEK 2009_0383
[S. 314-315]

Als Reaktion auf die Zensur des Projektes nutzte Başak Şenova, Kuratorin der Präsentation von *Postcapital* in Istanbul (2010), eines der in Peking unterschlagenen Motive aus der *Timeline* für das Ausstellungsplakat: die Werbung von Amnesty International, die das Gesicht einer asiatischen Frau zeigt, auf deren Wange die chinesische Flagge gemalt ist, durch die eine Träne rollt. Dabei setzte sich Şenova zugleich über eine andere, weitaus subtilere Form der Zensur hinweg, die über Urheberrechte ausgetragen wird.

Im Total Museum in Seoul (2010, Kuratorin: Nathalie Boseul Shin) wurde *Postcapital* auf drei Etagen – im Erdgeschoss, Mezzanin und Kellerraum – präsentiert, das heißt, es ergab sich eine völlig andere Raumstruktur und Verflechtung der Module. Zunächst begegnete den BesucherInnen aber auch hier, noch vor Betreten der Ausstellung, die Gegenüberstellung der Liste linker Organisationen mit der Logosammlung globaler Konzerne, die als transparente Folien auf die Glasfassade des Gebäudes angebracht und damit von außen und innen zu sehen waren.

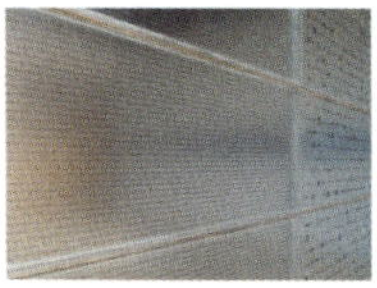

SEO 2010_0452
[S. 316-317]

Die im ersten Raum mit dem *Cape Times*-Motiv vom 8. November 1989 einsetzende *Timeline* erstreckte sich wie eine Fortsetzungsgeschichte über alle drei Etagen und die Verbindungstreppen des Museums. In Raum 1 stieß man zudem auf die sechsteilige Videoarbeit *Old Media Noise* (diesmal als Splitscreen auf einem Monitor) sowie auf die auch hier nicht betretbare Redner- oder Aussichtsplattform des Hochstands. Dessen Sockel befand sich drei Stockwerke tiefer im Kellerraum – das heißt, der Turm verlief über einen normalerweise geschlossenen Schacht durch alle drei Etagen hindurch. Bereits im zweiten Raum der Ausstellung folgte die *Workstation*.

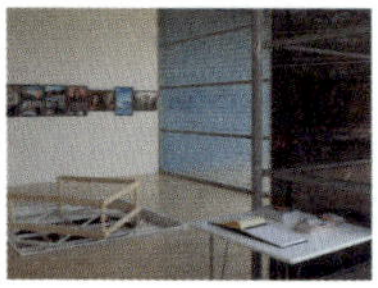

SEO 2010_0458
[S. 316-317]

Der Auftakt zu *Postcapital* hatte sich in Seoul (im Vergleich zu Stuttgart) also entscheidend verschoben. Statt eines geschlossenen panoramatischen Gesamteindrucks, der zwei Einstiege in die Ausstellung sowie eine »Vorder«- und »Rückseite« bot, setzte das Projekt hier mit dem Motiv der Zerstörung, der Durchstoßung des Gebäudes ein und zugleich mit einer Vertikalisierung der Beziehungsachse, die nicht vorne und hinten, sondern oben und unten polarisierte. Jenes Element, das man in Stuttgart nicht sehen konnte, die Tribüne des Turms, geriet zum Objekt, das direkt mit Betreten der Ausstellung auf die Dringlichkeit der Wiederaneignung verlorener Handlungs- und Rederäumen sowie auf die BesucherInnen als NutzerInnen der Ausstellung verwies. Letzterem entsprach auch die Verlagerung der *Workstation* an den Anfang der Ausstellung. Überdies begann *Postcapital* in Seoul – einer jener neuen »Hauptstädte« der Hochtechnologie – nicht mit einer Konfrontation zwischen 1989 und 2001, sondern zwischen »alten« und »neuen« Medien.

Das Mezzanin, von dem aus man auf das Kellergeschoss blicken kann, war den digitalen Kartografien gewidmet. Im Kellergeschoss selbst befanden sich schließlich in einer dichten Inszenierung die verschiedenen Module zu Grenzen, 1989, Ground Zero, 9/11, Marxismus und Krieg – und, wie bereits erwähnt, der Sockel des Turms. Die Projektionsräume der Videoarbeiten zu Ground Zero und den »MauerstürmerInnen« waren hier nicht als Passagen, sondern als geschlossene Räume organisiert, wobei die Ground-Zero-Koje links durch das Chile-Video sowie die *9/11 Mysteries* und rechts durch die Materialsammlung zum Jahr 1989 flankiert wurde. Dabei rückte das 1989er-Archiv in direkte Nähe zum Ende der

1. Valentín Roma, in dieser Publikation, S. 325.

Timeline, das heißt dem *Cape Times*-Motiv vom 10. September 2001. Es ergab sich also ein ganz eigener Rhythmus zwischen 1989 und 2001. Südkorea, wo sich die Rhetoriken des Kalten Krieges spätestens seit Beginn der Amtszeit von Präsident Lee Myung-bak wieder verhärtet haben und das zugleich seit den 1990er-Jahren einen radikalen Turbokapitalismus durchlebt, stellt einen besonderen Kontext für das Projekt *Postcapital* dar. Die Zeit vor und nach 1989 fallen hier in gewisser Weise zusammen.

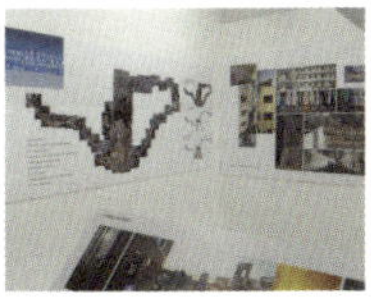

SEO 2010_0498
[S. 316-317]

Eine Erweiterung des Projektes stellte der von Hans D. Christ über mehrere Aufenthalte in Seoul entwickelte Exkurs über eine Reihe großmaßstäblicher Gentrifizierungsprojekte der Metropole dar. In Form eines komplexen Bildtableaus wurden Vorhaben wie der *Hangang Renaissance Master Plan*, der unter anderem den von Daniel Libeskind entworfen *Dream Hub* umfasst, oder das von Zaha Hadid gestaltete Projekt *Design Plaza & Park* kritisch beleuchtet. Der visuelle Exkurs war im Mezzanin zu sehen, also in Korrespondenz mit den Kontexten Kartografie und Mega-Agglomerationen. Darüber hinaus diente das Material – gemeinsam mit dem *Postcapital*-Archiv – als Grundlage eines von Andújar und Christ gemeinsam geleiteten Workshops zu urbanen Fragestellungen beziehungsweise Aspekten des Postkapitalen.

Die uneingestandene Gemeinschaft (Venedig)

2009 war *Postcapital* gleich zweifach auf der Biennale von Venedig vertreten: im katalanischen und türkischen Pavillon.

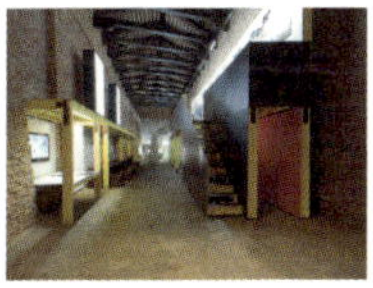

VCE 2009_0850
[S. 312]

Die von Valentín Roma für den katalanischen Pavillon kuratierte Ausstellung *Die uneingestandene Gemeinschaft*[2] verortet *Postcapital* sowie zwei weitere künstlerische Beiträge im Umfeld der von Maurice Blanchot, Jean-Luc Nancy und Giorgio Agamben Mitte der 1980er-Jahre angestoßenen Diskurse über die Möglichkeiten und Unmöglichkeiten der Gemeinschaft. Neben *Postcapital* umfasste sie Projekte von Archivo F.X. / Pedro G. Romero, einem Archiv, das Dokumente des spanischen Ikonoklasmus im Kontext zeitgenössischer Kunst verhandelt, und der Künstlergruppe Sitesize, die partizipative Projekte im und über den öffentlichen Raum entwickelt.

Postcapital wurde hier in und auf einem eigens vom Württembergischen Kunstverein gemeinsam mit Andújar produzierten begehbaren Podest präsentiert. Im unteren Bereich der Konstruktion waren drei Videoeinheiten installiert, die aus jeweils einem am Boden platzierten Würfelmonitor und einem erhöht und rechts daneben gehängten Flatscreen bestanden. Sie verschränkten das Video *The Wall* mit der Dokumentation zum Volksaufstand in China 1989, das Video *Honor* mit *No War* sowie Ground Zero mit Chile. Letzterem wurde zudem eine Metallplakette hinzugefügt, die die Daten 11. September 1714, 11. September 1973 und 11. September 2001 auflistete. Dieser neue 11. September, der in Venedig hinzukam, bezieht sich auf die Kapitulation Barcelonas vor den Truppen Philipps V., in deren Folge die Autonomie Kataloniens aufgehoben wurde. Seither, mit Ausnahme der Franco-Ära, gedenkt man dieses Ereignisses in Katalonien – heute insbesondere seitens der sezessionistischen Gruppierungen. Dass sich katalanistische Tendenzen in den letzten Jahren auf politischer und administrativer Ebene verstärkt haben, zeigt sich nicht zuletzt in der Initiative, 2009 erstmals neben dem spanischen auch einen katalanischen Pavillon auf der Biennale von Venedig zu präsentieren, der

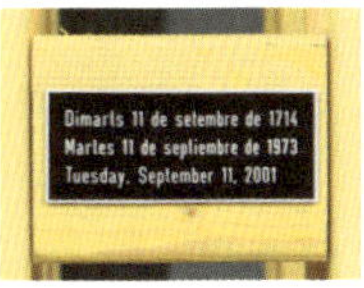

VCE 2009_1034
[S. 312]

2. *The Unavowable Community*, hrsg. von Valentín Roma, Ausst.-Kat. 53. Biennale von Venedig, Barcelona 2009.

Andújar mit dem Verweis auf 1714 (zu dem neben der Plakette auch ein Plakat zählte) auf kritische Weise Rechnung trug.

Die Computerterminals für das digitale Archiv befanden sich auf der gegenüberliegenden Seite, ebenso die Kartografien. In einem rot gestrichenen Zwischenraum hinter der Treppe, die zur Plattform führte, konnte man die Kompilation der Variationen von *Die Internationale* hören, und dort tauchte auch die Pyramide des Kapitalismus auf.

Die *Timeline* war im oberen Bereich des Podestes angebracht – hier in einer dichten tableauartigen Anordnung, sodass sich zahlreiche neue Querverweise ergaben. Gegenüber der *Timeline* konnte man von der Balustrade aus schließlich zwei Leuchtkästen mit der Liste der linken Organisationen und der Logosammlung weltweiter Konzerne sehen.

In gewisser Weise hat diese kompakte Version von *Postcapital* den einstigen Hochsitz mit verwehrter Aussichts-/Rednerplattform von einer Metapher der exkludierenden Machtarchitektur in eine tragende, beherbergende und soziale Struktur des Projektes übersetzt. Zum ersten Mal war die Plattform zugänglich.

Publikationsprojekte: Lapses, Umělec

In einer völlig anderen Weise nahm *Postcapital* an dem von Başak Şenova für den türkischen Pavillon der Venedig-Biennale kuratierten Projekt teil, nämlich in Form einer Fallstudie, die in der dreibändigen Publikation *Lapses*[3] erschien, die um selbigen Begriff kreist und dazu verschiedene Projekte vorstellt. *Postcapital*, so schreibt Şenova hier, »deckt die Lücke auf, die unserer Wahrnehmung und unserem Verständnis von politischen, kulturellen, sozialen und [...] technologischen Bedingungen und Realitäten innewohnt. Es indexiert unsere kognitiven Mechanismen«[4].

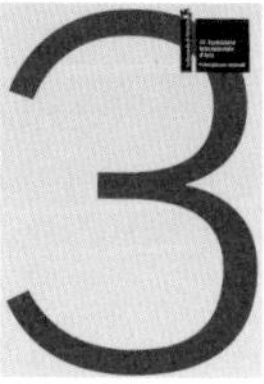

349589123
[S. 342]

Ein weiteres Publikationsprojekt, in dem *Postcapital* auftritt, betrifft eine Ausgabe der Kunstzeitschrift *Umělec*, die 2010 erschien und bereits im Titel *Umbewertung der Umbewertung* auf Andújars künstlerische Methode referiert. Im Sinne einer Fortschreibung von *Postcapital* haben die HerausgeberInnen eine Auswahl von Bildmontagen der *Timeline* mit Auszügen aus Schriften des tschechischen Philosophen, Soziologen und Politologen Václav Bělohradský verknüpft: essayistische Reflexionen über Demokratie, Kommunismus und Kapitalismus, Globalisierung, Konsumerismus, Geschlechterverhältnisse, Widerstand und die Überproduktion von nahezu allem – Waren, Kapital, Sinn, Bildern, Texten et cetera. »In einer Epoche solch niederdrückender Überproduktion von Texten«, schreibt er, »sollte man tatsächlich eher *creative reading* als *creativ writing* unterrichten«[5] und trifft dabei einen Kern von Andújars künstlerischer Haltung.

Einzelmodule: Dortmund (Library) / Madrid (Archivo Madrid)

Im Rahmen zahlreicher Einzel- und Gruppenausstellungen wurden beziehungsweise werden auch einzelne Module von *Postcapital* gezeigt. Modul meint hier keine materiellen, konsistenten Objekte, die sich von A nach B transportieren ließen, sondern vielmehr ideelle beziehungsweise potenzielle Elemente oder Sequenzen von

---

3. »Daniel G. Andújar. Postcapital Archiv«, mit Beiträgen von Daniel G. Andújar, Başak Şenova, Iris Dressler, Hans D. Christ, in: Başak Şenova (Hrsg.), *Lapses /*3*, Istanbul 2009, S. 129–153.

4. Ebda., S. 130. [Übersetzung aus dem Englischen: d. Autorin]

5. Václav Bělohradský, »Manifest für eine Gesellschaft des Unwohlseins. Zusammengesetzt aus den letzten Texten von Václav Bělohradský und ausgewählten Beispielen aus Daniel G. Andújars Projekt *Postcapital Archive*«, in: *Umělec (Umbewertung der Umbewertung)*, deutsche Ausgabe, Heft 1, 2010.

Postcapital, deren formale Erscheinungsweisen sich je nach Ausstellungskontext neu strukturieren. Man könnte diese »Einzelauftritte« als das Herauszoomen eines dieser immateriellen, potenziellen Elemente beschreiben, die für sich kein Pars pro Toto darstellen, sondern sich eher wie eine umgekehrte Hydra verhalten, bei der sich der abgetrennte Kopf weiter verzweigt.

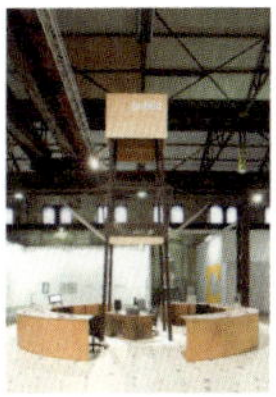

DTM 2008_0391
[S. 319]

So wurde die *Library* im Dortmunder Hartware MedienKunstVerein 2008 als Installation gezeigt, die aus einer wuchtigen runden Theke bestand, die auf einem Kunststoffteppich platziert war und in deren Mitte sich, nebst Server und Kopierer, ein riesiger Turm befand. Der Kunststoffteppich enthielt die Sammlung der Konzernlogos, und auf der Theke waren ein Computermonitor mit Zugriff auf das *Postcapital*-Archiv sowie zahlreiche Hardcopies aus der digitalen Bibliothek untergebracht. Der Turm erschien hier in einer Mischung zwischen Wachturm und überdimensionierter Signalisation für einen Servicepoint. Er zeigte allerdings keine Kasse oder Infotheke an, sondern die Worte »public knowledge«. Die Konzernlogos stehen hier also nicht in Opposition zu linken Organisationen, sondern zu einem Umgang mit Wissen, der sich explizit gegen die Kommerzialisierung von geistigem Eigentum wendet. Die Ästhetik des Wachturms verwies zugleich auf die mächtigen Kontrollapparate, die zur Sicherung der Copyright-Märkte eingesetzt werden. *Postcapital. Library* wurde in Dortmund im Rahmen der Ausstellung *Anna Kournikova Deleted By Memeright Trusted System* (KuratorInnen: Inke Arns, Francis Hunger) gezeigt, die das Geschäft mit Urheberrechten und deren Auswirkungen auf die Freiheit der Kunst kritisch beleuchtete.[6]

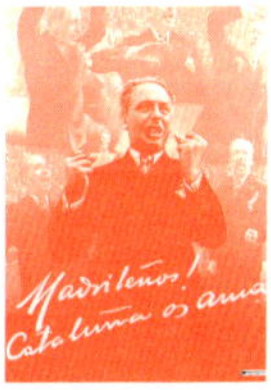

450719727
[S. 320]

In *Postcapital. Archivo Madrid. La Noche en Blanco* wiederum setzte Andújar sein digitales Archiv in Form eines kollektiven V-Jayings im öffentlichen Raum ein, das am 11. September 2010 im Rahmen der Madrider Museumsnacht (La Noche en Blanco, Kuratoren: Basurama) stattfand. Das Projekt wurde bereits Wochen vorher als ein durch den chinesischen Konzern Xiu-Shui gesponsortes Event vermarktet, in dessen Rahmen der Sponsor selbst zugleich die Einführung von LaSeda Market in Spanien bewarb: einer Shopping-Mall-Kette für die »open copy«- und »open culture«-Branchen mit Vertretungen von Ubuntu bis Facebook.

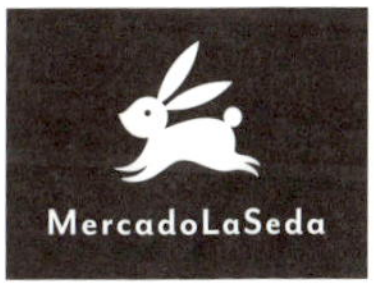

450719853
[S. 320]

Die LaSeda Kampagne war wesentlicher Bestandteil dieser *Postcapital*-Aufführung und wie die Xiu-Shui-Gruppe – bis hin zu ihren Webauftritten[7] – eine Erfindung von Andújar. Abgesehen davon, dass er hier auf die Kommerzialisierung und Spektakularisierung des Kunstbetriebes, wie sie sich im Format der Museumsnacht widerspiegeln, anspielte, führte er auf ironische Weise die Zwiespältigkeiten der »freien« Dienste der Netzgemeinde vor.

Postcapital. Secret (Chile)

Im Rahmen der 2007 von Valentín Roma kuratierten Gruppenausstellung *Barcelona Toolbar* im Kulturzentrum Matucana 100 in Santiago de Chile trat *Postcapital* als eine Intervention im öffentlichen Raum auf, die sich eines einzigen Dokumentes aus dem Archiv – genauer, eines Fragmentes davon – bediente: jenem Zeichen der Deklassifizierung von Dokumenten, das im Durchstreichen und somit Ungültigmachen des zuvor dem Dokument hinzugefügten Wortes »Secret« besteht, das also die Zensurierung und deren Aufhebung gleichermaßen in sich trägt. Dieses durchgestrichene »Secret« – hier konkret in Form der Durchstreichung des zweiten »e« durch

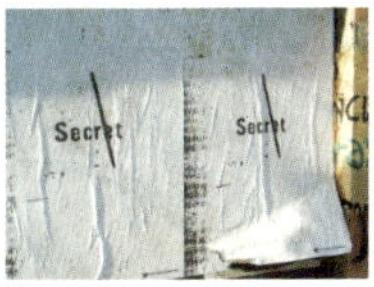

SCL 2007_1066
[S. 310]

6. *Anna Kournikova Deleted By Memeright Trusted System. Kunst im Zeitalter des Geistigen Eigentums*, 19. Juli–19. Oktober 2008, Hartware MedienKunstVerein. Der Katalog zur Ausstellung kann auf der Website von Hartware bestellt oder heruntergeladen werden, s.: http://www.hmkv.de/programm/programmpunkte/2008/Ausstellungen/Anna_Kournikova.php

7. http://www.xiu-shui.com/en; http://www.madrid.mercadolaseda.com

einen langen vertikalen Strich – wurde auf Flugblättern, Postern, über ein Graffito sowie Sprühschablonen im öffentlichen Raum verbreitet. Als isoliertes Zeichen ließ es offen, was hier als einst Verheimlichtes veröffentlicht wurde.

In seinen Ausführungen zu diesem Projekt an anderer Stelle in dieser Publikation verweist Roma darauf, das *Secret* gleichermaßen Sinnbild der Öffnung zahlreicher Archive und der Neubestimmung ihrer Inhalte ist sowie des »nahezu ›exorzistischen‹ Umgangs der Gesellschaften mit ihren Erinnerungen, ihrer Vergangenheit, ihrer Zukunft [...]«[8]. In gewisser Weise könnte das in *Secret* verwendete Zeichen – diese Spur einer doppelten und widerstreitenden Einschreibung (klassifiziert / deklassifiziert) – auch als Signet schlechthin des *Postcapital*-Projektes betrachtet werden.

Postcapital: Workshops

Ein wesentlicher Bestandteil von Andújars künstlerischer Praxis und Methode ist die Durchführung von Workshops. Er versteht sie (sowie seine Ausstellungen) als offene Handlungsräume, in denen die Grenzen zwischen Lehre und Lernen, Vermittlung und Erfahrung fließend sind, denen nicht ein bestimmtes Ziel vorausgeht, sondern ergebnisoffene Fragen. Die *Postcapital*-Workshops finden sowohl im Kontext von Ausstellungen als auch unabhängig von diesen statt, so zum Beispiel im Rahmen einer umfangreichen Workshopreihe mit dem Titel *Do It Together*. Das *Postcapital*-Archiv dient dabei als Quelle und Werkzeug, als eine Art Matrix, von der aus sich verschiedenste Themenfelder erschließen lassen: von Methoden der Wi(e)deraneignung von Bildern, Zeichen, Narrativen oder Technologien über eine kritische Theoriebildung bis zu Fragen der Interpretation und des Archivierens. Da das *Postcapital*-Archiv selbst das Problem des Archivierens beziehungsweise der Ordnung und Klassifizierung digitaler Daten aufwirft, hat sich auch seine eigene Struktur im Verlauf verschiedener Workshops stark verändert: von der klassischen Baumstruktur bis zur Anwendung des komplexen Suchwerkzeugs Circâre[9]. Als eine Art Nebenprojekt ist aus dieser Auseinandersetzung auch *PostcapitalMovies* hervorgegangen, ein von der Universität Salamanca initiiertes, digitales Visualisierungsprojekt, das die sozialen Implikationen der US-amerikanischen und europäischen Filmproduktion analysiert.[10]

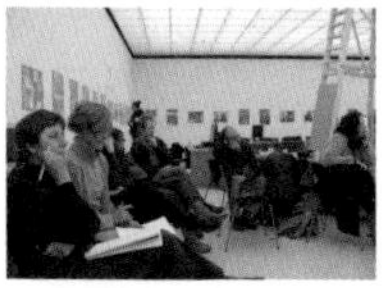

STR 2008_WRK_0263
[S. 322]

Schlussbemerkung

Postcapital ist ein offener Handlungsraum mit verschiedenen ineinandergreifenden Inselungen und Zwischenräumen, Zentren und Peripherien, Vorder- und Rückseiten. Dabei schlägt das Projekt eine permanente Umbewertung der Umbewertung, eine Kultur des Streits und eine radikale Form des öffentlichen Wissens als Möglichkeiten vor, der postkapitalistischen und postkapitalen Gesellschaft auf kritische und widerständige Weise zu begegnen.

8. Valentín Roma, in dieser Publikation, S. 325.
9. Siehe http://www.postcapital.org/circare
10. Siehe http://www.postcapital.org/postcapitalmovies

3. Modifications and Digressions

My remarks have hitherto related for the most part to the presentation of *Postcapital* at the Württembergischer Kunstverein in Stuttgart. It seems neither feasible nor sensible to summarize here the entire genesis and progression of the project to date with about twenty of its highly divergent manifestations. This would not only go beyond the scope of this publication but also suggest a coherence that does not accurately reflect the dynamics of this project simultaneously proceeding in different directions. Therefore, in the following pages I instead prefer to exemplarily introduce—by going back to draw on the first performance of the project in Barcelona in 2006—some modifications, recontextualizations, and digressions within the project.

Postcapital: Politics, the City, Money (Barcelona)

In addition to the aforementioned features distinctive to the *Postcapital* exhibition in Barcelona—the suggested topographical-ideological division into the Left and the Right, or the dialogue with the works of Cuban artist Carlos Garaicoa—it also included several modules that to date have not appeared again in this particular form. For instance, there were two rooms painted in red that offered various perspectives on capitalism and communism (or Left and Right ideologies). Fringing the walls of one of these rooms were hundreds of pictures of Lenin taken from the online archive Marxists.org. Here, behind a big, sturdy desk Andújar showed a compilation of video recordings of lectures and debates by various leftist intellectuals, including Michel Foucault and Noam Chomsky, Toni Negri or Gilles Deleuze, their discourse revolving (from differing angles) around concepts like the human, democracy, anarchy, revolution, utopia, et cetera. The compilation sharpens a certain Eurocentric bias in this controversy over the analysis of ideological systems.

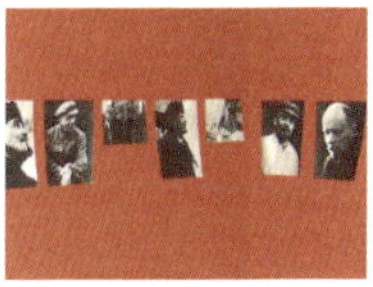

BCN 2006_0707
[pp. 308-309]

Positioned on a table was a monitor playing those U.S. cartoons propagating the system of capitalism. Next to the monitor were several copies of the booklet *Calligraphy for Kids* issued especially for the exhibition. The booklet had the format of a school notebook and contained a copy of the *Communist Manifesto* written in infantine cursive lettering. The format references, among other things, an educational convention during the Franco dictatorship where pupils were forced to repeatedly copy down, like a mantra, the grand moments of Spanish history in their school notebooks.

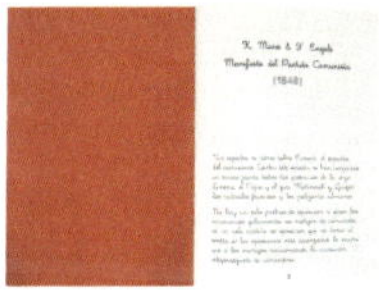

192335018
[pp. 308-309]

In the adjacent room, Andújar projected onto a large screen Dziga Vertov's film *Three Songs About Lenin* (1934), which is considered the director's last avant-garde film and also a dramatic exaggeration of the Lenin cult. Andújar presented this film—where the special treatment of sound and music (aside from the montage technique) represents one of its central aesthetic elements—without sound. Replacing the original score was a compilation of umpteen variations of *The International.* Hanging in a corner were different posters from the Cold War era, both from the West and the East, as well as the pyramid of capitalism. Furthermore, this room granted viewers access to the Marxists.org archive with its highly eccentric selection of Marxist literature.

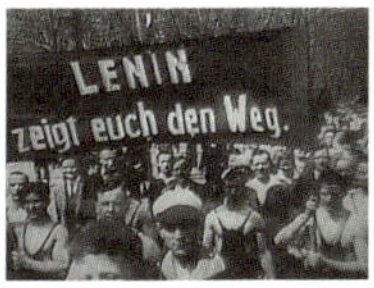

192335018
[pp. 308-309]

Both rooms equally referenced the antagonisms between communism and capitalism, between the Left and the Right, as well as the divergences, heterogeneity, and prejudices within these positions. The spatial division of left and right ideologies signalized at the beginning of the exhibition was not effectuated. Instead, the fragile character of these ideologies was highlighted, along with their reciprocal circumscriptions, along the lines of "dancing partners." But here Andújar was not concerned only with the irritation of expectations. He was also pursuing a particular experiment: To what extent does thc viewers' perception of what is to be seen change when this is scenographically ascribed to a certain line of thought?

Associated with this scenography was an installation by Carlos Garaicoa that obstructed the entrance to the exhibition, forcing the visitors to select either a supposedly left or right path. Spread across a large table were countless candles that had been molded in the forms of urban architectures and landmarks. The candles slowly burned down and were replaced again and again over the course of the exhibition—faithful to the stalwart maxim that any and all destruction can be reversed at will. A surveillance camera transferred the activity to a screen that was situated in the setting's background.

In Barcelona, *Postcapital* already incorporated modules like *Old Media Noise*, *Honor*, *No War*, *The Wall*, and *Cartographies*. The list of leftist organizations stretched across the entire length of a connecting hallway within the building, while the collection of company logos was presented upon a white dancing floor in the room where *Old Media Noise* was on display. *Honor* and *No War* were shown together with a further video compilation, intertwining images of military air raids on civilians with images of protestors attacking police forces.

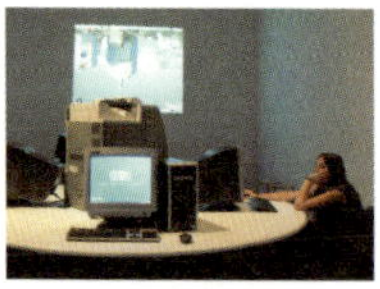

BCN 2006_0759
[pp. 308-309]

Found in all exhibition segments—in Barcelona, too—were terminals connected to the server of the digital archive, which was housed in a separate room together with the Workstation. This encompassed, among other things, a selection of publications on leftist theory as well as the anthology *Postcapital: Critica del Futuro* published by Iván de la Nuez in the scope of the exhibition. It was the first and to date last time that the *Library* contained "original" books in lieu of copies.

The displayed works of Carlos Garaicoa revolved around various aspects of borders, cities, and money. One of the most precious objects was a table display case in which the sculptural miniatures of diverse figurative and architectural motifs from international currency notes were arranged as a bizarre cosmos.

Postcapital: Archive 1989–2001 (Beijing, Istanbul, Seoul)

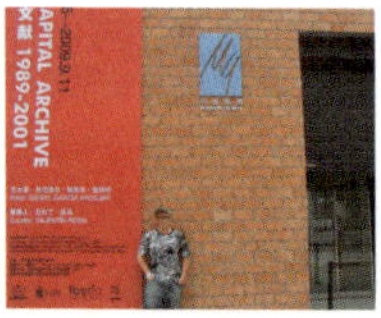

PEK 2009_0099
[pp. 314-315]

The *Postcapital* exhibition setting constellated in Stuttgart was adapted for a series of further project presentations. It was reconstructed almost identically at the Iberia Center for Contemporary Art in Beijing (curator: Valentín Roma), where *Postcapital* was on exhibit in 2009, though with one decisive difference: all references to the June 1989 people's revolt in China and its brutal suppression had to be removed, both from the exhibition and from the digital archive. The official historical narrative of China continues to ignore this chapter of history; in 2009 especially it was strictly tabooed.

The absence of one of the pivotal events of 1989 in fact took on tremendous presence in the exhibition with its subtitle *Archive 1989–2001*. At the same time, this act of censorship in a certain way also represents a sort of "interpretation" which Andújar accepted. Even beyond this radical filter, *Postcapital* in China—this hybrid of communism and capitalism—was to evoke other avenues of interpretation than was for instance the case in Germany.

A new element in the Beijing exhibition was a collection of keywords from the Postcapital Archive that were chalked (in Chinese translation) onto the blackened rear wall of a spatial module. Since then, this collection has been integrated in the language of the respective exhibition locale, thus pointing to problems presented by translation. For example, the word "copyleft" does not exist in the Chinese language, as noted by Valentín Roma.[1]

1. See Valentín Roma in this publication, p. 331.

In reaction to the censorship of the project in China, Başak Şenova, curator of the *Postcapital* presentation in Istanbul (2010), used one of the motifs omitted in Beijing from the *Timeline* for the Istanbul exhibition poster: the aforementioned advertisement by Amnesty International showing the Asian woman with a tear running down the Chinese flag painted on her face. By taking this step, Şenova was simultaneously overriding another form of censorship, one that is much more subtle, namely, censorship through copyright.

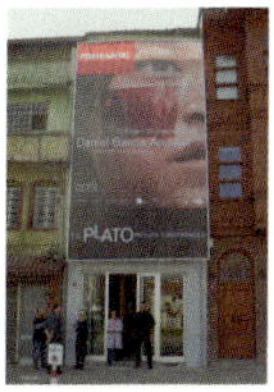

IST 2010_0125
[p. 318]

At the Total Museum in Seoul (2010, curator: Nathalie Boseul Shin), *Postcapital* was presented across three stories—ground level, mezzanine, and a basement room—which resulted in a completely different spatial structure and interweaving of modules. But here, too, the museum visitors initially encountered—even before entering the exhibition—the juxtaposition of the list of leftist organizations and the collection of logos from global companies. Both were affixed to the building's glass façade as transparencies so that they might be viewed from both inside and outside.

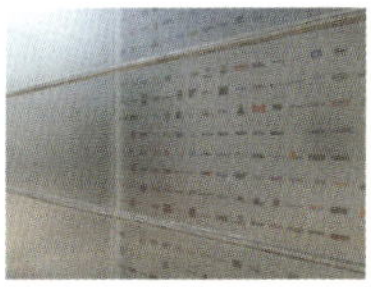

SEO 2010_0452
[pp. 316-317]

The *Timeline*, starting in the first room with the *Cape Times* motif from November 8, 1989, was stretched like a serial story across all three levels, including the museum's connecting staircases. In room 1, visitors also happened across the six-part video work *Old Media Noise* (this time shown as split screen on a monitor) as well as across the nonaccessible oratory or viewing platform of the elevated stand. Its base was anchored three levels below in the basement room, meaning the tower projected upward through three stories of the building via an otherwise closed vertical shaft. The *Workstation* followed in the second room of the exhibition. So there was a decisive shift in *Postcapital*'s prelude in Seoul (as compared to Stuttgart). In lieu of a contained panoramic overall impression offering two entries into the exhibition along with "front" and "back" sides, here the project set forth with the motif of destruction (of piercing through the building) and also simultaneously with a verticalization of the referential axis, which polarized not front and back but rather top and bottom. The element that could not be seen in Stuttgart, the tower platform, here became an object through which the exigency of reappropriating lost spaces of agency and verbal expression, on the one hand, and the visitors as users of the exhibition, on the other, were referenced at the very beginning of the exhibition. The latter also correlated with the relocation of the *Workstation* as one of the first elements to be experienced in the exhibition. Furthermore, *Postcapital* in Seoul—one of those new "capitals" of high technology—commenced not with a confrontation between 1989 and 2001 but between "old" and "new" media.

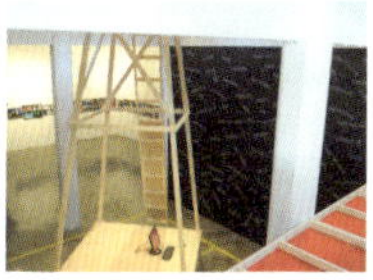

SEO 2010_0516
[pp. 316-317]

The mezzanine, which provides a view of the basement level, was dedicated to digital cartographies. Found in the basement itself, finally, was a dense staging of various modules, including those thematizing borders, 1989, Ground Zero, 9/11, Marxism, and war—and, as already noted, the tower base. The projection spaces for the video works on Ground Zero and the "border-crossers" were organized here not as passages but as enclosed spaces, whereby the Ground-Zero berth was flanked to the left by the Chile video and *9/11 Mysteries* and to the right by the collection of materials on the year 1989. This way, the 1989 archive moved into close proximity to the end of the *Timeline*, meaning to the *Cape Times* motif of September 10, 2001. This fostered a particular cadence between 1989 and 2001.

South Korea—where Cold War rhetoric has once again solidified (at least since the administration of President Lee Myung-bak) and where, at the same time, a radical turbo capitalism has been experienced since the nineteen-nineties—represents a special context for the *Postcapital* project. In this country, the time before and after 1989 coincide to a certain extent.

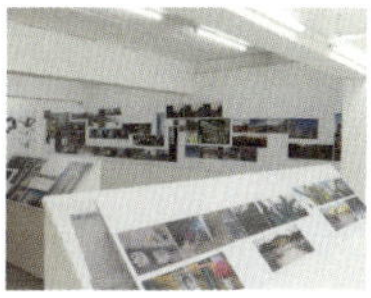

SEO 2010_0502
[pp. 316-317]

Expanding the project was an excursus developed by Hans D. Christ over the course of several visits to Seoul on a series of large-scale gentrification projects.

Taking the form of a complex pictorial tableau, construction efforts—such as the *Hangang Renaissance Master Plan*, which among others encompasses the *Dream Hub* by Daniel Libeskind, or the project *Design Plaza & Park* designed by Zaha Hadid—were critically explored. This visual excursus was on display in the mezzanine, thus corresponding with the contexts of cartography and mega-agglomerations. What is more, the material served as a foundation—together with the *Postcapital* Archive—for one of the workshops jointly put on by Andújar and Christ on urban exploratory questions or facets of the postcapital.

The Unavowable Community (Venice)

In 2009 *Postcapital* was doubly represented at the Venice Biennale: in both the Catalan and Turkish pavilions.

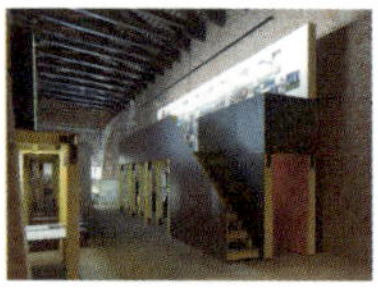

VCE 2009_0840
[p. 312]

The exhibition *The Unavowable Community*,[2] curated by Valentín Roma for the Catalan Pavilion, localized *Postcapital* and two other artistic contributions in the context of discourses triggered by Maurice Blanchot, Jean-Luc Nancy, and Giorgio Agamben in the mid-nineteen-eighties on the possibilities and impossibilities of community. Next to *Postcapital*, it encompassed projects by Archivo F.X. / Pedro G. Romero, consisting of an archive that reflects Spanish iconoclasm in the context of contemporary art, and by the artists' group Sitesize, developing participative projects in and about public space.

In this framework, *Postcapital* was presented in and on a platform specially designed and built by the Württembergischer Kunstverein together with Andújar. Installed in the lower section of the construction were three video units respectively comprised of a cube monitor placed on the floor and a flat screen hung to the right a bit higher. They interlaced the video *The Wall* with documentation on the 1989 people's revolt in China, the video *Honor* with *No War*, and Ground Zero with Chile. The latter was augmented by a metal plaque listing the dates September 11, 1714, September 11, 1973, and September 11, 2001. This new September 11 added in Venice refers to the capitulation of Barcelona in face of Philipp V's troops, which lead to the suspension of Catalan autonomy. With the exception of the Franco era, this event has been commemorated in Catalonia since 1714—and today especially by secessionist groupings. The fact that Catalan tendencies have intensified in recent years on political and administrative planes is not least illustrated by the 2009 initiative to present a Catalan Pavilion at the Venice Biennale for the first time, a development critically acknowledged by Andújar in his reference to 1714, not only on the plaque but on a poster as well.

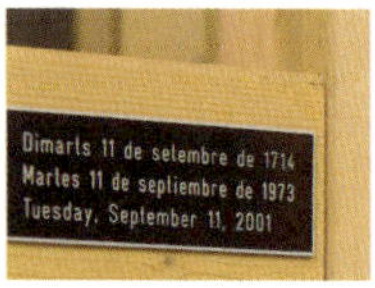

VCE 2009_1032
[p. 312]

The computer terminals for the digital archive were located on the opposite side, as were the cartographies. In an intermediate room (painted red, behind the stairs leading to the platform) the compilation of variations on *The International* could be heard, and the pyramid of capitalism also made an appearance.

The *Timeline* was installed on the upper section of the platform—here in a dense, tableau-like arrangement so as to foster manifold new cross-references. Finally, visible opposite to the *Timeline*, as viewed from the balustrade, were two lighted displays housing the list of leftist organizations and the collection of globally-operating-company logos.

Somehow this compact version of *Postcapital* managed to translate the tower with its formerly off-limits viewing / oratory platform from a metaphor of exclud-

2. *The Unavowable Community*, ed. Valentín Roma, exh. cat. 53rd Venice Biennale (Barcelona, 2009).

ing power architecture into a sustaining, protective, and social structure within the project. For the first time the platform was accessible.

Publication Projects: Lapses, Umělec

It was in a completely different way that *Postcapital* participated in the project curated by Başak Şenova for the Turkish Pavilion of the Venice Biennale, namely, in the form of a case study which was published in the three-volume edition Lapses,[3] which revolves around the same term and introduces various projects. *Postcapital*, as Şenova writes here, "detects the lapses in our perception and explanation of political, cultural, economic, social, and even technological conditions and realities. He indexes our cognitive mechanisms."[4]

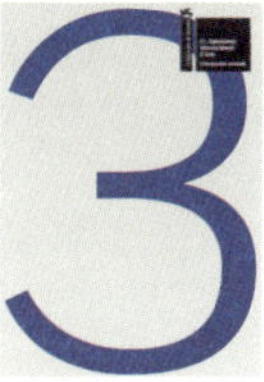

349589123
[p. 342]

A further publication project in which *Postcapital* makes an appearance concerns an issue of the art magazine *Umělec* issued in 2010, where the title "Reevaluation of Reevaluations" already makes reference to Andújar's artistic method. Along the lines of a perpetuation of *Postcapital*, the editors interlinked a selection of images of the *Timeline* with excerpts from writings by Czech philosopher, sociologist, and politologist Václav Bělohradský: essays reflecting on democracy, communism and capitalism, globalization, consumerism, gender relations, resistance, and the excessive production of almost everything (goods, capital, meaning, images, texts, et cetera). "In an era characterized by such a colossal overproduction of texts," notes Bělohradský, "we should be learning *creative reading* instead of *creative writing*,"[5] thus touching upon the core of Andújar's artistic approach.

Individual Modules: Dortmund (Library) / Madrid (Archivo Madrid)

Individual modules of *Postcapital* have been (and are still being) shown in the scope of numerous solo and group exhibitions. The term module here implies not material, consistent objects that could be transported from A to B, but rather ideational or potential elements / sequences of *Postcapital* whose formal facets of appearance are newly structured according to the specific exhibition context. One might describe these "individual performances" as a zooming out of one of these immaterial, potential elements that individually speaking do not represent a pars pro toto but instead behave more like a converse Hydra whose severed head continues to arborize.

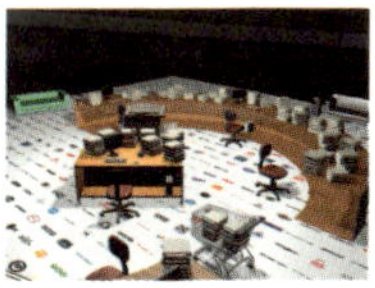

DTM 2008_0105
[p. 319]

In this sense, the *Library* was shown at the Hartware MedienKunstVerein in Dortmund in 2008 as an installation that consisted of a massive, round counter positioned atop a synthetic mat in the middle of which stood a giant tower alongside a server and copying machine. The synthetic mat contained the collection of company logos, and situated on the countertop was a computer monitor with access to the *Postcapital* Archive along with various hard copies of the digital library. The tower in this context seemed to be a mélange of watchtower and oversized signalization for a service point. Yet it was designated not as a checkout counter or information booth but instead displayed the term "public knowledge" in bold letters. Thus, the company logos here are not juxtaposed with leftist organizations

---

3. "Daniel G. Andújar: Postcapital Archiv," with contributions by Daniel G. Andújar, Başak Şenova, Iris Dressler, Hans D. Christ, in *Lapses /*3*, ed. Başak Şenova (Istanbul, 2009), pp. 129–53.
4. Ibid., p. 130.
5. Václav Bělohradský, "Manifiesto for a Society of Uneasiness. A Compilation of Final Texts by Václav Bělohradský and a Selection of Examples from Daniel G. Andújar's Project *Postcapital Archive*," *Umělec (A Reevaluation of Reevaluations)*, English edition, issue 1 (2010), http://www.divus.cz/umelec/article_page.php?item=1575.

but rather with a handling of knowledge that explicitly turns against the commercialization of intellectual property. The aesthetics of the watchtower simultaneously referenced the powerful control mechanisms that are implemented to secure the copyright markets. *Postcapital: Library* was shown in Dortmund as part of the exhibition *Anna Kournikova Deleted By Memeright Trusted System* (curators: Inke Arns, Francis Hunger), which critically explored the copyright business and its impact on artistic freedom.[6]

In *Postcapital: Archive Madrid. La Noche en Blanco*, in turn, Andújar installed his digital archive in the form of collective VJing in public space, which took place on September 11, 2010 in the framework of the Madrid museum night (La Noche en Blanco, curators: Basurama). The project was already being marketed weeks ahead of time as an event sponsored by the Chinese company Xiu-Shui, in the framework of which the sponsor itself also promoted the launching of LaSeda Market in Spain: a chain of shopping malls dedicated to the "open copy" and "open culture" business and hosting agencies from Ubuntu to Facebook.

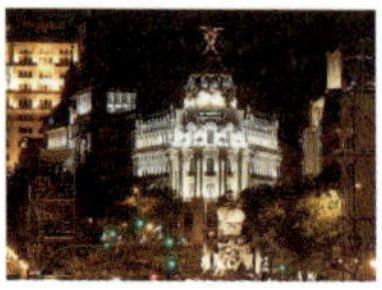

MAD 2010_0763
[p. 320]

450719998
[p. 320]

The LaSeda campaign was an essential part of this *Postcapital* performance and—like the Xiu-Shui group (including its diverse web appearances)—an invention by Andújar. Aside from the fact that he was alluding here to the commercialization and spectacularization of the art world, as reflected in the format of the museum night, he exposed the ambivalences related to the "free" services of the Net community.

Postcapital: Secret (Chile)

In the scope of the 2007 group exhibition *Barcelona Toolbar* curated by Valentín Roma at the Centro Cultural Matucana 100 in Santiago de Chile, *Postcapital* was an intervention in public space that availed itself of one single document from the archive or, more specifically, one detail of the document. It was the symbol of document declassification taking the form of a crossing-out (and thus invalidation) of the word "secret" which had previously been stamped onto the document—thus representing both censorship and its nullification. This crossed-out "secret"—here concretized by crossing out the second "e" with a long vertical line—was disseminated in public space as flyers, posters, graffiti, and spraypaint stencils. As an isolated sign, it left the question open as to which former secret was now being made public.

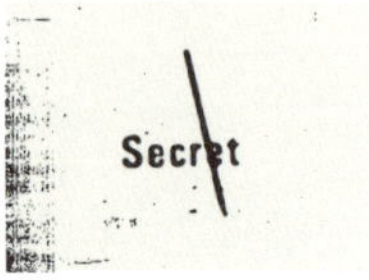

201723327
[p. 310]

In his remarks on this project as found elsewhere in this publication, Roma points out that *Secret* is an allegory for the opening of numerous archives along with the redefinition of their content and also a "kind of ironic logo referring to the way societies exorcise their memory, their past, their future…"[7] From a certain angle, the symbol used in *Secret*—this vestige of a dual and conflicting inscription (classified / declassified)—could also be viewed as the ultimate signet for the *Postcapital* project.

Postcapital: Workshops

An essential component of Andújar's artistic practice and methods are workshops. He views these (and his exhibitions) as free spaces of agency where the boundaries between teaching and learning, conveyance and experience, are flowing—related not to a predetermined aim, but to questions of an open outcome.

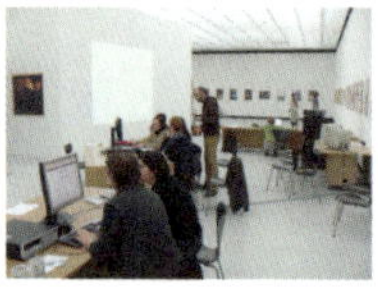

STR 2008_WRK_0260
[p. 322]

6. *Anna Kournikova Deleted By Memeright Trusted System: Art in the Age of Intellectual Property*, July 19 to October 19, 2008, Hartware MedienKunstVerein, Dormund. The exhibition catalogue can be ordered from the Hartware website or downloaded at: http://www.hmkv.de/programm/programmpunkte/2008/Ausstellungen/Anna_Kournikova.php.

7. See Valentín Roma in this publication, p. 331.

The *Postcapital* workshops are held both in the context of exhibitions and also independently, for instance as part of the comprehensive workshop series entitled *Do It Together*. In such a case, the *Postcapital* Archive serves as both source and tool, as a kind of matrix through which the most divergent thematic fields can be tapped into: from methods for re(contra)appropriating images, symbols, narrative, or technologies to critical theory building on questions of interpretation and archiving. Since the *Postcapital* Archive itself raises the problematic issue of the archiving or arrangement and classification of digital data, his own structure has undergone strong revision over the course of many workshops: from the classic tree structure to the implementation of the searching tool Circâre.[8] Emerging from this exploratory process as something of an aside project was also *PostcapitalMovies*, a digital visualization project initiated by the University of Salamanca, which analyzes the social implications of U.S. and European film production.[9]

Concluding Remarks

Postcapital is a free space of agency with various intermeshing islands and interstices, hubs and peripheries, backs and fronts. The project proposes a permanent reevalulation of reevaluations, a culture of dissent, and a radical form of public knowledge as angles from which to encounter postcapitalist and postcapital society in a critical and resistive way.

8. See http://www.postcapital.org/circare.

9. See http://www.postcapital.org/postcapitalmovies.

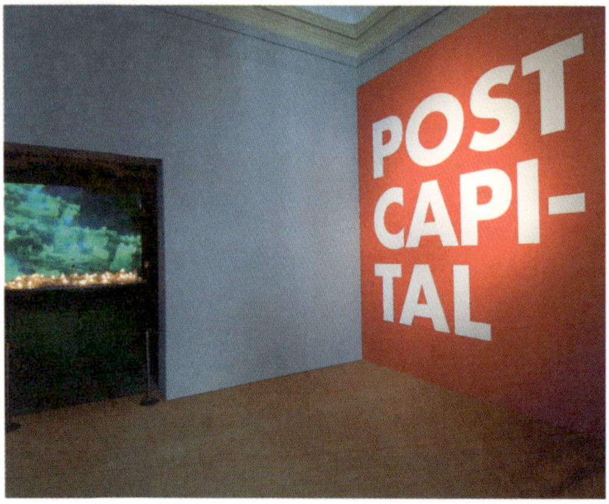

BCN 2006_0630

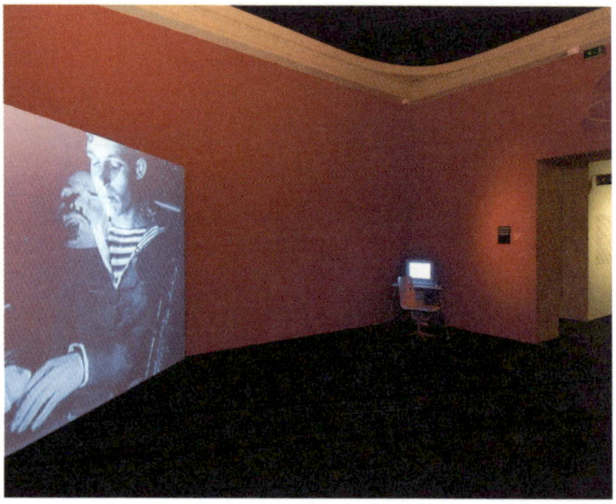

BCN 2006_0635

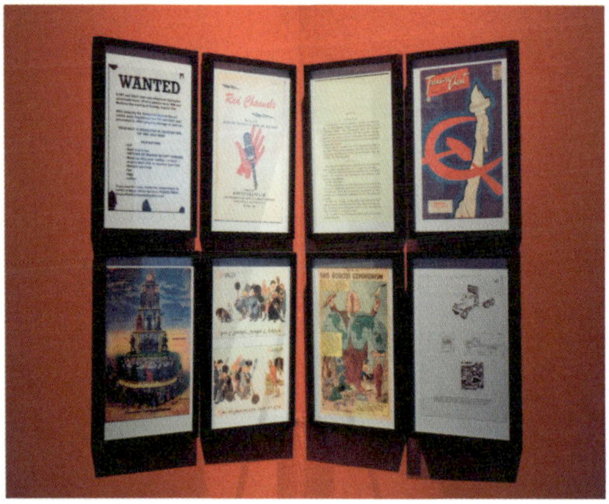

BCN 2006_0694

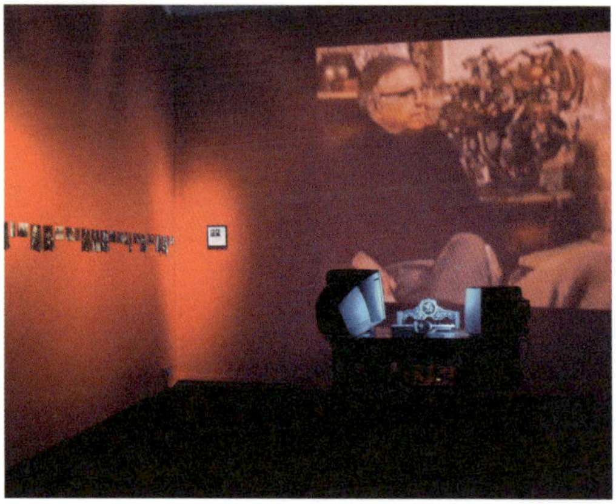

BCN 2006_0698

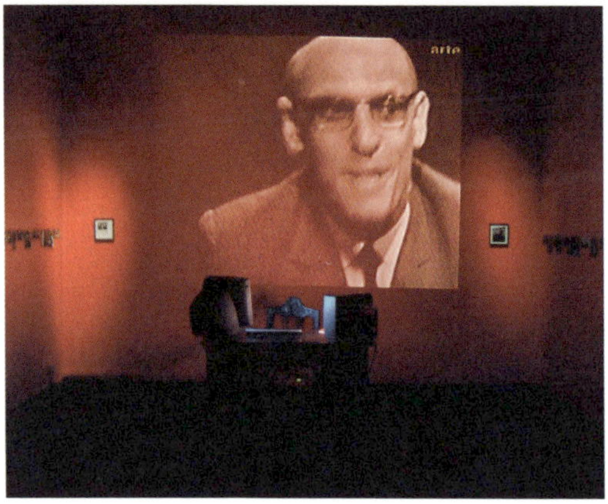

BCN 2006_0706

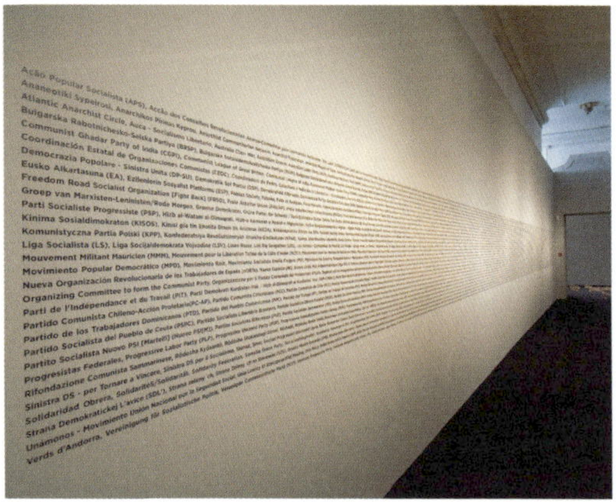

BCN 2006_0745

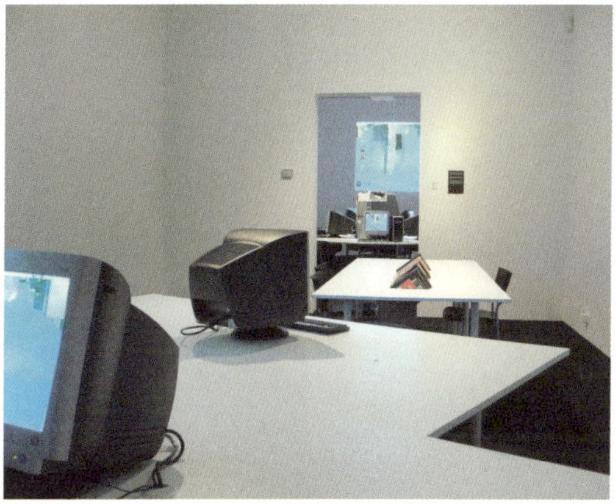

BCN 2006_0751

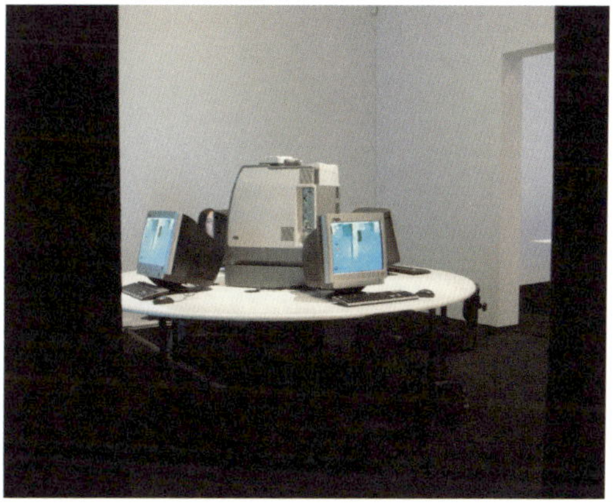

BCN 2006_0753

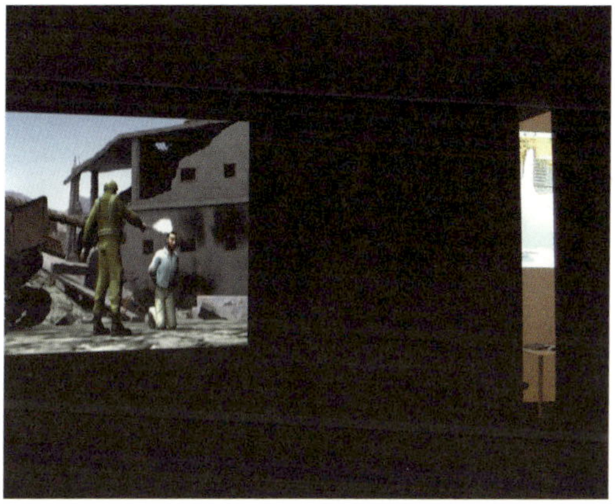

BCN 2006_0792

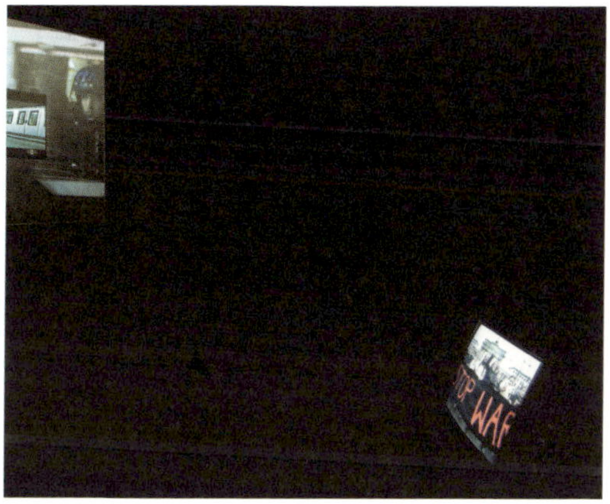

BCN 2006_0794

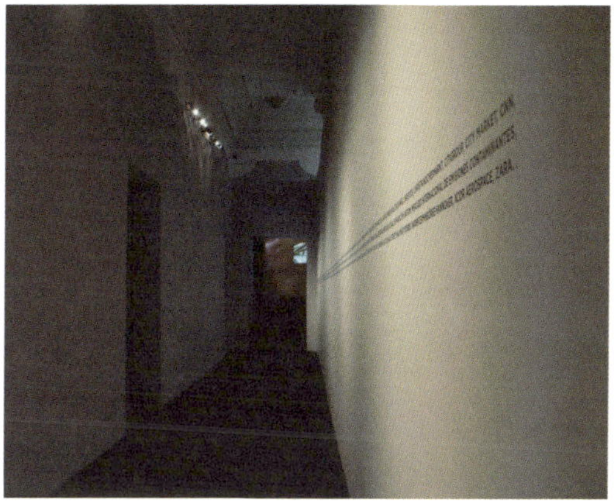

BCN 2006_0810

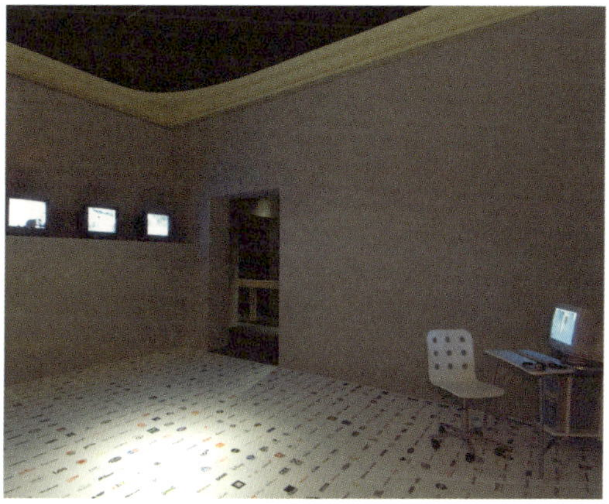

BCN 2006_0815

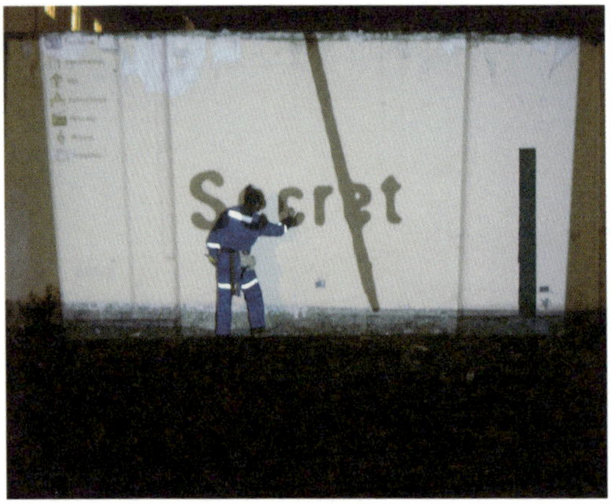

SCL 2007_0662

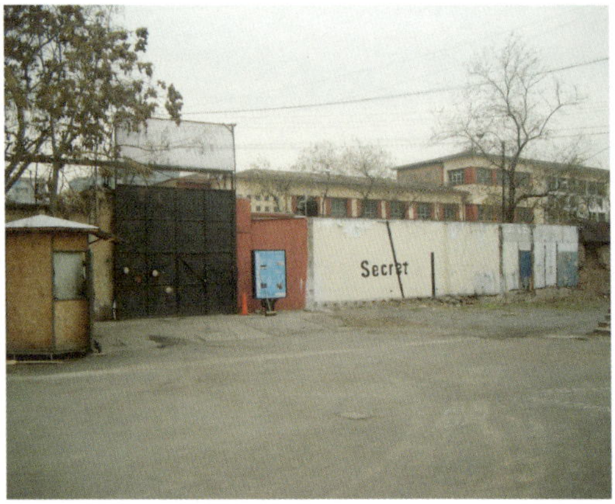

SCL 2007_0666

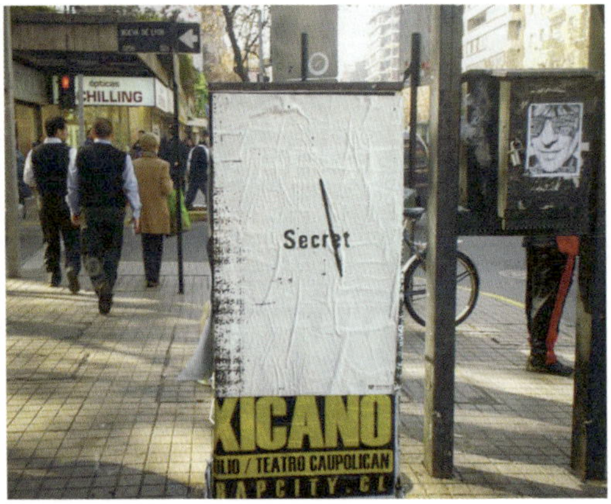

SCL 2007_1010

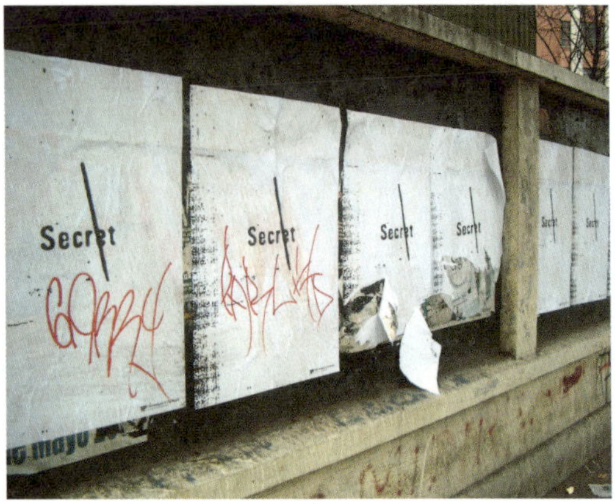

SCL 2007_1026

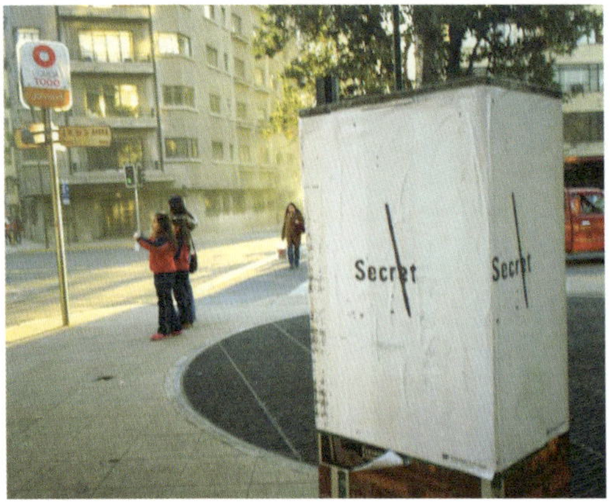

SCL 2007_1198

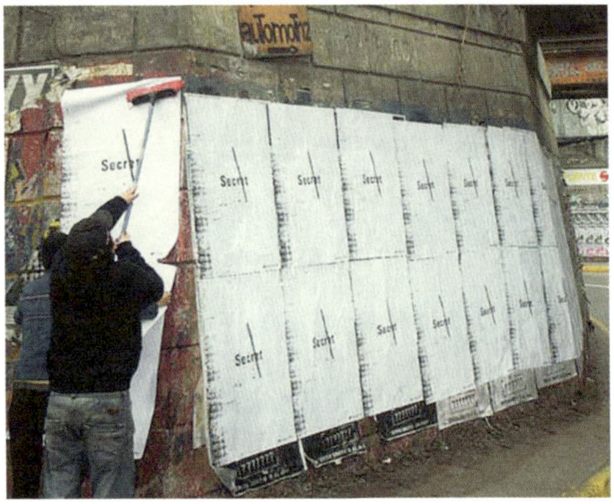

SCL 2007_1302

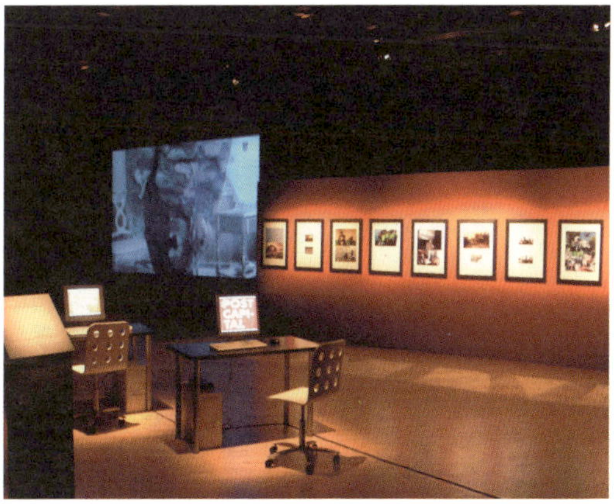

MNT 2008_0156

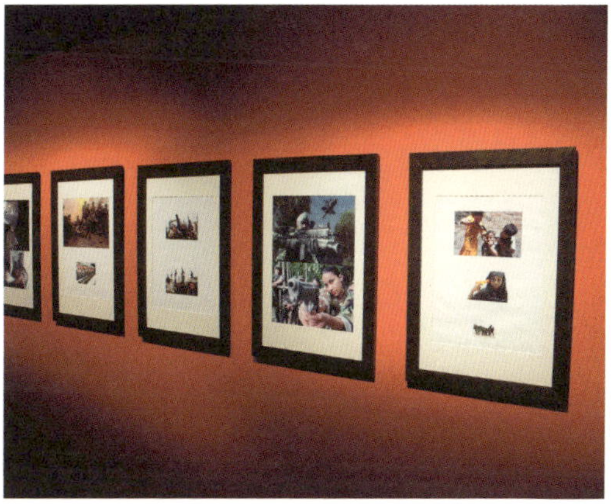

MNT 2008_0120

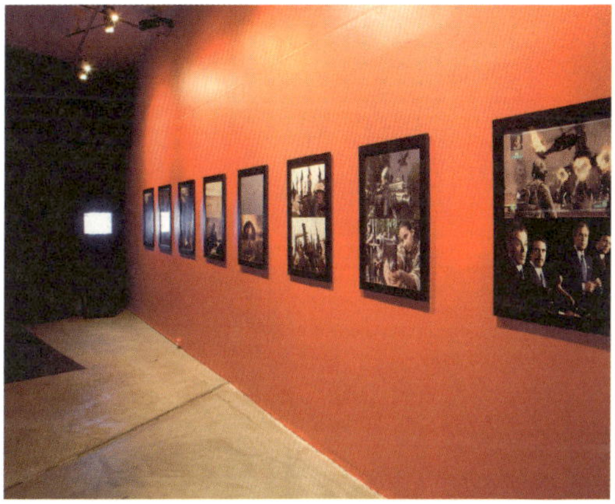

OSL 2009_0347

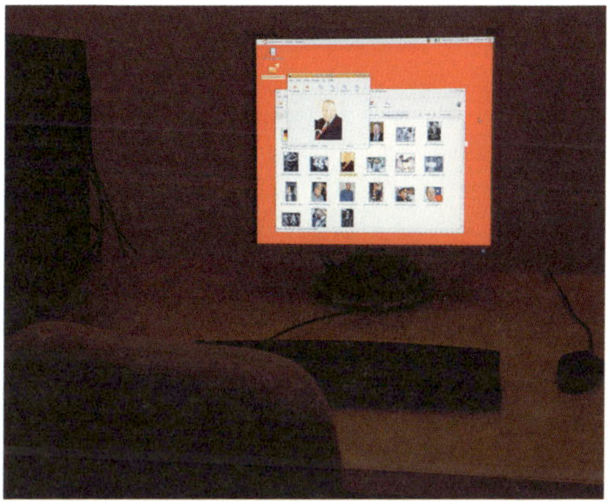

OSL 2009_0349

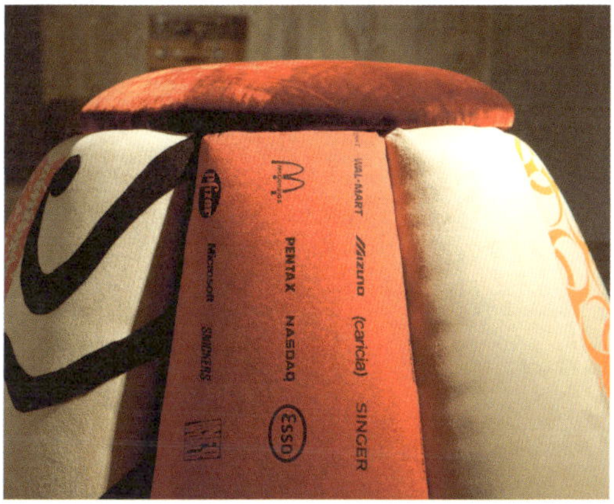

OSL 2009 _0381

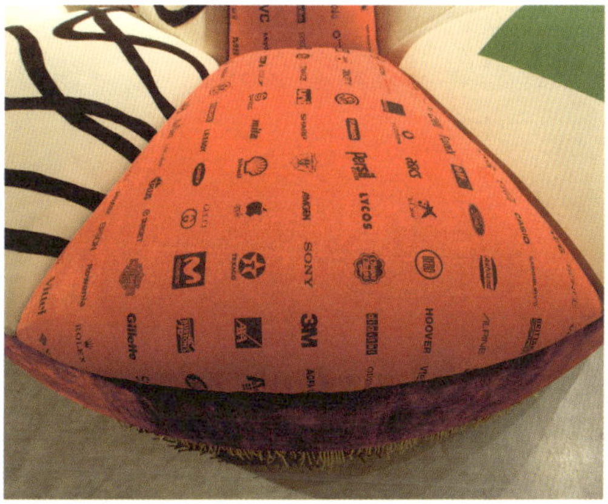

OSL 2009_0395

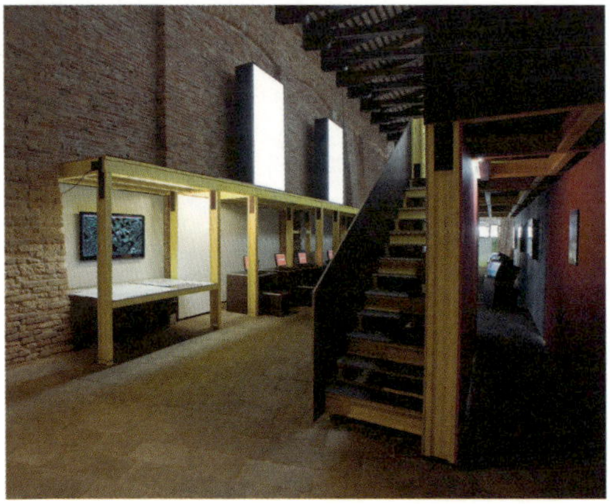

VCE 2009_0854

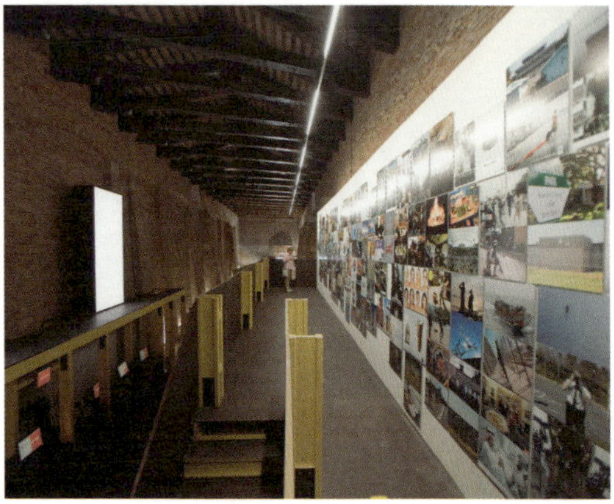

VCE 2009_0866

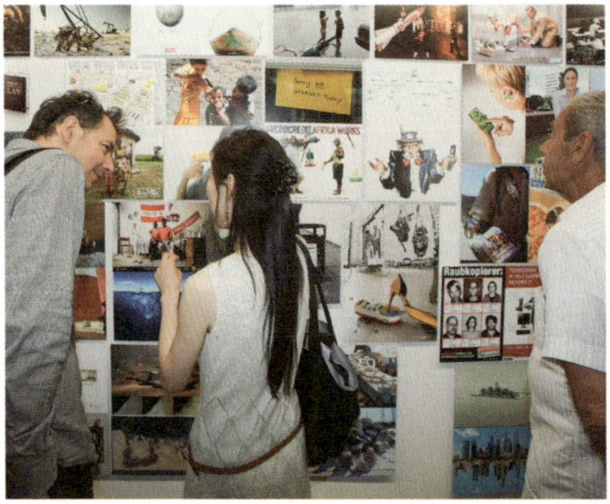

VCE 2009_0899

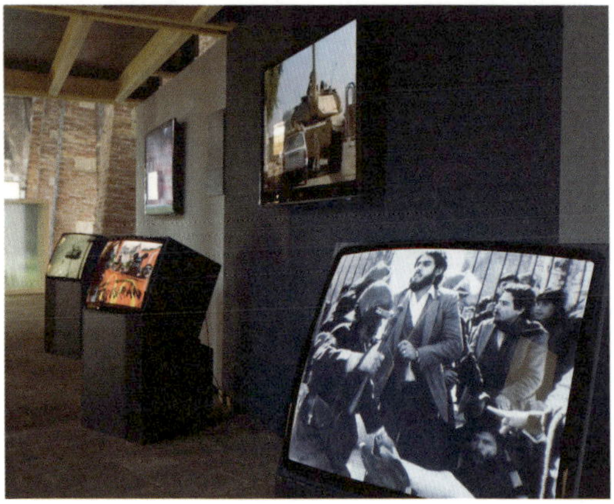

VCE 2009_0936

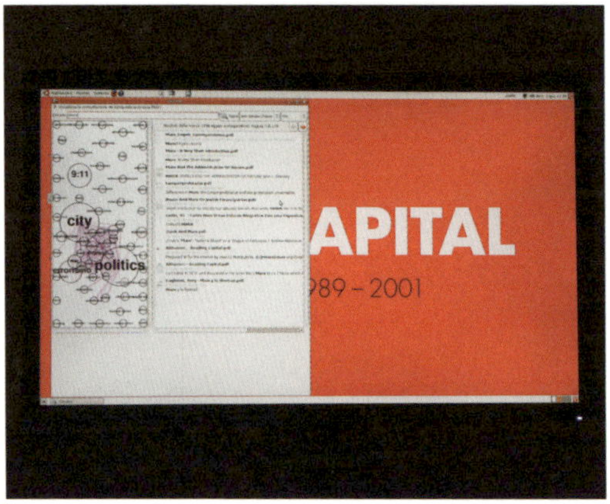

VCE 2009_0954

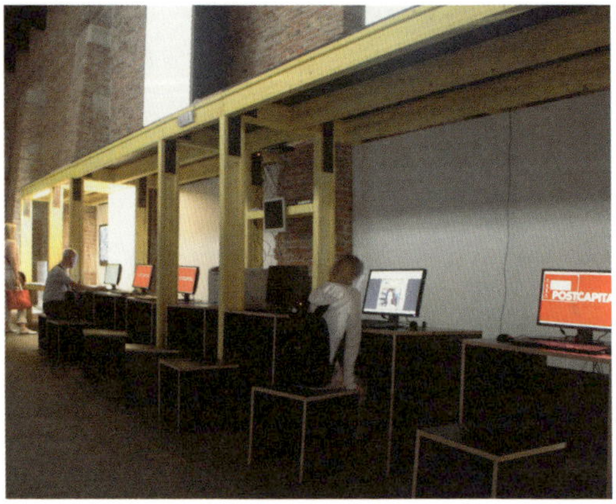

VCE 2009_1020

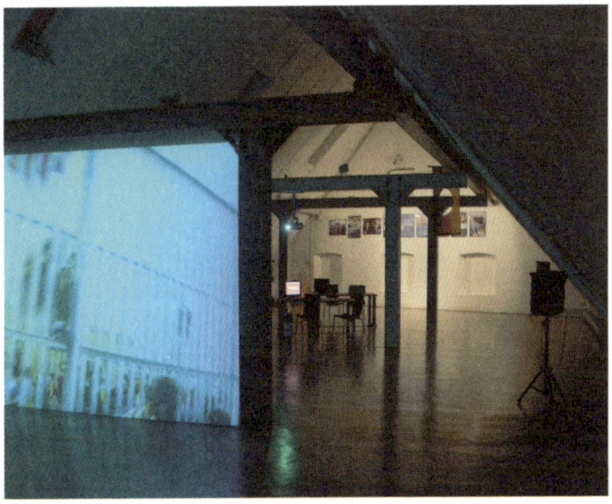

BRE 2009_0036

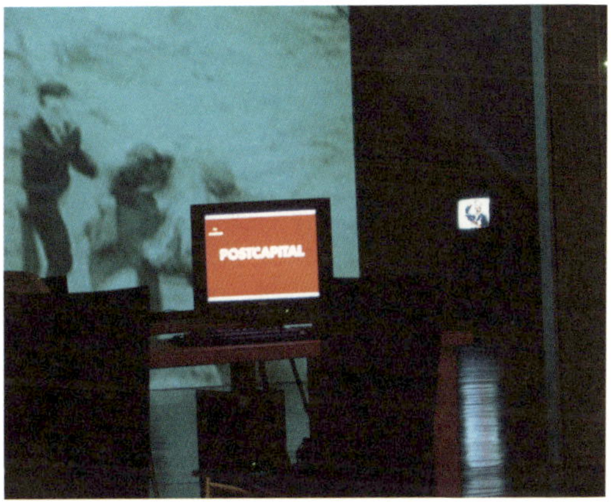

BRE 2009_0041

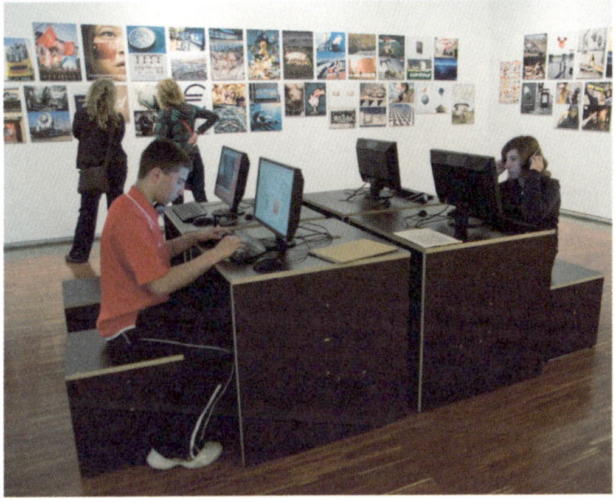

GRO 2010_0101

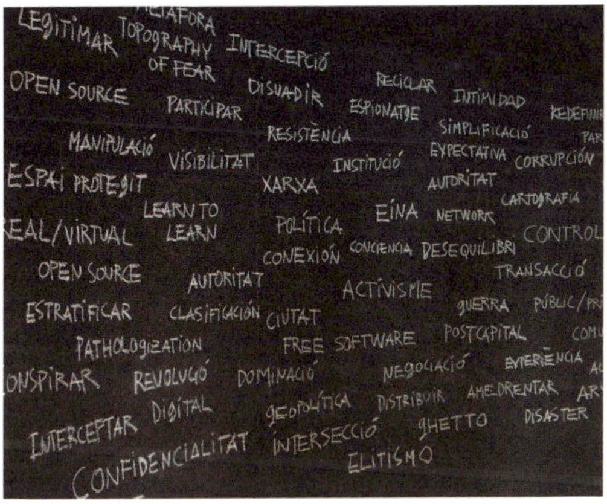

GRO 2010_0106

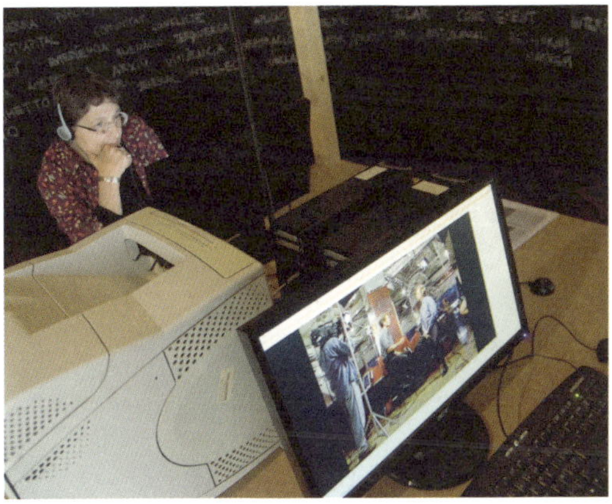

GRO 2010_0114

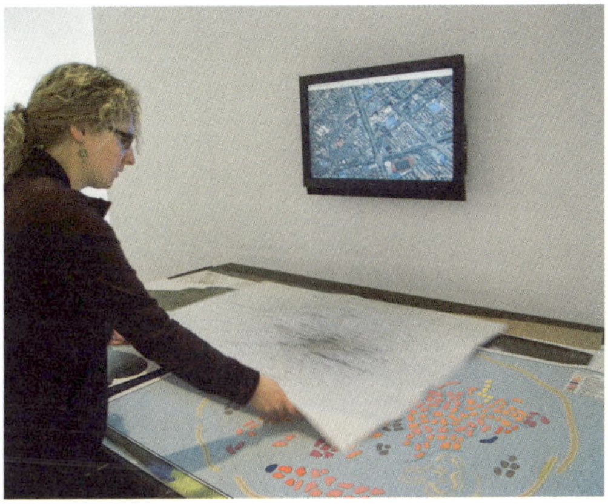

GRO 2010_0121

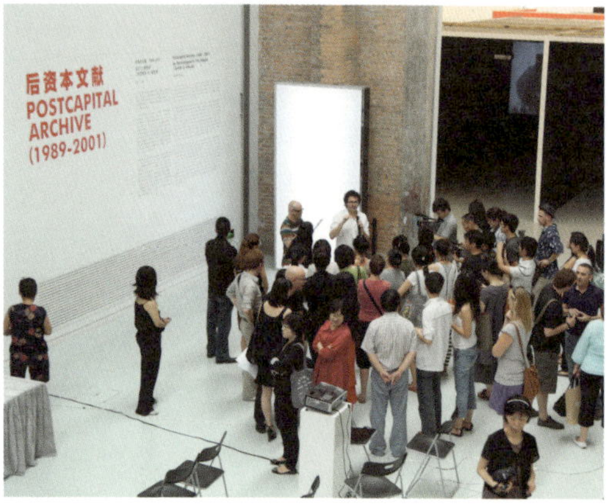

PEK 2009_0151

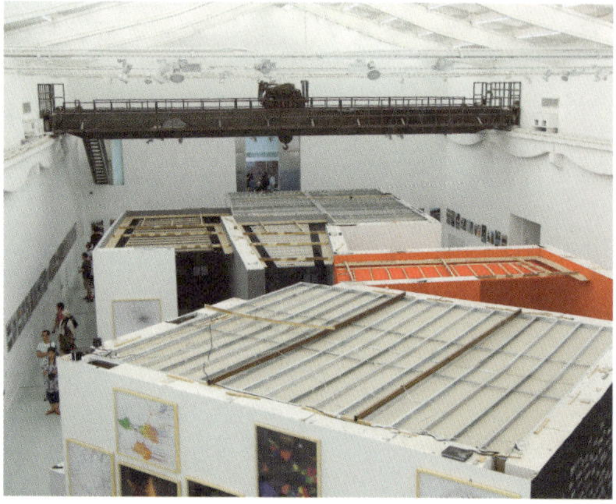

PEK 2009_0159

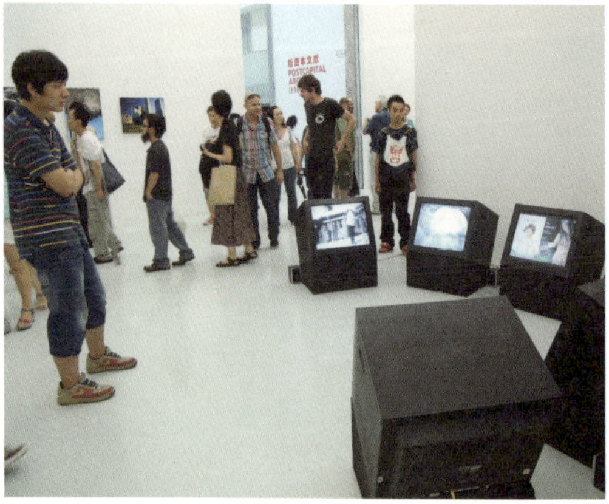

PEK 2009_0202

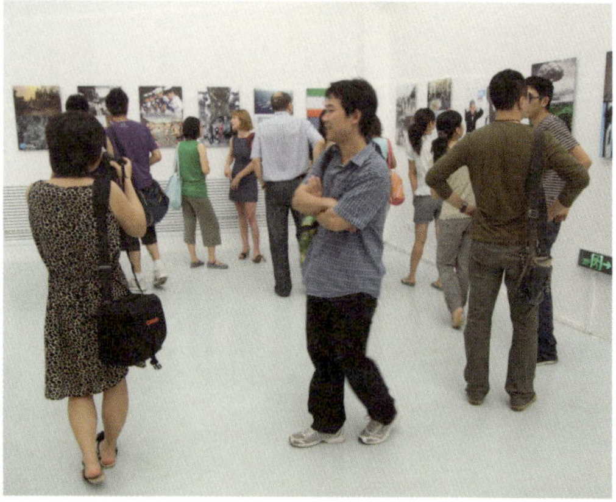

PEK 2009_0212

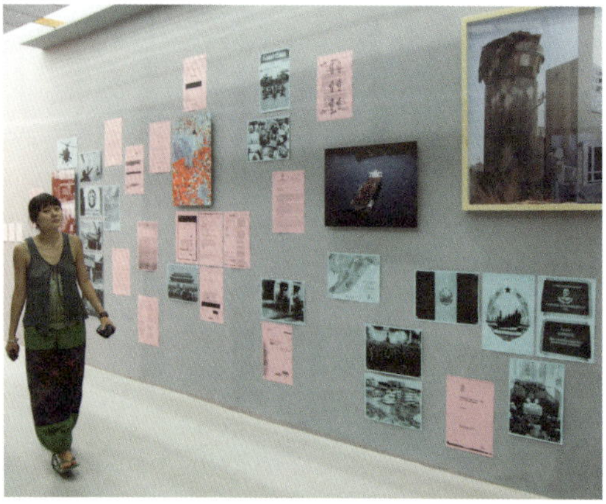

PEK 2009_0219

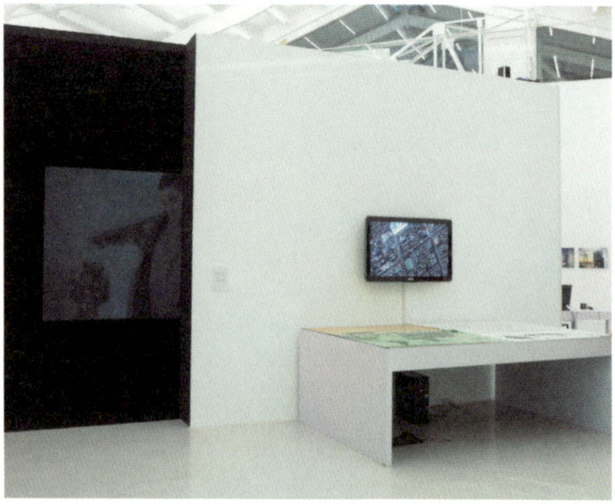

PEK 2009_0225

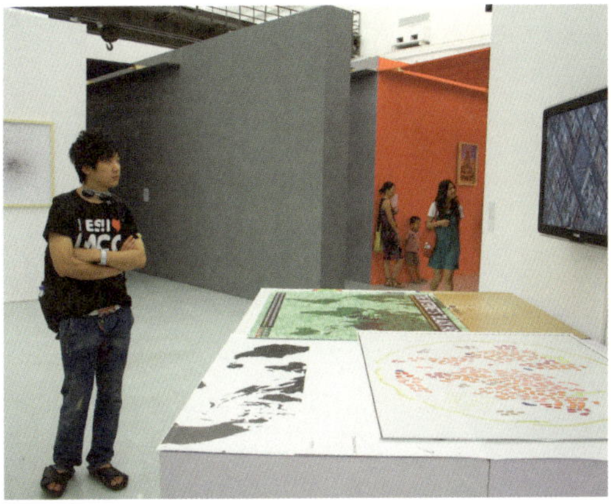

PEK 2009_0325

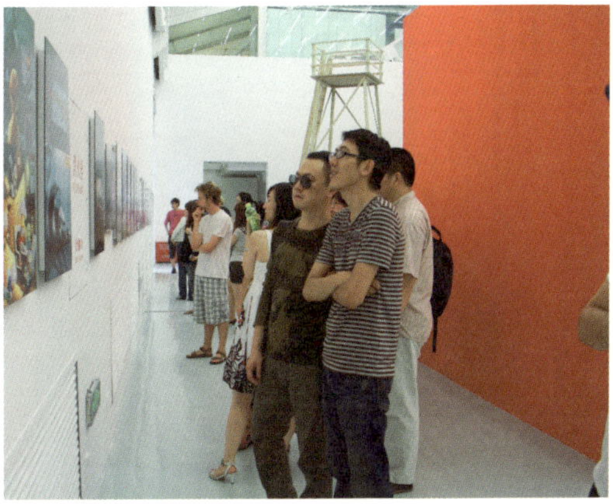

PEK 2009_0330

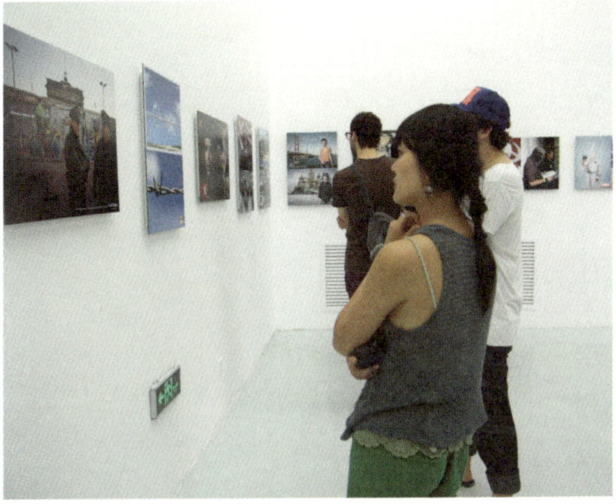

PEK 2009_0334

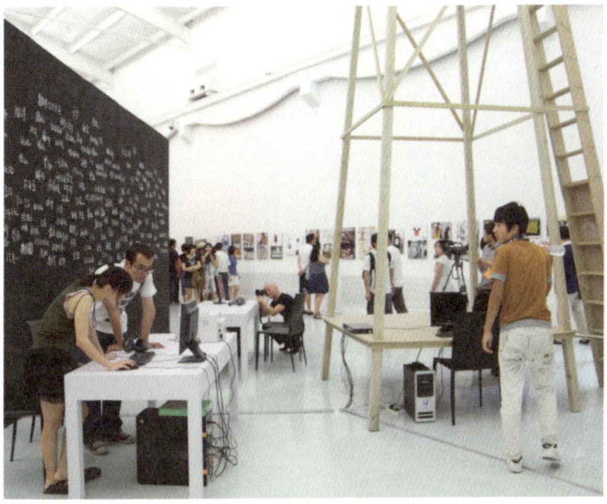

PEK 2009_0361

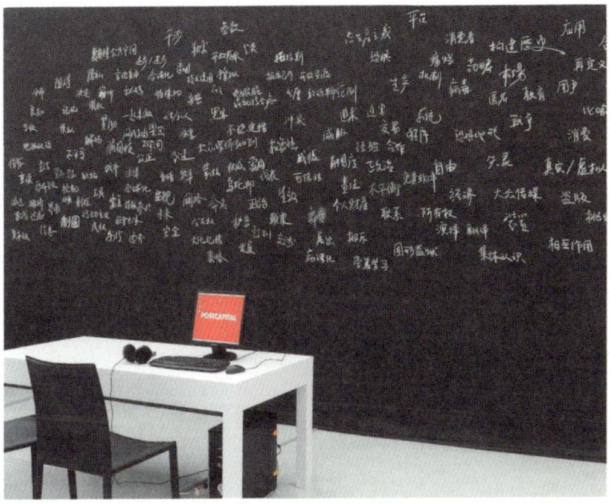

PEK 2009_0381

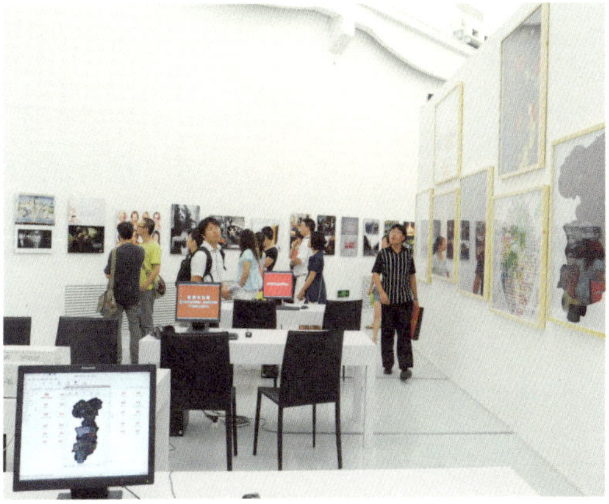

PEK 2009_0389

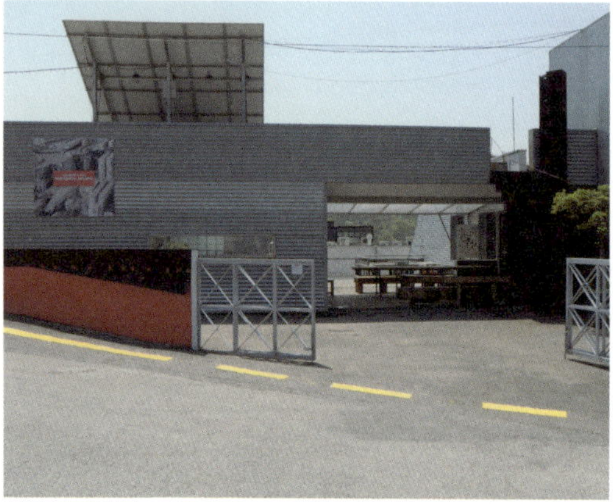

SEO 2010_0402

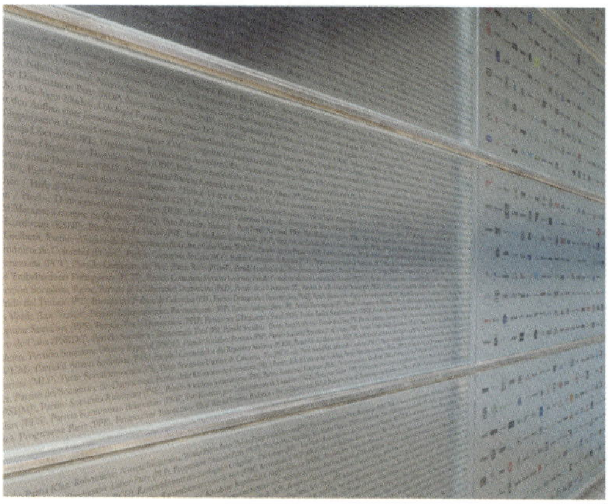

SEO 2010_0452

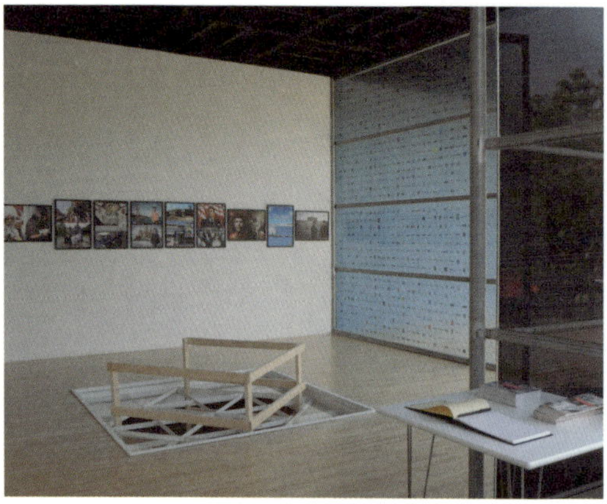

SEO 2010_0458

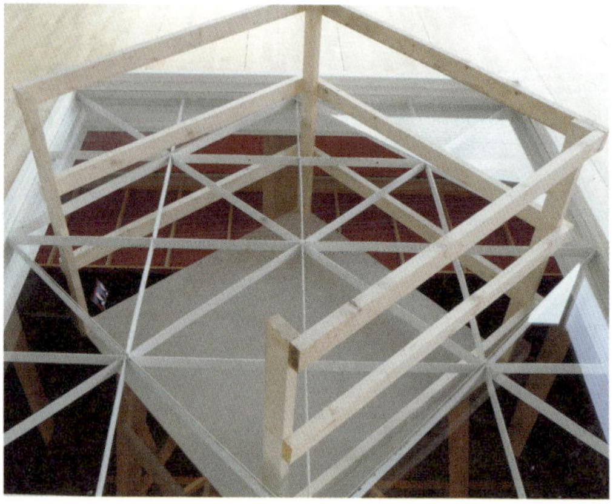

SEO 2010_0460

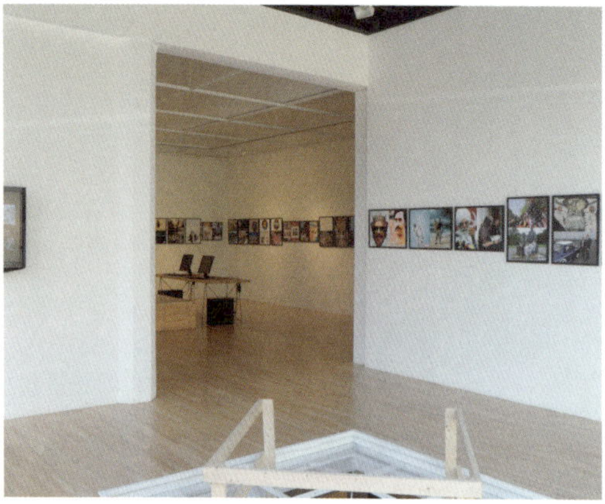

SEO 2010_0465

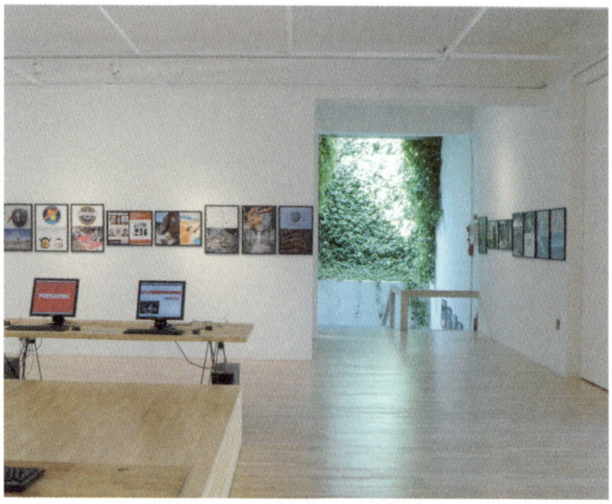

SEO 2010_0471

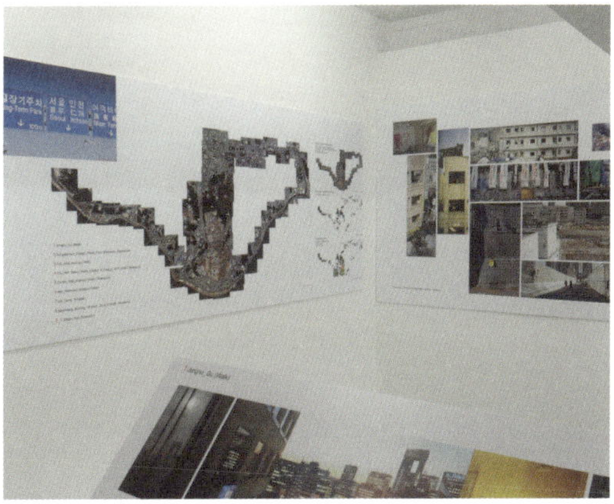

SEO 2010_0498

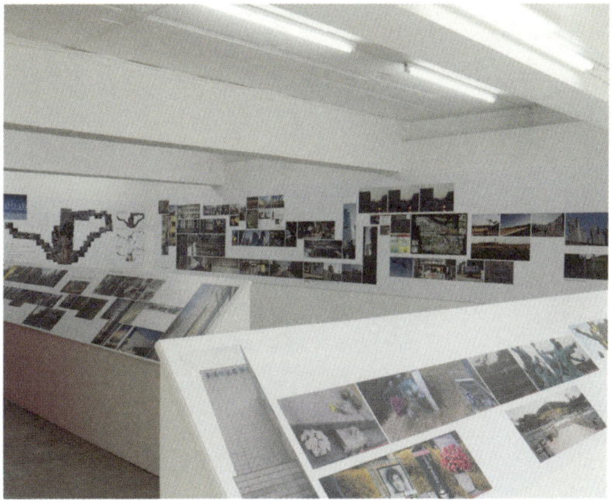

SEO 2010_0502

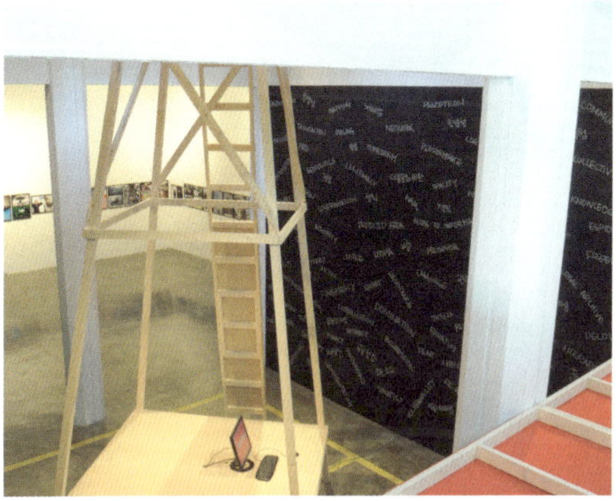

SEO 2010_0516

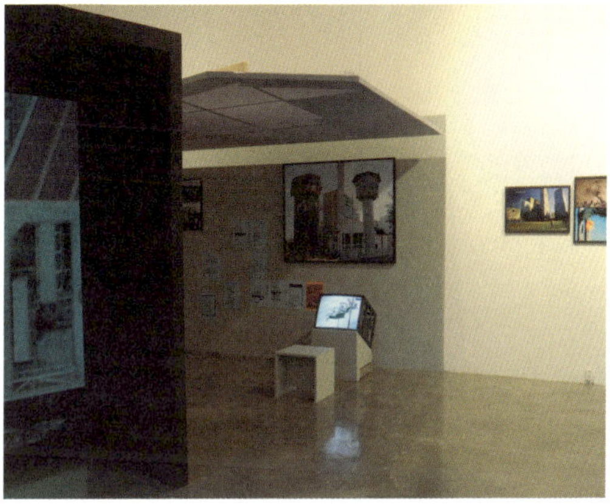

SEO 2010_0533

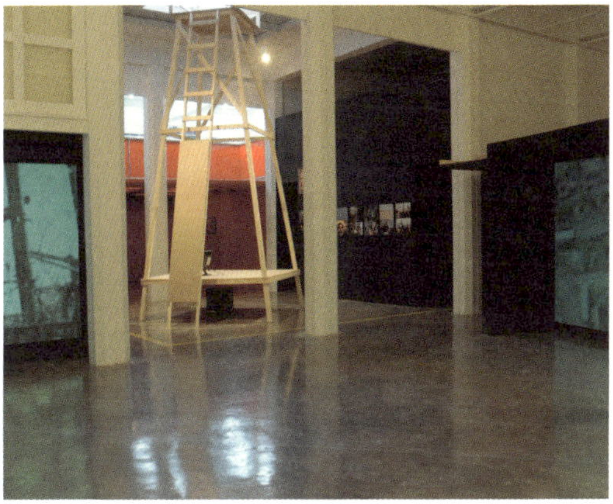

SEO 2010_0536

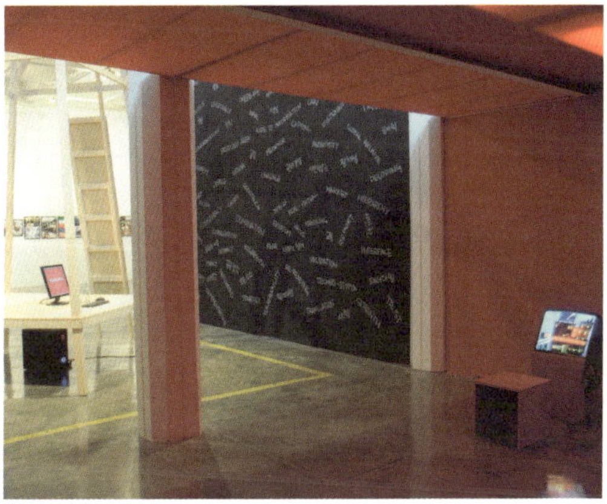

SEO 2010_0542

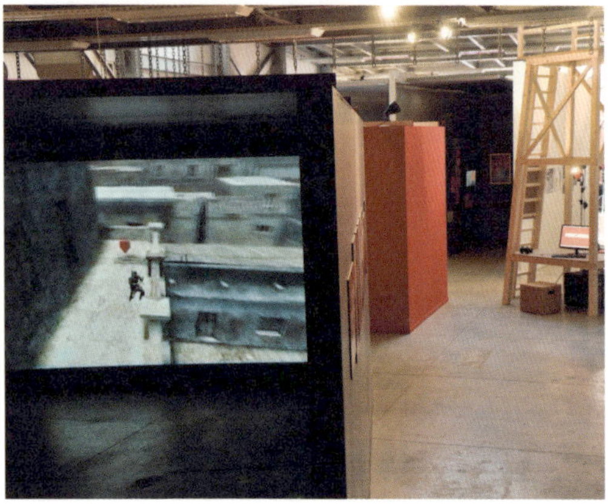

IST 2010_0201

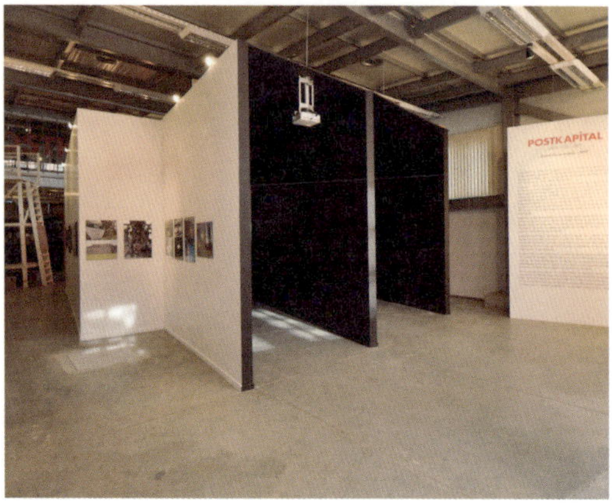

IST 2010_0209

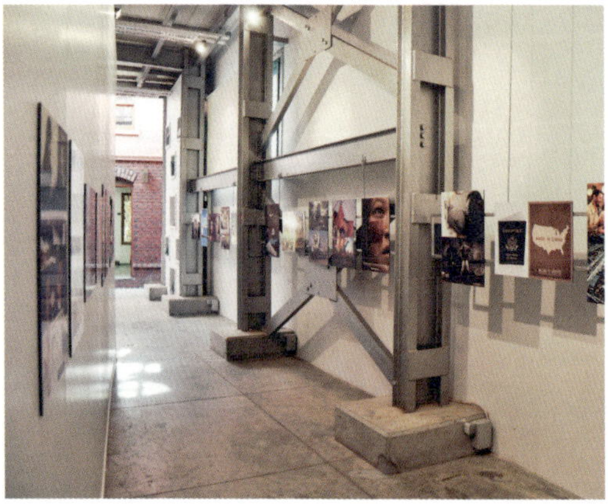

IST 2010_0250

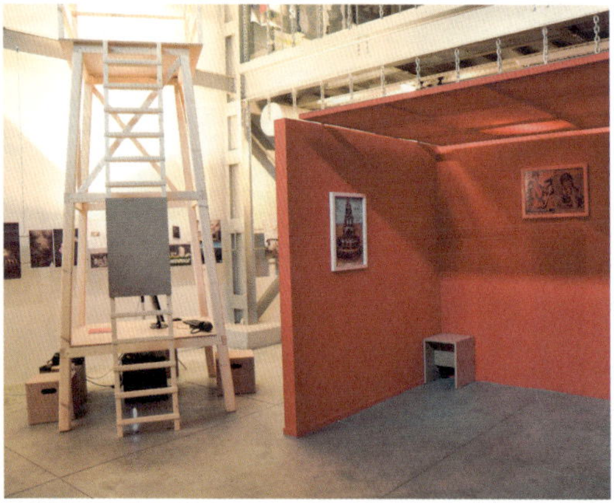

IST 2010_0257

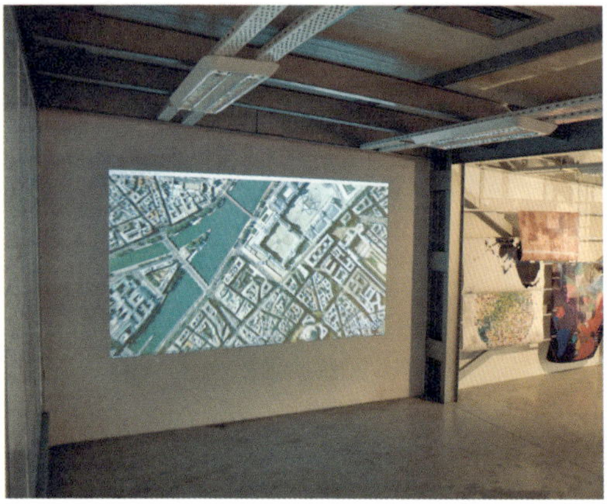

IST 2010_0299

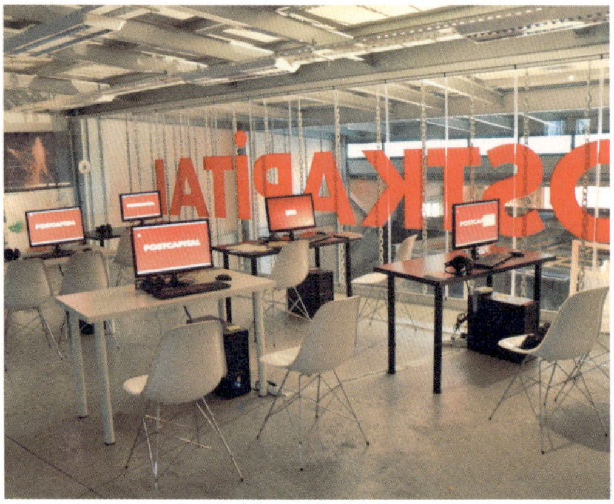

IST 2010_0302

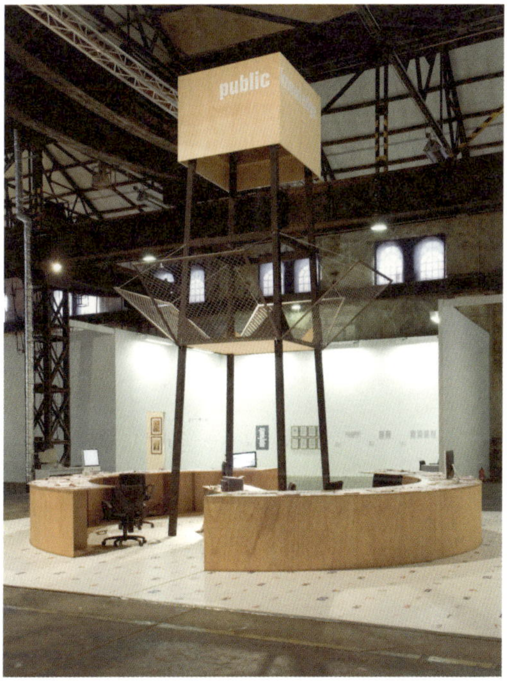

DTM 2008_0391

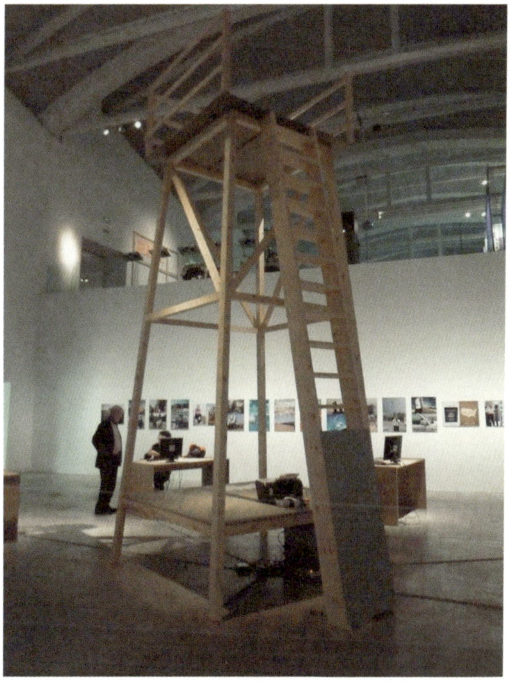

GJN 2010_0391

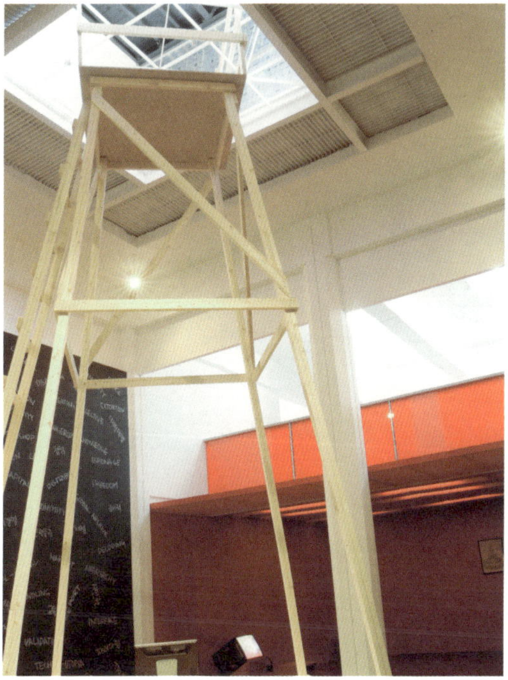

SEO 2010_1005

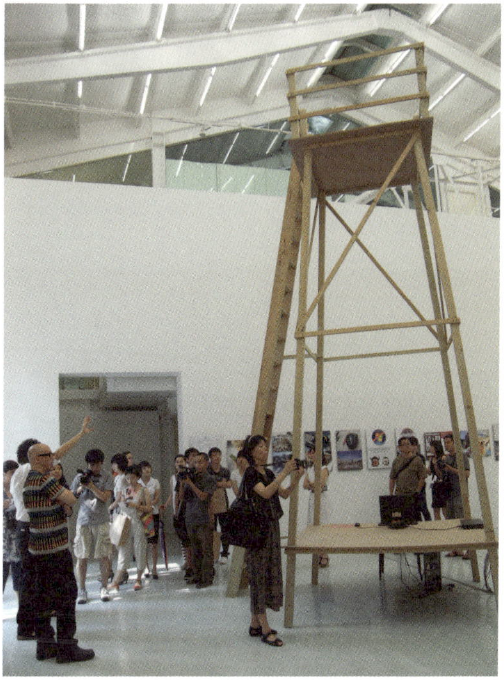

PEK 2009_0149

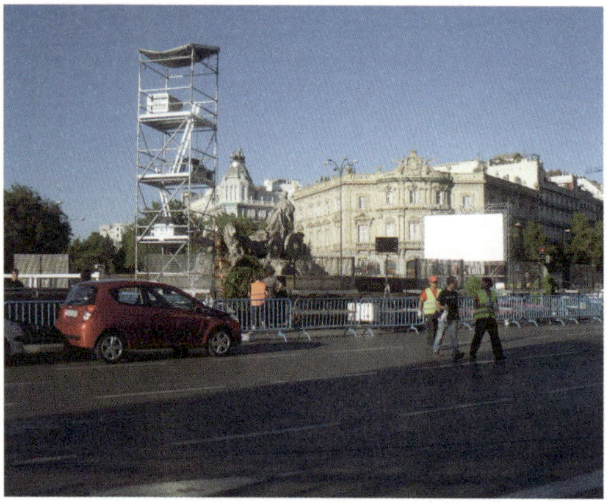

MAD 2010_0709

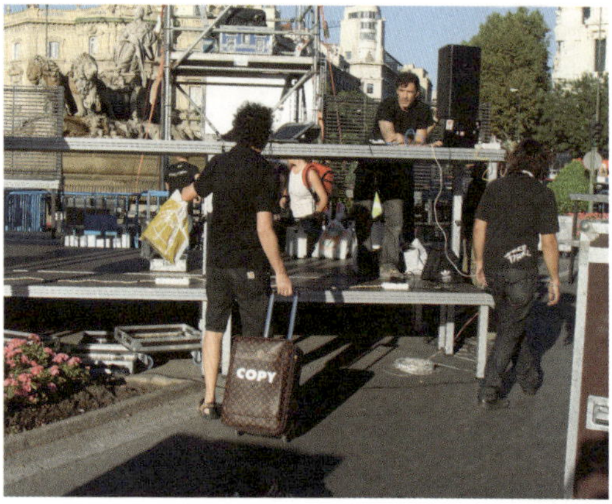

MAD 2010_0718

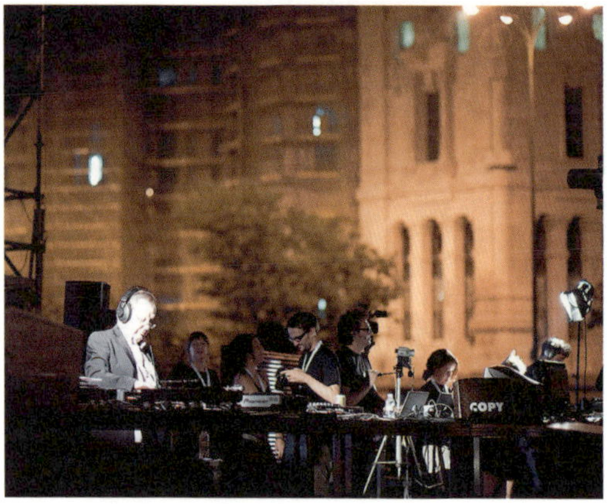

MAD 2010_0740

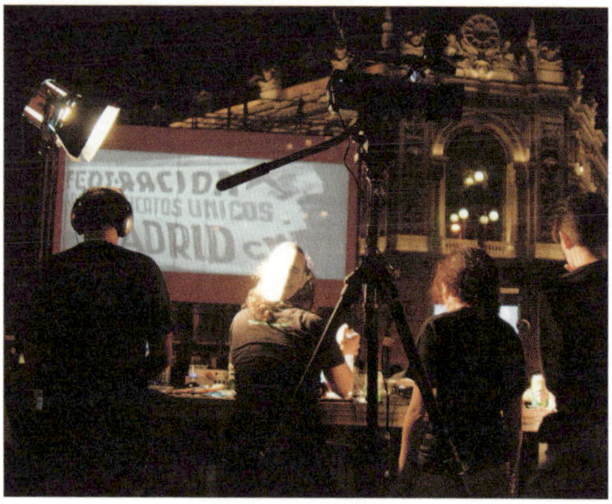

MAD 2010_0744

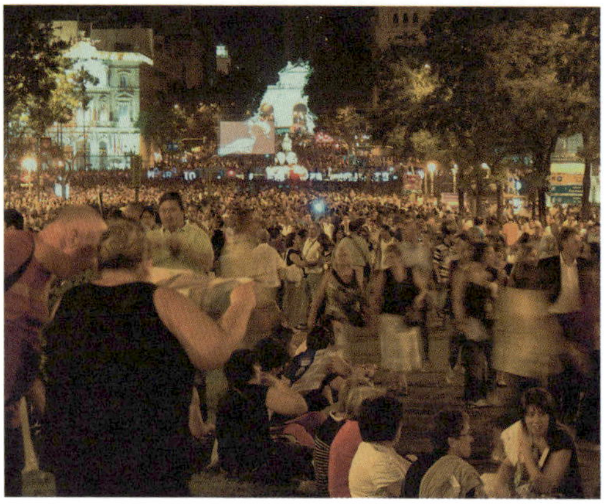

MAD 2010_0757

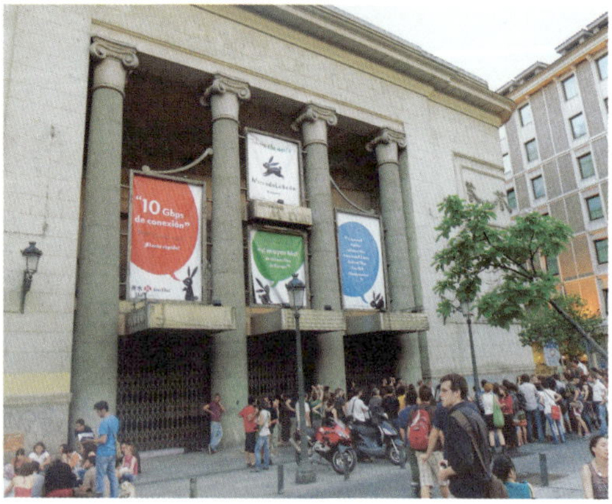

MAD 2010_1068

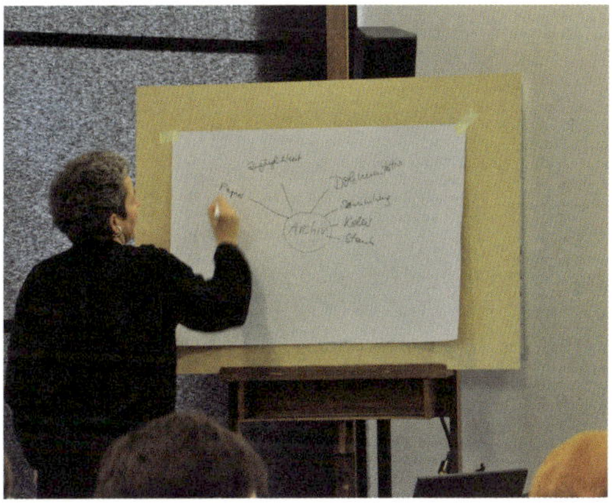

STR 2008_WRK_0154

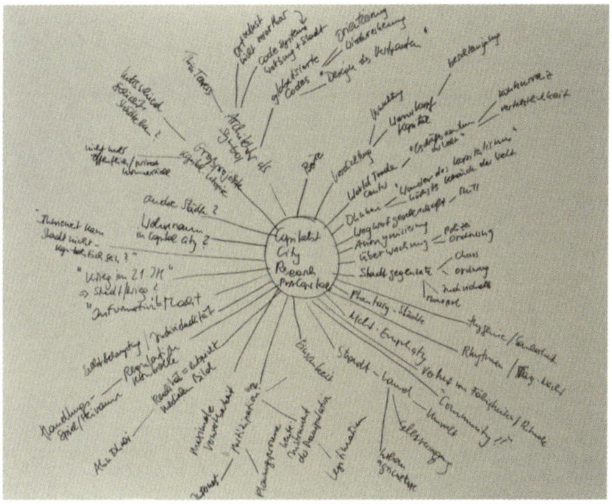

STR 2008_WRK_0158

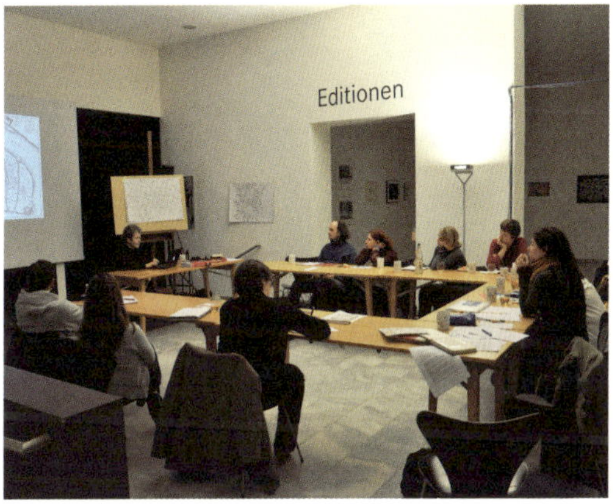

STR 2008_WRK_0182

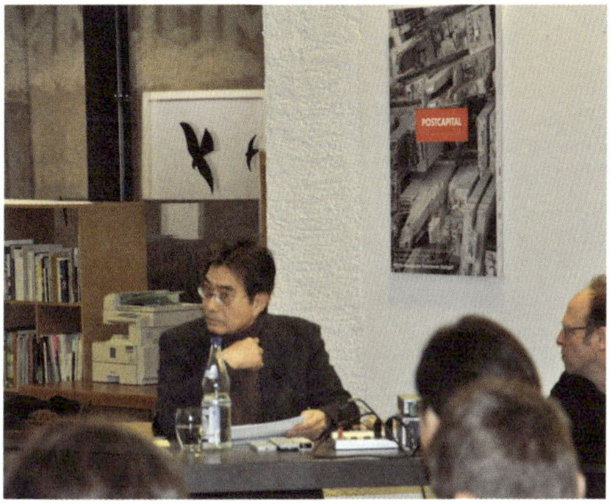

STR 2008_LCT_0241

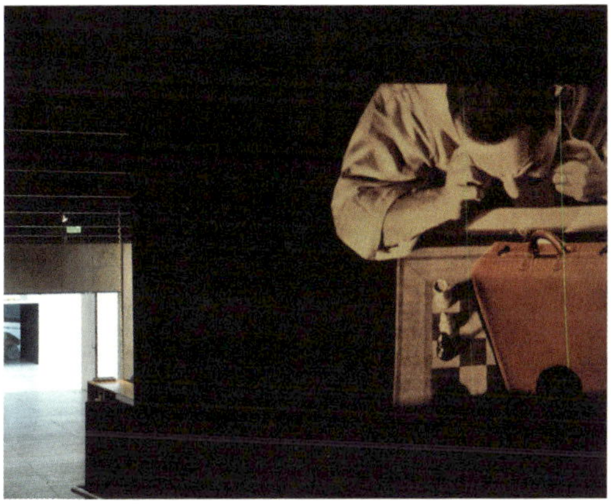

STR 2008_FLM_0071

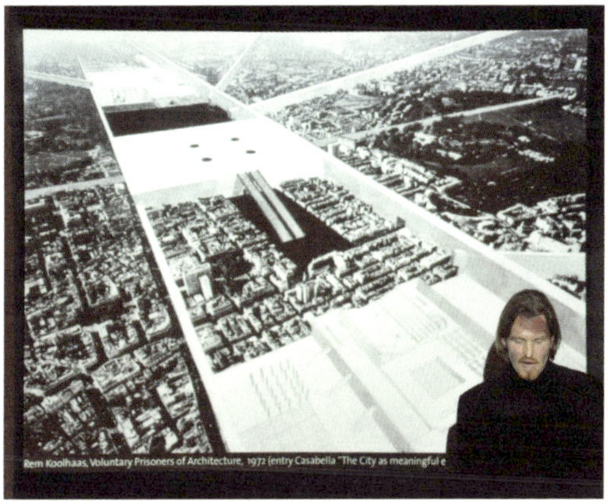

STR 2008_LCT_0093

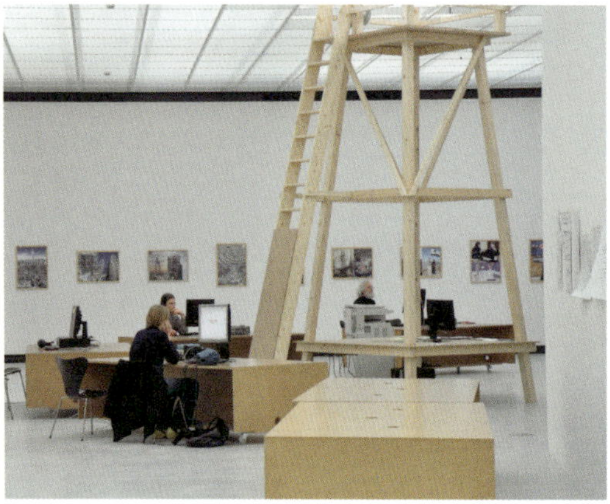

STR 2008_WRK_0251

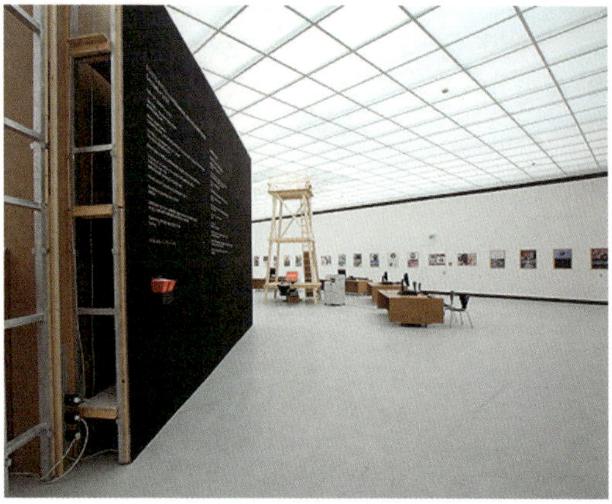

STR 2008_WRK_0251

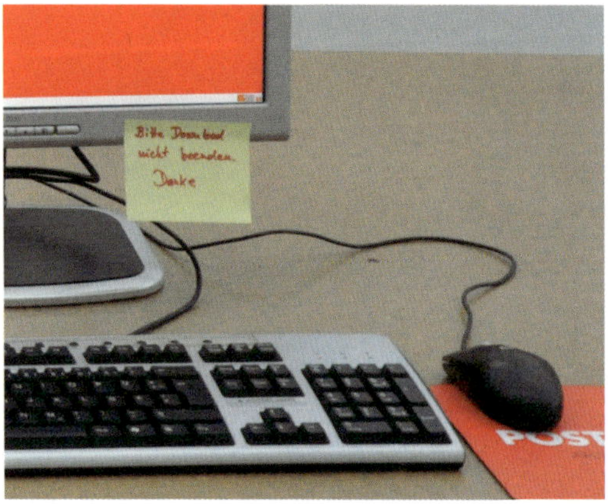

STR 2008_WRK_0270

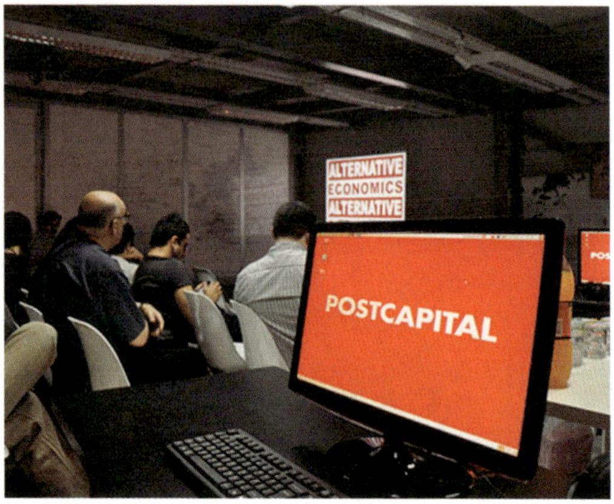

IST 2010_CNF_0053

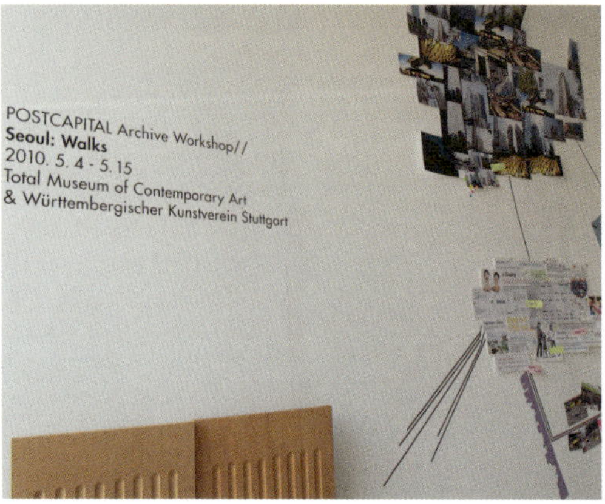

SEO 2010_WRK_0152

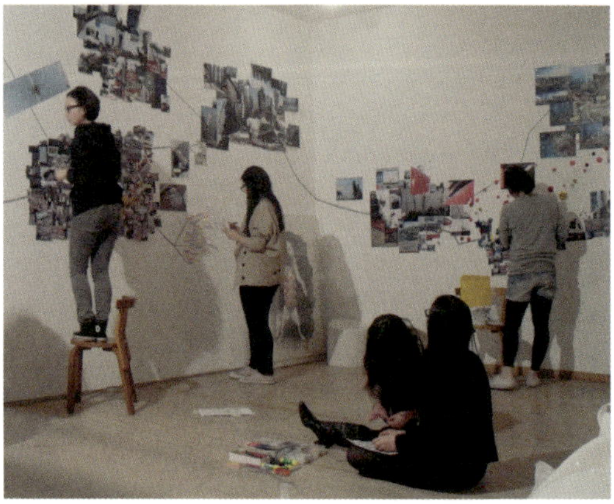

SEO 2010_WRK_0171

TEIL / PART III

DANIEL G. ANDÚJAR
TECHNOLOGIES TO THE PEOPLE

* * *

Kunst und Gemeinschaft in den Projekten von Technologies To The People

TTTP_03512

Trotz der zahlreichen Projekte, die Technologies To The People (TTTP) seit seiner Gründung[1] durchgeführt hat, gibt es zwei Arbeitsfelder, die hier von besonderer Bedeutung sind oder zumindest auf struktureller Ebene im Laufe der Zeit an Relevanz gewonnen haben. Sie betreffen den Bereich der künstlerischen Praxis sowie die diffuse Arena der »Gemeinschaft«. Diese beiden Arbeitsschwerpunkte scheinen zunächst gegenläufig zu sein – und sind es tatsächlich, denn sie richten sich an unterschiedliche Adressaten, erfordern verschiedene Methoden der Ansprache, verlangen jeweils andere Formen der Repräsentation, und es werden dabei letztendlich symbolische Räume erzeugt, die nichts miteinander zu tun haben. Allerdings sollte man die Tatsache, dass sich TTTP auf beide Bereiche aufgeteilt und sie parallel durchlaufen hat, nicht als Zufall deuten. Vielmehr verbirgt sich dahinter eine regelrechte Grundsatzerklärung, die zeigt, inwiefern die von den Kunstinstitutionen nach und nach entwickelten Hierarchien, Protokolle, ihre Sprache und Vermittlungsformen lediglich ein verzerrtes Spiegelbild jener asymmetrischen, ausgrenzenden und elitären Parameter sind, die die heutigen Gesellschaften charakterisieren.

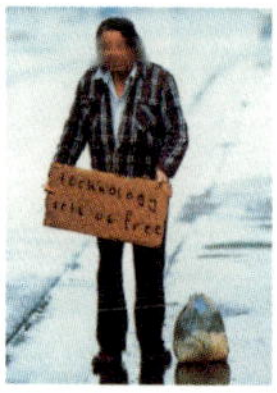

TTTP_02781

Gerade aufgrund dieses Transfers verunsichern viele Projekte von TTTP sowohl die gängige Nomenklatur der Kunstwelt als auch die zahlreichen Nutzer, die ihnen tagtäglich mit ihren Kommentaren, Stellungnahmen und ihrer Anonymität erst Sinn verleihen. So wurde das Spiel mit Ambivalenzen zu einer weiteren Methode, derer sich TTTP bedient, und hat dessen Projekte in einem »entkartografierten« und somit unbequemen und kompromisslosen Raum verortet.

Dennoch gibt es eine Konstante in allen Aktivitäten von TTTP: Kunstpraxis wird hier nicht als spekulative Übung verstanden, sondern als etwas, dessen Bedeutung darin liegt, verschiedene soziale Instrumente, das heißt kollektive, sich selbst regulierende Strukturen zu schaffen, mit denen sich politische Konflikte auf direkte Weise untersuchen lassen und die zugleich alternative Strategien der Gruppen- und Meinungsbildung liefern.

Unterteilt in drei thematische Abschnitte, sollen im Folgenden einige Arbeiten von TTTP vorgestellt werden, die charakteristisch dafür sind, wie hier die Grenzen

1. 1996 gründete Daniel G. Andújar das Unternehmen Technologies To The People (TTTP) im Rahmen des Ausstellungsprojektes *Unfrieden. Sabotage von Wirklichkeiten* im Hamburger Kunstverein und Kunsthaus. Zunächst trat es als ein virtuelles Unternehmen auf, dessen Mission darin bestand, benachteiligten Randgruppen den technischen Fortschritt nahezubringen; eine nebulöse Firma, die sich der abstoßenden Sprache, Identitäts-Marotten und visuellen Archetypen der digitalen Geschäftswelt des Internets bediente. Wichtig in diesem Zusammenhang und zur Verdeutlichung des Kontextes der Entstehung von TTTP ist der Hinweis auf die damals einsetzende, explosionsartige Entwicklung des »Universums« der Informationstechnologie, in dem finanzielle Luftschlösser – börsennotierte Unternehmen, abwegige Projekte oder gänzlich profillose Plattformen – auftauchten, um urplötzlich wieder zu verschwinden, als hätten sie nie existiert. Gleichzeitig begannen sich in jenen Anfängen des Internets Wunschvorstellungen zu etablieren, mit denen auf unkritische Weise die vermeintliche Unabhängigkeit und Wissensdemokratisierung, die man sich damals vom Internet erhoffte, idealisiert wurden, die jedoch letzten Endes nie eingetreten sind. Vor diesem Hintergrund erscheint TTTP, wie eingangs erwähnt, als eine zweischneidige Parodie, das heißt einerseits als irritierende Kehrseite der vermeintlichen »Böswilligkeit« technologischer Korporationen und andererseits als ironischer Gegenpol zu den Aposteln der digitalen Freiheit.

von Radikalität und Interpretation ausgelotet werden und auf welche Weise die Arbeiten dieser Plattform den Betrachter immer wieder irritieren.

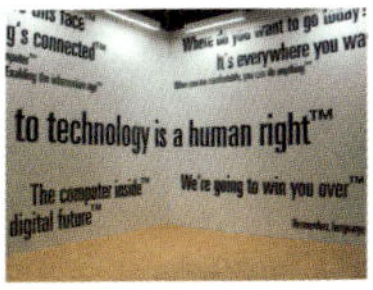

TTTP_46809

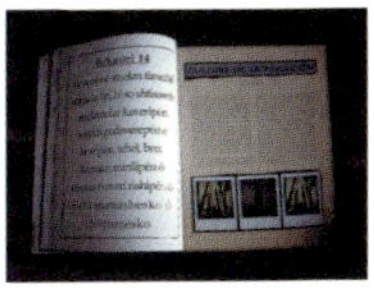

00049

Sprachcodes

Ein zentraler Aspekt des Konzepts, das sich hinter TTTP verbirgt, ist die Auseinandersetzung mit Sprache, die in vielen Projekten im Vordergrund steht. Die Redefinition von Worten oder Begriffen – verstanden als Masken oder Jargons, die es zu entschlüsseln gilt, um ihre tatsächliche politische Bedeutung zu erfassen – scheint bei der Analyse der Praktiken von TTTP bisher eher unbemerkt geblieben zu sein. Dabei wurden bereits im Rahmen eines der ersten Projekte von Daniel G. Andújar, *Soy gitano* (Ich bin ein Zigeuner, 1993), einige die bürgerlichen Grundrechte betreffende Paragrafen der spanischen Verfassung in Romanó-Caló, die Sprache der spanischen Zigeuner, übersetzt und in der Presse sowie im öffentlichen Raum verbreitet. In die gleiche Richtung – und damit paradoxerweise auf die Anfänge zurück – wies die Präsentation von *Postcapital. Archive (1989–2001)* im Iberia-Institut für zeitgenössische Kunst in Peking, in deren Rahmen der sprachkritische Aspekt erneut aufgegriffen wurde: Eine Reihe von Begriffen war hier in chinesischer Sprache auf eine überdimensionale Wand geschrieben worden, die den gesamten hinteren Bereich der Ausstellung einnahm. Diese riesige Schlagwortwolke bildete eine Art semantische Architektur der zahlreichen Ideen des *Postcapital*-Archivs ab, machte aber auch diverse Paradoxa deutlich, wie zum Beispiel die Unmöglichkeit, Begriffe wie *copyleft* angemessen zu übersetzen.

Mit diesem simplen Akt wurde eine entscheidende ideologische und kulturelle Friktion erzeugt, die den Rezeptionsrahmen des Projektes nicht ausblendete, sondern hervorhob, das heißt jenen Punkt, an dem sich hypothetische Identifikationen ergeben und Dissonanzen entstehen.

Ebenfalls um Sprache kreist die Arbeit *Secret* (2007), ein Projekt, das formelhaft und bewusst vieldeutig angelegt war. An verschiedenen öffentlichen Orten in Santiago de Chile wurden Poster verbreitet, deren weißer Hintergrund an eine Fotokopie erinnerte und in deren Mitte das Wort »secret« in durchgestrichener Form erschien. Der physische Akt des Durchstreichens stand symbolhaft für die Freigabe, die Bekanntmachung einer zuvor vertraulichen Information, wodurch neue Interpretations- und Anwendungsmöglichkeiten eröffnet werden. In diesem Sinne lässt sich *Secret* als Sinnbild für die Öffnung der vielen Archive begreifen, die sich unter den verschiedenen politischen Situationen im Laufe der Zeit mit geheimen Daten, Dokumenten und anderem Material angefüllt hatten, die von Meinungsunterdrückung sowie der Verfolgung von Einzelpersonen und Gruppen zeugen. Andererseits stellte *Secret* eine Art ironisches Logo dar, das auf den nahezu »exorzistischen« Umgang der Gesellschaften mit ihren Erinnerungen, ihrer Vergangenheit, ihrer Zukunft, mit den Archetypen ihrer Geschichte und den häufig ebenso klischeehaften Trugbildern, die sie nach außen projizieren, verweist. [S. 310]

Um eine möglichst große öffentliche Verbreitung zu gewährleisten, wurden fünf verschiedene Präsentationsformate gewählt, die jeweils der Art der möglichen Nutzung, dem potenziellen Publikum und den verschiedenen zu bespielenden Orten entsprachen.

So wurden Flugblätter produziert, die eine mehr oder weniger zufällige Streuung erlaubten; es gab großformatige Poster, die zur Intervention einluden und an Werbeplakate erinnerten (deren Botschaft sich jedoch nicht erschloss); außerdem eine Sprühschablone, mit der man sich unmittelbar in die urbane Landschaft von Santiago einschreiben konnte; ein großes Graffito, das an einer Außenwand des Kunstzentrums Matucana 100 angebracht war, sowie ein weiteres Graffito, das im Innenraum desselben Zentrums im Rahmen des Projektes *Barcelona Toolbar* zu sehen war – allerdings nur durch einen schmalen Spalt in einer Seitenwand des Ausstellungsraums. Durch diese Wanderung, die im kontroversen öffentlichen Raum der Stadt begann, erweiterte *Secret* seinen Radius, der von der anonymen Streuung innerhalb des unregulierten Terrains der Straße bis zur Wiederentdekkung im geschützten und überkodierten Raum des Museums reichte.

Die Landschaft der Korruption, das Gedächtnis des Territoriums und die Kontrolle des öffentlichen Raums

Im Jahr 2004 präsentierte TTTP im Rahmen der Ausstellung *Tour-ismes* (Tourismen) in der Antoni Tàpies Stiftung in Barcelona das Projekt *La cultura del ladrillo* (Ziegelsteinkultur), das die gesellschaftlichen Auswirkungen und wirtschaftlichen Ungleichgewichte analysierte, die aus der städtebaulichen Korruption im Landstrich Vega Baja del Segura (Alicante, Spanien)[2] resultieren. Das szenografische Interface des Projektes bestand aus einer eindrucksvollen Installation, die auf das Pathos jener Orte anzuspielen schien, an denen geheime politische Entscheidungen getroffen werden, wo verhandelt und erpresst sowie die moralische Standhaftigkeit auf die Probe gestellt wird. Zehn verzerrte Tonaufnahmen, die über Kopfhörer zu hören waren, gaben verschiedene anonymisierte Korruptionsfälle wieder, bei denen es um die Erpressung von Regierungsvertretern sowie Repräsentanten von Bau- und Immobilienfirmen ging. Dabei traten die diversen auf Angst, Habgier und Amtsmissbrauch beruhenden Strategien der Erpressung deutlich zutage.

Jede einzelne Tonaufnahme wurde anhand eines Fotos, hinter dem sich jeweils die technische Vorrichtung zur Wiedergabe der Aufnahme verbarg, »illustriert«. Diese Bilder zeigten das ganze Ausmaß der »Landschaft der Korruption«: großzügig bewässerte Golfplätze in Gebieten, wo Wasserknappheit herrscht; mit Kasinos übersäte Strände; überdimensionale Wohnkomplexe und Großraumdiskotheken in Gebieten mit stark unterentwickelter kultureller Infrastruktur et cetera.

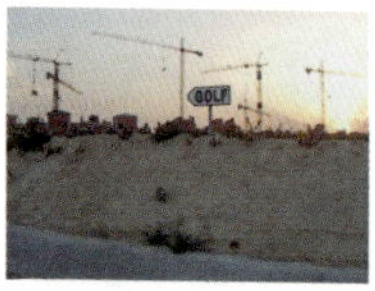

TTTP_20570

Im Eingangsbereich der Installation war, ebenfalls über Kopfhörer, ein typischer Dialog zwischen A und B zu hören, der außerdem als Transkription vorlag. Es handelte sich in diesem Fall um ein nicht anonymisiertes Telefongespräch zwischen dem Unternehmer Salvador Palop und dem damaligen Bürgermeister von Benidorm, Eduardo Zaplana[3]. Im Verlauf dieser abgründigen und grotesken Konversation werden entscheidende Informationen über die verschiedenen Methoden der Geldwäsche und über die Gründung von Scheingesellschaften zur Spurenverwischung enthüllt.

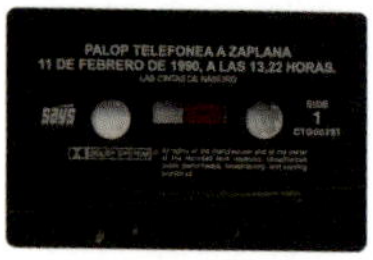

TTTP_20451

An dieser Stelle scheint es angebracht, näher zu beleuchten, welche Auswirkungen *La cultura del ladrillo* auf die unterschiedlichen Kontexte hatte, auf die es an-

---

2. Unglücklicherweise griff diese Arbeit der Zukunft in gewisser Weise voraus. Am 14. Mai 2009 beschuldigte der Oberste Gerichtshof der Autononomieregion Valencia den regionalen Ministerpräsidenten, Francisco Camps, sowie drei weitere hochrangige Parteimitglieder, in die sogenannte »Gürtel-Affäre« verwickelt zu sein. In dieser Korruptionsaffäre sollen Amtsträger der Regierungspartei Partido Popular bestochen worden sein und im Gegenzug millionenschwere öffentliche Bauaufträge erteilt haben (siehe http://de.wikipedia.org/wiki/Caso_G%C3%BCrtel).

3. Eduardo Zaplana wurde später Präsident der Region Valencia sowie Arbeitsminister und Regierungssprecher unter der konservativen Regierung von José María Aznar. Das Oberste Gericht wies die Klage im Zusammenhang mit seiner Verwicklung in die »Naseiro-Affäre«, auf die sich diese Tonaufnahme bezog, ab. Das Abhören dieser Telefongespräche stelle kein gültiges Beweismittel dar, da dadurch die Privatsphäre der mutmaßlichen Verdächtigen verletzt würde [siehe (span.) http://www.losgenoveses.com/Los%20Asuntillos/casonaseiro/naseirocintas.htm].

spielte. Im Rahmen der Ausstellung *Tour-ismes,* die zum Programm des *Forum de las Culturas 2004* (Forum der Kulturen 2004) in Barcelona gehörte, wurde das Projekt als ein skandalöses und schamloses – und unschwer auf die Großveranstaltung des Forums übertragbares – Beispiel für die korrupte Verbindung von Politik und Städtebau gelesen. Das *Forum de las Culturas 2004* wurde von zahlreichen Bürgerinitiativen als Immobilienspekulation unter dem Deckmantel der Kultur bewertet. In Torrevieja hingegen, der Stadt, für die das Projekt ursprünglich konzipiert war und in der wie kaum sonst irgendwo in Spanien die Auswirkungen des Tourismus vom Boom der 1960er-Jahre bis in die Gegenwart hinein sichtbar werden, sorgte das Projekt – paradoxerweise auf rein politischer Ebene – für großen Aufruhr. So forderte eine der Fraktionen im Rathaus der Stadt unter Bezugnahme auf die in der künstlerischen Arbeit verwendeten Daten – die sich jedoch auf keinen konkreten Ort bezogen – die Einsetzung eines Untersuchungsausschusses zur Überprüfung der in *La cultura del ladrillo* verbreiteten Informationen.

Diese doppelten Lesarten sowie die daraus resultierenden Widersprüche sind beispielhaft für die irritierende Wirkung der Projekte von TTTP und machen eine eindeutige Bestimmung ihrer Effekte unmöglich. Häufig stellen sie dabei die unpräzise und zuweilen überladene symbolische Sprache der Kunst und die sprachlichen Wucherungen der Politik einander gegenüber.

Ein weiteres Projekt von TTTP, das sich mit den physischen und symbolischen Szenarien heutiger ideologischer Konflikte auseinandersetzt, ist *e-paisaje* (e-landschaft, 2008), ein interaktives, soziales Tool, das mit den übrigen »e«-Webseiten (e-valencia, e-barcelona, e-sevilla, e-stuttgart, e-norte etc.) zwar verwandt ist, jedoch eine andere Funktion ausübt. Es dient der Kartierung und Bestandsaufnahme von Literatur hinsichtlich ihrer Bedeutung für die Konstruktion von Erinnerung an imaginäre Landschaften. TTTP selbst beschreibt das Projekt folgendermaßen:

e-

TTTP_50271

> Informations- und Kommunikationstechnologien erweitern ständig unser Blickfeld. Das Internet liefert zahlreiche Tools, mit deren Hilfe Satellitenbilder, Karten sowie andere Daten unmittelbar miteinander kombiniert und geografische Informationen aus der ganzen Welt jederzeit von uns abgerufen werden können. In gewisser Weise verändern diese Werkzeuge unser traditionelles Verständnis von Landschaft. Von unserem gewohnten Standort, unserer Wohnung, unserem Zimmer aus fliegen wir über unsere Nachbarn hinweg an einen beliebigen Ort und überqueren dabei Berge, Täler, Flüsse, Straßen, Dörfer, Städte, Gebäude ... e-paisaje.org [...] vermittelt dem Leser weitaus mehr als das, was er bereits aus Büchern kennt – es weitet unseren Blick.

Bestimmte Genres der Mainstream-Literatur bedienen sich physischer Territorien im Wesentlichen zur topografischen Verortung ihrer Erzählung. Dahinter verbirgt sich eine eher klischeehafte Auffassung vom Territorium. Vom Kap Trafalgar des Arturo Pérez Reverte bis zu den Urlaubsparadiesen der Michelin-Reiseführer, vom Barcelona des Ruiz Zafón zum Amazonas des Alberto Vázquez-Figueroa – immer wieder dienen Landschaftsschilderungen der idealistischen Verklärung und Fetischisierung, die oftmals die Erinnerung verfälschen und das Vergessen fördern. *e-paisaje* zielt indes darauf ab, die Beziehung zwischen den Menschen und ihrer Umgebung zu »korrigieren« und ihnen individuelle und spezifische Raumerfahrungen auf mikrohistorischer Ebene mit einem äußerst simplen Werkzeug zu ermöglichen, mit dessen Hilfe der Anwender bekannte Orte auf sehr persönliche Weise neu interpretieren kann. Dabei geht es auch darum, unbequeme Karten aufzuarbeiten, ausgelöschte Jahrestage aufzuzeigen und die Landschaft »auferstehen« zu lassen, das heißt, sie in etwas Lebendiges zu verwandeln, das jenseits rein formalistischer Beschreibungen oder idyllischer Postkartenmotive liegt.

Abschließend soll es um ein Thema gehen, das in den 1990er-Jahren und zu Beginn des darauffolgenden Jahrzehnts zentral für die Aktivitäten von TTTP war: die Sicherheit und Kontrolle des öffentlichen digitalen Raums. An dieser Stelle lassen sich beispielhaft verschiedene Projekte nennen, etwa Daniel G. Andújars Text »Libertad versus Seguridad« (Freiheit versus Sicherheit), ein veritables Manifest über die Überwachung und Zensur im Internet, das im Katalog zur Ausstellung *Securitas* von Joan Fontcuberta veröffentlicht wurde, die Arbeit *Phoney* (1999), die 2001 auf der Transmediale in Berlin mit dem Lux Ziffer#01-Preis ausgezeichnet wurde, sowie *The Power of Security*. Letzteres wurde für die Galerie Visor im selben Jahr realisiert, in dem auch das Internetportal e-valencia.org online ging. Gegenstand der gleichermaßen pathetischen wie irritierenden Installation waren die vielfältigen Ordnungs- und Filtermechanismen der digitalen Welt. Sie bestand schlicht aus den Codes der 20 bekanntesten Computerviren, die einfach auf Papier ausgedruckt und, zusammen mit einem Foto des jeweiligen vermeintlichen Hackers, an den Wänden des Ausstellungsraums angebracht wurden. Bereits der Titel des Projekts stellt den Betrachter vor eine Reihe von Fragen angesichts der restriktiven Maßnahmen, die darauf abzielen, das Netz – vermeintlich zum Schutz des Mediums – zu regulieren und die Freiheiten seiner Nutzer einzuschränken. Das Klischee des »Computer-Terroristen« einschließlich der Mythen, die sich um ihn ranken, wirkte in *The Power of Security* wie eine ironische Umkehrung und rückte die Befragung der eigentlichen Sicherheit im Internet ins Blickfeld. Wer legt seine Parameter und Grenzen fest? Wer bedroht es? Inwieweit wird gegen seine Regeln verstoßen? Und letztlich, in Anlehnung an den Leitspruch von TTTP, *Watch the watcher* – Wer »überwacht den Wächter«?

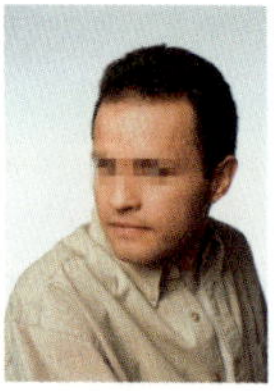

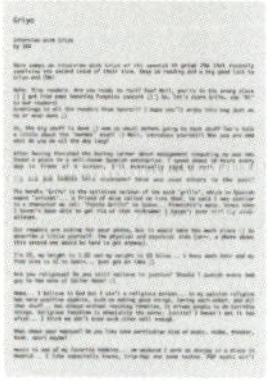

TTTP_69076
TTTP_81523

Kunst als kritisches Paradoxon

Wie bereits eingangs erwähnt, stellt die kritische Auseinandersetzung mit dem Bereich der Kunstpraxis ein zentrales Aktionsfeld für das Wirken von TTTP dar. So lassen sich in diesem Zusammenhang zahlreiche Projekte aufzählen, wie zum Beispiel *Welcome to the NetArt-Ghetto* (1997), *Art Public Keys Database* (1997) und *Art Cryptography Tools* (1997) sowie *NetArt Classics Collection* (1999), *Video Collection* (1998) und *Photo Collection* (1997), die sowohl die Konstruktion ästhetischer Paradigmen als auch die ihnen innewohnenden hierarchischen Archetypen aus unterschiedlichen Blickwinkeln kritisch beleuchten.

In diesem Sinne lassen sich die Arbeiten, die TTTP, Rogelio López Cuenca und Isidoro Valcárcel Medina gemeinsam für das von Álvaro de los Ángeles kuratierte Projekt *Herramientas del arte. Relecturas* (Kunstwerkzeuge. Relektüren, 2008)[4] entwickelten, als eine Art umfassende Rekapitulation der gesellschaftlichen Wahrnehmung von Kunst und Künstler deuten, die in Form eines großen audiovisuellen Atlas vorgestellt wurde. Neben dem Zusammentragen zahlloser Materialien zählte TTTPs Befragung der Rolle der Medien als die neuen »Erzähler« der kommenden Kunst vielleicht zu den zentralen Aspekten der Ausstellung.

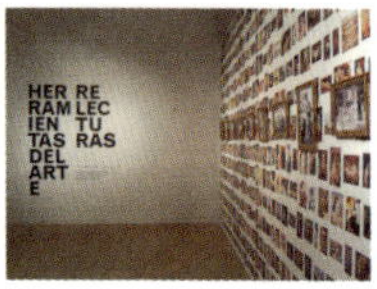

795512

Tatsächlich haben die historiografischen Erzählungen im Laufe der Zeit an Gültigkeit – oder zumindest ihren definitorischen Aszendenten – verloren, denn ihre traditionellen schematischen Kosmogonien wurden verdrängt durch eine überwältigende Flut von Bildern ohne jede Vorstellungskraft, durch Schnappschüsse, die in den Medien bis zum Überdruss gezeigt werden und einer »wortgetreuen« und

4. Dieses Projekt wurde in der Sala Parpalló in Valencia zwischen Juni und September 2008 präsentiert, siehe www.salaparpallo.com/userfiles/file/cast-ing.pdf

oberflächlichen Interpretation von Kunst Vorschub leisten. Den Titel der Ausstellung unmittelbar aufgreifend – das heißt die Frage nach der Funktionalität der künstlerischen Praxis sowie ihren Instrumenten der Konfrontation –, formuliert TTTP die These, dass die Massenmedien möglicherweise nicht nur Kunstgeschichte neu schreiben, sondern auch eine neue soziale Identität des Künstlers schaffen und seinen politischen Diskurs auf ein Minimum reduzieren, um ihn anschließend in den sektenhaft anmutenden, reduktiven Raum des Exzentrischen einzupassen.

Um den Abschnitt über TTTPs Projekte zur Institution Kunst abzuschließen, soll an dieser Stelle eine weitere »Arbeit« erwähnt sein, die zwar nie als solche angesehen wurde, dennoch einige der grundlegenden Fragen, die bisher beleuchtet wurden, widerspiegelt. Gemeint ist das Antwortschreiben von Daniel G. Andújar auf die Einladung zur Teilnahme an der Biennale für Zeitgenössische Kunst 2008 in Sevilla (BIACS 2008)[5]. Der Künstler verweigerte sich der Einladung mit der Begründung, dass er den exklusiven Charakter dieser Art von Veranstaltungen ablehne. Er forderte die Institutionen öffentlich zu einer rigorosen Neubewertung der Kulturpolitik der andalusischen Hauptstadt auf. Angesichts der gegenwärtigen strukturellen Krise der Kunst und des Einflussverlusts der Künstler in gesellschaftspolitischen Debatten ist dieser Texte nicht nur eine aufgebrachte Antwort an die Kuratoren der Ausstellung und eine Absage an ihr Auswahlverfahren, sondern auch ein an die gesamte Kunstgemeinschaft gerichteter Appell, dem Künstler wieder ein Recht auf Stellungnahme zu den Präsentationsformaten und Lesarten seiner Werke zuzubilligen.

Epilog

Dieser Überblick kreiste im Wesentlichen um eine Reihe von Projekten, die aufgrund ihrer kontroversen öffentlichen Rezeption oder aber aufgrund der spezifischen Kontexte, in denen sie entstanden sind, beispielhaft für die verschiedenen Methoden und Formen der Ansprache sind, die TTTP seit seiner Gründung entwickelt hat. Was die Umsetzung seiner Projekte angeht, so sind vor allem die zahlreichen Workshops zu nennen, die Daniel G. Andújar in den vergangenen 15 Jahren im Kunstbetrieb durchgeführt hat. Diese Workshops entsprechen nicht nur einer künstlerischen Praxis, die den eng gefassten Ausstellungsrahmen hinter sich lässt, Konfrontationen einfordert und den direkten Dialog mit dem Publikum sucht, sondern sie ermöglichen auch eine kritische Auseinandersetzung mit den Theorien, Methoden, Stereotypen und Besonderheiten, die die politischen und ästhetischen Räume, in denen sie jeweils stattfinden, prägen.

So sind die Workshops gewissermaßen ein Kapitel für sich, und bei näherer Betrachtung wird deutlich, wie die gesellschaftspolitische Komponente der Arbeit von TTTP im Laufe der Zeit an Vielschichtigkeit gewonnen hat. Gleichzeitig erweitert TTTP beständig seine eigene, sehr spezielle Arbeitsphilosophie, die auf der Entwicklung von horizontalen Strukturen für Meinungsbildung und -äußerung, der Offenlegung gesellschaftlicher Missverhältnisse sowie in der Schaffung von Anreizen zur Errichtung kollektiver, öffentlich zugänglicher Plattformen basiert. Dieser Ansatz lässt sich perfekt mit dem Titel eines TTTP- Workshops auf den Punkt bringen: DO IT TOGETHER[6]. [S. 321-322]

5. Siehe (span.) http://www.danielandujar.org/2008/09/17/invitacion-iii-bienal-internacional-de-arte-contemporaneo-de-sevilla/#more-401

6. Der Workshop DO IT TOGETHER wurde von Daniel G. Andújar seit 2006 unter anderem in Buenos Aires, Granada, Istanbul, Arrecife, Stuttgart, Seoul und Vitoria durchgeführt. Nähere Informationen (span.) unter http://www.danielandujar.org/tag/do-it-together

Art and Community in the Work of Technologies To The People

TTTP_03512

In spite of the numerous projects carried out by Technologies To The People (TTTP) since its inception,[1] two spheres of work stand out as having particular importance within it, or at least as having gradually taken on a certain structural sense: artistic practice and the diffuse "community" arena. These two lines of activity may appear to be conflicting, as in fact they are—their interlocutors are not the same, they require different interpellation methodologies, they demand multiple forms of representation, and they configure totally unrelated symbolic space. But the fact that TTTP has moved through these two fields simultaneously, splitting itself between them, should not be interpreted as simple coincidence. Rather, it can be seen as a declaration of principles that shows up the extent to which the hierarchies, protocols, language, and mediation mechanisms developed by arts institutions are simply a distorted reflection of those other asymmetric, exclusive, elitist parameters arising from contemporary societies.

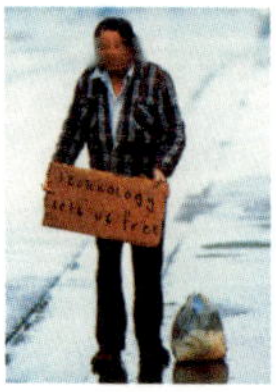

TTTP_02781

This same transfer process means that many TTTP projects disconcert the usual nomenclatures of the art world as well as the numerous users who visit them daily and endow them with meaning through their comments, positions, and anonymity. Ambivalence has thus become another of TTTP's regular mechanisms, taking it into unmapped—and therefore uncomfortable and irreducible—territory.

Nevertheless, one constant runs through all TTTP activities: arts practice is not a speculative exercise, but an activity that makes sense when it manages to construct tools for social use. It reflects collectively self-regulated structures that explore immediate situations of political tension and at the same time offer other possible strategies for grouping-together and opinion.

In three thematic sections, this essay will look at some works by TTTP so as to illustrate how it has explored the edges of radicality, interpretative limitations, and the disorientation often provoked by its work in observers.

Language Codes

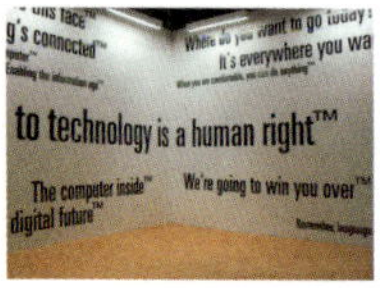

TTTP_46809

One of the key ideas behind TTTP is the linguistic revision hovering in many of its projects. The resignification of words and concepts—understood as masks, as jargon that must be decoded in order for its true political meaning to emerge—seems to have

1. Daniel G. Andújar created Technologies To The People (TTTP) in 1996, as part of the exhibition project *Discord: Sabotage of Realities* at the Kunstverein and Kunsthaus in Hamburg. TTTP initially presented itself as a virtual company dedicated to bringing technological advances to the most disadvantaged, a kind of vague corporation that reproduced the dissuasive language, tics of identity, and visual archetypes associated with commercial companies in the digital field. A key aspect of the context in which TTTP emerged was the "explosion" that was then beginning to affect the information technology universe, with the emergence of financial mirages—companies listed on the stock market, far-fetched initiatives, and platforms that lacked all definition—which attracted a mind-boggling level of media attention and then disappeared without trace. In a parallel process in those early days of the Net, imaginaries began to develop that acritically idealized the supposed independence and democratization of knowledge that the Internet was purportedly to bring, but which, in the end, never arrived. TTTP thus emerges as a parody in the double sense mentioned above, that is, as the disconcerting flip side of the hypothetical evils of technological corporations and also as an ironic counterpoint to the fiery speeches of the apostles of digital freedom.

Echastrí 14
Le sersené sinelan timuñé angla la lirí, bi so shtisarele anglamolar kaveripén sogódi godsverepén e bearipén, tchel, ben, skranko, mizilipén ó varesavó averí rishipén órishi manushesko ó chifrumesko.

00032

gone largely unnoticed in analyses of TTTP procedures, in spite of the fact that one of Daniel G. Andújar's first projects, Soy Gitano (1993, I Am A Gypsy), consisted of introducing several articles of the Spanish constitution dealing with basic citizen rights, translated into Romanian gypsy slang, to the press and into public space. Along these same lines, paradoxically returning to the start, the latest presentation of *Postcapital Archive (1989–2001)*, at the Iberia Center for Contemporary Art in Beijing, took up this questioning of language in a work featuring a panel of concepts written in Chinese and placed on a large wall taking up the back section of the exhibition. This enormous cloud of "tags" operated as a kind of semantic architecture of many of the ideas that feed into the *Postcapital Archive*, but it also posed a series of paradoxes, including, for example, the impossibility of translating terms like "copyleft."

This simple action in itself constituted a significant element of ideological and cultural friction, which emphasized but did not deny the receptive context of the project, the point at which hypothetical identifications are produced and where dissonances develop.

Also within this same linguistic line is Secret (2007), a project that took on a [p. 310]
schematic and intentionally ambiguous form—a poster consisting of a blank sheet, like a photocopy, on which the word "secret" appeared crossed out in the middle—which was disseminated through all kinds of public spaces in Santiago de Chile. The symbolic resonance of the physical gesture of crossing-out was one of release, taking information that had been private until that moment and making it public, opening it up to new uses and new interpretations. In this sense, *Secret* could be seen as a true emblem of the declassification of the many records fattening hidden files during different political situations, secret documents, and other material linked to the repression of ideas and the persecution of individuals and groups. In another sense, *Secret* was a kind of ironic logo referring to the way societies exorcise their memory, their past, their future, the archetypes of their history, and the sometimes equally stereotyped imaginaries that they try to project outward.

In order to optimize its public circulation, the project used five different forms corresponding to its potential uses, hypothetical users, and the various territories to be marked. Thus, there was a print run of pamphlets allowing almost random exchange; a series of larger posters that suggested an advertisement of some kind and invited people to intervene in them; an aerosol stencil for directly marking Santiago's urbanscape; a large graffiti on one of the external walls of the Centro Cultural Matucana 100; and, finally, a graffiti inside *Barcelona Toolbar*, the exhibition that hosted the project, which was only visible through a small opening made in one of the side walls of the exhibition space. With *Secret*, an itinerary that began in the city's disputed public space closed another circuit that went from anonymous circulation in the unregulated territory of the streets to recognition in the protected and hypercodified sphere of the museum.

The Landscape of Corruption, Memory of the Territory, and Control of Public Space

In 2004, as part of the exhibition *Tour-ismes* at the Antoni Tàpies Foundation in Barcelona, TTTP presented *La cultura del ladrillo* (A Brick Culture), a project examining the social consequences and economic disparity arising as a result of corruption linked to urban planning in the Vega Baja del Segura area in the province of Alicante.[2]

2. Regrettably, this work had a certain premonitory aspect. On May 14, 2009, the High Court of the Valencian Community charged the president of the autonomous community, Francisco Camps, and three further high-ranking officials from his government, in relation

The interface of the installation was designed to impress, perhaps in keeping with the expressionist solemnity associated with places in which secret political decisions are made, negotiations and extortions take place, and moral fiber is put to the test. Ten distorted audio recordings, audible through headphones, played back a series of anonymous cases of blackmail involving construction or real estate companies and government officials—a showcase of strategies of fear, avarice, and corruption. Each recording was "illustrated" by a photograph, positioned so as to conceal the technical audio equipment. The images showed the "landscape of corruption" in all its glory: perfectly irrigated golf courses in an area with water shortages, beaches dotted with casinos, monumental housing estates and macro nightclubs in a region without solid cultural infrastructures, et cetera.

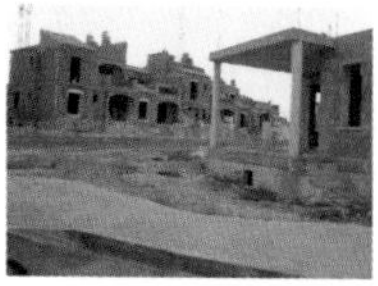

TTTP_20570

Another recording at the entrance to the intervention, audible through headphones but also displayed as a transcription of a generic conversation between A and B, played back a phone conversation—not anonymous this time—between entrepreneur Salvador Palop and the then-mayor of Benidorm, Eduardo Zaplana.[3] This crude, grotesque conversation gradually provided conclusive details of money laundering and the creation of shell corporations that could eliminate all fiscal tracks.

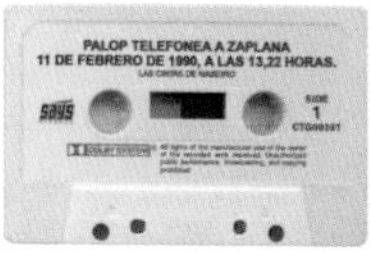

TTTP_20450

In this sense, it is relevant to examine the impact of *La cultura del ladrillo* in the contexts to which it made reference. In the exhibition *Tour-ismes*, which was part of the 2004 Universal Forum of Cultures, the project was interpreted as a scandalous and shameless example of the corrupt links between politics and urban planning, easily extrapolatable to the nature of the macro-event that hosted it, which numerous citizen initiatives saw as a real estate speculation ploy that used culture to legitimize and to hide behind. Meanwhile, in Torrevieja—the town where the project was actually set and one of the places best personifying the impact of tourism in Spain from the boom of the nineteen-sixties right up to the present—the TTTP project caused a stir that paradoxically remained within strictly political bounds. Based on the details provided by the artistic project—which did not refer to any particular place—one of the parliamentary groups in the local council demanded an investigative committee be set up to study the information presented in *La cultura del ladrillo*.

This duplicity of readings and its subsequent contradictions are paradigmatic of the baffled response sparked by TTTP projects, a kind of puzzlement that makes it impossible to determine the exact scope of repercussion of its actions, which often contrasts the imprecise and at times overly symbolic language of art with the linguistic execrableness of the political.

Another project that also illustrates TTTP's approach to the physical and symbolic settings of today's ideological conflicts is *e-paisaje* (2008), an interactive social tool that is related to the other "e-" websites (e-valencia, e-barcelona, e-sevilla, e-stuttgart, e-norte, etc.) but has a different function: to map or inventory the role played by written accounts in the construction of the memory of the landscape imaginary. TTTP's own description of the project is enlightening in this regard:

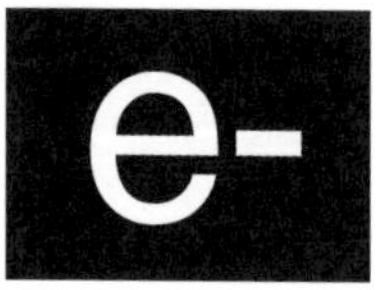

TTTP_50271

to a conspiracy dubbed the "Gürtel case," with claims of bribes being accepted in exchange for real estate contracts worth millions (further details in Spanish at http://es.wikipedia.org/wiki/Caso_Gürtel).

3. Eduardo Zaplana would later become president of the Valencian Community, as well as Employment Minister and a spokesman for the conservative governments of José María Aznar. The High Court dismissed his involvement in the so-called "Naseiro case," to which this recording referred, upon considering these telephone taps void evidence since they violated the intimacy of the alleged accused. See http://www.losgenoveses.com/Los%20Asuntillos/casonaseiro/naseirocintas.htm.

> Information and communication technologies are broadening our points of view; Internet has given rise to tools that combine satellite images, maps and other information that place all the geographical information in the world at our fingertips. In a sense, these tools are transforming landscape references as we know them. From our usual location, our home, our bedroom, we fly over our neighbors to any destination we choose, crossing mountains, valleys, rivers, roads, towns, cities, buildings ... rather than telling readers what they already know from written accounts, e-paisaje.org broadens our gaze.

Indeed, a stereotyped vision of the territory underlies the eminently topographic way in which a certain kind of mainstream literature has used many physical spaces. From Arturo Pérez-Reverte's Trafalgar to the vacation paradises in Michelin guidebooks, from Carlos Ruiz Zafón's Barcelona to Alberto Vázquez-Figueroa's Amazon, landscape narratives have been subject to endless kinds of veneration and fetishism that often distort memory or encourage forgetting. But *e-paisaje* aims to "correct" the relationship between the people and their environment, to encourage individual, specific, micro-historic experiences of space through a very simple tool, which offers users a personal reinterpretation of familiar places. The project is obviously also about restoring awkward cartographies, marking commemorative events that have been wiped out, "embodying" the landscape, that is, making it into something that is lived, remote from formalistic descriptions and idyllic postcards.

Finally, it is worth dwelling for a moment on one of the fundamental themes of TTTP's reflections during the nineteen-nineties and the early years of the following decade: the legacy of security and control of digital public space. Some of the many significant examples that could be mentioned in this regard are "Libertad versus seguridad" (Freedom versus Security), a text by Daniel G. Andújar published in the catalogue for Joan Fontcuberta's exhibition *Securitas* that was ultimately a manifesto on surveillance and censorship; *Phoney* (1999), winner of the 2001 Lux Ziffer#01 award at the Berlin transmediale, and, above all, *The Power of Security.* Created for the Visor Gallery the same year the popular Internet portal *e-valencia* was launched, this project took the form of a solemn and disconcerting installation satirizing the mechanisms that order and filter the digital sphere. It simply consisted of the code for the most popular viruses at the time, printed on paper and hung on the gallery walls next to a hypothetical photograph of the hacker who had developed each of them. Starting with its title, the project posed series of questions regarding the restrictive maneuvers that attempt to regulate the Net and restrict the freedom of its users, under the guise of protecting it. The stereotype of the "computer terrorist" (and its mythical status) operated as a kind of ironic reversal, making it possible to interrogate security on the Internet—what it really consists of, who sets its parameters and its limits, who threatens it, how it is transgressed, and, paraphrasing the TTTP slogan, who "watches the watcher."

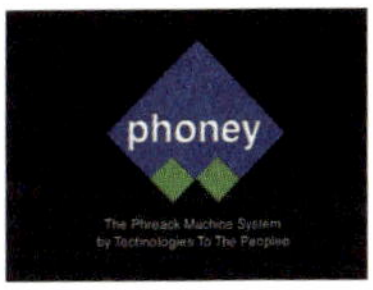

TTTP_02527

Art as Critical Paradox

As already mentioned in the introduction to this essay, arts practice has represented a highly significant field of action throughout the history of TTTP. From *Welcome to the NetArt-Ghetto* (1997) to *Art Public Keys Database* (1997) and *Art Cryptography Tools* (1997), from *NetArt Classics Collection* (1999) to *Video Collection* (1998) and *Photo Collection* (1997), many TTTP projects have taken different approaches to a critical analysis of the construction processes of aesthetic cartographs and their hierarchical archetypes.

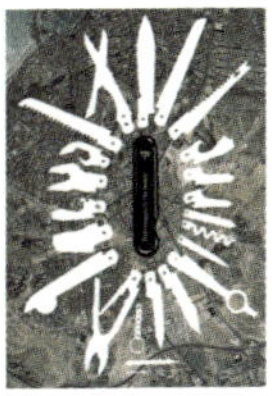
TTTP_10054

In this sense, the works developed by TTTP, along with Rogelio López Cuenca and Isidoro Valcárcel Medina, for the project curated by Álvaro de los Ángeles,

Herramientas del arte: Relecturas (2008, Tools of Art. Rereadings),[4] could be interpreted as a kind of grand recapitulation of how society views art and artists, in the form of a vast audiovisual atlas. Apart from the enormous compilation of documents that made up the exhibition, its most significant aspect may have been TTTP's vision of the media's role as the new storytellers of the future of art and everything related to it.

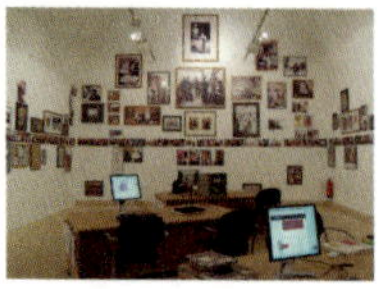

795521

The fact is that historiographic accounts have lost their validity, or at least they now lack a defining antecedent, given that their former, schematic cosmogonies have been replaced by an endless inflation of images without an imaginary, by snapshots reproduced *ad nauseam* in the media, which favor the most literal and superficial interpretations of art. Thus, in a rigorous application of its title, that is, going deeper into the functionality of artistic practice and its tools for confrontation, TTTP puts forward the premise that the mass media may be not only rewriting the memory of art today, but also shaping a new social identity of artists, minimizing their political discourse so that they can fit into the sectarian, reductive space of the eccentric.

And to conclude this section on TTTP projects on the arts institution, it is appropriate to draw attention to a "work" that was never conceived as such but all the same perfectly reflects some of the overall issues explored throughout this essay: the letter that Daniel G. Andújar sent in response to an invitation to participate in the Seville Biennial of Contemporary Art (BIACS 2008).[5] In it, the artist declined to participate in the biennial, questioning the exclusive model of these kinds of events and publicly calling for the institutions to reassess cultural policies in the context of the Andalusian capital. In a period characterized by feeble arts structures and the diminished role of artists in social mediation debates, this text is notable not just as an angry response to the curators of the exhibition and their selection processes, but as a broader appeal to the whole arts community, calling for the restoration of the right of artists to express an opinion on the forms in which their work is exhibited and read.

Epilogue

This critical overview has basically focused on a series of projects which are particularly illustrative of the forms of interpellation and the methodologies that TTTP has developed throughout its activities because of their controversial reception or the peculiarities of the contexts in which they were conceived. In terms of the way in which TTTP projects are executed, it is essential to mention the numerous workshops that Daniel G. Andújar has given over the course of these fifteen years of work in the art field. The workshops don't just respond to a vision of arts practice that goes beyond a purely exhibition-based framework and that avoids mediation and tries to dialogue directly with the audience; they also make up a kind of itinerary for confronting the theories, technical procedures, stereotypes, and singularities determinative for the political and aesthetic spheres of each place where they are held. The workshops therefore form a kind of separate chapter, and exploring them reveals how TTTP has been adding complexity to the social functionality of its work, while at the same time "inoculating" its own, particular operational philosophy, based on the construction of horizontal tools for opinion and interpellation, the unmasking of citizen disparity, and the incentivization of collective platforms for public participation, which could be summed up by a slogan that TTTP used for one of its workshops: DO IT TOGETHER.[6]

[pp. 321-322]

4. This project was presented at Sala Parpalló, Valencia, between June and September 2008. For more information, see http://www.herramientasdelarte.org.

5. See http://www.danielandujar.org/2008/09/17/invitacion-iii-bienal-internacional-de-arte-contemporaneo-de-sevilla/#more-401.

6. The workshop DO IT TOGETHER has been put on by Daniel G. Andújar since 2006 in Buenos Aires, Granada, Istanbul, Arrecife, Stuttgart, Seoul, and Vitoria, among others. For more information, see http://www.danielandujar.org/tag/do-it-together/.

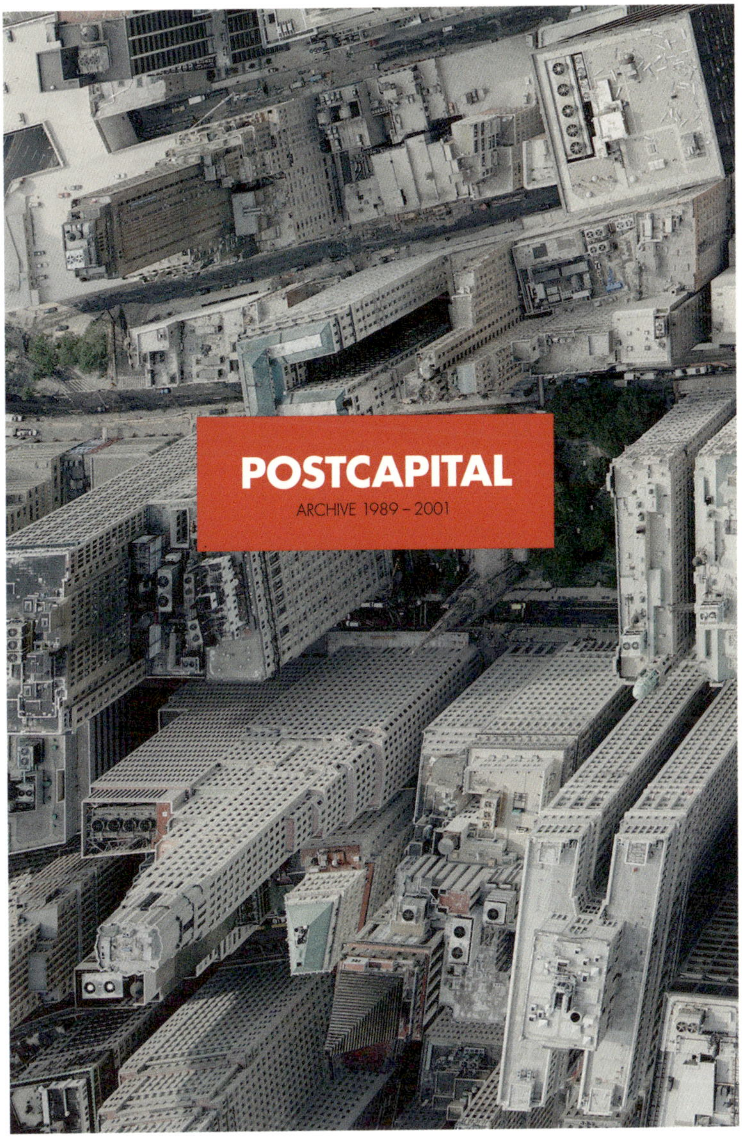
POSTCAPITAL
ARCHIVE 1989 - 2001

GLOSSAR / GLOSSARY

Quelle: de.wikipedia.org
Source: en.wikipedia.org

9/11 Mysteries

9/11 Mysteries ist ein im Jahr 2006 produzierter Dokumentarfilm über die Zerstörung mehrerer Gebäude des World Trade Centers in New York am 11. September 2001. Ursprünglich im Internet publiziert, wurde er bis Mitte 2007 etwa 2,7 Millionen Mal abgerufen. Der Film zeigt eine von der offiziellen Darstellung abweichende Sichtweise zu den Ereignissen am 11. September 2001. Er geht der Frage nach, ob tatsächlich allein die Einschläge der beiden Flugzeuge in die Gebäude WTC 1 und WTC 2 und die darauf folgenden Brände verantwortlich für die Zerstörungen gewesen sein können. Anhand verschiedener Videoaufnahmen, Aufzeichnungen von Funksprüchen der Einsatzkräfte und Interviews werden mehrere Aspekte der offiziellen Erklärungen hinterfragt.

911 Mysteries is a careful deconstruction of the official story set alongside clean, clear science. It is ninety-minutes of pure demolition evidence and analysis, laced with eye opening witness testimonials. The 9/11 picture is one of strict and simple physics: How do you get a 10-second, 110-story pancake collapse of a major structure? This is also the story of blasting itself; how shaped charges are strategically placed to slice through steel beams, allowing total control of how a building falls.

Archiv / Archive

Unter einem Archiv versteht man eine Institution oder Organisationseinheit, in der Unterlagen erfasst, erschlossen, erhalten, ausgewertet und zugänglich gemacht werden. Im übertragenen Sinne bezeichnet es auch das Gebäude. Die Ordnung und Verzeichnung des Archivguts erfolgt in Facharchiven heute nach dem Provenienzprinzip (Herkunft), während im 19. Jahrhundert das Pertinenzprinzip (Sachbegriffe) weit verbreitet war, das die Unterlagen ohne Rücksicht auf ihren Entstehungszusammenhang organisierte. Ein aus dem Zusammenhang gerissenes Schriftstück hat erheblich geringere Aussagekraft als ein Schriftstück, das in seinem Kontext belassen wurde.

Archives are made up of records which have been accumulated over the course of an individual or organization's lifetime. Archival records are normally unpublished and almost always unique, unlike books or magazines, in which many identical copies exist. This means that archives (the places) are quite distinct from libraries with regard to their functions and organization, although archival collections can often be found within library buildings.

Bibliothek / Library

Der Begriff »Bibliothek« steht für eine öffentliche Einrichtung, für einen Ort, ein Gebäude, für eine geordnete und benutzbare Sammlung von Büchern und anderen publizierten Medien und Informationen, schließlich auch für eine solche Sammlung selbst. Die Bezeichnung Bibliothek wird gelegentlich auch für andere Informationssammlungen wie Websites, Datenbanken oder einzelne Bücher bzw. Buchreihen benutzt.

A library is a collection of information, sources, resources, and services, and the structure in which it is housed: it is organized for use and maintained by a public body, an institution, or a private individual. In the more traditional sense, a library is a collection of books. However, with the collection of media other than books for storing information, many libraries are now also repositories and access points for maps, prints, or other documents and works of art on various storage media such as microform, audio tapes, CDs, LPs, cassettes, videotapes, and DVDs. Thus, modern libraries are increasingly being redefined as places to get unrestricted access to information in many formats and from many sources.

Das Kapital / Capital

Das Kapital. Kritik der politischen Ökonomie, eines der Hauptwerke von Karl Marx, ist eine Analyse und Kritik der kapitalistischen Gesellschaft mit weitreichenden Wirkungen in der Arbeiterbewegung und der Geschichte des 20. Jahrhunderts.
Nach Jahrzehnten ökonomischer Studien und diversen Vorarbeiten (v. a. *Zur Kritik der Politischen Ökonomie*, 1859) erschien 1867 der erste Band: *Der Produktionsprozess des Kapitals.* Friedrich Engels stellte nach Marx' Tod 1883 aus dessen Manuskripten zwei weitere Bände zusammen und veröffentlichte diese als Band II: *Der Zirkulationsprozess des Kapitals* 1885, und Band III: *Der Gesamtprozess der kapitalistischen Produktion*, 1894.

Das Kapital (*Capital*, in the English translation) is an extensive treatise on political economy written in German by Karl Marx and edited in part by Friedrich Engels. The book is a critical analysis of capitalism and its practical economic application and also, in part, a critique of other related theories. Its first volume was published in 1867.

DDR / GDR

Die Deutsche Demokratische Republik (DDR) war ein Staat in Mitteleuropa und bestand von 1949 bis 1990. Die Gründung der DDR am 7. Oktober 1949 auf dem Gebiet der Sowjetischen Besatzungszone erfolgte vier Jahre nach dem Ende des Zweiten Weltkrieges auf Betreiben der Sowjetunion. Im staatlichen Selbstverständnis nach 1952 wurde die DDR als erster deutscher »sozialistischer Staat der Arbeiter und Bauern« charakterisiert. Insbesondere nach dem Mauerbau 1961 wurden anfänglich enthaltene föderale und demokratische Elemente im Staatsaufbau aufgegeben und der »Aufbau des Sozialismus« nach den Vorgaben der SED durchgeführt. Die Existenz der DDR wurde zum 3. Oktober 1990 mit der Deutschen Wiedervereinigung beendet.

The German Democratic Republic (GDR) was a self-declared socialist state (but often referred to in the West as a "communist state") created in the Soviet Zone of occupied Germany and the Soviet sector of occupied Berlin. East Germany existed from October 7, 1949 until October 3, 1990, when its re-established states acceded to the adjacent Federal Republic of Germany (West Germany), thus producing the current form of the state of Germany.

Dienstag, 11. September 1973 – Chile / Tuesday, September 11, 1973 – Chile

Militärputsch in Chile: Die demokratisch gewählte Regierung Salvador Allende fällt einem vom US-amerikanischen Auslandsgeheimdienst CIA initiierten und unterstützten Putsch unter der Führung Augusto Pinochets zum Opfer. Allende begeht in seinem von der chilenischen Luftwaffe bombardierten Präsidentenpalast Selbstmord. Den putschenden Militärs fallen in den ersten Tagen etwa 3.000 Chilenen zum Opfer.

Chile's democratically-elected government is overthrown in a military coup after serious instability. President Salvador Allende commits suicide during the coup in the presidential palace, and General Augusto Pinochet heads a U.S.-backed military junta that will govern Chile for the next 16 years.

Dienstag, 11. September 2001 – USA / Tuesday, September 11, 2001 – USA

Anschläge auf das World Trade Center in New York und das Pentagon in Arlington

Attacks at the World Trade Center in New York City, The Pentagon in Arlington, Virginia, and in rural Shanksville, Pennsylvania.

Internationale

Die Internationale ist das weltweit am weitesten verbreitete Kampflied der sozialistischen Arbeiterbewegung, die sich ideologisch – gemäß dem marxistischen Motto »Proletarier aller Länder, vereinigt euch!« – dem proletarischen Internationalismus verpflichtet sieht. Der ursprünglich französische Text stammt von Eugène Pottier, einem Dichter und aktiven Beteiligten der Pariser Kommune von März bis Mai 1871, der ersten als proletarisch-sozialistisch geltenden Revolution. Die Melodie des Liedes wurde 1888 vom Belgier Pierre Degeyter komponiert.

The Internationale is a famous socialist, communist, social-democratic and anarchist anthem and one of the most widely recognized songs in the world. *The Internationale* became the anthem of international socialism. Its original French refrain is "C'est la lutte finale /

Groupons-nous et demain / L'Internationale / Sera le genre humain." (Freely translated: "This is the final struggle / Let us join together and tomorrow / The Internationale / Will be the human race.") *The Internationale* has been translated into many of the world's languages. Traditionally it is sung with the hand raised in a clenched fist salute. *The Internationale* is sung not only by communists but also (in many countries) by socialists or social democrats, as well as anarchists.

Kapitalismus / Capitalism

Unter Kapitalismus wird eine Wirtschaftsordnung verstanden, die auf Privateigentum und Marktwirtschaft beruht. In der deutschen Wirtschaftswissenschaft wird statt des oft wertend gebrauchten Wortes weitgehend die Bezeichnung Marktwirtschaft synonym verwendet. Der Begriff Kapitalismus wird oft historisierend gebraucht und bezeichnet in diesem Falle eine Epoche der Wirtschaftsgeschichte, die in Europa mit dem Fernhandel im ausgehenden Mittelalter begann und den Merkantilismus und die in Zünften organisierte Stadtwirtschaft ablöste. Zur zunehmenden Entfaltung kam der Kapitalismus seit der Industrialisierung im 18. Jahrhundert.

Capitalism is an economic system and a form of society, in which resources and enterprises are controlled by private power. In a capitalist system, private control of these enterprises is protected by the law. A capitalist political system protects the exchange and distribution of capital between legal or private persons, which are driven by competition and profit-maximization, and where investments, distribution, income, production and pricing of goods, commodities and services are predominantly determined through the operation of a market economy in which anyone can participate.

Kartografie / Cartography

Kartografie ist die Wissenschaft und Technik, raumbezogene Informationen mit analogen und digitalen Verfahren in unterschiedlichen Medien zu vermitteln und insbesondere zu veranschaulichen. Darstellungsgegenstände der Kartografie sind die Erde und ihre Oberfläche, aber auch Planeten und andere Himmelskörper. Insbesondere die Erdoberfläche mit ihren vielfältigen topografischen Gegebenheiten, ihren geowissenschaftlichen und infrastrukturellen Sachverhalten und mit ihren sozialen, politischen und historischen Prozessen fordert die Kartografie zu großer Methodenvielfalt heraus.

Cartography is the study and practice of making representations of the Earth on a flat surface. Cartography combines science, aesthetics, and technical ability to create a balanced and readable representation that is capable of communicating information effectively and quickly. Cartographic representation involves the use of symbols and lines to illustrate geographic phenomena. This can aid in visualizing space in an abstract and portable format. The cartographic process rests on the premise that the world is measurable and that we can make reliable representations or models of that reality.

Kommunismus / Communism

Kommunismus (vom lateinischen communis = gemeinsam) bezeichnet das politische Ziel einer klassenlosen Gesellschaft, in der das Privateigentum an Produktionsmitteln aufgehoben ist und das erwirtschaftete Sozialprodukt gesellschaftlich angeeignet wird, das heißt, allen Menschen gleichermaßen zugänglich ist.

Communism is a socioeconomic structure and political ideology that promotes the establishment of an egalitarian, classless society based on common ownership of the means of production and property in general. Karl Marx posited that communism would be the final stage in human society, evolving into a classless, stateless society of "pure communism." Communism is usually considered to be a branch of socialism, a broad group of social and political ideologies, which draws on the various political and intellectual movements with origins in the work of theorists of the Industrial Revolution and the French Revolution. Communism attempts to offer an alternative to the problems believed to be inherent with capitalist economies and the legacy of imperialism and nationalism.

Manifest der Kommunistischen Partei / The Communist Manifesto

Das *Manifest der Kommunistischen Partei* wurde von Karl Marx und Friedrich Engels 1847 im Auftrag des Bundes der Kommunisten verfasst und ist am 21. Februar 1848 in London erschienen, zeitgleich zur Februarrevolution in Frankreich und kurze Zeit vor der Märzrevolution im Deutschen Bund und den zu dessen größten Staaten Österreich und Preußen gehörenden Gebieten außerhalb des Bundes. Das Programm, in dem Marx und Engels bereits große Teile der später als »Marxismus« bezeichneten Weltanschauung entwickeln, beginnt mit dem heute geflügelten Wort: »Ein Gespenst geht um in Europa – das Gespenst des Kommunismus« und endet mit dem bekannten Aufruf: »Proletarier aller Länder, vereinigt euch!«

The Communist Manifesto was first published on February 21, 1848, and is one of the world's most influential political manuscripts. Commissioned by the Communist League and written by communist theorists Karl Marx and Friedrich Engels, it laid out the League's purposes and program. The Manifesto suggested a course of action for a proletarian (working class) revolution to overthrow the bourgeois social order and to eventually bring about a classless and stateless society, and the abolition of private property.

Marxismus / Marxism

Marxismus ist eine Sammelbezeichnung für die von Karl Marx gemeinsam mit Friedrich Engels im 19. Jahrhundert entwickelte Wirtschafts- und Gesellschaftstheorie sowie für unterschiedliche damit verbundene philosophische und politische Ansichten. Der Marxismus gilt als einflussreichste Strömung des Sozialismus und Kommunismus. Im weiteren Sinne werden die unterschiedlichsten Personen und Denkrichtungen, die sich positiv auf Marx berufen, dem Marxismus zugerechnet. Seine theoretischen Wurzeln hat der Marxismus in der klassischen deutschen Philosophie, der klassischen Nationalökonomie und im französischen Frühsozialismus sowie bei den Historikern der französischen Restauration.

Marxism is the political philosophy and practice derived from the work of Karl Marx and Friedrich Engels. Any political practice or theory that is based on an interpretation of the works of Marx and Engels may be called Marxism. A theoretical presence of Marxist approaches in western academic fields of research is present in the disciplines of anthropology, media studies, theater, history, Sociological theory, economics, literary criticism, aesthetics, and philosophy.

Sozialismus / Socialism

Der Sozialismus ist eine der im 19. Jahrhundert entstandenen drei großen politischen Ideologien neben dem Liberalismus und Konservatismus. Der Begriff umfasst von Parlamentarismus und Demokratie akzeptierenden sozialdemokratischen, nur reformerischen Bewegungen bis zu revolutionär entstandenen, kommunistisch-totalitären Systemen viele Varianten. Sozialisten vertreten meist eine Gesellschaftsauffassung, die im Privateigentum der Produktionsmittel die Wurzel des Übels sieht. Hauptkritikpunkte am Sozialismus waren und sind die geringe Effizienz staatlich regulierter sozialistischer Wirtschaftssysteme (Planwirtschaft) sowie eine mangelhafte Garantie von Grundrechten und Rechtsstaatlichkeit.

Socialism refers to a broad set of economic theories of social organization advocating state or collective ownership and administration of the means of production and distribution of goods, and the creation of an egalitarian society. Modern socialism originated in the late nineteenth-century working class political movement. Karl Marx posited that socialism would be achieved via class struggle and a proletarian revolution which represents the transitional stage between capitalism and communism.

Stasi

Das Ministerium für Staatssicherheit (MfS) (auch Stasi genannt) war der Inlands- und Auslandsgeheimdienst der DDR und zugleich Ermittlungsbehörde für »politische Straftaten«. Das MfS war vor allem ein innenpolitisches Unterdrückungs- und Überwachungsinstrument der SED, das dem Machterhalt diente. Dabei setzte es neben massiver Überwachung und Einschüchterung auch Terror und Folter gegen Oppositionelle und Regimekritiker als Mittel ein. Das MfS wurde am 8. Februar 1950 gegründet. Der Sprachgebrauch der SED, der das MfS als »Schild und Schwert der Partei« bezeichnete, beschreibt die ihm zugedachte Funktion im politisch-ideologischen System der DDR.

The Ministerium für Staatssicherheit (Ministry for State Security), commonly known as the Stasi, was the official secret police of East Germany. The MfS was headquartered in East Berlin, with an extensive complex in Berlin-Lichtenberg and several smaller facilities throughout the city. It was widely regarded as one of the most effective and repressive intelligence and secret police agencies in the world. The MfS motto was »Schild und Schwert der Partei« (Shield and Sword of the Party), showing its connections to the Socialist Unity Party of Germany (SED), the equivalent to the Communist Party of the Soviet Union.

REFERENZEN / REFERENCES

Verwendete Literatur und historische Referenzen / Associated Literature and Historical References

1848

Karl Marx, Friedrich Engels, *Manifest der Kommunistischen Partei* (The Communist Manifesto), 1848

1867

Karl Marx, *Das Kapital* (Capital), Band / Volume I, 1867
[Band II (1885) und Band III (1894) posthum publiziert von Friedrich Engels / Volume II (1885) and Volume III (1894) published posthumously by Friedrich Engels]

1878

Friedrich Nietzsche, *Menschliches, Allzumenschliches. Ein Buch für freie Geister* (Human, All Too Human), 1878–1880

1888

Pierre Degeyter komponiert *Die Internationale* / Pierre Degeyter composes *The Internationale*

1902

Gabriel Tarde, *Psychologie économique*, Paris 1902

1906

Erste Ausgabe der US-amerikanischen Gewerkschaftszeitung *Industrial Worker* / First edition of the U.S. union newspaper *Industrial Worker*

1908

Gilbert Keith Chesterton, *The Man Who Was Thursday*, 1908
(dt. / Ger.: *Der Mann, der Donnerstag war*, München / Munich 1910)

1917

Oktoberrevolution in Russland / October Revolution in Russia

1944

In den USA wird die G. I. Bill of Rights erlassen / The G. I. Bill of Rights is enacted in the USA

1951

Sutherland (John) Productions, Inc., *Meet King Joe*, Zeichentrickfilm / animated feature, USA 1951

1954

Sutherland (John) Productions, Inc., *It's Everybody's Business*, Zeichentrickfilm / animated feature, USA 1954

1957

Roland Barthes, *Mythologies*, Paris 1957
(dt. / Ger.: *Mythen des Alltags*, Frankfurt/M. 1964, Auszug / excerpt; Vollständige Ausgabe / Complete edition Berlin 2010; eng. / Eng.: *Mythologies*, New York 1972)

1967

Gabriel García Márquez, *Cien años de soledad*, Buenos Aires 1967
(dt. / Ger.: *Hundert Jahre Einsamkeit*, Frankfurt/M. 1970; eng. / Eng.: *One Hundred Years of Solitude*, New York, London 1970)

1968

Prager Frühling / Prague Spring

Pariser Mai / May 1968 in France

Massaker in Tlatelolco / Massacre in Tlatelolco

Niederlage der Guerrilla in Lateinamerika / Defeat of the guerillas in Latin America

Tod von Marcel Duchamp / Death of Marcel Duchamp

1970

Giorgio Agamben, *L'uomo senza contenuto*, Mailand / Milan 1970
(dt. / Ger.: *Der Mensch ohne Inhalt*, Frankfurt/M. 2011, geplant / planned; eng. / Eng.: *The Man Without Content*, Stanford, CA 1999)

1973

Putsch in Chile, Machtübernahme von Diktator Augusto Pinochet / Coup d'etat in Chile, takeover of dictator Augusto Pinochet

1978

Don DeLillo, *Running Dog*, New York 1978
(dt. / Ger.: *Bluthunde*, Köln / Cologne 1999)

1980

Paul Virilio, *Esthétique de la disparition*, Paris 1980
(dt. / Ger.: *Ästhetik des Verschwindens*, Berlin 1986; eng. / Eng.: *The Aesthetics of Disappearance*, New York 1991)

Ted Turner gründet den Nachrichtensender CNN / Ted Turner founds CNN

1981

Jean Baudrillard, *Simulacres et simulation*, Paris 1981
(eng. / Eng.: *Simulacra and Simulation*, Michigan 1994)

1985

Ernesto Laclau, Chantal Mouffe, *Hegemony and Socialist Strategy: Towards a Radical Democratic Politics*, London 1985
(dt. / Ger.: *Hegemonie und Demokratie. Zur Dekonstruktion des Marxismus*, Wien / Vienna 1991)

Das Windows-Betriebssystems kommt auf den Markt / The Windows operating system is brought to the market

1988

Milorad Pavić, *Predeo slikan čajem*, Beograd / Belgrade 1988
(dt. / Ger.: *Landschaft in Tee gemalt*, München / Munich, Wien / Vienna 1991; eng. / Eng.: *Landscape Painted With Tea*, New York 1991)

1989

George H. W. Bush wird Präsident der USA / George H. W. Bush is inaugurated as president of the USA

Fall der Berliner Mauer / Fall of the Berlin Wall

Revolutionen in Rumänien, Ungarn und Jugoslawien / Revolutions in Romania, Hungary, and Yugoslavia

Niederschlagung des Volksaufstands in China / Violent abolition of the people's revolt in China

Slobodan Milošević wird Präsident der jugoslawischen Teilrepublik Serbien / Slobodan Milošević is inaugurated as president of the constituent republic within Yugoslavia

US-Streitkräfte marschieren in Panama ein / U.S. military invasion in Panama.

Der Öltanker Exxon Valdez havariert vor Alaska / Exxon Valdez goes aground in Alaska

Ende der Militärdiktatur in Chile / End of the military dictatorship in Chile

Ende der Militärdiktatur in Brasilien / End of the military dictatorship in Brazil

Nintendo bringt den ersten Game Boy auf den Markt / Nintendo brings first Game Boy to the market

Am Genfer Institut CERN werden die Grundsteine für das World Wide Web gelegt / At the Genevan institute CERN the foundations for the World Wide Web are being laid

1990

Deutschland, Frankreich, Belgien, die Niederlande und Luxemburg unterzeichnen das Schengener Abkommen / Germany, France, Belgium, the Netherlands, and Luxemburg sign the Schengen Agreement

1991

Vertragsunterzeichnung für das Guggenheim Museum Bilbao / Legal agreement for the Guggenheim Museum Bilbao

Beginn der Operation Desert Storm / Beginning of the Operation Desert Storm

Kroatienkrieg / War in Croatia

Bürgerkrieg in Sierra Leone (bis 2002) / Civil War in Sierra Leone (until 2002)

1992

Francis Fukuyama, *The End of History and the Last Man*, New York 1992 (dt. / Ger.: *Das Ende der Geschichte*, München / Munich 1992)

Bosnienkrieg / War in Bosnia

1993

Jacques Derrida, *Spectres de Marx: l'état de la dette, le travail du deuil et la nouvelle Internationale*, Paris 1993 (dt. / Ger.: *Marx' Gespenster. Der Staat der Schuld, die Trauerarbeit und die neue Internationale*, Frankfurt/M. 2004; eng. / Eng.: *Specters of Marx: The State of the Debt, the Work of Mourning, and the New International*, New York, London 1994)

Peter F. Drucker, *Post-capitalist Society*, New York 1993 (dt. / Ger.: *Die postkapitalistisch Gesellschaft*, Düsseldorf, Wien / Vienna, New York, Moskau / Moscow 1993)

Masao Miyoshi, »A Borderless World? From Colonialism to Transnationalism and the Decline of the Nation-State«, in: *Critical Inquiry*, Nr. 19.4, Chicago 1993, S. / pp. 726–751 (dt. / Ger.: »Eine Welt ohne Grenzen? Vom Kolonialismus zum Transnationalismus und zum Niedergang des Nationalstaates«, in: *Politics-Poetics. Das Buch zur Documenta X*, Ausst.-Kat. / exh. cat. Documenta X, Kassel, Ostfildern 1997, S. / pp. 182–202)

Sprengstoffattentat auf das World Trade Center / Bomb attack at World Trade Center

1994

Miguel Morey, *Deseo de ser piel roja*, Barcelona 1994

Milorad Pavić, *Hazarski rečnik. Roman-leksikon u 100.000 reci*, Männliche und weibliche Ausgabe / male and female edition, Beograd / Belgrade 1984 (dt. / Ger.: *Das chasarische Wörterbuch. Ein Romanlexikon in 100.000 Wörtern*, München, Wien / Munich, Vienna 1988; eng. / Eng.: *Dictionary of the Khazars, a Novel-lexicon in 100.000 Words*, New York 1989)

Der Nordamerikanische Freihandelsvertrag (NAFTA) zwischen den USA, Kanada und Mexiko wird geschlossen / The North American Free Trade Agreement is signed between the USA, Canada, and Mexico

Völkermord in Ruanda / Genocide in Rwanda

1995

Giorgio Agamben, *Homo sacer. Il potere sovrano e la nuda vita*, Turin 1995 (dt. / Ger.: *Homo sacer. Die Souveränität der Macht und das nackte Leben*, Frankfurt/M. 2002; eng. / Eng.: *Homo Sacer: Sovereign Power and Bare Life*, Stanford, CA 1998)

Jean Baudrillard, *Le Crime parfait*, Paris 1995 (dt. / Ger.: *Das perfekte Verbrechen*, München / Munich 1996; eng. / Eng.: *The Perfect Crime*, London 1995)

Karl-Josef Pazzini, »Reliquie – Ein Aufzeichnungsmedium?«, in: Erik Porath (Hrsg. / ed.), *Aufzeichnung und Analyse. Theorien und Techniken des Gedächtnisses*, Würzburg 1995

Netscape geht an die Börse. Beginn der New-Economy-Euphorie / Netscape goes public. Starting point of the New Economy euphoria

1996

Giorgio Agamben, *Mezzi senza fine. Note sulla politica*, Turin 1996 (dt. / Ger.: *Mittel ohne Zweck. Noten zur Politik*, Zürich / Zurich, Berlin 2001; eng. / Eng.: *Means Without End: Notes of Politics*, Minneapolis 2000)

J. K. Gibson-Graham, *The End of Capitalism (As We Knew It): A Feminist Critique of Political Economy*, Oxford, UK, Cambridge, MA 1996

Pierre Veltz, *Mondialisation, villes et territoires. L'économie d'archipel*, Paris 1996

Der Emir von Katar, Scheich Hamad bin Chalifa Al Thani, gründet den Sender Al Jazeera / The emir of Qatar, sheik Hamad bin Chalifa Al Thani, founds Al Jazeera

Daniel G. Andújar gründet Technologies To The People / Daniel G. Andújar founds Technologies To The People

1998

Giorgio Agamben, *Quel che resta di Auschwitz. L'archivio e il testimone*, Turin 1998 (dt. / Ger.: *Was von Auschwitz bleibt. Das Archiv und der Zeuge*, Frankfurt/M. 2003; eng. / Eng.: *Remnants of Auschwitz: The Witness and the Archive*, New York 1999)

Thomas Atzert (Hrsg. / ed.), *Umherschweifende Produzenten. Immaterielle Arbeit und Subversion*, Berlin 1998

Maurizio Lazzarato, »Immaterielle Arbeit. Gesellschaftliche Tätigkeit unter den Bedingungen des Postfordismus«, in: Thomas Atzert (Hrsg. / ed.), *Umherschweifende Produzenten. Immaterielle Arbeit und Subversion*, Berlin 1998

Maurizio Lazzarato, »Verwertung und Kommunikation. Der Zyklus immaterieller Produktion«, in: Thomas Atzert (Hrsg. / ed.), *Umherschweifende Produzenten. Immaterielle Arbeit und Subversion*, Berlin 1998

1999

Luc Boltanski, Eve Chiapello, *Le nouvel esprit du capitalisme*, Paris 1999 (dt. / Ger.: *Der neue Geist des Kapitalismus*, Konstanz 2003; eng. / Eng.: *The New Spirit of Capitalism*, London, New York 2005)

Maurizio Lazzarato, »Europäische Kulturtradition und neue Formen der Produktion und der Zirkulation des Wissens«, in: Justin Hoffmann, Marion von Osten (Hrsg. / eds.), *Das Phantom sucht seinen Mörder. Ein Reader zur Kulturalisierung der Ökonomie*, Berlin 1999 (eng. / Eng.: "European Cultural Tradition and the New Forms of Production and Circulation of Knowledge," in *Money Nations*, http://www.moneynations.ch/topics/euroland/text/lazzarato.htm, 1999)

Peter Sloterdijk, *Regeln für den Menschenpark. Ein Antwortschreiben zum Brief über den Humanismus*, Frankfurt/M. 1999 (eng. / Eng.: "Rules for the Human Zoo: A Response to the Letter on Humanism", in: *Environment and Planning D: Society and Space* 27, Nr. 1, 2009)

Kosovokrieg / War in Kosovo

2000

Tate Modern in London eröffnet / Tate Modern is opened in London

2001

George W. Bush wird Präsident der USA / George W. Bush is inaugurated as president of the USA

Erste e-Plattform von Daniel G. Andújar / TTTP: e-Valencia / First e-platform by Daniel G. Andújar / TTTP: e-Valencia

Attentate in den USA / Attacks in the USA

Bilanzfälschungsskandal des US-amerikanischen Energiekonzerns Enron / Scandal involving the accounting fraud perpetrated by the energy conglomerate Enron

2003

Weltweite Proteste gegen den Eintritt in den Irakkrieg / Worldwide protests against entering into war with Iraq

Treffen zwischen Tony Blair, José María Aznar, George W. Bush und José Manuel Barroso im Militärflughafen Lajes auf den Azoren / Meeting between Tony Blair, José María Aznar, George W. Bush, and José Manuel Barroso at the military airport Lajes at the Azores

Beginn des Krieges im Irak / Beginning of the war in Iraq

2004

Paul Virilio, *Ville panique: ailleurs commence ici*, Paris 2004
(dt. / Ger.: *Panische Stadt*, Wien / Vienna 2007; eng. / Eng.: *City of Panic*, Oxford 2005)

Die Computerspiele *Kuma-War* und *Full Spectrum Warrior* erscheinen / The computer games *Kuma-War* and *Full Spectrum Warrior* are launched

2005

Thomas L. Friedman, *The World Is Flat: A Brief History of the Twenty-first Century*, New York 2005
(dt. / Ger.: *Die Welt ist flach. Eine kurze Geschichte des 21. Jahrhunderts*, Frankfurt/M. 2006)

Anna Maria Guasch, Joseba Zulaika (Hrsg. / ed.), *Learning from the Bilbao Guggenheim*, Center for Basque Studies, Reno, Navada 2005

David Harvey, *Spaces of Neoliberalization: Towards a Theory of Uneven Geographical Development*, Stuttgart 2005
(dt. / Ger.: *Räume der Neoliberalisierung. Zur Theorie der ungleichen Entwicklung*, Hamburg 2007)

John Holden, »The Cultural Value of Tate Modern«, in: Tate Modern (Hrsg. / ed.), *Tate Modern. The First Five Years*, London 2005

Antonio Orejudo, *Reconstrucción*, Barcelona 2005
(dt. / Ger.: *Feuertäufer*, München / Munich 2006)

Jon Snow, »Reaching Out«, in: Tate Modern (Hrsg. / ed.), *Tate Modern. The First Five Years*, London 2005

Joseba Zulaika, »Desiring Bilbao. The Krensification of the Museum and Its Discontents«, in: Anna Maria Guasch, Joseba Zulaika (Hrsg. / ed.), *Learning from the Bilbao Guggenheim*, Center for Basque Studies, Reno, Navada 2005, S. / pp. 149–170
[dt. / Ger.: (Auszüge / excerpts) »Bilbao begehren. Die Krensifizierung des Museums und das damit verbundene Unbehagen«, in: *On Difference #3. Raumpolitiken*, hrsg. von / edited by Iris Dressler, Hans D. Christ, Ausst.-Kat. / exh. cat. Württembergischer Kunstverein Stuttgart, Stuttgart 2007, S. / pp. 447-454]

Die Computerspiele *Close Combat. First to Fight*, *Virtual Iraq* und *Tahta al-Hisar* (Under Siege) erscheinen / The computer games *Close Combat: First to Fight*, *Virtual Iraq*, and *Tahta al-Hisar* (Under Siege) are launched

Mohammed-Karikaturen-Streit / Muhammad cartoons controversy

2006

Mike Davis, *Planet of Slums*, London, New York 2006
(dt. / Ger.: *Planet der Slums*, Hamburg, Berlin 2007)

Iván de la Nuez, *Postcapital. Crítica del Futuro*, Barcelona 2006

Dan Fesperman, *The Prisoner of Guantanamo*, New York 2006

Frederick Forsyth, *The Afghan*
(dt. / Ger. *Der Afghane*), Spielfilm / feature film, 2006

J. K. Gibson-Graham, *A Postcapitalist Politics*, Minneapolis 2006

Vít Šisler, »Digital Intifada«, in: *Umělec*, englische Ausgabe / English edition, Heft / issue 1, 2006, S. / pp. 77–81

Michael Winterbottom, Mat Whitecross, *The Road to Guantánamo*, Doku-Drama / documentary, 2006

2007

Iván de la Nuez, »Our (Imperfect) Man in Havana«, in: *Stan Douglas. Past Imperfect. Werke / Works 1986–2007*, hrsg. von / edited by Hans D. Christ und / and Iris Dressler, Ausst.-Kat. / exh. cat. Württembergischer Kunstverein Stuttgart und / and Staatsgalerie Stuttgart 2007–2008, (Englische und deutsche Ausgabe / English and German edition) Ostfildern 2007, S. / pp. 95–107

2008

Daniel G. Andújar, »Dialogue between Álvaro de los Ángeles and Daniel G. Andújar«, in: *Herramientas del arte. Relecturas*, Ausst.-Kat. / exh. cat. Sala Parpalló, Valencia 2008

Vít Šisler, »Digital Arabs. Representation in Video Games«, in: *European Journal of Cultural Studies*, Band / Vol. 11, Nr. 2, SAGE Publications, 2008

Das Finanzinstitut Lehman Brothers meldet Insolvenz an / Bankruptcy of the Lehman Brothers financial institution

2009

Barak Hussein Obama wird Präsident der USA / Barak Hussein Obama is inaugurated as president of the USA

2010

Álvaro de los Ángeles (Hrsg. / ed.), *El arte en cuestión*, Valencia 2010

Václav Bělohradský, »Manifest für eine Gesellschaft des Unwohlseins. Zusammengesetzt aus den letzten Texten von Václav Bělohradský und ausgewählten Beispielen aus Daniel G. Andújars Projekt *Postcapital Archive*«, in: *Umělec (Umbewertung der Umbewertung)*, deutsche Ausgabe, Heft 1, 2010, S. 76–109

Václav Bělohradský, "Manifiesto for a Society of Uneasiness. A Compilation of Final Texts by Václav Bělohradský and a Selection of Examples from Daniel G. Andújar's Project *Postcapital Archive*," *Umělec (A Reevaluation of Reevaluations)*, English edition, issue 1 (2010), pp. 76–109

Antke Engel, »Desire For / Within Economic Transformation«, in: *e-flux Journal*, Nr. 17, 2010

»Fidel Castro übt Selbstkritik«, in: *Zeit Online*, 9.9.2010

Jeffrey Goldberg, »Fidel: ›Cuban Model Doesn't Even Work For Us Anymore‹«, in: *The Atlantic*, 8.9.2010

Marion von Osten, »Editorial. In Search of the Postcapitalist Self«, in: dies. (Hrsg.), *e-flux Journal*, Nr. 17, 2010

Paul Virilio, Laure Noualhat, »On a embouti le mur du temps«, Interview mit / interview with Paul Virilio, in: *Libération*, 25.5.2010

Polizeieinsatz eskaliert bei einer Demonstration gegen Stuttgart 21 im Stuttgarter Schlosspark / Violent police operation escalates during a demonstration against Stuttgart 21 at Stuttgart's Schlosspark

»Flash Crash« an der New Yorker Börse / "Flash Crash" at Wall Street

Explosion der Ölbohrplattform Deepwater Horizon / Explosion of the oil drilling rig Deepwater Horizon

Aufstände im Iran / Uprising in Iran

2011

Revolutionen in Tunesien und Ägypten / Revolutions in Tunisia and Egypt

Aufstände in Libyen, Jemen, Bahrain, Syrien … / Uprisings in Libya, Yemen, Bahrain, Syria …

Reaktorkatastrophe in Japan / Nuclear catastrophe in Japan

Osama bin Laden wird in Pakistan von einer Spezialeinheit der U.S. Navy exekutiert / In Pakistan special U.S. Navy forces execute Osama bin Laden

POSTCAPITAL. CHRONOLOGIE / CHRONOLOGY

Projekte / Projects

2011

Postcapital. Timeline
Im Rahmen der Ausstellung / In conjunction with the exhibition
Sin realidad no hay utopía
CAAC. Centro Andaluz de Arte Contemporáneo, Sevilla
KuratorInnen / Curators: Mariano Navarro, Alicia Murría, Juan Antonio Álvarez Reyes

Postcapital. Honor
Im Rahmen der Ausstellung / In conjunction with the exhibition
Video(S)torias
ARTIUM. Centro-Museo Vasco de Arte Contemporáneo, Vitoria-Gasteiz
KuratorInnen / Curators: Imma Prieto, Blanca de la Torre

Postcapital. Left and Right
Im Rahmen der Ausstellung / In conjunction with the exhibition
Y mañana qué...
Trayecto Galería, Vitoria-Gasteiz
Kurator / Curator: Fernando Pradilla

2010

Postcapital. Timeline
Im Rahmen der Ausstellung / In conjunction with the exhibition
The Archivist's Impatience
The Loft at Lower Parel, Mumbai
Kurator / Curator: Shaheen Merali

Postcapital. Timeline
National Museum of Contemporary Art, Goyang Studio, Seoul
Kuratorin / Curator: Nathalie Boseul Shin

Postcapital. Archivo Madrid
Im Rahmen von / In conjunction with *La Noche en Blanco*, Madrid
Kuratoren / Curators: Basurama

Postcapital. Archive (1989–2001)
Total Museum of Contemporary Art, Seoul
In Zusammenarbeit mit / In collaboration with Württembergischer Kunstverein Stuttgart
KuratorInnen / Curators: Nathalie Boseul Shin, Hans D. Christ

Extensionen / Extensions
Exkurs / Exkursus
Walks and Digressions, Seoul, Gwangju, Daechu-Ri
Von / By Hans D. Chist

Workshop
Von / By Daniel G. Andújar, Hans D. Christ

Postkapital. Arşiv (1989–2001)
OPAL Contemporary Art Space, Istanbul
Kuratorin / Curator: Başak Şenova

Postcapital. Timeline
Insert
In: *Umělec (Umbewertung der Umbewertung / A Reevaluation of Reevaluations)*, englische und deutsche Ausgabe / English and German edition, Heft / issue 1, 2010, mit / with: Václav Bělohradský

Postcapital. Borders / Library (2006–2009)
Im Rahmen der Ausstellung / In conjunction with the exhibition
Angel of History
LABoral, Centro de Arte y Creación Industrial, Gijón
KuratorInnen / Curators: Steve Dietz, Christiane Paul

Postcapital. Archive (1989–2001)
Im Rahmen der Ausstellung / In conjunction with the exhibition
The Unavowable Community
Bòlit-LaRambla, Girona
Kurator / Curator: Valentín Roma

Postcapital. Honor
Espai Visor Gallery, Valencia
Kurator / Curator: Mira Bernabeu

2009

Postcapital. Archive (1989–2001)
Iberia Art Center, Peking / Beijing
In Kooperation mit / In collaboration with Württembergischer Kunstverein Stuttgart
und / and
Centro de Arte Tomàs y Valiente, Fuenlabrada
Kurator / Curator: Valentín Roma

Postcapital. Honor
Im Rahmen der Ausstellung / In conjunction with the exhibition
Trapped in Amber. Angst for a Reenacted Decade
UKS (The Young Artists Society), Oslo
KuratorInnen / Curators: Helga-Marie Nordby, Bassam el Baroni

Postcapital. The Wall
Videovorführung im Rahmen von / Video screening in conjunction with
Multitud Singular. El arte de resistir
Museo Nacional de Arte Reina Sofía, Madrid
Kuratorin / Curator: Berta Sichel

Postcapital. Die Mauer
Weserburg | Museum für moderne Kunst, Studienzentrum für Künstlerpublikationen
Kuratorin / Curator: Anne Thurmann-Jajes

Postcapital. Archive (1989–2001)
Im Rahmen der Ausstellung / In conjunction with the exhibition
The Unavowable Community
53. Biennale von Venedig / 53th Venice Biennial, Katalanischer Pavillon / Catalan Pavilion, Venedig / Venice
Mit / with: Archivo F. X. / Pedro G. Romero, Sitesize
Koproduzent / Coproducer (*Postcapital*): Württembergischer Kunstverein Stuttgart
Kurator / Curator: Valentín Roma

Postcapital. Archive (1989–2001)
Case Study
In: Başak Şenova (Hrsg. / ed.), *Lapses /*3*, Istanbul 2009, hrsg. im Rahmen der Ausstellung / ed. in conjunction with the exhibition *Lapses*, 53. Biennale von Venedig / 53th Venice Biennial, Türkischer Pavillon / Turkish Pavilion, Venedig / Venice
Mit / with: Hans D. Christ, Iris Dressler, Başak Şenova

2008

Postcapital. Archive (1989–2001)
Württembergischer Kunstverein Stuttgart
KuratorInnen / Curators: Hans D. Christ, Iris Dressler

Extensionen / Extensions
Siehe Programm / See program, S. / p. 343

Postcapital. Library
Im Rahmen der Ausstellung / In conjunction with the exhibition
Anna Kournikova Deleted By Memeright Trusted System. Kunst im Zeitalter des Geistigen Eigentums (Art in the Age of Intellectual Property)
Hartware MedienKunstVerein, Dortmund
KuratorInnen / Curators: Inke Arns, Francis Hunger

Postcapital. The War
Im Rahmen der Ausstellung / In conjunction with the exhibition
La mediation du conflit / Mediating Conflict
Maison de la Culture du Plateau Mont-Royal, Montreal
Kuratorin / Curator: Sylvie Lacerte

Postcapital. The War
Im Rahmen von / In conjunction with
2nd Biennial 01SJ, Global Festival of Art on the Edge, Zero1
San José, Kalifornien / California
Kurator / Curator: Steve Dietz

Postcapital. The War
Im Rahmen der Ausstellung / In conjunction with the exhibition
Close Window. Refresh
Senko Studio, Viborg
Kuratorin / Curator: Annette Finnsdottir

2007

Postcapital. Secret
Im Rahmen der Ausstellung / In conjunction with the exhibition
Barcelona Toolbar
Matucana 100, Santiago de Chile
Kurator / Curator: Valentín Roma

2006

Postcapital. Politics, the City, Money
Mit / With Carlos Garaicoa, Iván de la Nuez

Palau de la Virreina, Barcelona
Kuratoren / Curators: Daniel G. Andújar, Carlos Garaicoa, Iván de la Nuez

Extensionen / Extensions

Publikation / Publication
Iván de la Nuez, *Postcapital. Crítica del Futuro*, Barcelona 2006

Nebenprojekte / Side Projects

Circâre
Ein Projekt von / A project by Hangar und / and Technologies To The People

PostcapitalMovies
Ein Projekt von / A project by Roberto Therón und / and Rodrigo Santamaría
Basierend auf dem Projekt *MovieOverlapper* der Gruppe / Based on the project *MovieOverlapper* by the group VisUsal, University of Salamanca

Texte zu / Writings on *Postcapital. Archive (1989–2001)*

Hans D. Christ, Iris Dressler, Başak Şenova, »Archiving Lapses«, Gespräch / Conversation, in: Başak Şenova (Hrsg. / ed.), *Lapses /*3*, Istanbul 2009 (englisch-türkisch, English-Turkish), S. / pp. 144–153

Steve Dietz, Daniel G. Andújar und andere / et al., »What is (Not) Progress?«, in: *Feedforward. The Angel of History*, hrsg. von / edited by Steve Dietz, Christiane Paul, Ausst.-Kat. / exh. cat. LABoral, Centro de Arte y Creación Industrial, Gijón 2010, S. / pp. 156–65

Iris Dressler, »Postcapital. Archive (1989–2001)«, in: Başak Şenova (Hrsg. / ed.), *Lapses /*3*, Istanbul 2009, (englisch-türkisch, English-Turkish), S. / pp. 134–44

Iris Dressler, Daniel G. Andújar, »Ways of Working«, Gespräch / conversation, in: *The Unavowable Community*, hrsg. von / edited by Valentín Roma, Ausst.-Kat. 53. Biennale von Venedig / exh. cat. 53th Venice Biennal, Barcelona 2009, S. / pp. 261–303 (Nachdruck / Reprint in: *Umělec (A Reevaluation of Reevaluations)*, englische Ausgabe / English edition, Heft / issue 1, 2010, S. / p. 76)

Iris Dressler, Daniel G. Andújar, »Arbeitsweisen«, Gespräch, in: *Umělec (Umbewertung der Umbewertung)*, deutsche Ausgabe / German edition, Heft / issue 1, 2010, S. / p. 76

Anna Maria Guash, »El archivo infinito. Lo digital y lo virtual«, in: *Arte y archivo, 1920–2010,* Akal/Arte contemporáneo, Madrid 2011, S. / pp. 253–56, 289

Jakob Lillemose, »Hacking the Interfaces of Access Cultures and Envisioning the Literacy of the Post-Capitalist Future. On the Installation Works by Technologies To The People / Daniel G. Andújar«, in: *The Unavowable Community*, hrsg. von / edited by Valentín Roma, Ausst.-Kat. 53. Biennale von Venedig / exh. cat. 53th Venice Biennal, Barcelona 2009, S. / pp. 243–59

Başak Şenova, »Daniel G. Andújar, Postcapital. Archive«, Einführung / Introduction, in: Başak Şenova (Hrsg. / ed.), *Lapses /*3*, Istanbul 2009, (englisch-türkisch, English-Turkish), S. / pp. 130–131

Kataloge / Catalogues

Anna Kournikova Deleted by Mermeright Trusted System, hrsg. von / edited by Hartware MedienKunstVerein, Inke Arns, Francis Hunger, Ausst.-Kat. / exh. cat. Hartware MedienKunstVerein, Dortmund 2008

Daniel G. Andújar. Postcapital Archive (1989–2001). Die Mauer, hrsg. von / edited by Anne Thurmann-Jajes, Ausst.-Kat. / exh. cat. Weserburg | Museum für moderne Kunst, Studienzentrum für Künstlerpublikationen, Bremen 2009

Daniel G. Andújar. Postcapital Archive (1989–2001), Ausst.-Kat. / exh. cat. Iberia Art Center Peking / Beijing 2009

Feedforward. The Angel of History, hrsg. von / edited by Steve Dietz, Christiane Paul, Ausst.-Kat. / exh. cat. LABoral, Centro de Arte y Creación Industrial, Gijón 2010

La médiation du conflit / Mediating Conflict, hrsg. von / edited by Sylvie Lacerte, Ausst.-Kat. / exh. cat. Maison de la Culture du Plateau Mont-Royal, Montreal 2008

Rotareader01. Postkapital Arşiv (1989–2001), hrsg. von / edited by Başak Şenova, Ausst.-Kat. / exh. cat. Opal, Plato Istanbul 2010

The Unavowable Community, hrsg. von / edited by Valentín Roma, Ausst.-Kat. 53. Biennale von Venedig / exh. cat. 53th Venice Biennal, Barcelona 2009

Trapped in Amber. Angst for a Reenacted Decade, hrsg. von / edited by Bassam El Baroni, Helga-Marie Nordby, Ausst.-Kat. / exh. cat. Unge Kunstneres Samfund, Oslo 2009

Webseiten / Websites

http://www.postcapital.org
http://www.danielandujar.org

IMPRESSUM / IMPRINT

Diese Publikation erscheint anlässlich der Ausstellung / This catalogue is published in conjunction with the exhibition
Postcapital. Archive (1989–2001)
Württembergischer Kunstverein Stuttgart
22. November 2008 – 18. Januar 2009

Herausgeber / Editors
Iris Dressler, Hans D. Christ
für / for Württembergischer Kunstverein Stuttgart

In Kooperation mit / In collaboration with
Centro de Arte Tomàs y Valiente, Fuenlabrada

Lektorat / Copyediting
Ulrike Lowis (Deutsch / German)
Dawn Michelle d'Atri (Englisch / English)

Übersetzungen / Translations
(wenn nicht anders vermerkt / unless otherwise noted):
Dawn Michelle d'Atri
(Deutsch–Englisch / German–English)
Evelyn Fátima Ehlert
(Spanisch–Deutsch / Spanish–German)
Nuria Rodríguez Riestra
(Spanisch–Englisch / Spanish–English)

Fotos / Photos
Pietro Battisti: S. / p. 312; Hans D. Christ und / and Serge de Waha: S. / pp. 196–221, 228 (o. / a.), 237, 321, 322 (o. / a.: l., r.; m.: l.); Sani Karamustafa: S. / p. 318

Grafische Gestaltung und Satz / Graphic design and typesetting
Nieves Berenguer Ros, Mario Berenguer Ros

Schrift / Typeface: Akkurat Mono, Futura, Miller Text, Times New Roman
Reproduktionen / Reproductions: Nova Era, Barcelona
Papier / Paper: Munken Lynx, 120 g/m²
Druck / Printing: Memminger MedienCentrum Druckerei und Verlags-AG
Buchbinderei / Binding: Lachenmaier GmbH, Reutlingen

Erschienen im / Published by
Hatje Cantz Verlag
Zeppelinstrasse 32
73760 Ostfildern
Deutschland / Germany
Tel. +49 711 4405-200
Fax +49 711 4405-220
www.hatjecantz.com
Informationen zu dieser oder zu anderen Ausstellungen finden Sie unter www.kq-daily de / You can find information on this exhibition and many others at www.kq-daily.de

Hatje Cantz books are available internationally at selected bookstores. For more information about our distribution partners please visit our homepage at www.hatjecantz.com

ISBN 978-3-7757-3170-6

Printed in Germany

AUSSTELLUNG / EXHIBITION

Eine Ausstellung von / An exhibition by
Württembergischer Kunstverein Stuttgart

Partner / Partners
Centro de Arte Tomàs y Valiente, Fuenlabrada
Akademie Schloss Solitude, Stuttgart

KuratorInnen / Curators
Iris Dressler, Hans D. Christ

Praktikum / Interns
Klaus Pöhlmann, Arnaud Obermann

Technische Leitung / Technical manager
Serge de Waha

Ausstellungs- und Medientechnik / Exhibition and media technicians
Ulrike Buck, Michael P. Hofmann, Jan Löchte, Philippe Mercier, Laurens Nitschke, Steffen Osvath, Vincent Schmidt, Janck Sliwka, Oliver Stiegler

Ausstellungsführungen / Exhibition tours
Sara Dahme, Dilini Keethapongalan

Unser besonderer Dank gilt / With special thanks to
dem Künstler / the artists
allen hier genannten Beteiligten / all contributors mentioned here
und / and: Yvonne P. Doderer, Iván de la Nuez, Valentín Roma, Alexander Stöckle.

Gefördert durch / Supported by

STUTTGART

Baden-Württemberg

SEACEX Sociedad Estatal para la Acción Cultural Exterior

Gobierno de España · Ministerio de Asuntos Exteriores y de Cooperación · Agencia Española de Cooperación Internacional para el Desarrollo

Golart Stiftung, München

Sponsoren / Sponsors

Prolab Stuttgart

Partner / Patners

Centro de Arte Tomás y Valiente · CEART Fuenlabrada

Akademie Schloss Solitude

Programm / Program

Ort / Venue (wenn nicht anders vermerkt / unless otherwise noted): Württembergischer Kunstverein
Audiomitschnitte / Audio recordings: http://www.wkv-stuttgart.de/programm/2008/ausstellungen/postcapital/rahmenprogramm

10.–13.7.2008
Workshop
Daniel G. Andújar / TTTP, Transforming Information into Knowledge (Über die Transformation von Information in Wissen)
Ort / Venue: Akademie Schloss Solitude, Stuttgart

22.11.2008
Künstlerrundgang / Artist Tour

2.12.2008
Vortrag / Lecture
Keiko Sei, Border Crossings (Grenzüberschreitungen)

6.12.2008
Parallelveranstaltung / Parallel event
Tagung / Conference
Zensur in der Kunst? (Censorship in Art?)
Mit / With: Corinne Diserens, Iris Dressler, Nikolai B. Forstbauer, Klaus Staeck, Christoph Tannert
In Kooperation mit / In collaboration with: Akademie Schloss Solitude, Hospitalhof Stuttgart

13.–14.12.2008
Workshop
Daniel G. Andújar / TTTP, Archive Cultures: Access to the Postcapital Archive (Archivkulturen. Zugriffe auf das Postcapital-Archiv)

16.12.2008
Vortrag / Lecture
Helmut Draxler, Kapitale und postkapitale Kunst (Capital and Postcapital Art)

18.12.2008
Vortrag / Lecture
Linda Hentschel, Das gefährdete Sehen oder das Gefährdete sehen? Krieg, Gewalt und Sichtbarkeitsverhältnisse seit 9/11 (Jeopardized Perception or Perceiving the Jeopardized? War, Violence, and Relations of Visuality since 9/11)

7.1.2009
Vortrag / Lecture
Du-Yul Song, Unhintergehbarkeit des Dritten (Ineluctability of the Third Party)

9.1.2009
Vortrag / Lecture
Ole W. Fischer, Post-Structural, Post-Critical, Post-Political? Architekturdebatten nach dem Fall der Mauer (Post-Structural, Post-Critical, Post-Political? Architectural Debates Following the Fall of the Wall)

14.1.2009
Vortrag / Lecture
Felix Stalder, Remixing und die Kultur der Netzwerkgesellschaft (Remixing and the Culture of Networked Society)

15.1.2009
Vortrag / Lecture
Kirsten Wagner, »Postkapitalen« oder Was kommt nach der Stadt? Die Wissensstadt ("Postcapital" or What Follows the City? The Knowledge City)

16.–17.1.2009
Film- und Vortragsprogramm / Film and lecture programm
Wo ist Jetzt? (Where is Now?)
Kuratiert von / Curated by: Katrin Mundt
Mit Filmen und Videos von / With films and videos by:
Yael Bartana, Bernd Behr, Neil Beloufa, Kevin J. Everson, Luke Fowler, Johan Grimonprez, Walter Heynowski / Gerhard Scheumann, Lewis Klahr, Alexander Kluge, David Lamelas, Johannes Maier, Gail Pickering, Seth Price, Steve Reinke, Sarah Vanagt, Sharif Waked, Emily Wardill, Emma Wolukau-Wanambwa

17.–18.1.2009
Workshop
Yvonne P. Doderer, Recherche Recherchieren / Die kapitalistische Stadt als urbane Utopie (Research the Research / Capitalist City as Urban Utopia)

WÜRTTEMBERGISCHER KUNSTVEREIN STUTTGART

Schlossplatz 2
D-70173 Stuttgart
Fon: +49 (0)711 22 33 70
Fax: +49 (0)711 29 36 17
info@wkv-stuttgart.de
www.wkv-stuttgart.de

Team und Gremien / Team and board
(Stand / as of 2011)

Direktoren / Directors
Hans D. Christ, Iris Dressler

Geschäftsführung / Management
Silke Albrecht

Assistenz der Direktion / Assistant to the directors
Jens Kräubig

Mitgliederbetreuung und Buchhaltung / Membership services and bookkeeping
Christian Wick, Sighilde Bauerle

Technik / Technicians
Laurens Nitschke, Janek Sliwka

Besucherbetreuung / Sales and supervision
Margot Endress, Marion Delsor, Tanja Duszynski, Susanne Witte, Toni Zelter, Charlotte Zolper

Reinigung / Cleaning
Liliana Biniarz, Gerda Sedderz

Vorstand / Board
Annette Kulenkampff (Vorsitzende / Chairman)
Matthias Hahn (Stellvertretender Vorsitzender / Vice-Chairman)
Platino (Stellvertretender Vorsitzender / Vice-Chairman)
Susanne Jakob (Schatzmeisterin / Treasurer)

Kunstfreunde- und Künstlermitglieder des Verwaltungsrates / Friends of the arts and artist members of the administrative board
Beate Baumgärtner
Hans Dieter Huber
Alice Koegel
Jan Löchte
Petra von Olschowski
Katrin Ströbel

Vertreter der Stadt und des Landes / Municipal and regional representatives
Susanne Laugwitz-Aulbach / Gert Dieterich (Stadt / municipal)
Harald Gall (Land / regional)

Künstlerischer Beirat / Artistic advisors
Kirstin Arndt
Eva Borsdorf
Steffen Schlichter

Ehrenmitglieder / Honorary members
Gerd Hatje (gestorben / died in 2007)
Gerhard Lang
Hans Steinbrenner
Kurt Weidemann (gestorben / died in 2011)

NICKELODEON Welcome Check prince Kemper ORBITECH UNITED COLORS OF BENETTON WALKER MAYTAG playtex WACOM Sara Lee YAMAHA QUARK TANNOY uni

Signal ORKIN Norelco SKF ORGANICS Pearl TEACHER'S Maxwell House Polaroid pierre cardin PREMIER TORO SPEEDO SAFECO

RCA SCOUTS PING Ahold PEPSODENT NATIONAL ORANGINA ZIG-ZAG Technics nashuatec NASDAQ Pressman SHOWTIME STIMOROL

Quick TELEX NationsBank roscan NORDICA Schweppes Piggly Wiggly TEAC YORK NINA RICCI PARIS PRESTO National Car Rental PROXEN M&M TARGET

REVLON TS COMPUTERS penn SUNSILK PERCO NASA SUBARU Tropicana USA NETWORK united media SNICKERS Red Bull TYCO Koç KIRBY Rowenta

TENNECO STARCRAFT ROLLS ROYCE THE NATIONAL LOTTERY ORPHEE SCANIA SINGER Schlitz JCB ADP USAir TOTAL Bayer BLACK & DECKER OMEGA BIOTHERM BASF

TDK Oriflame SKODA AUTO NISSAN Nintendo TOYOTA sanofi aventis EXCEL evian EURONICS EURO BANK EUREKA Esso ESi ESCADA BEAUTÉ ERNST & YOUNG EPSON

LIFETIME LG Tektronix SEAT ZANUSSI Yves Rocher GIVENCHY InterMedia INTERLINK Interflora intel inside INOXCROM INFO WORLD INFINITI indesit Gillette

Kleenex Knorr CORVETTE Corona COREL Coral Hertz GAME BOY Walgreens HH HellyHansen HEAD Head & Shoulders HBO HARRIS HARLEY-DAVIDSON GIANNI VERSACE PROFUMI

JOHN DEERE (caricia) Comfort Inn 中国银行 COLUMBIA Colgate SAMSUNG Scottex Oral-B Pioneer THOMSON PENTAX Publish Pringle ORACLE AMGEN amazon.com 3M

RAMEZAY CEQ Cadillac Century 21 Cellnet LEXUS GE AXA NOKIA Marlboro Merrill Lynch Pizza Hut Perrier PULSAR Reebok TEXACO AXA

MICROTEK Sony Music Friskies msn eastwest Electrolux KLM YvesSaintLaurent Shell MANPOWER KENZO Lee LUCKY STRIKE McDonald's SONY GUCCI movistar

MATSUI Deutsche Bank FABERGÉ PARIS AutoNation ROYAL CARIBBEAN MIRAMAX Henkel TAMPAX MONROE KFC EMC² Pfizer Maestro Seagate KIA

Maaco ISUZU IRIDIUM UniCredit Group Master WB NIVEA RE/MAX Mercury JAGUAR Nikon MITSUBISHI TOSHIBA PIRELLI

PUMA pulse HITACHI HILTON ELECTRIC HEWLETT PACKARD MICHELIN LANCÔME PEPSI Johnson & Johnson MERCK Morgan Stanley ebay UNIVERSAL Apple KONAMI BBVA

PLAYSKOOL PLAYBOY Bank of America OSRAM verizon HORTON MasterCard WPP Group plc TimeWarner Comcast MONY JACQUES DESSANGE Microsoft MTV WELLA Sempra Energy Milka

PERSONAL INSURANCES Persil altavista vitra. ups BBP ÉNERGIE BBC BLAUPUNKT WAL*MART Mizuno JACK IN THE BOX IBERIA IKEA Toll Brothers ALDI skype

digital MANGO BANK C&C Burberrys BANQUE NATIONALE REPSOL Bang & Olufsen DP Dove CLAIROL GTS Dixons Dixie Disney

Winston WHSMITH Regina TNT PEMEX BIC Ferrari Mack Adecco ABBEY NATIONAL adapted SAATCHI & SAATCHI BAT Bass DigiTech Arby's

BUSCH Tokina TNN SIEMENS QUAKER OPEL AVIACO FUBU Autodesk DUNLOP PEPSI-COLA INTERNATIONAL DU PONT Oshawa Foods

LOCTITE Wendy's Wedgwood PHILIPS STARTER SAXONE SAS BABEL Budweiser KfW DENIM DELTA KRAFT Wilson

LONGINES UAW LOEWE. AIR FRANCE Whirlpool PONY The National Bank Panasonic HUGGIES Kickers BEEFEATER BECK'S BROOKS SPARROW NOVARTIS PETROBRAS CHINA

LYNX LUX LUKoil EDF GDF mazda Yorkshire Bank Lucas DHL YOKOHAMA TIRES LUKoil YONEX GEO TRANSAMERICA RAC

WESTERN UNION Western Digital ORTHO The Washington Post WATERS Rexona Miller TIMEX REVEL REDKEN DOCTOR Linotype XEROX Vogue

U.S. Robotics UNIVISION ZENITH LLOYD'S Paramount polydor PLUS UNITED AIRLINES General Electric COSTCO SUN Unigate